U0126531

孫立人上將專案追蹤訪談錄

朱浤源 主編

臺灣 學生書局 印行

簡　介

　　中國辛亥革命以來，牽動整個世界進入不曾有過的百年，因爲文明社會竟然爲了某些看不見，也摸不著的意識型態，相互大動干戈，甚至骨肉相殘。而中國是其中一個重要的被難與受災區域。外患不斷與熱戰在所難免之外，其黨、政、軍、情、民，也彼此長期劇烈碰撞與鬥狠。整個中國，尤其是臺灣地區，在甫還中國不久，即遭遇大陸赤化，並於易幟之後，成爲當政的兩蔣支持者，在對所統治地區的異議者，長時間整肅的階段。

　　這個階段長達四十年。其間爲求穩定與發展，情治政工人員深入社會各階層與各角落，雖然確實強化了臺灣競爭力，但也製造案件無數，世人稱之爲：「白色恐怖」時期。其中最大宗，株連極廣的，自非「孫立人叛亂嫌疑案」莫屬。

　　爲求蒐集各方面史料，半世紀以來，中央研究院近代史研究所動員無數同仁出訪，至今不止。而以孫案爲核心者，則費時最長，也用力較深：在長達二十六年中，由研究員朱浤源等主持，至少十位研究人員參與，對將近百位的人士，作成深度的專案式追蹤訪問、研究與紀錄。這些追蹤訪錄，系統呈現於本書，足以見證孫立人上將軍本人，因爲相關部屬被冠以「匪諜」之名而遭受禁錮的事件，在國際方面深涉日本、英國與美國霸權之交爭；在國內方面，內地和島上人民都捲入從世界大戰與戰後的武裝血鬥，到政工與間諜的暗鬥。這宗大案牽涉最多，也最具時代性：不止二十世紀上半葉的各種主義泛濫其間，也充斥下半葉的族群與派系複雜的矛盾和情緒。

　　本書綜採人文學與科學多種方法，精選這些見證，透過不同立場與地位的人士的口和筆，盡蒐揚威國際的戰役、國內相互廝殺的戰爭，與冷戰中的政治、軍事、情治、政工之鬥爭，還有暗殺在臺軍民的方法於其中，並予具體、忠實、多元而且細膩地呈現。

全書共分六篇，第一篇首先記錄幽居的孫立人上將與親友的回憶，接著的五篇依時序鋪陳：第二篇、練兵建軍與殲敵熱戰：從稅警、緝私，入緬、入印，到反攻緬北；第三、內地的國共熱戰與臺灣的孫立人練軍；四、臺灣的眷村建設、子弟教育、國軍與情治人員之間的互動；五、李鴻中將與黃氏姊妹等等的冤獄、孫上將的叛亂嫌疑，與監察院的介入調查；六、假匪諜郭廷亮少校死因的追蹤。

本書特別攝得被喜鵲追逐壓制中的大冠鷲情景，正酷似擅長熱戰、拙於私鬥的「藍鷹」軍軍長、臺灣防衛總司令、陸軍總司令孫立人上將本人（及其部屬）在臺灣的遭遇。而封面的驚濤駭浪，與封底多方濁流的匯入海洋，正凸顯了這個大時代錯綜複雜、變化萬千的特色。

序

　　臺灣海峽兩岸的華人地區，在上個世紀進入劇烈變遷的一百年，並且於第二次世界大戰結束之後，由中國國民黨與中國共產黨的內鬥，至大陸的文革時期進入高潮。從臺灣來看，則民國三十六年的二二八事件，是剛剛成為中華民國國民的臺灣人，與中華民國政府因為突然接觸，彼此不了解，而生蹴撞的第一遭。

　　但從大陸和臺灣一齊看，則二二八以後三年，也就是大陸赤化與易幟前後，才是整個兩岸黨、政、軍、情、民，與當政的兩蔣政府，在中華民國臺灣地區深度劇烈蹴撞的階段。剛剛行憲即被迫播遷來臺的中華民國政府，其領導人痛定思痛，強調必須嚴格清查臺灣地區的政黨、政府、軍隊、情治以及學校等機構內部中共人員。為了清除所謂「共匪」（指中國共產黨）所埋伏的所謂「匪諜」，兩蔣從堅持「反共」與「抗俄」開始，可謂鐵了心腸，以「殺朱拔毛」為口號，強調「匪諜就在你身邊」、「隔牆有耳」，進行「舖天蓋地」清除異己的整肅工作。這個階段長達四十年，就是坊間所謂「白色恐怖」的時期。

　　「白色恐怖」案件無數，其中最大宗，株連極廣的，自非「孫立人叛亂嫌疑案」（本書簡稱：「孫案」）莫屬。孫立人上將軍及相關部屬被禁錮的事件，由於涉及國共的意識型態式武裝血鬥，因此充滿流行於二十世紀上半葉的各種主義與情緒。不止此，同是中國人的國、共兩黨黨員，又在美、蘇兩大強國分別鼓動、資助與操控下，竟然互斥為「匪」，產生了不共戴天且國際化的愛恨情仇。

　　這一套訪問紀錄，是本人以中央研究院近代史研究所研究人員的身分，所進行「孫立人叛亂嫌疑案」系列訪問、錄音計畫的主體成果。本所自郭廷以院士在戡亂戒嚴中創立以來，即得到兩位蔣總統的認可（但不介入），與國內外機構的支持，展開突破政治禁忌，「搶救」活歷史的工作。早期由美國哥倫比亞大學資助，成立了「口述歷史小組」，推動對包含非主流人物如白崇禧上將等百數十人的訪問錄音工作。

　　民國七十六年七月，蔣經國政府宣佈解除戒嚴。但是，「嚴」並沒有眞正解，更不可能立即全部消失。在長期「反共」的禁錮之後的中華民國，不可能第一時間即在政治、社會、經濟與文化的所有各面，都立即開放。而人人聞而色變的「警總」，當時也仍舊存在。半年之後蔣經國（1910.4.27～1988.1.13）總統去世，自此以往，反威權專制的運動才快步展開。民國七十七年以來，首先是當時的報紙，如《自立晚報》，帶頭吹起了翻案風。「張學良案」與「孫立人案」的平反，蔚爲第一波巨浪，沖擊兩蔣政權。於是乎，中華民國解嚴的效果才逐漸產生。

　　隨著翻案風，「孫案」訪錄工作在所長呂實強支持，副所長張玉法親自參與之下，由召集人陳存恭研究員與執行秘書我推動了起來，於當年四月十七日上午 3 人聯袂，由許聖明先生開車，循中山國道，直抵臺中市向上路一段 18 號而啓動。這是一幢圍牆兩公尺高，外人看不見裏頭的日式房舍。在孫上將被軟禁的 33 年來，非常神秘，因爲它不但被日夜「平面」「守護」的國防部副官群所監視；而且左前方及右後方，又有保密局（後來的軍情局、警總）幹員，補以自高樓俯視的「立體」監看，織成阻止閒雜人等入內的網絡。

　　我們能夠突破網絡，是「裡應外合」的結果：孫宅之內，有已經移民加拿大的化學家孫立人義子揭鈞教授夫婦，在接獲我自附近打入的公共電話以後，立即走出宿舍，告訴圍牆裏頭守衛室內的副官：「親友」造訪，他必須開門。副官才讓路，由他接引進入。我們跟隨揭鈞，走過數名副官眼前，經過大榕樹，右彎步入日式木頭房門。經玄關，換拖鞋，登上木板走廊，再左轉數步，進入榻榻米式（但無榻榻米）客廳。孫立人上將，昔日擊敗日軍「馬

來亞虎」久留米師團的「天下第一軍」新一軍軍長，此時已是 89 高齡的白髮老者，由兩位夫人攙扶，佝僂蹣跚地出現在眼前。

就這樣，時間長達 26 年的訪問、研究、調查與編纂，四者並進的專案追蹤訪錄：兼用錄音與筆記的活動展開了。在這段漫長的歲月裏，參與訪問與錄音、文字輸入之工作人員，至少 30 人，受訪對象，在百人上下。本所研究人員參加主訪者，除了我等 3 名之外，另有王樹槐、陳三井、劉鳳翰、張力、胡國台、許文堂與陳儀深諸先生，單單編制內就至少 10 人，其他有吳美慧、楊明哲。助理則超過 20 人，都非常傑出，其中貢獻最大並不可或缺的，有謝國賢、黃種祥、柏心怡、林宗達、張茂霖、張嘉仁、高惠君與楊晨光 8 位，陣容堪稱龐大。而過程亦多曲折，本所前後曾有兩位所長以及我本人，甚至因為此一計畫，被孫將軍某位舊屬以及另一位舊屬的子女四處控告。所幸柳暗花明，終於「修成正果」。

可是，為什麼一份孫立人的口述訪問，會「拖」這麼久？而且越訪問，陣仗越大，對象也越增加？原因在於這宗案件並不單純，而且極具時代意義。因為時值國共血鬥，政府被迫戡亂之際，臺灣地區情況混亂，人心極為浮動，剛復職的總統蔣，遂有治亂世用重典，戒嚴以外，再啓用政工之舉，故而殊與今日之民主景象不同。甫遷臺澎金馬的中華民國許多內地軍政人員，因為職業、身分、角色都不同，遂成被整肅，或參與整肅的對象。他們與少部分本地人所形成的多元見證，具有極高的保存價值。

由於口述訪問的重點，在敏銳抓住受訪者宿個人回憶，以及專家相關判斷的精華處，因此方法上，學術界口述歷史的基本成規不夠用，必須再上層樓。首先從方法學來看，僅憑一人片面回憶，不能作為歷史研究定案之根據；必須多人分別訪錄，交叉印證，再佐以檔案、文件等史料、田調、以及專家的研判等，才能初步建構昔日歷史真相的基礎內涵。其次，就人員使用與儀器操作而言，傳統所用帶著助理錄音之法，較不經濟又不夠機動。更重要的是訪錄的程度：必需在更深的層次，與更多的層面，再追蹤，再反芻，又追蹤。為求進入受訪者內心深處，以發掘複雜的結構與多元的真相，本人效法

張居正與 Joseph Needham，所發展出隨時隨地記錄與補充的多種方法，不止接近太史公，甚至藉著 skype 等科技而有所超越。

圍於孫上將已經老邁，在訪問進行了 13 次之後辭世，許多所謂「叛亂嫌疑案」的疑點還沒有釐清。特別是在孫上將過世之前，美國前任國務卿魯斯克（Dean Rusk），接受《中國時報》特派員杜念中訪問，公開指出孫立人「確實」有意叛變之後，客觀情勢逼迫，使這個訪問計畫不衹擴大，也必須深化：藉由多種途徑之研究，來避開因為片面訪問孫案受害人，所可能造成的侷限。

擔任執行秘書的我，不得不考慮其他途徑，故而向接任的張玉法所長提出進一步計畫：第一，是擴大訪問對象，及於家屬、部屬、友人以外的情治人員和異議者，用多種聲音來追錄涉及孫上將的事功以及爭議。第二，為了詳細了解當年，乃申請近史所經費，僱用專任助理，長時間在孫公館之內，整理甫由姪孫善治送回之孫將軍本人文件。感謝孫上將與其家人的慷慨而開放的配合與支持，使訪錄與整理工作均順利展開。所藏龐大檔案，經逐件清理，拔除蝕釘，登記編號，設定標題，建立目錄，耙梳檔案，均順利完成。（數年前更由本所運回所有檔案，做系統整理。）也方便訪問的深化。

既然增加了口述的與文件的史料，我也向國科會提出研究計畫：研究孫立人在臺建軍的故事。後來出版一些論文，同時賡續若干訪錄。但仍無法了解孫案的深處。

民國八十年情況有了變化：舊屬郭廷亮（當時仍被冠以「匪諜」稱號）於本所僅接受一次的訪錄之後，即於孫上將過世滿一周年的前 3 天（十一月十六日），在中壢火車站月臺上面，遭遇從南下的復興號上「跳車」的事件。是否郭氏因為即將道出真相，被解嚴之後仍舊存在的警總等情治單位偵知，立即予以滅口？目前不得而知。但此事件更激勵本人有耐性、更謹慎，而且追求專業知識，在 10 年之後一探郭案究竟的意願，而且終於在本書中有了答案。

民國八十三年至八十五年，我為了南下追蹤孫案，在陳三井所長於院務會議中力保之下，成功地借調屏東師院，以進行第三波的口述歷史訪錄。重

點改在對高屏地區，也就是孫立人在臺建軍的搖籃地區，從事史料的建構以及田野調查。並於兩年借調之後，獨力搬入黃埔新村，租屋 3 個月，以「現場參與」觀察其舊屬。同一時間，由於陳三井研究員、吳美慧小姐的參與，成功地進行「柔性」成果的出版：所訪錄的女青年大隊（現代花木蘭）教職員（包括黃玨、黃正姊妹）、學生（包括著名的「薇薇夫人」以及司馬中原的夫人在內）之紀錄，首先與世人見面。是此計畫的第一部作品。

接續其後的 5（84-89）年，又進行十餘位的訪錄，目標在追蹤三大疑案：屏東閱兵案、新營兵諫案以及高雄澄清湖、西子灣和臺北陽明山等地官邸之搜索勘查地形嫌疑案之內涵。同時我也遠赴美國，在國家檔案局、國會圖書館、Norkfolk 麥帥紀念館、Stanford 的胡佛研究所，也前往日本，在東京的防衛廳檔案館、外務省檔案館，查訪美國的將領以及官員與孫立人接觸的史料。更深入仍在內戰戒嚴中的緬甸的北方大城密支那，實地了解新一軍與英美聯軍在反攻緬北諸戰役的現場。在這期間，孫案研究的第二部相關作品：《孫立人言論選集》得以問世，並且不久就銷售一空。

民國八十九年，由於民主進步黨的執政，孫案研究獲得突破性鍥機：本人接受監察院委託，在國防委員會召集人康寧祥支持下，負責鑑定：該院於民國四十四年十月完成之孫案報告，其內文被「刪」，35 年來無法讀到全文的內容。感謝監察院國防委員會主秘與秘書的配合，趙榮耀委員的參與訪問以及張富美委員的鼓勵，使我當年除了成功地「補漏」，使五人小組調查報告的全文得以見世之外，更進一步藉監察的「尚方寶劍」，順利調閱省立桃園醫院郭廷亮病歷及其 X 光、CT 檢驗報告。「省桃」檢驗出來的頭骨三處破裂的必死重創（但手腳、身軀及衣服全無擦傷）資料，經與中研院駐院醫師郭長豐，和研究員鄭泰安醫師鑑定，再請臺大醫院吳木榮法醫及腦神經外科主任、以及省桃醫師確認，證實郭廷亮「匪諜」並非跳車，而係在復興號車廂內被重擊，暈死後丟到中壢火車站的月臺。

藉著這個重要線索，我繼續自費追蹤，並且改以郭廷亮案為焦點，將觸角延伸至所有主要的當事人：首先是訪錄郭少校的 3 名子女，經由他們所述

內容與合作出訪，確定保密局、軍事情報局與警備總部均涉入本案。之後，再藉監察院的公函，也得到國防部配合，既參閱總統府機要室檔案，復在中央電臺董事長朱婉清協助，國防部軍官監視下，聽取國防部密藏的昔年訊問郭廷亮、王善從、王學斌等人的錄音盤。以上資料具體證實：郭廷亮是被教唆，絕非眞正「匪諜」。

同一時段，再進行另外兩種印證性訪錄。對象首先是：警備總部昔年的承辦官員，其中包含繼任總司令陳守山上將、偵防組組長毛惕園少將、承辦上校蕭桃庵、幹員陳寅華。證實郭氏一家被情治單位「照顧」，出錢出力，供應郭家物資，前後至少長達 36 年，目的衹在他的遠離臺灣社會，不要「說話」。其次是在中壢火車站、鐵路總局和南港維修廠，進行復興號車廂結構之田調。臺鐵相關官員與佐理員的證詞，都很重要：我測量復興號車體，特別是兩重車門之間的細部結構，並委託臺鐵工程師計算該種車輛在中壢站內開駛 30 公尺之後的時速，確定郭氏「跳車」當下，火車速度仍極緩慢。訪錄方面，相當幸運地找到包括事發當時的副站長、站內嚮導與派出所所長以及現任站長 4 位，作成郭氏被重擊以後丟下火車的旁證。

從客觀的第一手證據，以及上述人士的回憶，已經直接與間接證實郭氏不可能跳車。再加上郭氏子女之回憶，已經很清楚勾繪出郭廷亮爲假匪諜的全貌，並明白民國四十四年郭氏衷心爲孫立人將軍効死的輪廓。

我所做的這份鑑定報告及附件，於民國九十年交予監察院的國防委員會，被該院判定爲「機密」，十年（也就是民國一百年）之後才能公開。但報告本身，經監察委員趙榮耀、江鵬堅等確認之後，已有一部分，於當年摘要向社會公佈。而我也徵得該院同意，以一部分內容做成論文，向學術界發表，明確認定郭廷亮並非匪諜。

不過，縱有以上成果，本計畫仍未結束，雖然已經比絕大多數計畫，更有長期「拖延」的現象。可也由於計畫過於龐大，而且手上又必須接下新的研究計畫，我實無能力僅以一己之力來結案。但是，即使如此，也要勉力以行。因此，民國九十三年，再赴美國，目的在解答魯斯克國務卿所謂孫立人

曾在民國三十九年六月初，透過專人，向他提出叛變之議的真實性。因為當時適值海軍上將柯克（Charles Cooke）在臺北，而陸軍總司令孫立人幾乎兩、三天就與柯克見面。既然史坦福（Stanford）大學的胡佛研究所（Hoover Institution）有柯克的個人全套檔案，或許其中有答案。可惜，該套檔案仍有一部分不公開，因此只印回部分間接史料。同時訪錄蕭一葦，孫任總司令時期的秘書組組長。

民國九十五年開始的兩年，又再次動員，做了將近二十位的訪錄，其中重要的分三方面：一、進入當年聞之色變的「海軍招待所」，了解其內部結構。我並邀請受刑人冉隆偉、陳世全，進入該「所」雕堡之內，作當場回憶；二、訪錄情治首腦。九十六年當近史所正以王筠為中心，出版《孫立人案相關人員訪問紀錄》之時，我們切入政工與情治單位的另一個層面；三、補訪舊屬九十多歲的孟化新等，詳述反攻緬北經驗。並記其所贈蔣元遺作，以細部建構最為世人稱道「天下第一軍」的新三十八師，反攻緬北之役與東北戰役的細節。

九十六年初，我再與陳存恭兼任研究員、軍事史家容鑑光上校、以及昔年孫上將貼身侍衛沈承基、四訓班學生（後來擔任臺大主任教官）王雲狆上校、暨南大學林蘭芳助理教授等合作，組成編輯小組，密集舉行 6 次編輯與校對會議。至此整個訪錄工作基本上告個段落。

最近的 5 年則進入全套訪錄的編輯、校對、簽署同意書以及若干增補的階段。編輯方面，田立仁博士提供了很好的分類概念。校對完全依賴朱麗蓉小姐。補訪方面則由我自己進行，針對若干尚未釐清的疑點以及重要人士，進行增補。在這階段，美國方面，有西岸的鄭錦玉與東岸的林遵瀛與張學海 3 位先生幫了忙，補充了劉達人大使以及于漢經（西岸）的自述，還有龔家兄妹仁愷、仁晉（佛羅里達州）對於臺北成功新村的回憶；臺灣方面則有黃埔新村誠正小學的老師與校友們，主動出面幫助增補與勘誤，以及湖北來臺的大學生代表，對孫將軍足以傲人的訓練方法提出異議。他們的訪談錄，一如孫上將舊屬，多少有些偏執，也有誤記，但都十分具體而有建設性。

也就在要結束作業的今年，廣州新一軍公墓與仁安羌戰役研究專家盧潔峰女士來臺，訪問了也是九十多歲的楊一立先生，再經我追蹤增補，使這一部專案追蹤的訪談錄更完整。

當然，即使我們用了超過四分之一世紀的時間，還是心有餘而力不足，仍然留下許多未了的工作。其中之一就是新近來臺的譚展超將軍子女，從接受第一次訪問，就發現昔年自義大利返國，投入新一軍反攻緬北等戰役的譚將軍，另有足以再開一扇窗的故事。但是，礙於時間只能割愛。

總之，爲了誠實記錄在這個大時代的這些當事人，從不同立場所形成寶貴的血淚見證，本人在中研院、國史館、監察院、國防部、國科會、中國國民黨、臺灣民主基金會等，以及美國國家檔案館、麥帥紀念館與史坦福等大學，與日本防衛廳等等的配合，與孫上將本人和家屬、部屬、監管者、見證人、友人與反對者的支持之下，花了前後 26 年的時間，走過臺灣、香港、大陸、緬甸、法國、英國、日本與美國等地，進行訪問與研究。本書是孫上將追蹤訪錄之中精華的忠實紀錄。從這些當事人不同立場的回憶，以及專家們的確認，既可以看到一個偉大時代裏頭的多元樣貌，也可以充作史料，提供世人再進一步研究的機會。

最後，特別感謝學生書局前任董事長孫善治與總經理鮑邦瑞多年的支持，以及這幾年來發行人楊雲龍、總編輯陳蕙文的協助完成最後階段的所有工作。更感謝朱麗蓉小姐幫助全書的編排、製版與校讀，使本紀錄得以順利問世。

朱 浤 源 謹識

於中央研究院

民國一○一年八月

孫立人上將專案追蹤訪談錄

目次

圖　表

第一篇　國共冷戰中幽居的孫立人

壹、孫立人將軍、夫人晶英訪問紀錄

時　　間：民國 77 年 4 月 17 日至 11 月 13 日（共 13 次）

地　　點：台中市向上路一段 18 號孫宅

受訪者：孫立人、孫張晶英、孫張美英、揭鈞❶、孫安平❷
　　　　等

主　　訪：張玉法、陳存恭、朱浤源

陪　　訪：柳作梅

紀　　錄：高惠君、陳達鳳

輸　　入：林宗達

一、訪問源起

張玉法（以下簡稱「張」）：久仰孫先生大名，今天特別來台中拜訪，希望
　　能夠訪問您，並且加以錄音、整理，作爲歷史見證。我們中央研究院從
　　事口述訪問工作，已有三十多年的歷史，所希望作的就是希望透過對過
　　去的政治、軍事、經濟、外交、社會、教育、文化等方面重要見證人的
　　回憶，保留一些檔案文件中所沒有的史料。

---

❶ 編按：在爲期 7 個月的訪問錄音當中，揭鈞教授暨夫人於第一次訪問時在現場。

❷ 孫張美英每一次都陪同接受訪問。她與孫安平亦另外接受訪錄。

孫立人（以下簡稱「孫」）：慚愧之至，勞煩張所長遠道光臨，實在不敢
　　當。

孫張晶英（大夫人）：我先生三十多年來，極少有客人來訪。對於今天張所
　　長的光臨，他非常重視。

揭鈞：我義父爲了歡迎張所長，今天特別刮了鬍鬚，由於許久沒有刮，手也
　　不太聽使喚，花了半小時才刮完。

孫張晶英：由於年事已高，加上近年來情況惡化，我先生的中氣不足，無法
　　把想講的清楚的發音。今天，貴所想要錄音，恐怕效果不會理想。

朱浤源（以下簡稱「朱」）：我們把錄音機拿著，靠在他嘴邊試看看。

孫張美英（二夫人）：恐怕還是不容易，他近日已經很虛弱，丹田力量不
　　夠。

張：（一連串問了一些問題）

孫：（聲音有似蚊蟲聲）

張：這樣好了，今天是第一次造訪，以後我們還要再來，希望將軍您多保
　　重，養好身體，爲中華民國的歷史留下寶貴的紀錄。過一段時間之後，
　　我想安排口述歷史組的負責人陳存恭先生會同執行秘書朱浤源先生，再
　　來拜訪您。（過了一個月後）

二、家世與學歷

陳存恭（以下簡稱「陳」）：請您敘述幼年時的家庭生活情形。

孫：我的父親熙澤公爲清朝鄉試解元，原居安徽省舒城縣金牛鎮金牛山南。
　　曾做登州知府，遷居濟南後擔任法官。民國初年，任職北洋政府，爲中
　　華大學副校長。由於母親在我五歲時過世，故父親撫養我們兄弟（大哥
　　同人，弟弟衡人）非常辛苦。小時候，父親請老師宋執中先生在家中，
　　教授三字經及四書五經等，而爲啓蒙教育。

　　　　大哥同人曾在京師大學堂（後改爲北京大學）土木工程系就讀，並
　　以第一名畢業。但因只知用功讀書，身體並不好，大學畢業後，在安徽

擔任公路局長。

　　我在一九○○年出生，國內正在鬧革命。大哥在校亦主張革命，但未加入任何組織。我就讀高小的時候，常受到德國小孩的欺負，因而強化了愛國意識。小時候讀書，書上總以仁義道德對人，但親眼所看到的，卻不是如此。

　　我考上清華的那一年，弟弟衡人爲備取第一名，後來也進入清華就讀，但因頑皮，而遭到退學。父親對我們管教極嚴，剛進入清華時，他帶著我和弟弟向周貽春校長磕頭，請他多照顧、多管教，該受處罰時，也不必客氣。父親的教導對我影響極大，這也是我長大後，做事嚴於律己的原因。

　　在清華九年的教育對我的影響很深。學校對英文和體育都很重視。體育老師和音樂老師都是外國人。這九年教育非常完整。

　　留學美國期間，一個月八十元生活費已足夠，且有剩餘。記得有一位朋友（名字已忘），本要和我一起出國，由於談戀愛，必須在國內多留一年，我答應供給他旅費。抵美後我一天存一元，一年下來存三百六十多元寄給他。

陳：維吉尼亞軍校的訓練對您有什麼影響？對於學校的訓練有沒有特殊的印象？

孫：我申請維吉尼亞軍校是個特例，本來應讀四年畢業，因我已經從普渡大學取得學士學位，基本條件夠，所以在軍校只讀了二年。在軍校中，課程和教師方面，沒有因國籍不同而有所差別。只是美國人對中國學生有歧視。不過如果表現良好，他們便不能挑剔什麼。

　　在軍校受訓的初期（新生時期）是訓練絕對的服從。該受處罰的絕不寬宥。因執法嚴格，很少人犯錯。但也有許多人受不了嚴格訓練而退學的。記得入學六個月時，有個同學在學生法庭上承認偷了五十元。那天，天快亮時，學校打鼓集合，宣布某人偷錢，準備趕他出去，不承認他爲我校成員。結果他眞被營房衛兵一腳接一腳踢出校門去。在軍校撤

謊與偷竊是人格的最低點，不能包容。

對於現在軍校訓練，我認為應該從根本做起，除軍事訓練外，更需品德、體能兼備，才能真正地培養完整的人格。

在維吉尼亞軍校中，有一句名言：「I make you a man.」這句話給我很大的啟示。

陳：在您二年的軍校教育中，他們的課程和我們軍校的內容有什麼異同？

孫：課程很深。

陳：您在軍校畢業後，曾到歐洲參觀，請您敘述一下當時的情況。

孫：我畢業以後，以一年的時間，用存餘的生活費，以私人和另外兩個同學到各國以及蘇聯參觀，並取道西伯利亞回國。

陳：請您回憶當時留學時一些同學的情況。

孫：齊學啟是我清華同屆同學，後來緬甸作戰殉國。姚愷是山西人。王賡學問很好，西點軍校畢業生，也是稅警總團首任總團長，可是心有旁鶩。溫應星也是西點軍校學生，為憲警教導總隊總隊長，他的兒子就是溫哈熊。

我與軍校的同學，除了同班的，其餘很少來往，在我記憶中似乎沒有較特殊的人物。

三、出任軍職與負傷

陳：您在什麼時候參加稅警總團的？

孫：民國二十一年，我被調至財政部稅警總團，稅警總團自民國十九年在財政部長宋子文支持下成立。以後便交給王賡。宋子文完全信任他，從未到部隊演講或校閱。雖然我們的任務是抓鹽務，但卻從未出此任務。

總團在海州訓練時，有一個德國顧問：史坦因。但總團的訓練並非完全依照德國的訓練方式，而是依照中國人的體能標準，設計自己適合的方法。在此之前，我在陸海空軍總司令部擔任侍衛總隊的上校副總隊長。

陳：您擔任侍衛副總隊長的時間大約是多久？

孫：三、四個月（民國二十年九月至二十一年一月）。後來我轉入財政部稅警總團，擔任特科兵團的上校團長。

陳：特科兵團的裝備如何？

孫：特科兵團實際上是一個步兵團，當時他們的武器尚未運到。稅警總團於民國二十一年擴大編制，一共有六團，總團長為溫應星，隔年改由黃杰擔任，第三團為預備團，全都在黃杰的指揮之下。早期參與剿共，後來七七蘆溝橋事變發生後，稅警總團由黃杰總團長率領，配屬第九集團軍，張治中為總司令，扼守上海丁家橋和溫藻濱一帶。那時上級有命令，假使失守之地不能收復，就提頭來見。

陳：當時除您以外，這些團長有沒有換人？

孫：沒有。

陳：稅警總團經宋子文整頓後成為完整的軍隊，當時軍人的待遇及裝備如何？

孫：待遇和一般軍人差不多，而武器直接自捷克買進，比一般軍隊要好。後來黃杰接收稅警總團，宋子文和老先生為了這件事曾有所爭執。

陳：您是否參加過蘆山訓練。

孫：我記不清楚了。

陳：請您談談民國廿六年淞滬會戰參戰負傷的經過。

孫：我是如何負傷，如何被抬出戰場，我已記不清楚了。我負傷之後一切費用都由宋子文供應。我受傷後在體仁醫院醫治，後來由宋先生要弟弟子安，供給旅費送我去香港療傷，由副官姚學智陪同。在香港無依無靠，連家在哪都不知道。二個月後，稍能走動，但手臂仍抬不起來。我記得出院那時是多天，我穿著長袍回到長沙重組的稅警總團。到了那兒才發現原來編制已被打散了。我在長沙找到黃杰總團長，等了二天，才見到人。我要求歸隊，那時我手臂還抬不起來。黃將軍似乎不認識我了，要我明天再來。隔天我依約再去找他，沒想到部隊已開拔了，後來我以長

沙為臨時收容站，收容受傷或失散的官兵，組成新的團隊，再帶到貴州都勻訓練。我重視山地戰和森林戰，在緬甸戰場上剛好用上了。在南京駐防的時期，稅警總團聘有德國顧問，俟到了都勻，那時因為我們已和德國宣戰，故不能再用德國顧問了。

　　當時我的部屬大部分由胡宗南帶到河南去了。後來民國二十七年我們在都勻重整部隊時，受傷的官兵是最好集合的。可是有多少人我已忘了。當時稅警總團的幹部都是黃埔出身，譬如李鴻就是黃埔四期畢業，非常優秀而幹練。

陳：就裝備來看，稅警總團等於是正規部隊，實際上它的任務也不在緝私，也參加剿共是嗎？

孫：民國二十二年到二十三年，曾在江西參加剿共。

陳：請您談談剿匪的情形。

孫：我們在浙江剿匪時，共匪已向西北逃竄，我這一團奉命追剿到江西，共匪有逃竄，可是他們卻往上報，把戰功據為己有。後來國共內戰時期在東北作戰時，軍隊指揮就像踢皮球一樣，將帥不和，用人不專，這是兵家最忌諱的，當時陳誠下令要將部隊、車輛分散。其實打仗靠的就是團隊精神和戰力，分散了就無法打仗。如果當時我沒有離開東北，一定不會讓他這麼做的。

陳：在民國初年時，搞政治的人背後常有一支軍隊以為後盾，當時的宋子文有沒有這種情形？

孫：當時雖然每一個軍閥都擁兵自重，而宋子文是否也是這樣一個想法？我是一個軍人，不談政治，我也不清楚他的事。我認為軍隊是屬於國家的，而不是宋先生的。

四、貴州練兵

陳：在都勻重整的稅警總團，它的裝備如何？

孫：稅警總團的裝備和一般部隊差不多。而兵員補充的情形我已忘記了。但

訓練的情形則記憶猶新。

那時孔祥熙爲行政院副院長兼財政部長，改稅警總團爲緝私總隊，有六個團，仍屬財政部。由我自己招募人馬，在都勻訓練。其中有稅警總團的傷兵好幾千人，有些是編走或脫隊的稅警總團團員又回來的，至於新兵大部分是雲南找來的，約六千人，他們年輕力壯，很能吃苦，教育程度倒沒有特別挑選。當時軍官中齊學啓、唐守治和李鴻是原稅警總團的，唐、李是第四團，齊學啓是我大學同學，而潘裕昆是後來加入的。

我練兵的重點第一是體能鍛鍊；第二是服從命令；第三是射擊；第四是夜間戰鬥；第五是山地戰。這些在緬甸戰役時都派上了用場。約二年後，部隊便訓練成熟了。這時國防部有命令要校閱部隊，這次是由戴笠負責前來校閱。

都勻是山地，校閱官不願騎馬，反要求坐轎子。可是當地沒有轎子，只好勉強以竹竿❸代替，草草檢閱。他們便向上面報告說訓練很差，而後將緝私總隊撥歸戴笠訓練。

我到重慶向孔先生報告，國家情勢危急，正是用兵之際，這樣把能戰的部隊分散太可惜了。但蔣先生此時人在印度，孔先生作不了主。我又去找何應欽，他也沒有辦法，我著急得像熱鍋上的螞蟻。

此時軍政部要找部隊參加遠征軍，便將緝私總隊第一、五、六團編成一個師，仍屬財政部指揮，而二、三、四團編成新三十八師，屬張軫的六十一軍，其中人員裝備均不得挑選，我們從都勻步行到興義參加遠征軍。

撥歸財政部的第一團是緝私總隊中戰力最好的一團，團長賈幼慧，作戰經驗豐富，但留在國內只不過是給人看門、守衛或作緝私工作。後來賈便離開，而加入我們。剛剛編入六十一軍的時候，軍長張軫看不起

---

❸ 應爲「滑竿」，是一種較簡陋的竹轎。

我。他說我的部隊「中看不中用」。我對他說：那得看以後的表現。

五、遠征異域

陳：請您敘述仁安羌之役後，部隊移防情形。

孫：一一三團成功地擊敗日軍，解救英軍，造成首戰告捷。一一二團也到達了作戰位置，（欲）進一步反攻，可是中國遠征軍司令部卻下令要全線撤退。我們當時也感到莫名其妙，結果前線整個垮了。後來新三十八師掩護第五軍撤退，而英軍沿江撤退，一點也不管我們，我們接著馬上過江，因敵人剛剛失敗，必然想反撲，可是我們只有武器，卻沒有存糧。為此我特別趕到杜聿明司令部。他說：「我們都自顧不暇了，沒有辦法管你們，只有英國人有存糧。」

陳：當時如何決定要撤退到印度的？經過如何？

孫：我撤退的路線是荒野森林，由於一個月沒接到電報和命令，我只好自行判斷，由於客觀情勢上，必須到達印度，我就做了決定，可是到了之後，卻說我違抗軍令。二十二師出來時剩不到二千人，衣服破爛不堪。而且判斷要下得快，如果當時時間再遲一些，後面追兵就趕上了。當時我要求英軍總司令亞歷山大供應武器，幫助我反攻。我對他說：「希望能有山砲，作為防禦性武器，一面反攻，一面撤退。」可是他不願意。卻說：「這是上面的命令，軍令不可違。」並且說武器過不了河，不宜給我們，可是就在第二天，我們在河邊就看到大批焚毀或廢棄的各式重武器和輕武器，寧願毀棄，不贈友軍，真是人情稀薄啊。

陳：在緬甸時，您和杜聿明可曾因走哪一條路撤退而有所爭執？

孫：這只是傳聞，並不正確。當時事實上很多退路都被日軍遮斷，只有一條路可走，毫無選擇，怎麼會有爭執？而且撤退時大家都自顧不暇了，根本沒有音訊。

陳：您的部隊如何撤退到印度？

孫：新三十八師到達野人山時，兵員多少有所損失，可是受傷的、生病的士

兵我們也一定帶走，撤退的時候，我們精神仍很旺盛。到達印度邊境時，我的部隊不准到平地，駐紮在山上，做備戰狀態，絲毫不能放鬆，沿途以警戒為第一。後來打算自印度邊界渡河，可是印度人之中，有些人替日本人通風報信。我發現後，先假裝和本地人要好，待其疏於防備，再於半夜偷渡。渡河後，到達盟軍司令部，剛到的時候，有的人要我們繳械，但也有一些人說我們解救過他們，他們也要回饋一番。在爭執的時候，指揮官亞歷山大說話了，他說：「我先派人看看他的部隊是什麼樣子，再做決定。」我的部隊雖然經過長途跋涉，但仍然保持很高昂士氣、整齊軍容。他看過之後，頗為吃驚，從此也對我們另眼相看了。

陳：兵員如何補充？

孫：在藍姆加訓練時，政府有補充兵運來，大部為青年軍，有些英文程度好的，便充任翻譯。美國給我們的幫助主要是糧食和軍械等軍需品的補給，和架設橋樑的材料、技術的供應等。新三十八師先到印度受訓。新三十師是後來才編入新一軍的，受到的訓練較少。

朱：整訓之後，反攻緬甸的情形如何？

孫：美國顧問在平時多少有一點優越感，但他們並不是將中國人一視同仁的。他們尊敬某人或對某人看不起，是不加隱瞞的。我自認在藍姆加，他們對我還算尊敬。一個營有一個美國尉官做顧問。在技術上他們是去做訓練教官，但不能指揮，階級仍是要分清楚的。不能因為他們是美國人，連基本禮貌都不講了。

　　出發從藍姆加反攻緬北時，史迪威將軍認為我軍行動太慢。我對他說：「剛開始我們什麼都不清楚，行動要謹慎，這是我指揮，我要對部屬負責。」那時正好蔣先生到印度，史迪威向他報告說我們行動太慢。我把實際情形向蔣先生報告，他亦贊同我的看法，於是我仍照原計畫進行。那時正是開羅會議時期，我們更要慎重，不能失敗。然而史迪威卻認為蔣先生越級指揮，事實上他並未如此。

　　密支那戰役的主力是潘裕昆的五十師，原計畫是突擊戰，因錯估對方兵力而變成陣地戰，五十師犧牲很大。後來才臨時把任務撥給新三十八師。總指揮部的參謀是美國人，他對日軍實力並不清楚，堅持說日軍沒有砲兵，我還特地拿了砲彈殼給他看。攻下于邦時，正是聖誕節，我對史迪威說：「這是送你的耶誕禮物。」而新三十師師長廖耀湘攻下密支那不久之後，便奉調回國了，而我是從頭打到尾的。密支那戰役之後，有兩個美軍軍官受到處罰，剛開始是個上校參謀長率一混成旅攻密支那，這個由美軍支持的混成旅裝備好，但戰鬥力不夠，且沒有認真做工事，所以傷亡慘重。不但反攻不成，反而形成拉鋸戰，傷亡慘重。於是便派新三十師出戰，但因戰鬥力不夠，故又將此任務撥到新三十八師，接到任務之後，我主張，用迂迴的方法。然而他們的動作更慢了，上面便把參謀長撤職了。

　　我的部屬李克己營長，以一營守了三十六天，後來升為團長。

　　賈幼慧也是清華畢業的，後來在 R. O. J. C. 學砲兵。原本也是稅警總團，但沒跟我去緬甸戰場立功，心理頗不平衡。在東北剿共時，他離開鹽務局，來投效我。李鴻繼我接新三十八師師長，後來也接了新七軍軍長，但實際上部隊已經被掏空了。史說是陸大畢業的，從印度回來後，任新一軍參謀長，還有葛南杉，他們都很老練。我升調後，新一軍軍長之職，大家原都以為會由李鴻接任，想不到是原為十八軍的潘裕昆，那時我雖拿到青天白日勛章，以及番號為新編第一軍軍長，但其實我被調離部隊，底下皆空了。

　　有報導，有兩個美國顧問要我負責台灣局面，這件事我根本不知道。我是一個軍人，從來都不願介入政治的。

陳：民國三十八年時，蔣先生或李代總統是否曾派你做陸軍總司令？

孫：三十八年春，蔣先生引退後，蔣經國曾以老先生的名義打電話給我，要我當陸軍總司令，因當時那個職位不過是個空架子，所以我推辭了。後來李宗仁代總統要我去見他，我沒去，指派了賈幼慧去向他報告部隊的

訓練情形。

六、鳳山練軍

朱：您是在二二八事件之後來台灣的，您對這件事的看法如何？因為有人說
　　當時從大陸來的軍隊衣著、態度都使台灣人失望、不滿，而您也曾提過
　　不准軍隊入駐軍營，以免影響士氣之事。是不是當時國軍都是這種情
　　形？

孫：當時國軍的部隊和要飯的差不多。

朱：軍隊大部分從高雄上來的嗎？基隆和淡水則較少。

孫：是。

朱：在國軍來台灣時，台灣同胞曾在碼頭組織歡迎隊伍。您來台遇到過這種
　　情形嗎？

孫：沒有。那時好像打死很多人。

朱：聽說打死了一萬多人。❹

孫：我不知道，我還沒有到台灣。

陳：陸軍訓練司令部成立的情形？及鳳山的兵員來源？

孫：從東北下來後，我便到台灣訓練新軍，起先訓練中心是在南京。我跟蔣
　　先生說，現在情況緊急，訓練部隊要能實用，短期內便可上戰場，不然
　　來不及也不行。起先地點尚未決定，蔣要我先偵查哪裡適合，他立刻發
　　布命令，以我為訓練司令。我到天津、北平、青島、廣州、南京、鳳山
　　等地視察，認為鳳山最為適合。但蔣不同意，認為太遠了。我向他報
　　告，訓練軍隊之處，一定要適合下列條件：一、交通要方便，水陸皆可
　　通；二、兵員要充足；三、練兵不能太急；四、要有新兵，不能只將現
　　有軍人調回受訓。他聽完我的報告，仍不同意。我和他抬槓了好久，終
　　於成立了七個訓練處（原來有三個訓練處）。我將重心放在台灣，因為

---

❹ 編按：民國 77 年社會上輿論作如是言，經查並非事實。

此地比較適當，交通方便。（按：當時九個地方設有「訓練處」。設有「軍官班」的則有七個，其順序依次是：北平、西安、瀋陽、台灣、迪化、漢口、以及徐州。台灣的軍訓班排行第四，故而稱為第四軍官訓練班。第四軍訓班名稱，最早始自三十七年一月。）

　　受訓的兵員仍是從大陸徵募來的，我派人在青島、天津、漢口等地招募青年，參加者很踴躍，也有台灣本地兵。他們大部分是知識分子，很能吃苦耐勞。我依程度不同，分成不同等級受訓，三個月後，發現成果良好，不然蔣就要取消訓練處了。宋子文在廣東當省主席時，曾要我幫忙訓練軍隊，我派了幾個能訓練兵的班長去。

　　我訓練軍隊有一套方法，夜間行軍、山地戰等都很重視。派來受訓的軍官，有的能虛心接受，有的並不虛心。有一次，我調師長以上的軍官至玉山行軍，一方面訓練體力與耐力，謠言便說我開秘密會議，這真是從何說起！

孫：訓練軍隊不是上台講講話、喊喊口號就可以了。我來台灣，後來接任陸軍總司令，移交給我的，除了一顆大印以外，什麼都沒有，一切從頭做起，而且只是一個有名無實的空位而已。我到台灣來，只負責訓練軍隊，老先生在浙江隱退之後，蔣經國曾以老先生名義打電話給我，請我接任陸軍總司令，我辭掉了。一直到老先生復職之後，我才答應。又當時大陸上有好幾個陸軍訓練班，但良莠不齊。老先生巡視部隊時問我：「哪些地方適合訓練新軍？」我說：「這個簡單，第一，訓練地方一定要在大後方；第二，要在水陸交通運輸方便的地方；第三，負責人要獨立，有決定權，不受任何人牽制；第四，幹部必須精幹。」老先生聽了愣了一下沒說話。我說：「我先把這個地方找到，再向您報告。」老先生說：「在南京成立訓練司令部如何？」我說：「南京不一定好。台灣倒是個好地方。」老先生聽了又是一愣：「你先去看看，我就到台灣來察看。」我回到大陸之後，把觀感報告老先生。我說：「只有鳳山最適合，因為鳳山有營房、交通方便、氣候好，海軍基地（左營）、空軍基

地（六塊厝）又在附近，各種條件都不錯，最適合。千萬不能放在南京，因爲南京太亂，萬一出事，就很危險，而台灣沒有人打主意，可以馬上成立訓練司令部，招收、訓練軍隊，但舊的部屬都不要。」老先生卻說新舊都要。剛開始時每期訓練半年。當時在廣州、長沙、南京、河北等地共有七個軍官訓練班。而當我在鳳山訓練班有點成績之後，老先生打電報給我：「台灣訓練班全部撤銷，所有軍隊撤到南京。」我火了說：「生死存亡，在此一舉，要撤先撤南京，鳳山千萬不能撤。」後來老先生不但接受我的意見，並且到最後將陸軍軍官學校，也遷到鳳山。而我至今仍不明瞭老先生爲什麼要發表撤銷台灣軍官訓練班的命令。

孫：當軍隊從淪陷區逃出時，極爲狼狽，到達高雄防衛司令部時，武器都不能使用。

　　對於如何安頓這些人，當時頗費周章，我對老先生說：將這些部隊暫時遷住到學校裡。老先生反對住在學校裡，主張住我們的營房。我說：「這怎麼行呢？散兵游勇會讓台灣人笑話，而且他們一肚子嫌氣，一定會作亂，所以先住學校，不能住營房，絕對不可以讓新、舊部隊混在一起，否則會受影響。」老先生一拍桌子說：「你自私。」我說：「我怎麼自私？大家都從大陸來的，也都是國家的，但混在一起就腐化了。這些剛敗退來台的散兵，一肚子怨氣。新訓練的部隊雖然也才從大陸來，不過已經受訓了一個月，已經有相當的紀律。如果這樣做，影響新經訓練的部隊士氣太大了。」老先生說：「你就是自私。」我也火了：「大家都在同一條船上，有什麼好自私的？」當時在旁邊有侍衛長、幾名侍衛將我勸開，說：「天黑了，明天再說吧。」我回來後，仍堅持不能改變，並將命令傳達下去。

　　第二天老先生約我吃飯（在高雄大貝湖）。飯後，和老先生一起散步。老先生說：「我相信你，我相信你。」我說這是命令，應該遵從的。後來這些部隊暫住在廟宇或臨時蓋的木屋（胡光鑣蓋的房子）。

七、飛晤麥克阿瑟

朱：對於您受邀至日本與麥帥見面一事，請您回憶一下。

孫：我奉命在台灣從事部隊整訓期間，有一次剛打野外回來，松山機場有個美國軍官來見我，向我報告說麥克阿瑟將軍派專機來接我去日本，問我有沒有空？當時我兼任東南軍政長官公署副司令長官，陳誠將軍是我的上司，我立刻到陳誠司令長官公館報告。他一聽完，便要我去，我只帶著一套軍便服便去日本了。到了日本也沒停留，立刻到東京第一大廈見麥帥。他問我，台灣是你負責嗎？我回答還有陳長官。他又問我台灣有多少能戰之師？我說有五、六師能打。事實上這個數目是我吹噓的。我們討論到台灣海島的情勢，我把意見告訴他，並希望美國幫助我們反攻。他說他們也在考慮當中，也許裝備二個師在韓國登陸，協助我們反攻。我說這可以，但仍要回去報告長官。我在日本待了二天半，回來後立刻將詳細情形報告陳誠。

　　後來，麥帥到韓國後，我為了表示禮尚往來，也想請他來台灣，於是便向蔣先生報告。他一聽便說：「我都請不來，你怎請來？」於是我沒出面，而由蔣親自請麥克阿瑟到台灣來參觀。

朱：依陶百川先生的敘述：您在上海快要淪陷的時候，麥克阿瑟曾和您聯絡，您向在台北養病的陳誠請示，陳誠又向在溪口隱退的老先生請示，他說可以，您才接受麥克阿瑟的邀請。您到日本以後，就住在麥克阿瑟家中？

孫：我是住在貴賓招待所。

朱：您去了幾天？

孫：一共三天。

朱：您在哪裡搭機的？

孫：在台北的松山機場。那天早上，麥克阿瑟忽然派了一位伍上校駕車來接我，我對他說：我要向上級報告，我有長官，不能自己做決定。我就去

問陳誠：可以不可以去？❺

朱：請示需要時間，您等了多久才接受邀請？

孫：很快。陳誠說可以，當天下午就出發。

朱：什麼時候開始談話？

孫：我到的時候，麥克阿瑟很高興。而且在機場早有專車在等待。

朱：晚上有沒有一起吃晚飯？你們聊的話題？

孫：先是一些家常話，再就是談軍隊系統的問題。

朱：陶百川先生的書中，記載麥克阿瑟的一段話：「大陸快要淪陷了，國民
　　政府勢必垮台，美國對他已不存多大希望…」他是否曾說過這樣的話？

孫：沒有，他只是問：部隊由誰指揮？我說：有國防系統。

朱：書中接著說：「…但美國不能讓台灣這艘不沉的航空母艦爲中共奪
　　去…」

孫：他只有說：台灣是不沉的航空母艦，不能落到敵手裡。

朱：他曾說：「…所以請將軍負起保台責任…」

孫：我的責任是在訓練軍隊而已。

朱：「…由美國全力支持，要錢給錢，要槍給槍。」是否有這樣的說法？

孫：我也不知道。我和麥克阿瑟談話時，陶百川也不在場。

朱：可否請您回憶一下到日本的過程。您幾點到日本的？

孫：約在下午二點到達東京。當天早上，專機降落台北後，就打電話到辦公
　　室找我，我說要向總統請示，因爲這不在我的權力範圍之內。

朱：專機幾點到台北？電報呢？

孫：電報隨時可接通，我上班的時候才知道這件事。

朱：當時的氣候如何？

孫：不冷不熱的天氣。

---

❺ 經查：陳誠早在民國38年1月底，即已用中文，毛筆字書寫致麥帥書。因此，麥帥應該
　　早已通知陳長官，陳必然也向蔣請示，之後才寫出信函。俟孫立人在2月10日被告知以
　　後，向他請示之時，才遞給孫帶往日本。

朱：有沒有新聞記者採訪呢？

孫：沒有。

朱：麥帥有沒有提到說「要錢給錢，要槍給槍」的話？

孫：他沒這樣說。他只是問我們有多少部隊：訓練的成績如何？都是關於軍事方面的事。

朱：這些都是到達當天晚上談的嗎？

孫：當天晚上談的是一些應酬的話。第二天早上才談到。

朱：您記得和誰一起去的嗎？

孫：一位隨從參謀。❻

朱：您在三十八年八月二十日時，同時也擔任台灣防衛司令之職。因您不只負責訓練軍隊，也負責防衛之責，所以麥克阿瑟才邀您去的嗎？

孫：台灣防衛工作方面，我只負責建築防衛工事。

朱：麥克阿瑟的邀請是在古寧頭之役之後嗎？

孫：之前。

朱：那是在徐蚌會戰之後？

孫：對。

朱：您一共和麥克阿瑟談了幾次話？

孫：他主要是想了解我們的戰力問題。

朱：您什麼時候回來的？

孫：第三天下午。

朱：您和麥克阿瑟見過幾次面？在何處談話。

孫：他講求效率，不講客套，一切皆以軍人之禮對待。

朱：當時有幾個人一起吃飯，中國的將領只有將軍您吧？那美方呢？

孫：美軍也只有少數高級指揮官。

朱：依麥克阿瑟的意思，他想請您「主持」保衛台灣的責任，但您說要向上

---

❻ 編按：參謀為曾日孚。

級請示，是不是？

孫：麥克阿瑟很重視台灣，說台灣是不沉的航空母艦，台灣丟了，就好像美國掉了一隻膀子。也許這是他有這種說法的原因。

朱：那他有沒有提出一些美國政府的看法？譬如說如何保衛台灣、裝備、人員……等細節問題。

孫：（未答）

朱：您回來後如何向陳誠報告？

孫：當天回來就說，怕他懷疑我。

朱：專機上校駕駛有和您一起去見陳誠嗎？

孫：沒有。

朱：您下機後，就和隨從參謀一起去見陳誠，對嗎？

孫：對。我就是怕他起疑心。

朱：您幾點到台北的？

孫：下午四、五點。

朱：您是在陳誠家見到他的嗎？

孫：是。當時他身體不太好，下機後什麼人也沒見，直接到他家中，報告和麥克阿瑟見面情形。

八、出掌陸軍兼管台灣防衛

朱：您提到為陸軍設計標誌，請您敘述這段原委。

孫：「火炬」的設計意在組織訓練、提昇士氣。在大會中我以此為新軍的精神標誌。老先生說：「要這幹什麼？」我說：「您是不是不喜歡？」老先生說：「這沒用處。」就這樣一句話把它廢棄了。後來這個標誌為中國石油公司採用了。當時還有獻詞，在他最落魄的時候，就是我挺身而出，矢志效忠的（此時孫將軍哽咽，眼眶含淚，雙手因情緒激動而顫抖不已，久久不能言語）。

朱：在您擔任陸軍總司令任內，在職權上可曾受到阻撓？

孫：老先生許多命令我事先都不知道，譬如老先生要把我的司令部搬到台北
　　（大概是好加以控制）。我說：「鳳山很好。」老先生說：「一定要搬
　　過去，不管有沒有房子，一定要搬。」我心想：要搬就搬吧。後來就搬
　　到台北總統府斜對面，國民黨中央黨部的地方。❼ 總司令一職沒有實
　　權，對遷移之事也沒有決定權，可見當時老先生對我已不信任。

　　　又譬如軍校校長本應由總司令推薦任命，但當年卻由最高當局直接
　　發布人選。我在陸軍總司令任內所管的，事實上只是訓練軍隊的事。

　　　當時美國普渡大學要授與我榮譽博士學位，要我親自到美國領取。
　　我向老先生報告。老先生說：你就說太忙了，沒空吧。因為老先生沒答
　　應，我也就沒去了。最近普渡大學又來信請我去接受學位。

朱：普渡大學為何要頒贈學位給您？

孫：可能是因為對國家有貢獻吧！美國大學常對傑出的校友加以表揚，以作
　　為在校學生的榜樣。

朱：您為何沒去呢？

孫：我將這件事去問老先生的意見。我說：普渡大學要我請假去接受學位，
　　我要請假。他說：不要去了，你太忙了。他不要我去，我就回信說不去
　　了。

朱：您是當面和老先生說這件事的嗎？

孫：是。老先生對我處處玩手段。

朱：是不是因為他要照顧三軍，有時候拿捏之間難免有所偏頗？或是他純粹
　　只是玩手段？還是站在公的立場，他也是如此呢？

孫：在老先生下野未復職前，要蔣經國打電報給我，要我當陸軍總司令。我
　　說：不行，我只負責訓練軍隊。其實陸軍總司令部這麼大的一個單位，
　　由於遭逢戰亂，整個失散了，到台灣來的，竟然連一張文件也沒有，有
　　的只是一顆大印（嘆氣）。

---

❼ 柳作梅註：就是中正紀念堂的位置。

朱：您曾提到您在鳳山的時間比在台北多，您如何到台北的，坐飛機嗎？

孫：我都坐火車到台北，一個月有二十五天花在搭火車上。因為白天、晚上都要訓練軍隊。打仗時，越是艱難的時候，越需要用兵，因此練兵的工作特別吃重。

朱：大陸撤退時，政工在台灣重新整頓，以嚴密組織、統一思想、動員民眾，並在三十九年建立監察制度。當時您擔任陸軍總司令兼台灣防衛司令，對於政工重建的看法如何？

孫：陸軍部隊有自己的編制，政治工作則屬另一系統。我在整軍時，尤其重視精神問題。有精神，就可提高士氣，軍隊沒有士氣，還打什麼仗？此外，還要重視補給問題，吃的不好、穿的不暖，也沒有辦法打仗。

九、古寧頭之戰

朱：民國三十八年十月下旬的古寧頭戰役，您可曾親自參與？

孫：古寧頭戰役發生前，我正好訓練完新軍二〇一師，我就將他們調到古寧頭擔任防務。

朱：二〇一師在第一線，而胡璉將軍的部隊在第二線嗎？

孫：二〇一師把敵人消滅，胡璉才來。他的部隊沒有裝備，也沒有經過訓練。因為我是防衛司令，在戰役之前我就先到前線視察部隊防務，發現他們毫無準備。所以才將二〇一師調到古寧頭。當時胡璉的部隊開到廈門，部隊的士兵還要用繩子牽起來。我問他們團長，為什麼這樣做？他說怕他們跑掉。開戰頭一天，正好下弦月，我曾預估敵人會乘機登陸，要部隊提高警覺。我曾參觀歐洲戰場諾曼地登陸的工事、防衛工事，就要二〇一師師長鄭果注意。可是後來報上卻說是胡璉的十八軍打勝仗的，其實應該是二〇一師才對。

朱：胡璉的軍隊在第二線是嗎？

孫：也不是第二線，他到戰爭的尾聲才加入的。這場戰爭的戰功應屬二〇一師的，可是上級、國防部卻認定是屬於胡的。二〇一師雖是我訓練的，

但我也不和他們爭功。

朱：您訓練二〇一師花了多少時間？

孫：四個月。

十、反攻海南計畫

朱：孫善治先生❽ 給我一份您在四十三年三月六日呈給總統的「反攻大陸計畫書」。書中指出收復海南島為反攻的前奏計畫，是不是有這麼一回事？

孫：我們一直在催這件事。在總司令任內，老先生有一句口號：「三年反攻」。不過，我覺得如果沒有美國的裝備，三年就不可能反攻。而且，五年若不反攻，反攻的機會就很少了。

朱：您是在怎樣的情況下提出這份計畫？如何交給老先生的？您提出以後，他有什麼反應？

孫：詳細時間我已記不清楚了。這份簽呈是由美方供給裝備，我們提供人力，整合而為一體的計畫。美國在菲律賓有一個克拉克空軍基地，而美國不願放棄，所以對菲律賓始終極為遷就、友好。而海南島是東南亞控制要點，如果美國退出，這個地方的勢力，一定會被中共和蘇聯奪去。因此我才提出這個意見。而且國軍部隊一直拖延，則官兵的年齡也越來越大，這是反攻最重要的一點。一方面為了確保海南；二方面打鐵趁熱；三方面更為了假借美軍的助力，因此我大力聲援這個計畫。

朱：這分文件應屬總統府，而孫善治先生為什麼會有這份文件？是不是您在當時根本沒有呈上去？這份文件是不是您的看法，或是您沒有看過？

孫：在當時這是很重要的計畫，不願洩漏。

朱：您在提出這個意見之前，有沒有跟誰討論過？是否先跟美國商量過，得到某種程度的把握才提出的？還是您認為美國總統或一些高級將領會答

---

❽ 編按：孫善治先生，孫將軍侄孫，另有訪問紀錄。

應？

孫：美國方面在發生史迪威事件之後，對我們減低了熱心，只想保持現狀就好了。不過另一方面又顧慮到蘇俄，爲了在冷戰中對抗蘇俄，美國不得不考慮這件事。而我們自己確實也有這種想法。可惜老先生對這件事的態度不定：先說三年反攻，又說五年，到了後來，大家也都安於現狀了。

朱：這份文件是由誰寫的？是不是當時就呈上去了？

孫：……（不語）

十一、搜索訓練與獲罪

朱：有人曾說你已搜索陽明山，探查總統官邸的地形。對於這件事，您要不要加以說明？

孫：我一到台灣，就和部隊研究訓練與搜索的方法，主要是爲反攻大陸之用，因爲國軍之所以在大陸敗陣，主因敵暗我明：敵人對我軍動向瞭如指掌，我卻對其諱莫如深。要想破解這個頹勢，必先明瞭敵軍動向。而搜索部隊正是部隊的前鬚，搜索工作做好，就能對敵情有正確的了解，也能找到對付敵人的戰略、戰術、以及戰法，我爲此和德國顧問史坦因（Stein）一起研究。

朱：是那些人打小報告？

孫：我不知道，那是他們的事，我從來不管。我擔任陸軍總司令後，將所有的精神放在軍隊上，一個月只有二、三天晚上在家，其餘的晚上多在火車上度過。我做事光明正大，所作的事情天知、地知、我知，絕對對得起國家。

朱：搜索隊的演習是否在全省各地都展開？

孫：打仗一定要從事搜索工作，就像人一定要吃飯一樣，因此我希望每一支部隊都能熟練這套戰法，搜索訓練在全省各地展開。當時我以郭廷亮爲搜索示範隊隊長，並且先從訓練幹部著手。部隊訓練的工作，平時分在

三個新兵訓練中心舉行，而「搜索」則是在所有地方都要作的必修科目。我要求帶兵官對地形、地物、時間都要弄清楚，這是重要的條件。當時陸海空三軍的新兵都到陸總受訓，三個星期滿期後，我一定叫他們回原部隊。

十二、親美之嫌

朱：有人說您是「親美」，有何看法？

孫：三十七年至三十八年間，台灣官僚作風興盛，當時省府秘書浦薛鳳（也是清華同學），睜著眼說謊話。當時麥克阿瑟派了一位上校到台灣邀我去日本，問我：「願不願意代表老先生、代表台灣。」我說：「不要，我有長官陳誠，我凡事要請示。」返台之後，這些人在旁加油添醋，大作文章，甚至說我代表省主席說話。其實不是這樣，在東京時麥克阿瑟問我：「台灣安全由誰負責？」我說另外有人負責：「軍事方面有陳誠，政治方面有吳國禎，凡事都要請示上級。」麥克阿瑟又問：「台灣的軍備如何？」因為當時美國在太平洋西岸情況吃緊，欲使台灣參戰，而韓國情況也不好，需要第三者幫助，形成牽制的力量。當時台灣的裝備極差，我以為我們的力量應該放在海南島。但想裝備海南島，自己的力量又不夠，需要得到外國人的支持，而且此事也需要得到上級的許可。因此，我將我們的情況都告訴麥克阿瑟。

回到台灣以後，第一件事就是將會談內容報告陳誠與老先生，但是他們二人聽了之後，不置可否，並無明確指示。我對老先生說：對於南韓情況，我們可以將軍隊運到南韓，再由美國提供裝備，可是老先生並不願意，但也沒有明白說出來，也沒有用行動來表示。後來我問老先生，邀請麥克阿瑟來台好不好？老先生就不高興，不希望我介入。

另外，還有一些政客說，我跟美國某些議員有來往。這些議員我從來都沒見過，我和美國的關係，並未如外界報導所說的那樣。我最討厭跟人家談政治，謠傳有些美國議員對我有好感，我卻根本不認識他們。

朱：您提到與美方之往來，並不密切。但有人卻以爲您和美方來往十分密切。您是否眞如外界所傳的「親美」？

孫：這些美方將領所聯繫的事情，只限於訓練、補給兩方面，因爲赤手空拳不能打仗。除此之外，與美方將領的聯繫多僅止於私人的友誼，不及於公務。

朱：當年我們因爲缺乏裝備，您是否也提到由我們配合美軍打韓戰，我們提供部隊，美方提供武器，而在反攻大陸這件事也可以運用這種戰略？

孫：美軍的訓練分爲許多軍種，各軍之中，又分任務的不同而有差別。例如在寒帶作戰有寒帶作戰的裝備，毒氣戰有瓦斯的裝備與防毒面具等等，這樣才是進步的、科學的。光靠步槍是打不贏的，因此很希望得到美援，特別是武器裝備，況且共匪也有蘇俄供應的武器裝備，武器是作戰必要的東西，我爲了國軍的武器裝備與美國人相交，其目的僅止於討好美國人。有人以爲我是向外主義，以爲外國的月亮是圓的，並且喜於討好上司，這兩點都是誤解，與我的性格不合。

朱：您計畫派兵到韓國接應美軍，後來有沒有實行？

孫：沒有。

朱：老先生爲何拒絕您建議？

孫：他沒有作正式的答覆，只是慢慢在拖。

朱：那麼爭取武器裝備的事，是否再和美方聯繫？如何解決這件事？

孫：當時我們很需要美軍的裝備，不過總得得到上級的同意，如果只由我一個人自說自話，沒有上級的許可、同僚的配合，則只是空口說白話，當然是不行的。

朱：當年由誰負責與美方聯絡？

孫：國防部參謀總長可直接和美方聯絡。

朱：最後有沒有拿到美軍裝備？

孫：沒有。即使有，也只限於少數空軍裝備，但根本不夠用。

朱：美軍所供應的裝備，主要就是糧食、服裝嗎？

孫：他們所提供的裝備是三軍所必須的，不過我並不清楚詳細的項目。

朱：那麼陸軍的部分是否由您負責與美聯絡？

孫：還是由參謀總長負責。因為陸軍本身並沒有直接補給系統，必須經過國防部才可以。

朱：在您總司令任內有建立補給系統？

孫：部隊裡軍與師兩級補給系統沒有建立起來，凡事仍需要經過國防部同意，並實質上加以支持才行。

朱：也就是說空軍內部已經有自己的補給系統，而陸軍沒有？

孫：我也搞不太清楚了。不過假如部隊沒有補給系統又怎能打仗呢？

朱：您在參軍長任內，作些什麼事？

孫：我擔任參軍長時，並沒有重要的事可做，我跟隨老先生例行開會，只是做樣子。

朱（手上捧著《困勉強狷八十年》❾）：在陶百川先生這本書裡提到，美國國務院政策計畫處主持人肯楠博士（Dr. George F. Kennan）曾說：「邀請孫立人將軍參加（美國）占領的新政權，如他肯接受，則我們分化中國，駐紮（？）軍隊之工作即告成功。通知蔣委員長，如其願意留在台灣，當以政治避難者身分相待。」您對這段話有什麼看法？

孫：我根本沒見過他，也不認識他，更沒有任何接觸。我只和麥克阿瑟在日本談過軍事問題，並未涉及到任何政治上的問題。而我從日本回來以後，就向陳誠報告談話內容，完全依照軍事程序辦理。麥克阿瑟是盟軍東（南）亞總司令，想了解台灣情形，他找我的時候，我就向陳誠請示可以不可以，陳誠又向老先生請示，他說可以去我才去的，這是光明正大的。（停頓了一會兒）不過，肯楠這段話是有可能的，那是他們的政策。

朱：他們的政策是「重新塑造台灣，使蔣成為政治避難者」嗎？

---

❾ 陶百川，《困勉強狷八十年》，台北市：東大圖書出版；三民書局總經銷，民73。

孫：我從來沒有和肯楠有任何接觸。

朱：在陶百川的書中也提到，國務院的肯楠和莫成德（Livington T. Merchant）❿二人以爲：我們（指美政府）所需要者，乃一幹練篤實的人，不必聽蔣介石的指揮，亦不必聽從李宗仁聯合政府之命令，而專爲台灣謀福利……。國務院如此做，也許和麥克阿瑟早已有所聯繫。您的看法如何？

孫：他們也許是善意的，但我從沒這樣希望。

朱：您去日本時的職務是什麼？

孫：台灣訓練司令兼東南軍政長官公署副司令長官。⓫

十三、「小組織」獲罪

朱：督訓組和將軍，以及所謂的「搞小組織」三者之間又是怎樣的關係呢？

孫：根本沒有小組織這件事。當時軍隊有很多人自殺，有更多人逃亡。在部隊心情不好的情況下，如果不給予鼓勵，會慢慢整個垮掉了。我時常告誡他們：大家要以國家爲重。特別當時有很多人瞧不起軍隊，民間流行很多耳語，對軍人極盡批評之能事。可是話又說回來，我雖然從旁給予精神上的幫助，卻使旁人看了不高興。民國三十九年剛從大陸撤退來此，軍隊開小差、自殺情形確實非常嚴重。

此外，當年軍隊裡死氣沉沉，將領也極頹喪，爲求挽回頹勢，我特別舉辦「良心會」，在開良心會活動，希望大家把心理的抑鬱的話說出來，彼此互相激勵。我鼓勵大家以良心愛國家，一切訴諸良心。我對他們說：「愛國是我們應該做的。」開完會後，我召集師長以上的軍官，不分新舊到玉山休假一個星期。一方面使他們內心平靜、不要喪氣；另一方面則可以檢討失敗的原因。同時同心協力，伺機反攻。可是就有人

---

❿　當時任美國駐華大使館參事。

⓫　當時孫將軍尚未擔任副長官。他於 38 年的 9 月 1 日兼任台灣防衛司令，11 月間再兼副司令長官。

又向老先生報告，攻擊我。我十分無奈，只得自我解嘲說：他們都是黃埔一、二期的人，我能左右他們嗎？又有一次，老先生對我說：「左舜生說你孫立人有野心。」「你不要搞政治。」我說：「我這一生最討厭政治，也從來沒有政治慾望，國家軍事強盛，人民生活安定是我唯一的希望。」

十四、人物品評

朱：史迪威（Gen. Joseph Stilwell）將軍去世後，以火葬並丟入太平洋中。您對他看法如何？

孫：他很熱心，可是性子太急了。

朱：他中文說得如何？

孫：還可以。他為人直爽，是就是，不是就不是。關於我的上司，在我認為史迪威雖然倔強，但仍不失為一名戰將，而羅卓英、鄭洞國則是老好人，杜聿明自負頗高，很會說話。

朱：記得您來到鳳山之後，李鴻仍留在東北，與您有密切聯絡，您對他的看法如何？

孫：對於李鴻，我覺得他是一位最有功的人，但他來台以後，一直沒見過他的面，因為他的行動受到限制，被認為是匪諜，但我覺得他是一位最忠實的人，不是匪諜。

朱：請您回憶您對湯恩伯先生的印象。

孫：從鳳山到西子灣之間有一條水溝，因為來往不方便，水又深，就搭了一條長約十多公尺的橋。有一次湯恩伯約我到西子灣看老先生，湯恩伯卻不敢過橋，最後用爬的過去。我心想：一位高級將領，卻一點膽量都沒有，何況其他的將領呢？（孫：此段屬閒談性質可以不存）

朱：您記得衣復得嗎？

孫：他是一位教授，也是清華畢業的，得到哈佛大學哲學博士回來後擔任我的秘書。本來在南洋大學教書，最近退休了，聽說人在台灣，可是我沒

　　見過他，他的弟弟衣復恩，是老先生專機的駕駛員。

柳作梅：孫先生，您在事情發生以後，有人傳說總統府第一局局長黃伯度曾
　　　　到您的公館勸您自殺，並稱您自殺之後國家會給予隆重葬禮之事，是否
　　　　屬實？

孫：沒有這回事。

朱：那黃伯度先生有沒有來找過您？

孫：黃伯度是為老先生和我傳消息的，不過我都派孫克剛和他聯絡。

貳、夫人美英、長子安平先生訪問紀錄

時　　間：民國 85 年 3 月 3 日
地　　點：台中市向上路一段 18 號
受訪者：孫張美英、孫安平
主　　訪：朱浤源
紀　　錄：林宗達
輸　　入：黃綉春、謝國賢

朱浤源（以下簡稱「朱」）：今天我們很高興，可以在孫公館訪問孫二夫人
　　及孫安平先生。今天我們是要提一些很輕鬆的問題。比如孫將軍對你們
　　的稱呼，以及你們家人彼此之間的稱呼。
孫二夫人：孫先生都直呼我們名字。至於對於大夫人的稱呼，他也是跟其他
　　小孩一樣叫「媽媽」。
朱：孫將軍怎麼稱呼您？
孫二夫人：他都叫我美英。
朱：那孫將軍怎麼稱呼老蔣總統？是老先生嗎？
孫二夫人：他是說……。
朱：「蔣總統？」
孫二夫人：對。
安平：有時候是叫「老先生」。
朱：對，應該有這個情形。
安平：有時候稱呼「老先生」，有時候就稱「總統」。
朱：那對蔣經國先生呢？
安平：我父親都稱呼他為「蔣經國」或者「小蔣」。
朱：喔，有時候講小蔣。

安平：對，因為蔣經國的輩分比較年輕。

朱：對，蔣經國的輩分比較小。據我所知，孫將軍曾經在南京中山陵和蔣經國結拜成為兄弟。孫將軍是排行老二，周至柔是老大，湯恩伯是老三，蔣經國是老四。所以蔣經國是怎麼稱呼孫將軍？你們有沒有聽過？

孫二夫人：他沒有到這裡來過。

朱：所以你們在這裡也不可能聽過。

孫二夫人：對，其實是因為他沒有來過。

安平：早年聽媽媽說過，蔣經國先生稱呼我父親為「立人兄」。

朱：立人兄。那周至柔呢？

安平：大概就稱周至柔吧。

朱：湯恩伯大概也是一樣。我知道孫將軍對宋美齡就稱蔣夫人，那宋子文呢？

安平：就直稱名字或是宋先生。

朱：是。

安平：因為宋子文他還算是長官。

朱：那你們怎麼稱呼兩位夫人？

安平：「媽媽」⓬跟「娘娘」⓭。

朱：孫將軍對你們有沒有特別的乳名？

安平：有，可是這個就不值得提了。

朱：有這個必要，因為將來在《孫立人傳》裡會提到孫將軍是怎麼稱呼你們的。

安平：應該算是叫小名吧！

朱：對，稱呼小名更親切。

孫二夫人：其實這也沒什麼嘛！

朱：是，可能不雅吧。

⓬ 指孫大夫人晶英。

⓭ 指親生母親美英。

孫二夫人：沒有。

安平：沒有。不是這樣子。

朱：沒有不雅，那就無所謂了。這可是第一手的資料。

安平：先談別的。

朱：好。那住在這裡的這段期間，有那幾位最常來拜訪孫將軍？

孫二夫人：很少。因為進出大門都有管制，所以只有在孫先生過生日或過年的時候，才會有親戚、朋友來拜訪。

朱：親戚、朋友之中，誰比較常來？親戚可能比較多吧？

安平：朋友不太能來。

朱：對。

孫二夫人：來的人都是住得比較近。

安平：璧姑、三哥有時候會來。不過，三哥在三嫂過世以後，他就到美國去了。

朱：三哥是那一位？

安平：孫克寬，他是東海大學的教授。

朱：璧姑就是孫璧人？

安平：對。

孫二夫人：她比較常來。

朱：三哥跟你同輩嗎？

安平：對，跟我們同輩。不過他的年紀比璧姑還大。

朱：比孫璧人年紀要大？

安平：對！

朱：輩分跟年紀是不一樣的。那克剛很早就去世了嗎？

孫二夫人：對。

安平：我小學的時候，他就去世了。

朱：所以孫善治是自己長大的。❹

孫二夫人：還好有媽媽、哥哥可以照顧他。

朱：他也有哥哥嗎？

孫二夫人：有。

安平：他排行老二，有一個大哥。

朱：除了璧人、克寬比較常來之外，還有誰比較常來？朋友呢？

安平：朋友好像都不方便進來。

朱：倪泅大概也來過吧？

安平：對，因爲他住得比較遠，所以只有帶學生參加省運時，❺順道來找爸爸聊天。

朱：所以照你們所說，好像都是親戚來拜訪孫將軍。

安平：朋友是比較不可能。不過我記得有一位李先聞先生❻曾經來過。

朱：對，他是中研院植物所的所長❼，也是院士。

安平：據我所知，他們是從小就在一起的同學，所以感情很好。不過他不能進來拜訪，所以也只能透過媽媽代爲問候我父親。我記得在他快過世的時候，我父親想要去看他，可是上級好像不同意。當時我父親還對此感到很氣憤。

朱：李先聞也比較早過世。❽

安平：對。

孫二夫人：好像是中平唸高中的時候。

安平：不是，是我上大學以後了。

孫二夫人：對，姊姊出國回來正好碰上。

---

❹ 按：孫善治爲孫克剛的兒子。

❺ 當年倪泅是體育教練。

❻ 李院士專長是植物細胞遺傳學，在水稻、甘蔗的育種改良方面貢獻良多。

❼ 1962 年至 1971 年擔任所長（1971 年因病退休）。

❽ 1976 逝世於台北。

安平：我父親有一些住在台灣的同學，可是不能見面。

朱：據我所知，早期美國人跟孫將軍有一些往來，那後來有沒有聽說任何美國人來過？駐華公使或者是顧問團？

安平：沒有吧。

孫二夫人：藍欽大使來過我們家。當時我們剛從台北搬到這邊來。

安平：喔？

孫二夫人：當時孫先生跟他在花園見面。後來藍欽大使看見安平就問孫先生：「他是誰？」孫先生就說：「這是我兒子。」我還記得當時安平跟孫先生學了一句英文，大家聽安平講了之後，就一直笑。

安平：聽璧姑說好像有兩個年輕的美國軍官來這邊？

孫二夫人：一個。

安平：好像在門口就被攔阻了。

朱：所以曾經有人試著要來，可是沒辦法來。

安平：對。

朱：孫將軍最常提到的人可能還是老蔣總統比較多吧！

安平：對。

朱：那蔣經國呢？

安平：比較少。

朱：對，剛才提到孫將軍對蔣經國是怎麼稱呼呢？

安平：就直稱蔣經國或小蔣。

朱：那還有沒有其他人是孫將軍比較常提到的？

安平：宋子文。

朱：對，宋子文最多。因為他是提拔孫將軍的人。

安平：對。

朱：孫將軍不是跟宋美齡也蠻熟的嗎？

安平：對，但是關係不一樣。因為宋子文是我父親的長官，而且對我父親滿照顧的。好像還聽父親提過他的同學齊學啟，不過他很早就去世了。

朱：對，齊學啓很早就去世了。

安平：李鴻也有提到過。

朱：李鴻？

安平：對。

朱：李鴻來台灣之後非常辛苦。孫將軍提到李鴻會有什麼反應？他是怎麼講
　　李鴻呢？

安平：我父親覺得他很不錯。

朱：他很肯定。

安平：對！

朱：所以這些人裡面兩位覺得誰最肯定？他最肯定那一個或是那幾個？

安平：最肯定哪，很困難！

朱：對，這比較不容易答。

安平：這不一樣啊！宋子文是長官；然後齊學啓是同學，又是同事；然後李
　　鴻是同事，也是部下、部屬，但是好像感覺都還不錯，都很肯定。

朱：那對於當代的歷史故事，不曉得最常提到什麼事？

安平：你是說近代史喔！

朱：對，近代的，或者當代的。

安平：這好像以前有講說蔡鍔不錯。

朱：蔡鍔。蔡鍔就是這個……

安平：就是護國軍。還有提到像是黃興啊！

朱：那有沒有誰他批評最多的？

安平：批評？

朱：對。

孫二夫人：他很少批評。

安平：他很少批評啦！不過對這個老先生有一點意見。

朱：有沒有什麼印象，他怎麼講？

安平：可能是私心太重。私心太重，所以可能會耽誤到國家事情。

朱：那現在就是有關⋯⋯

安平：私心是每個人都有啦！不過他是覺得他私心可能是太重了，所以妨礙到國家事情。

朱：那最常閱讀的書報，剛才稍微提了一下。

安平：就是 Times、China Post，然後《中央日報》、《大華晚報》，然後後來有訂《讀者文摘》。

朱：《讀者文摘》。

安平：以前小時候，我們有看過武俠小說。

朱：那他自己有沒有另外讀一些什麼書，最常讀的是什麼書？

孫二夫人：最常讀的是《曾胡治兵語錄》❶，我看他有讀。

安平：還有一陣子有練毛筆字。寫了一陣子，不過後來我們比較大了，他就比較少寫了。那時大概就弄弄院子。

孫二夫人：所以就忙了，比較少寫了。

朱：後來就是種水果？

安平：種水果，每天做那個是蠻累的，那時候年紀不小了耶。

朱：六十幾吧！

安平：對！六十幾弄到七十，快八十吧！

孫二夫人：七十幾。

朱：所以在這段時間國防部派很多副官，有的早、有的晚，你們印象最深的副官什麼名字，不曉得還記不記得？

孫二夫人：其實都不知道名字，只知道他的姓。

安平：名字其實都搞不太清楚了，很多都是只知道他們姓什麼。

孫二夫人：都是楊副官、什麼參謀⋯⋯

朱：喔！都稱呼某某副官這樣。

安平：最早就是李副官。

---

❶ 編按：在訪問期間，孫將軍曾經引導朱浤源到書櫥前，指著一套線裝的《曾胡治兵語錄》。

孫二夫人：最早是一個王副官。

安平：那個我沒印象。

孫二夫人：在台北陪我們南來的。

安平：不是，那個是國防部派的嗎？不是吧！

孫二夫人：對啊！在台北。

安平：不是，那是爸爸已經那個以後的嘛！

孫二夫人：對啊！一個王副官，一個不知道叫什麼，一開始是兩個人。

安平：喔！那個我已經完全沒有印象。

孫二夫人：那個李司機是最早的。在台北就派來了。

安平：喔！

朱：一個王副官，一個李司機。

安平：那後來到台中就是李副官。

朱：後來不是有好幾個嗎？

孫二夫人：對啊！

安平：李副官後來就是派到機場，還是什麼，後來就派到張學良那邊去了。

朱：聽說有廚師是吧！煮飯的。後來在旁邊開麵店的那個，是不是那一個？

孫二夫人：不是，不是。

安平：我們煮我們的，他們煮他們的。

孫二夫人：他們是老孫嘛！老孫是他們做飯的。

朱：對，廚子說有一個老孫。

安平：老孫，對，對。

朱：老孫就是住隔壁的那一個嗎？

孫二夫人：不是，不是。那個是李司機。

朱：那個是司機，是吧！

安平：那李司機後來升級了，變成副官就比較少開車了。

孫二夫人：他跟爸爸是升級了，其實不是。

朱：喔！所以就是你們剛剛提的李司機？是那一個？

孫二夫人：對，叫李心慷。

朱：那個廚子他是在哪裡做飯？

孫二夫人：在後面。

朱：就那一棟嗎？

安平：不是，那一邊拆掉了。

朱：拆掉了？

孫二夫人：他的書放在那邊啊！

朱：那個司機房？

安平：他們有監視人員住的地方，車房旁邊，原來還有四間、五間房的。

孫二夫人：對，對。

朱：原來這些東西我幫忙堆在後面的房間，現在都拆掉了。

安平：對，對。那邊原來有他們的廚房、浴室跟臥室。

朱：那邊有多少人？

安平：他們早上、晚上，不同的時間來的。

朱：對，對。輪流來的。

安平：所以有幾個人吧！

孫二夫人：最多的時候有十幾個人。

安平：對。

朱：最多的時候，因為前面一個開車，一個跟他坐，後面再一部車。每輛車至少兩個啊！

安平：後面一部車是那邊的，❷是後面、外勤的。有內勤跟外勤之分。

朱：那後面一邊是從哪裡來的？

孫二夫人：他是案裡頭的。原有的跟。用吉普車遠遠地跟蹤。

朱：喔！「原有的跟？」

安平：以前是吉普車，後來……

---

❷ 指孫公館右後方一幢緊鄰的洋樓。據悉那一棟長年以來為國家安全局的中部指揮所。

孫二夫人：根本都不知道，附近的老百姓看到了，偷偷告訴我。就是……
「妳先生屢次都有吉普車跟在後面。」我先生說：「我看得都好生
氣。」我說：「你有什麼好生氣？」他說：「那是不對的，太欺負
人。」我說：「我是沒有關係，假裝我出門都有人跟從。」我說：「有
人保護不是很好嗎？」我就這樣跟他講。我們是真的都不知道。但是你
爸爸到山上，後面這個吉普車就一直跟。

朱：那後來就改成轎車？

孫二夫人：還是吉普車。

安平：後來好像他們也是有轎車啦！因為他們編制車輛增加了。

朱：喔！這樣子。

安平：後來他們車輛編制增加了，轎車就有了嘛！

孫二夫人：人也變多了。外面好像好多個。

安平：好多個。

朱：所以一個時間大概就變得有三、四個了。

安平：三、四個一定有。

孫二夫人：連以前做飯的有五個。

朱：五個。這外面支援的？

安平：喔！三個可能不止喔！四個左右，有時候甚至到五個人哪！

孫二夫人：司機一個嘛！那連司機在內……

安平：連司機、楊副官、蔣副官、許參謀，還有……

孫二夫人：鄭副官，對啊！他們有好幾個啊！

安平：但是他們有的會休假的，輪休，有的時候來，有的又……

朱：對，一定的。

安平：反正就是這樣子。

朱：那後面這棟樓房，有沒有翻新呢？㉑

㉑ 編按：指孫公館右後方外頭挨著牆所蓋的洋樓。

安平：有啊！以前是平房，像日本式房子。

孫二夫人：沒有，沒有！一蓋起來就是這個樣子。

安平：不是，最早以前我們後面是平房，後來才蓋這個啦！

孫二夫人：沒有，最早以前就是那個老百姓的田哪！

安平：那時後面就有一個平房，我記得以前我們爬到屋頂上去看是個平房。

孫二夫人：那個我就不知道。

朱：後來再拆掉蓋的。是谷正文負責蓋的？

安平：我不曉得是誰負責的。

朱：那麼谷正文你們認識嗎？

安平：不認識。

朱：沒有接觸過喔？

安平：可是我記得以前那個好像有平房，還有這邊以前中興大學宿舍的地方，本來有他們的。

孫二夫人：對！

朱：就是現在李心慷住的那一邊？

安平：他住的那邊，還要再過去那邊。

朱：再過去那邊也有。

安平：中興大學宿舍的地他們本來也有，但是他們拆了以後，那邊本來還開個小店，但是現在都沒有了。就變成後來這邊蓋起來，然後前面的對面那邊（也有監視站）。㉒

朱：對面是在哪裡？對面我一直不是很清楚，那個旅館的旁邊嗎？

安平：旅館旁邊那間看起來有點像是廁所。

孫二夫人：現在那間還在啊。

朱：那個幾樓？

孫二夫人：沒有，沒有。

㉒ 指孫公館左前方，越過向上路的一棟簡易房舍。

安平：那個看起來有點像是公廁的樣子。

孫二夫人：那是平的，所以他椅子架得很高。

朱：就在角落嗎？

孫二夫人：我們左邊一開門出去，他頭一伸，然後他就看得到啊。

朱：那今天還在嗎？

安平：還在，好像沒有使用了。

孫二夫人：現在沒有在用。

安平：但是還是他們的房子嘛！

朱：那是哪個單位的？不知道？

安平：可能是情報局的吧！

孫二夫人：可能是情治單位。

安平：應該不是調查局的，應該是情報局的或是安全局的吧！

朱：這個是不是國防部軍統的部門？

安平：對，軍統，軍統系統的。

朱：想請教有關孫大夫人贊助別人的故事。據說在早期有五個例子，連李盈
　　的話，應該是六個。星雲大師也是其中之一。你們有沒有進一步的資
　　料？星雲大師聽說早期過來台灣，也在善導寺，他的崛起與孫大夫人有
　　十分密切的關係。對他，孫將軍、孫夫人好像都幫助很多，在台北。

安平：我不知道。因爲他們到台灣來是很早。雖然在大陸是出家，可是他們
　　那時候也是以參加軍隊的身分來到台灣。

孫二夫人：喔！星雲法師如果你想要了解一下，我這有一本《老二哲學》，
　　是星雲法師出的，我可以給你看。他裡面好像有提到媽媽那時候幫助
　　他。我看了一些。

朱：好，借一下。

孫二夫人：後來就是星雲法師要出書的時候，需要人家贊助。一百本吧！所
　　以他大概拿幾本回家，他就送你一本。

朱：對，書中有寫到。

安平：他們好像是到台灣以後，本來是參加軍隊要到台灣，可是到台灣以後，他們也不想再當兵了嘛！因為本來是出家人，所以後來就是想要離開軍隊，不曉得怎麼樣，就是協助他們退伍。

朱：對，因為孫夫人和孫將軍去世的時候，都有一個很大的誦經團，由星雲法師派來的。日夜誦經，唸了好像一個月還是多久。

孫二夫人：（孫將軍過世的時候）我們這邊沒有，現在才來唸。因為星雲法師說了，（但是）他媽媽沒有答應，㉓因為那時候星雲法師在西來寺。

安平：在洛杉磯。

孫二夫人：他說他在佛寺念經的話，我們這邊的人會拄散，所以不敢答應。後來他就跟我們說我看這樣好了，你找慎齋堂，慎齋堂跟我們很熟。

安平：以前就是我們這邊鄰居。就在模範村那邊。後來他們搬了。可是那間廟也蠻大間的。

朱：那模範村是誰在住的？

安平：模範村啊！後面這邊都是模範村。以前最早這邊就好像有點類似宿舍、眷村這種，好像就是有很多宿舍跟眷村，就在後面這條路。

朱：也是東海大學的嗎？

安平：不是，不是。

朱：那是外面的？

安平：那宿舍搞不清楚，好像是空軍的宿舍，但是……

安平：那時候熊式輝有在這邊住過。可是我也搞不清楚啦！

孫二夫人：熊式輝住在斜對面那邊。住在農場那邊。我們也沒有見過他。

安平：喔！喔！對！對！可是我太小了，所以搞不清楚了。

朱：那個鄭錦玉很清楚，他跟熊式輝很熟。

孫二夫人：他跟熊式輝很好嘛！所以都是爸爸他提了，不然我們不知道，因為都沒有來往。

㉓ 編按：孫大夫人客氣，沒有答應。

安平：那是不能來往。

孫二夫人：是啊！所以他來的時候是熊式輝不在。那是鄭錦玉跟我講的。

朱：鄭錦玉因為做水電的關係，所以就……

安平：鄭先生可以到處走走。

參、夫人美英女士訪問紀錄

時　　間：民國 89 年 4 月 9 日上午 10 時 30 分至 12 時
地　　點：台中市向上路一段 18 號
受訪者：孫張美英
主　　問：朱浤源
記　　錄：謝國賢
地　　點：台中市向上路一段 18 號孫宅

一、孫公館的副官

　　說到我們家的國防部副官，要從民國四十四年孫先生從台北到台中來開始。當時在台北的時候，一部車裡都有兩個副官、一個司機。來到台中之後，就多增加了一位副官。另外，後面遠處還多跟了一部軍法局❷❹派的車子。有一次，孫安平的老師看了，忍不住地對我說：「奇怪？妳先生每次到山上去，遠遠地跟了一部吉普車，裡面還好幾個人！」

　　我說：「我不知道啊，他們是暗地跟蹤我們的。」

　　當時有個在台北的「司機」李心慷跟著孫先生轉過來。他是住在庭院後那一排房子裡，也租了一個房子在農場附近。後來透過關係買到現在住的房子（向上路一段十六號）。本來政府出錢買了八十坪的地給他蓋房子，後來因為交通不方便就把房子變賣，而買了教會後面的房子。其他的副官現在都不住在這裡。據我所知，其中一位李正源副官後來轉到張學良身邊。

　　另外有一位江木，在後面那棟房子裡（軍事情報局）工作多年。拿的是公家的薪水，國家也有配給制服給他。現在還住在這附近，買菜的時候還可

---

❷❹ 軍事情報局？

遇見他。

在台中的時候，孫先生每次外出，隨行的都是兩個副官、一個司機。另外一個留守在家裡。所以每次外出時，車子就非常擁擠。因為一個副官在前座，另外一個副官坐後座，小孩子們就得抱著擠在我們的腳前面。其餘的場合像是看電影、爬山、騎馬，副官們都要跟著我們。

副官們不會進入到我們的屋裡。我們有事，可以叫他們處理。之前有一位蔣副官，他的脾氣較差。每次有我們的電話時，他就在屋外大叫，我們都覺得很莫名其妙。其他的副官都還不錯，大家彼此相處很融洽。孫先生認為大家在一起就是有緣，他們都是奉命行事，也不能怪他們。

記得孫天平在衛道中學就讀時，有一位同學來找她。當時韓副官則擋在門口說：「你不要來找他！他在用功讀書，你不要把她帶壞。」

還有一次，孫太平的同學劉瑞來找她，也吃了閉門羹。回去後把情形告訴媽媽（省立中學的老師），媽媽覺得不可思議，於是帶著劉瑞又來到我家門口。劉太太在門口一直按電鈴，李正源副官就到門口說：「妳有什麼事？」劉太太說：「我女兒要找孫太平。」李副官就說：「好！」劉太太回家後不太放心，於是還打了電話來問女兒的狀況。

也有一次，孫中平在大學畢業典禮後，邀同學到家裡作客。大夥到門口時，副官則要求出示身分證登記。孫中平則說：「現在不要登記，等會兒我再寫名單給你。」

也有在門口發生過爭執。有一次朋友來找我，副官則問說：「妳找孫太太有什麼事？」她說：「我找孫太太還要理由嗎？」副官則把門關上，不讓她進來。當時我在屋裡不曉得此事，孫先生聽到門口有人在講話，就叫我去看看。我到門口就聽朋友抱怨說：「要找妳真不簡單啊！妳先生的事跟你有什麼關係？為什麼不讓我進來？哪個大官家我沒去過！」我連忙道歉說：「對不起，下次找我，記得先通知我。」後來我朋友出去時，李心慷就擋住她問：「妳剛剛說什麼？」我朋友回答說：「我在說找孫太太的理由。為什麼我說找孫太太，你們就把門關了不讓我進去，你是什麼意思？」李心慷

說：「妳不講要找她做什麼事，我們怎麼可以隨便讓你進去，我們有責任的。誰曉得妳是好人還是壞人？」後來我就跟我朋友解釋：因為他們是奉命行事，所以你不要怪他們。

二、手錶遺失事件

還有一件印象深刻的事情。有一次我們全家去山上，再參加演講和頒獎典禮，但是天平沒去。孫先生怕天平亂跑，就規定他寫大、小楷毛筆字。結果天平沒寫，就和李心慷的小孩一起玩。後來就從廚房旁邊的圍牆爬上屋頂。天平那時怕手上的手錶（月考第一名的獎品）損壞，就把它放在廚房外的水池旁。姓陳的花工看到小孩爬上屋頂就說：「孫天平啊！你爸爸去山上，你在家裡爬屋頂，叫你不要爬，你還爬。」結果天平不聽，花工一氣之下就把手錶藏起來了。天平後來找不到，又爬上屋頂找，一直到我們回來他還在上面找。

他爸爸說：「天平！你在幹嘛？」天平回答：「我的手錶不見了。」他爸爸又說：「你手錶怎麼會不見呢？」天平說：「因為在那邊洗手，也不知道怎麼會不見？怎麼也找不到。」後來孫先生問李心慷的小孩：「宏道，你跟二哥玩，二哥的手錶放在哪？你有沒有看到？你要幫忙找。」宏道說：「我不知道。」孫先生又問：「你們下午是怎麼玩的啊？」宏道說：「我們就從後面丟棍子到前面的庭院。」

孫先生就覺得奇怪：屋頂那麼高，棍子如何丟到前院呢？於是逼天平老實回答後，才知爬屋頂一事。花工也把事情原委告訴我們。孫先生他非常生氣，就狠狠地修理天平。

那天孫天平被打得很慘，身上都是棍子的痕跡。記得當時（大女兒）中平還上前阻擋說：「爸爸，你打我好了，不要打弟弟。」結果孫先生連中平也打。在旁的（大兒子）安平也上前求情：「爸爸你不要打，你打我好了。」而受驚嚇的小妹則在一旁說：「爸爸不要打，爸爸不要打！」

到了晚餐時間，孫先生就說：「今天打了小孩子，我不想吃飯。」我就

說：「你要打，也打一、兩下就好了嘛。」不過孫先生心裡卻覺得很窩心，原來兄弟姊妹都很講情義。

三、庭院右後方的「神秘」建築

　　副官平時都是和我們屋後圍牆外另蓋的三層洋房的軍事情報局裡的人一起開伙，所以他們應該是同一單位的人。一直到現在，還有一、二十個人在裡面辦公。他們一向對外聲稱是貿易公司。有一天，他們來要後面那塊地時，才表示是安全局（軍情局？）的人。之所以要後面那塊地，是因為他們房子要擴建，於是要求我將空地讓給他們。

　　我說：「不行啊！後面要蓋倉庫來堆東西。」

　　他說：「沒有關係，蓋倉庫的錢可以補償給妳，而圍牆就照妳的意思造一個最好看的給妳。」

　　我說：「不行。」後來他們就寫了一封公文給我，內容大概是：「乙方同意空地讓與甲方（軍事情報局）擴建房屋，他日乙方若遷移，則空地為甲方徵收。」我心裏想：房子是我們買的，幹嘛要被你徵收。這不是欺人太甚嘛！我就回答：「不行！我再想一想。」

　　他說：「你是佛教徒，是有慈悲心的。這些年輕人在這裡做事，房子都不夠住，你就可憐他們吧！」

　　我很生氣的回答他：「我先生在的時候，你們看了他三十幾年，卻看不出所以然。現在他不在了，你們還要建大房子繼續看，有什麼好看的！」

　　他說：「不是。妳誤會了。因為現在治安不好，如果有局裡的人來中南部，可以有地方讓他們住。」

　　我說：「對不起。那你們可以在別的地方找一塊地蓋房子。」

　　他說：「我們是有考慮過，但是找不到適合的場所。」

　　我就說：「怎麼會呢？農場現在都是空的，都是公家的地，你們國安局就到那裡去找。」

　　他說：「那不行，不適合。」

我說：「那我也沒有辦法。」

他接著又說：「那這樣好了，孫夫人妳再考慮一下，我下午再來和妳協商。」

我說：「可能不要再協商了，我想我不會答應。」

他又說：「你這房子是屬於國防部的眷村。」

我說：「你搞錯了。國家到現在都沒有配給房子給我們住，這房子是我自己買的！怎麼會是眷村呢？」

他說：「因為土地所有權是屬於國家的，而且國有財產局已經把這些房子都交給國防部，如果妳不答應的話，九年後國防部就會把房子徵收回去。」

我就說：「那九年以後再說吧！我現在不會搬，也沒想過要搬。」

國防部的人則說：「眷村現在開始要重建，有一棟是給將官的。大概三十幾坪，而且是獨院。夫人到時候再去看，如果滿意的話，搬家後再來談這個問題。」

我說：「我沒有馬上要搬。」

後來又來了一份公文，請我答應後蓋章。我就一直擺在那裡不理會，事情也就暫時告一段落。

六、七年前有一位議員在開會時提出：「孫將軍對國家有貢獻，現在人不在了，其居住宅是否可以成立為紀念館㉕？」於是來了一份公文，希望我可以配合，我也答應了。當時有派人來協商，決定聖誕節以後再說，後來就一直沒有消息。

㉕ 編按：民國 99 年孫將軍紀念館已成立，並於 11 月間揭牌。

肆、次子天平先生訪問紀錄

時　　間：民國 99 年 10 月 9 日
地　　點：孫立人將軍紀念館❷⑥
受訪者：孫天平
主　　訪：朱浤源
陪　　訪：台中市文化局特約導覽人員約 40 人
紀　　錄：黃種祥

　　父親出生在列強割據的清朝末年，從小就有強烈的愛國心，再加上唸小學的時候，在青島受到德國小孩的欺侮，更是以「強身強國」為己任。從美國維吉尼亞軍校畢業，回到中國之後，就都在為建軍禦侮而努力。他因理念不同，與許多政要有摩擦。他的理想是軍隊國家化，以國家、責任、榮譽為一生奉行的信條。就連自己三十多年的冤屈，也一再叮囑我們不要去管。蔣經國過世，翻案風起，爸爸深怕他個人的翻案這麼一鬧，造成社會不安。

　　像爸爸這麼奉公守法、無私無我，只怕以後很難再有。

一、副官「爸爸」與「茶壺精」

　　我們這邊房子的圍牆，其實是有兩個大鐵門可以一進一出，兩個門中間有車道相連，牆外是一條大水溝，兩個門前各有一條水泥橋。但自從我父親被軟禁以來，安全局要求封鎖其中一個門，祇留左前門，以便於做進出的管制。因此在大門入口的右邊，設了一個警衛室，就近看著，我家裡的電話也有一隻分機接到警衛室。他們甚至希望我們能夠盡量減少外出。（參見圖一）

---

❷⑥ 紀念館在民國 99 年 11 月 21 日，在孫將軍被長期軟禁的台中市向上路一段 18 號正式成立。市長胡志強親自主持開幕典禮。

我們後面那一棟三層樓的房子是安全局的，㉗居高臨下，從後方清楚看到我們家整個院子，算是當監視哨所來使用。當年其實還有另外兩棟也是安全局的：一棟在現在（左前門）的左斜對面那個路口那邊。那棟房子也有自己的圍牆，但面對我們這邊，有個大窗戶，裏面擺了一張桌子，可以清楚的看到我們家。整天都會有人專門坐在那邊。另一棟在左旁的另一邊，過去中興大學的宿舍那邊。他們搭了一個竹棚子，開一家小雜貨店，但也沒賣甚麼東西，整天都有幾個安全局的人員坐在那邊盯著我們家。

記得我們小的時候，每天早上都會有個老兵，穿著便服，從我們家後面安全局的廚房，提著茶壺，繞著我們家圍牆，到前面那左手邊的竹棚加熱水。他的表情很嚴肅，又老是提著很大的鋁質茶壺，我跟我哥哥、妹妹早上在門口等娃娃車時都很怕他，私底下叫他「茶壺精」。

所有進出我們家的人，包括郵差在內，都會先在警衛室經過他們的盤問。而我們家來電話時，也都會有安全局的人員拿起分機來監聽。當然他們不會說話。如果家裡沒人時，來電話，他們也會替我們接聽，並且會問：「你是甚麼人？有甚麼事？」不過口氣大概比較兇悍，因為好幾個同學告訴我：「你爸爸好兇喔。」而且小朋友都喜歡到同學家裡玩，但是當他們到我家，每個都被查戶口一樣問：你是誰？住哪裡？你爸爸是誰？這樣問東問西的，所以後來都沒有什麼人敢過來，因此我們小時候沒甚麼朋友來家裡玩，是比較寂寞的。

㉗ 編按：民國 99 年還是安全局中部辦公室。

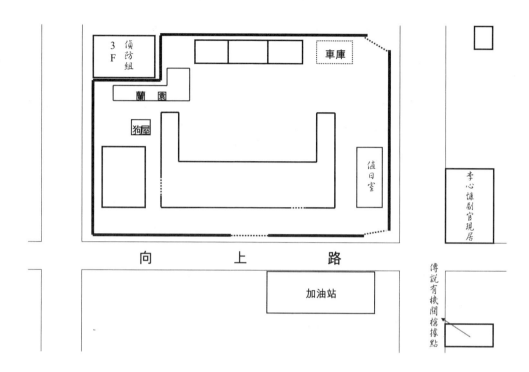

圖一　孫立人將軍住宅簡圖

二、花園、果園與腹肌

　　同學知道我父親是將軍以後，都認為我們家一定很有錢，都說人家將軍的小孩，大學一畢業就會買不得了的好車甚麼的。但他們不知道，我們家真的很窮。父親被軟禁以後，幾年都沒拿到薪水，眷補也沒有，連一般軍公教子弟的學費減免也都沒有。初期靠我媽把一些首飾賣掉，來支持家裡的開銷。後來真的不行了，大媽才請父親以前的秘書蕭一葦，❷❽替我們寫信給蔣總統，表示我們家已經難以度日。他才從總統特支費當中，每個月撥給我們生活費，意思是雖然軟禁我父親，但沒有要餓死我們。

---

❷❽　編按：「大媽」或「媽媽」指孫張晶英女士。孫家小孩在家中稱自己親生母親孫張美英女士為「娘娘」。

我父親到蔣經國的時代才准許辦退伍，因爲總統沒有同意，將官是不能退伍的，所以我父親連出去工作也不行。早期爲了養家活口，我父親試過養雞、養金絲雀、種花，但是都沒有賺到錢。爲了賺錢養家，我們在家也種聖誕紅，每年種好幾百株，上千株，可以在多天賺一筆。當時我是國中到高中，每天放學回家，都幫忙做些粗活，包括提水桶給聖誕紅澆水在內，結果練出了八塊腹肌，非常結實。在其他的時間，我母親也配合花店的需要，以家中花園種植的各種植栽來提供花材。

現在很多文章上說「將軍玫瑰」很出名，但實際上那是因爲我父親在家不能外出工作，又喜歡玫瑰，才種來消遣。當時我在美國的姑姑聽說父親喜歡玫瑰花，還寄了玫瑰的苗回來給他。

後來也種蘭花，例如洋蘭，還有劍蘭，甚至跑去外面看人家辦的蘭花展。因此我們後院還有一個蘭花棚。

父親生活很規律，沒有特別的事，早上七、八點一定會起來。梳洗之後運動，做做健身操，或者是站著模擬一下游泳跟練習高爾夫球的揮桿。運動之後喝牛奶，吃早餐。從大約是民國五十四年開始，我們家開始經營大坑山上的果園，他就常常整天在大坑的果園工作。可能因爲這樣勞動，他到八十幾歲身體狀況仍然很好，還可以打網球。

我們所種的水果，有檸檬、芭樂、荔枝、（橫山）梨等等，收成之後，由母親在第二市場販賣。

三、鳳點頭與龍吐珠

我們家用餐的規矩很嚴格，早餐的時候還好，因爲我父親通常會去運動，我們又要趕著上學，時間很緊湊。自從我有記憶以來，爸爸每天早晨總是會喝一玻璃杯用脫脂奶粉沖泡的熱牛奶，喝完之後，總會往杯裏再倒半杯白開水涮涮，把帶著牛奶味的開水也喝完。一開始並不知道這是什麼原故，只覺得爸爸好節省。直到有一天爸爸才告訴我們，這是從抗日戰爭緬甸戰場開始養成的習慣。當時作戰的糧食、彈藥補給，多數仰賴美國空軍的空投，

其中也有濃縮的罐頭牛奶──煉乳，必須先加開水沖淡才能飲用。基於愛惜物資的心理，即便是空的煉乳罐頭丟棄之前，也總要再拿點開水涮涮。爸爸就這麼喝了一輩子帶著牛奶味的開水，當時並不覺得這個舉動有甚麼特別，現在想想，他不僅僅養成了惜福的習慣，在內心深處其實是以每天這個小小的舉動，無時無刻都在悼念當年死難的國軍同袍們。時至今日，每天早晨出門之前，當我喝完一天一杯的咖啡，也很自然的倒點開水在杯子裡涮涮，我可是無時無刻都在懷念我的父親啊！

晚餐全家一定要到齊一起吃飯。父親要我們下課以後馬上回家，不能亂跑，所以通常五點多就到家。用餐前先洗手，養成良好的衛生習慣，避免傳染病。

還是小小朋友的時候，不能跟大家一起坐上餐廳的大圓桌用餐，會單獨安置在旁邊的小方桌上自己隨便吃。到能夠拿筷子以後，就會被要求坐到我父親的左右兩邊。筷子沒拿好，碗沒拿好，就會吃「板栗」（用手指關節敲頭，很痛）。基本的要求是筷子要拿好，姿勢就像「鳳點頭」，拿碗姿勢也有講究，大拇指扣住碗邊，其他四指併攏扶住碗底那一圈，就像「龍吐珠」；此外，吃飯一定要「以碗就口」，夾菜要先放到小碟子或碗裡，不能直接入口；把食物送入口中的時候，眼睛要看著碗裡，不能往前看，就像擔心別人搶走眼前的食物似的，也就是不要吃在碗裡，看在盤裡的意思。

這些沒做好都會吃「板栗」，這也是上桌一開始，就被要求要坐在他左右邊的原因，當我跟我哥通過考驗之後，接下來就換我妹坐我爸旁邊。

四、長廊上的三張書桌

父親從小的教育方式就是非常嚴格的，並且非常重視均衡的發展，鼓勵我們努力成為既能運動又能讀書的第一等的學生。因為爸爸是在五十歲之後，才有我們四個孩子，想必急著看我們長大。小時候爸爸經常說的話就是，你們要是哪一天都大學畢業了，我就是睡覺也會開心的笑了。我自己現在也有五十三歲了，小女兒正念大學一年級，更能體會當年爸爸在遭受誣陷

軟禁的狀況下，看著我們幾個小蘿蔔頭，心理是多麼焦急跟憂慮啊！

那條走廊上原來擺著三張書桌，我們家四個小孩算是輪流用這些桌子來讀書。當年我大姐開始唸書時，我父親特地去訂了一張烏心石的書桌，之後自己用砂紙打磨，然後用石榴皮上色，最後還打蠟，相當花心思。當時小她五歲的我，很羨慕姊姊有自己的書桌，還會趁她不在的時候跑去坐在那個位置上，覺得感覺很好。後來我哥哥上小學，也有了自己的書桌，到我也開始上學，也有了一張，所以最多的時候同時有三張書桌放在走廊上。

我父親曾經開玩笑的跟我的姊姊還有妹妹說：「我們家沒甚麼東西，到時候書桌就讓妳當作陪嫁帶走。」不過後來她們都沒有人帶走就是了。

大姐原來念台中女中，後來轉到北一女。我妹妹後來也有了她自己的書桌。很長一段時間，走廊上就是三張書桌平行面向佛堂擺著，我哥哥坐在最前面，我在中間，我妹妹在後面。我妹妹那時還會打小報告，說我們兩個在偷看武俠小說什麼的。

我父親不希望打擾我們念書，所以我們看書的時候，他不會待在旁邊。但是不時會過來看看我們念書的情況，以現在來說，叫做走動管理。他在家穿的是皮製的拖鞋，底也是皮的，所以其實老遠我們就能聽見他走過來的聲音，但是他總以為已經很輕手輕腳，會偷偷從後面繞過來看我們讀書的情況。

五、戒尺、馬鞭與竹條

小時候我們都很怕我爸，因為他平時雖然很溫和，但如果我們犯錯，他是會嚴厲處罰的，雖然不至於直接打罵。在我父親成長的歷程中，打罵教育還是被接受的，像他在安徽老家念私塾的時候，祖父就拿著像課桌椅板子那麼粗的戒尺，親手交給私塾老師，對他說：「我的兒子就拜託你了。」意思很明顯就是該打就打。

我父親去我們小學的家長會時，雖然沒有明講，但也是贊成老師必要時打罵。他可能因為對我們期望很深，曾經對我們說：「帶幾萬兵，都沒有帶

你們幾個來得費心。」

四個小孩裡面我最調皮，也是挨打最多的。我在小學四、五年級的時候，曾經帶著鄰居小孩（副官李心慷的兒子）一起爬到屋頂上，居高臨下看風景。沒想到下來以後，發現新買的手錶找不到了，以為忘在上面，趕緊又爬上去找。沒想到父親這時候正好回來，還被他看到我正在屋頂上。結果當然是被叫下去訓了一頓，還告訴我：自己爬就算了，還帶別人的小孩去爬，要是摔傷了要怎麼負起責任？

當時庭院裡正要種花，有一捆細竹棍堆放在前院裏，父親就順手拿那些細竹棍狠狠打了我一頓，打到竹棍都斷了好幾根。當時母親還有姊姊、妹妹都親眼目睹，之後我就不敢再帶人爬屋頂了。肇禍的手錶，原來被長工幫我收起來了，他沒講，結果害我又爬上去。後來他交給我母親，我母親著實埋怨他害我被打得好慘。

六、書房教子

四個小孩裡面，只有小妹沒有挨過打。一方面因為是小女兒，二來她通常還沒被打就先開始哭了。可能她從小常看我們被打，嚇阻作用很大，不但特別乖，還唸了個博士。❷⑨

至於我們三個大的，平常多少會犯錯，父親一般是講講就算了。但是感覺到事情不對，或者累積了一些問題以後，就會單獨把那個人叫進書房，然後把門關上。這應該是給當事人留面子，其他的人連我母親都只能在書房外面等。而且不管是被打或被罵，父親都是對事而不對人的。

進入書房以後，他會坐在書桌後面，要我們站好。然後先問我們：「知不知道為何叫你進來？」他從不會直接打人，一定會問清楚事情經過，然後告訴你錯在哪邊，最後看我們有沒有要申訴或說明。確定應該處罰，一開始是用馬鞭打。這馬鞭不像電影裡很大一隻，是英式短短的那種，畢竟是教訓

---

❷⑨ 編按：孫家的兩個兒子都拿美國的工學碩士，兩個女兒分別拿美國的物理學、生物化學博士。

小孩，又不是要打死人。後來這隻馬鞭打斷了，就改用雞毛撢子打。我覺得父親的處罰雖然嚴厲，但是令人心服口服。

國一的時候，爲了訓練我的獨立，被送去住校。我母親捨不得，一直流淚，但父親堅持讓我去。住了一段時間以後，看我的成績單，發現成績不如理想。結果父親便讓我搬回家來，不但督促我努力用功，更在每個週末，幫助我在英文的聽、說、讀、寫等等功課。在我服完兵役出國唸研究所的時候，才猛然發現因爲爸爸之前的督促，幫我在外語上所打下的基礎，是我終身受用不盡的。我被考英文聽寫的地方就是在書房；由父親唸，我來寫，如此訓練我的英文。當然，我也聽美國之音的英文廣播，當時是由美軍電台（今天稱爲 ICRT）播出。這是英語訓練。

七、幽禁中不忘忠孝與慈愛

我們小時候也會從旁人口中多少聽到一些父親的事，當然他們也都是聽說的居多，像是講說「你爸爸以前想當總統」啦，「你爸爸以前想起兵造反」啦之類的。我們也曾經問過他，但是他一直都不提這方面的事。

直到我們唸中學以後，他偶而會在吃完晚飯以後，跟我們講一些過去的故事，還有經驗。他表示早年不告訴我們，是因爲我們年紀小，要是有口無心把事情到處講，在當時可能會惹來不必要的麻煩，基於保護我們的想法，才絕口不提。另外，他也不希望我們背負著一些壓力成長。事實上，我高中畢業之前，有個同學跑來告訴我：高中畢業之後即使到了大學也不要亂講話，不然會惹麻煩，因爲學校裏通常會有職業學生打小報告。他說：「像我本人就是職業學生。」可見連我們這些兒女都有人盯著。

父親出生在列強割據的清朝末年，從小就有強烈的愛國心，再加上在青島唸小學的時候，受到德國小孩的欺侮，更是以「強身強國」爲己任。一九二七年從美國維吉尼亞軍校畢業之後，回到中國，就由南京中央黨務學校教官做起，一生都在爲建立強大的軍隊抵禦外侮而努力。與許多當時的政要有摩擦，經常起因於理念的不同，他的理想是軍隊國家化，以國家、責任、榮

譽爲一生奉行的信條。就連自己三十多年的冤屈，也一再叮囑我們不要去
管，留給以後的歷史做公斷。到了蔣經國過世以後，翻案之風大起，爸爸總
是擔心國家已經處在不是很好的狀態，深怕因爲他個人的翻案這麼一鬧，造
成社會的不安，如果生出甚麼事端，他就成了社會國家的罪人。像爸爸這麼
奉公守法、無私無我的人，只怕以後很難再有了。

　　一九九〇年底，我在美國工作，接到母親打來的越洋電話，平靜的告訴
我們，爸爸生病了，住在台中榮民總醫院，要我們趕緊回台灣，我立刻請假
回到台中，爸爸那時因爲感冒引起肺炎，正在住院治療。我們都回來以後，
沒有幾天就陷入昏迷。記得他清醒的最後一個下午，是剛剛在病房用過午
飯，外頭太陽光很強，照著病房暖烘烘的，爸爸在病床的沙發椅坐下來，彎
開心的左右兩邊看著我們幾個人，過了一會兒，覺得累，上床睡午覺。不久
之後就開始發燒，病情惡化，再也沒有醒過來。我想想，那天下午爸爸的心
中，應該已經是了無遺憾了！❸⓿

　　父親的故鄉安徽省廬江縣一帶，自古以來是人文薈萃的寶地。爸爸幼年
及私塾教育都是在金牛鎮山南度過，也深深受到家鄉儒學思想所薰陶，影響
了他一生的行事作風。正所謂「忠孝傳家久，詩書濟世長」！

---

❸⓿ 編按：孫上將過世時，他喃喃道出「我是冤枉的…」，似乎仍自覺遺憾。

伍、侄孫善治先生訪問紀錄

時　　間：民國 89 年 11 月 21 日（星期二）、
　　　　　民國 97 年 3 月 20 日（星期四）書面補充
地　　點：台大法學院
受訪者：孫善治
主　　訪：朱浤源
紀　　錄：謝國賢、朱麗蓉

口述部分

一、重視家譜

　　孫將軍非常重視家譜。他常對我說：「家裏面甚麼都可以丟掉，就是家譜不能丟。」他一直希望可以修家譜，可是在台灣卻不能修，所以他只好把原來的家譜翻印，並且交待只要是孫家的人，都要有一本。

二、與老蔣總統吵架

　　有一年過年，我去拜訪孫將軍，當時他有一點感冒。大家在飯後閒聊的時候，孫將軍就提起這件與老蔣總統吵架的事。據孫將軍說，當年湯恩伯部隊即將從大陸撤退來台，於是老蔣總統指示他安頓湯恩伯的部隊。過了幾天之後，老蔣總統即問孫將軍：「我交待你的事情，辦好了嗎？」孫回答：「我辦了。我已經將把幾個國民小學騰空出來，到時候部隊可以安置在這些地方。」老蔣總統聽了之後，立即反應：「這怎麼可以？把你們的訓練營讓出來，你的部隊去住國小。」孫將軍就跟老蔣總統勸說：「湯恩伯的部隊已經是破銅爛鐵，沒有重新整頓的話，這個部隊還能打仗嗎？」結果，老蔣總

統立即擺了一個臉色說：「你怎麼這麼自私！」孫回答：「我自私？你才自私！誰不知道湯恩伯的部隊是你的嫡系部隊。如果共匪再打來，你能往哪裏跑？只能往太平洋裏跳。」當時大概是中午十一點左右，侍衛長俞濟時也在場，他的臉都嚇白了，沒有人敢這樣和老蔣總統頂嘴，只有孫將軍敢。於是俞濟時趕快出來打圓場，希望他們吃完飯後再討論這個問題。

　　過了兩個禮拜之後，老蔣總統就打電話給孫將軍，問說：「你今天有沒有空？」孫回答：「有。」老蔣總統說：「你中午就到陽明山來陪我吃飯。」吃完飯後，老蔣總統和孫將軍一同逛陽明山官邸的後花園。他拍孫將軍的肩膀說：「現在沒有一個人值得我信任，我信任的人只有你。」孫將軍跟我們說到這裏，立即拍桌子說：「我這時候才知道，他說的是假話。」孫將軍認為，當時老蔣總統說出這句話的真正意思是：「你現在敢頂我，你才是我最不信任的人。」孫夫人在旁邊就勸孫將軍說：「你啊！脾氣如果好一點，今天就不會有這樣的下場！」孫將軍立即反駁：「我又沒有說錯，我講的都是為了他所著想。」由此可知，孫將軍真的是以「誠」、「拙」來待人接物。

三、簽辭呈

　　據我所知，（孫案發生）當時的總統府副秘書長黃伯度，曾經數度到孫將軍南昌街的官邸，請孫將軍簽下辭呈。孫將軍說：「我問心無愧，我咎從何來，為何要簽下辭呈？」於是就把黃伯度趕出去，甚至不承認和黃伯度是同鄉。黃伯度勸不動孫將軍，轉而求助我父親孫克剛，他希望我父親可以勸孫將軍簽辭呈。如果不簽的話，上級會將所有被抓的人處以死刑。我父親見事態嚴重，連夜趕去拜訪孫將軍，跟他報告這件事情。孫將軍感嘆的說：「我帶兵打仗，從來沒有睡不著覺，這一夜我徹夜難眠。我到底是要堅持下去，還是去簽辭呈救他們？今天我一個人死，無所謂，我不能牽累我的部下。」當時受牽累的，不祇二、三百人，還包括孫將軍家人。孫將軍考慮了一夜，終於簽下辭呈，引咎辭職。至於是誰擬的稿，我就不太清楚了。

我父親曾經和我談過，他說王寵惠（當時司法部長）曾經問孫將軍有關辭職的事。孫將軍回答：「我這一生當中，最感到愧疚的事情，就是我好比是岳飛，二是愧對老總統。」王寵惠聽了之後，也流下了眼淚。另外黨國元老許世英也表示過：誰殺了孫將軍，誰就是秦檜第二。維吉尼亞軍校校方也發表談話。他們說：「我們學生受的子彈，是從前面進，而不是從後面。」意思就是軍人應該是死在戰場上，而不是死在這種政治鬥爭的場合當中。

四、賈幼慧、唐守治對孫克剛的猶豫

我母親也跟我提過，在事情發生之前，賈幼慧副總司令常常找我父親，他們關起門來就唉聲嘆氣。賈副總司令常說：「怎麼辦？他們要動手了。」所以他希望我父親可以勸一勸孫將軍，希望孫將軍可以聽得進去。

唐守治以前是住在我們家（成功國宅7巷）的斜對面，他當時是海軍陸戰隊司令。我記得他那時候，每天晚上都找我父親聊天，跟我父親交情很好。可是孫將軍出事情之後，唐守治馬上和我們家劃清界線，而且立刻搬到安東街，遠離我們。我記得父親去世前半年，我看見唐守治在病房前的走廊徘徊。我跟父親說：「唐伯伯在外面。」我父親回應：「隨便他啦！他願意來看我，就會進來。」我想以他當時是總政戰部主任，跟我父親來往，可能會影響政治生涯，所以他才在走廊上猶豫不決。不過，我父親去世之後，他還是穿著上將的制服來公祭，並且掉下了眼淚。我想這是時代的悲劇，為了政治生涯，不得不拋棄友情的悲劇。孫將軍曾經和我說：「我不怪他們，人總是要為自己活，所以我原諒他們。」

書面補充部分：（連來函數語在內）

民國 97 年 4 月 2 日第一次修訂

浤源兄：

　　有關孫將軍我的口述部分，現補充如下，雖然有點零亂，但卻非常有價值，請列入。❸ 以下部分都是孫將軍親口對我述說，或我親自參與，親眼所見！煩請您幫我整理潤飾一下。

　　謝謝！

　　　　　　　　　　　　　　　孫善治　民國 97 年 3 月 20 日

　　孫將軍夫人（張晶英女士）有一次對我講過，當年孫將軍晉升二級上將，需配掛三顆星。孫夫人為他在軍服上配上三顆星，結果孫將軍馬上要她將多的一顆星拿下，並強調：這顆星要等光復大陸才戴。

　　至於外界所流傳，當時美國有意要孫將軍取代蔣介石政權一事，我問過他。孫將軍斬釘截鐵的說：「那是美國一廂情願的想法，我根本不去理會！」

　　民國四十二年，孫將軍到台北開會，當時有人就說：他的部下有匪諜。孫將軍當時拍胸說：「我的部下，絕對不會有匪諜。」他們就拿一份名單給孫將軍看，並說：「如果都不是，請將軍回鳳山後，叫他們到台北警備總部報到，並銷案。」孫將軍回去之後，要這些部下全都到警總去銷案，沒想到卻全部被抓了關起來。孫將軍對我說：「那時又上了他們的當！」

---

❸ 編按：孫善治先生補充的回憶文，在民國 96 至 97 年之交所寫，之後，在 97 年 3 月中旬來台，並交給學生書局總經理鮑先生。民國 97 年 3 月 21 日電話朱浤源，稱已完成，並將在 3 月 23 日投票次日離台返深圳。民國 97 年 3 月 28 日（星期五）經朱浤源電話學生書局，鮑先生即囑當天剛好要來中研院辦事的同事，攜帶這份手稿，連同一套《孫立人將軍暨孫案相關人物訪問紀錄（稿）》，送回近史所檔案館予朱浤源。由其妹朱麗蓉收下，並於 4 月初完成輸入。

在民國四十四年八月事件發生前不久，美國第七艦隊一艘潛艇到基隆訪問，蔣介石總統只要孫將軍一人陪同下潛艇參觀。如果孫將軍有任何企圖，或有貳心，隨時可挾持總統，可見孫將軍決無貳心。

孫立人事件發生之後，孫將軍的個人資料（包括任命狀、證書）、來往信件文件都託家父保管。家父為了慎重起見，就分裝在幾個由竹編的大籮子中，與家父在抗戰勝利後所著《緬甸蕩寇志》及《印緬遠征畫史》（當時列為禁書）一起藏在家中天花板上。每年家父都帶領我們幾個兄弟，爬上天花板，噴灑殺蟲劑，以免文件被蟲蛀蝕或被老鼠咬壞。

在家父於民國五十六年元月去世後，我曾問過孫將軍，這些資料如何處理？當時他萬念俱灰，對我說：「統統燒掉！」這一點，我未照他老人家意思做。

民國六十幾年盛傳孫將軍在清泉崗空軍基地，被美國人將孫將軍藏在冰箱偷運出國。孫將軍笑著對我說：「我不是好好在這裡。」

經過一段時日，孫將軍想到寫回憶錄（後被政府否決掉）時，就問及曾經要我燒掉的資料是否都燒了？我回答：「當時不敢燒掉，已經秘密收藏下來，至今仍保存著。」約在民國七十年前後，孫太平就讀台中女中的時期，他決定口述，由太平筆記回憶的內容，於是要我給他送去。

孫將軍四位子女：孫「中」平（女）、孫「安」平（男）、孫「天」平（男）、孫「太」平（女），將軍以「中國安定，天下太平」來取名。對兒女之管教，皆以軍事化管理。他們書桌按序直行排列，有如課堂，可隨時查看他們唸書情況，如果有那個犯錯，吃飯時就罰坐在將軍身旁。

台中寓所玄關門口放有一對盆景，有一天孫將軍正在修剪枝葉時，我問他：「這對盆景，您種了多久了？」他感嘆地對我說：「自事件發生至今有多久，這盆景就有多久！我一生最能替國家做事的時候，把我埋葬在此！」

孫將軍大哥（孫伯亨）在屏東去世。孫將軍因限制無法奔喪，就要家父（孫克剛）代替辦理喪事。辦完之後，順道趨往台中向孫將軍報告辦理經過。當家父剛跨進門，孫將軍立即向他下跪，叩謝，並道：「慚愧！慚愧！

自己親生大哥去世，都無法親自去。只有麻煩你代我辦理，眞是謝謝。」當時家父嚇一跳，趕忙扶起孫將軍，並連聲說道：「二叔，不可以這樣。這是我應該做的。」隨後叔姪二人相擁而泣。

民國六十七年蔣經國就任總統之時，特地派馬紀壯（當時總統府副秘書長）到台中拜訪孫將軍，希望孫將軍摒棄以往之恩怨，再替國家做點事。孫將軍委婉地拒絕，但提出三點要求，望馬紀壯帶回去徵詢蔣經國意見：第一、將軍年歲已大，希望讓他退伍，還他平民身分。第二、國家現需要人才，他不需要這麼多的人（副官）陪伴。第三、房屋已老舊，年久失修，望派人整修一下。同時拿出一套中研院出版的《白崇禧先生訪問紀錄》（紅色精裝），對馬紀壯說，希望能比照同樣方式出一本回憶錄。事過一個多星期，馬紀壯再度來到台中，對孫將軍說：前面三點要求，經國總統全部答應，准予退伍，房屋馬上整修、人員大部分撤離。但孫將軍要求人員不是全撤，而是減少，因爲所住（向上路一段 18 號）是日本矮牆建築❸❷，至少孫將軍住家安全應該受到保護。回憶錄壹事，則不同意。

國大代表馬愛珍二女兒在圓山飯店 12 樓結婚，王叔銘將軍親臨祝賀。離席時，由我親自送下樓。我順便提及我與孫將軍關係時，他馬上拉著我的手，走到旁邊，對我說：「當時我們都知道他是冤枉的，可是誰又敢挺身幫他說話！？」

記得有一年孫將軍來台北檢查身體，暫住永和。我與四弟善維一起陪他晚餐，餐後在院子散步。他與我們談起當年在維吉尼亞軍校唸書的過程，當時除了軍事化管理嚴格之外，高年班如何修理低年級同學，低年級如何服侍高年級學生，每天要將高年級熨好之衣物，用雙手捧著送去。如果高年級學生對低年級同學看不順眼，可以將低年級學生之手掌心，當做煙灰缸，來熄滅煙頭。另外，談到當年在東北作戰攻下四平街，再攻打哈爾濱，新一軍以

---

❸❷　編按：或許理論上這間日本人住過的宿舍，都用矮牆。但在孫案之後，房屋的左右兩邊
　　與後面，已經改成高度大約兩公尺的磚造圍牆，前面（正面）也改用兩公尺高的灌木
　　叢，使孫家的人看不到週遭的人，外面的行人，也看不到裏面的人。

五萬人部隊對抗林彪。林彪二十萬人部隊，已被新一軍打散向北竄逃，已無退路。如果再給他幾天時間，就可以活逮林彪。就在這個時候，接到命令「停止進攻」，良機頓失。

此時又將他調職離開東北。林彪後來利用此一機會喘息，再舉兵南下，由於局勢已變，就無法抵擋。難怪後來中研院近代史研究所張玉法所長問及孫將軍東北如何丟失？孫將軍老淚縱橫，以四個字「指揮失當」來回答。孫將軍難過的是，他一手建立的新一軍，就這樣被葬送了。

孫將軍一向身體健朗，突然轉壞的原因，除了四位兒女，在國外求學，全都不在身邊，頓失精神支柱之外，最主要原因我認為孫將軍到台北檢查身體時，家中親戚請他到季園川榮晚餐，正逢孫將軍前隨從參謀陳良勳也在用餐。陳良勳趨向前向將軍敬酒，同時，並提出邀請：次星期同一地點。當時孫將軍勉為其難情形之下，同意。不料，第二天，國防部一位周姓少將，至永和孫將軍的暫住寓所。當時孫將軍正在閱讀一本書。這位少將竟毫無禮貌，從孫將軍手中，將書搶過去，不斷翻閱，口中並說：「上級不同意您參加陳良勳之邀宴。」孫將軍在如此受辱情況之下，當場就說：「明天就回台中。」後來就因為受此打擊，自此之後，心情大壞，身體狀況就一落千丈。

晚年，孫將軍最大心願，是在有生之年，能返安徽老家一趟。可是身體狀況不甚理想。每一次去看望他時，就提及此事。當時我們都安慰他，並勸他將身體養好，有體力時，我們都會陪他一齊回老家去看看。從此孫將軍每天不斷訓練自己。記得我女兒從美國回來時，我們去台中看望他，在家中一起午餐。餐後，看到他就繞著餐桌走。口中不斷喊著「一、二、一！一、二、一！」的口令。這種毅力讓我們看了，也不免為之動容。他每天這樣做，無非是想達成他的願望。

蔣經國去世（民國七十七年）以前，我一位表弟自美返國，去台中看孫將軍。那時，孫將軍身體已經不是很好，情緒低落。我表弟為了避開監視，改用英文與孫將軍交談，並勸孫將軍以身體健康為重，並說：「他（蔣經國）絕對會比您先走，您的冤情會有洗雪的一天！」

　　民國七十八年孫將軍九十歲，才得到國防部長鄭爲元的許可，而獲得自由。他的生日也因此得到海內外人士的注意。爲了慶祝他生日，舊屬們租用了附近中正國小的大禮堂。沒想到大家竟然自費自動前來，擠滿了大禮堂。❸他在度過九十大壽當天，我曾經問過他：有人建議爲他拍一部電影，徵詢他的意見。他對我說：「能拍成電影，當然是好，但是必須求眞求實；不眞不實，不如不拍。」大陸開放探親，我去北京時，孫將軍要我順道拜望他的老長官，當時擔任政協副主席（原新一軍首任軍長）鄭洞國將軍。後來與鄭將軍之孫鄭建邦（當時任民革委員會聯絡部長），談及拍電影一事，他也同意由兩岸合作來拍。場面、人員，大陸方面都可支援，唯一困難是東北戰役問題。後來取得共識，孫將軍的戰功主要是對日寇，是中國抵禦外侮立功異域的戰爭。至於東北戰役，則可輕描淡寫帶過。後來因爲沒找到合適的劇本，撰寫及經費都有問題而作罷。

　　民國七十九年「立新社」❸成立之初，徐靜淵社長❸及秘書長樊仲英由我陪同晉見孫將軍，希望得到孫將軍的訓示。孫將軍當面對他們說：「您們要成立任何社團，我不反對。但是，要記住三點，第一、沒有國那有家，凡事均應以國家爲重。第二、要憑良心做事。第三、不要與任何政黨掛鉤，被其利用。」

---

❸　編按：編者本人也擠在人群中，當時深受感動。

❸　「立」指孫立人，「新」指新一軍。立新社是由孫將軍當年的屬下、學生所組成的社團。

❸　徐將軍也接受本訪問。詳見徐先生訪問紀錄。

陸、孫宅水電師傅鄭錦玉先生訪問紀錄

時　間：民國 77 年 11 月 25 日、27 日，89 年 4 月 19 日、
　　　　6 月 5 日、7 月 10 日
地　點：台中市向上路一段 18 號、松林素荼餐廳（桃園市
　　　　民生路 60 號 2 樓）
受訪者：鄭錦玉
主　訪：朱浤源
紀　錄：高惠君、謝國賢

一、緣起

　　我是在民國五十三年，到孫家修理水電時認識孫將軍的。我在台中住了二十三年，七十一年移民美國。現在住洛杉磯。

　　民國五十二年農曆除夕前二天上午，有位陌生人來店裡，吩咐我到向上路十八號修水電，隨後我先前往檢查，進到庭院後，門口守衛人員叫了一位園丁老陳（草屯人），帶我至後院廚房屋頂，檢查水塔不能自動停水的原因。我約定下午四點鐘左右再去換電自動開關。同時我好奇的問老陳說：「這家主人是何許人？」老陳說：「我不能告訴你。」

　　但我想這庭院門禁森嚴，又有似軍人的人守衛護著，他們看起來又有些冷面嚴肅，我意會這家主人絕不是普通人物，那一定是官方的要人。我好奇的想進一步知道他是誰。

　　待我下午進去工作時，藉機要查看開關箱，老陳便帶我進屋裡。我先瞄到客廳上掛著一幅照片，肩領上各有二顆星星，餐廳壁上有一幅徐悲鴻的「孤雁」名畫，前走廊壁頭上亦掛有一幅山水國畫。畫中題字第一行是「主公上將軍賜存」，末款我忘了。到屋外後我再問老陳說：「怎麼沒看到主

人？」他說：「上山去了。」

隔一天農曆除夕早上，守衛人員又來店裡說：「水塔還會在半夜後，滿水出來。」當天下午我再去檢查，發現水塔裡面還裝有一套自動進水器，有時會失靈，我再將之換掉。完工後我又問老陳說：「這家主人是一位將軍啊！」忠實的老陳以為我已知悉內幕，停了片刻告訴我說：「我告訴你，但請你不能告訴任何人，他就是孫立人將軍。」我聽完後很感驚奇！

回想民國四十二、三年，我唸高中時，學校裡有很多位老師和軍訓教官，常提起中國有一位了不起的英雄人物：孫立人將軍，他有很多歷史功勳。這位偉大的歷史人物竟然是住在此「公館」，今天我竟能置身其中！如果不知廬山真面目，將會遺憾終身！因此，在我完工後，藉著向主人收帳為由，進到屋裡。先在客廳裡見到孫夫人，她很客氣的招呼我。隨後，從另一房間走出一位約六十歲左右，但頭髮蒼蒼，威嚴中帶著慈祥的長者。我很恭敬的向長者鞠躬，並自我介紹。長者看我這個陌生年青人有禮，他向前和我握手。長者說：「我姓孫。」我驚訝的請教說：「是孫大將軍嗎？」他頷首說：「我是孫立人。」我接著說：「將軍是我們心中的大英雄啊！您保國衛民的豐功偉業我們很敬佩，想到今天會讓我仰見，實在太榮幸了！」

孫將軍被我這突來誠敬的言語感到意外，且連聲說：「慚愧！慚愧！遺憾不能為國家多做一點事。」他又問我說：「你是自己創業嗎？店在什麼地方？年輕人有一份技術很好。」我一一作答。接著他又說：「這棟日式房子老舊了，常常要修理。以後有事的話，請你多幫忙。」我說：「如有任何事請將軍吩咐。」

孫夫人說：「看你們初次見面，就談得這麼投緣，真好。」又問說：「這兩次修理共要多少費用？」我說：「能為將軍效勞我很高興，不用算帳了。」孫將軍說：「親兄弟明算帳，一定要給的，請不要客氣。」爭執中我只收三分之一（材料費）。彼此很愉快地互道再見，新春快樂，初次見面留下數十年如父子般的深緣親情。

二、高牆圍繞與副官監護

孫公館的圍牆，是太高了：約七尺。爲什麼這般之高呢？原來在孫先生搬進去住之前，保密局等有關單位就已經重新圍建，並特別在後方砌上三面高聳的磚牆。有位李副官，請我在三面牆安裝警鈴電線。

孫將軍台中市公館內外有許多的副官，都輪流執勤，監護孫將軍：隨時陪在孫將軍身旁，開門、提東西。這些人還不錯，對我也很客氣，因爲我沒有什麼心思吧！有幾位重要的負責人，也會到我店裏聊天，或私下有事亦請我幫忙，所以大家都像朋友似的無所忌諱。

當時副官大概分成三班，一班有二個人，大概有十人在內部服務。有的住在後面，有的有家眷的就住在自己家裏。他們是屬於保密局的（後來的安全局）。

孫公館右後方，有一棟三層高房，是情治人員駐台中的辦公室，也負責中部地區其他事務。副官們有時也到我家坐坐聊天。其中待得最久的是李心慷司機、徐參謀、朱副官，階級應是尉、校官階，負責人是李副官，有一位劉副官和朱副官人都很好。

記得我第二次去孫公館時，和李司機在房屋左前方的大榕樹下閒聊，他也是安全人員之一。我問他：「爲什麼上面會把孫將軍幽禁在這個地方？」

這位司機很率直的告訴我說：「整個大陸淪陷失敗，不外是很多上面的人貪污腐化。孫將軍是一位極強烈的愛國者，現在退到了彈丸之地的台灣，很多人還不會警醒，還像以前那般胡作非爲。他看到這失敗主義的情況是非常痛心，所以要救國家於微亡，就必須要有一番新的作爲。可是這些用心卻被有心人當作是有『野心』，處處掣肘，使他孤掌難鳴。而且他是留美的，受到黃埔系的排擠，所以開會時孫將軍提出很多好的（計畫），每次都被否決。但是等他離開了職位，大家又採用他的。他實在是被有心人陷害的，才被總統調爲參軍長，人家就趁機把他打下來，成爲政爭下的犧牲者，實在是國家的不幸。」這是大榕樹下的一段可貴的「良心話」。

從民國四十五年孫將軍由台北遷移到台中這幢自己買的日式房舍，在

「孫公館」內都有安全人員看守，他們來自安全局或情報局。

　　對孫公館的監護，採三班制，每班八小時。內部的守衛室有李震源副官、朱副官、徐參謀、周副官、程副官、李司機、孫某某（即谷正文安置的人），後來又有劉溪副官（約兩年時間）。李副官、劉副官、朱副官人都不錯。在孫家左斜對面，向上路另一邊，有一家也是監護人員在那裡駐守。當年有放置一挺機關槍，以備不測。內圍負責人是李副官。

　　後來據李副官說，他要調往陽明山，其實他是去看管張學良的。後來再調往中正機場特勤室當副主任，家也搬到台北永和鄉中山路巷內，我曾在李副主任家作客住過一晚。

　　後來我到機場接客人，去找他，他給我掛上一個特臨字名牌，就可以自由進入機場內部，出國時也較方便。

　　外圍負責人原先是陳玉祥組長，還有一位陳副組長。陳組長後來調往民航局，在中正機場當人事主任，我也曾去看過他。在台中時，有一天早上我看到他從民權路往回家路上走，好意請他坐我的機車，結果我們走到五權路交叉口時，我正在問他：「你這麼胖，有多重？」忽然間，機車竟然從中間支柱折斷，前後輪分開。兩人都摔倒在馬路上，幸虧只受一點擦傷，當時也沒有車子過來。出事地點跟我的店距離約三百公尺。彼此幸好都平安。陳組長調走後，是由一位斷一隻胳膊的孫若愚，負責外圍之任務。

　　平常副官們和我不談公事，有時要和孫先生見面前後，我會走到守衛室去看他們，監護人員也很客氣招呼我到守衛室內，問我要不要拿書看。室內擺著一批書，做為他們消磨時間所用。但每次見過孫將軍後，副官都會送我出大門口，待我離開後，他才回庭院內。

　　偶而有特別約定之客人來訪，都有一位監護人員站在鄰近守著，自己的親人來則例外。但我想屋內一定裝有監聽器。

　　監護人員都到我的店裡聊過，我店的招牌「錦興水電工程行」是劉峙將軍題字，和楊亮功院長的一幅題字，所以他們對我應該不會有忌諱的。

　　孫將軍出門的時候，司機和一位隨護人員在旁邊照料。而在他的黑色軍

用轎車之後，還跟著一部吉普車。據孫夫人說早些年，將軍到台北做身體檢查的時候（約三、四月份），若坐火車，常常會碰到部屬或朋友，走過來和孫將軍行禮見面。這些隨扈人員約五位，會緊張的問東問西。後來乾脆改用專車北上。

有一次出發前夜，孫夫人做了一個不祥的夢。出發前趕快叫李副官換一部四分之三（噸）型車子，大家不知所以然。車子從縱貫公路北上，快到新竹前有一座長橋，忽然間對面一輛軍用吉普車飛快迎面而來，孫先生之座車閃到橋的右邊，該吉普車如醉行一般，擦撞而過，大家驚嚇中只聽到極大的碰撞聲，就不見車子影蹤。孫先生即命司機停車，並說車子可能衝到河底了。隨扈人員下車查看，該軍車已衝斷水泥橋欄，車子是新竹空軍駕駛員開的，已當場死亡。隨扈人員隨即通知新竹空軍基地和新竹憲兵隊。

空軍來了一大批人員，包圍了孫先生、監護人員及車子，經副官向憲兵解釋後，憲兵很恭敬的向孫將軍行禮，憲兵又向空軍之官長解釋，大家查看現場車禍狀況後，知道是空軍駕駛員的錯。孫先生穿便衣也下車了，空軍官長趕快趨前向孫將軍行禮，並說：「對不起，讓老將軍受驚了。」孫將軍說：「趕快將受難者安頓好，我們都很難過，也請好好安撫其家屬。」大家這才領悟到，孫夫人要我們改成中型吉普車比較穩當，好像是冥冥中有菩薩在保佑大家似的，也感謝孫夫人的神妙靈感啟示。

三、高牆內的孫公館

孫將軍當時的生活情況，沒有什麼收入，吃的也很簡單。孫將軍喜歡吃吳郭魚和青菜豆腐，每天起得很早，就在庭院作作運動、散散步，八點鐘準時上山。晚飯後有一個小時在庭院慢走，和兒女聊天。他睡得很晚，常常在午夜十二點後才睡，可是下午約有一小時的午睡。他喜歡看運動比賽，尤其是棒球、籃球、足球比賽。有一次一位記者發現了孫將軍，就在附近拍了兩張照片，被監護人員發現，當即命令將膠捲收去放光。他也很喜歡在電視上看國際球賽，如台灣青少年棒球隊的國際比賽，他會從午夜看到比賽完畢。

　　孫將軍有軍字牌轎車出入，而且他外出時會有司機一人，還有一個安全人員坐在旁邊，後面還跟著一輛軍用吉普車。表面上看是很風光。

　　國防部有沒有給錢，我不曉得。可是孫將軍的生活很清苦節儉。孫夫人曾告訴過我，孫將軍蒙塵初期，心情非常忿忿不平，他一生為國家出生入死，這麼多部下跟他南征北討，個個驍勇善戰、所向無敵，為國家立下了無數功勞，卻遭到這種不明不白的冤屈，使他痛苦萬分。最初連給不給他薪水都沒考慮！孫夫人張晶英說：「在冤案發生之初，孫將軍很憤怒的說：『現在不能為國家做事了，還拿什麼薪俸！』當時也辭退了其他兼職津貼。」這是孫將軍為人處世的一面。大約兩年時光，沒有任何收入。一些儲蓄用光了，孫夫人才偷偷打電話告訴蔣夫人宋美齡，她轉囑國防部，才按月再送來薪俸。

　　孫家的四個小孩，都是孫張美英所生。❸有的念師專附小、省女中、懷恩中學。上學不是自己走路，就是騎腳踏車，也常常看到如夫人❸用單車載他們上、下學。他們讀書成績都很好，可說品學兼優，而政府並沒有給他們享受軍眷的優待。

　　孫將軍喜歡看書，尤其從大陸運來的很多古書，是無價之寶。他好學不倦，美國郵報、普渡大學、維吉尼亞軍校的校刊經常會寄來給他。有一次孫將軍拿一本《緬甸蕩寇誌》給我，這本書是他遠征緬甸的作戰史冊，而且經過他親自批註的，我很喜歡看，朋友也借看。一段時間後，孫將軍問我看完了嗎？我說還沒看完，市面上也找不到，所以我把整本書重抄一遍，還沒抄完，他聽了我這麼用心抄錄，就交代把書存放我處保管好。待孫案爆發翻案後，在美國我請周固猷醫師❸帶回奉還主人孫將軍，並於八十二年初再版。這一部史料是第二次世界大戰，孫立人將軍率軍遠征緬甸抗日，贏得百戰百勝的作戰真實史料，很值得一看。

---

❸　孫張晶英女士並無膝下。因此媒合張美英女士，為孫將軍生了4個小孩。

❸　鄭錦玉先生在本文中，以「孫夫人」稱張晶英，「孫如夫人」稱張美英。

❸　前陸總部軍法處長周芝雨將軍的兒子。

孫將軍全家出遠門不多，偶而到中南部、日月潭。他到過后里馬場騎馬，管理人員知道是孫將軍，就堅持不收費用，而且特別招待。很多老兵都很尊敬他，他也會和管理人員談如何訓練和照顧馬匹，使牠強壯，以便戰時上戰場之用。孫將軍曾抱怨，大女兒中平清華大學畢業典禮，想去參加未准。蔣老總統去世時，想去靈堂行個禮也未准。他們耽心孫將軍在人太多的地方出現，會引起很多的後遺症，他們擔當不起，所以總要使他的行蹤低調。

民國七十七年十一月我從美國回來，主要是為孫將軍祝壽，其次是辦一些慈善事業。我記得在將軍八十歲那年（民國六十八年）春天，孫將軍為他祖上神祇安座。那天一早就打電話請我來幫忙和照相，並請了佛教界李炳南老居士為孫家祖先安座。舉行一個儀式祭拜祖先，先請一位護士為孫將軍和兒子抽血放在小盤，再將鮮血用毛筆點在神牌某某主牌上，即點在王字上一點之意，這是我第一次看到的點主儀式。儀式完後，我向其祖宗牌位行三鞠躬，將軍見狀立刻跪下答禮，我立即回過頭將老將軍扶起，說我擔當不起。我何德何能讓一位已八十歲的世界名將行如此大禮，內心實在驚恐慚愧。孫立人將軍之治軍目標，為「義勇忠誠」四個字，他為國家盡忠義，戰陣無勇非孝也，為民族盡孝，誠誠懇懇，待人接物，所以是國家之忠臣良將。

孫家供奉的神祇有觀世音菩薩、地藏王菩薩、釋迦佛，還有關聖帝君。當年大陸淪陷時，星雲大師流落到台灣，得過孫將軍幫助。所以星雲法師偶爾也來看孫將軍，在他八十歲生日過後第三天，孫將軍想找身後事的陰宅，曾和全家人到佛光山住了三天，受到星雲法師的特別款待。

四、兩位夫人：張晶英與張美英❸⁹

(一) 夫人張晶英

孫將軍每年會上台北檢查身體，時間都是三、四月，住在台北中和孫夫

---

❸⁹ 編按：本書稱張晶英為大夫人，張美英為二夫人。

人的家，在二樓還有一間佛堂。偶而上台北我會去拜訪孫夫人，她較會談起孫家的往事，我們談得很投緣，她是很有智慧的佛教長者，每逢過年過節，孫將軍的生日，她都會回台中孫公館小住一段時日，所以我們常見面。

　　孫夫人在民國八十一年去世後，把台北中和的房子捐獻給星雲法師，價值約市價四、五千萬元，雖然住在台中孫公館的如夫人和兒女生活尚清苦，孫夫人還是以眾生為利益，「一諾萬金」地奉獻給星雲法師做慈善事業，台中的如夫人和兒女也未曾多說一句怨言。

　　據孫夫人說：「當年大陸淪陷時，很多和尚逃難到台灣，星雲法師和聖印法師是其中者。當時看到流落到台灣的和尚可憐，就和孫將軍商量，變賣一些家當和少許積蓄，將台北善導寺買下收容這些和尚。善導寺起先住的人很雜亂，經派人整頓後，才漸有規律，並成立和尚救護隊，也就是和尚兵，每個人做一份有益國家之職務，國難當頭，大家都是生力軍。」善導寺後來成立財團法人，大家推孫夫人為董事長，並對社會辦很多法事活動。後來有的和尚腰纏萬貫，有的另立宗山，如星雲在高雄成立佛光山發展新的佛教聖地，星雲法師偶爾會來看孫將軍和孫夫人。孫將軍也介紹我到佛光山見星雲法師。我持名片告訴其他和尚，說是孫將軍介紹的，他們請示星雲法師後就帶我至貴賓室會敘。

　　孫夫人又說：「慈濟功德會初期，在證嚴法師推展時，還是很清苦，她就把孫將軍在緬甸作戰時，緬甸政府感念孫將軍幫助他們打敗日本，呈獻一套純金質鑲鑽石的紀念金像寶物。孫夫人徵求孫將軍同意後，奉獻給證嚴法師。經拍賣獲得二百六十萬元作慈善基金。」孫將軍和夫人全家生活簡樸，可是一生救世濟人，就像活菩薩一般，我這個凡夫俗子也深受感召。因此在我三十二歲，事業順境時也設了一個道場，很多社會人士如市長、將軍、教授，以及大學生都前來學道。

　　記得有一年中興大學要在「孫公館」左側圍牆外建宿舍，因庭院內有一部分是該校的產權，當年買房子的時候沒注意到這些細節，孫夫人覺得要拆掉房子，就危及他們的住宿環境，她就向副官說：「中興大學要逼我們撤走

搬離的話，我們就搬到馬路上住，堂堂一個上將住在馬路上，看看大家好不好看？」後來副官反映到國防部，中興大學才沒有再堅持要收回部分房地。

(二) 孫如夫人張美英

如夫人張美英為台南縣麻豆人，孫將軍在失去官位前後，她為孫將軍添育了二男二女。孫家子女小學都在台中師院附小，孫如夫人都用腳踏車載他們上學，年紀稍大，自己騎單車上學，讀大學後都到美國留學，二位女公子都是雙料博士，二位男公子都是優秀電腦電機工程師，孫將軍很注重小孩教育，個個都是品學兼優。

有幾天孫將軍的車子沒有經過我店門口，我就走到孫家看看。進庭院後我先問副官近況，副官說孫二夫人被狗咬傷進院去了，我就進屋還問候孫將軍，他說：「前些日美英被那隻獵犬，咬傷了後小腿腳跟的地方，已經送到重賓外科住院治療，再過一個星期，應該會好。」又說：「當時我聽到美英的喊叫聲，狗已咬住她的後腳跟，我大聲呵斥，並想拉開狗的嘴巴，牠反過來咬上我的手臂。李副官聞聲趕來，對準狗的嘴筒猛擊一拳，狗才跑開。李副官說，打狗要打牠的嘴筒，狗會很難受的。」第二天孫先生看到那隻獵犬，還有些兇性，就叫他的部下原主人帶回。那年孫將軍正好是六十九歲，台灣習俗說犯狗欺，閩南話九和狗是相同發音。

二夫人賣了好幾年的水果。她賣的水果有荔枝、梨子、葡萄、梅子等。也種有聖誕紅、蘭花。她都騎腳踏車，載了兩個筐筐的水果，到第二市場賣。有時候有好的花朵也送去賣。她賣水果的時間，都在早上送小孩上學之後，回來的時間較不一定。

為了全家生活和小孩的教育，時而發生費用短絀，如夫人有時會回娘家向兄弟借貸，娘家會自動幫忙困難，她也不願夫君知悉。如夫人操勞家計，相夫教子，為孫將軍添了四位男女公子，也為孫將軍減少這一段蒙冤的少許痛苦。如夫人實功德無量，她的美德也人人稱羨。

五、熊式輝、劉峙與我

民國四十四年秋，我讀高中三年級時，一位新來的老師歐陽先生，他是剛從駐泰國大使館撤館回國的外交官，校長特聘請他當我們高三一個班的英文老師，一年後他又回到外交部。歐陽老師與黃少谷院長是燕京大學研究所的同學，與廖耀湘將軍是滬江中學的同學。在我二十三歲剛踏入社會做事之時，我的服務公司和另兩家工程公司，向美商承包美軍在台南空軍基地的增建工程，我在那裡負責監工之責。工程進行將近一半，美商卻遲遲不給工程款，我們三家公司有受騙之慮，而終止工程之進行，我代表公司向法院提出訴訟追討所受損失，從一審到三審之訴訟，我都請歐陽老師暗中幫忙解決，因此我們師生之間關係很密切。

有一次歐陽老師陪外國來訪的貴賓經過台中，拜訪在台中的好友熊式輝將軍和劉峙將軍，也順便介紹給我認識，並提及我是他的義子，請二位老伯多照顧，二位老將軍很厚愛我，相待如親人。歐陽老師曾告訴我，二位老將軍過去在大陸時紅透半邊天的大人物，要我有機會就去拜訪二位老伯，他們有很多歷史可以談。因此，我常去看他們，聽講故事。從此以後，我才對中國撲朔迷離的近代史有更多的瞭解。

兩位老將軍異口同聲的說：孫將軍是一位中外歷史上不可多得的將將之才，他熱愛國家，真正為救國家的忠臣良將。當年孫將軍率一個師遠征緬甸，解救盟軍之困，阻擋日軍北上與希特勒德軍會師，可說是一將當關，二十萬日軍莫敵。印度免遭兵劫，數億生靈免遭塗炭，緬甸得以早日復國，孫將軍實功德無量。

對日抗戰勝利後，毛澤東、林彪率共軍搶先佔據東北，致使前來接收的中央軍出關瀋陽，坐困愁城數月。為此蔣先生電催在美國參加世界參謀首長會議的的孫立人將軍，回國解救東北之困。孫將軍臨陣出戰，短短八天即收復大半東北，毛澤東、林彪的部隊被擊潰後撤，東北收復在望。東北保安總司令杜聿明忌恨孫立人將軍，此時阻礙孫將軍追擊林彪，坐失消滅共軍之良機。後來又藉端將孫立人調離東北。從此東北不保，影響整個大陸淪陷。蔣

先生就是喜歡用這些昏庸之士，才會把美好的江山，拱手讓與毛澤東政權。

　　熊將軍曾吩咐我說：「孫將軍在台灣整軍練兵保衛台灣，抱著反攻復國之決心，因而被有心人說他有野心，所以情治和政工單位奉命編造假案，來陷害孫將軍，蔣先生趁機將他幽禁起來，外人都不能去看他，這是很孤單痛苦的。你有機會多去接近他，他有很多古書，可去向他借看，不會的地方多請教他，看管的人是不會對你有疑心的，若有見面時，請代我問候。」我曾將熊將軍的話轉告，孫將軍說：「彼此心照不宣，請各自保重。」所以孫將軍把他親自修正過的《緬甸蕩寇誌》遠征軍戰史交與我保管，我擔心被監護人員看到，我就將該書收藏在我內人之手提袋帶出來。

　　熊式輝將軍是當年的東北行營主任。他告訴我：「杜聿明只聽老蔣總統的，完全不把我放在眼裡。」由此可見，杜軍長由於私心加上只聽從老蔣，根本無法接受下屬的建議，所以關於東北作戰失利，他要負很大的責任。另一方面經由我們查證，原來杜聿明的太太是共產黨組織裡的重要幹部，所以杜軍長會受到他太太的影響，妨礙國軍在東北的行動。

　　我與孫將軍多次見面，把熊將軍和劉將軍的話轉告給他後，覺得寬心很多。他也曾問我說：「你怎會認識二位老將軍？」我說：「是我的老師歐陽先生介紹的，我和孫老伯見面很投緣，也是彼此有緣分啊！」他微笑點頭。

　　我在美國還認識一位張耀賡先生，他以前是國府御醫。張老先生說認識的八路軍將領告訴他，「當年毛澤東與周恩來已經化名，準備逃往蘇聯。」

　　另外也有一位溫輯五老將軍告訴我：「當年汪精衛也是被陷害的。」據他所說，在南京成立臨時政府是蔣設計的，他最大的政敵是汪精衛，汪被他謀殺兩次不死，所以又設計他去南京當臨時政府的主席，乘機把他打成大漢奸的罪名整肅他。

　　民國三十二年，汪精衛到日本交涉國事時，在南京被謀殺時留在身體裡的子彈受傷處發作，趕回上海醫治，被蔣介石知道，暗中派人拿無色無味的劇毒交給看護士，將之毒死。這是軍統局人員前些年在美國報紙發布的消息。汪的墳墓也被蔣派人將之摧毀，這是蔣介石對付異己的毒辣手段。

六、孫將軍的果園

　　約經過一年的時光，孫將軍對我們全家人很喜歡，所以有時候孫將軍也請我們全家，到他的果園大坑山上去，中午就在山上煮麵吃。

　　在民國五十年左右，孫先生想種水果養活一家人，將陽明山一塊土地賣掉，才在台中縣的大坑再買一塊山坡地種水果，面積約五、六甲，初期請了三至五位工人墾荒。孫先生則天天上山教導工人除草、種植、施肥，他曾埋怨說，他帶十萬兵作戰很容易，但是帶五個工人卻不容易。後來我也到嘉義山下幫他找幾位會耕山的農人來幫忙，他就很高興留用。

　　孫先生每天早上八點準時上山，下午二點後回家，或下午二點出門到晚上七、八點後才回到家，因為每天孫將軍的車子都會定時從我店面前經過，我們都會照面一下。

　　從山下馬路，下車走到山上的果園，約要二十來分鐘，有一位監護人員陪同提東西上去，另外有司機及其他人，則再往前三百公尺地方，租一個房間做休息待命之用。李副官曾埋怨說，為了陪孫先生種水果，他們每天三餐都沒有一定時間，很感無奈。但是一位六、七十歲赫赫的世界名將，卻精神奕奕，可以和這一批年輕的監護人員比耐力。

　　民國五十七年四月四日兒童節，孫先生帶我們全家到他的山上參觀果園，孫如夫人和最小的女兒太平也去了。上果園後休息片刻，孫將軍帶我繞了一小圈果園，並向我解釋各種果樹名稱，有荔枝、梨子、梅子、芒果等。

　　果樹才不到二公尺高，這滿山遍野綠油油的果樹排列得很整齊，它們就像站立在大操場天天接受孫將軍閱兵似的。堂堂一位大將軍，還每天拿著大剪刀，為它們理容除草，我趁機用照相機留下這些鏡頭，隨後孫將軍也拿照相機互相合照，留下美好的回憶，我和孫將軍的合照還是請朱副官幫忙照的，這是他們破天荒的第一次。

　　中餐是由孫如夫人和我內人做的麵食，大家在山上孫將軍休息的房間，享受難得的豐盛午餐。下午三點鐘大家很高興的回家。有一次我又到山上果園，是徐參謀當值。孫將軍抱著我不到二歲大的兒子，我給他們照相。徐參

謀後來在果園警告我說：「不能和老頭接近，和他在一起的人都沒有好下場。」晚上回家後，李副官到我店裡說，我今天照的底片交給他沖洗，後來他說：底片都曝光了，洗不出來。我知道他的用意，以後我不在那些人面前照相了。

孫將軍不能為國家做事，他也不寄生於社會，所以才墾荒種植水果生產，他上山時全身軍裝穿著，只是頭上戴草斗笠。有一次我對著他說：這樣像半軍半農。他笑著說：「我是農夫軍人。」數年的辛勤，漸漸有水果生產了，水果豐盛的時候會全部發包給果商處理。平常會請工人採回來，由如夫人送到市場賣，有一段時間連續數年發包給水果商管理和採收。孫將軍也種蘭花、玫瑰花，花種都到員林、彰化去買，有的人知道他是大將軍，就算得很便宜，甚至不收錢。

如夫人賣了好幾年的水果，自己庭院也種大的黑葡萄、蘭花、玫瑰花和聖誕紅，有好的花果，都送到台中第二市場賣，有時部下看到了，常常把整簍的水果買走。孫將軍也常挑好的水果送給我們。我也分送一部分給熊將軍和劉將軍，表示彼此關心之意。

有一天，孫將軍又吩咐如夫人，載一簍荔枝和黑葡萄，送給我們。我就分一部分給熊將軍，剛好在美國聯合國做事的熊公子園夏初次回台灣探親，熊將軍說：「當年熊園夏是孫將軍介紹到維吉尼亞軍校受教育，難得他回來了，應該去謝謝孫將軍。」我說我可以帶他去。熊將軍問：「沒有麻煩嗎？」我說應該不會。我算今天是李副官陪同上山，明天應該是朱副官，他較忠厚老實。

我們約定第二天下午三點鐘上山，包了一部計程車，我自己騎機車帶路，熊夫人和熊公子、一位女公子、二位小孩，共五位。到了山上果園，我看到朱副官有些驚慌，孫將軍也很愕然。我先向朱副官說明熊夫人、熊公子之來意，讓他稍寬心一下，再向孫將軍問候。

孫將軍過來招呼後，帶我們到他的休息室坐下聊談。其間熊夫人問孫將軍說：「當年的孫案到底是怎麼回事？」孫將軍很氣憤的說：「他們憑空捏

造欺騙人的事，就叫我打落牙齒和血吞。豈有此理！」熊夫人又說：「熊先生也說是人家設計害您的，他要您多保重身體，冤屈有一天總會澄清的。……」此時，朱副官並沒有一起進到屋裏，他在屋外緊張的走來走去，並用無線電話告知李副官。我在下山出大坑的路上看到李副官的吉普車飛快的駛過。我和熊夫人，各自回家。

回家後不久，李副官就打電話給我：「鄭老闆，晚上我請你到餐館吃飯。」當時我心裏有些緊張，知道我已犯了他們軍規。我趕快打電話給熊將軍，請教因應之道。熊將軍說：「你就照實給副長官說，是熊夫人爲了感謝孫先生當年介紹熊園夏進入維吉尼亞軍校受教育，特地來感謝孫先生的。」我照熊將軍的指示，向李副官解釋。李副官則說：「今天發生的事情，不要向任何人提起，也請熊公子回到美國後，不要宣揚，天外有天，不要讓我們難與上面交代。」我說「遵命。」

前些年還聽葉晨暉博士告訴我說：「熊園夏轉述說：當時有位副官曾打電話到熊公館，去責問熊將軍不應該有今天事發生，並囑咐熊公子回美國後不能提孫將軍之事。」

七、孫公館的訪客

平常很少人拜訪孫家，因爲不容易進來。我是因爲來修水電，又敬仰孫將軍的學識、愛國情操及仁德風範，又有這樣的機緣，才能常常來看他。而且那些看管人員對我很有好感，任我自由出入，也許這是和孫將軍有一份特殊因緣。

孫家有請佣人幫忙處理家事，不過大部分都是如夫人在煮飯。我也曾介紹一個女孩子幫忙做家務，因家裏有事，做了半年就走了，還有一個洗衣服的佣人，一個禮拜來一、二天，也請了一位陳姓花工整理花園。

我除了修水電之外，過年節時一定來孫家，平常也可隨時去看他老人家。過節時或水果（盛產）季節，孫夫人也常送東西給我們。孫將軍過生日時，除了親人以外，外人只有我來拜壽，他七十歲生日時，親戚來了七、八

位，一起吃素食中餐。❹八十歲生日時，也只來了幾位親人。

我的小孩也可以進來孫家，而跟我一起去的親友也可以進去，我公司裏的水電工，只要報上鄭老闆名號，也可以隨時進出，也許這是安全人員對我特別寬待。我的小孩通常稱孫將軍和夫人為孫爺爺、孫奶奶。但孫將軍和夫人不願小孩如此稱呼，孫將軍說：「我倆如親兄弟，就稱呼伯伯和娘娘較親些」。我說：「不敢如此造次」。後來還是遵照囑咐稱呼。孫將軍對我的五個小孩一一叮嚀，要作品學兼優的孩子，並且不要忘記自己的國家。並與他們單獨照相留念，彼此如同一家人。這是我們的榮幸，也是孫將軍和夫人特別的慈愛。

有一次因為孫將軍重感冒，以前當海軍醫官的部下來探視過一次，其他就沒看過有外人來過孫家，但星雲法師偶爾會來拜見孫將軍。

八、話說昔年將軍事

剛認識的時候，孫將軍並不願談過去的事，只是說：「很慚愧，不能為國家做事，心裏很難過、遺憾。」

我和孫先生大部分在客廳聊天，有時他在餐廳用點心，他會招呼我邊用邊談，孫先生會刻意將收音機打開，避免副官們聽到我們談話的內容。有一次我們在餐桌上談話，孫先生忽然停下來，他先聽見有人開門進來，我就站起來離他遠一點，並將話題一轉。原來是李副官很快走到鄰近地方假意問事情。一次是我在浴室檢查水龍頭漏水，孫先生就和我在那裡談話，李副官進來的腳步聲，也是孫先生先聽到，孫先生那時已七十歲了，警覺性還是很高。他們都是藉端來查看一下，這是副官們的職責。

我們談很多歷史，沒有不好的地方，祇是孫先生的身分不同而已。孫公館開放後，有些他的部屬和我的朋友都會問我說，在那個時代和那般環境中，一般人都想避開孫將軍，你竟然敢去和孫將軍做朋友，你不怕危險嗎？

---

❹ 編按：孫大夫人篤信佛教，來台後創立善導寺，並曾任董事長。

我說孫將軍是古今中外難得一見的忠臣良將，他救國保民的歷史功勳值得人人敬佩，今天他被奸人所害，是如何之痛苦，風雨見眞情，我特意和他接近，有何懼怕？後來祝賀孫將軍九十歲大壽後，十幾位受難部屬特地在台北海霸王餐廳設宴，于漢經參謀也在場，他們肯定我──我給予他們的老長官二十多年來的照顧。孫案主角郭廷亮，就坐在我鄰座。

記得孫將軍民國五十八年辦七十大壽時，特地邀請我參加。其實他的生日我每年都會去祝壽。當時，約十位親人在玩牌，李副官和他們一起玩，孫將軍一向不玩牌的。我進入公館後，我向孫將軍祝賀壽辰，孫將軍拉著我的手向親人介紹後，帶我到佛堂參禮，兩人就在佛堂門外走廊沙發坐下。我好像他的特別貴賓，受到招待，我們談一些歷史和他今天的遭遇。他卻悲傷而感嘆的朗誦說：「世局渾濁而不清，蟬翼爲重，千鈞爲輕，黃鐘毀棄，瓦釜雷鳴。讒人高張，賢士無名。吁皆默默兮，誰知吾之廉貞！」孫先生好像有一種把聲音拉高，讓大家都聽見這一段辭賦，我說那是戰國時屈原被楚懷王放逐後，所吐露憂國憂民的心聲啊！孫將軍好似傷心的靜下來。

孫夫人走過來說：「老先生總是喜歡和你談話，希望你常來和他聊天，中午我們有請人幫忙做齋菜，請留下來用餐。」大家用過豐盛的素齋後，孫夫人又分給每人二個壽桃，以及二個印有「仲公七十大壽」、「壽比南山」、「福如東海」之精製紅色壽字瓷碗做紀念，大家皆大歡喜。

在每次談話中孫將軍會提起幾位部將名字，如李鴻將軍、陳鳴人等，有時我聽不清楚人名，他會抓起我的手掌用手指頭在掌心寫名字。談起了李將軍的戰功，他很是氣憤、傷心的說：「他們爲救國家，在戰場勇猛殺敵，歷經百戰而江山才定，蔣總統同意我請他們到台灣參加反共復國行列，可是來到台灣，他還假惺惺的召見嘉勉李鴻等人。等一批戰友都到台灣後，就一起被扣押起來，經嚴刑拷打威逼招認，莫須有之罪狀，再被關入牢獄二十五年餘，受盡折磨而死。無辜的李鴻軍長，他太太被關了八年在牢獄中產子，小孩子也只好陪著。到時間才放出來，看到汽車和火車，竟不知是何物而害怕。」

　　孫將軍還談到副師長齊學啓將軍之死，完全是杜聿明太自私，一點軍人武德都沒有，他配有六百輛的軍汽車團，竟把在仁安羌戰後受傷的官兵，遺棄在野戰醫院，使之等死，只顧帶著自己的大部隊逃命。齊將軍連借一部軍車來載運這批傷患、官兵都不給，以致齊將軍因徒步帶領傷兵而落伍，終至途中遇敵，才慘死在敵人槍下。還有談到仁安羌戰役之劉放吾團長，人家（指英美國家）把他當寶貝，我們政府當局卻把他當掃帚棄置，淪落在荒野當打煤球將軍。❹孫將軍談到這些往事，會氣極而傷心難過，連飯都不想吃，我也同樣會氣憤和難過不平。

　　對於屬下之一的所謂「匪諜郭廷亮」，孫將軍從來沒有懷疑過他對國家有不忠貞的地方，也沒有埋怨郭廷亮假扮匪諜之罪，使他含冤下台並遭到長期幽禁。我曾問及郭廷亮為什麼要這麼做而遺害了大家？孫將軍說：「郭廷亮是很優秀的軍官，跟隨我南征北討表現都很好。他絕不是匪諜，當局的目標是衝著我而來，他們為了要整肅我，先編造『兵變案』陷害不成，再來個『匪諜案』。郭廷亮長時間受到嚴刑拷打的折磨，在生死難從情況下，再設計誘騙他入殼當假匪諜，他們在這種惡毒手段下，誰都難逃他們的擺佈，當局再用這批幹部的性命來威脅我承認某些莫須有的罪狀，他們這樣陷害我，也不會好到哪裡去！」

　　在每次談話中，孫將軍不免感慨地說：「好的人才不用，都用一些破銅爛鐵的蠢材。」意思是國家不採用優秀人才，只是用一些只會歌功頌德諂諛的人，所以美好的江山丟了，國家弄到這種下場，還不知檢討改造，這才是最可悲的地方。

　　孫將軍不宣揚自己過去的事，可是對打仗的事卻常有怨言。例如：他率領新三十八師隨遠征軍進入緬甸，剛到曼德勒幾天，就聽說英軍第一師七千多人被最凶猛的日本關東軍久留米兵團一萬多人圍困，英軍司令官史琳姆含著眼淚當面向孫將軍求救，孫將軍見戰況危急，義不容辭的即刻答應，當即

---

❹ 劉放吾團長後來在屏東經營起煤球店生意。詳見其子劉偉民所著，《劉放吾將軍與緬甸仁安羌大捷》，上海：上海書店出版社，1995；上海：今日出版社，2007，4版。

向上司杜聿明軍長報告。可是杜聿明不答應，就又向遠征軍司令部求見司令官羅卓英將軍，可是羅卓英避不見面，只有參謀長楊業孔在司令部虛與搪塞，原因是二位上司知道自己的軍力太薄弱，不能和日軍打。可是孫將軍爲了救英軍的君子承諾。當夜，孫將軍再驅赴司令部，直接求見羅卓英司令，但司令部只有楊業孔參謀長在，他又不便作主，並勸孫將軍放棄救英軍的念頭，否則自己要負全責。孫將軍在司令部苦候至午夜十二時，尚見不到羅司令，請求軍令，並派兵援助。孫將軍一氣之下，高聲向楊參謀長說：「我們是奉命率軍遠征緬甸，協助盟軍作戰，現在英軍被困，戰況危急，不能見死不救。我已答應英軍司令之求救，決定出戰。萬一我戰敗，我就請人把我的人頭提呈上來…。」孫將軍一股浩然正氣，生死之誓言說完後，就趕回師部指揮作戰去了。孫將軍親率八百將士在不到三天時間，竟將最兇猛的日軍擊潰。❷　而在同時，羅卓英、杜聿明即向重慶之蔣委員長報告：「孫立人違抗軍令，應交處重罪。」想不到孫將軍卻得到空前的大勝利，而且震驚了世界，當局不得不嘉勉一番。這是仁安羌之役後的一段辛酸密聞。

而孫將軍一心想反攻大陸，消滅中共，還我河山，故積極發奮圖強，日夜教導軍隊，操練成第一流的天將神兵，這難免也成了有心人的猜忌。但爲了救國家的危機，心胸坦蕩的他，並不顧慮那麼多了。在此兩件事要提的：

第一，在一九五〇年六月，韓戰爆發後，中共派大軍參加韓戰，聯軍節節敗退，聯軍統帥麥克阿瑟元帥，擬徵召孫立人將軍帶兩個師出征。孫將軍認爲時機難得，可由北韓進入中國東北，反攻大陸，麥帥亦提起，擬在東北用小型核子武器以阻斷中共解放軍南下援助北朝鮮，但爲英國和杜魯門所反對。

第二，孫將軍曾向蔣總統建議，在韓戰期間，計畫兵分三路，由中國大陸沿海反攻大陸，但並不爲蔣總統所接受，其並向孫將軍說：「大陸打下來也不是我的」。孫將軍很難過的埋怨說：「這那裏是一位當領袖人物的心胸

---

❷　編按：擊潰日軍的主要部隊，即新三十八師的一一三團，團長即係劉放吾。

氣度呢？」

孫將軍曾經告訴我，當年他與杜聿明有過兩次的生死之約：

第一次是仁安羌之役。當年孫將軍為了解救英軍，所以決定深入仁安羌。在進攻之前，他先請示杜聿明軍長，沒想到杜軍長卻不同意，於是孫將軍決定當天晚上直接前往遠征軍司令部找羅卓英司令，希望他能答應。

孫將軍到達司令部的時候，只見到楊業孔參謀長。孫將軍知道羅司令是刻意不和他見面，一氣之下就拍桌子說：「我已經答應解救英軍，所以這場仗我一定要打，我有十足的把握可以勝利。如果失敗的話，我願意自我了斷。」這就是孫將軍與杜聿明的第一次生死之約。

第二次是決戰公主嶺的時候。國共混戰時期，孫將軍在東北四平街大捷之後，主張馬上進攻四平街與長春的中繼點——公主嶺。可是杜軍長卻不答應。

孫將軍說：「公主嶺是四平街與長春的中繼點，在戰略位置上極為重要，怎能不打呢？」

杜聿明訓令孫將軍說：「新一軍這次進攻四平街太辛苦了，暫時在四平街休整三天再出戰。」意思要讓他的部屬廖耀湘率新六軍先攻長春。

孫將軍堅持地說：「我馬上要追擊林彪，如果我一天之內無法拿下公主嶺，我會將我的人頭請人提呈上來。」第二次的生死之約因此產生。

當年林彪且戰且逃，一路逃到公主嶺，他知道已經無路可退，所以決定在公主嶺和國軍決一死戰。當時孫將軍的判斷非常果決，他認為要取得制共先機，必先攻下長春，而要攻下長春，就必須先攻下公主嶺。因此，孫將軍不管杜軍長的阻撓，堅持帶領部隊進攻。結果證明他的策略是正確的，在拿下公主嶺之後，國軍也順利拿下長春。

孫將軍率領新一軍收復四平街時，第二天報紙卻報導國軍廖耀湘部率新六軍攻取四平街，全國人心振奮。四平街明明是新一軍孤軍攻下，孫將軍把報導的記者召來責問說：「你們是惟恐天下不亂而胡亂報導嗎？」記者回答說：「這是杜總司令發布的戰訊。」經孫將軍抗議後，才在第二天的報紙上

以小方塊更正。

　　孫將軍在得知毛澤東與周恩來撤退到哈爾濱時，就向蔣主席建議：新六軍應該先到哈爾濱待命，等到新一軍攻下四平街及長春之後，兩軍在哈爾濱聯師夾擊共軍。如此一來，毛澤東與周恩來就無處可躲，共軍就可一舉殲滅。可是當時這個計畫並不被蔣接受，杜聿明更是反對。由於如此，所以失去了制敵先機。

　　至於蔣為什麼會反對，可能是因為和談的壓力。當年共軍節節敗退之際，毛澤東就決定先與國軍和談，利用美國馬歇爾等人從中調處，希望國軍不再逼近松花江。因為如此，孫的滅共就此打住，就連新六軍也被下令不准通過松花江。共軍就利用馬歇爾調停的這段時間，又趁機坐大，進而威脅國軍。

　　這是關鍵性的轉捩點。如果孫將軍的計畫不被阻擾，或許他可以直搗松花江北岸，將共軍一網成擒。因為這次上面的決定，影響真的太大了，造成海峽兩岸分裂將近六十年。孫將軍每憶及此，常感終身憾恨。

　　據我所知，孫將軍的戰利品有很多。比較特別的有艾森豪威爾贈送的六枝卡賓槍、巴頓將軍送的一支手槍及一把武士刀。有人說武士刀是麥帥送的，其實不是，是岡村寧次所送。我曾經問過孫將軍這件事，他說麥帥送給他的是一張照片，一張麥帥手握武士刀的照片。陳良塤也和我提過這件事，他也說武士刀是岡村寧次送的。

　　據說本來艾森豪想把希特勒的車子送給孫將軍，可是因為孫將軍不贊同希特勒的一些作為，所以婉拒了。而這些重要的戰利品，原在台北南昌街的孫將軍宅，事件發生之後，就已經被沒收了。

　　我曾對孫將軍提出寫回憶錄的事，孫將軍說：「過去的事不要再提了，在這種情形下也無可奈何！」孫將軍不願談敏感的事，他很愛護部下，也不記恨部下，認為他們是受了壓力才做的，不相信部下會做這些事。在四十四年八月初時，當局已將孫將軍和外界隔離，只留下隨從聯絡官溫哈熊和秘書韋仲凰。在孫公館，韋秘書替孫將軍擬了四次辭職書，皆被退回。字裡行間

硬要孫將軍承認某些責任，孫將軍氣憤難當，說：「任由他們寫好了！」後來還是由韋秘書修改後呈上。所以辭職書內容並非孫將軍原意，這是韋秘書親口告訴我的。

九、赴美移民與申冤白謗

(一) 出國

　　孫先生在我移民出國前，特地將佛堂裡的關公圖像送到照相館重新處理，沖洗成一張照片給我。孫先生說：「你有忠義之心，所以把這張照片送給你。」我當時覺得很高興，覺得孫先生很看重我。

　　廖耀湘將軍之夫人和兒子（廖定一）在美國洛杉磯曾向本人透露說：「廖將軍曾函示孫將軍說：東北有你、我兩軍在，東北不會失守。」可是孫將軍也無可奈何，軍人應以服從命令為天職。孫將軍曾對我說：「被調離東北是他一生最傷心的一頁。」而在哈爾濱的毛澤東、林彪都高興得開慶祝大會，大鳴鞭炮，並大聲宣稱：「我們唯一的敵人孫立人被杜聿明趕走了，東北不久將是咱們的。」中共解放軍們高興無比，猶如民國四十四年孫案發生後，毛澤東、鄧小平等各個軍頭們又激起了他們興奮的高潮，一方面高呼說：「我們已砍斷蔣介石的一隻胳臂了」。另一方面又大放鞭炮慶祝。可見孫立人將軍無論站在那個位置，都是給敵人莫大的心慄膽寒，也就因此功高震主，遭到心量狹窄的上司的忌妒，逼使孫將軍成為歷史的悲劇英雄，這是國家的最大不幸。

(二) 申冤

　　有關孫案九人調查小組，據師大王宗樂教授多次口述說：他與法界趙執中院長一同拜訪黨國元老許世英先生。當時九人調查小組在許世英家開會。許世英以為孫將軍真的有二心，對孫將軍頗為氣憤。孫將軍就提出辯白：「三十七、三十八年，美國曾派人來對我說，『大陸已經失陷了，蔣介石失敗了，我們希望由你執掌台灣所有軍事，不要大陸的中央逃到台灣。』我說：『我不能在蔣介石失敗的時候，做出違背良心的事，我要為國做事，我

還是服從蔣先生的領導，不做歷史的罪人。』我如果眞有私心，當時我就可以做了，何必等到我當參軍長時沒有一兵一卒才亂搞？這種連三歲小孩也懂。」說完，脫掉身上衣服，露出彈孔纍纍的身體給在場的人看。王寵惠、王雲五看了都掉下眼淚。許世英很氣憤的對陳誠說：「辭修、辭修，你聽到了沒有？你不要胡搞，你若亂來把他殺了，我已活到八、九十歲了，一定和你拼。」這件事是由一位師大教授王宗樂、法界人士趙執中先生轉述許世英的話。而孫夫人也對我提過這件事。

　　我也曾問過孫將軍，九人調查小組立場公正嗎？他說：王寵惠先生是最公正的，因他是世界法學權威，他很了解案子的過程，對於人證、物證不全，很多地方含糊不清，只是捕風捉影，就欲陷人入罪，在法律上是不對的，很多地方是造假的，所以許靜老跟王院長都不簽字。兩位先生很同情他的立場，但也無可奈何？我又問：「有誰對您最不好呢？」他說：「陳誠一直要把我置之於死地！」

　　至於我爲什麼我知道孫將軍的冤枉。有一次我到台北榮總去探劉峙將軍的病，何應欽將軍正好也去看他，經劉將軍介紹我說是孫立人將軍的好友。何應欽對我說：「孫立人受了委屈，他的冤案很難申辯，請代我向他問好，讓他多保重。」

　　據曾經在台北青年救國團總部任教官組長的鄭新元，透露何應欽將軍的一段話：「孫案發生期間，何將軍本來在日本治療眼疾，得知忠於國家的孫將軍被有心人誣陷。他雖然身爲九人調查委員之一，但他知道孫案是編造的，不願聽從層峰指示，便避開自己公館，到青年救國團總部小住一段時間。」這是何將軍對招待他的鄭教官吐露的一些話語。

(三) 劉議員

　　而我在七十四年十一月三日回國時，曾寫了一份陳情書草稿帶到台灣，打算寄給蔣經國先生，可是在進海關時就被查獲了。因爲先前有一位台中市卸任議員劉明栽先生（當時我不知道他是調查局的線民），常到我洛杉磯的家來，並索取孫將軍之照片或資料。在同年約五月份，劉氏先回台，即往孫

公館求見。安全人員不給進入，後來劉氏持我之名片，安全人員進屋問孫將軍。孫將軍知道是我朋友，即出來帶進客廳。劉氏特意提起我保存很多資料事，孫將軍答以保存好，但安全人員即站在門外注意談話內容。後來劉氏幾次電話請我回台灣，劉氏或許受調查局利用，要引誘我回台灣，好調查有關孫案內幕。

俟後孫將軍也受調查。有位程副官幾次對孫將軍很不禮貌的責問，是否把寫回憶錄之事交與我。故在我回台進關查看護照時，電腦即顯示發出唧唧聲，附近辦公室即有人出來注視我。所以檢查行李及人身搜查特別細心，所以也看到了我上蔣經國總統之草擬陳情書。回國後第四天就為調查局約談，問我為什麼寫陳情書？我說：「因為孫將軍是被冤枉的。」調查局就要我不要暴露這件事。這份陳情書的內容第一段是歌頌蔣總統的功德，第二段敘述孫將軍的貢獻，第三段則提孫將軍受冤的事，認為如果他有罪就應與判刑，如果無罪，就該還他的清白、自由。人的生命雖可貴，但名節價更高，我一生最遵奉忠孝節義的人，這樣做有錯嗎？後來調查局要求我寫切結書，發毒誓，不准洩露孫將軍任何事情，凡是有涉及孫將軍之事，我都一個承擔，我絕不能再讓他老人家受到傷害。我坦承以對。

調查局有六位調查員輪流審問我二十四小時，當時，亦叫我打電話回美國，要我家人在十分鐘左右會有人去取與孫將軍合照之照片，並調查我在美國來往的人際關係，才結束這件事。蔡姓負責人最後對我說：「從來沒有這麼重大的案子一堂就過關，因為你很坦白合作，我們也不為難你，出入台灣也照常自由，希望你自重。」

後來孫先生告訴我：「你回國可能會有危險。」他一直擔心我會像陳文成一樣遭到不測，反而不擔心自己的處境。也因為這件事，我無法和孫先生見面。記得有一次，我在孫家門口等待，希望可以和孫先生見面。孫二夫人一看見我，就急忙說：「孫先生很擔心你像陳文成一樣被做掉。」

我說：「沒有關係，事情已經解決了。請孫先生不用擔心。」表面上雖說沒事，不過我心裡曉得情治單位一直很注意我，不讓我接近孫先生。

第二篇　練兵建軍與殲敵熱戰

壹、舊屬賀毅武先生訪問紀錄

時　　間：民國 77 年 7 月 20 日
地　　點：高雄鳳山市黃埔新村東五巷 123-2 號田世藩先生宅
受訪者：賀毅武
主　　訪：朱浤源
紀　　錄：林蘭芳
輸　　入：張光亮

一、第一階段： 民國十九年到二十四年

　　孫先生清華畢業後，到美國學土木工程，後來入維吉尼亞軍事學校，他民國十九年回國，到中央政治學校的陸軍教導隊當排連長，他講統御學時，說：「要教中國軍隊，就要賣熱的了。」也就是現看現教。二十年他和張晶英女士結婚，二十一年至二十二年間加入稅警總隊，當大隊的副大隊長。二十三年改為特科兵團，部隊曾經被派到江西打共產黨，二十四年又回到南城營房。南城營房包括了蘇北的好幾個縣，當時著重部隊戰技訓練和體育等的鍛鍊。

二、西安事變時期

　　那時部隊已改為財政部稅警第四團。民國二十五年西安事變時，部隊奉

令佔領潼關警備，孫將軍當警備司令。那時張學良、楊虎城扣押蔣委員長，在一週內有二十萬部隊全部開到潼關，結果買不到大米，吃住都成問題。委員長回南京後，我們部隊如釋重負，就在潼關修城牆，分團去逛華山。

三、八一三戰役至反攻緬北

民國二十六年七月七日蘆溝橋事變，八月十三日，日本人以海、陸、空三軍掩護，在上海開闢第二戰場，我軍奉令向上海出發，那時連雲港已是日機密佈。我們到達徐州時，徐州車站已被炸毀。修好之後，夜開疾車到南京，到南京時已無橋可過，只好輪渡，結果渡了好久。我們在晚上六點下車，到上海時，滿天都是日本飛機，第一次看到日本的探照燈和高射砲。日本人還有一種昇高的氣球，上面有人用電話指揮砲艦，這是最討厭的東西，但我們沒有空軍，也沒有飛機，沒辦法破壞它。

上海八月、九月的天氣，是天天下雨，泥濘深到膝蓋以上，當時我是孫先生的警衛，所以行動皆在一起。那段期間白天和晚上都是日本飛機，你根本不知道要如何躲避警備，那時只能打夜戰。那時不僅天氣潮濕，他二、三個月沒解過綁腿，根本全身都是濕的，更甭說洗澡換襯衫，而且經常無法吃飯，能吃個半口飯就是最好的東西了。

那時我們的部隊傷亡慘重，但絕對沒有逃兵的情形，還有一個兵上前線打仗，經過家門口，他跟父母說：「打完仗就回來。」那時戶口很鬆，是可以逃亡的。我們部隊不是負傷就是死亡，所餘的均是非第一線的戰鬥人員。在蘇州河那裡，蘇州河很寬，日本人搭橡皮艇（約有一公尺寬），個人能行動能跑。

那時敵人砲火非常猛烈，我們傷亡慘重，這時天快亮，要補充換防。孫立人將軍偏要出去看看橋和外面的情形。此時日本人用的子彈頭有兩種，小的一公分，大的兩公分，傷亡力很大，我們部隊沒有，孫將軍這時負傷，中的就是大的那種，普通老兵在第一線，能用耳朵分別出來是何種槍砲，但那種不能分辨。孫將軍負傷趴在地上，我負傷較輕，有一個班長把他揹到重機

關槍胡瀼梨連長那兒。後來用兩個麻袋，竹棍當擔架，送到體仁醫院。宋子文知道了，再轉送他到香港就醫。

他這個人太負責了，飛機滿天飛，傷亡慘重又無戰鬥力，他都偏要去視察情形。這個戰役，後來我看《傳記文學》的記載，才知道有一百多個師參加會戰，上海郊外的棉花田，被掃射得像刀砍一般整齊。

在印緬時候，部隊第五、六軍兩軍掩護英美部隊任務完成。我建議孫先生說：「官兵走得好累，鞋都走爛了，先休息再過更的宛河吧。」他說：「能安全渡江就不錯了，掩護任務完成，要趕快脫離敵人，而且印緬邊界雨季已經到了。」杜聿明原是要我們部隊由雲南騰衝回國，但孫先生說：「我們在後面，前面有吃的，他們全吃光了，我們還吃什麼？」我們沒有地圖，就拿著指北針向西走，走到印度，經過很多天，中間沒有得吃，糧食不夠，歷經艱難困苦到印度，而後才有駐印軍，然後招考這些學生來訓練隊。

部隊增多了，反攻緬北的時候，一路都要開路，山路崎嶇不平，行軍只走幾英哩，我們經過燕南營之後，山坡地都先用竹片卡在地上才能走。將軍馬術很好，但馬腳滑倒滾下去，滾到半山腰，孫將軍被壓在馬肛子下。我們只好救人不要馬，用棍子把馬打下山谷，把他拉起來。那個地方本地人稱鬼門關，老百姓多是被鴉片控制著的。將軍跌了腰疼，不能走路，後來就騎小驢子，到卡庫後，碰到一一四團，休息了幾天。我勸他返回燕南營，他不聽，還是堅持要往前行。

將軍的智慧，不是普通人的智慧，如果不是他堅持速渡更的宛河，那麼日本的快艇穿越過來之後，那我們就走不了，沒得救了。

〈補充〉關於上海戰役，此役戰況猛烈，孫先生負傷很重。後來有一個我們部隊的德國顧問史坦因（Stein），戰後他回到上海，參觀蘇州河戰場，發現日本人在那兒立了一塊碑，紀念傷亡將士。顯見整個上海戰役之中，日本人就是在那個位置傷亡最重。

貳、五塊厝彈藥庫庫員李少傑先生訪問紀錄

時　　間：民國 77 年 7 月 20 日
地　　點：高雄鳳山市黃埔新村東五巷 123-2 號田宅
受訪者：李少傑
主　　訪：朱浤源
紀　　錄：林蘭芳
輸　　入：陳欣怡

一、一個命令

　　我是民國廿三年參加部隊的，我是個技術員。上海作戰時，我在倉庫保護彈藥，孫先生只給我一個命令，因為日本人在蘇州河堤一扇鐵門打了個大洞，他命令我去撤鐵門，把洞堵好。我過去堵洞時，日本人似乎剛好已經走了，我就由趁空抄路到蘇州河邊，順利完成任務，那是我第一次走上第一線去。

　　我所知道的孫將軍，他是很服從領袖的。例如：有一次英國的司令官蒙巴頓❶，邀他去印度，他不去，到卡薩後就停住了。他要蔣委員長下令才去，證明他是忠於領袖的。他對部下訓練很嚴格，但是通常開飯，要等統統到齊了才開飯；他是既嚴格，對部下照顧又周到。

二、兩次經驗

　　自緬甸回國以後，我們負責新一軍軍部的武器彈藥。後來移防到東北，我們由秦皇島登陸到錦州時，竟被當地政府某部門命令：要扣下彈藥槍械，不准我們走。你想想，我們一個軍在前面作戰，他沒收了我們的彈藥，我們

---

❶ 按：當時英軍防守印度的最高指揮官，是盟軍東南亞戰區的總司令。

還能作戰嗎？這大概是情報人員對我們不了解，結果經過交涉，才准共卸下一箱子彈，聊表扣械，讓我們走了。這是民國三十五年，在東北作戰時發生的事。

　　另外，我們到鳳山五塊厝營房管彈藥庫房，但常有身分不明的人冒充士兵身分，要來列表清查彈藥，我說：「這只對內，不對外，要表就到司令部去拿。」後來南部防守司令官石覺，帶來許多人，說要清查械藥，而且每件都統統要登錄。我連喊了三次不准他抄，但他們人多，我也沒辦法，又何況他是長官。他要走之前要了一把卡賓槍的刺刀，我說：武器不能隨便給的。他罵了許多，說我們自私什麼的。我氣不過就用屁股對著他，但他還是將那把刀拿走了。

　　在我想法，由這兩次經歷，安全人員對孫先生大概已經不對勁了，我所做的，只是我個人應盡的服務而已。

參、聯勤總部李穆先生訪問紀錄

時　間：民國 77 年 7 月 20 日
地　點：高雄鳳山市黃埔新村東五巷 123-2 號田宅❷
受訪者：李穆
主　訪：朱浤源
紀　錄：高惠君、林蘭芳
輸　入：陳欣怡

一、對孫將軍的特殊印象

　　他是一位刻苦耐勞的人。民國二十六年八月十三日在上海作戰時，我們的陣地為敵軍衝破，軍隊被迫撤退轉進時，大家都沒東西吃。孫將軍看到我。說：你怎麼在這裡？我說：我正在找東西吃。他看我已經拿到一些食物，就說：趕快給我吃一點，我肚子也餓得要死。他看你吃什麼，就吃什麼，找到什麼，也就吃什麼。

二、大陸部隊撤退來台情形

　　民國三十八年，自東北撤退的這些部隊來台灣時，大約有五、六千人，❸ 有的在基隆上岸，由陳誠監接；有的在高雄上岸，由我負責。

　　當時陳誠命令在基隆外海的這些部隊的船，只得在海中央，不准上岸，下船的人就開槍打。船上士兵因肚子餓，又生氣，發生了丟槍、打死人情形。而我在高雄時就不同。我認為大家都是自己同胞，有什麼事，上岸再說。我就下命令在碼頭上煮了幾鍋稀飯，送給船上部隊吃，怕他們已經餓了

---

❷ 在座陪同人士：田世藩、蔣元。
❸ 田世藩以為有二、三千人，蔣又新以為將近七千人。

好幾天，會餓壞肚子。當劉汝明的軍隊上岸後，我們早已有所準備，營房老早就安排好了。也為他們的軍眷安排住處，安置他們住在五塊厝。因為我們照顧這些人，根本沒有發生丟槍、打死人的事情。❹ 至於，孫將軍曾說他為了這些部隊住處的問題，和蔣總統有所爭執，我的印象中並沒有這回事。

三、陸軍訓練司令部遷移至台以後之情形

有些人請孫將軍吃飯，他接受了。可是他也不回請人家。我對他說：「來而不往，非禮也。」他說：「請什麼，他要請我，我就去（但是不回請）。」我說：「我負責總務，只是向你建議。」他還是不肯。後來他要我開名單，看完之後就說：「請這些人幹什麼？」我說：「不請就不請了。」孫將軍個性強，又不喜歡應酬的事。

有一次我對他說：台灣氣候很好，適合訓練部隊，建議您到台灣去看看。三十六年八月他就到台灣看了鳳山、旭町營房、台中清泉崗這幾個地方。回來後說：台灣真好，可以訓練新軍，決定到台灣去了。

孫將軍做人很謙虛，但是不容易接受別人的意見。

三十六年十月十日，我還在上海，那時候政府預算緊，補給極為困難，部隊有三天沒有經費，正好我有一位表弟在上海港務局管出納，我只好向他連借帶搶的借經費。等到了基隆，又要搭火車到鳳山，我忙著為高階層的官員分派座位，又急又忙，結果跌倒摔斷了二根肋骨。我心想到台灣一定不會有好事，下午一點多到達鳳山，雜草有一人高，座椅都是矮座，又沒有經費，非常艱苦。那時候孫將軍還沒來，只有副司令賈幼慧來，我心想：沒有錢怎麼做事？我就到供應司令部申請補給，一到那兒才發現和出納處長曾武揚是舊識。我們在十五年北伐時，在兵站司令部運輸組見過面，他是少尉，我是中尉。到了晚上他就介紹我認識科長以上官員，並要我的銜補證，第二天一共借到了五億舊台幣，我們就用這些錢買教育器材，當作開辦費。

---

❹ 田世藩補充：上岸部隊在五塊厝住了一晚上，第二天由五十、五十四軍將部隊領走。

四、訓練總司令部改編

陸軍訓練司令部改爲陸軍總司令部的原因，是因爲老先生復職以後，覺得陸軍總司令不能空在那裡，於是就派孫去擔任這個職務。

那時我因住院，孫將軍派夏聿澤代理總務處處長，後來總務處改編爲營務處，範圍擴大了，包含十五個科室。後來張明信自大陸來，但孫將軍對他的印象並不好，要他再回北平去。他就來醫院向我辭行，我對他說：沒關係，我寫封信給孫將軍。我就跟孫將軍說：夏聿澤不懂業務、不懂經濟，而張明信卻懂得法令規章。後來還是以張明信爲處長。

我出院後，擔任機要室主任，以後又調爲副官處處長。三十九年六月一日調到聯勤，辦理補給之事。陸軍本來也要成立供應司令部的，但是後來在陸軍沒有聯勤補給組織，就是因爲孫先生已經受到排擠的緣故。❺

五、李鴻中將因孫將軍獲罪

我勸他不要接李鴻軍長來，他說接他們來沒問題。接來沒多久就關起來了，就是因爲此事關起來的。當權的懷疑李鴻他們有匪諜嫌疑，孫先生說我用生命擔保，他們絕對不會有問題，又說我正需用人。蔣先生生氣了說：「你不聽我命令，你想當總統，我死了也輪不到你。」孫先生自那一次之後再沒見過老蔣。❻ 他回來後，我勸他：「這事太危險了，你若保李鴻就是害他，將來麻煩也多了，你好好的當你的參軍長（總司令）。」但他有自己的看法，堅持做自己要做的事，李鴻等人被抓後，他怎麼營救也沒有用。

---

❺ (1)蔣元認爲：總統復職後，空總、海總都有校官使用權，而孫將軍卻只有尉官使用權。陸軍補給由聯勤負責，陸軍只有管理交通、指揮部隊、軍令權，軍事、政治則由校官以上掌握，所以上級不同意陸總成立供應司令部，但孫將軍一直堅持，最後還是成立了。周至柔在擔任參謀長時，堅持空、海軍官階要比陸軍高二階，而孫將軍卻處處受到限制。

(2) 田世藩說：陸軍供應司令部在42年成立，首任司令爲黃占魁。

❻ 編按：孫立人民國三十九年擔任總司令，當然仍見得了總統，直至民國四十四年。

他最大的致命傷就是不研究政治。李鴻軍長並沒有問題。蔣總統是家天下的，他培養部下只用你個人，不准你再有部下，這種軍隊如何搞得好？他的民族國家觀念，就是以你幫他來打天下為前提的。結果呢？三、四百萬的國軍部隊後來都到哪兒去了！？這都是事實。

六、孫立人的性格與獲罪

我與孫先生相從甚密，從民國廿一年起，沒有一天不在稅警總團的第四團裡。他這個人擇善固執，所以後來會發生這許多問題。他最大的缺點就是不研究政治，不僅他自己不研究，也不准軍隊研究，是以別人可以陷害他。

他由東北回南京時，天天有達官貴人請他吃飯，他卻大多拒絕了；我說拒絕別人這不好意思吧，他說：「吃什麼？！」他這個人就是沒辦法，好像小孩子。

孫立人就是老實，他忠於領袖、國家，愛人民。美國人曾給他建議，把老蔣推翻掉，由他取代。他覺得這樣對不起民族國家，就把已經運到基隆的美式裝備都退了回去。❼他這種將軍愛部下如子，真是沒看過這樣的將軍。

---

❼ 此事非同小可，待確查。

肆、陸軍總部田世藩先生訪問紀錄⑧

時　間：民國 77 年 11 月 19 日(六)、78 年 3 月 15 日、
　　　　以及民國 85 年 1 月 28 日、9 月 13 日
地　點：高雄鳳山市黃埔新村東五巷 123-2 號田宅
受訪者：田世藩
主　訪：朱浤源
紀　錄：柏心怡
輸　入：黃綉春

一、家世背景

　　我叫田世藩，民國八年生，今年（民國 85 年）足七十八歲，安徽阜陽人。我家不住阜陽城裡，而是住在城南大橋基李家莊，又叫李塘琊。我的祖父是讀四書五經的，後來在家開私塾，但祖父在我年紀很小時就去世了。祖母是劉氏、呂氏。家中有大伯父田仲玉，二伯父田信玉，父親田德玉和姑媽田瑛玉，基本上是以農為業。早年家中生活較苦，後來大伯父當釐金局局長後，家中環境改善很多。大伯父之所以當上釐金局局長，是因為當時安徽督軍倪嗣沖和我大伯父是法政學堂的同學，於是倪嗣沖就給了我家三個釐金局的職位去收稅。聽他們說他們都站在長江邊，等著老百姓做生意的船一靠岸，他們就帶著衛兵、槍，前去收稅，難怪我一直記得，小時候家中客廳牆上掛有十一隻步槍，是單打一發，刺刀很長但碰到東西會彎掉，不能刺人的那種槍，是老毛子（蘇聯人）的槍。另外我還記得，大伯父從釐金局運回來的都是銀元。銀元是用牛皮紙包起來，上面用茶葉蓋住箱子，再用錫把洋鐵

---

⑧ 編按：田世藩先生曾經獲得英國十字勳章。

銅鈽起來，挑著銀元買田地。到後來我家田地有三個村莊那麼多。甚至我大伯父在安慶也買了一百多畝田，我在安慶也有房子喔！是在大南門十四號。

買田地都是用木尺丈量，然後請熟識的私塾老師來寫地契。我們招待老師都很周到。從早上起床，打洗臉水、吃早點、泡茶，到請抽鴉片，幫忙磨墨，傭人們都不敢怠慢。老師們一次都住個一、二個禮拜才走，和過年時請老師來寫春聯的情形是一樣的。

我大伯父是唸法政學堂的，對種田外行，加上家中田地太多，所以都交由佃戶去耕種。有時水災，長江邊的田作物都被水沖走了，佃戶交不出租稅，都送我們鹽醃的鹹魚、鹹蝦，尤其是過年時家裡面特別多，都吃不完，只好送給鄰居。有時是夏天佃戶來送糧，那一天我們都會大招待，請佃農吃飯，有的佃戶吃完了飯卻交不出糧，又不敢告訴我大伯或我父親，就去跟我奶奶呂氏說他們交不出糧。奶奶就會從放銅板的大箱子中拿出一百或五十個銅板給他們，但他們都不要錢，反而要糧，奶奶就會給他們幾斗米。可能是因為奶奶心腸好，後來共產黨在掃地出門時，沒殺我家一個人。

由於我家環境轉好，加上大伯父觀念新，晚輩們不分男女都送入學堂，連我的姑媽也在十六歲時，把小腳放掉，到日本去唸書。她唸什麼學校我不記得了，只知道回來以後，當江蘇蘇州蠶桑學校的校長。還記得有一次姑媽回來，當著我們小孩子的面跟我伯父說：「你們執迷不悟買那麼多地幹什麼？不要再替兒女做牛做馬啦！」大概就是由於以上的原因，我們家小孩子很小就出去唸書了。像我哥哥六歲就出門唸書了，後來保送清華大學，每個月還寄一塊錢回家。至於我，我是唸家鄉附近的小學，後來到阜陽城裡考試，考到安徽省立第三中學。學校在郊外，分成初中部、高中部和後期師範部，其中後期師範是初中畢業再唸三年才能當老師，像張國英就是高我一年的後期師範的學長。初中畢業考上高中部，後來第三中學改名穎州中學。我初中三年和高中前二年都是在省立第三中學唸的，後來跑到蕪湖中學唸高中的第三年。

二、來台及從軍經過

　　民國二十六年發生盧溝橋事變，只記得學校才開學幾天，日本人愈打愈近，後來日軍打到蚌埠時，學校的校長、老師都跑了，學校也就解散了。我只好回到阜陽老家。回到家中待了幾天，我二伯父說：「在家待著也不是辦法，日本人來，被捉去當兵；日本人不來，國家也要捉去當兵。」於是我和堂弟世華，在二十七年年初二，從阜陽李家莊向漢口逃。選擇漢口，是因為漢口離前方遠一點，加上有個遠房的哥哥田世賢，他也在釐金局工作而且曾在漢口做生意。我們帶了三百塊銀大頭，並且把這三百塊藏在雞公車的把手中，先把木頭掏出，錢塞進去，釘起來再用泥巴塗起來。至於雞公車，就是一個鐵輪子，有二個推的把手的那種。於是我們一行三人，哥哥推車，車上放棉被、行李，我們就步行出阜陽。一路經汝南向平漢路走，每天大約走五十華里。我們走了三天，每天都住在「雞鳴早看天」，就是民家打一個紅燈籠掛著就成了旅館，但天亮了就立刻要走。然而這三天吃睡，他們一毛錢也沒要，還給我們喝酒，問老闆為何對我們那麼好。老闆說，因為這是河南人的規矩，農曆新年頭一天的客人都招待。接著隔天我們到了信陽，信陽已被轟炸，城裡破爛不堪，房舍旅館都沒了屋頂，成了露天旅館。我們在信陽住了一晚，隔天由信陽上火車到漢口。

　　我們在火車上遇到三件特別的事。首先是搭火車到漢口途中曾經二次聽到警報，火車就停下來，大家立刻下火車藏到田裡，躲日本飛機的轟炸。另一件事就是途中遇到運兵火車，所以我們這列火車停下來，讓他們先通過。看到阿兵哥被鐵絲網圍住，好像裝豬的。我們都穿灰棉褲、灰棉襖，頭戴德製的鋼盔，加上他們沒穿棉褲、襖，所以我知道他們是廣西軍李宗仁的部隊，因為廣西熱，穿不到棉褲襖。最後就是我和世華二人的好奇，沒坐過火車，所以在火車上東看西看。這時有一個少將叫住我們說：「二個小弟你們過來！你們是幹什麼的？」我們回答：「我們也不知道，家裡要我們到漢口。」他又問：「你們要不要到軍隊去？」我們說：「不要，不要，姑媽最反對我們當兵。」他後來告訴我們他是少將副師長，他請假二個禮拜因為他

的老媽媽去世了，他要回老家湖南一趟。但因為沒有兵籍，所以到現在也不知道他是誰。

我和世華在江漢關下車，叫了輛三輪車就到雞鳴早看天的旅館住下。那裡很簡易，二個人吃和住一個多月只要十二元，而且由於靠長江邊，所以常常吃魚。另外他們的飯是用蒸的，和我們家鄉不同，也十分特別。

我們二人在漢口一個多月，只做二件事，第一是去已遷到武昌的教育部辦事處登記流亡學生，後來我們被分發到武漢大學先修班，但那是在我們已到了都勻受訓一個多月後才通知我們。第二件事就是到處溜躂，因為已登記了流亡學生，但又沒收到分發通知，所以沒事做就到處看。那時到處都在招考軍人，像杜聿明裝甲兵少校團長招考學兵；中央陸軍軍官學校十六期招考；另外像桂林軍校六分校根本沒考試，只是在清真寺裡體格檢查，通過者就發白布條寫上自己的名字，然後每天領二毛錢，等命令一到就出發。

當時我三姊田世瑾是武漢大學二年級，是戰地服務團的一員，在開封洛陽一帶服務，直到開學才回來。姑媽有寫信來特別交代，千萬不能去當兵。所以我們始終沒投入軍隊，直到看到鹽務總局緝私總隊招考學員，一個月二十元，我們才去參加考試。我曾和孫立人開玩笑說：「我當兵就是那二十元大頭騙我進來的。」但孫立人聽了並不高興。

考試是在二十七年的五月，有二名監考人員，考著考著警報突然響了，於是卷子不能動，跑到教室外桌子底下躲著，等到警報結束後才回來寫考卷。沒隔幾天就放榜了，共錄取三百多人，我也是其中之一。

大約在五月二十九或三十日我們這三百多人就在武昌徐家棚車站上火車，走粵漢路到長沙的清華大學。火車是敞篷貨車，但沒有圍鐵絲網，大多數人素質都不錯，有小學教員，有的穿西裝。他們都是看上待遇好，鹽務局又不打仗才參加考試的。我們在六月初到達長沙清大。

那時清大教室剛完工，桌椅是一人一個的那種，但教室還沒有窗戶。長沙那時還下著小雪，蠻冷的。剛開始沒人管我們，只來了一個軍校六期的少校張騏禮，但他晚上就回家了，因此許多人跑走也沒人管。沒多久我們就成

立了第一大隊，那是以原來稅警總團的老團員為幹部組成的，他們那時已到了長沙。接著便將第一大隊的少尉調來當我們的班長。我們每天吃完飯，班長就帶我們躲警報，到山裡採枇杷。那時我們根本不像軍人，因為我們連服裝都沒有。後來我們的服裝是由香港來的，背心上面寫著學員第二隊。我們正式編隊時只剩下一百三十多人，此時隊長便是唐守治。我們是八月一日到靶場打靶，每人五發。然後第三天從長沙出發，每天走五十到七十華里，直到雙十節那天才到達貴州都勻。

我們在都勻住的是廟，睡的是稻草。部隊編制則是第一大隊，學員隊一隊，學生隊一隊，其中學生隊也有一百多人，隊長是趙狄。因為我們這批從漢口招來的兵跑掉太多，所以另到廣州招學員隊二百多人。孫立人「老毛病」又犯了，一個一個點名，一個一個看。結果孫立人在長沙發現，這批重新招來的學員隊中，竟然有以前稅警第五、六團的傳令兵。他沒發脾氣，不過把廣州來的這批人在清華大學考試，孫立人親自出題，考英文四題、數學四題、理化四題，結果只有三十幾個人通過。孫立人便派一位姓趙的區隊長把其他沒通過的人，每人發五塊錢生活費，用公家的車子送回廣州。而這三十幾個人就併入我們的學員第三隊，後來到都勻時也有跑走的，他們就補充我們的。

三、雲南招兵及見聞

到了都勻我們開始了較正式的部隊訓練。我們生活正常，每天打野外，每週機關槍、步槍、迫擊砲都要射擊訓練，雖然貴州是天無三日晴，但我們仍風雨無阻地訓練。孫立人非常認真，如果你做不好，他會做示範給你看。不過我在二十八年畢業後被派到雲南招兵，在雲南待了一年多才又回到都勻。當時我是准尉見習官排長，和下面四個班長一起到雲南召兵。由於稅警總團非正式軍隊，所以孫立人無法徵兵，只能上報告給軍政部，說是要召兵，他們就會發公文。我們是一縣一縣地召，大縣要八十人，中等縣要六十人，小縣要五十人。我們都是住在警察局長家，警察局長都吃老百姓的，用

老百姓的，而且還跟我們說：「田先生，我們一個月連辦公費，薪水不到八十塊錢，怎麼生活啊！」他們買豬肉，今天到王家小舖買八斤，明天到李家小舖買九斤，錢都是下個月再給。然而到了下個月，錢沒給又從頭開始賒帳。他們高興就帶著槍，跑到你家說中央軍召兵，於是把你家正在種田的兒子抓走，先關在牢裡，當然隔天爸媽就會苦苦哀求放人，而通常是給了紅包開鎖錢就可以放人了。不過如果是期限的最後一天，給再多紅包也不會放人的。

　　抓馬的情形有完全一樣，由於我們沒有交通工具，所以當他們可以交出八十或六十或五十人時，我們就要把這些人運到昆明，再由昆明到都勻。但是我們沒有交通工具。這時他們就打著燈籠到馬店，看那隻馬又大又肥就拉到縣政府，但沒過多久馬店老闆就會帶著紅包來，牽著馬兒回。不過如果已經快天亮了，我們已經要出發時，紅包也無用了。我就這樣一縣一縣地送兵，每一次我們五人押兵，我們騎馬他們走路，晚上睡在馬店，班長輪流站衛兵以免有人逃跑，就這樣到昆明。我在雲南一年多，共召了三十幾縣的兵。

　　在雲南，我感覺到他們很夠朋友，常常聊天感到意氣相投就請你吃飯。他們常吃乳膳和涼麵。住在山裡面如儸族人，他們很誠實、民風淳樸。由於當地四季如春，因此儸族人都只用麻布圍住下體，在山中砍柴為生。他們難得吃魚、海參，因為不靠大河和海邊，但山裡面有羗子，那是一種像羊，動作迅速的動物，通常都是設陷阱去抓。另外也有大雁肉可以吃，這算是雲南的二種土產吧！但由於雲南不產鹽，鹽都是由四川自流井運來的，價錢較高，因此窮人家常有甲狀腺腫大的現象；都是六、七十歲的老人。

　　當年大家稱呼喊龍雲，不喊省主席，喊「龍青天」。

　　我每到一個縣，縣長都會招待我鴉片煙，不過我都回絕了。縣長在辦公的地方都有另外闢一間小房間，專門用來抽鴉片煙。他們斜靠在床上，用枕頭墊著手肘抽。另外就是常可以看到越南京族人，他們把東西頂在頭上，多半是到昆明做生意。而為了方便和越南做生意，滇票一元等於五毛。

我到雲南二、三個月後升少尉排長，在雲南召兵一年多。二十九年回到都勻，升中尉排長。不過由於兵多，所以我們這部分是住在都勻縣旁的榮江縣做部隊訓練，就這樣又待了一年半。

四、從野人山到印度藍姆加

民國三十一年，我們是五月六號（或七號）和一個英國中校聯絡官向印度走，但到後來英國聯絡官也找不到路。孫立人沒有辦法，只好宣布：「我們遇山過山，遇水過水。」那時五月初雨季快來了，每次一下雨都是三、四個小時，之後雨過天晴，水都淹到胸口。我們有一次沿著水溝走了三天三夜。白天還好，一到晚上就慘了，因為晚上根本沒有燈，只好把擦槍油倒在瓶子裡點著，才跟著亮光走，而且根本不能睡覺。沒有東西吃，沒水喝，實在很慘。

到了印度英法爾，因為我們是外國軍隊，根據國際公法是不准進入印度的，除非繳械。我們只好暫時停駐在英法爾的鄉下。孫立人認為我們不能繳械，所以立刻打電話和英國人聯絡。正好史林姆中將當時在英法爾養病，他就是我軍解仁安羌之危時的第一軍團長，他第二天立刻趕過來看孫立人，孫立人便把部隊集合，列隊歡迎他，毫無敗兵殘將的樣子。於是史林姆立刻打電話到新德里給印度英軍總司令魏菲爾，說如果是在仁安羌救我們的新三十八師來了，請立刻給予補給，因為他們是十分優秀的軍隊，且曾幫助過英軍，不可以對他們無禮。我們在英法爾補充休息，大約停留了一個多禮拜，之後坐火車到藍姆加。我們有砲兵團三個，當時我是三十八師砲兵第二營第六連上尉連長。

我們到印度時，孫立人就知道二十二師回國硬是找不到路，便派一一二團第三連連長周有良，先用飛機偵測，設法和二十二師取得聯絡，最後才把二十二師帶出野人山來。二十二師是九月間最後才到達藍姆加。他們一師餓死了四千多人，到藍姆加時衣不蔽體，一個個都沒力氣，靠著牆站，簡直像難民一樣，槍和武器也不知道哪裡去了。發麵包吃，還有人因為二個多禮拜

沒吃東西，一下子吃太多而撐死。

　　那時上面決定部隊留在印度訓練，中美合作反攻緬甸。我們的汽車、飛機和大砲都是由美國供應，吃的給養，則分英國和美國的。給養是牛肉罐頭和餅乾，但英國人的給養比美國的講究，裡面還有兩枝香煙。我後來升上校後的給養很好，有六塊餅乾、三支香煙、二塊糖果和罐頭，十分周到。

五、于邦戰役

　　那時我們在印度，三十八師派一一二團到雷多去警戒。我們這個團正面有二百英里，那時是雨季，我們判斷日本兵不可能來。但後來孫立人到前方視察，感覺前方不對，好像發覺有日本兵，回來就報告史迪威，但史迪威不相信。因為前面根本沒有路，連我們自己都覺得，不可能在雨季越過那片森林，更何況日本兵。接著孫立人派彭克立營在前面，我的連在後面，負責掩護修路。但是一下子就發現日軍的蹤跡，我們一看不對就立刻回頭。但因為日軍是突然出現的，我們根本沒有想到，李克己營就這樣被日軍包圍了。其實被包圍的地方很小，比我老家的院子大不了多少，但這麼小的地方美國人照樣可以準確地投給養：水用汽油筒裝，投下去，另外還投餅乾和麵包。這個營就這樣被圍了一個多月。營長和一位連長等人都已陣亡，于邦附近也有我軍傷亡。孫立人知道後立刻親自到前方去，一個師三個團全都開到前方去，這就是于邦戰役前敵我的大略情況。

　　被派到于邦第一線的是步兵一一四團第一營，營長是彭克立，另外就是砲兵第二營第六連，連長就是我田世藩。照理說應先派第一連，之後第二連，依此類推才對，但是孫立人和史迪威會選第六連到第一線，我想是因為有一次孫立人和史迪威帶隨從參謀和一個上士來視查，就從門口的第一連開始看砲兵訓練的狀況。訓練的重點在拆砲、架砲的技巧和速度。他先看的那個連，兵都馬馬虎虎的，好像木頭人一樣。史迪威很生氣，但是也沒有罵人，只是叫他的下士用手錶專門在旁邊，計算他們拆砲、架砲的時間。到我那一連，我想史迪威絕對不可能是要看砲好不好，而是要看我們操作的技巧

和速度。結果他的隨從上士測我們拆砲、架砲的時間，我們只用了二十一秒，史迪威馬上和我的砲長握手。我軍在民國三十二年十一月二十七號到達于邦。當時敵我情況是：中間我們有一個連被包圍，靠美國人空投給養，最前面日軍有一個營在攻我們，而我軍有一個營在攻他們，三者在森林中形成一直線。

我的聯絡官是正式西點軍校畢業，十分幫忙。頭一天進入陣地，我們立刻開始作準備，首先要測距離。測量距離是非常重要的，因為如果砲打遠了，就打到日軍的後面，沒有什麼效用，如果打近了，打到自己人更慘。當時日軍和我軍相距不到一百公尺，這已經超過砲兵的安全界二百公尺，對我們砲兵而言是高難度的測量距離。我和聯絡官兩人約好不准講話，第一次用布尺，我過去是走雙步，他是單步，到了步兵的陣地，回來他走雙步我走單步。第二次我用輕線，他用重線，再走一次，回來一對照，終於確定我們距離第一線的距離。之後我下口令，打一發煙霧彈，詢問前方第一線步兵是否可以，經過營長和觀測員都認為可以，隔天我就照著這樣打。接下來因為砲彈有分硫散彈、延期信管、煙霧彈等，所以我把各種砲彈分類，用罐頭上的紙片背面，明白標示著各種砲彈及數量，以免班長拿錯了。

我們每個連是四門砲，一次都是四門砲一起放，那一次一開始我們就連打了四十二分鐘，共打了七百五十發！日本兵根本是手忙腳亂，不知道發生什麼事。因為日本兵根本不知道有砲兵進入陣地，我們在測量時，沒有驚動任何人，只打了一發煙霧彈。而且我們射擊的時間也控制得很好，因為砲兵一停止，步兵就要立刻開始衝殺。這個時間一定要抓好，也就是所謂的「步砲協同」十分成功，否則是很危險的。因為我的射程有肯定，我的砲只落在步兵前面二十五公尺，砲彈又有條列準備，因此可以一氣呵成。

因為這次我們砲兵連表現得十分出色，所以美國人要升我少校。一開始軍長鄭洞國一看，批了個「年資不符」，因為我還不到升官的時候。孫立人個性很強，馬上再轉個公文說：因為田世藩有戰功，所以我立刻就升少校，而我的聯絡官也升中校。重慶《掃蕩報》、《中央日報》和《聯合畫報》都

有登出來田世藩上尉的事，我還獲頒一個勳章。

後來于邦之役是一個營長陣亡，日軍傷亡四百多人，我們的兵還是傷亡了二百多人。我們的傷兵抬下來時，如果看到孫立人都叫著：「師長啊！師長啊！」孫立人都忍著淚和他們握手，說：「你們回去養傷吧！我過兩天去看你們。」史迪威會說中文，他也在一旁說：「謝謝！謝謝！」

六、戰場上各國的將軍與日本的兵

李鴻將軍是黃埔軍校第五期畢業的，當時李鴻是團長，我是連長。早先孫立人當團長，李鴻則是機關槍連連長，他打仗是非常細心的，有忍耐性且踏實。他每天晚上趁著戰事暫停時，就到連上，請連長帶他去看機關槍、迫擊砲、砲兵等的位置，每一個細節他都記得一清二楚，回去以後還在自己的圖上一一標好位置。半夜如果日本人突然發動攻擊，機關槍一響，他馬上問連長：「現在敵人怎麼樣？有沒有傷亡？」他很能冷靜地控制整個戰況，而不像有的團長，機關槍一響就緊張地問：「怎麼搞的？趕快打大砲啊！」

李鴻的戰績好，因此史迪威十分器重他，李鴻當時由上校直升師長，在中國的軍事制度是沒有這一套的，是因為後來史迪威找蔣介石談，才特別同意李鴻升師長。他中午或晚上不能前進的時候，就會請史迪威吃飯，有時候李鴻的副官會有一些華僑從印度帶來的香腸，而且李鴻有一個好的伙夫，他是山東人，他做的東西，我和史迪威都很喜歡吃。有時候李鴻不好叫在第一線的營長、連長來一起和史迪威吃飯，李鴻團長又不懂英文，就叫一個翻譯官、我和副團長去。我們五、六個人一起去吃飯，我們曾一起吃過二次飯。有一次晚上回不去了，史迪威就留下來睡吊床，因為他是指揮官，所以我派兩個衛兵站衛兵，之後他叫我：「田連長，田連長，我要熱水洗腳。」我就立刻命兵提一桶水，在樹林裏馬上就把水燒好了。史迪威向我解釋：「我在北京時，每天晚上睡覺以前一定要洗腳。」

所有的築路工人都是美國人，他們都打著光背，吹著口哨，嚼著口香糖，日夜輪班修路，把山上的石頭沙子弄下來後馬上壓路基，完全機械化。

但是美國兵不能打險惡的持久戰，他們完全靠武器優勢，物資豐。他們飛機多，砲彈多，科學發達，但是他們的戰鬥精神不如中國兵。而中國兵多半是抓來的壯丁，受的教育不多，官長叫他做什麼就做什麼，戰鬥力較高。

最糟的就是英國兵。我在孟拱親眼所見的，七、八個英國兵躲在一個交通溝裏面，他們不像我們或日本兵，一個兵挖一個散兵坑，要這樣做的好處是，如果一個大砲打過來，就算打死也只犧牲一個兵，不會有太大的傷亡。但是英國兵不同，他們很膽怯，不敢一個人單獨行動，可能是因為英國兵有許多是花錢買來的傭兵吧！我們第一次和英軍在緬甸打仗，英國兵都是尼泊爾人、不丹人或印度人，不過尼泊爾人、不丹人雖然個子很小，但卻都很勇敢哦！我親自看過的是，班長是印度人，排長、連長、營長都是英國人。部隊行軍時，英國軍官都坐吉普車在樹下看小說、吃口香糖，等部隊到了目的地，他們才開吉普車趕上去。不像我們中國軍隊，都是官兵同甘苦，步兵用走的，官長也帶著在前面或後面走。這是我親眼所見。不過我最討厭的還是黑人，我對他們印象很不好，喝酒都是自己在那裏喝，喝不夠就再拿一瓶，喝完就罵臭話、打人，還發酒瘋開戰車壓死了我們三個在帳棚睡午覺的兵。

我在于邦作戰時，在死亡的日本兵身上都可以搜出作戰命令，而且日本派出的搜索兵，都會詳細地紀錄下他們看到中國兵的詳細地點，並繪有詳圖，然後送給他們的排長、連長看，這都是我們中國軍隊沒有的。老實說，日本兵其實也是訓練好，作戰認真，有犧牲精神的。我們的作戰命令，頂多是師長下給團長，再下給營長算是好的了，而連長、排長都是營長告訴你怎麼打，到哪裏去，都沒有一個書面的根據。

駐印軍每一個營每一個團都有美國人，連是我們砲兵連才有美國籍的觀測官，原則上每個單位都應該有翻譯官，但是有的時候上面沒有派。不過在軍隊裏中國人和美國人是平等的，我們稱美國人為聯絡官，他們負責我們的補給，例如我們的馱馬有沒有傷亡，彈藥發夠了沒有，後面的給養運上來了沒等等。至於要怎麼打仗，還是以我們的軍長和師長為主，因為聯絡官也是軍長、師長的屬下。不過史迪威會授命我們的軍長、師長，因為他有指揮權。

七、軍中生活

　　軍長、師長出週刊週報，不是上面規定一定要辦的，只有比較有心捨得花錢的長官才會辦報。有的軍長比較講究的，願意拿錢出來的才有，例如戰鬥日報。報紙都是政工人員編的，大部分都不是寫國家大事，而是寫部隊打仗、傷亡的情形，那時報紙都是油印的。

　　京戲團是我們汽車第六團官兵自己組起來的，另外孫立人也請來山東的組織成一個，不是每個單位都有，我們都稱之為縈陽平劇團。

　　我們在印度有個西格瑞夫醫生，他是教會的人。他的醫院原本在南坎，因為緬甸失守，所以醫院裡的人員，包含二十多位緬甸女性護士就完全歸我們軍隊，後來他們跟著我們到前線去，成為我們的野戰醫院。西格瑞夫醫院在隨軍到南坎時，在距南坎只差幾英哩的地方，曾和我們砲兵連同住在一個山上一晚，一同患難過。

　　起初是因為我們運砲的馱馬爬不上山，如果牠不上去，你硬拉牠上去只會連人帶砲帶馱馬一起掉下去。後來我們想到一個方法，就是在還沒上坡時把馬鞍的肚帶鬆開，把砲卸下來，把馬鞍抬到下坡的地方，並把四門分解的砲抬到下坡的地方。因為過程比較繁雜，所以我們一天只能走四英哩，但是前面的長官不了解，因此我們砲兵落後在整個部隊後面，團長也不管我們，給養也沒給我們。我們聯絡官和前面的步兵一起走，我們用無線電告訴我們前方的聯絡官，說我們的人和馬都沒得吃，我們的聯絡官便立刻發電報到雷多。他們效率很快，馬上派飛機空投了好多餅乾給我們。我們這一連吃不完帶不完，也不能送給別人。我就想了一個方法。我叫排長把餅乾和手榴彈綁在一起，日本人晚上如果來偷襲搶給養，就會中計觸動手榴彈被炸。

　　漸漸我們的女護士也走不動了，我找西格瑞夫上校來，告訴他：「我們今天不走了，前方的步兵不知道在哪裏，現在聯絡不上。前方暫時沒聽到槍響。今晚我們就住在這裏。你們就住在這個下坡裏面，晚上如果日本人來了，你們可以趴在那裏，不會被日本人發現，因為這個地形很適合遮蔽。」我們對他們十分照顧。於是我們把繩子紮在路邊，另外加上手榴彈綁在一起

的餅乾，這樣只要日本人來拿餅乾，手榴彈就會爆炸，我們就知道日本人來偷襲。喝水時我們都必須另外吃好大的一顆藥丸，以防喝壞肚子。

第二天日本人發現我們，仗著自己的砲口徑比我們大，就亂打一通，盲目射擊，砲聲震天。其實他們根本不知道我們所在的正確位置，他們只打到我們砲兵的後面。女護士夜裏躲著都在發抖。第二天她們就走了，跟著部隊一起前進。後來是西格瑞夫報到史迪威那裏的，史迪威知道以後，團長趙狄被記過一次，我則被記功一次。因為野戰醫院其實根本不歸我們砲兵連管，但是我處置得當，把他們照顧得很好。

西格瑞夫從印度就參加緬甸戰役，他們很認真。史迪威規定，一個兵如果送來沒死，但是到醫院被治死的話，要記大過，空運回美國。只要有人受傷抬下來，立刻先做簡單處理，之後馬上空運到後方。美國人真的把人命看得十分重要，只要有一個兵受傷，我必須二個兵照顧，趕快送到後方。他們的兵打傷了以後就把槍丟掉，立刻送醫。被圍的時候空投的砲，解圍以後就把砲丟掉，因為不是砲兵根本用不上。不像我們打傷後，長官還會問：「你槍帶了沒有？」有一次我和一個美國兵聊天，他說：「田少校，你們都是糊塗蛋，那個機關槍那麼重，怎麼拿得動，我們美國人的觀念是二十歲都不一定能拿槍打仗。人命比較重要啊！」

八、緬甸見聞

緬甸的氣候和中國最大的不同，就在雨季。雨季來得很早，從四月底到七月都是。下雨是一陣傾盆大雨，而且持續三、四個小時，河流水位大漲，原本是溝的低地，全部都成為大河。雨過之後立刻天晴。

另外，樹林中的大象也是以前在國內沒見過的。野生大象很愛護牠的小象，小象好像騾子。象群在樹林裏走路，如果小象過不去，大象就用鼻子把樹整棵捲起來。可是不要過去看牠們，因為牠們會以為我們要侵犯牠們，牠們覺得被侵犯時會呼呼叫警告我們，如果讓牠們捲起來再甩下來就不好玩了。

　　至於最出名的蟒蛇是有，也吃人，但《中央日報》說蟒蛇把兩個衛兵吞到肚子裏去，根本是胡說八道。因為後來孫立人自由後，有學者問孫將軍是否眞有其事。孫將軍說絕無此事！

　　還有猴子，印度邊界附近有好多猴子，滿山遍野都是，一直在樹上吱吱叫。如果逗牠們，會跑過來，好像懂人性一樣。

　　印度阿薩姆省的瘧疾是全世界有名的，我們的部隊到哪裏有很多人都「打擺子」❾，情況十分嚴重。每天大卡車不到八點鐘就來拉人，把打擺子的全送進醫院，一連一連去抓，每一連一抓都是二、三十人，一連人才一百多人，都去掉三分之一了。醫院都客滿，睡不夠只好睡在地上。後來在雷多只好發籐製的防蚊罩、防蚊油。孫立人也下命令，如果連上有一半以上得瘧疾，就把連長的階級降為上尉，直到你的兵都回來才升回來。有許多連長在睡前都全員集合，檢查有沒有塗防蚊油，才能去睡覺。

九、憶孫立人將軍

　　記得在民國四十三年六月，孫先生擔任陸軍總司令時，陸軍第十軍在下淡水溪一帶進行師對抗演習，該軍軍長是軍校十期的曹永湘。那時正逢南部雨季，為瞭解部隊演習實況，孫將軍穿了馬靴帶著隨從參謀陳良壎在前進指揮所看演習狀況，雖是雨天，士兵仍在河對面演習。而軍指揮所因為雨天設在一處工寮內。孫將軍問演習人員軍指揮所在哪裡。演習人員答說在工寮內。孫將軍來到工寮，就問曹軍長為何軍指揮所設在工寮？他說：因為雨天。孫將軍就說：下雨還打不打仗？

　　在四十一年三月的一次陸軍全軍運動大會時，孫將軍到運動場看籃球冠亞軍比賽，球賽結束後已是正午時分，他轉頭就要離開。當時五十四軍籃球隊長向他報告說：午飯已經準備好了。他才回頭和球員一塊吃飯。孫將軍也和士兵們一樣蹲在地上吃飯，一共吃了三大碗飯，飯後還吃了塊西瓜。

---

❾ 所謂「打擺子」，等於是得瘧疾的病名，民間俗稱打擺子。

　　孫將軍訓練部隊，一切動作符合中國人的體能及智慧，並將中外知識加以融合，根據實際經驗編寫了《術科實施法》作為訓練教材。國防部起初並不重視這本書，一直到軍訓班學員畢業後下部隊時，才將它當成訓練圭寶、軍隊的靈魂。當時部隊人手一冊，並在國防部印刷廠，隨時印書，以供應軍中下級幹部，作為訓練部隊之樣本。

十、古寧頭之役

　　民國三十八年中共人民解放軍乘著黑夜進攻金門。我並未親身參加過此次戰役，也沒去過金門。我所知道的事從書本資料中得來的。政府遷台以前，金門還是一座荒島，根本不知道它的重要性。當時孫將軍在鳳山訓練軍隊。而陳誠則為東南長官公署長官，統馭孫將軍訓練過的部隊。二〇一師有一個團駐在馬尾，後來轉進到金門，這時候金門才有部隊。

　　另外有李良榮將軍所率的三十二兵團，本來在福建、廈門，因軍紀不好卻到處去搶百姓東西吃。五月間來到金門構築工事、熟悉地形，以防匪軍來犯，匪軍是在二十五日深夜開始展開攻擊。其中有一個小故事是這樣的：青年軍二〇一師六〇一團有一位傳令兵，因匪軍乘著黑夜登陸，在混亂中，電話線被打斷了。師長就命這位傳令兵到營裡第一線，傳達前線的人員如何應付敵人。當時共軍（三十二軍）有四個團及少數民兵已經登陸了，但因潮汐的衝擊太大，使上岸部隊速度有快、有慢，根本無法控制上岸後的整體建制，使得部隊渙散，較難統馭。可是，就在這個時候，我方的這名傳令兵，因摸黑而誤入共匪軍隊之內，他發覺不對勁，立即換上中共負傷士兵的紅星軍帽。有人問他：「你是哪一團的？」因他才在路上問了一名受傷匪兵，記得共軍的番號，就回答說：「我是××團的。」而矇騙過去。接著，又靈機再動，又跟他們說：「我們趕快迂迴到敵人後面去。」事實上，他卻把共軍帶入我軍的包圍中，使我軍能順利的擊潰來犯匪軍，並俘虜敵人近七千人。這位傳令兵因而立了一次大功，並速升三級，充任少尉排長，傳為軍中佳話。

伍、駐外大使劉達人先生自述

時　　間：民國 96 年春

地　　點：劉大使寫於美國，由住在洛杉磯的鄭錦玉先生轉交
　　　　　於中研院近史所研究員朱浤源

輸　　入：朱麗蓉

孫立人將軍救援駐緬甸英軍與軍團長史林姆將軍之往事

　　這是六十六年前的往事，第二次世界大戰中期，日本侵略軍席捲整個中南半島，並聲言將北上經緬甸、印度與希特勒納粹德軍會師於中東之時，一九四二年四月初，孫立人將軍率中國遠征軍新三十八師最後進駐緬甸故都曼德勒。當時英軍第一師及裝甲第七旅被日軍圍困於仁安羌，軍情危殆。軍團長史林姆（Lt-Cen. W. J. Slim）將軍親自向孫將軍求救，孫將軍當即答應，並親率一個團不過九百人，火速馳救。經三天激戰，竟擊潰強敵日軍一萬六千多人之眾，救出英軍近八千人。仁安羌戰役，震驚了世界。孫立人將軍榮獲大英帝國 Commander of the British Empire（C. B. E.）司令勳章。隨後，孫將軍奉命率新三十八師殿後保衛中、英兩軍十多萬盟軍大撤退，完成任務後，西去印度。並在新一軍成立後，反攻緬甸，孫將軍率新一軍殲滅了日軍八個師團二十多萬之眾，贏得百戰百勝的戰功。獲得英、美國家六座最高豐功勳章。而史林姆將軍也因在緬甸的戰功，被英國女王擢升為元帥。

　　話說本人在一九五三年曾任中華民國駐澳大利亞大使館一等秘書服務八年，兩任上司，後期為陳之邁大使，當時澳洲總督即為史林姆元帥，因他在緬甸戰役中與孫立人將軍並肩作戰的艱苦經歷，對我國特別友善。尤其對中

國軍人英勇作戰表現十分欽佩。彼接見我國使節時，每次都稱讚「General Sun」（孫立人將軍），並不厭其煩地屢述孫將軍之戰功。態度十分親切誠懇，而非泛泛的外交辭令。

回憶一九五九年九月九日，陳之邁大使呈遞到任國書，我陪同前往澳大利亞總督府。呈遞國書後，由總督在客廳接見陳大使及隨員。史林姆總督則一如往昔，對我國使節問候孫將軍情況，他再次表示對孫將軍的非常敬佩與感恩，並請陳大使代邀請孫立人將軍來澳洲訪問。當時孫將軍已受誣陷，困入國內流言，陳大使只好支吾說：孫將軍正在台灣忙於訓練精銳新軍，以鞏固台灣，致無法應邀來澳洲訪問而婉謝。

史林姆總督則認為：我國唯有任命孫將軍當參謀總長，指揮三軍，始有光復中國大陸之希望云。詞意非常坦率親切，並盼孫將軍有一日可來澳京渡假。史林姆元帥非常高壽。迄一九九〇年代中期，仍在英國報刊見到他穿著元帥禮服，在倫敦陪同英女王親自檢閱英軍部隊。

特將此段四十八年前之見聞陳述如上。並附一九五九年陳之邁大使與史林姆總督合影照片，供讀者睹物思人，追憶時間則已是半個世紀前之往事。❿

---

❿　編按：本訪錄內文未附任何個人的照片。

陸、儲訓班蔣元先生自述⓫

時　間：民國 77 年、87 年至 95 年⓬
地　點：高雄縣鳳山市黃埔新村、黃埔一村、
　　　　中研院近史所檔案館
受訪者：蔣元
主　訪：陳存恭、朱浤源
輸　入：許庭碩

一、仁安羌援救英軍

　　日本軍閥於民國三十（1941）年十二月八日偷襲珍珠港，掀起了太平洋戰爭。翌年初，進佔泰國、越南，攻奪馬來西亞、新加坡，乘勝進攻緬甸，企圖封鎖滇緬公路，截斷我國當時唯一的國際通路，並窺伺印度，進而達成與德國希特勒納粹軍會師的美夢。

　　民國三十一年二月中旬，仰光情勢緊急，英緬軍總司令亞歷山大（Alexander）奉英倫之命，請求我國派兵入緬，協助英軍作戰。我國為鞏固滇西邊陲，阻擊共同敵人於國境之外，並希冀維持滇緬公路之暢通，遂應英方之請求，以第五軍、第六軍，及新三十八師（屬六十六軍）為基幹，編

⓫ 蔣元先生為孫立人仁安羌大捷及反攻緬北時最英勇的軍官（連長）之一。早在民國 77 年翻案風起之後不久，即應邀到中央研究院，接受訪問。在研究員兼口述歷史組召集人陳存恭主持，研究員朱浤源及助理協助之下，在檔案館會議室舉辦座談會。由於當時所裝的「新電池」已自行放電，致使當時之錄音完全失敗，無法將蔣先生慷慨陳詞的言論記錄下來。猶記得他在當場，因激昂發言，假牙竟然自口中噴出的一幕。後來在黃埔新村與一村，有多次見面，但均無緣單獨記錄。如今蔣元先生已經歸返道山，本所正苦於無其錄音之際，幸於民國 95 年，本人帶領工讀生許庭碩訪錄另一戰將孟化新先生時，得到蔣元先生遺留的回憶錄。雖與孫克剛的著作雷同，仍囑逕即輸入，權為本部訪談錄之一章。（朱浤源誌，民國 96 年 5 月 13 日於自台南飛返台北旅途。）
⓬ 這 8、9 年間，朱浤源亦多次至黃埔新村。

組遠征軍進入緬甸。

民國三十一年四月五日，我新三十八師開抵臘戍，當即警衛瓦城（曼德勒）。當時緬甸整個戰鬥形勢：左翼為我第六軍，當面之敵為十八師團；正面為我第五軍，當面之敵為五十五師團；右翼為英軍第一軍團，當面之敵為三十三師團。我新三十八師在瓦城，無形之中負有東西策應的任務。我團即步兵一一三團，負責衛戍瓦城、構築工事、儲存彈糧。

四月十四日，由於英軍第一師放棄馬格威，退守仁安羌，引起盟軍右翼嚴重威脅。新三十八師的一一二團和我一一三團先後奉命由副師長齊學啓將軍率領，開往納特曼克與巧克柏當兩地佈防，負責支援英軍和掩護正面我軍側背。衛戍瓦城的任務，只有留下一一四團兩個營擔任了。一一四團第一營則仍舊留在臘戍，擔任機場警戒任務。

敵人聽到英軍退守仁安羌的消息，馬上就分派兩個聯隊的兵力，繞到英軍後方，佔領仁安羌油田，切斷英軍歸路，將英軍第一師全部和戰車營的一部，包圍在仁安羌北面一帶地區，又用一個大隊的兵力，飛快佔領拼牆河渡河口附近要點，阻截英軍的救援。當時在拼牆河北岸和敵軍作戰的英軍，不過只是少數步兵和裝甲旅戰車、山砲一部分，自顧尚且不暇，更無力分兵去救援在南岸被圍的部隊。

四月十六日，在仁安羌北面的英軍第一師已經被包圍兩晝夜，彈盡糧絕、水源切斷，危急萬分。早在十五日深夜，英軍總司令亞歷山大，要求我軍迅速派兵馳援解救。

新三十八師奉命負起此一艱鉅任務，當即指派駐紮在巧克柏當的本團（團長劉放吾），於翌日（十六日）乘車連夜奔馳。❸

救兵如救火，十七日黃昏時分，到達了拼牆河北岸，在距河五英里的地方，「大軍」進入攻擊準備位置，當晚就展開猛烈戰鬥。

十八日拂曉起，戰鬥更為激烈。這時，孫立人將軍親自從瓦城趕赴前線

---

❸ 孫立人用欺敵之法馳援：動員許多軍用卡車成隊，每車後拉樹枝，拖地製造煙幕前進，並放出風聲，謂為整個軍的移防，其實祇是一團。

指揮。正午十二時，拼牆河北岸敵人肅清，但因天氣太炎熱，缺乏飲水，官兵中暑甚多。

英方請我立刻渡河攻擊，但當時我軍兵力太少，而且南岸地形暴露，敵軍居高臨下，我軍處在仰攻地位，如果攻擊稍一頓挫，敵人就可窺破我軍實力。這樣一來，不但不能達成解救英軍的任務，反而可能把我們陷入危險的境地。所以，孫立人將軍決定暫時停止攻擊，打算在黃昏以前，把當前的敵情和地形偵察清楚，再利用夜間周密佈置，準備在第二天拂曉攻擊。

十八日調整攻擊部署：命第三營為右翼第一線營，超越原來為第一線營的第二營，佔領要點，準備攻擊。第一營為左翼第一線營，營長楊振漢利用拂曉前之黑暗，在敵前強行渡河。

十九日東方魚肚白色，太陽還沒有出現，我軍迫近敵之主陣地，隨即利用北岸砲火支援，全面展開猛烈攻擊。敵人驚魂甫定，且將我軍兵力估計錯誤（過大），由於同時尚須分兵防範被圍英軍的突圍，抵抗力遂削弱，軍心渙散。此時我軍趁虛一舉猛攻，左翼部隊將敵軍的第一線陣地完全佔領，戰鬥轉進到山地地區。敵軍不顧一切，猛烈反撲，使我軍已得陣地，三失而又復得。第三營營長張琦負了重傷，還拼命喊出：「弟兄們，殺上去！」全營官兵大受感動，含著眼淚，前仆後繼的拼死衝殺上去，一直衝到油田，戰場都堆滿了敵屍。這一場火網中夾著白刃肉搏的大戰，而張琦營長因延緩救護，流血過多，送到後方英國救護站，竟然壯烈成仁。當時師長孫立人將軍指派我掩埋張營長遺體，並指示要將埋葬地點繪製要圖呈報。

這一仗從午前四時許，持續到午後三時。本團左翼第一線營第一營營長楊振漢勇猛善戰，將敵軍三十三師團主力完全擊潰。我步兵一一三團不過一千名戰鬥人員，傷亡很重，這不但是一個冒險的攻擊，而且是一個可怕的敵眾我寡奇蹟。我當時寫下了一幅對聯，上聯描寫這一段：

仁安羌救英軍，犧牲奮鬥，我武維揚留青史，

瓦魯班殲日寇，奇襲加邁，足寒敵膽慶豐功。❿

十九日下午五時，我軍克復了全部仁安羌油田區，槍砲聲漸漸稀遠，敵人顯然在加速往後撤退。我首先將英軍被俘的教士和新聞記者五百多人解救出險，接著英軍第一師的步騎砲戰車部隊等七千餘人和一千多頭馬匹，都在我軍的安全掩護下，從左翼向拼牆河北岸衝了出來。三天的苦熬，已使他們狼狽不堪，一路對我們的官兵豎起大拇指，高呼：「中華民國萬歲！」及「蔣委員長萬歲！」

仁安羌大捷後，敵人傷亡慘重，銳氣大挫。孫立人將軍立即調動在納特曼克待命的一一二團及衛戍瓦城的一一四團，開赴前線，打算在二十一日拂曉再來一個果敢的攻擊，先從敵軍右翼迂迴，斷其歸路，把敵軍第三十三師團壓迫在伊洛瓦底江東岸，一鼓殲滅之。一一二團及衛戍瓦城的一一四團開赴前線，一切攻擊部署，都照預定計畫準備。

不料當時全盤戰局逆轉，突然對我方不利，蓋英方已有放棄緬甸的計畫，盟軍決定全面撤退，我新三十八師奉命改撤伊洛瓦底江北岸佈防，以掩護英軍和國軍撤退。

二十一日，我軍撤離仁安羌五十餘里，師長孫立人將軍以手令指示：一、工兵營即造木棺一個；二、一一三團派步兵一排配屬戰車二輛、醫官一員、擔架一副，統歸蔣元指揮，前往仁安羌搶運張琦營長遺屍。因此團長劉放吾再三向我指示，務必依照師長旨意達成任務。

我乘坐戰車到達埋葬地點，與弟兄們冒著敵人機槍掃射的危險，將遺體順利運回，向師長報告。師長見到我，以最沉重的心情、悲痛的語氣說：「張營長的遺體如果不運到他家裡，我對不起他的父母。」孫立人將軍把這個責任當面交給了我，從此可知師長孫立人將軍平時愛護部屬之一班，可與古名將媲美。

---

❿ 下聯描寫反攻緬北另二役，詳見本文第七、第九節。

二、卡薩掩護友軍轉移陣地

二十八日新三十八師全部渡過伊洛瓦底江，佔領東北岸的色格附近地區，作持久防禦計畫，以掩護友軍撤退。當時我軍得到情報，知道東路敵軍已突入西保，進攻臘戍，有夾擊我軍的企圖。五月二日，北撤盟軍都已渡過伊洛瓦底江。接著，敵軍先頭部隊跟蹤追到南岸，和新三十八師掩護部隊，展開激烈的迫擊砲和機槍大戰。俟盟軍和國軍全部安然渡過大江，新三十八師掩護部隊撤退的第一階段任務完成。之後，又奉到以主力轉進到溫早，繼續掩護國軍撤退的新任務，同時又派出本團星夜馳赴卡薩佔領陣地，對八莫方向嚴密警戒，掩護國軍右側。

五月七日杜副長官面示我一一三團團長劉放吾：❶ 「(一)八莫方向敵情不明，(二)本軍立即向八莫方向前進，(三)貴官即率步兵一營，配屬砲兵一連，馳赴卡薩擔任警戒，並搜索敵情。其餘部隊繼續跟進。」

劉團長奉到指示以後，於當天十一時即率領步兵第一營及配屬之砲兵連與團部特務排、通訊排、無線電台一班、乘車向卡薩出發，其餘部隊由副團長曾琪率領繼續跟進，並將上述情形電報師長。五月七日下午一時三十分先頭部隊抵達卡薩，因該地情況非常混亂而複雜，四處縱火焚燒，爆炸聲音震耳欲聾，彼落此起，相繼不絕，熊熊火光觸天，望之儼然有如臨陣之勢。旋派出警戒加強搜索，但未發現敵情，遂沿伊洛瓦底江佔領要點，構築工事，嚴密警戒。這時後續部隊全部到達卡薩，召集各營營長與副團長詳細偵察地形，適宜配置兵力，並督促各部隊加強構築工事，隨時備戰。

五月八日下午九時，杜副長官親自率領裝甲車五輛，來到卡薩巡視陣地，並瞭望河面及對岸敵情，對我團兵力部屬甚為滿意，且面示機宜，旋離去。五月九日下午二時，我團派出對岸搜索警戒部隊（第二營第五連）發現敵人，經抵抗後相機撤回，本團所有部隊則進入陣地，完成戰鬥準備，嚴陣以待。下午五時，敵先遣部隊從上游渡河，襲擊我警戒陣地，展開戰鬥。七

時許，敵集中各種砲火向我沿河陣地猛烈攻擊，復以汽艇運輸大部隊強渡伊洛瓦底江，企圖迫使撤離。當晚九時至十一時，戰鬥最為猛烈，我軍傷亡較重。

斯時齊副師長學啓抵達我團部指揮所，巡視敵我狀況，略示機宜後，率領受傷官兵後撤。迄晚間十二時戰況寂沉，察敵似有迂迴行動之態勢，為避免次日與敵膠著，遭受包圍起見，遂請示師長。奉師長孫立人電示：向滂濱、英都方向相機撤退。此時，配屬之砲兵連已奉命歸建，我軍處於孤軍作戰，形勢不利。因戰況所逼，乃決計於五月十日凌晨二時許，向英都方向逐步撤退。在撤退途中，又奉師長電示，溫早發現敵坦克車五輛，為我一一二團擊退。此後情況日趨惡劣。

一一二團終於在溫早被敵包圍。孫將軍面對這種嚴重的局勢，認為如不出奇制勝，便會遭受不可想像的結局。於是決心轉向溫早，先解救一一二團，打擊尾追的敵軍，以頓挫其氣勢，然後再做打算。這種退而翻身再戰的戰法，正如古時諸葛亮失街亭，命趙子龍回轉戰司馬懿一樣，完全出敵意表。在溫早包圍一一二團的敵軍，竟不知這支援兵從何而來，頓覺驚慌失措。我軍內外夾攻，殺聲震天。一日一夜斃敵八百餘人，殘敵死命奪路竄逃，一一二團安然脫圍。

五月十三日拂曉，敵集結大部兵力向我軍左翼猛攻，把溫早通八莫、臘戍的交通線完全切斷。我一一三團行進至南坎車站，遭敵人攻擊。本團為避免無謂傷亡，即轉入滿根山麓，以偽行動沿鐵路撤退，誘敵軍沿鐵路追擊。下午四時，我團抵達滂濱。敵人大部隊早已搶先佔領，我搜索斥侯，被日軍俘去一名。行進受阻，乃又回抵山區，利用夜間向北行進，穿過班毛克敵之封鎖線，並揚言向密支那方向回國。

五月二十三日電台發生故障，與師部失去聯絡。第五軍去向不明，給養無法爭取，飲水缺乏，而敵人窮追不捨，甚於往昔。這時孫將軍便決定從溫早折回，向西北行進。當時敵空軍雖然活躍，但被我軍聲東擊西的戰術迷惑，不知我軍究竟退往何處，新三十八師乃得藉深山森林的掩蔽安然轉進。

新三十八師的主力在溫早脫離戰場以後，即向西北山地日夜兼程行進。到達刊帝，走進兩邊都是懸崖峭壁的山谷之中，四面沒有路徑，必須從峭壁所夾成的拉馬河中涉水行走。幸虧是乾季，水不太深。淺的地方還不過膝，深處也只淹到腹部。當時有官兵實在疲憊不堪，勉強打起精神在河裡走了一日一夜，上岸時有許多人的腿都被水泡得腫起來。部隊轉進到更的宛江左岸的滂濱，敵人的潛水砲艇和汽艇正在溯江上駛，滂濱已經密佈了敵探和便衣隊。

我軍前臨大水，後有追兵，官兵都捏了一把冷汗。當時的滂濱已經是敵人第五縱隊出沒的地域，鑑貌辨色，便可看出許多老百姓都已被敵人利用，態度上有甘心為虎作倀的表現。孫將軍便決心馬上渡江，一面下令準備竹排木筏，一面親自和當地縣長敷衍，虛張聲勢，假作佈防模樣，以遲緩敵人追擊，使敵便衣和緬奸不敢蠢動。部隊則以最迅速的行動，趁著黑夜全部渡過更的宛江。孫將軍在部隊主力渡江完畢後，自己才渡了過去。

果然，在渡江後還不到一刻鐘，對岸便槍聲大作。老百姓都換上白衣，跟敵人的便衣隊混合起來，向我掩護渡河的部隊襲擊。幸而我軍事先已有周密的戒備，部隊渡河迅速，否則全師必將混亂不堪。第二天，敵追兵主力趕到滂濱，又和渡河部隊發生激戰。一直到五月二十一日下午，才把追兵擊退，打死了兩百多名敵軍，救出被俘友軍和英軍官兵三十餘人。這時適逢天降大雨，掩護部隊藉著雨霧遮蔽，安然渡江趕上主力。但新三十八師除我團在卡薩轉進途中失去聯絡外，其餘全部都到達印度邊境英法爾東南十八英里的普拉村。

三、偷渡更的宛江轉進印度

我一一三團從仁安羌到卡薩前後經過二十餘天的苦戰，官兵絲毫未得休息，實在不能戀戰，同時又糧彈兩缺，只好避開敵人，保存實力。另從山中開闢小徑，以堅忍不拔的毅力，攀藤拊葛，向印度轉進。五月二十七日，本團在明開英與敵一附有砲騎兵之聯隊遭遇。該敵並向印度難民聲言，專找中

國軍隊等語。本團在當日夜間，悉數由明開英徒涉烏有河，亦揚言：此行經野人山回中國，而敵之大部隊竟然中計，改向北猛追。

　　五月二十八日遵照師長孫立人將軍指示：「以迅速秘密之行動，回渡烏有河向南轉進，至南先慶乘機偷渡更的宛江。」一一三團團長劉放吾即率領全團官兵，以兩晝夜之強行軍，走七十餘英里，官兵忍饑挨餓，僅以炒米度日，然精神更為團結。大家都抱著生死與共，寧為玉碎，不為瓦全的決心，由海寧、南先慶之間，相機偷渡更的宛江，成功失敗均在所不計。如再拖延時間，緬甸雨季來臨，江水猛漲，那就慘矣。五月二十九日，全團官兵抵達南先慶東方約十二英里之森林內，該處毛竹甚多，真是天佑我也。

　　團長劉放吾召開團務會議，指示回渡烏有河注意事項，並派遣便衣隊（由軍官組成）三組，分赴南先慶偵察敵情、地形及渡河地點。第八、九兩連先至南先慶佔領要點，擔任警戒。第八連對渡河點下游方向綿密警戒，第九連對渡河點上游方向擔任警戒，掩護全團渡河。俟全團渡河完成後，迅速渡河跟進。這次大家都抱著不成功便成仁的決心，生死關頭，在此一舉，並將渡河準備情形電報師長。

　　五月二十九日下午六時三十分，第一營營長楊振漢率領先遣部隊開始渡河，在對岸建立橋頭堡，一切尚稱順利。各部隊相繼渡河，延至午夜二時，全團所有部隊，均先後渡河成功，到達指定地點集結。

　　五月三十日，再趁著月夜，在南先慶悄悄的渡過了更的宛江。根據各營連報告，被淹沒、失蹤官兵三十餘人，輕重武器遺失數件，是入緬作戰以來最大的一次損失。

　　六月一日早晨，我便衣隊獲得情報，日本軍隊約千人在南先慶上游渡過更的宛江，下午二時可抵達我團集結地區，企圖切斷我軍退路。因此本團全體官兵，竭盡一切努力，不顧饑寒與疲憊，拔營而起，即向印緬交界大山上猛奔，脫離敵人跟蹤，避免被追擊遭受傷亡。當我團進入印緬交界大山巔上，俯視集結地區，敵人焚燬民房洩憤。熊熊火光沖入雲霄，也象徵我們展翅翱翔，敵人縱有百萬大軍，也無奈我何也。

　　本團進入印緬交界山區之後，這時已無敵情顧慮，略加整頓，並選派體力強壯官兵，編成幾個小組，先向英法爾急進，與師長取得連絡。部隊則冒著傾盆大雨，攀山越嶺，忍饑挨餓，扶著病患，徐徐向印度英法爾前進。沿途見由緬甸逃往印度之難民，因其霍亂流行，屍橫遍野，道路為之阻塞。情形之慘，目不忍睹。回憶我團若沒有英明睿智的孫立人將軍卓越指導，轉向敵後偷渡。緬甸雨季來臨，那就無法逃生了，只有困死在緬甸荷馬林以東森林地帶，壯士一去不復返。

　　再者，我團全體官兵雖遭此艱危阨運，猶能與惡劣環境搏鬥，不為病魔所困擾糾纏者，實為我昔日嚴格訓練有素。師歌第二首詞：

　　　第一體要壯，筋骨鍛如百煉鋼，暑雨無怨傷，寒冬不畏冰雪霜；勞苦是尋常，饑咽秕與糠，臥薪何妨，膽亦能嚐，齊學勾踐王。

所臻功效，亦叨天之保佑，適時有印度人餽藥，接送病患，減少死亡，這也是我們偉大的師長孫立人將軍在英法爾聯絡英國政府，通知地方人士，協助我們脫離險境，真是絕處而逢生。

　　緬懷當年與敵搏鬥，天時地利人和均不利於我，而能與敵之抗衡者，乃我軍上下一心，團結奮鬥，發揚義勇忠誠師訓者也。經謂「我武維揚，威振鄰疆，足寒敵膽，遠播他邦。」昔衛青、霍去病北伐匈奴，深入敵國，振大漢之天威，今孫將軍則大振軍威於仁安羌，是皆開歷史之先河，為國爭光，功在社稷，遐邇咸知，雖苦尤樂，甘之如飴。本人置身其間，與有榮焉。

　　本團於三十一年六月八日到達英法爾，歸還建制，全師官兵會齊。惟美中不足者，單單不見了齊副師長學啓將軍。後來得到英方醫院裡轉來的一個士兵報告，才知道齊將軍被敵俘虜。齊將軍在仰光獄中被囚禁三年，敵偽屢次誘降，矢志不移，卒於民國三十四年三月慷慨成仁。忠勇浩然之氣，足與南宋文天祥媲美。

四、整訓藍姆加及列多森林訓練

(一) 藍姆加整訓

當時遠征軍新三十八師到達印度以後，英國人認爲一點都不像由緬甸戰場上撤退下來的軍隊。我軍裝備完整，士氣高昂，精神飽滿，令他們非常的讚佩。英國派駐印度總督選擇藍姆加爲我們中華民國軍隊整訓基地，由美國步兵學校第一訓練處，協助訓練。新三十八師步兵一一二團改爲砲兵一、二、三營，第一、二兩營爲騾馬砲兵營，第三營爲輜重榴彈砲兵營。

經六個月嚴格訓練，新三十八師所屬各部隊，重新裝備，足可用兵的時候到了。於是由孫立人將軍率領，於三十二年三月到達印度阿薩姆省之列多鎮（野人山麓），其任務有三：第一是警備緬甸的日軍出擊，替盟邦英國保障印度；第二是開闢道路，作爲反攻緬甸，打通國際路線的基礎；第三利用機會實施森林訓練，俾使部隊適應當地氣候。

(二) 野人山見證

野人山原始叢林中的情形，素來是沒有人知道的，尤其是那裡面的土人生活，更加神秘，也是世界瘧疾有名的地區。這裡公開把他披露出來，未嘗不可資爲敘談題材。野人山位於我國雲南江心坡以西中緬未定界上，南通緬甸，西接印度阿薩姆省。野人山裡的土人，我們普通稱爲山頭人。因爲他們沒有文字，所以沒有歷史可考。他們分佈的地方，在緬北及阿薩姆人煙稀少的山頂。這一大片區域中，他們也成立了村落，有酋長之類的土王。這個民族的皮膚顏色和我們一樣，可以從許多記載中證明他們一定含有中國的血統。

據一般專家研究，英國戴維斯教授從語言分類上，將他們列入藏緬語系，有蒙古容貌。考元世祖五次征緬，第一次在元世祖十四年三月，第二次同年十月，第三次十七年四月，第四次二十年九月，第五次二十三年。所用兵力，每次數萬人，所至地方，遍及北緬，所以土人含有漢人血統之說，頗有理由。但當地人對諸葛孔明的印象，頗爲深刻。我們查考《三國志》〈出師表〉上，謹記有孔明「五月渡瀘，深入不毛」的故事，所經地名則不詳。另有一說：「不毛」乃是「八莫」的音訛，而推斷孔明曾經到過緬北。此說

頗不可靠，當蜀國與緬北尙有雲南之隔，邊患不致使蜀國受到很大的威脅，孔明不會勞師遠征至此。如果「不毛」是指西康、西藏而言，說孔明大敗孟獲的藤甲兵使南竄至此，那麼戴維斯的推斷就有理由了。

至於語言問題，土人語尾多帶「哇」音，如父親叫「依哇」、丈夫叫「傑哇」、妻子叫「山腰山哇」、中國叫「開」、只有貓字和川音的「妙」相同，如推爲諧貓叫聲，則狗又並不叫汪汪。

我國地質學家丁文江，將土人列入緬甸人的一種。其餘如魯易斯及海納爾登等，均曾在著作中提到這少數民族，多把他們歸屬於藏緬一類。而土人自己則多喜與漢族攀親，他們的風俗和漢人類似的地方很多。

說起印度和緬甸森林中的大蟒蛇，眞是駭人聽聞。當緬甸撤退前，還曾發生過這樣一則故事：有一天早晨，新二十二師有一個哨兵正持衝鋒槍在前線守衛。忽然有條大蟒蛇張口吸氣，哨兵就被蟒蛇整個吞入腹中。他一時驚慌失措，在蛇肚中悶坐，隨即手扳機槍，由蛇腹中向外攻擊。此蛇翻騰起伏，附近森林樹木都被壓倒，歷時半日方死。後來隊伍裡不見這名哨兵，四方尋找，忽聞死蛇腹中有呼救聲，大爲驚奇，連忙剖開蛇腹營救，這名哨兵居然完好無恙。據說蛇腹中非常寬大，不過黑暗無光，兼之腥臕之氣撲鼻，令人眩暈，極爲難受。

(三) 列多森林訓

列多是世界上瘧疾最厲害的地區，任何體質只要是被瘧蚊咬一下，管教你患瘧疾病。然我們由印度反攻緬甸乃必經之地，孫立人將軍深感部隊進入野人山作戰，必須適應當地環境，遂將三十八師，由印度藍姆加開赴列多，實施森林、渡河，及各種障礙物訓練。在列多將原始森林，開闢營區，升起帳篷居住，與惡劣氣候搏鬥。所屬各部隊，又實施森林作戰訓練，防止瘧疾發生。外出工作或站衛兵，都戴上防蚊手套及防蚊面罩。每天早晚由值星官集合彼此監視服用奎寧丸（瘧滌平），夜間派出巡邏，不准在外閒散。並在列多由美國設立野戰醫院，遇有瘧疾病患，立即送醫治療，營區內不准留有病患。每連患染瘧疾住院人數，平均約二十餘人，連續患者最高達八九次之

多。但官兵體格訓練甚爲重視，一般健康狀況，尙稱良好。經過三個多月森林、游泳及各種障礙攀登訓練後，漸漸已能適應森林內蔭翳的生活了。

印度枕戈待旦，反攻緬北的日子就要展開了。

五、警戒前哨戰及于邦大捷

于邦是胡康河谷西北一個重要村鎮，位於大龍河下游右岸，是水路交通要道。地形開闊平坦，三面森林，一面靠著大龍河。敵人利用森林，在樹頂和地面上，預先構成極堅強的防禦工事。主要陣地都用縱深的據點群構成，有極堅固的鹿砦和掩蔽。

民國三十二年的十一月四日，新三十八師一一二團第一營由李克己營長率領全營官兵馳赴于邦，擔任警戒。一一二團第三營則由營長陳耐寒率領，赴太洛掩護美軍工兵部隊開關史迪威公路。

當李克己營抵達于邦之初，立足未穩，被日本警戒部隊查知，遂派遣伏兵襲擊。我前衛尖兵連連長江曉烜，認爲敵人僅有一個加強排佔領于邦橋頭堡，卻未料到敵人設置伏兵。當進入敵人埋伏區域內，遭受奇襲，輕重機槍縱橫掃射，迫擊砲、擲彈桶、手榴彈雨點一般落下，使得江連長束手無策。除搜索班通過了埋伏區，得以安全外，其餘官兵都是壯烈成仁。其後，李克己營長率領步兵一個連及戰槍排，配屬之八一迫擊排，到達于邦後立足未穩，遭受敵人四面包圍。這時該營第一連連長劉益福率領步兵一連，配屬重機槍兩挺、八一迫擊砲二門，馳赴于邦上游及寧邊，擔任警戒。不久，也被敵人包圍，情況非常惡劣，只有就地固守，靜待增援。

這時新三十八師的主力都在列多，增援到于邦即使強行軍，以最快速度都要十餘天，在援兵未達以前，一定要堅忍奮鬥。當面之敵爲日軍十八師團所屬五十五聯隊，連續向被圍的李克己及劉益福實施猛攻。我軍固守陣地、加強構築工事，敵人雖經前仆後繼衝殺，均被我守軍擊退。在這一段時間內飲水缺乏，一切補給有賴空投，但官兵意志堅定、精誠團結。尤其劉益福連在寧邊，被圍一個月零三天，敵人發動總攻擊六次，守軍陣地被敵突破，失

而復得，排長趙振山被俘。然而該連堅定不移，殲滅敵人於陣地前，遺屍遍野。

我一一三團在接到增援命令之後，經數十日急行軍，趕赴于邦、寧邊，解救被圍官兵脫險。十二月二十一日，師長孫立人將軍親率一一四團趕到前線。二十三日，猛烈的血戰展開。我們的砲兵開始活躍起來，步兵跟著砲彈衝殺過去。被擋了回來，再衝殺過去，衝破第一道防線，又衝破第二道。之後雙方還發生壕內肉搏戰，許炳新連長在此役不幸中了手榴彈陣亡。

這時候被圍困在核心的李克己營長，乘機接應，從裡面殺了出來。又分兵在兩側截斷敵人交通，封鎖渡口，使南岸敵人無法增援。激戰到二十八日，敵軍的前進陣地完全被消滅，主陣地也跟著動搖。湛茂棠連長立功心切，一馬當先，衝進了最堅固的橋頭堡陣地。第一排犧牲了，第二排又傷亡殆盡，最後他帶第三排搶得了陣地，自己卻不幸飲彈成仁。

步兵傷亡太大，砲兵的火攻接著而來。砲彈像掘土機似的，把敵人整個陣地都挖翻過來，陣地裡再也無法躲藏，殘敵紛紛向樹林、河溝裡逃命，被李營預先埋伏的機關槍和迫擊砲統統給殲滅了，一個都沒有逃走。

這一場經過七晝夜的殲滅戰，我軍在敵人火網之下，步步躍進，前仆後繼，傷亡了官兵二百三十多人。敵人的死傷更大，總計比我軍多出七倍，且百分之九十都是陣亡，傷而未死者較少。陣亡的重要敵酋，有五十五聯隊的聯隊長籐井小五郎大佐和大隊長管尾少佐。並發現在劉益福的第一連陣地前，留下敵人死屍尚未拖走者，經清點統計後，共有三百五十餘具。

檢討于邦這一仗的收穫，不只在於殲滅了許多敵人，奪得了一個堅強的據點，而是有利於整個胡康河谷，乃至緬北戰局的發展：

第一、這一仗開殲滅戰先聲，打下我軍在以後各期戰鬥中，始終掌握主動權的基礎。

第二、我軍攻擊精神旺盛，指揮官對森林戰術運用自如，步兵沉著勇敢，作戰時靜如處女，動如脫兔，予敵人絕大打擊。砲兵則技術嫻熟，射擊精確，收到預期效果。當時敵我重疊包圍，敵軍陣地前後，都是我們的部

隊。雙方步兵線的距離五十公尺，砲手如果稍微延伸或縮短射程，都會打傷我們自己的弟兄。可是他們發射出去的砲彈，都是落在敵人陣地內，而且彈著排列得像農夫插秧一樣整齊。因此建立了步兵對於砲兵的信心，步砲協同便有了良好的成就，更增加了步兵衝鋒陷陣的勇氣。

第三、李克己營長及劉益福連長分別帶了一個加強連，在于邦和寧邊，被五倍以上的敵人圍攻了三十六天。他們心裡明白，救兵還在野人山的另一邊，一時無法趕來。糧彈是那樣的少，水源又無法取得，面對敵人的日夜攻擊，前途可以說是一片黑暗。但他們也很明白上級所賦予的任務是如何重大，最高統帥及全國人民對於駐印軍的企望又是如何殷切。所以他們堅定了「三信心」，上下將士無論在任何時刻，當以信仰長官、信任部下，而自信其為黨國效忠，所以他們決心一定要死守下去。秉著三信心決不中途氣餒，他們更相信長官一定會在苦守期中，把他們解圍出來。這種信念，就是打勝仗的原動力，是新三十八師在緬甸攻取敵陣戰勝敵人的主要因素。

第四、打垮了敵軍的士氣。在于邦戰役中，敵軍的表現的確很勇敢，寧死不屈。但他們這種勇敢，是以可憐的迷信心理做為出發點：每個敵人身上都帶著千人針和神符之類的東西，以為這是消災避難的法寶。

新三十八師在孫立人將軍指揮作戰，自從民國三十二年聖誕節前後，造成了于邦大捷以後，便繼續由胡康河谷向前挺進。同時在日軍後方，深山幽谷中和密林叢莽裡，更有不少游擊隊在活動。這些游擊隊有些是中、英的健兒，有些是當地的特種民族，尤以特種民族居多，他們善於用陷阱捕捉野獸，這時為了對付日寇起見，便也用對付野獸的方法來對付他們。喀欽人做的陷阱非常靈巧，許多日軍踏在上面，糊里糊塗的跌下去，還來不及發現它的秘密，早已一命嗚呼了。

胡康河谷是泰洛盆地和新平洋盆地的總稱，又叫胡康盆地。泰洛盆地的面積有一百二十平方英里，新平洋盆地的面積有九百六十平方英里，都是一片原始森林，中間縱橫著大龍、大奈、大宛、大比四大河流，和許多小支流。一到雨季，山洪爆漲，成為一片汪洋，簡直是一塊絕地，晴季河水很

淺，可以徒涉而過。大龍河以北，有人行小路，泰伯家以南，通道寬廣，可以通行汽車，只是密林中又夾著茂草，交通阻塞。從用兵方面來說，無論是搜索、觀測、通信、連絡、救護、方向判斷和諸兵種協同，都很困難。在飛機上俯瞰，只見一片林海，極目凝視，也只能約略辨出幾條河流來，其他的就無法去偵察，更無法轟炸了。敵人便利用這些河川之險，作為屏障，和密林茂草的蔭蔽，建築起許多地下防禦工事，和樹上的作戰碉堡。

　　據守這一帶河谷的敵軍，是著名的日本皇軍第十八師團。他的前身是久留米師團。蘆溝橋事變開始，就開來中國，首先在杭州灣登陸，進而在京滬一帶無惡不作。民國二十七年，他又在大鵬灣登陸，侵據廣州，二十八年十一月進佔了南寧。二十九年調往越南受特殊的戰術訓練，參加南洋各島及馬來西亞、緬甸各地的戰鬥。三十一年攻打棠吉，破臘戌，攻到惠通橋，是日本陸軍中最精銳的部隊。

　　當時史迪威將軍的戰略，是先奪取胡康河谷的要隘孟關，然後再循公路直下孟拱河谷。可是，在胡康河谷的西側，更的宛江西岸的泰洛河谷，也就是泰洛盆地，有十八師團一個大隊駐紮在泰洛城內，成為我遠征軍前進路線的威脅。三十三年二月初，孫立人將軍克復了胡康河谷的泰伯家、于邦。

　　泰伯家、于邦、孟關和瓦魯班是胡康河谷公路上的四大村鎮，也是胡康區最重要的四個據點。大龍河河幅有八百公尺寬，和于邦隔岸相望的是喬家，敵人在東岸的河防工事，便是以喬家為中心，構築得非常堅強。憑著這一天險，加上嚴密的火網封鎖，假如我軍想要從河裡強渡過去，那不但勞而無功，而且一定會遭受很大的傷亡。因此孫立人將軍決定使用大迂迴戰術：我軍一部兵力留在于邦，和敵人隔岸對峙，吸引其注意力。另以左翼的一一三團，從寧邊偷渡過大龍河，攻佔東岸的拉班卡，使據守喬家敵軍後路受到側擊。東岸敵之河防陣地，也就隨之崩潰了。大龍河兩岸敵軍被肅清後，一部殘敵紛紛向泰伯家潰退，和原地守軍會合，困守大奈河北岸的陣地。

六、泰伯家渡河攻擊

　　新三十八師重新怖署兵力，以一一四團爲右翼隊，從康道渡河直抄泰伯家的背後，以我一一三團爲左翼隊，一一二團第二營爲左支隊，向敵左側背威脅壓迫。以一一二團主力爲預備隊，擔任大龍河沿岸的警戒。一月十七日左翼隊向泰伯家疾進，一部進佔寧魯卡，在大奈河北岸，擊沉敵由南岸連夜向泰伯家增援偷渡的大竹筏四隻，溺斃敵人一個中隊。

　　一一三團的官兵是民國三十一年入緬遠征，年中由卡薩撤退翻山偷渡，退入印度。沿途饑寒疾病之苦，思之眞感痛恨。這次（民國三十二年）由野人山反攻出來，大家都抱著報仇雪恥的心情。因此士氣特別旺盛。

(一) 台籍日本兵來歸

　　當我軍進抵泰伯家前線時，有一個台灣人從敵人那邊跑到我們隊伍裡來。這個新鮮的故事，一時傳遍了森林前線。這台灣人的名字叫鍾正平，祖籍廣東梅縣，出生在台灣，曾在日本大阪住過一段很長的時間。他的身材適中，年紀約三十歲。他常憧憬著台灣海峽對岸的偉大古老祖國，海峽的流水沖激著他的沉抑情懷。祖國的天空是高遠而晴朗的，祖國的土地是遼闊而芳香的，祖國的太陽是溫暖而每個人都可以享受到的。

　　三十三年初的一個黑夜，他被派和幾個日本兵一起到泰伯家前線我軍的陣地偷聽電話。到了陣地附近，當他清清楚楚的聽到我軍官說話的聲音時，心頭的激動比多年流浪者，重新聽見家人說話的聲音時，更來的厲害。他決心不讓這絕好的機會輕易錯過，於是便藉口避免引起我方哨兵的注意，和其他幾個日本兵拉遠距離，實際上他卻匍匐在地面上往前爬行。

　　他爬過雜亂的樹林，爬過冰涼的泥土，然而他的心頭是充溢著難言的溫暖，他隱約的聽見其餘幾個日本兵，在低低地叫喚他的名字，同時他也聽見更大的聲音在心底叫喚著他。他一直往前爬，爬到一個完全爲密林封鎖著的地方。當他猜想其餘幾個日本兵已經回到營房去後，他才走到我第一線的隊伍裡來。

　　當他把來歷向我軍說明以後，立刻受到孫立人師長以下，許多長官和士兵們的殷勤慰問，並紛紛把香菸和食物餽贈給他。接著他穿上了和我軍一樣

的軍服。遇著日本俘虜時，便陪同審問人作翻譯。平時也和部隊裡一位懂得日文的參謀一同閱讀或翻譯日文的文件。他的美夢實現了，他愉快而幸福地生活著。

(二) 纏鬥泰伯家

泰伯家的西南，胡康河谷中間部，河流彎曲，全長六十英里，沿岸都是起伏地，樹林茂密，地形複雜，爲敵我必爭之地。敵軍在由孟養河到泰伯家的一線配備有一個連隊的兵力，並配有一〇五榴彈砲。沿途步砲陣地林立，敵人打算把這一地區，作爲主要抵抗地帶。敵軍憑著堅固工事，和優勢火砲掩護，一再反撲，彼此成了膠著的態勢。

敵軍的陣地是層層密佈，攻下一個陣地，後面又是一個，包圍了一部分敵人，接著又來另一部分。而且敵人每次後退，幾小時內，總來一次猛烈的反攻。山砲、重砲和步兵榴彈砲，各式各樣的砲彈，整天在陣地上空飛掠而下。指揮所周圍幾十碼以外的樹林，都被轟炸焦爛。最精彩的場面是夜間攻擊，機關槍子彈的火粒成串地奔馳著，樹上和地面的，一條條交叉成嚴密的火網，迫擊砲、手榴彈和敵人的擲彈桶、槍榴彈，爆出一團一團的火花。

激戰到二月六日，我軍改換戰術，採用滲透戰法，冒險穿越間隙深入。左翼和側面的敵軍，已被我軍割成數段，一一包圍起來。二月九日晨，我軍下令猛攻。惡戰了一天，重機槍兵李明友，在戰壕裡和敵人的肉搏部隊，打起太極拳來，用很靈巧的身手，護住他那挺機槍，把敵人打得落花流水。

這一場孟養河泰伯家的戰鬥，從一月十二日到二月九日，將近一個月的光景，與敵發生大小戰鬥五十多次，打死敵軍大隊長宇生少佐、寶隅大尉、中隊長山杯、松尾、大森、小野及官兵六百多人。此外，受傷和因傷致死的還無法估計。孟養河附近地區的敵軍被殲滅了，其他殘敵聞風喪膽，紛紛向孟關以南潰退。我右翼部隊再以包圍殲滅森那卡之敵爲目的，乘勝挺進，一路掃蕩殘敵，擊破增援，於二十一日和左翼部隊在大奈河東岸渡口會合，逼近孟關。

(三) 血戰孟關

日軍在孟關頑強抵抗，和我軍血戰甚烈。孫立人將軍的臉上破例地留起滿臉于思的黑鬍子來。美方聯絡官們平時總看見孫將軍是一個頰部光潔的人，不免很詫異的問他：為什麼留鬍子，要到什麼時候才剃鬍子？孫立人將軍很堅定的回答說：「我是開始攻泰伯家時留的鬍子，不攻下泰伯家，不下孟關，不剃鬍鬚。」

七、瓦魯班迂迴攻擊

(一) 趙狄率本團大迂迴左襲

這樣一連血戰了多天，正當孟關一帶的公路上飛機坦克和敵人周旋時，本團成為新三十八師的左翼隊，進行偉大的迂迴戰。自古以來，兵家用兵以出奇制勝，避實擊虛，造成敵人的劣勢，才能對整個戰局有所裨益。尤其在森林戰中，因為叢林太密，不見天日，不適宜大規模的行動。進攻的軍隊都是以狹長的先頭部隊在路上移動，因此往往大部分的道路已經到手，而鄰近的區域都自動地失落，所以迂迴戰更為重要。

正如孫立人將軍所說：「森林戰是開路勝敵，誰能乘敵不備，開路到敵人後方，誰就勝利。」胡康河谷，日軍就是吃了我軍大迂迴的苦頭。

趙狄上校率領我一一三團自泰伯家到瓦魯班，沿途用斧頭砍樹，槍彈殺敵，通過原始杳無人跡的密林，越過荒僻的大奈河，穿過荒湖和密林。雖然受到大雨的襲擊，泥濘的阻礙，間或也受到飢餓的威脅，仍能連克清南卡、恩藏卡等三十多處據點，進展一百八十英里，攻到瓦魯班附近。

(二) 陳鳴人率一一二團右襲

右翼隊陳鳴人上校率領一一二團，也攻下了大林卡、丁克林卡等村落據點十多處，也和擔任左翼隊的我團取得聯絡。兩路大軍沿路都碰到敵軍的伏擊和頑強的抵抗，健兒們不分晝夜，不怕雨熱，英勇廝殺，切斷了敵人歸路。敵軍十八師團司令部，自孟關撤退至瓦魯班，無路可走，遂集中所有兵力向我軍猛撲。這時美軍一個加強營，被敵人衝殺傷亡慘重，無法支持，終

於撤離陣地。而新三十八師我一一三團由趙狄上校率領之一二兩營，迅速佔領美軍原有陣地，切斷瓦魯班至泰諾間聯絡，擊斃敵軍大尉與中尉各一人，擊毀大卡車一輛。瓦魯班和泰諾的敵軍，便再也無法通過這一段公路相互往來。

(三) 十八師團長倉惶逃離

敵十八師團長田中新一將軍，為了急於打通孟關歸路，調整兵力，向截斷公路的我軍瘋狂反撲。我軍的山砲和重迫擊砲大顯神威，把敵人打得屍橫遍野、血流成河。田中新一見大勢已去，匆匆的下了一道撤退命令，先自攀登懸崖溜之大吉。連十八師團的關防，都棄之不顧了。三月八日晚間，敵軍乘黑夜，從北向南放出信號彈，通知各路敵軍，往西南山嶺中逃命。新三十八師便在三月九日一早進佔瓦魯班和泰諾，當天下午與孟關南下的新二十二師及戰車第一營會師，消滅殘敵。敵十八師團自于邦、孟養河兩次慘敗，失去大龍、大奈兩河天險之後，孟關不足憑藉，瓦魯班便是胡康河谷最後一個大據點。田中新一以為無論如何在這裡抵抗一陣，不料在新三十八師左翼隊迂迴來得太快，簡直使他沒喘息的機會，便整個的潰敗了。

(四) 詩讚

孟關會師之戰勝利結束以後，孫立人將軍這才剃光鬍鬚。有詩讚道：

> 不入孟關不剃鬚，孫郎佳話記當初。
> 而今無復于思態，剪燭深夜讀捷書。

其二：

> 英明睿智世欽崇，料敵如神一聖雄。
> 出奇不備截斷路，先機制勝建豐功。

日寇因在緬北迭次失利，中美聯軍已經挺進至孟拱河谷附近，眼見得中印公路打通在即。不禁膽顫心驚，不得不另謀出路，以圖鞏固緬甸。於是重施故技，實行外線包圍戰略，目標指向印度－曼尼坡土邦以北孟加拉至阿薩姆的鐵路線，企圖以「一石二鳥」的戰略，切斷泰山區英軍的後路，和孟拱區中

美聯軍的供應線。

(五) 印度英法爾（Imphal）大戰

三十三年三月二十一日起，日寇由泰山區以北，更的宛江上游分路進犯。最北一路自曼台第出發，渡更的宛江，進入印度邊境的宋拉山區，以英法爾（Imphal）以北（即科希馬）為目標。南路則自唐塔特趨緬甸邊境的塔姆，越過印境，進攻巴拉爾公路。更南一路，則是沿泰第姆公路直指英法爾。

以上四路，以最北的一路進攻較快，因為那裡交通路線，盟軍不易設防，日軍沿徑進兵，阻礙較少，遂得進入宋拉山區，到達科希馬，英法爾公路以東的山地。四月一日清晨，且曾一度切斷公路，炸毀橋樑一座。

其後經英軍猛攻，將日軍逐回山地，並以砲火封鎖該公路。中路日軍，在烏克魯爾附近，曾遭遇英軍重大打擊，但仍拼死作戰。戰爭在英法爾以北二十五英里處進行，這路日軍的西進目的，為切斷英法爾以北公路，進而包圍英法爾。南路塔姆至巴拉爾公路上，日軍進展不大，戰事在巴拉爾以南，泰第姆以北公路，雖被日軍切斷，但英軍則自南北兩面夾攻，這兩路因交通方便，且為進入印度的捷徑，所以英軍實力比較雄厚，能阻日軍進攻。前兩路則因都是小徑，日軍間道竄入，英軍防不勝防，所以進展甚速。英法爾的重要性，在於地理位置。孟加拉－阿薩姆鐵路像一支巨臂，伸向印度的東北角，曼尼坡恰在其南，英軍使用英法爾作為泰山區英軍的後方，同時為孟阿鐵路的掩護站，而孟阿鐵路，則是供應中美聯軍作戰物資的主要交通線。日軍冒險僥倖，施行「一石二鳥」戰略，計畫一戰切斷孟阿鐵路，則史迪威將軍所屬中美聯軍的供應線將感不便。日軍的目的顯然是在後者。

(六) 我軍抵傑布班山

再說緬甸方面的戰局，自從日軍十八師團主力在瓦魯班戰役被我軍包圍夾擊慘敗後，胡康河谷完全歸入我軍掌握，從胡康到孟拱河谷，中間橫著一座海拔四千公尺以上的傑布班山，成為天然的兩區交界分水嶺。貫通兩區交通的只有一狹隘的谷口，公路幹線，就從這個谷口穿過去，全長約有六十多

英里。兩旁山嶺重疊，樹林密佈，地勢向北急傾，向南緩斜，是天然的險要隘路。敵人實在佔有一夫當官、萬夫莫敵的有利形勢。我軍如果單沿公路採取正面仰攻，不但損失太大，也不容易攻得過去。如果採兩翼迂迴，兩旁是懸崖峭壁，更不容易爬行過去。而且山中無水，登山涉險，脣敝喉焦，非常人所能忍耐。面對這樣困難的地形，我軍根據在胡康河谷所得的經驗與教訓，只有仍舊採取「以正合以奇勝」的戰法。

八、拉班迂迴奇襲殲滅戰

三月十五日，新二十二師配合戰車部隊攻佔了高沙坎，沿正面公路直叩孟拱河谷的大門。新三十八師就負責爬過傑布班山區，迂迴到隘路後面，拔開這道大門的門閂，迎接正面部隊進入孟拱河谷。 三月十四日，本團全部都在瓦魯班以東地區附近集結完畢，隨即沿著庫芒山脈開路前進。另外派出第一營跟著密里爾准將率領的美軍麥支隊行動，打算經過大柏洋、西藏卡道、大奈洋、卡庫卡道等地，迂迴到沙渣南面的拉班，截斷在傑布班山地的日軍後路。

經過十四天的艱辛開路，山道陡且滑，上下山要用手爬，馬馱著砲不能行動，只好用人抬砲，讓馬空著身子走。牠們不時還要從山上滑跌下去，兩天功夫跌斃了二十多匹。後來飼養兵想出法子來，上山時他們走在馬前面，用力扛著馬頭，下山時他們走在馬後，死命拖著馬尾。縱使這樣費盡苦心，馬匹傷亡還是常有的事。古人說蜀道難行，比起這裡來恐怕還要差得遠，令人嘆為觀止。

因為山地崎嶇險峻，找不到給養的場所，飛機本身又受到天時的限制，所以部隊經常缺少給養，長途跋涉，整天不得一飽，又沒有水，儘管嗓子渴得冒煙，也只好勉強拿唾沫濕潤一下。第一營接連八天沒有看到飛機的影子，便去挖野菜砍芭蕉根來充饑。就這樣，大家始終忍著渴、挨著餓，一直保持著旺盛的士氣，且戰且進。在三月二十七日傍晚，攻到拉班附近，第二天晨光微曦中，部隊秘密渡過了南高江。出敵不意，攻其不備，一股佔領了

拉班。這時美軍的一個營也渡過了河，到達公路附近。

在正面據守山隘，與我二十二師廝殺的日軍，是十八師團五十五聯隊的餘部，附有山砲兩中隊，重砲兩門。在迂迴途中的一一三團，雖然有幾度和日軍發生戰鬥，但因地形險阻，我軍隱蔽得法，日軍還當作是小部隊的行動，沒有十分注意。忽然間鑽出了一團生力軍，無怪他們要手忙腳亂了。急得幾乎發狂的日軍，把十五公分重砲和其他各種口徑的大小砲彈，對我軍和美軍亂射一陣，又急急的從一一四聯隊和五五聯隊，各抽出一個大隊的兵力，與我軍在拉班附近惡戰起來。美軍的第一營因為受到日軍猛烈砲火的轟擊，立足未穩，往後撤退，我軍趕來接替防務。

美軍對於我軍的勇敢負責，非常欽佩。一位美國士兵很坦白的說：「我們和三十八師在一塊作戰，便什麼都不怕。」從這句話裡，就可以看出盟軍對我軍是怎樣子的信任了。

三月二十八日，日軍集中兩個大隊的兵力，配合猛烈砲火，從南北兩面分別向我一一三團一、三兩營攻擊，來勢異常凶猛。我軍固守陣地，沉著應戰，擊退日軍六次衝鋒。二十九日沿公路兩側，日軍遺屍纍纍，攻擊漸衰。同時本團第二營沿著南高江東岸輕裝北上，已攻下沙杜渣，把公路截成了三段，直接威脅高魯陽方面日軍側背。這時新二十二師也已突破高魯陽日軍陣地，南下夾擊殘敵。其先頭部隊於二十九日晚，和本團在沙杜渣會合。於是，日軍所倚恃的六十多英里長的傑布班山隘的天險，完全入落我軍的掌握。我軍遂開始向孟拱河谷挺進。

擔任迂迴的部隊動輒走上兩、三星期，重兵器各單位的騾馬倒斃殆盡，補給線雖以空投為主，但只能投擲在後面，作戰部隊本身還是要擔任一部分人力輸送。但是投擲不到的時候，就有糧彈不繼的危險，所以每次迂迴成功，大家都感壯舉豪邁。但是回顧崇山峻嶺，跬步維艱，真是一步一淚。

我軍迂迴拉班、沙杜渣得手。傑布班山隘的天險被我擊破以後，敵軍按照預定計畫，想把戰事膠著在加邁以北地區，以拖過雨季，滯延我軍的築路計畫。敵第十八師團的五五聯隊，本已傷亡殆盡，至此又得補充齊全，並新

調原在密支那的一一四聯隊和五六師團的一四六聯隊，增援孟拱河谷而來。當時敵軍的部屬，是以五六聯隊的主力，集結在南高江西岸地區，阻止新二十二師前進。而以五五聯隊、一四六聯隊及一一四聯隊的一部集結在南高江以東地區，並沿拉克老河，馬諾卡塘高地，憑藉險要的地勢和堅固的既設工事，和三十八師糾纏。四月三日，本團由拉班乘勝南下追擊，攻佔巴杜陽，繼續向南推進。

左側的美軍，因爲孤軍深入，在菌康加塘遭日軍反擊，被迫經大龍陽、蠻賓、瓦蘭、奧西卡往後撤退。擔任殿後的美軍第二營，在潘卡地區被一個大隊敵軍包圍。

四月四日，被圍的美軍和麥支隊的無線電訊也失去了聯絡，情況不明。麥支隊長密里爾准將，急請三十八師駐軍參謀李濬上校，乘坐小型聯絡飛機，趕回師部，請求救援。孫將軍當即電令：駐在大道卡的一一二團第一營星夜赴援。第一營到達後，迅即解圍。

四月五日，我軍對孟拱河谷的攻擊正式開始。新三十八師爲左翼隊，新二十二師爲右翼隊，分沿南高江東西兩岸南下。新三十八師的布署是：一一二團在左，一一四團居中，我一一三團在右。

南高江東側，是一條重重疊疊的庫芒山脈。土人歌謠中說：「是無頂之山，永不能至」，險峻可知。山上沒人煙，就是空氣也因爲地勢太高，變得稀薄了，懸崖絕壁，不會蓄積一些水。

然而山中卻有敵人重兵據守，又有砲兵支援，所以我軍仍舊要在山中和敵人進行惡戰。左翼一一二團的任務，就是要開闢新路，爬過這些「無頂之山」，繞道迂迴，攻擊那些據守敵軍的背側，迫使他們離開陣地和我們決戰，一鼓將之消滅。

這裡的戰鬥不是陣地戰，而是迂迴、奇襲、殲滅的一種機動性戰鬥。這裡沒有後方，負傷時只有自己裹傷。每個兄弟帶著一身裝備、彈藥和幾天的糧食，時而爬上突入青天雲霄高峰，時而踏入萬丈深壑，全靠出奇，才能制勝。

從四月十一日起，一一二團弟兄在陳鳴人團長的率領下，忍受著人世間一切辛苦，攀援絕壁，以錐形攻勢攻克了庫芒山中的大道卡、高利蠻賓、奧溪、山興洋等十多處堅強據點。路上又解救了美軍的圍困，還把瓦蘭的敵軍包圍起來。

五月十二日，中路的一一四團，擊潰敵軍山崎四大佐指揮的五五、五六、一一四聯隊的各一部，攻佔老克緬、東瓦拉、拉吉、大龍陽這些重要據點。乘勝追擊掃蕩大龍陽到蠻賓間的殘敵，和一一二團會合，把敵人的五五聯隊全部包圍於大龍陽西北地區。右翼的本團，除以一部兵力從南高江東岸谷地和新二十二師保持聯繫協力攻擊前進外，並以主力掃蕩瓦拉、馬蘭卡勞一帶殘敵。

九、加邁奇襲攻擊

三十三年五月二十一日，孫立人將軍得到情報，研判正面敵軍因傷亡太大，兵力已經全部用到第一線，加邁後方十分空虛，同時中美混合部隊正在對密支那城郊攻擊。南高江西岸的新二十二師，和敵軍在馬拉關一線苦戰不下。而緬北雨季馬上就要來臨，孫立人將軍認為必須採取更為積極的手段，在敵人增援部隊還沒到達孟拱河谷以前，盡快奪取加邁，南下孟拱，策應密支那方面作戰，才能早日結束緬北戰爭。因此在和史迪威將軍會商之後，便決定指揮新三十八師主力南下，以一部分兵力正面牽制敵人，主力則從敵人陣地間隙中，以錐形突進，秘密迂迴到加邁以南，偷渡南高江，截斷敵後主要交通線，然後北向和新二十二師共同夾攻加邁。戰略既定，當天就將此一緊急命令下達給一一二團團長陳鳴人。對一一二團來說，無疑苦上加苦，但仍要更加堅忍，才能達到決定的結果。

於是他們決心冒著萬難，全力腰斬敵人後路。他們沒有砲兵、馬匹，大家背著四天的乾糧和一個基數的彈藥，翻山越嶺，在沒有路的地方，秘密開出路徑。而且一定要在四天四夜內迂迴到加邁以南，截斷敵後公路，否則在半路上沒有糧彈的補給。

從二十一日下午二時起，這一團的弟兄冒著大雨，不分晝夜，繞過瓦蘭，偷渡棠吉河，橫跨丹邦家，到拉芒卡道的敵後駄馬路。行陡涉險，利用各種地形地物，和猿啼、鳥鳴、獸嘷、水流、雨響等各種聲音的掩護，偷過敵人的重重封鎖。有時竟在敵人陣地左右一二碼外的地方走過，而始終沒有被察覺。有一次在黑夜裡，他們利用山中豪雨的聲音，在山頭設下幾處埋伏，才能橫渡百丈深溝，突破敵人封鎖。二十六日上午十一時，這支奇襲部隊如期到達加邁以南的南高江東岸，孟拱到加邁的公路就在對岸了。這時緬北已經進入雨季，連日滂沱霪雨，江水異常洶湧，江面最狹的距離也在兩百公尺以上。

幸而他們在列多都已受過渡河訓練，因此偵探渡河點及一切渡河準備，不到兩小時就完成。奇怪的渡河工具，不是木排竹筏，也不是汽艇，而是每個人隨身裝備的膠布、鋼盔、水壺及乾糧袋。這種新穎的渡河方法，新三十八師的官兵，每人至少有過二十次以上的訓練。司令部上至處長，下至伙夫，統統都會，因此很快的便渡過南高江。過江後，士兵們已經餓得不成樣子了，可是敵人還沒有發覺。這次神秘的迂迴行動，有如三國時期鄧艾的偷渡陰平，竟使敵軍不知不覺陷入我軍包圍圈中。

在這一段地區的敵軍，是第十二輜重兵聯隊全部，野戰砲兵第二十一大隊第一中隊和守護庫房的監護兵兩個中隊，兵力約在一千五百人左右。以遠處後方，戒備疏忽，突然遭受我軍襲擊，竟以為是降落傘部隊從天而降。當我軍衝入的時候，敵高級司令部正在開會，不料半路裡忽然殺出程咬金。這時敵軍紛紛驚惶奔竄，不戰自潰。當有中將一名，不知逃往何方，少將一名負傷。我軍斃敵實數在九百左右，周連長有良奮勇衝鋒，搶下敵人十五公分重榴砲四門，滿載械彈的大卡車七十五輛，騾馬五百多匹，糧彈庫房十五座，汽車修理廠一座，其他被服、給養、軍火、衛生材料不計其數。我軍雖挨餓數日，然而這時卻可以興奮地享受辛苦得來的戰果了。這是西通截路之役，陳鳴人團長得到一個「攔路虎」的綽號。孫子說：「善攻者，敵不知其所守。」又說：「微乎無形神乎無聲，故能敵之司令」，我軍的行動，處處

是主動和神奇，真合乎孫子所說的原則和道理。

二十七日，陳團從西通沿公路南北兩面展開，把敵軍在孟拱河谷的物資總囤積地區攻佔大半，佔領的公路線長達四英里。加邁敵軍所倚恃的公路補給，完全斷絕，所有敵人的通信、聯絡、運輸和指揮機構，完全摧毀。二十八日，我軍又奪獲糧彈倉庫二十多處，敵軍因糧彈囤積中心被我佔領，急忙把新到增援的生力軍第二師團第四聯隊全部、五十三師團的一二八及一五一聯隊各一部，共約兩個聯隊的兵力，一齊增加上來。另外還有重砲四門，野砲十二門，速射砲十六門，中型戰車五輛，向我軍南北兩端猛烈反撲。

激戰到六月十六日，我軍一共打死敵軍大隊長增永少佐以下官兵二千七百多人，我軍周有良連長以下傷亡三百多人，其中陣亡人數和敵人成一比十五。敵軍大半都在驚慌失措中喪失戰鬥意志，我軍則士氣如虹，面對慘烈戰況，從容沉著，這是傷亡比例懸殊的最大關鍵。六月一日，敵軍以一大隊以上的兵力，集中各種火砲，向周有良連猛衝十四次。該連第一排陣地，被三千多發砲彈完全摧毀，排長周浩與全排弟兄沒有一個後退，全排壯烈犧牲，但敵人也在周排的陣地前，留下了三百二十具死屍。周排長這種至死不退，與陣地共存亡的精神，便是敵軍死亡人數眾多的唯一原因。

一一二團佔領西通，截斷公路，囊括加邁區敵人糧彈倉庫以後，在加邁以北地區的敵軍，就統統陷入彈盡糧絕的絕境。從馬拉關到加邁一帶六十多英里的堅固陣地，完全動搖。孫子說：「軍無輜重則亡。」加邁區敵軍潰敗的命運，實在是一一二團攻佔西通截斷公路的時候就已決定。自從那天起，敵軍就得不到一顆米和一粒子彈的補充，完全靠挖野菜吃野芭蕉根活命，到後來一個個餓得骨瘦如柴，連槍都拿不起，真是不堪一擊了。

從五月二十九日起，位於加邁，奉命側擊的我們這一團，由西瓦拉向南，一連攻佔青道康、那昌康等處據點。六月八日，開始攻擊支遵。支遵是南高江東岸重鎮，和加邁只有一水之隔，形勢有如黃河南北岸的潼關和風陵渡。風陵渡失守後，潼關就時時受到威脅。同樣的如果敵人守得住支遵，我軍就無法採取捷徑從對岸直接進攻加邁。

在支遵的敵軍是五五聯隊第一大隊和一一四聯隊第一大隊的各一部，還配屬一個工兵中隊，兵力大約有六百人。

連天的下雨，把支遵附近變成一片澤國，南高江的幅寬加到一千尺以上，雨成了比敵人更兇頑的障礙，我軍就在積水過腹的泥濘地區裡，與敵人反覆搏鬥。六月九日上午，我軍藉優勢砲火的協助，衝入敵陣，佔領支遵和通加邁的渡河口。以我軍當時士氣的旺盛和態勢有利，本來可以一鼓作氣渡江直取加邁，只是在對岸敵軍熾盛砲火的封鎖下，要強渡這樣一條幅寬急流的大江，是一件極端冒險的事。攻擊部隊眼看著對岸就是渴望已久的加邁，恨不得脅生雙翅，飛過江去，他們詛咒兩師的助紂為虐，胸膛裡的血開始和南高江的波濤一樣奔騰澎湃起來。

雖然部隊長已經打了急電請求指揮部，趕快派飛機來投送渡河工具。但是一天、兩天、三天，老是看不到飛機的蹤影，大家都等得不耐煩了。趙狄團長見士氣旺盛，便下令給各部隊，儘管就地徵集材料，編製木排竹筏，並利用過去所受的渡河訓練，就各人的隨身裝備，做成各式各樣的漂浮器。把機關槍和迫擊砲架在竹筏上，從上游選好渡河點，利用水流的速度，向對岸強渡過去。這樣連續強渡了三次，都因為江流太急和敵人砲火過於猛烈，不能成功，損失很大。

六月十五日早晨，飛機畢竟來了。投下了橡皮艇，渡河就有了把握。九點鐘，掩護強渡的山砲、迫擊砲、輕重機關槍開始射擊，每隻小艇都像脫弦之箭，朝著對岸飛駛過去。九點三十分，渡河部隊紛紛爬上了陸地，很快的佔領了加邁東南側的高地，加邁市區的敵軍遺棄大批屍體，橫七豎八的倒在街道上、水溝裡和砲彈穴的旁邊。開始西南方潰敗下去，這一久攻不下的重要據點，到正午十二時，已經完全落入我軍掌握。下午三時，從馬拉關南下的新二十二師六十五團的先頭部隊，也到了加邁西面，和本團第三營會師。

加邁是孟拱河谷的第二大鎮，在南高江西岸，北距傑布班山隘北口約一百五十華里，南距孟拱六十五華里，其西北的龍京為著名寶石產地，戰前國人常到這裡來採購。市面很好，但經過砲火洗禮後，只留下一片淒涼景象。

　　本團攻擊加邁的行進中，一一四團就以錐形戰術：從大班、青康到中間的間隙，不分晝夜，潛行突進，時而爬上突入青天的高峰，時而踏入深不見底的溝壑。沿途艱難困苦的情形和一一二團奇襲西通的經歷差不多。六月一日這一批人馬突然在瓦鹿山出現，出敵不意，一舉攻佔拉芒卡道，然後席捲東西瓦拉，斬斷潛伏在庫芒山中的殘敵歸路。一路勢如破竹，連克丹邦家、大利、馬塘、登蒲陽許多據點。六月十五日，又擊破五十三師團一二八聯隊第一大隊的陣地，佔領巴稜杜。

　　巴稜杜在孟拱、密支那公路的交叉口上，距離孟拱城十二華里，地勢很高，可以南制孟拱，西北和在西通的一一二團互相呼應，東斷密支那到孟拱的鐵公路交通，使敵人對密支那方面無法增援，減少密支那我軍對側背安全的顧慮。整個緬北戰局，發展到這個地步，我軍實在已經掌握決定性的有利態勢，算得上大勢已定了。

　　敵軍在孟拱河谷的主要防禦陣地，大都是利用庫芒山系的天險。這一帶山勢起伏，地形十分複雜。包括高山、深壑、密林、荊棘、河川和大雨積成的暫時湖沼。敵人在這裡面構築許多堅強而縱深寬廣的據點工事，各因地形做成奇巧獨特和頑強的防禦陣地，大小不一，星羅棋布，形成一個大網狀陣地帶。我軍如果只是從正面攻擊，逐點攻擊，縱使能步步勝利，至少也需要一年以上的時間，才能把這座庫芒山肅清。

　　孫立人將軍這次的作戰計畫，是以一一二團為奇兵。採用果敢的深遠迂迴戰術，先截斷加邁至孟拱的主要公路補給線，迫使在我新二十二師當面的敵軍迅速崩潰。復以一一四團為伏兵，由高山深谷中伏道而出，襲佔丹邦家，直搗巴稜杜，突刺敵陣心臟，截斷被困在庫芒山中的敵軍後路。以本團為正兵，從正面及右側掃蕩。三路並舉，步步得法，正合乎蘇老泉所說的「兵有正兵、奇兵、伏兵」的原則。

　　我軍既克加邁，遂進圖孟拱，兩地同屬密支那府的縣治。孟拱城在南高江南岸，水路交通，都很便利。緬密鐵路經過這裡，橫跨南高江，東去密支那，西南經卡薩到仰光，水路交通可北上加邁，東流入伊洛瓦底江，直達八

莫。而與加邁間又有良好的公路貫通，是緬北交通的鎖鑰。

從戰爭形式上來說：孟拱、密支那、加邁三鎮，鼎足而立，孟拱又是策應雙方戰局的中樞。更有南高江、南英河兩道大水做爲屏障，所以是軍略上的重鎮，兵家必爭之地。據守孟拱的敵軍，有五十三師團的一二八聯隊的主力、一五一聯隊的一部，五十六師團的一四六聯隊一部，第二師團的第四聯隊一部、五十三砲兵聯隊、武兵團一三九大隊和十八師團一一四聯隊的殘部。

十、奇襲孟拱援救英軍

一一四團於三十三年六月十五日，進佔巴稜杜、亞馬樓一線之後，李鴻團長正打算用全力向南壓迫，渡江進攻孟拱。忽然又奉到分兵救援英軍的命令。原來兩個月前在孟拱、卡薩鐵路間降落的英軍第七十七旅，這時正在孟拱城東南被敵軍包圍攻擊，傷亡慘重。因形勢非常危急，特派參謀迪克少校，趕至孫立人將軍指揮所請求救援。坦白說明：他們現有官兵不到五百人，戰鬥力十分薄弱，如在二十四小時以內不能得救，便只有向東南山地撤退。

孫立人將軍答應下來，命一一四團即日由巴稜杜，向東南地區秘密開路前進，迅速強渡南高江。並以主力南下，佔領孟拱城南外圍重要據點，截斷鐵路和公路的補給線，然後再來圍攻孟拱。

一一四團接到命令後，立即輕裝出發，昏夜急馳，冒險渡過南高江四百尺的洪流。連日大雨，泥爛路滑，官兵滿身泥漿。這時加孟公路還沒有打通，敵人萬想不到一一四團會馬不停蹄的捲過江來。所以當我軍在孟拱城的側背突然出現時，敵軍倉惶失措。據日俘箕浦源七說：「被俘的那天早晨，我和其他分隊六人，同往孟拱東北附近老百姓家裡買香菸，回來就碰到中國軍隊。和我在一起的日軍五人，當場就被打死，大家都沒想到中國軍隊會來的這樣快。」這和古時司馬懿奪取街亭，迅速又奪取西城，以孔明之善用兵，也感到詫異。這個情況，與司馬懿的兵馬爲什麼來得這樣快，如出一

轍。可見當時敵軍對我軍的行動，竟絲毫沒有發覺。

一一四團渡過了江，就以一部兵力支援英軍，並接替英軍防務，讓英軍安全後撤。主力在六月二十日早晨，依照孫將軍的指示，沿孟拱東側山地南下攻擊。經過兩日夜的激戰，孟拱外圍的建支、湯包、來生、來魯，這些重要據點，都被我軍佔領，把孟拱的對外交通完全割斷。殘敵驚惶萬狀，大家都只知道往城裡鑽去，結果都成了甕中之鱉，正好給我軍聚殲的機會。另有敵軍步砲兵聯隊約一千人左右，由孟拱趕往密支那增援。走到南提，聽見我軍已經兵臨孟拱城下，便立即回轉身來，打算和孟拱守敵夾擊我軍，使一一四團腹受敵背，以換救孟拱的危急。不料二十一日晚上，在威尼附近被我第八連排哨一擊，打得陣勢大亂，糊里糊塗地用密集隊形衝撞一陣。結果不但沒有解救孟拱之圍，反而被一個排哨打得七零八落，連五十三砲兵連隊長高見童太郎大佐都死在裡面，可見敵軍當時慌亂之一班了。

本來敵軍對孟拱的環境防禦，十分周密，除了堅固的工事以外，還有重重疊疊的鐵絲網，但這對於能征慣戰的一一四團，卻不能發生什麼作用。六月二十三日，我軍六〇、八一、七五，各種不同口徑的火砲，猛烈地在城中和城垣邊，吐出震人心弦的火舌。敵軍也射過來一批大大小小的彈雨。我軍前面的剛倒下去，後面的就跟著上來。時間由白天轉到黑夜，再從黑夜轉到白天；距離由千碼，縮短到五百碼、三百碼、兩百碼、五十碼；戰鬥由砲火、機槍、步槍，進到手榴彈、刺刀和肉搏。敵軍自知面臨死神，反倒鎮靜了些，斷垣殘壁，都成了他們有利的掩護。然而困獸之鬥，又有什麼用呢？殘敵紛紛跳入南英河，打算泅水逃命，不料也是死路一條，給我軍埋伏著的機關槍殲滅殆盡。

密支那攻下以後，弟兄們才算得到一次大休息，部隊也利用這個時間重新整編。新一軍劃分為兩個軍，孫立人調升為新一軍軍長，統率新三十八師、五十師，新三十八師師長由李鴻團長升任。新二十二師和十四師、三十師改編為新六軍，廖耀湘將軍調升為新六軍軍長，舒適存調升為新一軍副軍長。新六軍從孟拱出兵佔領瑞姑以後，便奉返國。將三十師改編到新一軍，

新一軍繼續揮戈南下，完成打通中印公路的全責。這時總指揮史迪威將軍已奉調返美，改由索爾登將軍任中國遠征軍總指揮，鄭洞國將軍為副總指揮。

　　十月間，緬北雨季漸至末期，中午雖然仍舊炎熱，但早晚已有涼意，氣候有如珠江流域一帶的晚秋。遠征軍在江山如畫的密支那，熱烈地度過了民國三十三年雙十節，一個多月的休息和整編，部隊的疲勞逐漸恢復，又能再次以英勇的姿態，向八莫作閃電的突進。

十一、八莫城包圍攻擊

　　從密支那到八莫三百四十五華里，要渡過伊洛瓦底江。江上汽艇往來如梭，把駐在密支那的人馬一批批的搬運過江。中美工兵不分晝夜的趕修一座橫跨伊洛瓦底江的大浮橋，把密支那通八莫的公路連接起來。

　　十月十五日，新一軍部隊全部渡江完畢，新三十八師為第一線兵團，直撲八莫。新三十師為第二線兵團，隨新三十八師的進展躍進。當密支那戰況緊急時，敵軍曾由緬甸南方抽調第二師團趕往增援。不料敵第二師團剛到南坎，密支那已被我軍佔領。日軍便以該師團搜索聯隊為基幹，並將十六聯隊第二大隊、野砲一大隊、戰車十輛，及十八師團五五聯隊第二大隊，混合編成一個支隊，由搜索總隊長原好三大佐指揮，擔任八莫的防禦。另外一大隊的兵力，推進到廟提、那龍公路間以及兩側山地，構築前進陣地，截阻我軍對八莫的攻勢。由於新三十八師行動迅速，迫使敵軍不及立足，退守太平江以南地區，自動放棄了廟提、那龍一帶有利的山地形勢。太平江從滇西的山中流出，在緬甸邊境，和南太白河合股北流，到廟提又轉而曲折向南，在八莫附近注入伊洛瓦底江，形成八莫外圍的三角形最北尖端的對岸。

　　新三十八師以半個月的閃電攻勢，推進二百四十多里。十月二十九日，一鼓腦把廟提一個中隊的守軍擊滅，佔領太平江北岸正面全線，使八莫敵軍的外圍防禦陣地，完全龜縮在三角地帶的裡面。太平江正面的河幅，有七百尺寬，水流很急。對岸是一個高崗，敵人建築了許多強固工事，控制著所有可能渡河的河口。廟提附近又是一塊平地，部隊的渡河行動，處處都受到敵

軍瞰制。

孫立人將軍數次親自到河邊視察，最後決定以新三十八師主力，從大利以北地區轉到左翼山地，向不蘭丹及典龍卡巴一線，對八莫、曼西作迂迴行動，包抄敵軍後路。以一部兵力在太平江北岸正面採取佯攻態勢，吸引敵軍注意，掩護左翼主力行動，這是明修棧道暗渡陳倉的戰法。左翼迂迴部隊所經路線，都是海拔六千呎以上連綿起伏的山地，典龍卡巴附近地勢，尤爲險要，清乾隆年代時傅恆征緬取道的「銅壁關」就在這裡。從工程偉大的鐵索橋上，俯瞰太平江裡的浪花，不免想起當年造橋人遺留的歷史功勳。

十一月六日，陳鳴人團長率領一一二團，首先佔領了典龍卡巴一帶險地。接著李鴻師長也帶著王東籬團迂迴過去，以迅雷不及掩耳之勢，全線衝出山地，攻佔莫馬克東側的卡王，並將莫馬克以北到廟提間公路東側的敵軍據點完全攻下，造成全軍的有利形勢。

當我一一三團進攻廟提途中，敵軍設下了埋伏。身爲一一三團第二營第六連連長的我，在追擊前進中，發現敵人一只腳印，便立即研判地形，在地圖上現地對照。前進一百碼，是一條十字路，這跡印是敵人設置埋伏之警戒兵撤回所留下的。我即令搜索班停止前進，並擬定搜索計畫，對前方十字路詳細搜索。搜索班通過十字路向正前方一百碼停止警戒，依照計畫向左側搜索，發現樹林叢草似有搖動，便先下手爲強，用衝鋒槍連兩個點放，打得敵人雞貓喊叫。同時該班輕機槍連續掃射，敵人伏兵也來個措手不及的還擊。前衛本隊趕到十字路口後，即向左右展開搜索攻擊，將敵人埋伏兵擊退。殲敵十餘人，擄獲敵人遺留背包六十餘個，顯係敵人在這一地設置埋伏。當時如果有欠機警，不善加處理，進入埋伏區域內，必然損失慘重。相反的我連無一傷亡，反而殲敵十餘人。

這時在太平江正面擔任佯攻的本團，眼看著本師的主力都已經迂迴過去，自己還老是和敵人相持不下，十分著急。趙狄團長先後派人偵察四個渡河點，都因爲受到敵人猛烈砲火的控制不能成功，最後他決定硬從廟提正面強渡過去。

　　十一月八日夜晚，趙團長抽選六個精幹士兵，令他們游泳過去，到對岸敵軍陣地偵察動靜。這六個人是段仲權、曾祥進、王大富、陳德、廖林銀、鄧善清。他們曾在一星期前的夜裡偷渡過去，在敵軍陣地裡拿了幾包星亞牌香菸和幾個日本魚罐頭回來繳令，這時又繼續去偷泳了。膽子更大些，但江水又寬又涼，又急又冷，一共耗費好幾個小時才游過去，江面的寬、江水的深和江流的急，對這六位藝高膽大的英雄，並沒有什麼好害怕！只是刺骨的寒冷，使他們僵持了半晌。

　　他們過江以後，便從敵軍陣地左邊看出破綻，急忙放出信號，在廟提江岸等候已久的第三連，什麼都準備好了，立刻浮水過去。這時敵人還在睡夢之中，游過河的水雞部隊，毫不費力便佔領了敵軍陣地，接著其他各營連都放心大膽的渡了過去。我團過江以後，分道順著新舊公路，直撲莫馬克，和馬于濱等地。到了十一月十六日，已將八莫市區外圍的大小村落，和三個飛機場完全佔領。並發現敵人防守八莫的計畫，預計在警戒陣地與我軍戰鬥一個禮拜；走廊陣地飛機場附近，拼命抵抗兩個禮拜；核心陣地死守二十天，等待增援部隊。但新三十八師自廟提至飛機場進展迅速，且於十月十七日把曼西攻佔以後，敵人在八莫已陷入重重緊密的包圍中，而被困於死地了。

　　八莫恰在太平江和伊洛瓦底江的匯合處，地勢特別低。城北和城南，有兩處三百碼寬的泥沼，其他較小的池沼和窪地遍處都是。街道沿江發展，此處還有一條馬路，簡單而寬敞。房屋稀少而疏散，有如密支那。因為地形這麼古怪，成為八莫守軍的東、南、北三個據點。圍攻部隊被弧形守勢所阻，戰線不能連綴。而且守軍既能獨力作戰，又能以核心為聯絡樞軸。此外，還有許多很好的建築可供他們利用。這樣一隻「鐵菱角」，再加上飛機場和其他附廓據點，一共約寬三千碼，縱長五千碼，敵人全部兵力約在兩千五百人以上。

　　敵人在這座小城市秘密構築工事，遠在密支那戰役剛發動時，已有半年多了。這中間雖然有四個月的雨季，但是雨季限制了敵軍，也限制了我方地面部隊與空軍的活動。因此敵人在過去這一段時間裡，可以對我軍沒有顧

慮，專心一志的作防禦部署。爲了構築秘密工事，半年前敵人就禁止民眾進入市區。許多掩蔽部都是十四、五人合抱不著的大樹，夾雜的鋼骨泥土建築而成，一座座的像是地下堡壘。十五公分的重彈打在上面，若無其事；五百磅的炸彈直接命中，也不能把它全部炸毀。核心陣地前一百碼，挖了五碼寬、三碼深的壕溝，用來防止我軍戰車攻擊。壕底用機關槍交叉火網封鎖，步兵接近非常困難，一切都作死守準備。

圍攻八莫的部隊，是新三十八師一一四團。由北向南，因地形複雜，進展甚爲緩慢。

我一一三團攻擊東、南兩個據點，因攻擊面較寬，兵力不能集中，重點也很難選定。在複雜的地形和堅固的陣地前，加上敵人還拿出了戰車、各式火砲及肉搏隊等看家法寶來，因此全面總攻擊是很難進行的。我軍只有逐碼前進，漸次縮小包圍圈。步兵雖然勇敢，但傷亡也大，每連平均傷亡約二十餘人。這時索爾登將軍前來視察，認爲我們勇敢得太冒失，因此在機場召集連長以上的幹部訓話，並問到：爲何不用火力攻擊。他說：「大家要知道，一個士兵自他娘的肚子裡生下來，要二十年才可以當兵。我們讓他輕易犧牲，多麼可惜。現在已將敵軍圍著，避免傷亡，不要計較時間，儘量運用火力攻擊。」之後，我軍每天自上午八時至下午五時，使用野馬式戰鬥機，以兩架次不斷俯衝投彈、掃射，並以各式火砲不斷轟擊，令八莫城內古樹連根都翻倒過來，但敵陣仍然沒有破壞。攻擊前進非常困難，計畫用戰車攻擊。有一天，戰車營長來最前線偵察攻擊路線，但八莫城內古樹橫七豎八地被炸倒，戰車無法前進。

十一月十九日，早晨又是一場大霧，天還沒有亮，敵人的肉搏隊，便藉著濃霧掩護，摸到本團第一營第二連陣地內，衝進交通壕。先用磁性地雷，轟擊掩蔽部，接著進入重機槍陣地，使第二連的步兵一排及重機槍排全部犧牲，無一倖免。幸而該連連長機警果斷，率領步兵一排，由右翼包圍過去，將進入壕內的日本鬼子，也殲滅在我方陣地內。

輕機槍預備兵陳興雲，右脅下挨了一刺刀。他手無寸鐵，以左手順著來

勢把敵人刺過來的槍按在地下，右手迅速抓住敵人咽喉。五個手指頭立刻成了五支鋼鉤，戳穿了敵人的喉管。最後他用力一扯，連敵人的舌頭都從喉管裡抽了出來。這個英雄故事，不但傳遍了緬北戰場，而且轟動了成都，因為他是成都人，所以成都各報都讚揚這位「成都兵」。

　　我連則攻佔八莫南據點，並在敵人陣地內查獲死守八莫的計畫文件。孫立人將軍看過以後，洞悉敵人死守八莫的目的，是在等待增援部隊。認為在猛烈會攻八莫、襲佔曼西隘口，截斷八莫南公路的時候，必須以戰略爭取主動著眼點，以求早日打通舊滇緬公路，不因敵人死守八莫而遲滯軍事進展。所以不等攻下八莫，便令新三十師，間道越過八莫，對南坎發動攻勢，這也是圍點打援❶ 的戰術。

　　南坎距八莫七十一英里、東北距畹町三十九英里，南距臘戌一百三十四英里，在瑞麗江南岸，為緬北肥沃的產米區域，地形低窪平坦，不利於守，更不利攻，所以爭奪南坎，必先爭取南坎四周制高點。

十二、越過八莫進攻南坎

　　新三十師越過八莫，進展到馬丹陽時，標高才不到四百公尺，再行三十多里到堡坦，就升到海拔四千呎的高地。這一路地勢陡險，也就可想而知了。從馬丹陽一路往上升的山勢，到卡的克又逐漸下降，往下一直到南坎都是下坡，因此卡的克便成為這一帶山區的分水嶺，形勢非常險要。

　　自從密支那被我軍攻克後，敵軍到處求援。一面補充整頓殘破的第二師團、第五十六師團，和已經補充過十一次名存而實亡的十八師團；一面搬來原駐朝鮮的第四十九師團，打算利用原好三的部隊死守八莫，拖延時間。同時在南坎附近一帶，利用有利地形，作周密部署，阻止新一軍南下，和滇西遠征軍的西進。後來因為新一軍部隊主動攻勢來得太快，新三十八師圍攻的八莫，危在旦夕；新三十師又長驅急進，直迫南坎。守在南坎，負責指揮的

---

❶ 編按：以一部分兵力包圍敵人不得不救的一個據點，然後以主要兵力部署在四周，攔截敵人來增援的兵力。

山崎四郎大佐，眼見時機緊迫，不容有從容布置的時間，便匆匆糾集自己的五五聯隊、五十六師團一四六聯隊的一部、砲兵第十八聯隊第一大隊、輜重工兵等一大隊、和剛由朝鮮調來的四十九師團一六八聯隊，從南坎西側二十里處的溫曼附近地區星夜出發，企圖窺視我軍兵力分離衝出山地的時機，一舉擊破新三十師主力於南于山地附近，然後沿公路及其兩側山地，傾全力向曼西突進，以解在八莫被圍困的原好三部隊。

新三十師由唐守治將軍率領的主力，在十一月底分成三個縱隊，越過曼西。十二月三日，先頭各部隊，分別在康般西北地區及南于附近，與敵南坎外圍山地部隊發生激戰。四、五兩日，擊退敵對我右側攻擊部隊的反撲，搶先一步將五三三八高地佔領，把敵人增援部隊完全阻止在山腳下面，在地形上我軍已取得優勢。十二月九日，敵酋山崎大佐指揮的部隊，集結一五○重砲兩門、山砲八門、平射砲十六門，對我軍前線發動猛烈攻擊。又利用山間已乾涸的河川舊道作掩蔽，分四路向我軍正面鑽隙滲入，使我軍所配屬的四門七五山砲遭到破壞，敵我一度陷入混戰。

孫立人將軍發現日軍之雄厚戰力和積極企圖，連忙將在曼西警戒的八十九團調赴前線。又自八莫抽調新三十八師的一個加強團，由陳鳴人團長率領，爲我軍左翼獨立支隊，對南坎方面敵軍右側，作秘密迂迴行動，向敵右後方施行截擊。敵軍似乎也察覺我方正面兵力增強，同時明白制勝必先制高，乃在十四日將主力轉移到右翼，向我五三三八高地猛烈仰攻。一日之間，發射三千多發砲彈，九十團第三營陣地完全被毀，營長王禮宏壯烈犧牲。

一陣砲擊之後，敵步兵就以密集隊形，作自殺式的連續衝鋒。我雄居山上的輕重機關槍、衝鋒步槍一齊叫囂起來。第一波的敵人倒下去，第二波跟著上來，接著第三波、第四波，以人海戰術向我猛衝。這樣不分晝夜，一連衝了十五次，而我軍第一線官兵沉著應戰，迎頭痛擊。這時新三十師八十八團健兒，在師長唐守治將軍指揮下，正從左翼蚌加塘高地，向馬支攻擊前進，截斷正面敵軍突擊部隊的交通線，從公路東西夾擊。

最後，他們的力也完了，氣也竭盡了，傷亡也差不多了，才紛紛向密林中逃竄。遺屍在我軍陣地前面的有一千二百六十三具之多，內有中、少佐以下軍官四十一人。丟下輕重機槍七十六挺、大砲六門、步槍六百五十支、擲彈桶四十六個、卡車四十六輛。十二月十九日，我軍將卡的克、卡龍完全攻下，敵軍神田大隊和陣地同時毀滅。

再看八莫方面：十一月十四日，攻擊八莫南北據點，最後幾乎都是在每一個掩蔽部內，塞進一個手榴彈來把戰鬥結束。攻城大軍乘勝沿著江岸馬路，直搗腹廊陣地，東據點的我軍把敵人向江邊壓迫，在混戰中打死了日酋原好三大佐。當晚我軍施行夜間攻擊，殘敵見大勢已去，也想利用黑夜突圍逃命。因此殘敵利用最大的火力衝殺，以山砲、野砲、速射砲拼命的向我們射擊，我軍的砲兵也加倍還擊，演變為我軍佔領八莫以來，最慘烈的一幕。惡戰到天亮，除了自伊洛瓦底江跳江逃命的殘敵外，其餘全部消滅。

八莫市區於十一月十五日正午十二時，完全歸我軍掌握。這一仗擊斃日酋原好三大佐以下官兵二千四百餘名，八莫市內還有許多掩蔽部內的敵人，集體自殺成為肉漿，人數無法估計。俘虜池田大尉等二十一人，擄獲零式戰鬥機兩架、戰車十輛、壓路機及曳引車八輛、輕重機槍九十五挺、步槍一千二百七十三支、各式火砲二十八門，並且從敵人死屍上搜出〈八莫防禦計畫〉。

從〈防禦計畫〉來看，他們將防禦分為三期，第一期是太平江的警戒陣地戰鬥，第二期是八莫外圍走廊陣地戰鬥，第三期是城區的核心陣地戰鬥。死守計畫一期是兩個月，目的是長期苦守等待增援到達，轉守為攻。不料竟被新三十八師以二十八天的時間，把他們的死守計畫粉碎。

八莫戰爭結束後，緬北盟軍最高當局為紀念此一戰役之偉績，把八莫到莫馬克，位於八莫市區內的一段公路，定名為「孫立人路」，並將市中心一條馬路，定為「李鴻路」。

八莫包圍戰及南坎遭遇戰，擊潰了敵軍的主力和旺盛的企圖，南坎的命運便被我方決定了。我軍站在高屋建瓴的地勢，指揮官拿起望遠鏡，任意在

卡的克或五三三八高地察看南坎敵軍的動靜，一覽無遺。八十九團從西南朝東北，緊緊地把南坎西南面的缺口堵住，一一四團便向南伸展，截斷南坎以南公路，斷絕敵人後援和補給。南坎谷地內，大家都預料到不會有大戰爭。新三十師師長唐守治將軍，仍在最前線指揮作戰。文副師長說：「我們過河的兩個團，八十九團從背後撲南坎，九十團從側面相撲。加上八十八團和後面新三十八師的兩個團，我們有了五個團。最近敵情也相清楚了，起初南坎有敵五十六師團一四六聯隊、四十九師團全部、十八師團主力及戰車部隊。這幾天看樣子只有十八師團的五十五聯隊、一四六聯隊的主力，以及一六八聯隊的大部分，和第二師團的一些雜兵了，加起來約兩個聯隊。論兵力和火力，都在我們之下。」

就當時的情勢，南坎已成為我們的囊中之物了。當晚，孫立人將軍和唐守治師長通了電話，要求師長趕快拿下南坎。民國三十三年十一月十五日上午十一時，我們的九十團第三營第七連，完全佔領了南坎。大家都沒想到這樣快就會有好消息，因此歡呼了起來。二、三日後，隨著四圍山中激烈砲聲的低落，殘敵也被軍犁掃穴的掃蕩殆盡了。

南坎克復後的第二天上午十一點半，前線上空出現了幾架飛機，接著有三架「空中吉普」著陸，載來了索爾登、魏德邁、戴維斯三位將軍。索爾登將軍帶著一頂大舌頭中國軍帽，營長以上官佐，大概都能認出他。魏德邁將軍長期住在重慶，這還是第一次到緬北前線來。遠征軍的官兵除了少數高級將領外，都只知其名，未見其人。戴維斯將軍是第十航空隊司令，他的部隊一向是在天空協助我軍作戰，性情豪爽得有些像《兒女英雄傳》上的鄧九公，口裡老喜歡嚷著孩子們長，孩子們短。他們匆匆地在軍部吃了午飯，就和孫立人將軍一道向遮放而去，大家都意識到中印公路快通了。十八日，參謀總長何應欽派了代表來慰問遠征軍。十九日，孫立人將軍從芒市回來，表示馬上就可以和滇西國軍會師。

十三、駐印軍與滇西國軍芒友會師

　　從十七日起，新三十八師主力將南坎河套的敵軍肅清後，就節節向東壓迫。至十九日，已將巴蘭、般鶴、班托來、色納等二十個據點攻克，推進六十餘里。二十一日，前鋒逼近舊滇緬公路進出的咽喉芒友，並將芒友西北外圍重要據點鬧陽、曼倖因、苗斯等地攻克，和滇西國軍前哨會合。敵五十五聯隊傷亡過半，退據五千尺以上的老龍山山區陣地，與滇西退到芒友的五十六師團殘部互通聲氣，企圖夾攻我軍。不料我軍又以迅速手段，超越友軍（五十三軍）前進，對芒友外圍屏障的拉南、腰班，展開攻擊。

　　超越友軍之前，本團團長王東籬上校，率領全團連長以上幹部，至國軍五十三軍陣地前偵察地形及敵情。拉南地形險陡，五十三軍曾數度攻擊，傷亡甚重，相持不下，影響我軍前進。王東籬團長為此向各連長徵求，對該地區敵情地形分析及攻擊方法之研判等意見。

　　當時我為王團長的第二營第六連連長，故將當面之敵情、地形、兵力配置等狀況研判分析後，提出採取攻擊的方法步驟。王團長認為可行，遂指派我率領第二營第六連攻擊拉南、腰班一帶高地據點。我即遵照指示，依照預定計畫，超越友軍陣地，進入攻擊準備位置，並派出搜兵盡量接近拉南高地。當搜索班到達敵陣前一百零五碼山腰，受到阻攔，即停止前進。我帶著鍾排長至搜索班所在地，詳細偵察敵情、地形，並就地佔領陣地，與敵對峙。同時加強構築工事，構成火網，並施行佯攻、威力搜索，以察知敵人兵力配備，重武器詳細位置。之後請砲兵觀測員前來第一線，指示敵人輕重機槍位置，編成目標號次。將八一迫擊砲、四二迫擊砲、七五山砲，移入陣地，完成圓點試射，準備黃昏攻擊。

　　八一迫擊砲和四二迫擊砲，使用重彈發揮威力，射擊非常精確，每發砲彈都將敵人掩體工事破壞無遺。之後將第六連編成三個突擊隊，誓言只許成功不許失敗。看到敵人陣地已遭破壞，隨即以電話通知八一、四二迫擊砲停止射擊，七五山砲圓點距離延伸二百碼，各砲一百發效力射。我連突擊隊為阻止敵人逆襲，勇猛衝殺上去，令敵人措手不及。經過一波、二波、三波的衝殺，終於將敵人殲滅。戰後遺留敵人死屍四十餘具，並擄獲重機槍二挺、

輕機槍三挺、步槍三十餘枝，將班腰、約拉等一帶高地攻佔，使拉南高地據點完全被我軍佔領。

殘敵爲挽救不利形勢，很快地糾集主力，一路由芒友西北南下，一路由曼康北上，一路由芒友東出，三路反撲，來勢洶洶。然而我軍已站在不敗的有利情勢，一一將其擊潰後，乘勝佔領丹山，直逼公路，掌握了芒友和滇緬公路上敵軍一切可能的行動。

民國三十四年一月二十二日，我駐印遠征軍和滇西遠征軍，相約在苗斯舉行一次會師典禮。新一軍在苗斯會師的同時，發動進攻芒友，一路由丹山切斷芒友敵後各路，一路由正面公路南下，一路由西側山地側擊。三面總攻，一鼓而入，芒友就在二十七日被我軍佔領。這時穿灰布軍服的遠征軍，還向祖國的那條路口，豎起一幅白布橫額，大書「歡迎駐印軍凱旋歸國」，大家才知道今天是滇西遠征軍會師的日子。

參加會師的部隊，一是黃色行列的新一軍新三十八師的本團，一是灰色行列第十一集軍團的一個團，從服裝顏色上就可以看出兩個戰區氣候的不同。參加會師的高級將領，有衛立煌、索爾登和孫立人將軍，以及陸軍大學將校班三十幾位「學員將軍」。會師的總指揮官，由新三十八師師長李鴻將軍擔任。下了一聲「立正」口令之後，全場肅靜得鴉雀無聲。攝影記者們跑來跑去，四處尋找鏡頭。首先舉行升旗典禮，軍樂隊奏起中美兩國國歌，星條旗伴著鮮明的青天白日滿地紅國旗迎風飄展，禮砲在山谷中嘹亮的響著。衛立煌將軍致詞時說：「今天的會師，是會師東京的先聲。我們要打到東京去，在那裡會師，開慶祝大會。」又說：「滇緬戰場中美的合作，值得我們永遠記憶的。同盟國不但在戰時要合作，在戰後更要合作，來共同建立世界和平。」索爾登將軍說：「今天是大家頂快樂的一天，我想蔣委員長和羅斯福總統今天一定特別高興。」他讚揚中華民國軍隊的英勇，對孫立人將軍更是滿口稱道。他也預祝：能在不久的將來，「到東京會師」，讓這兩國的國旗，飄揚在東京的上空。

爲了確保中印公路的安全，新一軍的健兒們又朝臘戌方向殺喊而去。興

奮中不知是誰忽然提醒了大家：今天是一二八啊！一二八已經是十三週年了，但「一二八事變」時的情景似乎還歷歷在目。猛然間一輛載著軍用物資的大卡車疾駛過去，駕駛座門窗邊豎起美籍黑人的大拇指，風送塵土，吹下了「頂好」的聲音。大家不約而同的都吐出了一口氣，覺得現在該是和日寇算舊帳的時候了。

十四、密支那中華民國遠征軍公墓

　　緬甸抗日戰爭結束以後，中華民國駐印軍（新一軍）在密支那集結待命回國。此時孫立人將軍深感在胡康河谷、于邦、新平洋、泰伯家、孟關、瓦魯班、拉班、加邁、孟拱河谷、孟拱、密支那、八莫，以及南坎五三三八高地等各戰役，奮勇殺敵為國犧牲的陣亡將士，未能有安息之所，故而特在密支那近郊，風景優美之處，建立一座巍偉的「精忠堡壘」。通令所屬各部隊，將胡康河谷、孟拱河谷，及各戰場陣亡官兵埋葬所在地清楚者，以連為單位，派選精幹官兵二至三人，由專人負責率領，前往各地，將那些葬身異域的骨骸，收拾運到密支那，集中安置在「精忠堡壘」裡面。

　　陣亡將士姓名刻在二塊長一丈二尺，寬四尺的銅板上，嵌在「精忠堡壘」兩側。堡壘正面題「精忠報國」四個大字，選派年老機障士兵二十餘人，看守公墓。並徵得地方政府同意，購買部分耕地，由看守公墓人員負責耕耘，使自給自足。並由留守負責人管理，按月發給薪津及生活費用。但是民國三十八年，大陸山河變色，我政府與緬甸接著斷絕邦交，留守密支那看守公墓人員，補給中斷，無法生存，大部分流離失所，少部分輾轉由仰光經香港來台。緬懷在緬北野人山為國盡忠將士，確實值得紀念，將來一定要重整這座公墓，備供後人憑弔和追憶。

柒、孟化新先生❼訪問紀錄

時　間：民國 77 年 7 月 20 日、民國 95 年 6 月 7-8 日、7 月
　　　　28 日、8 月 11 日
地　點：高雄縣鳳山市黃埔新村鄧超先生宅、黃埔二村孟化
　　　　新先生宅
受訪者：孟化新
主　訪：朱浤源
陪　訪：余尚文、冉隆偉、陳世全、趙玉基、孟祥森
紀　錄：林蘭芳
輸　入：張光亮、許庭碩

一、家世背景

　　我是河北省定興縣龐各莊人，生於清宣統三年（1911）農曆正月一日，所以比中華民國整整大一歲。父親名爲孟慶吉，母親王氏。我家裡自祖父起就是農商之家，家裡有田地，在火車站上開煤廠、轉運公司，也做生意，小時候過著富裕的日子。保定私立育德高中畢業後，曾任國民黨河北省易縣黨部錄事，於二十六歲那年入伍從軍，當時孫立人將軍三十八歲。民國二十四年，國民政府派黃郛代表中國，與日本大將梅津美治郎在北京簽訂了一份不平等條約，稱之爲「何梅協定」。該約包含了幾點內容，其中把國民黨於華北五省的縣市黨部撤銷一條，使我失去了在縣黨部擔任錄事的工作。

二、從軍及結識孫立人將軍

---

❼ 孫立人將軍的學生和舊屬，曾追隨孫將軍抗日，民國 37 年來到鳳山，在陸官前身，陸軍訓練司令部擔任少校隊長，後來以中校退役。

　　當日軍接近山海關時，我是一個讀過書的年輕人。我慎重地考慮，認爲不能夠留在家裡面了。繼續待在家裡，日軍一來我只有兩條路可走。第一條路，是給日本人當漢奸；第二條路，被日本槍殺。基於愛國心，我絕不給日本人當漢奸，所以決定從軍。當時我的舅父與稅警總團步兵第四團的幹部感情不錯，知道我願意從軍之後，便把我介紹到那裡去。

　　民國二十五年十一月一日，我到達第四團團部，旋即被派到團部書記室擔任上士司書，負責管理全團的士兵卡片。當時孫將軍就是第四團的上校團長，在其他部隊均無此項人事管理業務，孫將軍爲求對全團士兵有深刻之認識，升遷調補無一偏私，賞罰分明無一倖免。他單獨規定設置全團士兵個人卡片。在這張小小的卡片上，登記有士兵的姓名、性別、年齡、籍貫、詳細住址、家長姓名、入團日期，以及升調獎罰之事實記載。各連之士兵升調報告表，送到團部後，首先交給我，我要將每個人之卡片找出，附在報告表之後，再呈給團長核判。孫團長不論對軍官還是士兵都非常地注意，他一目瞭然，所以賞罰分明，使人心服。

　　民國二十六年初夏，天氣相當炎熱，那時第四團駐防在江蘇省海州鎮連雲港一帶。孫團長爲讓全團官兵都能接受游泳訓練，遂令全團部隊，移駐連雲港海邊。孫將軍親自帶領訓練，連團部的業務人員也無可逃避。一連三日都在海水裏學游泳，每在水裏游半小時便上岸在沙灘二十分鐘。❶❽艷陽高照，萬里無雲，海沙燙腳。如此一泳一曬，官兵身上先是黑紅，繼而膀臂皆起水泡，再過一日，水泡多已破裂。再跳下海去浸泡海水，眞是刺痛難忍。

　　七七事變日軍侵華以後，很快又攻擊上海地區，因此產生了八一三上海保衛戰。參與保衛戰的中國部隊，大部分是中央派駐的二、三十個師。但是自從戰爭爆發開始，守軍便經不起日本攻擊。上去一個師兩三天就被打垮了，再上去一個師也是同樣的結果。所以把稅警總團，改編成第八軍，由黃杰擔任總團長，指揮第八軍開進上海，參加保衛戰。我跟著第四團在二十六

---

❶❽　當年倪泗是體育教練。

年十月二日,乘坐火車到達南翔。南翔在南京到上海的鐵路線上,與上海只有兩個小站的距離,當時蔣委員長也親自坐鎮在南翔。我們在南翔下車,當天就投入附近的戰場。除了作戰外,還有一段小插曲,在十月十日至十五日間,第四團奉命接替某部隊之防務,夜間行進中,聽聞路旁有嬰兒之哭聲,孫團長便命衛士抱起來。等交接完畢後,就將該棄嬰送往上海一家孤兒院收容。⑲

　　稅警總團是開進了戰場,但政府、國防部都沒有給它任何作戰任務,僅是協助周遭部隊的作戰,替其他部隊增添功勞。當時有些部隊,被日本人打敗了,就把稅警總團拿去補充損失,一下替這個師添幾個人,一下又替那個師添一個團。稅警總團自己參加作戰,本身受創亦重,但卻連自己的戰鬥任務都沒有。財政部長宋子文知道之後就發脾氣了:「你讓我的部隊來這參加作戰,我就這麼打,卻連什麼戰備任務都沒給我。」

　　從軍以後,就是參加上海保衛戰,我們的團長是孫將軍。上海戰事經過了一個階段,將稅警總團由六個步兵團縮編成四個步兵團,分為兩個支隊。其中第二支隊,便是由孫立人將軍率領,參與戰事。這是由蔣委員長親自在前線下達的手諭,升孫立人為稅警總團第二支隊的少將支隊長兼步兵第四團團長,下轄步兵第四、第五團。戰線就在上海蘇州河岸,我跟著孫將軍在前線指揮所收發作戰命令。還有一個文書上士是張彥卿,他是後來新一軍副軍長賈幼慧的親表弟。我們兩個人,跟著孫將軍四十天的時間,在火線上收發作戰命令。

　　在八一三上海保衛戰中,敵我火力懸殊甚大。日軍火力猛烈,射擊精準,我方官兵常在受到日軍攻擊後,便不支潰退。當我軍那一個陣地遭受到日軍最猛烈的轟擊時,孫將軍便親自到達該陣地指揮戰鬥。他一到達,便派衛士及傳令到第一步兵線宣佈:大家要沉著射擊,不要怕!團長同我們在一

---

⑲ 當時我是團部書記室派在前進指揮所工作的司書之一,即使夜行軍時,也緊跟在孫將軍之後。

起！❷因此他指揮的第四團防線，幾乎沒有被日軍突破過任何一點。❷

　　當年日本曾經打出三月亡華的口號，但自八月十三日起至十一月九日期間，日軍沒有一次能夠成功的渡過蘇州河。於是決定不再自上海正面攻擊，改派一支部隊，自浙江金山街登陸，之後直奔南京，因此我們上海的部隊也不能守了。十一月九日，守在上海的所有部隊都接到命令撤退，稅警總團也不例外。在上海的戰事告一段落，孫將軍負傷在上海住院，而我就跟著部隊，在當日晚間自上海撤退。部隊先從蘇州過江，經過揚州，然後到蚌埠，最後撤退到陝西寶雞。在寶雞進行整編，稅警總團正式改編為第八軍，由黃杰擔任軍長。

　　孫立人將軍本人，先在上海住院，之後由宋子文、宋子安將他轉送到香港，又在香港休養了幾個月，痊癒後前往武漢，面見黃杰。話說民國二十六年十月二十日前後，蔣委員長得到報告，指出日軍大約五百餘人渡過蘇州河，並突破稅警總團第五團所駐守的陣地。委員長即電告總團長黃杰，限日殲滅渡過蘇州河之敵軍，並恢復原來之陣地，否則要將他槍斃。當時黃杰找到孫將軍和第五團的團長丘子紀，對他們說：「蔣委員長命令，限我們即刻要殲滅敵人並恢復原有的陣地，否則要將我槍斃。現在該怎麼做，由你們自己去決定吧！」當時的孫將軍答覆說：「總團長，請您回總團指揮所休息，這個任務是我的。我如不能達成任務，願接受軍法之處置。」話說完，便立刻命第五團及第四團第一營部隊全力反攻，經過一個晝夜的衝殺，將渡過蘇州河的日軍五、六百人全部消滅，恢復了原來的陣地。孫將軍所負的十餘處重傷，就是此役所造成的。而丘團長及第四團第一營營長李邦欽，都為國捐軀了。

　　孫將軍替黃杰解決困難後，黃杰曾向人說過：「我這條命是孫立人救的，只要我黃杰有飯吃，孫立人也有飯吃。」民國二十七年春，黃杰當了軍

---

❷　以後孫將軍任師長、軍長時，也時常親臨第一線指揮作戰。

❷　嚴格來說被突破過兩次。第一次被突破後，立即再收回，並擊斃日軍五百多人；第二次又被突破，再搶回，擊斃日軍二百多人。前後兩次計殲敵七百多，戰役十分慘烈。

長。孫將軍傷癒出院後，就立刻前往武漢，去見黃杰。但黃杰卻表示：沒辦法給他安插職位了，還告訴他：「我這裡是小廟，容不下大菩薩了。」最後聽說是給了孫將軍八百塊現洋，要他自己去謀生想辦法。

之後，由於原來的稅警總團已經改編爲正式的新八軍，宋子文等人打算再重新成立一支新的稅警部隊。民國二十七年三月一日，在長沙岳麓山下清華大學分部，成立財政部鹽務總局緝私總隊，由孫立人將軍來領導。孫立人將軍招收以前稅警總團的幹部，也收留其他被日軍打敗沒地方去的官兵。由於緝私總隊不是國防軍，雖然有部分陸軍官校的學生曾分配到緝私總隊，但是沒有兵源，幹部必須自己去募兵，所以孫立人將軍也到處去募兵。起初緝私總隊分成三個大隊，賈幼慧就是第一大隊的大隊長。後來又改編成五個大隊。

之前孫將軍在蘇州河岸負重傷之時，有一位第四團機槍連的上尉連長胡讓梨，曾從第一線孫將軍負傷處，將他背到後方，送院療傷。二十七年春，財政部鹽務總局緝私總隊在湖南長沙岳麓山成立時，胡讓梨來投靠孫將軍。孫將軍仍將胡以上尉連長任用，胡不滿安排，大吵一頓。之後，又到孫將軍公館找孫夫人講，要求孫將軍至少也給他一個營長幹，因爲他曾救過孫將軍。當時孫夫人也認爲應當這樣做，遂與孫將軍商議。但孫將軍卻表示：「胡讓梨救我是不錯，他對我私人有恩，如果是經濟方面的困難，有什麼需要，我應盡己所能鼎力相助。但軍職是國家的公器，我不能夠私用。他的能力只堪任連長，如果給他當營長，就會把一營官兵帶壞，會壞了國家大事。」[22]

二十七年秋天，緝私總隊從長沙岳麓山移防到貴州省都匀縣。在都匀，又恢復了稅警總團的名稱。孫立人將軍利用三年的時間，在都匀培訓了校官、尉官、士官，將近三千幹部。我也是在都匀由孫立人將軍訓練出來的幹部之一，就是在那個時候認識了田世藩、蔣又新，我們都是學員隊第一期的

---

[22] 本段由老戰友書祥麟陳述。

同學。到了三十年，稅警總團已經是一支訓練精良的部隊。包括新五軍軍長杜聿明、情報總頭子戴笠，在看過我們稅警總團的部隊之後，都想要把這支部隊收為己有。爭取最力的是戴笠，他想把稅警總團拿去，名目上是鹽務緝私，實際上作他的情報部隊。孫立人將軍不願做鹽務緝私及情報工作，不願跟隨戴笠，因此向上面反映：「我的部隊是要保衛國家，要打仗的，不是用來緝私的。」

三、愛才惜才照顧子弟

(一) 破格重用譚展超

民國二十八年，孫將軍因公到了香港，❷遇到一位青年軍人譚展超。他是位廣東人，曾留學義大利修習山岳作戰兵科，並獲得義大利山岳作戰兵之上尉官階。後來又在當地和一位女子結婚，譚由義大利攜眷返國，想貢獻所學。到達香港後，才發現我國部隊沒有山岳作戰兵科的編制，使他毫無用武之地，在香港一籌莫展。與孫將軍見面後，兩人相談甚歡。孫愛其才，遂邀譚到緝私總隊工作，言明以少校任用。譚雖然感激孫將軍之愛護，但苦於當時一位少校之薪俸無法養家，無法答應孫將軍的邀請。孫將軍便立刻承諾，其家用不足之數，會另外籌款補助他，譚才答應，隨同孫將軍到都勻就職。

(二) 掏荷錢醫療部屬

我從民國二十五年到稅警總團步兵第四團團部充當司書開始，迄民國四十三年，共追隨孫將軍歷十八年之久，從未因自己的事到過孫公館。第一次去孫公館是在民國四十三年，那時孫將軍升調到總統府參軍長，當時因有一位許強同學，初由香港調景嶺難民營轉來台灣，患有肺結核，已到第二期。他有五口之家，經醫生診斷必須打三個月的針才能治好，月需二佰圓的藥費，三個月共計六佰圓。當時的同學們都很窮困，無法湊足這筆錢。有位同學告訴我，可以到孫公館去問問孫將軍，看看有沒有辦法。因此我便去了位

---

❷ 當時香港尚未為日軍佔領。

於台北市南昌街的孫公館，在客廳裏見到了孫將軍。孫將軍問我有什麼事。我便將許強的病情及需要，向孫將軍報告。孫將軍要我稍等一下，他便轉進臥室裡去。五分鐘後出來，手裏拿著六佰圓鈔票交給我，並告訴我，他把家裏買菜的錢都拿出來了，要我交給許強讓他好好療養。我含著眼淚接受，把鈔票送給了許強，許強因此治好了肺病。

(三) 創立子弟學校

　　民國七十七年六月，是高雄縣立誠正小學創校滿四十九週年。回憶在民國二十八年財政部鹽務總局緝私總隊駐防貴州省都勻縣，保護川、黔、滇、桂四省運鹽重責。當時孫將軍任總隊長一職，有感於所屬官兵為國殺敵辛勞，部隊時常移防，讓官兵子女沒有一個安定的地方，可以好好接受教育，深以為憂，遂自籌經費，創立「誠正學校」專門教育官兵子女。從財政部鹽務總局緝私總隊時起，歷稅警總團、陸軍新編第三十八師、新一軍、訓練司令部、總司令部各階段前後共十五年的時間，迄民國四十三年，孫將軍交卸陸軍總司令職務之前，為了提供所屬官兵之子女良好的教育環境，誠正學校一切設備、辦公、學費，均由孫將軍自行籌措。但是繼任陸軍總司令的黃杰僅負擔了一個學期，便以他是陸軍總司令而非教育廳長為由，不願接管誠正學校。後來經多次請願，才由高雄縣政府接收。縣政府將誠正學校初中部改制為「高雄縣立鳳山國民中學」，其小學部則改為「高雄縣立誠正國民小學」。

四、第一次入緬作戰及解救英軍

　　民國三十年，日軍攻略包括緬甸在內的南洋九國。英軍節節敗退，認為單單靠英軍恐怕守不住緬甸，因此在三十年下半請求蔣委員長派部隊入緬協助英軍。孫立人將軍得知消息後，表示願意去緬甸協助英軍。稅警總團因此改編成張軫所率領的六十六軍。其中新三十八師，由孫立人將軍擔任師長。但將所轄，原本由賈幼慧所領導的第一團交給戴笠，開往四川自流井，成為鹽警緝私部隊。其餘部隊則編成一一二、一一三、一一四三個團，分別由陳

鳴人、劉放吾及李鴻三位上校團長帶領。

　　三十一年我留在國內擔任新兵連連長，負責接運由廣東來的新兵。新三十八師自春天開始，由雲南省龍陵，通過瀾滄江上游的惠通橋，進入緬甸。除了一一四團派出一個營擔任臘戌（Lashio）機場警衛外，新三十八師主要的駐地是在緬甸聖都曼德勒（Mandalay；今人習稱「瓦城」），孫立人兼任曼德勒的城防司令。當一一四團在曼德勒構築城防工事時，當地百姓告訴官兵曼德勒是他們的聖都，不能隨意駐軍作戰。構築工事的官兵聽聞知後，便告訴百姓是一一四團奉上面命令，前來保衛你們的聖都。其他一一二、一一三兩團也駐防在曼德勒附近。

　　三十一年四月中，戰局起了變化。英國第一軍第一師，在仁安羌產油區被日本包圍，因此請求我們派部隊前往支援，協助英軍解圍。司令長官羅卓英立刻決定派遣劉放吾，率領一一三團前往仁安羌，但英國第一軍軍長認為只有這樣的兵力恐怕不足以完成解圍的任務，要求羅卓英加派兵力，所以後來又加派了一一二團，前往仁安羌支援英軍。三十八師兩個步兵團前往援助英軍，卻必須接受英國指揮，孫立人將軍無法同意這樣的決定，堅持自己指揮部隊。因此，孫立人將軍便前往長官部，面見司令長官羅卓英，請求准許他到仁安羌，親自指揮他的兩個團作戰。羅卓英知道孫立人將軍的來意，但不同意他去，因此指派參謀長見他，把長官的意思告訴他。但孫立人將軍仍不接受，所以在辦公室留下簽條給司令長官，內容大意是：我自己的部隊一定要自己指揮作戰，如果有錯誤，仗打完了我願意接受軍法制裁。

　　四月十八日，孫立人將軍就跑到仁安羌，見了英國第一軍軍長，交換作戰意見。英國軍長告訴孫立人將軍，英軍被圍困的部隊已經好幾天沒水沒食物，快要支持不下去了，要求他馬上對日軍進行攻擊。仁安羌前面有一條拼牆河，水雖然很淺，但河面很寬，必須平安渡河，才能夠進行解圍任務。當時部隊調度尚未完成，孫立人將軍只能告訴英軍軍長，現在來到仁安羌附近的只有一一三團，恐怕無法順利渡河，如此不但導致解圍任務失敗，更可能使救援部隊成為另一支受困部隊。必須先請英軍以汽車晝夜兼程，把一一二

團運送至仁安羌前線，以一一二團爲預備掩護部隊，支援一一三團渡江救援。孫立人將軍甚至向英國軍長發下豪語：「完成調度後我負責給你解圍，就算中國部隊犧牲完了，剩下我孫立人一個人，我也要給你解圍。」成爲當時中英之間的一份君子協定。

四月十八日夜間，部隊渡過拼牆河，來到英軍受困的陣地附近，準備翌日拂曉對日軍展開攻擊。攻擊日軍包圍部隊的任務，交給了由一一三團第一營營長楊振漢及第三營營長張琦。他們兩位都是學生出身，強烈的愛國心驅使他們從軍對抗日本侵略。他們上了戰場，克盡職責地在前線指揮作戰，張琦甚至在腿部中槍後，也不後撤，仍繼續在戰場上喊衝喊殺。因爲有良好的領導指揮，及奮勇殺敵的官兵，日本的包圍圈在四月十九日就被打破，解救了七千五百名英軍及美國官兵、傳教士、記者、教師、醫護人員等五百多人，合計八千以上。當時一一三團參戰人員不滿一千，能夠打破兵力十倍於己的日軍包圍圈，眞是件奇蹟。

五、撤入印度

戰事結束後，英國人一面後撤，一邊誇讚中國軍隊。之後仁安羌及附近的產油區，就由新三十八師一一三團來駐防。就在孫立人將軍計畫派一一二團沿拼牆河攻擊日軍時，英軍戰略起了變化。英國人判斷自身力量無法固守緬甸，要將駐緬軍力抽調回印度，全力保衛印度。英軍要撤回印度，那我們中國派去的部隊怎麼辦？蔣委員長得到情報，以爲我們的部隊是丟盔卸甲，光著屁股逃跑，怕這樣的部隊會丟中國的臉，因此下令不准任何中國官兵進入印度，必須全數撤回雲南昆明。可是來時經過惠通橋的路，已被日本搶了去，我們的部隊沒有辦法順此來路回國。只能夠先從仁安羌慢慢的向北撤退，大概在荷馬林（Homalin）一帶召開軍事會議，來決定部隊的去向。當時司令長官羅卓英不在，會議由副司令杜聿明主持。會議召開的結果，是要循過去諸葛亮攻略南中、七擒孟獲，以及明代經略緬北時所走的古道，這條路線必須先翻越野人山進入西藏，然後才轉到昆明。可是孫立人將軍不同意

這個決定，他認為這條路線上沒有人煙，部隊無法取得糧食，且胡康盆地長達四十天的雨季即將來臨。總之，這路是走不通的。

杜聿明向他表示：「好，你既然反對，那新三十八師擔任掩護部隊，掩護第五軍撤退。」孫立人將軍說：「副長官，我願意做掩護部隊。在我達成任務之後，能不能自由行動。」杜聿明否決了他的請求，不准新三十八師自由行動。雖然孫立人將軍仍掩護第五軍撤退到新平洋（Shing Bwiyang），但當新三十八師到達西蕩（Sittaung）時，與第五軍距離大約一百公里後，孫立人將軍沒有率領部隊跟隨第五軍繼續北撤，而是渡過更的宛河，並跨過印緬國界的大山。三十一年六月初，新三十八師來到了印度的英法爾（Imphal）。

六、藍姆加集訓

起初，英國人不准中國部隊進到印度，認為大英帝國境內不能夠有他國部隊駐防。中國軍隊要進入印度可以，必須繳械做難民。孫立人將軍反過來對英國人講：「我不是難民，是奉統帥命令，將部隊開進來協助英國人保衛印度。」英國人這時候難了：不准他進來，他進來了；想要他解除武裝，他不解除武裝；而且已經佔領陣地，準備與英國人一戰。新三十八師在仁安羌曾是英國的救命恩人，在國際道義上，他不能夠以武力把新三十八師解決掉。在實力上恐怕也不容易，因為三十八師只以一一三團不到一千名的戰鬥人員，解救英國的第一軍第一師七千五百多人，要想以武力解決三十八師，那需要多少兵力才能夠辦到！？

英國印緬統帥很想知道，到底這支中國部隊是什麼樣子，便安排前往英法爾察看新三十八師的狀況。英國統帥在看過精神飽滿、武器裝備整齊，什麼都沒有丟的新三十八師後，認為可以協助英軍戍守印度，這時才同意新三十八師駐防印度。孫立人將軍向英國表示自己率領的是國防部隊，不是難民，需要合適的營房。但英國一時也沒有足夠大的營房，可以提供給新三十八師，孫立人將軍便向英方提出：將一次大戰時興建的藍姆加（Ramgarh）

戰俘營房讓給中國軍隊使用的要求。英方勉強答應,把兩萬五千名德國戰俘遷往他處,將營房讓給新三十八師。新三十八師順利的在藍姆加住下了,而且還獲得英國人的支援。

　　不久之後,蔣委員長得到消息,廖耀湘師長指揮的第五軍新二十二師,被困在新平洋東北的森林裡,因此聯絡孫立人將軍,要他想辦法救出二十二師。孫立人與二十二師取得聯絡後,要他們在原地待命,並將帳棚、醫藥、通信器材等軍需物品空投給二十二師,使二十二師能夠在新平洋東北的森林裡度過雨季。三十一年八月雨季過後,孫將軍要求英國派遣卡車,將二十二師兩千三百名受困官兵接出來,送往藍姆加三十八師的駐地。二十二師獲救後,幾乎全都因病進了野戰醫院,一個多月後部隊的健康狀況才明顯改善。此時,決定將在藍姆加的新三十八及新二十二師兩個部隊,合編成立新一軍。軍長由黃埔一期的老大哥鄭洞國出任,孫立人將軍為副軍長兼三十八師師長。部隊在藍姆加經過補充、整訓,並接受美國人大約一年多時間的熱帶叢林戰訓練。

七、二度入緬展開反攻

　　民國三十二年,我到達了藍姆加,擔任技工隊隊長。是年秋天,部隊在藍姆加完成補充及整備後,便從印度反攻。反攻的路線,是從新平洋進入緬甸。蓋當時中國的海岸線都被日本封鎖了,所需要的武器、彈藥、汽油等作戰物資都運不進來,所以計畫打通一條中印公路,把物資從印度運進來。因此我們的部隊除了各自的作戰任務外,也必須掩護後方的工兵團修路,我們打一段,他們修一段。

　　到達新平洋之前,都還算順利。但在新平洋向于邦(Yupbang)前進的路上,我們損失了一一二團第二營第五連。這個連不熟悉森林作戰,搜索兵只注意地面上的狀況,沒有發現樹上也存在著敵人。日軍將輕機槍架在我軍必經小徑旁的前後樹上,在路兩旁都挖掘了陷阱。陷阱是一人深的交通溝,溝裡放置了尖頭向上的竹籤。第五連剛進入日軍設置的口袋時,並未受到攻

擊，等到全連都進入後，前後兩頭的機槍突然齊發，許多人當場被打死。沒被擊中的就向兩側逃，便掉入陷阱被竹籤串起來了。包括連長江曉原、中尉排長劉志及全連官兵都在向于邦前進的路上不幸陣亡。

　　三十二年十月左右，改派第一營向于邦前進，但卻分別遭日軍圍困。營部、二、三連人員被困於于邦，一連則被困於寧邊（Ningpbe）。為了使第一營能夠繼續作戰，以空投的方式供給軍需。但空投的物資經常落在陣地之外，被日軍撿去利用。受困的地方沒有水，都是沙洲，所以挖不出井來。被困三十九天後，終於在孫立人將軍自己的指揮下，由一一四團解于邦之圍，一一三團解寧邊之圍。這一戰把國軍的戰鬥士氣提高了，增加了戰鬥的信心。在此之前，部隊裡普遍認為我們中國的部隊比不上日本的部隊，我們打不過他們，但這次卻能打敗他們。蔣元解寧邊之圍後，也發現劉益福率領的第一連激烈作戰的痕跡：在他所堅守的陣地前，留下了四百多具屍體。

八、大龍河橋頭堡戰役

　　原來我在緬甸不是擔任連長，因為第二連連長作戰不力，遭到撤職。三十二年十二月二十五日，突然一通電話要孟化新到一一二團前進指揮所報到。我背著一個背包，就跑去報到。到了指揮所，陳鳴人團長對我說：「你到第二連接第二連連長。」從三十三年一月一日起，我便成了一一二團步兵第一營第二連的上尉連長。接下這個步兵連之後，我花了一個禮拜的時間，清點和熟悉連上的人員、武器、裝備，瞭解連上事物的運作方式。之後由於一一四團在孟陽河與日軍展開激烈戰鬥，防守大龍河畔的一一四團第一連必須回去增援，由我的一一二團第二連接手這個區域的防務。

　　我剛擔任連長，還不知道仗怎麼打，但還是帶著我的連到指定的地方交接。一一四團第一連大部分官兵，在我到達之前，就已經撤走，只留下一個步兵班跟我交接。我當時有些氣憤，竟然只有一個步兵班來與我交接一個連的陣地防務。我向步兵班班長表示，不交代清楚，這個防務我是不會接的。我對他說：「你們連長講了沒有，這裡有沒有敵人？」那位班長回答：「大

概有。」我又問：「在哪裡呢？」他說：「沿著這條河旁邊的路有。」我說：「那你帶著我去搜索，遇到敵人我就接，遇不到我就不接這個防。」結果那位班長帶著他的步兵班，我帶著連上的第一排，一同沿河邊的牛車路搜索。走著走著，不小心進到了敵人的掃清射界裡。

在掃清射界裡，雜草、小樹枝、竹子都已被清除，敵人進入之後，便容易被擊中。我觀察不敏銳，是排長潘以禮先發現了敵人，趕緊告訴我：「連長，敵人！」幾乎在我下：「散開」、「就射擊位置」之命令的同時，敵人的步槍、輕重機槍也向我們打來。我手握三號左輪槍趴下，不敢抬頭。我方的四挺輕機槍、五支衝鋒槍也向敵人反擊。看看旁邊，子彈都離地面不高。停火之後，我沒有負傷，慢慢移動到一棵大樹下起身，回頭走幾步。潘以禮認為連長負傷了，問我傷到哪裡。我對他說：「我沒有負傷。」

原來，這是一座大龍河畔的日本橋頭堡陣地。經過這次交手，我就將第一排佈置在掃清射界的邊緣。這裡的掃清射界只有十公尺寬，因此就跟敵人保持十公尺以上的距離。我拿起電話向營長李克己報告，我到達何處，是地圖上的什麼位置，並發現了敵人。李克己說：「我認為你沒有到達那個地方。」我回答說：「按地圖判斷，我一定到達了。」李：「你既然到達了，那看見河裡的沙洲沒有？」我說：「沒有。」李：「既然沒有，你就沒有到達。」我說：「營長，請看看地圖是哪一年製的。」那個地圖是二十年前製的，製作得很精細。原來二十年前，大龍河河道上有座沙洲，經過二十年的沖刷，沙洲已經消失。

李克己不相信我說的，翌日親自來察看，拿著地圖對證，證明我沒說錯。他就問了：「這個敵陣有沒有敵人？」我告訴他：「我們已經打過了，不相信我可以證明。」我以威力搜索來證明，輕機槍兩個彈匣，重機槍一個彈袋，步槍十發子彈，向敵人攻擊。受到攻擊的敵人，也向我方還擊。我躲在一棵大樹下，用步槍打兩發子彈。敵人找到我，用四五口徑的小擲彈筒打了四發砲彈，都剛剛好正中我的頭上爆炸。砲彈一個接著一個爆炸，營長在三十公尺外看得很清楚。他心裡想，第二連真是這麼倒楣，前一個連長作戰

不力被撤換，現任連長遭砲彈擊中。砲彈打完後，我回到營長面前，他問我：「怎麼樣？傷到哪裡了？」我說：「根本一點傷都沒有，破（砲）片也沒有碰到我的衣服。」

三十三年一月中旬，由我的第二連來負責攻擊這座橋頭堡陣地。以兩天的時間準備八一迫擊砲、輕重機槍等各式武器的彈藥各幾百發，並派出搜索兵一波波向敵人搜索。原本計畫在隔日拂曉攻擊，但搜索兵在夜間十二點左右進入敵人陣地，發現已空無一人，全都撤走了。

我拿起電話向營部報告敵人撤走的消息，接電話的人，是我學員隊的同學，擔任副營長的徐沛霖。徐沛霖說：「啊！敵人走了！那怎麼可以！」我說：「敵人走了怎麼不可以？」徐：「我已經向上面報告，你這個連把敵人完全包圍住。那敵人走了，你把敵人放跑了怎麼交差？！」我當下認為是營部交不了差，不是我交不了差。但為了能交差，還是決定打一場假仗。

拂曉攻擊被改成了夜間攻擊，入夜後就把準備好的迫擊砲數十發、重機槍數十條彈帶的彈藥，全都打到大龍河裡去炸了魚。打的正烈時，團長陳鳴人來電了：「李營長，前面打得這麼激烈，是那個部隊發生戰鬥。」李克己：「報告團長，是第二連開始攻擊了。」陳：「第二連開始攻擊了，隨時把狀況回報給我。」經過二十分鐘後停火，團長又來電詢問，李克己回報已攻下敵人陣地，並告訴團長作戰狀況良好，人員無傷亡，槍械無損壞。團長陳鳴人對作戰結果表示肯定，並指示第二連嚴密監視。

陳鳴人也是我在學員隊受訓時的老隊長，他在次日早晨，沒有事先知會的情況下，來到我的陣地，由李克己陪同視察作戰的狀況，他們把陣地逛了一圈後才找到我。陳鳴人握著我的手說：「化新，你真行，這樣堅固的陣地，可以做到人員無傷亡，槍械無損壞。你是怎麼攻下來的？你向我報告你的攻擊計畫，我要向上面報告，你是我一一二團的第一功。」

我打了假仗，卻成了第一功。我掉著眼淚說：「報告團長，敵人前天晚上已經走了。」團長馬上問營長：「怎麼回事？」（營長、團長跟我當時站立的位置成三角形）營長：「的確是。報告團長，敵人走了，不這麼做，我

們向上面交不了差，上面要處罰我們。」我的第一功就這麼沒有了。而且我當面揭營長瘡疤，所以他恨死我了。從那一刻起我就明白，這個連長再做下去，就是戰死也沒功。但是，我是一位有良心的熱血青年，不能造假騙一個勳章戴起來，帶著那個勳章是一輩子的恥辱。我的第一場仗就這麼結束了，攻下了大龍河畔的日本橋頭堡陣地。

九、山興洋戰役與麥支隊

三十三年三月左右，我們第一營駐紮在太白家（Talhpa Ga）附近。美國麥支隊加強兵團的指揮官 Magruder 少將想通過第一營的防線，到日本後方，直接捉住日本指揮官。他在我們營部交換情報時勇敢地說：「我與日本當面的指揮官是軍校受訓時的同學，我這次要繞到他的後面把他捉到，然後請他喝一杯。」

日本人看到美國人出現，便拼命攻擊。使這個加強兵團受到日軍攻擊後，一段一段的後撤，最後撤到美麥支隊在山興洋（Hsamshingyang）的指揮所。我們的第一連第一排，在排長王堯的帶領下，前往護衛美麥支隊的指揮所。由於美麥支隊的步兵營一截截的向後撤，實在相當丟臉，史迪威就罵了：「中國人的部隊逢戰必勝、有攻必成，我們的部隊見到日本人就向後逃，太丟臉了，你們死也不能再向後撤了。」接到不准撤退的命令後，距離山興洋幾公里外的一個營便被日軍包圍在一座小山頭上。受困地點旁有條山溝，向下算起大約一百公尺，有一處小泉水。他們連泉水都守不住，以致無水可飲。

美軍便以塑膠袋空投給水，來維持受困部隊的需要。每一個塑膠袋裝兩加侖的水，不裝滿，集合數個塑膠袋再以麻布袋裝起。一個禮拜後，才成功運用火海戰術，打開日本的包圍圈，向山興洋撤退。

之後我接到任務，率領第二連接替該營的防務，便帶著全連向那個山頭前進。佔領陣地之後，還必須繼續進攻。向前進到下一座山，便遭遇敵人。我當時估計，附近的每座山頭上應該都駐紮著日軍部隊。擬定作戰計畫後，

我申請一個山砲連與我協同作戰，開始向前面的山頭逐一進攻。首先準備好兩百發砲彈，前一百發是掩護步兵向敵人逼近。大約每推進十公尺打幾發砲彈，步兵就跟著彈著點向前推進。等到一百發砲彈打完了，我們也推進到敵人輕機槍掩蔽部下方大約二十公尺處。

之後的一百發砲彈延伸射擊，以一次五十公尺的距離向敵方陣地逼近。由於砲火猛烈，地面上的敵人都鑽進機槍掩蔽部內，只留下一個個散兵坑。由於掩蔽部裏面狹窄，無法帶著槍進入，因此槍都掛在散兵坑旁的樹上。我的第七班上士班長李仁派，帶著一挺輕機槍，衝到弧形山坡上，朝掩蔽部射擊。他以兩百五十發子彈將山坡打出一道溝，把掩蔽部內支撐的木架打斷，掩體上方因此坍塌，躲避在內的日軍都被壓死。清理戰場時，在掩體下拖出十具屍體，還包含一位特務長。這十人沒有一人是中槍身亡，都是被壓死的。

大概有一個班的人數死在裡面，逃跑的確切人數我不清楚，但我估計日軍在這個山頭上駐防了一個排哨。這次步砲協同打了一個小勝仗之後，連續推進好幾個山頭，沒有看到一個敵人，出乎我原先的意料之外。我當下判斷，原來麥支隊美軍的一個加強兵團，竟被日軍一個步兵排打跑。

山興洋附近山頭的戰役，便是我的第二個戰鬥。

十、大迂迴戰術

在新三十八師與二十二師共同攻陷孟關之後，二十二師繼續沿史迪威公路前進。日軍撤退到一座東西向的大山上，並在山上建築堅固陣地。我為使攻擊行動更為順利，並避免遭到日軍反制，一一三團派部分兵力前往二十二師左翼警戒，然而二十二師仍無法順利攻下日軍在山上的陣地。三十三年五月二十一日，孫立人將軍得到敵人在孟拱前西通的情報。由於雨季將至，若無法攻下日軍陣地，可能造成幾萬大軍困死胡康盆地的慘況。孫將軍評估當時狀況，認為我方應以欺敵的迂迴戰術，取代目前進行的正面攻擊。孫將軍與三十八師情報組組長葛士珩，便在決定這個長達 170 公里大迂迴戰術之

後，去見史迪威，與他交換此一作戰計畫的意見。起初史迪威不同意貿然採取這樣的戰術，認為太危險，萬一被敵人發現，可能整個部隊都會犧牲。但經過孫將軍及葛士珩詳細的分析之後，史迪威才答應這個方案。

當日上午九點，孫將軍下達電話命令給一一二團團長陳鳴人，內容有四：(一)全團保持絕對機密總動員；(二)在沒有補給的情況下，限四個晝夜完成任務；(三)不准官兵詢問到哪裡、去做什麼；(四)每位官兵帶七天份英式紙盒乾糧。接到命令之後，便開始出發前的準備工作：先將病患留下，尤其是感冒咳嗽者，不讓他們參加這次作戰，然後按命令準備七日份英式乾糧。下午兩點便開始行動，自山興洋附近幾十公里的駐地出發。由於李克己營長沒有接獲直接的戰鬥命令，只得到部隊跟著葛士珩走的指示，因此營長只是告訴大家：現在哪個單位，現在必須走到哪裡。

南高江東岸有座很大的庫芒山（Kumonbum），海拔約三千公尺，據說沒有人上去過。部隊行軍經過山溝和山脊，爬上又爬下，四天四夜都在翻山越嶺。山溝裡的水深，淺的地方到腳踝，深的地方到腰際。行動相當保密，白天行軍以手勢代替口令指揮，晚上則拉一條繩子把大家互相牽起，就算是跌跤跌疼了也不准出聲。經過的路線有時僅距離敵陣一百多公尺，我們繞過去都未被敵人察覺。

五月二十六日早晨六點，我們第一營到達位於西通的南高江渡口。葛士珩從口袋裡掏出了一份師長的戰鬥手令給李克己看。手令指示：即刻渡江，之後截斷敵人由加邁（Kanming）到孟拱（Mogaung）之間的公路，並且破壞敵方通信設備，佔領據點。李克己接此命令，先召集各連連長，約定渡江後的集合點，便下令渡江。當時上游正在下雨，使南高江水深流急，江面增寬。由於缺乏舟楫渡河，決定用身上所帶的裝備與當地所能找到的材料，做成工具來渡河。

每個人將配有的四尺寬六尺長的塑膠布，捲起包上，蚊帳、衣服都用塑膠布捲起來，回頭扣起來就是一個救生圈。摘下鋼盔翻過頭向上，搭起竹架子，跟鋼盔編在一起，就是一個小浮排。再把六張布，拿起繩子穿起來，連

接在一起，綁在竹架上，就成了一艘小浮艇，可以搭載一挺重機槍或八一迫擊砲及彈藥箱。另外，把幾段乾竹子連起來，也就是一個簡單的救生圈。全營經過兩個小時的時間，便渡江完畢。

渡過南高江之後，李克己向我們口述戰鬥命令：第一，本營負責截斷加邁到孟拱間的敵後交通。第二，孟化新連長的第二連為先頭連，沿這裡的牛車路出發，通過加邁公路，佔領公路西側的陣地，作為營的基本陣地。第三，劉益福連長率領第一連在後頭跟進，到達公路後左轉，向孟拱方面推出五百公尺，佔領據點，並阻止由孟拱方面反撲的敵人。第四，周有良連長率領第三連，到達公路後右轉，向加邁方向推進五百公尺，佔領據點，並阻止由加邁方面反撲的敵人。第五，其餘尚未分配任務的單位，都跟著營部走。

作戰任務簡單明瞭，但幸與不幸真的是自己控制不了。我現在很坦白的說，自己不是一個有能力的指揮官，但並不怕死膽怯，遇到什麼狀況心理都是很坦然的。前面遇到了南北向的大山，從那裡下來是一條條山脊，山脊上推滿了報廢的輪胎。我通過馬路到達山脊佔領陣地，沒有遭遇敵人，還發現了提供部隊駐紮休息的地方。

第一連就不同了，左轉之後發現路旁有幾十個倉庫。當時正巧敵人的幹部都在一個類似禮堂的建築上課，據說還包含一位中將，他們根本沒想到我們的部隊已經來到這裡。劉益福率領一連逢敵人就打，不留一個活口，把上課的兩百多人及倉庫裡的敵人都打死了。一、兩個小時內就擊斃了六百多名敵軍，獲得一、二十個倉庫內的物資，劉益福因此獲得了很好的戰功。他是我在學員隊時的同學。❷❹

周有良率領第三連右轉，佔領陣地後的第二天及第三天，敵人自加邁集中了一個營以上的兵力，前後以步砲協同的方式向第三連攻擊二十次左右，使周有良及第三連連部、第一排官兵都在此役陣亡。由於第三連的頑強對抗，也使敵人在陣地前留下了兩百多具屍體。

---

❷❹ 三十八師情報組組長葛士珩、一一二團第一連連長劉益福、第二連連長孟化新、第三連連長周有良，為稅警總團教練所學員隊第一期同學，曾經一同在都勻受訓。

當第三連受到猛攻時，營長要我轉移位置，到第三連左側山脊警戒。到達目的地後，沒有發現敵人，我就把三個排疏散開。這裡的原始森林中，隨處可見好幾個人張開手臂才能夠合抱的大樹。我把電話掛在大樹根上，蹲在樹根旁拿起電話向營部回報狀況。我正在講話時，敵人從六十公尺外的山脊上，瞄準我背後射擊。他把一個彈匣二十發子彈全都打完了我才發覺，彈著點就在樹根上，給我畫出圖影，但是連我的衣服都沒有碰到。

察覺敵人後，便命排長李國良帶著第二排到另一個山脊上，由上向下朝敵人逼近，到距離敵人二十公尺處便停止前進，保持距離。因為山地上有許多樹枝、竹子及雜草，是步兵前進時的阻礙，所以無法衝鋒。於是把重機槍架起來監視敵人，不准他抬起頭來。我在這個山坡上指揮六〇迫擊砲的彈著方向，必要時也可以朝左右各移十公尺。另一面則由李排長指揮六〇迫擊砲的射擊距離，一回加十公尺，一回減十公尺。我們就這麼朝敵人打了三十六發砲彈，都落在敵陣內。打完後到敵陣內檢查，撿到一挺輕機槍、八支步槍，並發現十八具屍體。這是我在南高江所參與的戰事，也是我的第三場戰鬥。此役之後，胡康盆地的危機順利解除了。我們迂迴繞道一百七十多公里，可比照三國時期魏將鄧艾，自陝西經陳平道偷渡到四川成都附近，都是利用迂迴戰術獲勝的例子。

五月二十六日，我軍截斷了敵人加孟公路的補給線，前面加邁大山上的敵人糧食彈藥都不足夠，非撤退不可，所以正面攻擊的二十二師也就不需要再繼續作戰。能夠順利把南高江旁邊的公路佔領下來，可以說是一一二團的戰功。另外，位於一一二團東面的一一四團，他們大迂迴經過庫芒山的另一個支脈，在六月初到達密支那與孟拱之間的鐵公路上，並遭遇由孟拱向密支那增援的日本砲兵旅。一一四團的一個排哨發現這支砲兵旅，該團隨即展開佈署，並順利地將其擊垮。

與此同時，英國派出的非洲空降旅，被日軍包圍於孟拱一處山地上。一一四團接著再組織戰鬥，將包圍英國空降旅的日軍打散，解英軍之圍。我到達孟拱時，曾撿回四支英式鐵製斯登式衝鋒槍及上千發子彈。三十三年六

月，一一四團加入了密支那的戰鬥，並擊敗日軍。

之後我們為了等待雨季結束，在密支那停留了一段時間。當時，國內增補了五十、三十及十四等三個師來到密支那，之後又將部隊分為兩軍。孫立人將軍被升為新一軍軍長，負責領導三十八及三十兩師，並由李鴻擔任三十八師師長，唐守治擔任三十師師長。廖耀湘則擔任新六軍軍長，下轄二十二、五十、十四等三個師。後來國內起了變化，將五十師重新編入新一軍的戰鬥序列，以外的新六軍則調回國內協助作戰。

民國三十三年，由三十八、三十、五十師編成的新一軍，在密支那度過雨季之後，便沿著依洛瓦底江向南，朝八莫（Bhamo）攻擊。先頭部隊是由趙狄率領的一一三團，緊接著是一一四團，一一二團做預備隊。一一三團將部隊全部部署並大範圍包圍八莫的東、南兩面之後，便沒有任何部隊可以作為團作戰的預備隊。一一四團則派出一個營，佔領八莫北側據點，配合一一三團作戰。駐守八莫的日軍約有二千一百多人，他們得到死守待援的命令，想把中國部隊阻擋在八莫以北。蔣元率領一一三團第六連，先佔領八莫的南側據點，獲得戰刀、相機及敵方作戰的書面資料。根據那份資料研判，日軍要堅守八莫等待自臘戌（Lashio）經南坎而來的增援。

此外，仍有約兩百名駐守八莫的日軍突圍，沿依洛瓦底江繞到一一三團第五連後方，並將該連殲滅。

十一、奪取瑞麗江北岸日軍機場

孫立人將軍得知將有日軍自臘戌增援的消息後，不等八莫戰事結束，於三十四年一月初，派唐守治率領三十師由八莫出發，強攻佔領南坎外圍高地。同時一一二團則在三十師左側，沿著公路前進。當時我負責率領第二連，擔任先頭連，任務是佔領南坎北面瑞麗江北岸的日軍機場。

我到達住著百倮人的奧姆雷，問當地居民：「日本人在什麼地方？」在日本的嚴密控制下，他們不敢明講，多以不清楚來回答我，但告訴我可以往西北方去搜尋。我先將全連部署在奧姆雷村莊外，輕重機槍朝外，架在生籬

圍牆的內側。我帶領第三排通過奧姆雷，繼續向西北方搜索，之後發現了一個約等於足球場大小的沙坪壩，上面長滿了一尺高的青草。我將步兵散開，走著走著便進入了敵人的陣地。陣地裡有整理得非常清潔的交通溝，以及長滿草的掩蔽部。這時我才驚覺，這裡就是警衛機場的陣地。上面命令我攻佔敵人的機場，我並沒有攻擊而是走進去了。陣地裡的掩蔽部有稻草鋪成的床，上面整整齊齊的放著八個背包，旁邊還有半鍋留著餘溫的飯。

佔領機場後，回到連上，排長向我報告擊斃了三位經過圍牆外馬路的日本搜索組。原來就在我們向敵人搜索時，敵人也離開了陣地，向我們搜索。這三位搜索兵來到距離圍牆五十公尺處，向居民詢問是否有中國人到來，居民告訴他們沒有中國人。等日本人一離開居民向前走，我們的輕重機槍齊發，在一百公尺內擊斃三名日本人。

居民見日人遭擊斃後，紛紛拿出刀具，爭先恐後的割下大小不等的肉塊帶回食用。經過我方陣地前，還向官兵鞠躬道謝。回憶讀書時，唸過岳飛所作的〈滿江紅〉，文中提到：「壯志饑餐胡虜肉，笑談渴飲匈奴血。」今天算是親眼見到了。我想再進一步過去看看屍體時，排長說：「你看什麼，肉都被居民割完了，沒有肉了。」

我就這樣順利地拿下瑞麗江北岸日軍機場，完成了這次作戰任務。

十二、孟卯及芒友會師

另一個任務，是必須跟國內出發的部隊會師，這是三十八師與國內部隊的第二次會師。第一次會師時，大部隊是在密支那，駐在緬甸的部隊派孫龍寶（抵台後改稱孫蔚民）率領兩個排及美軍部隊前往，從中國出來的部隊是由一位副團長所帶領一個連，地點是中緬交界高黎貢山上的一處界碑。第二次會師的地點是緬甸和雲南交界處的孟卯，當地過去曾設有土司。負責與國內部隊聯絡的是三十八師作戰參謀孫振之少校及一名上尉隨軍記者。我的任務便是護送他們到孟卯。

民國三十四年一月十二日，在三十師攻陷南坎不久後，三十八師師長李

鴻到當地視察戰績。有位記者對李鴻說：三十師已經與國內部隊取得聯絡，李鴻則告訴他：三十八師在昨天已經與國內部隊取得聯絡。由於傷亡過重，三十師暫時擔任預備隊駐留南坎，把之後的作戰任務交給了三十八師。

　　自南坎向東北走，即可到達芒友（Mongyu）。雖然此時惠通橋已經打通，但芒友仍有日軍駐守著。由於國內出發的部隊無法順利攻下芒友，此一任務就落到了一一三團身上。一一三團在舉行作戰會議時，蔣元提出了很好的作戰方案，因此獲得團長授命，負責攻擊芒友敵陣。當時 42、75 等火砲、彈藥及兵員都相當充裕，使蔣元能夠充分運用作戰資源，以步砲協同的方式來進行攻擊。❷⑤ 他先派出一個步兵班向敵人接近，然後跟進一個排。他自己在後方指揮火砲射擊，利用火砲將敵人重機槍的掩蔽部破壞掉。之後就看著敵人從掩蔽部向外逃跑，蔣元的連遂能順利攻陷芒友敵陣。一一三團達成任務之後，完成了芒友會師。

　　民國三十四年一月下旬至二月初，在芒友還未攻陷時，我是一一二團的第一線連，負責從南坎跨過山到臘戌與芒友間公路的 99 英里處，掐斷敵人後方的聯絡道路。我當時很擔心，到敵後截斷交通線，必定遭到反攻，我的連等於是要跟敵人決戰。於是我先佔領了一處敵後的丘陵陣地。丘陵上沒有樹林，長滿了一人高的白茅草，形式頗類似現在陸軍官校後方的坡地，周圍還有七、八個小山頭。我將連部部署在制高點上，迫擊砲、輕重機槍也都架設在附近，並指派各排分別佔領周遭山頭。

　　當天晚上，發現一輛日軍軍車自臘戌向芒友行進，我便下令以重機槍攻擊那輛車。但由於黑夜視線不良，加上日軍車輛行進快速，因此難以命中目標。後來改將機槍瞄準車輛前方射擊，機槍子彈有明顯的曳光彈，確定讓敵方車輛通過射擊彈道後，才順利命中敵車。後來發現那是輛空車。之後又發現自雲南開往臘戌的日軍車輛，車上裝載大量的 50 公斤重錫塊。當敵人認為無法載著錫塊順利通過後，便將錫塊卸下棄置於路旁，因此讓我方獲得了

---

❷⑤ 參見〈蔣元先生訪問紀錄〉。

將近 27 車的錫塊。

另外，在我駐守的丘陵上，不斷受到敵人自遠處零星的攻擊，一下這裡開一槍，等會兒那裡又開一槍。因為山上長滿了白茅草，實在難以發現敵人。所以我先下令：先把陣地及散兵坑附近的雜草清除，使放火時不至於危及我方官兵，然後再放火清除陣地附近數百公尺的雜草。燒光雜草後，還在山坡上發現了敵人撤退後所遺留下來的十二個背包。陣地的動靜周圍變得一清二楚後，敵人便不易接近我方陣地。芒友會師時，我就是率領本連在那裡守著。參加芒友會師的部隊是一一四團的部隊，師長李鴻是駐緬部隊的指揮官。國內出發的部隊則包含許多高級將領及參謀大學的學員，如衛立煌等人。

十三、前進臘戌

會師結束後，部隊南向朝臘戌方面進攻。我們這個營，成為先頭部隊，第三連在我右邊，沿著芒友向臘戌的公路進擊。繼續向前遇上了一條小河，河上有座小橋可供汽車通過，但被日軍於對岸山頭以機槍封鎖。我學員隊的同學第三連連長葛棋率軍至此，無法渡河。營長帶著我向左邊迂迴，循著公路東側的一條牛車道，卻被敵軍察覺行動，雖然在射程之外，但還拋擲彈桶攻擊我們。因此，我們又把部隊調回來，攻擊第三連前方的陣地。戰事持續了兩天後，營長要我再以火攻，但當時吹著西北風，而我方陣地位於東南，不利火攻。因此，在我向營長提出建議後，派出搜索兵繞道前往敵陣西北側放火，❷❻把整座山都燒光，使敵軍不得已撤退，這也是我的第二次火攻。

之後第三連回到營部，成為預備隊，由我連接替，佔領剛攻下的日軍陣地。營長要我暫時留駐原地，等待潘以禮率領第八連來接替我的防務。交接的當晚，下著濛濛細雨，夜黑伸手不見掌，第八連到達之後，卻找不到我的第二連。隔日破曉完成交接後，我才向營主力跟進，但推進不足五里便發生

---

❷❻ 編按：使用美式噴火槍。

狀況。第三連回到營部後成為先頭連，向前搜索，發現到敵軍，回報營部後，卻被營長告知前方是我軍第二營。三連與營部因此放心大膽地前進，結果卻遭到日軍以火圍困山谷，全營陣亡五十三人，其中三十多人為第三連官兵。當我率領第二連前進時，看到許多被燒死傷的官兵。也因為他們的前車之鑑，使我免去了一場災難。李克己營長因這件誤判敵我，而造成官兵傷亡之事，被第三連連長向上告發，兩人還為此打了一場官司。據我所知，後來李克己被記死罪一次。

三十四年四月，部隊沿著牛車路前進。一日中午，我到達相傳為諸葛亮攻略南中，與孟獲作戰時的指揮所－諸葛營。當地周圍都是小丘陵，中間則是有條小河的谷地。我沒有發現敵人，便指示部隊在此用餐。此時，陳玉鼎率領第二營第五連自後方來到，該連奉命超越我前進，並接替我的先頭任務。我與陳玉鼎短暫寒暄並預祝他馬到成功之後，他便指揮部隊繼續前進，而我繼續同連上官兵用餐。他才向前一兩百公尺左右，便遭敵人埋伏，我飯還沒吃完，他就因腿部中槍給抬了回來，也算是替我挨了打。

接下來的戰鬥，日軍所剩無幾，三十八師進駐臘戍並沒有發生戰鬥。

英軍擔心我軍佔領緬甸重要據點之後，不願撤軍，加上印度、緬甸人民普遍反英，時常流露出「中國人好，英國人差」的態度，英人為防止緬人親近中國，故不讓我軍繼續向臘戍以南推進。因此，我方將部隊運回密支那，準備回國，而我在緬甸的戰鬥任務至此也算是結束了。

說真的，當初赴印緬作戰，就沒想過能活著回來。李白在〈關山月〉曾寫過：「由來征戰地，不見有人還。」算是對出征將士大多戰死沙場，最深刻的描寫。幸運的是，我遇到了一位智、仁、勇兼備的長官。

孫將軍無論是在團長、師長或軍長任內，在部隊出操或演習時，他很少坐在辦公室裡，而是到各部隊親自觀察官兵操作，如有那一個動作不確實，他便馬上指出缺點，並親自示範給官兵看，所以訓練不但紮實且具親切感。所以他能夠把我們這些子弟兵帶出去，在胡康盆地及荒野、叢林中作戰後，還能夠把我們大部分的人都帶回來，沒有幾個將領能夠做到這樣。

十四、班師回國與接收廣州

　　遠征軍返國之後，奉命接收廣州。我自己向上面請求，把步兵第一營第二連連長一職交出。師長李鴻，派我接劉正的職務，擔任學生大隊第二中隊的中隊長。當時三十八師學生大隊的其他幹部有大隊長張潔之，副大隊長崔德新，第一中隊長呂德清，第三中隊長陳尚，機槍中隊長張祖基，迫擊砲區隊長袁進育等人。我從部隊自密支那到廣州，都是擔任第二中隊的中隊長一職。民國三十四年秋，上面命令每個中隊畢業考前二十名的學生，不分發，留下編成新一軍學員第三隊。第三隊就等於是第三期的，我是在貴州都勻時學員隊的第一期。學員隊第三期的學生，在廣州編成及受訓。

　　三十四年冬天，學生大隊訓練結束，新一軍旋即在廣州嶺南大學㉗辦了尉官隊，參加的學員都是新一軍的現役連長。我卸下學生大隊中隊長的職務，改任尉官隊第二區隊區隊長，蔣元是我的區隊副。孫立人將軍成立尉官隊的目的，主要是將來源不一的各級幹部重新整訓，使將來的軍事行動能夠整齊畫一，例如三十師及五十師的幹部，大多沒有受過孫立人將軍訓練。此外，讓過去來源不同的連長，在幾個月的受訓期間，能夠建立情誼；過去曾爲同學的連長，也能夠聯絡感情。將來作戰時，念在同窗情感，更能彼此合作、發揮戰力，應也是孫立人將軍的目的之一。

　　我本來是新三十八師的上尉附員，尉官隊結束時，當時擔任軍長的孫立人將軍人在重慶，由副軍長賈幼慧代理，向尉官隊的所有成員發表演說。演說結束後，副軍長在講台上要我到他的辦公室一趟，接著便指派我接任新成立的兵工連連長。我傻傻地見副軍長，副軍長要我回到三十八師向李鴻師長報告。

　　我回去見李師長後遭到了責備，他認爲我年輕，什麼都不會，只知道鑽營。我告訴他，我沒有鑽營。之後李師長拿起電話，打給軍部人事科科長張學欽，質問他爲什麼調動三十八師的幹部，卻沒有經過他同意。張學欽告訴

㉗　今爲中山大學的一部分。

李鴻，孟化新擔任兵工連連長一事，不是我們人事科簽核的。我們簽了三個人送到重慶，孫立人將軍看了後，把三個人都劃掉了，指名由孟化新接任。

李鴻發起脾氣告訴張學欽：「軍長的命令也不行，除非不要我幹三十八師師長。否則調動我三十八師的人，必須要經過我同意。」經李鴻這麼一說，我還是留在三十八師擔任附員。

十五、調赴東北：德勝台戰役與大虎山之戰

後來新一軍被調赴東北。部隊到了瀋陽，我被改任為新兵團第三營第十一連連長。當時胡焜是新兵團團長，胡道生是第三營營長。第十一連是一個新兵連，負責接收錦州的新兵，並帶往瀋陽訓練。民國三十五年冬天，完成新兵訓練後，必須將新兵帶往吉林永吉，交給新三十八師。到永吉時，李師長給了我一個任務。他問我：「張主任要到東北鐵路警察總局去，擔任官警教練所所長，要向我借人。我問了陳尚及陳高揚，他們都不去，你願不願意去？」他所說的張主任，指的是張其禮先生，是我在學員隊受訓時的隊長。我認為當過他的學生，應該幫隊長做一些事情。因此告訴師長：「我願意去。但我有個條件，請師長把我的底缺保留在新三十八師。」李鴻說：「當然啦！我要給你保留，我若不保留你的缺，將來軍長向我要人，我沒辦法向他交代。」在這個狀況下，我才同意借調東北鐵路警察總局，在瀋陽的北陵，擔任區隊長。

隨著國軍在東北作戰的狀況一天一天不利，官警教練所沒多久就辦不下去了。教練所停辦之後，東北鐵路警察總局便派我擔任齊齊哈爾警務處第一警務段第一分段第二所的委任一級所長。本來這個單位負責的是警務工作，可是依當時的情況，東北鐵路警察總局也必須肩負起作戰的任務。我所屬的第一分段，被當作一個地方步兵營來使用。更一度派往遼寧省法庫縣擔任警戒任務，所以我也接過法庫城防的任務。從事了幾個月左右的法庫防務後，又有其他的保安團來接替我們的工作，因此第一分段又回到瀋陽附近。

回到瀋陽，我帶領的第二所，被派往鐵嶺南方的德勝台，負責守衛附近

八座橋樑。由於編制的人員不多，我大概只能夠以一個班的人數，來守衛一座橋樑。

有天上午大約八、九點時，我與不到兩個班的警力在所部。忽然聽見激烈的槍戰聲，我立刻召集警員，命他們就射擊位置，自己也進到碉堡裡應戰，經過十幾分鐘，槍聲才停止。原來那時有將近兩百名共軍，自東北方山溝前進到德勝台附近的鐵公路交叉口，目的是要截斷瀋陽與四平街間的交通，並將駐守在德勝台的警力完全殲滅。

可是共軍萬萬沒有想到，我方從鐵嶺來了一支交通警察連。這支交警連完全地美式化，各項輕重武器都是美式裝備，並配有裝甲車。交警連與共軍在德勝台附近的鐵公路交叉口，打了一場遭遇戰。交警連以非常猛烈的優勢火力，消滅了進犯的共軍，在達成任務後便撤回駐防地。雙方作戰結束之後，我派人沿著共軍出現的山溝探索，發現了一百多具屍體。

在緬甸作戰時，從接連長開始，一直打到臘戍，一年半的時間裡，我擔負了不少的戰鬥任務，可以說完全達成任務，並多次能夠化險為夷。我認為這並不是靠著優秀的戰鬥能力，而是上主的奇蹟多次幫了我。

過去六十多年來，有關天主的奇蹟我很少對外面人說，因為軍人打仗是不能拿神蹟來報戰功的，不能說是天救了我，或是天幫我完成了什麼任務。在東北德勝台的作戰時也是一件奇蹟，當時我們只有不到二十人的警力，武器裝備相當老舊，要面對兩百多名共軍。要不是那些交通警察替我解圍，讓我得以堅守德勝台一地，可能當時就命喪於德勝台，這也算是我戰鬥生涯中的一次奇蹟。

後來因換防，把我調到了位於瀋陽以南與錦州以北的大虎山，我的所就駐守在大虎山車站。一天，齊齊哈爾警務處長張在平與中校科長楊夏中，來到大虎山車站視察。處長張在平告訴我：「孟化新，上頭有計畫把我們齊齊哈爾警務處的兵力，改編成一個陸軍師。你喜歡擔任什麼職務，告訴我一下，改編時我好給你安排一個職位。」張在平是位廣東人，曾擔任孫立人將軍所領導的稅警總團步兵第四團第三營中校營長，所以對我也很關心。

我當面答覆他：「報告處長，我原本是從新一軍借來的，現在老軍長有手令要我到南京去，請你給我調一沒有責任的職務，一個附員性質的職位，我就可以走了。如果我現在有任務，便不能放棄任務到南京。這麼一來，倒像一個人逃跑，我會對不起長官。」張在平接受了我的要求，發佈了人事命令，自民國三十六年十一月一日起，把我委任一級的所長，改派為薦任十級的第一段第二分段副分段長。

民國三十六年十一月二日，我送第一分段的部隊上火車離開大虎山，被當作步兵營用的第一分段，開往饒陽河大橋駐防。十一月三日晚間，共軍派了好幾個縱隊的兵力，把第一分段殲滅，並佔領了饒陽河大橋，截斷錦州至瀋陽間的交通。又是一次奇蹟救了我，因為一紙人事命令，讓我把所長交出，去擔任副分段長，所以能夠避免參加那場戰爭，免了了災禍。大虎山的防務原本是由第二分段的一個所來負責的，因為我是從新一軍來的，該所就讓我來擔任防守的指揮官。一日早晨，我得到共軍來犯的消息，而且到了大虎山上。我派人向段長報告後，段長要我們立刻南撤到錦州。

到了錦州，由於孫立人將軍要我到台灣，我寫了份辭呈送到警務處，想告訴警務處長必須辭職。參謀長接了我的辭呈，不是同意我的辭職，而是准許給我長假。因此，我便能夠前往台灣。

十六、來台領導第四軍訓班示範隊

民國三十七年三月八日，我到了鳳山。當時，孫將軍就在鳳山官校，擔任陸軍副總司令兼訓練司令部司令，第四軍訓班也開辦，訓練了半年多。我來到之後，張學欽等人替我送簽呈，要我接替第四軍訓班示範隊少校隊長。

孫將軍看過簽呈後，在簽呈上批示：「該員在新一軍係上尉職，以少校任用有何根據？」張學欽要我自己去見孫將軍，他沒辦法再送簽呈上去，所以我就自己到陸軍訓練司令部去見孫將軍。孫將軍一看到我劈頭就罵：「你，沒有出息！為什麼要離開？好好的軍人不幹，跑去當警察。」我說：「報告副總司令，我沒有離開。」他又說：「沒有離開，之前怎麼會穿著警

察的衣服？」因為孫將軍於三十六年赴長春主持印緬陣亡將士紀念大會，經過瀋陽時，我曾穿著警察制服去見他。

我告訴孫將軍：「我並沒有離開，這是李師長把我借出去的。借出之前，我還向李師長提出一個條件，就是把我的底缺，保留在三十八師司令部。」當時李鴻還在東北擔任第七軍軍長，在與他確認我所說不假之後，孫將軍才核准我擔任示範隊少校隊長。這項人事命令，自三十七年三月一日起生效，我成為了第四軍訓班的示範隊隊長。

孫立人將軍曾兼任南京第一訓練處處長，有次到南京，也把示範隊一起帶去，安排駐在南京叉路口營房。除了參與示範工作外，由於孫將軍喜歡在軍中舉辦各項運動競賽，示範隊在南京時，也參加了一次運動競賽。按規定，連隊長的年齡在三十八歲以上者，可以不用跟連隊一起參加競賽。我當時已經三十八歲了，但是官籍表上卻只有三十四歲，因此必須與示範隊一同參加運動競賽。結果，比賽總共有五面獎旗，除了射擊獎旗沒有拿到外，其餘四面我們都拿到了。射擊競賽結果不理想，主要是因為示範隊用的槍枝，與南京訓練隊所使用的槍枝不同，訓練隊無法提供我需要的子彈。而我帶去的子彈也不夠，實在無法在賽前勤練射擊。所以在射擊項目中，沒有能夠拿到獎旗。

臨頒獎時，我挨了一頓罵，孫將軍說：「射擊最重要，你這個示範隊怎麼把射擊獎旗給丟了！」之後，孫將軍把第一訓練處處長一職交出，跟他到南京的部隊才回到台灣。

回到台灣不久，上頭命令我以考試的方式，自示範隊中選拔三十名學生，送到第四軍訓班第十六期受訓。但這些學生不接受，而且鬧情緒。他們向我反映，從長春學生隊開始，就是相同的四百二十個人，所以不願意參加考試。因此我決定改採抽籤的方式來代替考試，來個不按班次、高矮排成一列橫隊的緊急集合，並下令要他們一至三報數，數一的向前三步，報三的後退三步。就這樣把報一的學生，送進了第四軍訓班第十六期。

但由於學生鬧情緒一事，使我這個示範隊隊長遭到了撤換。示範隊隊長

由劉益球接任，我被派到軍士大隊擔任大隊副。當時的大隊長馮浩，是我在學員隊時的同學裡，年齡最小的一位。

十七、受訓於第四軍訓班第十七期

在軍校的黃埔體系下，我們被認為是出身行伍，沒有軍事學歷。由於我自稅警總團參與作戰開始，之前所受的訓都沒有學歷，所以必須取得學歷，才能夠在軍士大隊任職。因此，我被送進第四軍訓班第十七期第二大隊第六中隊，度過了六個月的學生生涯。在第二大隊受訓時，當時的上校大隊長蘇醒，在我擔任稅警第四團的上士司書時，擔任司號長。另外，軍校二十三期畢業的第六中隊中隊長朱秀豐外，以下的區隊長、教育班長，都曾經是我的學生。因為這樣的關係，我站在列子裡，反倒讓他們不好下口令。所以我在那裡名義上是受訓，實際上既不上課，也不出操，只負責編輯上課所需的教案。受訓三個月後，必須參加一次考試，而我是那次考試的全隊第一。畢業之前，我曾經向隊長與副隊長表示，不要再把我的分數提高了。因為我畢業之後，這些分數對我來說都沒有用，應該把前三名的成績讓給其他同學，使他們回到部隊後能有更好的發展。但是到了最後，我還是以第二名的成績畢業。

在受訓時，蘇醒曾倡導軍隊民主化，他要我接第二大隊第六中隊的中隊長，但由於沒有人事命令發佈，我不肯接這一職位。畢業前，第四軍訓班副主任孫成城，曾經召見每位畢業成績前三名的學生。在召見我的時候，他問我：「軍隊民主化，你覺得怎麼樣？」我回答他：「軍隊作戰時，還要講民主，作戰命令將難以執行，我不同意軍隊民主化。」

就因為這個答案，讓我在畢業分發時，無法擔任第六中隊的中隊長，而改派往胡英傑師長所領導的三四〇師，擔任少校附員。胡英傑也很納悶，一位少校附員派到這裡來做什麼。

我在學員隊受訓時的區隊長郭立，當時在 一〇一八團當團長。有次到三四〇師師部來，看到我在師部，便對我說：「孟化新，你在這幹什麼？」

我回答他：「第四軍官訓練班畢業了，成了少校附員了。」他覺得讓我到一
〇一八團對我來說比較好，便寫份簽呈給師長，把我調到駐在屏東潮州的一
〇一八團。原本一〇一八團的副團長張祖基及一位少校團附，但是那個時
候，都到第四軍訓班高級班去受訓，團部的主管只剩下他一位團長，因此讓
我擔任了幾個月的代理團附。如此一來，團長郭立就可以去視察一〇一八團
各處的大小事務。他對我非常信任，除了重大事務及人事等須考慮之問題，
要呈報給團長外，其他團部內的工作，都交給我來負責。

十八、中央政府遷台與「孫案」

　　民國三十九年，海南島、舟山群島、金門、廈門等地的部隊，陸續撤退
到台灣來。許多部隊是有番號沒有軍官，有官沒有兵，有兵沒有槍。為了重
新整編，成立了儲備軍官訓練班。第一期的第一大隊大隊長梁砥柱，派我擔
任第一中隊中隊長。第一中隊是個校官隊，招收的學員有一位少將，十八位
上校，二十五位中校及多名少校、上尉，可是我只是一位少校。

　　在儲備軍官訓練班當了一年多的中隊長後，被調到台中的儲備軍官訓練
隊，並晉升為中校，擔任隊附的職務。後來，由蔣經國所訓練出來的政工人
員，不斷地排擠我們。只要是行伍出身，尤其是有新一軍背景者，都受到了
排擠，不容易在儲備軍官訓練隊生存。沒多久後，我就被調到陸軍總司令
部。依部屬軍官身分，在陸總部第五署第二科教育組，擔任業務參謀。我在
民國四十二年，曾任國防部軍官考試分類官。又在四十四年擔任國防部士官
考試分類官。所以郭廷亮事件發生前後的幾個月，我正在替國防部第一廳，
赴外島辦理分類考試。由於無法把我跟郭廷亮牽扯在一起，所以沒有把我抓
起來，使我免了災。

　　郭廷亮事件發生後，很多新一軍出身的人都被捕。我自己感覺到，陸總
部也待不住了。因為我是部屬軍官，若能調到陸軍官校服務，離家也近。民
國四十五年，我就申請到陸軍官校服務。可是到了陸軍官校，政工人員同樣
排擠我們新一軍出身的軍官。比方說，有次陸軍校、尉級軍官的地圖判讀考

試，全陸軍從上校至少尉，包括各學校單位地圖判讀的教官，都必須參加。那次考試，我拿到了全陸軍第二名的成績，卻無法在陸軍官校擔任地圖判讀的教官。另外，陸軍官校的第一處有個綜合行政科，科長只是一位少校。但官校竟把已經升任中校的我，派到綜合行政科，當少校科長底下的參謀。後來，把總統交辦的機要案件，交給我來負責。那一年，我讓陸軍官校成為全部陸軍的軍校校閱第一名，但卻沒有得到任何的傳令嘉獎。

十九、孫案後的生活與家庭

接下來的二、三十年，我是一生中最狼狽的日子。我的兒子孟祥森考取了台灣大學哲學系時，我一個軍人的薪水，不夠他讀書的學費。為了供他讀書，兩、三年下來，還欠了一筆債。後來，我又到小學去當代課老師一、兩年，賺取微薄的收入。我的太太因為勞累過度，腦溢血病逝，讓我家破人亡。之後，我又在高雄再結了一次婚，跟這位太太住了五年多。但因為彼此的個性不同，最後還是決定離婚。

離婚後，我的生活就由女兒孟瀋之（藝名孟婷婷）來負責。她從事演藝工作，民國五十九年到香港後，逐漸打響了知名度。民國六十一年、六十二年、六十四年，在港九地區，六十五年在新加坡，曾擔任中華民國雙十國慶影歌星同樂晚會的節目主持人。❷民國六十年代，許多國家都與我們國家斷交，很多影歌星紛紛入籍其他國家，或拿別國護照，來繼續自己的演藝事業。但是我的女兒，始終拿著中華民國的護照，寧願不賺錢，也要愛祖國。中華民國駐港辦事處，曾頒發愛國藝人獎狀，第一份頒給了張帝（本名張志民），第二份就頒給了我的女兒孟婷婷。後來她不繼續從事演藝工作，轉業經商。

我的兒子孟祥森畢業於台灣大學哲學系，之後考上輔仁大學哲學研究所。我的媳婦梁祥美和我兒子是台大哲學系四年的同學，在大學時代建立起

---

❷ 民國六十三年，由陳麗麗主持。

兩人的感情。白色恐怖時期，只容許人民向政府喊萬歲，不准唱反調。我的兒子在遍讀十八、十九世紀西方哲學、思想家著作後，傾向西方無政府主義思想，接受並倡導存在主義的思維。因為他的觀點與政府相左，所以在「台大哲學系事件」中，與其他十幾位教授、講師一同被解聘。失業之後，我的兒子與媳婦，便從事自由寫作的工作。我的兒子花了三十年的時間，翻譯世界名著八十部，並完成十多部個人著作。之後，他自己到陽明山租了一間小房子，開始對自己翻譯過的《與神對話》、《宇宙家書》兩部著作進行研究，期望能夠對神與人、肉體與靈魂、大自然與人們的關係有所領悟。

我兒子和媳婦靠著寫作和翻譯所得，不夠兩個孫子的學費，還是靠著媳婦從娘家帶過來的嫁妝，省吃儉用地幫助他們完成學業。值得慶幸的是，我的兩個孫子在艱苦的環境下，更加努力用功。大學畢業以後，我的兩個孫子能夠繼續深造，要感謝他們老師的提拔。

我的大孫子孟心飛，在台大物理系念到四年級時，老師選了他擔任三年級課程的助教。此外，美國麻省理工學院一位物理系教授，來台大進行學術交流，心飛又幸運地擔任他的助教。畢業後，那位教授問他想不想赴美深造，鼓勵他申請麻省理工學院的獎學金。退伍後，開始著手申請美國學校。原本申請到紐約大學的全額獎學金，也打算前往紐約大學就讀，誰知道在獲得紐約大學同意書後的一週，麻省理工學院的同意書也寄來了。麻省理工學院開出了優渥的條件，告訴心飛只要他去報到就讀，就可以獲得研究班助教的工讀機會，並配給專用的研究室及專線電話，還加發一百元美金的生活費。四年畢業後，又到洛克菲勒大學物理系，從事博士後研究工作。

二十九歲回國後，在交通大學物理系暨研究所擔任副教授，三十四歲升任教授。民國九十四年，又為所內同仁推選為所長。

我的第二個孫子孟子青，於台大農學院畢業後，又考上醫學院研究所，兩年後以不錯的成績畢業。子青有位在中央研究院擔任研究員的老師，相當賞識他，把他帶到中研院擔任助理。這位老師有位朋友，在美國內布拉斯加州立大學當教授。那位教授要招收一名學生，並由學校提供全額獎學金。他

寫了信來問子青的老師，希望能夠幫他介紹一位好學生。老師在得到子青的同意之後，就把他推薦給那位教授，到內布拉斯加州立大學生化所就讀博士班。四年畢業後，赴美國紐約冷泉研究所，從事了四年的博士後研究工作。之後，他接受老教授們的建議，把論文呈到中研院，通過審核之後。他便到中央研究院生物化學研究所擔任助研究員，並兼任台大生化研究所助理教授。

　　我的兒子、女兒以及兩個孫子都沒有變壞，而且各自有所成就，讓我感到欣慰，覺得這一生了無遺憾，心裡相當踏實和平安。

　　目前我申請成為榮民，靠著榮民之家的生活費，過簡單樸實的生活，什麼都不求。兩個孫子都曾經問過我想要什麼，我告訴他們：希望他們能為我祈禱，除此之外，沒有其他的盼望了。我不向他們要一毛錢，也不希望家庭去牽累到他們的工作，只希望他們能夠在自己的工作崗位上，將知識傳播出去，並對社會有所貢獻。

二十、第二戰場

　　從我開始抄寫《聖經》的第一個字，已經過了三十四個年頭，現在還在繼續抄寫。我認為跟著部隊作戰，努力達成任務、打敗敵人，是生命中的第一個戰場。而抄寫《聖經》，可以說是我生命中的第二個戰場，要一直做到我死的那一天。我寫過的一部部《聖經》，最後都將奉獻出去。

　　現在在梵諦岡的聖座圖書館，收藏著我第一部抄寫的十二大冊《新約聖經》及二十五大冊《舊約聖經》，共三十七大冊。我到梵諦岡奉獻《新約聖經》時，得到教宗若望保祿二世的嘉許，獲頒一份降福證書、一尊教宗就職的銀質紀念像及一串念珠，目前都存放在我大孫子那裡。後來再次赴梵諦岡奉獻《舊約聖經》時，又獲得一份降福證書，現在它就掛在我家的牆上。

　　第二部抄寫的《新約聖經》，我將它奉獻到屏東萬金聖母聖殿。《聖經》抄本奉獻出去之後，正巧我的兒子翻譯了一部《與神對話》，與我們教會一部名為《若望默示錄》的先知書有些類似。我就想把這部先知書抄一

抄，看看跟《與神對話》有什麼不同。當我開始抄寫時，我們教會一位修女來看我，問我在寫些什麼。當我告訴她正在抄寫《若望默示錄》後，他勸我不要抄寫這部書，而改抄《瑪竇福音》。但我還是完成了《若望默示錄》，之後才從事《瑪竇福音》的抄寫工作。

第二部《聖經》抄寫完成後的五年，才完成第三部《聖經》的抄寫，這部《聖經》目前還收藏在自己家裡。在抄寫這部《聖經》時，我曾經思考過，要將它奉獻到何處。對於這個問題毫無頭緒，便向上主發出祈求，希望祂能給我一些啟示。民國九十三年九月二十一日下午三時左右，我在房內抄經，忽然感覺到疲倦，於是放下毛筆，閉上眼睛躺在床上，馬上從心裡感應到天主的啟示，並立刻將這份啟示抄錄下來。這份啟示只有三句話：「梵諦岡與中華人民共和國將要建立正式的邦交，屆時台灣與大陸的天主教會必須融合為一體，這第三部《新約聖經》中文手抄本，將是兩岸融合的象徵物。」

民國九十四年九月二十一日，我在家中看報，忽然見到一則有關教宗要召集各教區樞機主教開會的新聞。我認為必須把抄錄下的天主啟示，呈給我們的樞機主教單國璽。因為這件工作，不是我一人能夠做的，必須交給領導我們的教宗及主教來完成。我先打電話給主教秘書，也到我常去的教會裡找神父，請他們幫忙想辦法聯絡樞機主教。因為樞機主教必須處理繁忙的教會事務，在沒有事先知會的情況下，協助我聯絡的人都認為要等一段時間才能夠聯繫上。我很堅持，請他們一定要儘快幫我聯繫。意外的是，大約花了一個小時左右的時間，就和主教聯繫上。我依照樞機主教的意思，在當天下午兩點前往主教府，順利地向他報告啟示的內容，並將抄本呈遞給他。單國璽為了向我表示謝意，送給了我一本他八十大壽的紀念冊及一個五千元的大紅包，要我買些吃的東西，並鼓勵我繼續抄下去。這個戰場，我還是會繼續打下去。因為這個啟示，所以我預備將這第三套《聖經》手抄本送往大陸。

因為年紀大了，眼睛看不清楚，所以自九十四年十月五日開始抄寫的第四部《聖經》，我將它改為大字版。這部《聖經》也要奉獻，不過目前我還

不知道要把它送到哪裡。

二十一、附錄

　　孫將軍出生書香世家，當年父親孫熙澤並不願孫將軍成為一位全職軍人。但孫將軍有感於我國外受強權之壓迫，內有軍閥之割據，如欲外抗強權內除軍閥，非建立強有力之軍隊不可，毅然投入美國維吉尼亞軍校受訓，回國後，穿上戎裝，正式成為職業軍人。之後孫熙澤寫了四首詞，訓示孫將軍如何做一個真正能夠保國衛民的軍人。這四首訓詞，與武聖岳飛之母在其背上所刺「盡忠報國」四字，具有同樣的歷史價值。孫將軍非但自己懷遵父訓，同時也將這幾首歌詞譜成軍歌，期勉每位子弟兵，都能成為一位「為民保障，為國棟樑」的傑出軍人。（參見下表一）

表一、新一軍軍曲與歌詞㉙

新 一 军 军 歌

C调 4/4　　　　　　　　　　　　孙熙泽 词　应雪痕 曲

```
5 1    1·2 | 3 — 1   55 | 2·17   2 | 5 — 0   11 |
吾军     欲 发 扬，精诚 团 结 无 欺 罔，     矢志
第一     体 要 壮，筋骨 锻 如 百 炼 钢，     暑雨
道德     要 提 倡，礼义 廉 耻 四 维 张，     谁给
大任     一 身 当，当仁 于 师 亦 不 让，     七尺
```

```
6 5 4   2·2 | 5 3·1 2 3 | 1 0   3·2 1·7 | 6 0 2·6 7·6 |
救国亡，猛士 力能 守四   方。不怕刀 和   枪，誓把 敌人
无怨伤，寒冬 不畏 冰雪   霜。劳苦是 寻   常，饥咽 秕与
我们饷，百姓 脂膏 公家   粮。步步自 提   防，骄纵 与贪
何昂昂，常将 天职 记心   上。爱国国 必   强，爱民 民自
```

```
5 0 5 5 7·3 | 5 — 5 1 3 6 | 6 — 0·2 | 5 3·1 2 — 1 |
降，亲上死 长，    效命疆 场，     才 算 好 儿 郎。
糠，卧薪何 妨，    胆亦能 尝，     齐 学 勾 践 王。
赃，长官榜 样，    军国规 章，     时 刻 不 可 忘。
康，为民保 障，    为国栋 梁，     即 为 本 军 光。
```

資料來源：http://www.wretch.cc/blog/d741130/11301076

　　　　※ ※〈新一軍軍歌〉歌詞（正體字）如下：

　　吾軍欲發揚，精誠團結無欺罔，矢志救國亡，猛士力能守四方，不怕刀和槍，誓把敵人降，親上死長，效命疆場，才算好兒郎。

㉙ 〈新一軍軍歌〉原是稅警第四團團歌，新三十八師師歌；由孫熙澤作詞，應雪痕作曲。
　詞作者孫熙澤先生，是新一軍軍長孫立人的父親。

第一體要壯，筋骨鍛如百煉鋼，暑雨無怨傷，寒冬不畏冰雪霜，勞苦是尋常，飢咽秕與糠，臥薪何妨，膽亦能嘗，齊學勾踐王。

道德要提倡，禮義廉恥四維張，誰給我們餉，百姓脂膏公家糧，步步自提防，驕縱與貪贓，長官榜樣，軍國規章，時刻不可忘。

大任一身當，當仁於師亦不讓，七尺何昂昂，常將天職記心上，愛國國必強，愛民民自康，為民保障，為國棟梁，即為本軍光。

〈新一軍軍歌〉的歌名，也有淵源，它從稅警總團開始，有 5 階段的變化。（參見下表二）

表二、〈新一軍軍歌〉歌名溯源表

部隊番號	孫將軍所任職務	軍歌名稱
稅警總團步兵第四團	團長	第四團團歌
鹽務總局緝私總隊	總隊長	緝私總隊隊歌
鹽務總局緝稅警總團	總團長	稅警總團團歌
陸軍新編第三十八師	師長	新三十八師師歌
陸軍新編第一軍	軍長	新一軍軍歌

捌、新一軍排長楊一立先生訪問紀錄

時　　間：民國 101 年 5 月 26、27 日及 7 月 1、7、10、11、
　　　　　12、13 日
地　　點：新北市新店區楊宅、台北市長安東路一段亞里士餐
　　　　　廳、台北市和平東路一段學生書局
受訪者：楊一立
主　　訪：朱浤源、盧潔峰
紀　　錄：朱浤源、盧潔峰、林淑卿、朱麗蓉、楊慧華

前　言

　　二次大戰，我國為了援英與抗日，派出十萬遠征大軍（第五、六與第六十六軍）深入緬甸，但是成效不彰：

　　1.第五軍。杜聿明所屬三個步兵師：新二十二師、第九十六師、第二〇〇師、兩個補充兵團，及十四個多兵種的獨立兵團、營。為當時中國裝備最好，兵種最齊全、最精良的機械化部隊。但是六萬官兵性命後來幾乎全部斷送在緬甸！

　　2.第六軍。甘麗初軍長指揮彭璧生、陳勉吾、呂國銓等三個步兵師。奉命在薩爾溫江西岸線布防。布防陣地尚未就緒，即遭到日軍突襲，全軍潰散、通訊終斷，不知去向。危險到極點！致日軍可沿薩爾溫江直入雲南邊區！

　　3.第六十六軍。張軫軍長指揮第二十八、二十九與新三十八師三個步兵師：第二十八師劉伯龍所部進入緬甸臘戍防守。敵人包圍臘戍周邊地區時，不戰而逃。第二十九師馬維驥所部，在芒市、遮苑一帶國境之內，即擅離職責，亦未與敵人接戰，使敵人佔領龍陵、騰衝、怒江西面大片國土。

　　新三十八師孫立人所部，命運完全不同。

　　這支部隊於一九四二年四月十日進入緬甸，抵臘戍，即留一一四團第一營防守臘戍飛機場。全師主力到達曼德勒布防時，第一一二團奉派到飄貝，策應新二十二師背後的安全。接著第一一三團派到僑克巴檔，策應英軍緬甸西部的作戰。曼德勒只有第一一四團第二、三兩營及師部直屬部隊擔任防務了。

　　新三十八師由於沒有大砲、輜重、補給。如何防守？如何面對當時世界上最強的日本軍隊呢？戰情因時而遽變，譜出以下我本人，同鄉郭廷亮、新三十八師、新一軍，以及孫立人上將並所有同袍，在接下來七十年悲歡離合的曲折故事。

一、若干簡歷與見證

（一）簡歷

　　我原名楊紹鎰，民國十一年出生於雲南省保山縣施甸州大保場鄉的楊輝村。（當年是叫「楊家村」。）我家鄉只有小學，所以我到 120 華里外的保山縣讀省立中學。

　　在這個烽火世紀，當時已經開始全面抗日，由於日寇侵華，捍衛國家，匹夫有責。我於民國二十八年五月，投筆從戎。

　　我從家鄉楊輝村一起出發。家鄉宗親青年有七人，到保山集合，又會合了約二三十人，當時走的是山路茶馬古道；到昆明時人數又增加到三十多人；休息兩天繼續前行，走向雲南貴州交界處的盤縣，借宿旅店；第二天清晨從晴龍山山腳出發，走了二十四彎山路(舊車道)，到黑夜才登上晴龍山頂，在山上找了一間客棧，睡臥在稻草堆中。這一路上，許多人因太累走不動了陸續退出；到了馬昌平時，人數只剩下了十八人了。像這樣：爬山、過河過橋、走公路、又換走茶馬古道，上上下下，最後抵達都勻；共花了約五十多天左右，約步行了兩千里。考入財政部緝私總隊教練所學生隊，在都勻接受軍事訓練。兩年畢業，分派到第二團一營三連當排長。不久調團本部軍士隊當教育班長，訓練士官三個月，結業後歸建。

　　總隊於民國三十年冬，奉命整編爲陸軍新編第三十八師，簡稱「新三十八師」。總隊長孫立人中將任師長，歸第六十六軍張軫軍長指揮。全師移駐貴州省興仁、興義兩縣待命。嗣於三十一年四月上旬，遠征緬甸，援英抗日作戰。我則跟著成爲新三十八師一一二團的第一營第三連的排長。

　　民國三十二年在印度成立中國駐印軍的新一軍之後，被孫立人調到軍部的一○五砲兵營任職，擔任中尉觀測員。

（二）郭廷亮和我

　　郭廷亮和我同一連，也是中尉觀測員。我在攻下八莫之後，晉升上尉，仍爲觀測員。郭廷亮也一樣。他後來在孟拱之戰肩膀受傷，被日軍輕機關槍掃射中彈，我把他從田埂中拖出來。孫師長知道後，立即叫直升機，將他送到新平洋的前進醫院。約一週之後出院。

　　依據中研院近史所所藏〈郭廷亮訪問紀錄(稿)〉，則郭所言，與本人的說法有極大出入。郭於該份稿件的「（三）賀平負傷」回憶說：❸

> 　　在攻向八莫的途中，賀平這個地方，一大早，拂曉攻擊，雙方打得非常激烈，三點多鐘攻擊，四點多時，我就負傷了。負了傷也不能停下，仍繼續打。平常我們救濟包上都有藥品，負了傷，先拿點棉花止血。結果我是被打得救濟包都不見了，是一個小兵解開他的救濟包救我，讓我可以繼續指揮作戰。
> 　　一直到第二天早上，才攻下賀平。
> 　　攻下賀平後，❸團長派了十幾個印度人將傷者用擔架抬出。這時在叢林邊開一條路來運送，但路的兩旁仍是日本人，必須以很低的姿勢跑，才不會被日本人看到。結果九個用擔架抬我的印度人被日軍打中一個，其餘八個儘快把我抬出來。一出來，馬上有一偵察機迅速降

---

❸　朱浤源主訪，〈郭廷亮先生訪問紀錄(稿)〉，中研院近史所口述歷史委員會藏。

❸　郭所提「賀平」，我們的作戰路線沒有這個地方。唯有發音近似的「和平」，是孟拱到曼德勒、仰光的鐵路線的一個站名；那裡距離孟拱約八十英里，是屬英軍三十六師由北向南的進攻路線。

落，載送我到密支那。

到密支那後，孫將軍來看我，發現傷勢很嚴重，下令以最快速度用運輸機送我到印度美軍第四十八醫院。一到醫院，馬上照 X 光，美國醫生怕已傷到我的肺部，儘快幫我治療，共照了十次 X 光，還好沒傷到肺部，不過在醫院住了三個月。

在醫院裡，聽說戰事很吃緊，陣亡也很多，部隊希望我能儘快回去。可是醫院不准我離去。我寫信給孫將軍，孫將軍派砲兵指揮官來和醫院交涉，最後才准我回部隊。

郭廷亮的說法不實，我本人不同意。但是我應中研院朱博士要求並列於此，供讀者參考。

（三）回國之後

在緬甸作戰期間，因成功支援部隊；由史迪威將軍和二十二師師長廖耀湘將軍、副總指揮鄭洞國將軍，共同認可功績，報請軍政部擢升敘獎。因此回國之後，我從上尉馬上升少校，並且調入新一軍軍部，在廣州粵江畔的沙面上班。民國三十四年十月，孫將軍派我和另外一個長官，去白雲山南的馬頭崗，負責新一軍公墓的建築事務。郭廷亮則跟新一軍到東北去。

我從廣州曾到南京軍令部領獎，以及廣州二十多人薪水。受頒兩個獎項：一個獎項是；我負責在修築中印公路二十五公里的測量工程、訂樁、分配路段、里程……等，任務提前十多天達成。另一個獎項是；在緬北的攻擊行動中，馬拉稿戰役，因目標觀測準確，正確的幫助指示飛行目標，正中目標敵人，成功支援作戰；因此，受頒雲麾勳章（第七或八等獎），是由何應欽將軍核批的。當時得知此獎折換官金(1:20)，可換到六萬六千金元；我心想：離家從軍不告而別，這麼多年，讓父母家人牽掛，深感愧對父母家人；決定用勳章換成金元寄回家，用來照顧家人。我寄了五萬元回雲南家鄉，是經由雲南司管區派專人送到家裡；我還打電話回家，確認家裡收到了這筆錢。

後來，管人事的將領要我到湖南南嶽中央無職二十期軍官總隊報到。當

時國共血鬥，國軍將抓到的一些共產黨活埋到土裏，只留個頭在地上，埋了無數，也死了很多。總隊長蔣伏生中將要我(當時擔任中隊長)派出人手給他出公差，我派給了蔣；幾次之後發現，有些人不願再去出「公差」了，又不說爲甚麼，我開始懷疑這「公差」是怎回事？叫人來問，原來眞是不能說的事。後來得知，自己隊上也有人被抓了去埋，當下決定夜裡親自去救人。

那時李煥也在，他大約大我一、兩歲。認識他之後，經常在三青團一齊吃飯。也因爲他的鼓勵，我當時正式塡表入黨（國民黨）。戴笠有個機關也在南嶽，有幾十個人在那裏。他們在一間廟裏，藏了許多輕武器，包含機槍、衝鋒槍都是美國最新、最精良的武器。

當時是在舊曆年前後。那時孫夫人張晶英的母親過世，孫立人赴湖南南嶽衡山福嚴寺奔喪；辦完喪事，孫將軍要我陪著（護送）孫夫人走，我們從長沙搭火車赴武漢、武昌，又在長江搭輪船，從蕪湖到下關，走了四五天水路才抵達南京。我先回南京司令部集合，奉命臨時代理協助整合人員、安排船務，隨船派遣人員赴台灣基隆港登陸。再返南京時，因訓練基地不理想，孫將軍決定轉往台灣鳳山尋找訓練基地。我待了大約兩個月後，被帶到鳳山來，時爲三十六年五月底。

（四）來台與入獄

三十六年五月底來台，在鳳山第四訓練班，被主管尉官軍階人事的章學欽指派，頂一個已經陣亡者的軍官「楊一立」的名字。從此之後，我名字成爲「一立」，並用此名到人事財務經理訓練班當副官。當時國防部派的軍訓班人事隊長龔厚齋少將，還要我報五個假名，來吃空缺，申請補助，給他私人花用。我在孫立人的軍隊多年，部下從沒人敢吃空缺的。我不做。接著，他又找人來借糧，我也不借。被迫與派來的人打架，結果被關一年，從三十七年初到三十八年。就關在今天陸軍官校校門口衛兵室後面，當時的禁閉室關七、八個月，之後關在台北市忠孝東路與上海路口，後來的來來飯店隔壁的監獄有四、五個月。之後又外獄在新店，當蓋監獄的監工。出獄回來以後，國防部已正式在台成立。當時四訓班到了第十八期至十九期，我被派在

學生第四大隊，擔任中尉教育副官。此時的名字都被改成「一立」了，章學欽向我要紅包，我沒給，又被撤職。

後來蔣緯國將軍讓我到裝甲兵本部總隊第四七隊二中隊當上尉觀測員。大約一年，蔣校長告訴我：「你已被列入『○一四專案』。我給你離職證明，你快離開吧。」

民國三十九年，我在高雄聯勤被服廠，借住其地。後來海總政治部馬凌雲中尉指導員帶二個憲兵到小港來抓我。先被帶到海總看守所，第二天到鳳山著名的「招待所」，住三天，硬說我在東北與共匪接觸，其實我根本沒有去東北。結果在那幾天被嚴刑拷打了二次，把我兩個耳朵都打壞了。後來轉到台北，未開庭審訊、也未起訴，就被判決「詐欺」，在圓通寺附近關了三年半。

（五）成家與立業

出獄之後，我變成無業了，只好搞起營造了。我先到大陸工程公司，有一、二十家甲等營造商，工作不洽，一天就走。再換王德隆、孟隆兄弟的營造商，做了三個月。後來又找上海幫，他們對我很好。認識上海的陳傑一齊租屋，並成立「同德」營造商。我們成功地從丙等升到乙等。要升甲等時，發生變故，因為省府作業有偏私。當時又遭遇八七水災。

民國四十五年我和李寶玉結婚，她是 CAT（華航）的空中小姐，她家是台北萬華李厝的望族。當年結婚時的確有一番盛況：證婚人有好幾位將領：第一位賈幼慧、第二閻青川、第三位李彌、第四邱開基以及總統府第三局局長等人，均出席婚禮。

李寶玉幫我生了長女慧華、次女慧淼、長男慧明、次男慧榮、三女慧玲、四女慧蘭，共六個子女。目前僅慧明、慧玲結婚。

此時我已經買了新店現址的舊房與土地。因結婚，先租台北市的房子住。我也在綠島參加投標，不成，又遇颱風，趕快走，剛好回家過舊曆年，當時已有二個小孩。接著我申請「金碧」建設公司，兩、三年後，因資金不夠，曾與「同德」等幾家合作，完成國軍英雄館的興建。當年我把英雄館的

屋基多填高 50 公分，現在發現是智慧之舉：不怕發大水。

而且在橫貫公路包了一段 8.5 公里，從一線天到天祥的築路工程。當時剛好二女慧淼（三歲）發燒，岳母沒處理好，非常危險，由王世昆醫師急救，總算活過來。她後來讀書讀得蠻好，讀松山高職是公費，再在銘傳大學畢業。慧華也會唸書，銘傳畢。

但寶玉過世得早，在民國六十七年十月，當時才四十多歲。今天我六個小孩，都獨立了。大兒子有三個小孩，做餐飲業，很努力打拼事業。（兩個孫女、一個孫子。大孫女讀建築系，今年完成了碩士學業；大孫子明年要從布里斯班（Brisbane）的大學（Griffith University）畢業。）

我因「詐欺」案（至今尚未平反），而且我已經不是軍人，因此也從沒能享受國家福利。但是，我仍然熱愛我的國家，一生一世奉獻給她。

二、入緬到血戰仁安羌

（一）東方戰場的開打

一九四一年日本抱怨英、美大量運輸作戰物資給中國。乃於十二月八日，組成航空敢死隊，偷襲「珍珠港」，摧毀美國在太平洋的海軍基地。進而南擾太平洋，攻下菲律賓群島（菲國也有美國的海軍基地），進佔南太平洋諸島，企圖逐走西方帝國主義者在東南亞殖民的勢力。

1.開羅會議：西方殖民國家的結盟

當時，在東南亞有英、美、法、德、西、葡、荷等國的殖民國，都沒有聯盟關係。各打各的戰，都不是日本軍隊的對手。短短時間內，這地區即被日軍席捲。因此，原本單純的中日戰爭，便發展成為東、西方世界聯合交鋒的第二次世界大戰。

由於情勢的戲劇性變化，牽動了主要 3 國的領袖：中國蔣介石委員長、美國羅斯福總統與英國邱吉爾首相，在開羅召開會議，組成同盟。同時向全世界聲明，聯合對抗德、意、日軸心國。會中發表共同宣言。

2.國軍遠征援英抗日

　　前已言及：一九四二年元月，軍事委員會以第五軍、第六軍、第六十六軍，編組成「中國遠征軍」，兵員十萬人。揮軍出征緬甸時，場面何等壯觀，氣慨非常昂揚！空中有飛虎隊的飛機掩護。第五軍有百部各式各樣的車輛、裝備、坦克車、大砲車，以及各種輜重汽車，似鋼珠巨龍。沿雲南新建完成之滇緬公路，自昆明，經楚雄、下關，出保山、渡怒江，過龍陵，越芒市，直奔畹町，出國門。沿途鬥志多麼高昂。我滇西的老百姓敲鑼打鼓、興高采烈，挾道歡送中國遠征軍出征。

　　遠征軍出征路上唱出激昂的遠征戰歌：「槍！在我們的肩膀；血！在我們的胸膛，到緬甸去吧！走上國際的戰場。……」是多麼威風神氣，英雄式的進軍。將士群情激盪、熱血沸騰。官兵幾乎忘記自己是迎著槍砲聲去殺鬼子的。更幾乎忘記緬甸既陌生又充滿危險！而日本部隊已漸漸深入緬南腹地的「仰光」首都附近。中國遠征軍根本沒有到達仰光。

　　3.緬甸地理

　　緬甸地形極其複雜，高山環繞，地勢北高、南低，河流交錯，密厚的熱帶叢林與草藤，遍佈全境，交通不便。每年五月十五日至十月十五日是雨季，十月十六日至隔年五月十四日則是旱季。氣候炎熱，氣溫常常高達攝氏43℃。當年遠征軍出征時，還是穿著厚厚的冬裝。❷

　　中國遠征軍官兵對於緬甸，語言既不通，地形也不熟，氣候更不適應。到這時候，中國遠征軍參謀團之軍事將領，才強烈的感覺到自己是外籍兵團，在別人國家土地上進行惡劣的戰爭。

（二）緬甸敵我態勢：一九四二年一月至四月

　　1.日軍

---

❷ 中央軍事委員會於國軍遠征緬甸援英抗日作戰前夕，雲南兵站（後勤）當年是李先庚上校代理兵站部主任。中央下令於一個月內趕製遠征軍官兵夏季服裝「十萬套」。李代主任奉命後按時完成，相繼發予遠征軍各軍部、師部領取。獲得中央傳令嘉獎，晉昇少將副主任。發現官兵在緬甸仍然穿著厚厚的棉衣冬裝。經查是各單位尚未將夏季軍裝發到官兵手上。但我新三十八師遠征前就有夏季軍服穿了，並此聲明。

日軍南方軍區，第十五軍團長飯田二郎，率領第十八師團、第三十三師團、第五十五師團、第五十六師團、戰車兩個聯隊，野戰重砲三個聯隊、山砲一個聯隊，高射砲兩個聯隊、工兵三個聯隊、汽車三個大隊、航空第三飛行集團、第四飛行集團、第五飛行集團，以及泰國的雇傭軍一個旅團等，總兵力約十五萬人。分陸海兩路進攻緬甸。陸路自泰緬邊境進入，於攻佔毛淡棉之後，再向棠吉推進；海路也向仰光海岸順利攻破英軍防線，分三路向緬南進攻。

2.盟軍與國軍

盟軍分為三個防區：東路防區、中路防區、西路防區。中國遠征軍負責東路與中路，指揮參謀團司令部設在「眉苗」。

3.敵我佈署

(1)東路（左側）

①盟軍防區：為中國遠征軍第六軍，軍長甘麗初所轄：第四十九師（師長彭璧生）、第五十五師（師長陳勉吾）、第九十三師（師長呂國銓）。總兵力約三萬八千人，擔任緬甸東部薩爾溫江西岸線的防務。

②當面之敵，為日軍第十八師團先頭部隊，兩個聯隊，另有第五十五師團不足額的一個大隊，工兵大隊、砲兵大隊，泰國雇傭兵旅團，兵力共約五萬人，從泰緬邊境、由緬奸數十人帶領穿越山林。渡過薩爾溫江，攻佔毛淡棉等東側江（薩爾溫江）之西岸部分地區。

(2)中路（正面）

①盟軍防區：為中國遠征軍第五軍。軍長杜聿明所轄新二十二師師長廖耀湘所部，第九十六師師長余韶所部，第二〇〇師師長戴安瀾所部，以及軍直屬獨立六個特種兵團，和五個獨立營部隊，總兵力約五萬五千人。

②當面之敵，為日軍第五十五師團、第五十六師團以及獨立特種兵團。（戰車、工兵、砲兵）總兵力約五萬六千人。

(3)西路（右側）

①盟軍防區：爲英國駐緬總司令亞歷山大將軍（General Harold R. G. Alexander）所轄英軍第一軍團，軍團長史林姆將軍（General William Slim）所轄英軍第一師師長斯高特（Maj. Can. J. Bruce Scott）之三個步兵旅團，及英印軍第十七師師長史密斯之四個步兵旅團，和英軍第七裝甲旅（坦克車一五〇輛）、駱馬騎兵大隊、駐緬甸空軍指揮部（飛機六十架），總兵力約十三萬人。

②當面之敵，爲日軍第十五軍第三十三師團及特種兵獨立聯隊（砲兵聯隊、坦克聯隊、工兵聯隊）總兵力六萬人。

　　4.戰爭無情資，空軍被殲滅

　　一九四二年三月二十一日至二十三日，日本空軍第三、四、五飛行集團，出動三百五十架次飛機，摧毀了英國駐緬甸仰光飛機場的空軍。令盟軍在緬甸所有行動造成不便，更增加部隊運輸困難！

（三）新三十八師入緬（一九四二年四月）

　　我新三十八師是於一九四二年四月上旬進入緬甸的部隊。自臘戌乘火車進到曼德勒時，曼德勒城市區已被日本空軍轟炸第三天了，滿城臭氣薰天，市區道路炸彈坑阻斷交通。師之行動也有立即受到空中襲擊的危險。我們白天時時躲空襲，大多數行動都改在早、晚或夜間。

　　1.英軍大勢

　　自從日軍攻佔毛淡棉之後，即以絕對優勢兵力，分成三路向緬北進攻。英國早在三月七日即放棄仰光以南海岸防線陣地。英軍從毛淡棉之役開始，部隊被俘八、九千人，傷亡損失慘重，半數部隊沒有了。其後英軍部隊節節敗退，聞訊實在令人難過。

　　2.東路戰況

　　中國遠征軍第六軍受命佈防棠吉、羅列姆、及薩爾溫江西岸。防線長達上千公里，限於兵力不足，不論是正面，還是縱深，都難以設防。這個兵力部署不當的錯誤，實在應由中國遠征軍參謀團指揮司令部的代司令官蕭毅肅

負責。蕭代司令官只看正面，未注意側面，令緬甸戰局惡化！日軍第十八師團在緬奸二三十人的帶領下，繞過棠吉，利用我軍之空隙，直插西堡、臘戍，迅速攻陷臘戍我軍後勤基地。又遇上第六十六軍之駐守臘戍的第二十八師劉伯龍部隊，不戰而潰逃，使整個第六軍與中國遠征軍參謀團指揮司令部失去聯繫，又令戰局更形不堪！

3.中路戰況

我軍第五軍第二○○師戴安瀾所部，自一九四二年三月十八日，孤軍深入同古，奉命死守，與敵軍第五十五師團激戰於同古、西唐河、庇尤河等地區到三月二十九日。日軍以坑道戰術，將同古守軍西、南兩面，第一道防線據點一一炸毀，繼以步戰聯合攻擊，與守軍二○○師展開市區巷道戰、逐屋爭奪戰。第二○○師孤軍懸於緬南，糧彈俱缺，情勢危殆。杜聿明軍長鑒於新二十二師自曼德勒馳援被阻。遂命二○○師撤至西唐河東岸，向北轉進。第二○○師於同古作戰十二日夜，殲敵甚夥，陣亡黃行憲、曹成、黃景昇三個副團長以下官兵一千餘人！但在戴師長指揮下，戰術、戰鬥均表現優異。只可惜二○○師在同古前線；新二十二師在曼德勒；第九十六師部分滯留國境；特種兵團大部分在運輸道路線上，前後方分離竟達一千多公里，有違戰略用兵原則。失策之處頗多，其責任應由軍長以上長官擔當。

主戰師沒有重武器火力支援作戰，加上緬奸從中搗鬼，使運輸滯緩、梗阻，故白白犧牲眾多官兵。

4.西路戰況

英軍部隊於仰光地區防線又是不戰而退，到達馬格威時，因為英軍要再放棄馬格威，退守仁安羌油田的消息，又被緬奸傳到日本南機關毛淡棉指揮作戰中心。日軍即下令第三十三師團派出二一四、二一五兩個聯隊兵力，迅速繞至仁安羌北面之拼牆河北岸渡河處，將退到仁安羌油田地區的英軍部隊包圍起來。

5.眉苗會議中孫師的任務

一九四二年四月初，蔣中正委員長專機飛到曼德勒，立即轉赴眉苗的中

國遠征軍參謀團指揮司令部，召開會議。史迪威將軍（Joseph Warren Stilwell）、羅卓英司令官、林尉將軍等，聽杜聿明軍長的報告後，蔣委員長決定放棄平滿納的會戰，命令參謀團指揮司令部，立刻準備「曼德勒會戰」，把最後的勝敗押注在緬甸第三故都曼德勒之會戰上。

　　新三十八師奉令衛成曼德勒，師長孫立人擔任「衛戍司令」，於一九四二年四月十一日進駐曼德勒。

（四）仁安羌之困

1.英軍被困求救

　　英軍部隊被圍求救，史林姆軍團長已經先向中國遠征軍參謀團指揮司令部請求過，後又到曼德勒與孫立人師長面求。孫立人師長答應前往解救，並即電話向羅卓英司令官報告，❸ 羅司令官說：已派在巧克柏當（Kyaukpadaung）的第一一三團前去解危。

2.國軍回應

（1）苦口婆心

　　為了自己的部隊去冒險，更為了能夠達成使命，孫將軍決定驅車前往眉苗，親赴遠征軍參謀團指揮司令部，求見羅卓英司令官。到達時已經是晚上九點多鐘，羅司令官已經入睡，只見到參謀長楊業孔將軍。孫師長以充足的理由向楊參謀長報告、說明：這一次任務是孤注一擲的局面，不能允許有絲毫的差錯而影響大局。雖然任務艱險，自己非去指揮不可。自信親率千餘袍澤前去，定能殺敵致果，解救英軍，達成使命。

（2）相應不理

　　不管孫師長如何費盡口舌，楊業孔參謀長卻聽不進耳裡，還冷冷淡淡的說：「既然上面已經決定了，就不必再多說了」。其實上層所派一一三團去解英軍之危，是應付、應付而已，也就是送一一三團去犧牲罷了！

（3）胸有成竹

---

❸ 盧潔峰注：史林姆不可能直接找孫立人。

孫立人將軍心中焦急萬分，求見司令官遭拒，在這樣緊要關頭的時刻，一等一磨，已經半夜，仍不得要領！孫立人萬分著急，按耐不住，就對楊參謀長說：「參謀長不肯負責，那我自己負責，不過請楊參謀長明早報告羅司令官，就說按照目前的情勢，我勢在必行。」的確，孫子說：「城有所不攻，地有所不爭，君命有所不受。」不合理的命令，不一定要接受。責任問題，只有任務完成之後，再來承擔。

(4)以一一三團爲主力

孫立人師長就起身告辭，驅車先回曼德勒，命令第一一四團李鴻團長將在曼德勒佈防的該團二、三兩營，及師直屬部隊帶到巧克柏當，會同一一二團向仁安羌支援一一三團作戰。再去納特曼克（Natmauk）第一一二團指揮所，命陳鳴人團長率團歸建，到巧克柏當集中之後，再向仁安羌，追趕第一一三團，加入作戰。㉞

3.新三十八師應戰

(1)了解戰情、周密部署

一九四二年四月十八日中午，孫立人師長到達仁安羌拼牆河北岸前線。先聽第一一三團劉放吾團長報告。㉟ 劉團長說：拼牆河北岸之敵，約有一個大隊的兵力，已被我軍擊退，並已肅清北岸地區之敵。此時，第一軍團長史林姆將軍要求孫立人：立即渡河解救被圍部隊。孫立人說：「且慢，我軍兵力太少，而且南岸地形暴露，敵人又居高臨下，我軍站在仰攻的位置，如果攻勢稍一頓挫，敵人很可能立即窺破我軍實力，這麼一來，不但不能達成解救貴軍的任務，並且還可能把一一三團陷入危險的處境。」

㉞ 盧潔峰注：孫立人在 4 月 16 日深夜至 4 月 17 日早晨 8 時之間短短的幾個小時之內，不可能橫跨東西南北地奔波上千公里去親自給分散在各地的部隊佈置任務。

㉟ 盧潔峰注：4 月 17 日晨 8 時，孫立人趕到設在距離仁安羌北岸 5 英里（約合 8 公里）處的"前線指揮所"，追上齊學啟將軍率領的 113 團，與三天三夜沒有闔眼的齊學啟將軍會商解救仁安羌被圍英軍的問題。

　　孫師長決定暫停進攻，在黃昏以前先利用各種方法，把當面之敵情和地形偵察清楚，再利用夜間去周密的部署，準備四月十九日拂曉進行攻擊，並告知後援第一一二團、一一四團及師直屬部隊也相繼到達。

　　(2)面授機宜，不可失敗

　　孫立人對劉放吾面授機宜，說：「解救英軍的任務關係重大，只能成功，不能失敗。」面對在質量上、數量上強大之敵，一一三團兵力有限，但只要發揮我軍的優勢，戰勝敵人是可能的。一個有利於我之點，就是英軍不戰自退；使得敵人不戰而捷，如入無人之境，因勝而驕，必會對拼牆河一帶陣地疏於警戒。我們可以利用平時訓練，所熟悉的戰法，來彌補我們的不足，是絕對能戰勝敵人的。

　　(3)迫敵近戰，使出看家本領

　　所謂我們「熟悉的戰法」，就是新三十八師從稅警總團訓練時，所養成的看家本領：「近戰」、「夜戰」、「劈刺」、「格鬥」、「射擊必準」、「彈無虛發」。敵軍以勝利者的姿態追包英軍之際，必對我軍掉以輕心。根據「兵之情主速」的原則，要以迅雷不及掩耳之勢殺入敵陣，打他個措手不及，逼其近戰、肉搏，我師並以班、組小股兵力，到處突擊，打了就走，亂其軍心，擾其士氣，使敵無法判斷我軍之兵力。

　　①迫敵近戰

　　所謂「我軍的優勢」，就是把距離拉近，使其敵人之重武器（砲火）不能發揮作用。孫將軍又對劉團長說：「我們要以大無畏的精神，以一當十的雄心，慎謀善斷的智慧，掩蔽我之行動，出其不意，攻其不備，以摧毀當面之敵。」

　　②打出威風、為國爭光

　　全團官兵見到孫師長趕來親自指揮，軍心大振，個個雄心滿滿，齊下決心，一定要打出威風，解救英軍，為國爭光。

　　③忍耐到最後的時刻

　　史林姆將軍對孫將軍這樣的作戰，計出萬全的籌謀，表示十分欽佩，但

怎樣才能立刻救出部隊？卻是他更焦急的另一個問題：此時，他又接到被圍困第一師師長斯高特將軍無線電話告急：官兵已斷糧、水兩天，無法繼續維持下去！❸如果今天再不能解圍，便有瓦解的可能！所以史林姆要求孫，無論如何不能等，要立即過河救援。孫師長一再解釋利害關係，並且把史林姆電話接過來，直接對斯高特說：「貴師已經忍耐兩天了！無論如何還要再堅持一天，中國軍隊一定負責在明天（四月十九日）下午六點以前，將貴師完全解救出圍。」可是斯高特仍焦急懷疑，回問「有把握嗎？」孫立人斬釘截鐵回答說：「中國軍隊連我在內，縱使戰到最後一個人，也一定要將貴師解救出險。」這句話，使在旁的史林姆將軍大為感動，和孫師長緊握著手，認定這是「君子協訂」。

④派出敢死隊

四月十八日晚上，孫師長命劉團長選派數十名敢死隊，各帶裝備，這一次的任務，如入地獄生死戰。入夜之後，神不知、鬼不覺渡過河，摸進了敵人陣地，令敵人萬萬想不到，仁安羌丘陵腹地，森林密佈，怎麼會有天兵神將出現。他們先將敵哨一個個解決。只等十九日凌晨信號彈空中發光，一齊裡應外合，讓敵營變成火海，叫敵人驚慌失措，軍心大亂。

（五）仁安羌之戰（一九四二年四月十九日）

1.信號發光、全力以赴

十九日凌晨四點拂曉時刻，敵人尚在睡夢中，信號彈提早十分鐘升空放光，攻擊開始了。

⑴攻佔白塔山及五○一高地

我一一三團官兵槍砲齊鳴，攻佔仁安羌之「白塔山高地」及「五○一山頭」全部。同時也將敵人壓迫退到「小丘」、叢林凹地裡。在英軍的砲火猛烈射擊和團之輕重迫擊砲，輕重機槍火力掩護下，步兵接二連三的衝鋒，攻佔敵三十三師團二一四聯隊在白塔山及五○一高地各個陣地。

---

❸ 盧潔峰注：當時仁安羌地區的白天氣溫高達攝氏45℃。斷水兩天是無法生存的。

　　但到上午九點左右，敵人增援大批兵力，猛烈反撲，我軍除固守白塔山地區攻佔之陣地外，其五〇一高地南面坡地，所攻佔敵人之陣地，多處得而復失！因爲受到仁安羌地區最高之五一〇高地（妙峰山）山頭上敵人速射砲及輕重機槍火力的壓制。敵人步兵反撲殺來，我軍奮勇殺去。敵來、我往，多次肉搏戰，戰至中午，變成三得三失，敵我雙方都犧牲很大，我軍官兵各人所帶之一個基數的彈藥已經打完。危險時刻！

　(2)彈盡，援未絕：上天旨意

　　上午十一點，彈盡的一一三團官兵，正改與敵人拼刺刀、肉搏、格鬥之時，有師部軍需處補給組周以德組長，從曼德勒以卡車滿載（新三十八師與其他軍師部隊不同的）武器、槍砲、彈藥送達。即時補充火急需求的彈藥，才能戰勝敵人。否則，戰果不堪想像。

　　因爲新三十八師全師使用的武器，係宋子文先生自捷克進口先進的武器，勝過日本武器。如：七九步槍、騎兵使用的步騎槍，及捷克式輕重機關槍，柏來林輕重機關槍，另有馬克星（水冷式）重機關槍，和四七、八一、八二輕、重迫擊砲、彈藥、木柄手榴彈等。總之，仁安羌最後的勝利，其關鍵在周以德運補來的彈藥。趁此時刻，退守安全陣地，全面補充彈藥。

　(3)攻佔五一〇高地

　　針對尚未攻佔的五一〇制高點山頭，一一三團第一營營長楊振漢，率兩班兵力，從仁安羌東面，繞道迂迴，到五一〇高地的東南面，爬上五一〇山頭，消滅了敵人的速射砲陣地及兩處機槍陣地，並攻佔五一〇山頭的制高點。

　　此時，已近午後兩點。楊營長居高臨下，將敵人在山坡上及山坡下的所有陣地一一消滅。同時將太陽旗拿下，插上中華民國的國旗，進一步提振全團官兵衝鋒、肉搏的士氣。

　(4)全團半數陣亡

　　就在這時，第三營張琦營長受傷了，**㊲**還喊出弟兄們，衝鋒呀！流盡最後一滴血，倒下！當日將近下午三點。敵人的砲聲沒有了，槍聲也沒有了。英軍的野砲加大射擊距離，向崩潰的敵軍退路上追射，全團已攻佔了仁安羌油田地區。**㊳**活的敵人逃了，死的敵人一堆一堆的棄置。經我軍派員清點敵人屍體，在仁安羌有第三十三師團二一四、二一五兩個聯隊之中的「中隊長吉抑仲次郎」以下官兵一千二百多具，但是不見傷者。我第一一三團則陣亡張琦營長以下官兵二〇四人，受重傷者三一八人，後送曼德勒地區醫院，但是，到轉進時，卻一個也未見到，顯然也都犧牲了。此役我軍總共犧牲官兵五百二十二人，是第一一三團的半數，**㊴**其中雲南青年袍澤有十九人。

　　2.砲火支援

　　史林姆將軍也支援了兩門 25 磅野砲及裝甲第七旅的七部坦克車上的戰砲，向仁安羌地區敵人，以近、中、遠程砲火掩護，配合攻擊。史林姆也命令被圍的部隊，在內部向馬格威方向發動攻擊，**㊵**真正合作，做到更廣範圍的「裡應外合」。

　　3.達成任務

　　一九四二年四月十九日，中國遠征軍新三十八師第一一三團，擊潰日軍第三十三師團二一四、二一五兩個聯隊，攻佔仁安羌，**㊶**於當日下午五點二十分，救出英軍第一師部隊七千多人和各國戰地記者、美國傳教士、醫師、

㊲ 盧潔峰注：早在 4 月 17 日傍晚，第三營營長張琦就已犧牲在拼牆河北岸了。

㊳ 盧潔峰注：仁安羌油田區縱深 8-10 公里，仁安羌解圍戰的戰場只涉及仁安羌油田西北的一個小角落。

㊴ 盧潔峰注：據 113 團第三營副營長胡德華回憶，此役犧牲者甚少。但有迷路失蹤者和個別渴死者。

㊵ 盧潔峰注：馬格威在南，仁安羌在北二者相距 40-50 公里。早在 4 月 14 日，日軍已經佔領馬圭。至 4 月 19 日，仁安羌以南已全部落入日軍手裏。

㊶ 盧潔峰注：113 團在包圍圈的北邊撕開一個口子，英軍是邊打邊出圍的。

護士等五百多人。❷及裝甲第七旅戰車幾拾部、駱馬千匹、卡車百輛，全部交與第一軍團長史林姆簽收。

(1)「中國萬歲」

當第一師部隊被解救走出仁安羌時，英軍官兵看起來都狼狽不堪，但仍對我軍豎起大拇指，高呼「中國萬歲」、「中國軍隊萬歲」感謝之聲。

(2)準備追擊

四月十九日黃昏前，我們一一二團進入仁安羌，接替一一三團之任務，就攻擊準備位置，擬於一日之後的（二十一日）拂曉進攻，追擊敵軍第三十三師團兩個聯隊，在馬圭與因河地區之間將之殲滅。

(3)掩護轉進

嗣於發動之前（二十日午夜）接奉命令，獲知：「英軍放棄緬甸，退守印度，停止攻擊，並命令新三十八師掩護盟軍及友軍第五軍之部隊轉進。」盟軍戰略改變，我團官兵深感遺憾，英雄用武之時刻，只能往後延了。

4.評語

(1)整體評論

整體而論，仁安羌大捷不止是新三十八師成軍以來的旗開得勝，更是近代史上中國軍隊第一次和盟軍並肩作戰，所獲得的最大光榮，以及盟軍在緬甸戰場上，最艱險的第一次勝仗，同時也是第二次世界大戰，東南亞戰場非常有驚而無險的一次大勝仗。

正兵合戰，奇兵制勝。仁安羌大捷，是聞名全世界的戰爭，因為新三十八師在極劣勢的情況下，竟以一千一百二十一人的兵力，擊潰十倍於我的敵人，解救出也十倍於我的盟軍：英軍第一師部隊七千多人再加上美國傳教士、醫師、護士等五百多人。這十足表現出新三十八師官兵的訓練有素，士氣旺盛以及作戰英勇。也是新三十八師代表中國遠征軍，在緬甸得勝的好采

❷ 盧潔峰注：解圍時間在 4 月 18 日下午 5 時許。有孫立人 1989 年 8 月《重修齊學啟將軍墓園誌》，以及 113 團第三營副營長胡德華的回憶錄為證。

頭。而仁安羌大捷，是盟軍所公認第一次緬戰唯一的大勝仗。孫立人將軍也因此成為威名遠播的英雄。

(2)外國人的反應

對於這次勝仗，七十年來仍為人所津津樂道，外國人的反應，極其熱烈。茲將各國記者，和盟軍各指揮官等，對此役之報導，對孫立人將軍、劉放吾團長之總評、感謝文、讚揚及賀函，臚列如下：

①史迪威

史迪威將軍的參謀長「竇恩」將軍，記述史迪威對孫立人將軍讚許紀錄說：

> 好得很，這傢伙太有種了，又不怕打仗，一個貨真價實的軍人，我希望我們有更多的孫立人。我希望英國人永遠記著孫立人為他們（英國人）做了些什麼。

②各國戰地記者

新三十八師第一一三團救出來的各國記者，都以自己親身經歷，

如實報導了中國軍隊英勇無比，如何戰勝十倍於己的敵人的事實經過。並總結評語：這是近百年來，中、英、日軍隊在同一時間、同一戰場，所做的一次較量，結果中國贏得勝利。

③盟軍總司令亞歷山大上將、英軍第一軍團長史林姆將軍

英國盟軍總司令亞歷山大、和英軍第一軍團長史林姆都給予「感謝函」，並代表英皇向孫立人將軍頒發「大英帝國司令勳章（C.B.E.）❹」。函文如下：

> 謹代表我軍第一軍及其他英帝國軍隊，對閣下竭誠襄助及貴師英勇部隊援救比肩作戰盟軍之美德，深致謝忱。本人奉英皇陛下命，贈閣下「大英帝國司令勳章（C.B.E.）」，尤感榮幸。惟因閣下受命掩護貴國第五軍轉進之故，未得盤桓，殊以為憾！

---

❹ Commander of the British Empire.

謹祝

閣下及無匹之貴（新三十八）師

康泰百益

亞歷山大（General Harold R. G. Alexander）

孫師長將軍勳鑒：

欣喜亞歷山大上將已代表英皇贈予閣下「大英帝國司令（C. B. E.）榮譽勳章」，藉茲表揚閣下對鄙第一軍無價之援助。為此，敬請接受本人及鄙軍全體官兵之衷心感謝敬賀。

在未將勳章奉上之前，謹先將勳章之綬帶奉呈，敬請佩帶為禱。

謹此再申謝忱。

史林姆（General Wiliam J. Slim）

④柴契爾夫人（一九九二年四月十九日于美國芝加哥）

一九九二年四月十九日是仁安羌大捷五十週年紀念。英國軍民不忘當年救援之恩。四月間，英國前首相柴契爾夫人，在芝加哥卡爾登大酒店大廳，向仁安羌大捷英雄——新三十八師第一一三團團長劉放吾將軍致謝。

當柴契爾夫人，見到劉放吾將軍時，立即快步向前，握住劉將軍的手，殷殷致意說：

今天我代表英國政府和人民，對您表示深深的感謝與敬佩。希望將來有時間能坐下來聽聽您詳細述說，當年是怎樣打贏仁安羌戰役的。

又說：

我聽過很多關於您的英雄故事，當年您不但救了七千多英國人的性命，同時也救了許多其他人的性命。

可見仁安羌大捷仍深深銘記在英國政府和人民的心目中，是永載史冊的英雄史詩。

⑤英國國防大臣墨柯里蔡費金（一九九二年六月十日）

一九九二年六月十日劉老將軍又獲得英國國防大臣致函，文曰：

劉將軍勛鑒：

瑪格麗特・柴契爾夫人寫信告訴我，她曾於四月在芝加哥會見您，還談了貴團於一九四二年四月，在緬甸仁安羌，解救被日軍包圍的英軍第一師的一些戰鬥情況。

今年是這次戰役五十週年紀念，那是在最黑暗困難日子裡，乾淨徹底地擊潰日軍的經驗。為此，請允許我借此機會，對您和貴團支援英軍，挽救傷亡，表示最熱忱的感謝。

(3)榮譽與遺憾

只不過演變到了今天，這裡頭有榮譽，也仍有遺憾：

①榮譽：孫立人師長、張琦營長獲得頒獎

Ⅰ孫立人師長獲得盟軍中、英、美三國政府頒獎：

中華民國蔣委員長頒發雲麾四等勳章；

英皇頒：英帝國司令C.B.E.榮譽勳章；

美國羅斯福總統頒豐功勳章。

Ⅱ張琦營長獲得英帝國頒銀星勳章。

②遺憾

仁安羌大捷，開中國近代光耀歷史，永遠留芳第二次世界大戰紀錄。但是，經過我們戰友協會查證：❹台北市圓山忠烈祠，只有張琦營長一人入祀，而沒有其他陣亡袍澤的靈位。這是不公平的。政府、國民黨中央也不問！！這些在仁安羌之役陣亡的官兵，當時並沒有得到政府應有的撫恤。至今中華民國政府也未對其遺族給予撫恤。他們在天之靈正等待國民黨中央及政府的關心。難道中華民國連這麼難得的光榮現代史也不要了嗎？！

三、掩護後撤與轉進印度：一九四二年四月二十日至六月二十日

---

❹ 全名：中華民國駐印軍印緬抗日戰友協會。

　　由於盟軍、英國政府決定：放棄緬甸，退守印度，新三十八師奉命掩護國軍撤退，當時我在一一二團第一營第三連。之後的兩個月，有許多重大遭遇值得一提。我們在色格（Sagaing）、溫早（Wantho）、卡薩（Katha）諸戰役，均能遇險化吉。接著抗命西行，走出生路，平安抵達印度。

　　但是，國際法規定：甲國武裝軍隊，非經同意，不得強到乙國境內。新三十八師抵達消息傳到英方新德里總部。英國的東方警備軍團的軍團長艾爾文，十分驚異，也質疑我師已成無紀律的潰軍，恐怕擾亂地方秩序。故特急電報：令魏菲爾將軍準備把我師繳械。恰巧緬甸軍總司令亞歷山大將軍在新德里，他極力反對。主張：不但不能繳械，英國應該用客禮招待。英國第一軍團長史林姆將軍，當時在英法爾，也反對阻止，並說：該師有堅強的戰鬥力，英軍難以順利將其繳械，而且恐怕引發不幸的結果。故請艾爾文將軍先親自視察一番。

　　當艾爾文將軍受孫將軍邀請，帶員親臨視察，軍隊是代表國家權威，列隊官兵雖已疲勞不堪，但精神卻是格外煥發。隨身裝備武器都是整潔齊全、軍容壯盛、紀律森嚴。出乎艾爾文將軍意料。艾爾文對繳械之事不談了。此為孫立人將軍光榮勝利的又一次事證。

（一）奉命撤退與斷後

　　一九四二年四月二十日午夜，於仁安羌戰地，一部英軍輕型坦克車駛到仁安羌拼牆河北岸橋頭。坦克車夜間開近燈照明，接近我師步哨時，接受詢察。此時從坦克車上出現一名英國少校軍官，報告說送公文給孫將軍。步哨排長隨即帶英軍軍官到指揮所晉見師長，英軍少校呈送公文：（命令）須與孫立人將軍面報。五分鐘後，英軍軍官退出指揮所，回到坦克車，向曼德勒方向走了。**❹❺**

　　1.新任務與佈署

---

❹❺ 盧潔峰注：4 月 19 日早晨 6 時，孫立人以及其指揮所已經撤離拼牆河北岸，前往巧克帕當集結部隊了。

接令之後，孫立人師長急令：第一一二團陳鳴人團長停止追擊作戰，改為掩護師之主力撤退。接著下達命令師之撤退順序。

新三十八師之主力撤退順序：

(1)第一一三團，劉放吾團長率該團先行轉進至曼德勒城西北面，三十公里處之伊洛瓦底江西岸，色格城市沿江邊堤岸佔領陣地，以掩護部隊渡江。

(2)師部直屬部隊跟在第一一三團後面撤退。

(3)李鴻團長率一一四團（欠第一營），接著師部直屬部隊走。

(4)第一一二團，陳鳴人團長率該團殿後，掩護整個盟軍，轉進渡過伊洛瓦底江。

(5)第一一二團，團之主力撤退順序：

①第三營部隊，跟著第一一四團部隊撤退，距離一一四團部隊二公里。

②第二營部隊，跟在第三營部隊後面，距離保持一公里。

③陳鳴人團長、第二營梁砥柱營長、第一營王超文營長等，和衛士班在一起同行，便於指揮作戰。

④後衛：第一營部隊掩護撤退與備戰撤退的順序：

❶第一連劉益福連長，率部隊走在第二營部隊後面，分左右兩線。（派出連絡兵兩組，向後面部隊連絡）

❷第二連部隊跟在第一連之後，分左右兩線跟進。（派連絡兵兩組向後面連絡）

❸第三連部隊和團、營配屬各重武器排分開走在公路兩側，跟在第二連之後。

❹團部配屬之重迫擊砲兩排，分走路右、路左。

❺團部配屬之重機關槍兩排，分走路左、路右。

❻營部配屬之重機關槍兩排，分走路左、路右。

❼第三連楊傑勳連長及第二排，分走公路東、西兩側。

❽第三連第一排走公路左側（東面）。

❾第三連第三排走公路右側（西面）。

❿第一、三兩排，各派出步兵五名爲後衛組，跟在部隊最後面五十公尺處，公路東、西兩側，嚴密觀察，以防敵人追兵。

2.掩護撤退與本師撤退之法

(1)掩護撤退

掩護撤退時，英印、美澳的部隊有車輛運輸，移動很快。友軍第五軍第二十二師部隊，從飄貝到平滿納地區，向曼德勒撤退，行動也不算慢。惟獨我新三十八師所有部隊（欠一一四團第一營），沒有輜重車輛，都是穿草鞋的步行軍。但在大白天，既要躲避敵人飛機襲擊；又因氣候炎熱，公路兩側雖然種有路樹，掩護撤退，氣溫在攝氏 41～44℃之間，地面會燒踝，因此部隊只有走走停停，絕大多數都是晚上夜行軍，氣溫較涼，走得也很快。

四月二十三日早上七點，新三十八師全部都已撤到僑克巴檔。此時，團長陳鳴人命我營第一連劉益福連長，率連在僑克巴檔通往「甫甘」大城市的公路上，佔領居高有利地點，放設步哨監視，以防敵人海軍部隊從伊洛瓦底江、甫甘追到僑克巴檔市，來切斷我軍退路。我營在僑克巴檔休息了一天半。僑克巴檔是個大鎮，英軍不少，因此首先要找倉庫，取存糧與補給品。

另外從仁安羌過來的道路，在進入僑克巴檔市區外環地區五百公尺，有利地形位置如：高地、小山頭上，也要佔領佈防，以監視這條公路有否敵人的追兵。提高警覺，部隊才有安全。

英軍師部軍需處有位中校階級的長官在僑克巴檔，控制了兩座糧倉，並雇用五部兩噸半雪佛朗商車，裝載大米、罐頭等食品，運補到色格師之主力先退部隊。我團也雇用到兩輛雪佛朗商車運糧。我營各連部隊也派人到倉庫搬罐頭、食品，每個士兵都帶了自己喜歡吃的魚、牛肉、水果等罐頭食品，各個官兵自帶自吃。

友軍第五軍第九十六師余韶師長所部，和二〇〇師戴安瀾師長所部，原擬從米鐵朗，撤退經西堡到臘戌，但走到半途得知通往臘戌的公路，已被敵

軍第五十六師團切斷。只好轉向從南杜、眉苗公路轉進向八莫（Bhamo）、密支那回國。

(2)本師高溫中撤退之法

一九四二年四月二十五日晚上，我第一一二團掩護部隊的新任務：離開了僑克巴檔後，要在三天三夜即四月二十八日晚上，到達色格市伊洛瓦底江，並在西岸佈防。從仁安羌、僑克巴檔到色格市伊洛瓦底江東岸，公路兩旁都是平原地帶，因此公路交錯，中間穿插有鐵路。公路兩旁多爲方塊田園。堤上長滿椰子樹、檳榔樹；也有熱帶叢林，枝葉茂盛，差不多將公路遮蔽了。部隊夜裡走在路上，氣溫比較涼，行軍速度也快，只是感到背包上的食品太多、太重。我營於四月二十八日午夜，全部走過色格市、伊洛瓦底江上的鐵公路大鐵橋，到西岸江堤上，佔領陣地、佈防，作好持久防護計畫，以完成掩護盟軍和友軍撤過伊洛瓦底江的任務。

(3)佈防色格市

當時，我軍已得情報，知悉東路敵人，第五十五及五十六師團部隊，已經突破西堡，進取臘戍，有夾擊遠征軍歸國路線的企圖。

這時，我第一營三連由團部配屬之重迫擊砲排、和重機關槍排於渡過伊洛瓦底江後，全部歸還建制。我第一營奉命佈防於色格的伊洛瓦底江西岸岸堤大鐵橋頭北端，並佔領陣地。我第三連在接近大鐵橋頭五十公尺至一百五十公尺處，構築防禦工事。

色格市伊洛瓦底江的江面太寬，有一千五百公尺以上。我排之輕機關槍有效射程達不到對岸江邊，只能射到江中心。所以我排三挺輕機關槍的射界、射程，都只能對準江中心及靠江西岸這邊之鐵公路與橋上。

四月三十日上午十點三十分時，敵機三十六架飛到色格市天空，轟炸我陣地，我師沒有一個官兵受到傷害。敵機是從東面向西飛，飛得很高，我們看得很清楚。

但是，當敵機接著飛在伊洛瓦底江中心上空時，我就看到飛機投下炸彈了，看到炸彈落在江中。從我的頭上通過，有七、八顆炸彈落到我排陣地前

面江邊船塢板上及我的正後方爆炸。我先看到江岸邊的江水冒得比江堤岸還高。在我陣地後面一顆炸彈爆炸了。是顆燃燒彈，彈坑離我的陣地不到五公尺。我的身上，落滿了硫磺粉，沒有燃燒起來，我要感謝上天和祖先的保佑。這是我在抗日戰爭中，第一件永遠忘不了的事。楊傑勳連長身上也落滿了厚厚的一層硫磺粉，連長和我立即跑到三十公尺外的水井邊，壓水沖洗身上的硫磺粉，也脫光衣服、洗清身體；師長孫立人將軍及陳鳴人團長都跑來安慰。

(4)完成渡江掩護

五月二日，轉進盟軍及友軍（第五軍）都已渡過伊洛瓦底江。伊江東岸地區還有最後一部分收容落伍、脫隊及傷病單位是第九十六師迫擊砲連和機槍連的兩個特務長。他們坐上兩艘小汽船（機動商船）時，敵機就飛到頭上，對準他們投下炸彈。船在伊洛瓦底江中行動，遭到襲擊，兩架敵軍戰鬥機朝著船中掃射。我看得很清楚，有一艘被打沉到江水裡去了！另外一艘在江中蛇行，逃躲過了，平安的到達江的西岸得救。但是被打沉入江的船上，裝運有新三十八師第一一三團第三營，張琦營長在仁安羌戰爭時陣亡的屍體。這是負責押運的人——蔣元連長，親口對師部軍需處周以德科長報告的。不幸的是在仁安羌擊潰日軍第三十三師團第二一三、二一四兩個聯隊而陣亡的抗戰英雄遺體，葬到緬甸的伊洛瓦底江江中。

五月三日下午四點時分，敵軍第五十五師團第三十三師團與海軍小砲艇四艘，從伊洛瓦底江溯向行駛到達色格市南端伊江中心。我新三十八師第一一二團在伊江之西岸，等待前面兩艘小砲艇進入我第二營和第一營在伊江西岸陣地正前時，輕重機關槍同時對準射擊。立即將小砲艇擊沉兩艘。行在後面的兩艘小砲艇，也加入對我岸邊的陣地展開激烈戰鬥，約半小時，敵船都被我軍擊沉消滅。當晚盟軍部隊和友軍部隊，都已全部平安的渡過伊洛瓦底江。

新三十八師掩護撤退第一階段任務，至此已經圓滿達成。

(5)解鉗之戰及其遺憾

　　五月四日下午五時，我新三十八師從色格沿著鐵路線撤退。這時，自五月五日開始，每天上午、下午都有敵人飛機，飛到鐵路線上空偵察和掃射。我團仍然走在最後面擔任掩護撤退。白天敵機來時，就在鐵路兩旁躲避敵機和休息，改在夜裡行走。

　①英軍坦克、大砲配屬，可破敵雙重鉗形戰術。

　　新三十八師繼續奉命掩護，第一一三團又奉命擔任新的任務。是星夜馳赴卡薩，靠伊洛瓦底江西岸江邊與卡薩火車站及輪船渡口處佔領有利陣地，對八莫方向嚴密警戒，掩護第五軍右側。

　　當時盟軍處境極為不利，因敵軍戰術採用雙重鉗形攻勢，加以包圍。一路沿我軍退卻路線，佔領色格東岸。中間則由曼德勒和曼打牙（Madaya）直趨新略，這是內鉗，另，外鉗的企圖更大。右翼由棠吉攻陷臘戌，進攻八莫、密支那，斷我國軍撤退回國的歸路。左翼一部分部隊沿清得溫江（Chindwin R.）侵入米內瓦。再以另外一部溯江而上，直撲卡里瓦（Kalewa），斷英軍歸印之路，所以盟軍便被裝進日軍一個大口袋裡面。

　　孫將軍對敵人這種毒辣的企圖，看得十分清楚。因此孫將軍非常著急，便匆匆趕到依烏（Ye-U），把當時的敵我狀態，口頭報告緬甸盟軍總司令：亞歷山大上將。並建議英方配屬我師一部分砲兵和幾部坦克車，我軍便可用新三十八師全師兵力，先與侵入米內瓦之敵，做一決戰。把它的左鉗斬斷，然後再從容部署。使敵人不敢有進窺卡里瓦的打算。這樣的戰局，一定可以轉好，盟軍才可以安全退出緬甸。

　　亞歷山大對孫立人的建言十分稱讚，但對孫將軍的要求砲兵和坦克車配屬作戰，則婉詞謝絕。理由是：英軍已經奉命撤往印度，不便再作攻擊的措施，並且砲兵及坦克車都已經後撤。一無汽油、二無給養，不堪再戰。

　　孫立人將軍認為這一舉關係盟軍全部的安危！一再請求，終無結果。後來英軍這些大砲、坦克車和輜重汽車，退走到卡里瓦時，因全被敵軍截路，其所有武裝只好丟毀在清得溫江的東岸。新三十八師也因此陷入苦戰，實在非常遺憾！

一九四二年五月九日，新三十八師此時四面楚歌。孫師長回師卡里瓦計畫不獲實現，便按照原定日程行動。於五月八日晚上率師主力部隊沿鐵路向孟拱、密支那轉進，到達米咱（Meza）火車站之前，得到八莫、密支那兩地都已被敵軍佔領的消息，判定敵軍對我軍雙重鉗形的攻擊已經完成。同時，又得到一一三團正在卡薩與敵軍苦戰，及一一二團二、三兩營在溫早鐵公路車站地區，被敵追擊部隊圍困的報告。

②火車相撞留遺憾

五月九日下午，新三十八師主力第一一四團第二營、第三營及師直屬部隊和第一一二團第一營、團直屬部隊，自依烏乘坐火車到達坎巴小鎮火車站，李鴻團長下令部隊就在鎮上到附近居民家中煮飯用餐。鎮上百姓只有十多戶，有一家似中國華僑居住，但無人在。他的家中儲存有白米一桶。我連將其搬出，分送到營、團、師部，請長官食用。師部軍需處付了緬幣壹佰個盧比（布），將錢放進米桶裡。飯後部隊準備走時，等不到駕駛火車的司機。追問之下，哨兵說：去前面站頭加水，士兵沒有跟著去，等了一個多鐘頭，去找也沒有看到儲水塔，最後判定他是緬奸，跑掉了！

官兵分開火車廂、一節一節，用人力推火車廂走，倒也輕快，走了好幾十公里，慢慢發現沒有人推時，火車廂鐵輪也會動，而且越動越快，後來發覺是鐵路下坡也！快要進入米咱火車站地區前，最前面的火車廂停了、不動了。接著後面的火車廂，一節一節的向前面車廂撞去。碰！碰！在車廂裡面的官兵就相互碰撞，發出了叫聲，等所有的車廂停止碰撞時，因碰撞而受傷的官兵大約有二十人之多。

③齊副師長因仁慈意外被捕

這件火車廂互撞事件發生後，齊學啓副師長就集中受傷官兵十五、六名，走進坎巴地區的甘蔗園中間的牛車道路，離開了主力部隊。因此齊學啓副師長帶著兩名輕傷的官兵去找牛車，因齊將軍語言通（英語），找到了牛，也找到牛車。牛及兩部牛車，都是買的。走了一天之後，第二天午前碰上敵人而被俘。當遭遇敵人時，有一個傷兵到甘蔗園裏去大便，躲過了敵人

的視線才未被俘。後來，不久他就跟上了第一一三團自卡薩退卻的部隊，而回來報告實情。全師才知道齊副師長被俘。他與被俘的負傷官兵，全被押送到仰光市的監獄集中。

④齊將軍拒降遇害

一九四四年某月某日，南京汪精衛政府派了兩名高級官員作說客，專機飛到仰光市，到監獄與齊學啓將軍溝通，擬任齊將軍爲僞最高級將領。齊將軍不願當漢奸。獄中有一名第五軍被俘的軍官，名叫「張吉祥」，協助敵人迫降。齊將軍不從，後來即傳出某日夜間，被同室難友（其實是剛關進監獄不久的戰犯）用小刀刺殺。齊將軍受傷很重，在監獄裡醫治一個星期以上。

一因傷口潰爛，敵軍並未給予較好的藥品治療，也因齊副師長的新三十八師，正在反攻緬北，與敵軍第十八師團、第五十六師團戰鬥，節節勝利，並收復孟拱、密支那、八莫等戰略重鎮，就在這時去世。遺體後來由仰光華僑某會館移出，埋葬在仰光市華僑公墓。

（二）轉進求生

1.我師被迫抗命西行

(1)杜副總指揮的命令

一九四二年五月十一日午夜，第五軍軍長杜聿明副總指揮於米咱車站召開軍事會議。因爲新三十八師掩護轉進任務到此已全部完成。此次之會議，杜聿明將軍又下達命令予孫立人將軍率領新三十八師，跟隨第五軍部隊後面路線回國。孫將軍向杜副總指揮報告：依當時的局勢而言，遠征軍數萬名官兵，現在撤退到緬北山區叢林，沒有補給，在蠻荒地區，官兵吃什麼？怎麼活下去？不如聽從史迪威將軍與羅卓英總指揮官的想法，先往西方撤入印度再作打算。杜將軍不接納，還下令孫將軍率師跟著新二十二師後面走，經孫布拉峰的茶馬古道回國。

孫師長承受杜軍長之耳提面命，忍口不答，但心中盤算：面對這種嚴峻的局勢，新三十八師全師官兵的生命要怎樣才保得住。認爲若不出奇制勝，便會遭到不可想像的結局！他決定先回轉溫早，解決第一一二團第二營、第

三營被困的問題。因此，必須先打擊第三十三師團和第十八師團的追擊。這種返身再戰的戰術，完全出敵意表。

　　(2)迴師溫早斃敵

　　新三十八師第一一二團第二、三兩營，在溫早遭到敵人第三十三師團一個聯隊及第十八師團一個聯隊包圍。當第一一二團第一營和第一一四團第二、三兩營返回到溫早時，分別從東側、北側、西側，同一時間發起攻擊，甚至還包括被圍部隊第一一二團自內回擊。敵人竟不知從何而來之援兵！頓覺驚慌失措。

　　我軍內外夾攻，殺聲震天，經一天一夜激烈戰鬥，日敵潰散逃竄。我師會合後查勘，斃敵八百多人、擊壞坦克三部。之後，全師主力於五月十三日黃昏前，安全退入溫早西側山區叢林內。正在這個時候，敵人又一次集中兵力，向我軍後衛第一一二團第一營第三連（楊傑勳連長）左翼猛烈攻擊。因為溫早鐵、公路四通八達，敵軍主力乃轉向，準備阻擋直達八莫，以及臘戌通溫早的兩條公路，將其完全截斷。

　　就在此刻，陳鳴人團長察覺敵兵分散轉向很遠，而只有第一一二團第三連孤軍落後、糧彈缺乏，不能戀戰，因此指揮衛士，通知楊傑勳連長火速向西退卻。結果只犧牲了第一排三班一個精明能幹的副班長「鍾顯德」（雲南省廣通人）單獨留後掩護，由於夜深天黑，沒有跟上部隊。

　　(3)滅灶求生

　　新三十八師轉進到溫早西面山區叢林後，第二天（五月十四日）上午，部隊就在深山叢林蔭密遮護下，敵人的空軍數次飛臨空中偵察，全師部隊即將煮飯燃燒中發出的煙火撲息。孫將軍因為掩護任務已經達成，便於中午時間命令各營分別派出搜索兵三組，每組四名，向西找尋要走的山徑小路。敵人的空軍雖然十分活躍，但被我軍聲東擊西的戰法所迷惑，不知道我軍究竟退走何條路線。我師主力得在深山森林的蔭蔽中，安全平安地轉進。

五月十六日，新三十八師脫離溫早戰場之後，在叢林山區之中，找不到往西的道路，而部隊藉此等待找路時間，獲得休息半天。吃過午餐後，各營派出之搜索兵都於下午兩點回到原點，並報告：「找無路。」

(4)決議西撤及佈署

這時，新三十八師參謀(處)長張炳言將軍，㊻正在召集各團營長以上主管長官會議，討論如何轉進？是集中全師撤退？亦或是分營為單位？或是團為單位？或分成三路縱隊，走三條路向西撤退？最後決定：師主力以兩路縱隊，交叉前進，㊼向西撤退。另一縱隊殿後。

一、第一路縱隊：張參謀(處)長指揮，陳鳴人團長率隊，人員：第一一二團，以及師部直屬單位——獨立工兵營第一連、獨立重迫擊砲營第一連、獨立人力運輸營第一連、獨立高射重機關槍營第三連等單位為一縱隊，走右側（翼）。

二、第二路縱隊：孫師長指揮、李鴻團長率隊，第一一四團二、三兩營，以及師部直屬單位——特務連、小砲連、獨立工兵營（欠一連）、獨立重迫擊砲營（欠一連）、獨立人力運輸營（欠一連）、獨立高射重機關槍營（欠一連）、師部連（補給連）、搜索連等單位為二縱隊，走左側（翼）。

三、第三路縱隊，擔任殿後。轉進時掩護前面師主力，每一個小時用無線電台聯絡一次，如果發現另有正確撤退方向有道路時，立刻互相報告。

2.以搜索法間道西撤

(1)兩線交叉搜索法

兩路縱隊已經正向西面方向撤退，在森林內走了不到兩公里路程時，師部參謀處情報隊長葛士珩少校及情報員，火速回到第一縱隊右側，以擊出三聲槍聲向第一縱隊聯絡：表示已經找到可行的前進道路，縱隊立即暫停，等半個鐘頭，兩個縱隊又復回建制。經師長孫立人將軍召集營長以上長官，詳

㊻ 盧潔峰注：新三十八師參謀長應該是何均衡少將。張炳言只是參謀處長。

㊼ 軍事專用術語；意指兩縱隊彼此保持交互連絡，隨時透過無線通訊報告彼此的情況。

細核對葛隊長的報告與地圖，決定可走的路線。但是過了半個小時，又回到原處。接著，由情報隊長走在前面，加上搜索組搜索的官兵及後面的聯絡人員，接著是第一一四團李團長率團走在前面，師部跟在中間，我們第一一二團後衛。部隊沿著叢林山頂平坦的地帶、中間的淺水河流行進。全師部隊於山中河流走了一個小時又二十二分鐘時，河水已增多並急速往下垂流。人員於河中間難行了！

就在這個時候，葛隊長發現河邊有人常走過之處，立即傳話給先頭部隊，折回改沿發現的山路走。走了不久，即出現山路路面。全師部隊於是隨著舊道路面往西。走著、走著，路是往西方向，而且是開始走下坡路況。不久，又看到遙遠山腹之下，有村寨、房屋，此時部隊暫停下來休息。李鴻團長派出搜兵偵察。這時，太陽快要落下西山去，天也將黑。張參謀長向師長報告：讓部隊就在山腳下的村莊裡做晚餐吃，飯後再走。

(2)不入城鎮，急渡河底

全師部隊走出村寨，按地圖西行，夜行軍走在公路地帶，公路是南北方向直通道路，跟著公路走，是去北方。為全師官兵生命，不入刊帝市，改走「拉馬河中」的安全路線。

①不入刊帝（Kaget）

走了七、八公里左右，又發現前面有個大都市名叫 Kaget（刊帝），是緬甸北部的大城鎮。刊帝周邊的平原很廣大，百姓有近萬戶，聽說也有印度僑民和華僑。這是情報葛隊長的報告實況。而且前一天才有一隊日軍部隊約五百人走過。

葛隊長已進入刊帝街市，實地偵察回來親口報告。也有一條公路通往西北面的 Nawngsankyim（南先慶），及通往西面的清得溫江江邊的縣城 Paungbyin（旁濱）。聽說這一帶公路兩旁的寬達二、三十公里是平坦的平原。物產豐饒，居民富有。如果需要購買糧食，應該可以在刊帝補購。但是，師長拒絕軍需處長的請求，同時也決定部隊不進入刊帝城市。

②急渡拉馬（Lama R.）河底

決定不走刊帝北上的公路；也不在刊帝採購補給，更不准部隊進入刊帝城市，是正確的。他決定於距離刊帝城市南方三公里處，由公路向左轉，走進高山下，兩旁都是懸崖峭壁的山谷當中，四面沒有路徑，必需從峭壁所夾成的拉馬河中涉水行軍，這也是訓練部隊。幸喜此時的拉馬河，有多段是乾的，沒有水，河畔旁邊多是砂子石頭；即使有河水、也不太深，水深處不及膝，最深之處也只到腹部。當日行走得很快。官兵在河中打起精神，走帶跑的走了兩天一夜。上岸時，全師官兵每個人的腿、腳都被水泡得腫脹起來。但是，大家都笑嘻嘻的，並且互相慶賀，都說如果雨季早幾天來時，全師官兵的生命，就不知怎樣了！

(3)假夜宿眞補給與渡江

五月十八日下午，新三十八師部隊走過拉馬河。安全轉進到達清得溫江東岸的「旁濱」大縣城。是邊陲重鎮，陸路、水路交通發達。人口眾多（約十二萬人），也有不少的華僑和印僑。

①旁濱補給

當日午間，孫將軍請來縣長，旁濱已經沒有英國人了。師部軍需處「持單」（盟軍英國政府發的）請縣長開倉庫撥補給養，領到十天的大米及魚罐頭、牛肉罐頭、牛油「四方洋鐵皮裝」大桶（十公斤一罐），每個步兵連兩罐。全師部隊在旁濱吃過飯，孫將軍召集連長以上的長官訓話，公開指示當晚駐紮旁濱過夜。其實師長對全師軍官訓話時，就已發現旁濱市區佈滿敵人便衣和緬奸。這個發現非常正確而重要。孫師長訓話完畢後，立即暗中派人傳達秘密渡江命令，天黑之後，全師即渡過清得溫江。

這時無線電台與第一一三團劉放吾團長取得聯繫，劉團長已經安全脫離卡薩戰場，正穿過鐵路、及米咱公路，向西進入高山叢林。師長指示劉直向清得溫江東岸的「南先慶」渡口撤退，渡過清得溫江。

②故作紮營佈防

孫將軍發覺旁濱大街上已經佈滿敵人第五縱隊、緬奸、敵探、便衣隊，看出許多百姓已經被敵人利用，故親自和縣長委蛇、虛張聲勢，一面故作佈

防樣，以遲緩敵人追擊，震懾敵人便衣和緬奸蠢動；一面訓令部隊以最迅速的行動選擇渡江之點。

　　緬甸有三條大江，由北向南流出入海。東邊是薩爾溫江、中間是伊洛瓦底江、西邊就是清得溫江。這三條流域，江面都寬廣，有一千五百公尺以上，可航行船艦。

③深夜急行渡江

　　趁著當天黑夜，全部同時渡過清得溫大江。果然不出孫師長之所料，我師主力（除第一一三團外）次日清早已經全部渡江。孫將軍是最後一批的二十五人渡江的。就在師長渡過江不到一刻鐘，旁濱縣東岸市區的便衣即槍聲大作，而市區老百姓也都換上白色衣服，與敵人一樣。便衣隊和緬奸同時向我部隊襲擊。所幸掩護渡江的第一一二團，僅第三營第八連趙振華連內有一名機槍兵，因機槍掉落，抓不到槍而跟著落到江中，總共損失一名上等兵、一挺輕機關槍。

④回擊敵艇掩護越界

　　五月二十一日上午八時，敵人追兵以三艘小砲艇溯江而上，追到旁濱。我第一一二團第一營，一渡江便立即在江之西岸山腳地帶佔領陣地。嚴密監視清得溫江下游狀況。果然敵軍小砲艇三艘到達江中，比較靠近東岸。等待進入輕、重機關槍之有效射程內，即展開激戰。一直戰到第二天下午一點多，擊沉小砲艇兩艘，另一艘小砲艇潰逃。此役估計斃敵一百多人。同時也從江中被擊沉的小砲艇上，救起被俘的英軍三十二人。這時適逢天下大雨，我營便藉雨霧掩護部隊主力，撤入緬甸北西部叢林大山。急行一天半的時間，越過緬印國際地界線之高原點（海拔 5,000 公尺）之「塔加甫」山頂。之後順著下坡的山路走。

(4)師主力進入印度

　　一九四二年的五月二十七日，新三十八師主力部隊進入印度國境英法爾一個普拉村農莊。放出雙步哨，使村民准入，不准離村，因此印度政府、英國政府都不知道。我們吃盡了村人的牛、豬、羊、雞。也等到一一三團的歸

建。❹一週之後，才派出專員，通知英國國防司令部補給。並由印度部隊用軍車運到列多，暫駐英國商人的茶葉工廠之內。

我們在路上，除了掩護整個盟軍（含友軍第五軍）撤退外，還保護由緬甸逃難到印度的數萬難民和華僑。孫將軍並下令全師救助很多重病和饑餓的難民。將軍仁德之心，贏得所有逃到印度的英軍、印軍、緬軍、印度僑民、緬甸人民，和華僑的尊敬與愛戴。

當在米咱會議上，杜軍長不聽孫將軍諫言。結果該軍從五月中旬至八月上旬，逗繞三個月時間，全軍在饑、勞、病、苦和野人山中的毒蛇、猛獸、馬蝗等侵襲下，死亡四萬多人！撤退回國的九十六師、二〇〇師只有三千不到；停在印度收容站的官兵也不到三千人。

四、印度整訓

（一）殿後一一三團歸建：糧彈兩缺，不能戀戰，避開敵人，走為上策。

話說一一三團五月十日下午三點，在卡薩掩護轉進陣地發現伊洛瓦底江東岸敵踪，有敵人三十多人，乘坐在竹排，對準卡薩火車站江邊我一一三團前面渡口撲來。另外，還有大批敵軍在江的斜對面，攻向該團左側。敵人約有三百人，均被一一三團擊退。竹排、帆船、汽艇，都被我擊沉江中。傍晚天黑前，敵軍約有一個聯隊兵力，又捲土重來。劉放吾團長的指揮下，一面迎頭痛擊。同時迅速將部隊，撤入山地叢林，並依照師長孫立人將軍的指示轉進。於五月二十三日趕到孟坎，再到荷馬林（Homalin），遇敵巡邏隊人員，將之消滅。並趁著月夜亮光，分別從「荷馬林、南先慶」清得溫江東岸的渡口，悄悄過江。順著師之主力走過的路線，急速行軍。越過緬、印國界山頂。於六月六日到達英法爾附近的普拉村歸還建制。

（二）師主力普拉村整補

---

❹ 新三十八師第一一三團劉放吾團長，脫離了卡薩戰場，穿過鐵路、公路線，以指北針訂定方向，向西行。

英法爾屬印度東北部阿薩彌省，英國政府在此駐有重兵。普拉是一個富有的農村；農地平坦、地區很寬，人口不多，有三個村寨，聯外道路只有一條。很寬，約有十公尺，是條牛車路，當然也有汽車可以駛進、駛出。農村土地很廣，四面環山，但山並不太高，約有六十公尺至一百公尺高，圍繞著農村。師部直屬單位和第一一四團二、三兩營駐紮一個小村寨。第一一二團駐紮西北地區的一個小村寨，留著另外一個小村寨留給一一三團。

孫將軍請了七、八位當地長老來師部。對他們說：「你們的牛、豬、羊、雞，以及田園之中的蔬菜能吃的，賣給我師部隊吃，我們會付雙倍的價錢給你們。部隊各單位、軍需處、各連的特務長等，即請老百姓殺牛、殺豬、殺羊、殺雞，給我們打了三天三夜的牙祭。吃、睡、洗衣服、保養槍械，整理裝備、休息。可是兩位團長都派出哨兵，佔領普拉村農區四面的重要有利陣地（山頭）監視農村之內外情況，老百姓只能進、不能出，以求安全。

（三）新三十八師正式通告當地英軍

孫師長於六月七日上午，派參謀長張炳言將軍和作戰參謀處情報隊葛士珩隊長等步出普拉村，到公路上攔住過往之軍車，搭到英法爾英軍前線指揮部，送達專函。內稱：

一、恭請駐防總指揮總司令魏菲爾將軍勘視新三十八師。在普拉村前，新三十八師以兩營武裝列隊歡迎；

二、請　貴國補給；

三、暫借壹佰萬盧布以便支付村民。

當日上午十點三十分，英法爾地區駐防總司令魏菲爾將軍，即以五部吉普車，率領高級將官，抵達普拉村前。但見我師列隊歡迎，裝備整齊，精神煥發。他沒有要新三十八師解除武裝，而孫將軍的請求，也沒有退票。

（四）留守之彭克立營轉戰緬東北

1.彭克立營被迫返國

新三十八師一一四團第一營彭克立營長，奉命全營留守在臘戍，警戒飛機場的任務。當敵軍第五十六師團和第十八師團各一個聯隊兵力，於四月二十八日包圍臘戍周邊地區。彭營與日軍第五十五師團部隊，在臘戍飛機場入口處地區，展開激烈戰爭。戰至二十九日午後三點，得知友軍第二十八師全師，早已「不戰」，放棄臘戍撤退。彭營的作戰受到壓迫，乃於二十九日夜裡，決定從臘戍機場撤出，經滇緬公路越過新維、貴界、芒市、遮放、龍陵，沿公路東側路邊約五十公尺地帶急行軍。

因為當時滇緬公路上逃難的人潮、車輛，實在太多了！走不動。從臘戍至保山，約兩百多公里的路程。走了三天兩夜，於五月一日中午一點，擠過了怒江「惠通橋」。於三日中午到達保山城東面的「板橋鎮」。休息半天，請領補給品後，向昆明出發，不走滇緬公路（汽車路），走茶馬古道（山路）。於一九四二年五月十五日回到昆明市。部隊借駐學校之後，彭克立營長找到稅警總團昆明市的辦公處。（即新三十八師留守處）連絡到師長，並向孫立人將軍報告全營平安的退回國，在臘戍雖有戰爭，但無官兵傷亡。

2.彭營自國內轉飛印度歸建並受獎

孫師長電令彭營長：官兵不帶武器、被服，準備空運到印度列多，轉運到比哈爾省的藍姆加，歸還建制。

彭克立營由於在臘戍飛機場與敵軍第五十五師團的部隊作戰。因為早已構築的陣地、掩蔽部，構築完善，發揮功能，將敵人擊潰。證明新三十八師部隊訓練有素，計畫周詳、驍勇善戰、戰鬥技能一流，撤退時所選走的路線方法既快速又正確，因此到藍姆加時，全營官兵榮獲嘉獎。這是後話。

新一軍反攻緬北，聯軍收復緬甸仰光之後，於一九四五年凱旋回國。這個時候，孫立人將軍呈報蔣委員長，願接受盟軍歐洲戰場總司令艾森豪元帥邀請去訪問。得蔣同意後，即從密支那帶隨從衣復德上校一人前往。新一軍由賈幼慧副軍長指揮，凱旋回國。

返國的步兵及騾馬部隊，奉命坐 C46、47 運輸機至廣西南寧市，到兩廣地區。準備進攻雷州半島，以配合盟軍在太平洋上的作戰，來不及處理齊

學啓將軍的後事。但等新一軍全部三個步兵師（新三十師唐守治將軍、新三十八師李鴻將軍、第五十師潘裕昆將軍所部，以及軍直屬獨立營、團等）百分之九十九的官兵，回到廣西省境內，也就是一九四五年八月十五日晚上，聽到日本宣布無條件投降的消息。

新一軍奉命受降及接收廣州之後，孫立人將軍即派專人前往緬甸仰光市華僑公墓移靈，找著所埋地點，請出齊將軍遺骸，運至仰光市飛機場，送到飛機上。專機是孫立人將軍向美軍借的。新一軍及新三十八師所有駐於廣州市的部隊，都集合起來迎靈與追悼。之後新一軍奉命調至東北參加內戰。

（五）國際接觸

1.以壯盛軍容揚威聯軍閱兵大典

孫師長於六月七日接奉羅卓英總指揮的指示：六月十四日要在印度首府新德里，舉行聯合國閱兵典禮，邀請中華民國政府派軍參加。著令新三十八師選派一個步兵排，或是一個步兵連參加。

孫將軍立即派出一個步兵區隊，參加聯合國閱兵典禮。王東籬中校領隊、馮浩任排長，三個步兵班，每班十六人共五十個官兵。我也被指定參加。

我們於六月八日出發，英軍派卡車三部運送。先離開普拉村到抵馬甫爾火車站，乘火車一天一夜，之後坐大輪船，下船再坐火車直達新德里，於六月十日報到。

按：關於新三十八師從普拉村全師於六月十日、十一日由印軍汽車運輸，到列多地區的抵馬甫爾，先分散駐進茶葉製造廠。等待史迪威將軍回重慶，與蔣委員長溝通，允許新三十八師留在印度適當地點整補。全師部隊即自印度東北部阿薩彌省先乘坐火車、大輪船，再坐直達加爾各答的西南部，比哈爾省的藍姆加小鎮。藍姆加是英國於第一次世界大戰時，設置軍營，集中猶太民族關押的地方。

我參加新德里閱兵，我隊獲得第一名。接受英、印政府官民慶賀、宣慰、招待。接著又坐專車（火車），途經加爾各答時，即有七、八千華僑在

火車站列隊歡迎。我們也接受僑胞招待。之後，再到藍姆加歸回建制。

由於新三十八師掩護在緬甸盟軍轉進，經巴特開山脈，野人山叢林，艱辛、苦難，突破敵人的追擊，並能安全達成任務，進入印度，因此之後的聲譽鵲起。引起盟邦人士對國軍的注意，也提高中華民國在世界上的國格、和華僑受到的禮遇。一九四二年六月二十日，英國政府公告：解除全世界所有中國人的限制。

（六）孫師長返渝述職

第一次抗命：仁安羌解救英軍作戰，只能成功。親自指揮仁安羌作戰，救出英軍第一師部隊七千多人。獲得英皇頒給帝國勳章。第二次抗命：不走絕路，要救新三十八師全體官兵性命而抗命，改走向西面生路。

這兩次抗命，我認為十分正當。但是後來部隊撤到印度之後，得知：是杜聿明軍長，先後打了小報告，向蔣介石委員長告狀。

一九四二年六月中旬，孫將軍自印度由重慶派去的專機接回重慶，蔣委員長要召見。

此時，杜聿明副總指揮尚在緬北野人山叢林之中，生死未卜。孫立人將軍在重慶等待召見時，有軍事委員會特務頭子之稱的戴笠將軍，先對孫立人將軍稱「英雄」、「安啦」。也有張軫軍長趕到重慶詢問實際戰況，對孫將軍說已向軍長報告了。

六月十六日，羅卓英總指揮，自印度新德里專機回到重慶。稟報蔣委員長說：新三十八師於仁安羌之役，打響了遠征軍在緬甸戰場唯一的大勝仗。是創造中華民族八百年以來，中國軍隊域外作戰，獨領風騷的歷史紀錄。同時，新三十八師派員參加新德里聯合國日，閱兵大典分列式。獲得第一名。六月十八日，蔣委員長見了孫立人將軍時，只對孫將軍問，有沒有派員從印度進入野人山區，搜查友軍第五軍部隊的情況，孫立人將軍報告蔣委員長回答說：「有」。實情如下：一、派第一一二團第一營第三連中尉連長周有良率領兩個步兵班，每班十名。二、聘僱印度民工一百名，攜帶補給食品及藥品。他命令周排長，必須親自與第五軍人員碰面。任務完成之後，即刻回印

度報告。

五、班師回國、受降與築塔、建墓

（一）班師回國

民國三十四年六月，在日本投降之前兩個月，我所屬新一軍一〇五砲三營，已經接到班師回國的通知。全營一百二十三部車從密支那，經中印公路、滇緬公路，進入雲南，經過保山。經過保山我的故鄉時，營長曹世理不讓我在整補的一天，請假開車返家探視父母。令我自此以後見不到雙親，至今引以爲憾。砲三營開到昆明，半個月保養，再向廣州進軍，準備打雷州半島。

到廣西貴縣時，當晚聽說日本投降，我們高興地將英製六門戰防砲（每排二門）與十六門榴彈砲，對空鳴砲六發（都是空砲彈），來慶祝。之後停兩個星期，再開往廣州附近的東莞。民國三十五年三、四月間，我當時被調入軍部副官處任少校副官，並在珠江岔口白鵝潭畔的沙面上班，負責聯勤前進倉庫的一些業務，如領發軍服。當時孫將軍已自歐返國。我們副官處也有若干人負責每天輪流開吉普車，到白雲山麓去監工新一軍公墓。先從黃花崗，經紅花崗，才到公墓的地點。❹當時新一軍特務營營長爲安徽人倪泗，是孫將軍安全方面的負責人。特務營負責監督日軍興築工地與紀念塔。日本人的服從性非常好。

新一軍奉命從香港旺角開往東北時，我負責發給每個人兩件物品：一、冬裝，二、每人一袋麵粉。我們總共五、六個人，在九龍（有住九龍塘、有住九龍尖砂嘴的「半島酒店」，我們住 212、214 兩個房間。）新一軍走了之後，我們住在九龍塘的別墅，前後將近兩個月。待五十師（潘裕昆師）走了之後，比較閒著，沒事就到香港泡茶。原反攻緬北之英軍三十六師費斯汀

❹ 盧潔峰注：從沙面向東到大沙頭、東校場，然後沿東沙馬路經紅花崗、黃花崗、沙河頂，才到公墓的地點。

師長，收復緬甸之後，升任元帥。日本投降時，自緬甸仰光經新加坡抵香港，接收香港。我有一、兩個月負責來回港、穗之間。我們的特務營倪營長，負責抓汪精衛夫人陳碧君。她住在廣州市，有秘道相通。也因此擄獲許多駁殼槍。第二方面軍司令張發奎上將，為駐粵最高指揮官。❺⓪孫將軍在他轄下。我們也接獲命令，後來用美軍登陸艇，把在廣州抓到的「共產黨員」一批約一、兩百人，都送到東北。我不知他們的詳情，但負責只發給他們麵粉，武器與服裝則不給他們。

（二）受降築塔、建墓於廣州

孫立人將軍自歐回國，決定在廣州市興建，陸軍新編第一軍印緬抗戰陣亡將士紀念塔與公墓。他三次乘坐軍用飛機，在廣州上空盤旋，勘查地形，擇定白雲山馬頭崗之陽，作為新一軍公墓的墓園地址，並於民國三十四年十一月五日奠基興工。

新一軍全軍三個師外加多個直屬單位，合共五萬多人，每人捐出一個月的薪金，在廣州市東北白雲山山麓沙河地區，購買到馬安山土地 10.56 公頃。軍長孫立人將軍下令：命令在廣州投降的日本軍人有六萬五千多人，這些日本投降部隊官兵，百分之六十是剛從緬甸、南洋地區退到廣東的日軍部隊。每日派出六百個人，❺❶由駐在地（廣州市河南地區，接近嶺南大學附近的軍營裡。）每天清早吃過早餐，帶著午餐便當盒步行，走過珠江大鐵橋、走過黃花崗七十二烈士墓前，再走過紅花崗四烈士墓前，再走五公里路，到

---

❺⓪ 朱麗蓉注：1945 年，國民革命軍編成四個方面軍，準備對日本反攻。張發奎改任第二方面軍司令，駐桂西。

❺❶ 盧潔峰注：當時，在廣州投降的日軍共有 4 萬多人。分別負責基圍水利和廣州新一軍公墓等大型基建工程的土方開挖工程；負責清掃廣州市區的全部馬路和大街小巷，勞動強度懸殊。河南戰俘營的內部管理是由日軍俘虜自己負責的。為平均分配任務，日軍俘虜是輪換到各個作業點去勞動的。因此，河南戰俘營每天輪流派出 600 名日本戰俘，過珠江北行前往白雲山馬頭崗，參加開挖土方勞動。土方開挖工程前後持續 4 個月。大部分的日軍俘虜都參與了新一軍公墓的土方開挖勞動。以往所有文獻上關於「用 600 日軍戰俘修築廣州新一軍公墓」的說法是不準確的。

達新一軍孫立人將軍選定的馬頭崗山地區域。㉒整個土方開挖工程是由六萬名日軍戰俘輪流負責完成的。軍長孫立人之所以要六萬名日軍戰俘承擔新一軍公墓的土方開挖工程，是要日軍俘虜「以流汗換流血」，要他們用汗水贖罪。馬頭崗前面原來還有一些小山崗，就是這批日軍俘虜給挖平的。日俘工作到民國三十五年三月，就被遣返回國。

　　整理土方是興建陸軍新編第一軍印緬抗戰陣亡將士紀念塔（公墓）的基礎工程。孫立人將軍請了在美國學土木建築工程，學成歸國的同學過元熙工程師，江蘇吳縣人。兩人研究，完成設計「新一軍陣亡將士紀念塔」圖樣，後續的土建工程，也是他的建築公司承建的。

　　我當時奉命自一〇五重榴彈砲營升調軍司令部，新一軍自緬甸凱旋回國不久，日本投降。新一軍奉命於廣州受降。軍部於廣州成立軍官、士官訓練處，選擇在廣州地區之訓練基地。我負責籌劃，同時配合過工程師，監督日軍官兵勞動整理墓地土方工程之事務，所以沒有隨軍到東北參加內戰。

六、從熱戰到內戰之冷見證與期望

（一）熱戰陣亡將士公墓的興築

　　新三十八師自仁安羌大捷至印度途中之戰爭，從無敗績，是一支常勝軍。

1.陣亡將士墳墓的處置

　　後來我軍反攻緬北，官兵陣亡者的骨骸，至今也尚在緬甸密支那地區集中埋葬的臨時土墳。臨時土墳用地係英國政府指定撥贈給駐印軍新一軍永久使用的。四十年前緬甸人翁山向英國政府爭取獨立成功。分為十三個民族地

㉒ 盧潔峰注：每天清早吃過早餐，帶著午餐便當盒，由廣州市河南的南石頭、鳳崗以及芳村等地的戰俘集中營，分別步行走過珠江大鐵橋或者海珠橋，向東北方向前進。過珠江大鐵橋的一路經西村-桂花崗-橫枝崗-淘金坑進入東沙馬路前往沙河頂新一軍公墓工地；過海珠橋的一路則經大沙頭-東校場進入東沙馬路，前往馬頭崗新一軍公墓工地——兩路都要步行 15 公里左右。

區，分區管制行政。

密支那地區劃屬撣邦民族管理。撣邦政府因故將新一軍在緬甸抗日作戰陣亡將士之土墓劃爲平地。密支那市北區，新一軍臨時土墓被劃平後，隔成兩塊很大的土地。每塊地上蓋了一棟矛屋，一棟是印度僑民佔了住著。另一塊則係當地緬人住用。

迄今中華民國政府尚未對這些貢獻國家的官兵遺屬作過撫恤措施。而這些官兵的骨骸、靈魂，尚飄亡在緬甸伊洛瓦底江的兩岸地區之中，未得棲息之所！不知海峽兩岸中國政府願爲這些官兵的靈魂建一座紀念碑否？我們駐印軍印緬抗日戰友協會，永久等待海峽兩岸政府的通知。

2.廣州新一軍陣亡將士公墓

興築中的廣州新一軍墳場，在兩張照片（圖二和圖三）中，可以看到新一軍公墓的核心建築「四柱紀念塔」。

圖二：新一軍公墓的核心建築「四柱紀念塔」

資料來源：《人民政協報》（廣州），2012 年 7 月 12 日，B1 版。盧潔峰提供。

圖三：新一軍公墓的核心建築「四柱紀念塔」中部近鏡頭照

資料來源：盧潔峰從廣州市民周俊傑處搜集得到。

　　四根柱子的平面邊長是 2.23 公尺，柱子之間的間距也是 2.23 公尺。四根柱子就代表中國駐印軍新一軍的三個師和一個直屬部隊。四柱紀念塔塔高 38 公尺，寓意「中國駐印軍新一軍來源於新 38 師」。墓門大牌坊左前方有一幢兩層樓房，是我們的衛兵宿舍。我離開的時候，墓園內的戰史室剛剛建了一層，還沒有建完。

　　塔（碑柱）前有一座銅鷹。塔從空中看，其平面圖（圖四）中，可以看到四根碑柱之間的四個缺口，分別置入：正面：新一軍紀念碑文，左（東面）為三十師，後面（北面）為新三十八師，右面為五十師。

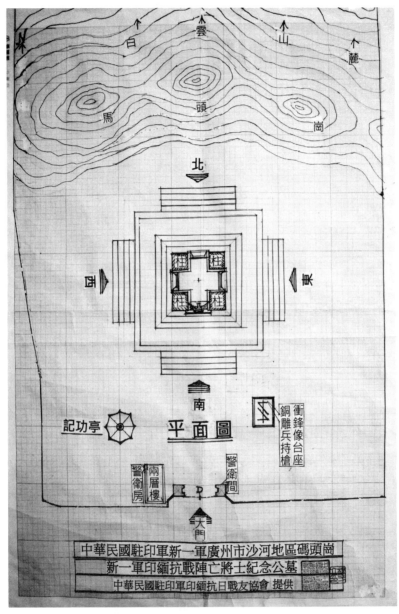

圖四：「四柱紀念塔」空中鳥瞰平面圖

資料來源：楊一立（2012 年時 92 歲）親繪

如果鳥瞰整座公墓地區，整個遺址的圖大約如下圖。（圖五）

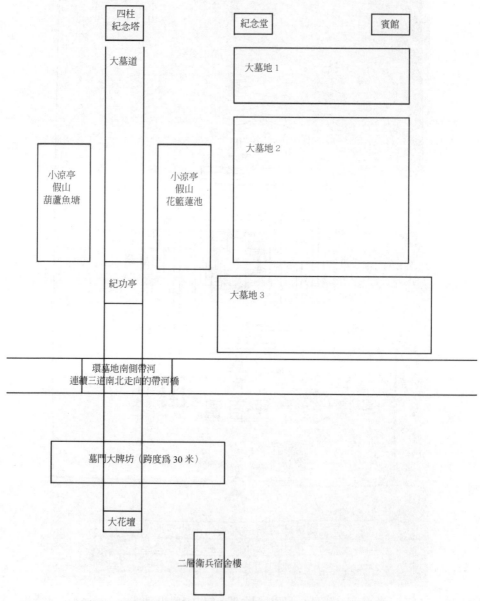

圖五：中國駐印軍新一軍印緬抗戰陣亡將士廣州公墓平面圖

製作：盧潔峰 2012 年繪

　　大約二十年（一九九三年二月）前，我率同李純明、汪海濤等十多人（含四川、湖南來的）一齊去看，嚇了一跳：竟然在碑柱旁有人蓋了五層樓房子。我們就要求拆除。紀念碑也被打成兩截，也是我們堅決要求他們接回來，砌築在紀念塔的背面的。㊿當時召集會議，他們由廣州市政協容國輝、㉔人大常委副主任姚嘉華，以及副市長姚容賓女士主持，開會通過，答應下來由雙方共同負責。我即給了台幣一百萬，廣州市政府也答應，要提供人民幣十萬，來共同資助，好進行拆除的工程。沒想到後來容國輝給我寫信，道歉，說，不但沒拆，而且樓頂又加蓋一層（參圖六）。

　　我是營造廠專業，經過詳細勘查，又發現每一層的浴室的抽水馬桶的水，排入污水管之後，其管線全部都向下流入新一軍公墓的整個區域。如此一來，整個新一軍陣亡將士的後人之風水，當然都污染了，都被嚴重破壞了。情何以堪！

　　事實上，早在二十二年前，到十九年前，前後兩年九個月的接觸中，我們首先發現這整座公墓，被當地駐軍佔用。因此，展開接洽與聯繫工作。歷經多次折衝，廣州的官員只願拆除墓前與碑柱後的五層樓房屋，使公墓得與世人見面，沒想到說話不算數。

㊿ 盧潔峰注：四柱紀念塔的正面被一幢新建的大樓所僭越，並嚴密遮擋，以致紀念碑只能砌築在原位的背面。

㉔ 容國輝是中國抗日將屬廣州聯誼會的成員，及廣州市的政協委員。

圖六：僭越之大樓的樓頂又加蓋一層

攝影：盧潔峰

　　狀況恐怕出在容國輝身上。我所捐的新台幣一百萬，不知道後來的去向。而廣州市政府由副市長所答應的十萬人民幣，也恐怕泡了湯。從容國輝在一九九三年給我的信，可以看到他把責任推給文管會的主任江鐵軍女士，還說代替我「送上禮品，並致歉意」，表示當時開會漏掉了她，眞不應該。可是容國輝又說：他把我「留下的資料全數親手交給江主任」。而且，「江主任對兄台大力支持有關資料表示高興和感謝！」並且請容國輝「代向各位問候」！語氣看來完全正面，但是重點被閃避了：究竟新台幣一百萬元到哪去了？完全模糊掉了！

　　此外，廣州方面出面的人，所謂副市長姚容賓女士，和廣州市人大常委會之內的某部門副主任姚嘉華，也沒有再被提及。這中間顯然空掉了。兩個人在開完會回去之後做了什麼？也完全不清楚。而容國輝在政協中扮演的角色，恐怕也不甚重要。因此，不但發揮不了作用，而且把錢也侵吞了。

　　3.印緬的中、日陣亡將士公墓

　　爲了陣亡將士公墓的興築，我也花了許多時間連繫，並且組團前住參觀、訪視與交涉。

　　我曾於民國九十（二○○一）年五月九日，代表中華民國國防部伍世文部長前往緬甸，隨行的一位熱心人台胞、美國華僑——鄭錦玉先生，從緬甸南部到北部，就各重要戰爭場地分別弔祭。（有當時的照片、錄影帶爲證）

　　我們訪問了緬南、緬中與緬北，勘察當年的臨時公墓，發現多數已遭緬國破壞或剷平。目前在密支那周遭，僅剩少許零星殘墓。只在東吁，有原遠征軍第六軍九十三師的老兵楊伯先，發現兩度被剷平之後，再接再厲，與熱心華僑興築了一座文化宮，並成立管理委員會。另外，在密支那，由於緬甸政府當年曾配合新一軍與當地華僑，撥出兩塊地：一塊蓋華僑新村與華夏小學；一塊作爲公墓，現在仍有一座非常有規模的育成中學在經營。我們有鑑於此，曾經在民國八十九（二○○○）年四月二十四日，組成重建公墓委員會，並向緬國政府提出申請。

　　由於我們國軍當年爲了聯軍，在早期的援緬，以及後來的反攻緬北，都

犧牲數萬生命，特別是一九四四年密支那戰役，在史迪威、麥利爾等美將不當的指揮上，三、四個月內即犧牲兩萬多生命，來換取整個殲滅當地日軍的代價：日本當地守軍才四千多人，除了剩下二十多人，在伊洛瓦底江邊自盡之外，全部被我軍所殲。而日本人後來卻能在密支那，以及其他地方，特別是色格市（在一九八七年）都築有令人眼睛一亮的白色金頂佛教巨型紀念塔及墳塚，以「鎮魂」與「慰靈」。相形之下，我國實在太寒酸。但是，國防部在我們交了報告之後，毫無音信，以至於今。

至於印度方面，我國國防部在藍姆加，昔年聯軍訓練我軍叢林戰的地方，以及戰地醫院的所在地，反而築有「陣亡」將士的公墓！這實在不合理，因為我軍在印度只有整訓與療養。即使因療養無效而死亡，也不是「陣」亡。我們希望國防部在今天，鑑於緬甸已經相對穩定與開放，能夠有始有終，把這件非常重要的事做完。

我們返回台灣後，以「中華民國駐印軍印緬抗日戰友協會」名義，於六月十五日向國防部長伍世文上將，報告前往緬甸實地勘察的成果，並代表部長弔祭二次大戰期間，在異域陣亡將士的忠魂的經過，以及進一步規劃重建公墓的計畫。我呈報文物（照片、錄影帶）至國防部、內政部等相關單位。陳情政府惠予處理及撫恤陣亡將士家屬及建將士紀念塔（墓），讓陣亡戰士英靈得以安息。但至今未獲關心！

為什麼要關心？因為當年的這場偉大戰爭，是中華民國打的，它是非常難的硬仗，我國用數萬將士生命，在緬甸換來的光榮，築了塔，立了寺，中華民國的榮光，就可以永遠留在緬甸，讓世人追思、肯定，與瞻仰。

（二）參加聯合國閱兵典禮值得聯合國追認

一九四二年六月十四日我也被指定參加的步兵區隊，要在印度首府新德里參加以「聯合國」為名義的聯合閱兵典禮。當年我們五十個官兵參加閱兵比賽大典，有中、英、美、蘇、印度、緬甸、澳洲、紐西蘭、馬來亞、印尼、孟加拉、巴基斯坦等十幾個國家與地區的軍隊參與。這是另一種國際「戰爭」。（另參「附件一」，於本文之末。）

新德里閱兵，我隊獲得第一名，我們成功地用爭取榮譽，來提高國格。當日接受英、印政府官民慶賀、宣慰。魏菲爾總督設宴，請孫師長與我們出席。接著又坐專車（火車），到藍姆加歸建。途經加爾各答，也接受僑胞招待。在火車站，竟有七、八千華僑列隊歡迎我們。

去（二○一一）年九月二十六日、十月四日我們兩度行文外交部（詳附件一）❺❺，請求協助陳情聯合國爭取認可。外交部多方查證，再於十月二十五日以「急電」訓令我國駐印、駐英以及駐紐約三個機構洽辦。其後十二月五日得到英國駐印高專（相當於大使館）武官 Charlie Warner 中校正式函覆，肯定當年我隊確實獲得 united nations military ceremony 的殊榮。❺❻

這項光榮的背後，正是我國軍新三十八師在孫立人將軍領導下，於一九四二到一九四四年，無數次英勇擊敗日軍，拯救友軍，並打通中印公路，化解日本對中國之封鎖的故事。

（三）說到孫案與郭廷亮案

郭廷亮和我在台灣的鳳山訓練基地重逢，他當少校示範營營長。當時他已有兩個小孩，太太又懷有身孕，生活壓力沉重，每日汲汲營營，太想升官；我們在台灣幾乎沒有碰到面。直到「孫案」的發生，各自走上了人生不同的道路。經過了數十時年，孫將軍去世後一年，他從綠島監獄休假，來到我新店的家，當面對我的六個小孩說：「我的命是你們爸爸救回來的。」不幸，過了一個月之後，他就遭遇所謂「中壢跳車事件」死亡了！那段期間他回到台北，每次都有四、五個人跟監著。有一次我與他在來來（今天的喜來登）飯店聚餐，他說：我有很重要的文件帶在身上。為了擺脫跟監，我還教他怎麼逃脫；我們吃完飯，我走大門。他先藉著尿遁，輾轉繞進飯店後面的巷子，走出林森南路之後，到青島東路口，隨即上了我從飯店門口叫的計程車，直奔我家。一個月後，發生中壢火車上跳車事件，其實是被三個人聯手

---

❺❺ 編按：楊先生信中的文字有誤，但原文如此，故予尊重照打。

❺❻ 編按：這是一場以「聯合國」為名義的聯合閱兵典禮。但是，聯合國在三年以後才成立。

打量才丟下車的。為什麼我知道？因為，其中一個人姓孫，我認識。

孫某湖北人，親口告訴我，這件事是他做的；他講了，與另外兩人，在火車上把郭打死，再丟下火車。

姓孫的不知是在哪個情報單位服務；數十年前，他曾與我在新店安坑新建的軍人監獄同牢。他關了二個多月不到三個月就走了。當時他曾告訴我，他奉命殺了楊杰。這個孫某手段很兇狠，是專業的、奉命行事的劊子手。我出獄之後，在西門町附近西寧南路二七三號租了辦公室經營營造公司。他曾來找過我幾次；他喜歡喝酒，常要我請他吃飯。有天，他來公司找我，還特別指名，要我請他吃某家西門町知名的焢肉飯。

他常跟我聊起，說他出任務從未失手；蔣要他作掉誰，他就能作掉誰。他告訴我，曾經奉派去香港作掉楊杰。楊曾任蔣北伐軍的參謀長；當時還獻策於蔣總司令，以假鈔使敵軍互鬥，結果十分成功。

另外，他還說：他「拐騙唐守治夫妻上北投。槍斃之後，再嫁禍到唐本人。」還假託：是他（唐）「因兒女問題殺了太太之後，再自殺」來結案。唐守治是我在稅警團的老團長。被人密告，丟了性命。

現在郭廷亮的兒子、女兒仍在告政府。他們三個人已領取了政府的補償金六百多萬，現在還希望再領賠償費，因此還在聯名告政府。

孫家子女則不同，他們不領孫將軍的賠償金。但是，他們可能沒有想到：孫將軍的叛亂嫌疑案所牽連的同袍人數眾多，需要孫家出面，領這筆款，來補償與照顧啊！

附件一：陳　情　函

中華民國 100 年 9 月 26 日

於新店市

受文者：聯合國

主　旨：二次世界大戰時期，聯合國紀念日於印度國首府新德里舉行閱兵典禮，共 11 國家代表隊參加分列式，經評審團評比結果，中華民國新 38 師代表隊得第一名。敬請補發證明，俾永留歷史光榮紀念為謝。

說　明：

一、1942 年 6 月 14 日聯合國紀念日。於印度國首府新德里舉行閱兵典禮，共 11 國家代表隊參加（每個代表隊 50 名官兵）。

二、參加國名如下：

美國、英國、蘇聯、印度、緬甸、中華民國、澳洲、紐西蘭、印尼、孟加拉、巴基斯坦（孟、巴兩國是否正確，查即可更正）。

三、當分列式閱兵完畢時，即由閱兵團評審。評比結果：中華民國新 38 師代表隊第一名。

四、當日印度政府魏菲爾總督宣佈設宴，請孫立人師長率中華民國新 38 師代表隊出席晚宴。

五、綜上光榮事證，係中華民國駐印軍新 38 師代表隊代表中華民族國軍數百年來第一次獲得境外的光榮，請聯合國補發證明，俾永留光榮歷史紀念。謝謝！

註：當年參加閱兵典禮的將領有史迪威將軍、羅卓英將軍、孫立人將軍；代表隊領隊有王東籬中校、代表隊隊長馮浩中尉。

老兵現存活在世的只剩兩人：

汪海濤先生，現年 93 歲，住台北市

楊紹鎰先生，現年 91 歲，住台北市

中華民國駐印軍印緬抗日戰友協會

理事長：楊　一　立　呈

第三篇　國共熱戰到鳳山練軍

壹、入伍生總隊團長鄧超先生訪問紀錄

時　間：民國 77 年 11 月 19 日、民國 87 年、民國 95 年 6 月 7 日
地　點：高雄縣鳳山市黃埔新村田世藩先生宅、鄧超先生宅
受訪者：鄧　超
主　訪：朱浤源
陪　訪：田世藩、陳世全、冉隆偉、蔣又新
紀　錄：高惠君、陳碧源、許庭碩

一、家世背景

我是湖南湘鄉人，民國九（1920）年出生。父祖輩務農勤勞，日出而作日落而息，兩代辛勤耕耘而能夠買下幾十畝田地，家境小康。父親鄧集孚，曾任湖南攸縣糧食局長。平日勤奮節儉、寬以待人，收成不佳青黃不接之際，常將家中所儲穀物借助貧者。借穀時以斗計量，一般多將超出部分抹平。父親借出時，未曾計較這斗上凸出的穀糧。還穀時，讓借穀者抹平而還。

二、求學及從軍經過

幼時求學於私塾，自學後考取初等學校，有同等學力證明。十八歲考取位在武岡的陸軍官校第二分校。兩年後畢業，分發到駐防於湖北西齋的七十三軍，跟隨鄭洞國，擔任少尉排長。

三、緬甸作戰

民國三十一年，跟隨鄭洞國赴緬甸、印度作戰，於新一軍軍部擔任作戰第一科的作戰參謀。在藍姆加（Ramgarh）孫立人將軍接鄭洞國的軍長職務後，❶便追隨孫立人。仁安羌、密支那等緬甸重要戰役均親身參與。

緬甸戰事結束後，便準備回國繼續作戰。部隊獲美軍運輸機協助，自密支那運回雲南。抵廣西南寧時，正值日本投降，隨即負起接收任務，之後坐船沿著西江到達梧州、廣州。然後又到了香港，再轉往東北。

四、東北作戰

新一軍剛到東北，部隊物資充足，過著相當富裕的生活。其他部隊的糧食缺乏，但新一軍卻時常有雙主菜，吃不完的東西。新一軍的許多軍官，也因此在東北結婚，例如在我們來台後，現在這黃埔新村東四巷巷口的邱光第，他的太太甚至是清朝皇室後裔。另外，我小舅子曾在新六軍軍需處任職，他也在東北娶了一位具有日本血統的妻子。我太太剛到東北時，因為小舅子的關係，所以能住洋房。屋內有一般百姓買不起的留聲機，可供消遣娛樂，另外還養了一隻大狼狗。

林彪的主力部隊－四野的部隊集中在四平街。孫將軍在美考察期間，新一軍、新六軍向四平街進攻了一個多月，都打不下來。孫將軍回來後，改變對四平街林彪部隊的戰術，以前後兩側包圍進攻之法，取代原本正面攻擊的作戰方式。我當時在作戰科擔任作戰參謀，參與了戰前的規劃，也與孫將軍一同觀察戰局。新一軍派新三十八師，新六軍派新二十二師對四平街作戰，

---

❶ 編按：當時孫立人不在藍姆加，他是新三十八師師長，歸新一軍節制，而是在密支那才接任新一軍軍長。

兩師並各自派出一部分兵力，自兩側繞到四平街後方，採取前後夾擊的戰術，才順利拿下四平街。後來國防部長來視察，孫將軍就在四平街後方的高地，將戰況詳細報告給部長。當時我也在那，部長還覺得奇怪，怎麼有一位參謀一直跟著。

我在湖南湘鄉時就結婚。四平街戰事結束後，我太太得知我到東北後，千里尋夫。首先從家鄉與新三十八師師長陳鳴人的夫人，一同乘坐火車前往廣州，然後坐船到天津，再自天津搭火車赴瀋陽。途中還發生一段插曲，火車在山海關停下來，太太下了車，火車發動時，沒能及時搭上。後來，她們改搭貨運用的鐵皮車，前往瀋陽與我們會合。

當部隊到達松花江渡口，準備渡江攻擊佳木斯，那是林彪及共軍的最後一個據點，若能順利收回，就沒有事了。但上面突然下來命令，要我們停止渡江。當時我跟許多同僚，都認為停止攻擊會給共軍喘息的機會，所以要求長官繼續渡江攻擊，但是長官不聽我們的。

後來東北大局逆轉，長春撤退時，鐵公路都不通了，班車都沒有了。透過鐵路局認識的朋友、長官幫忙，派了一輛車把我從長春接到瀋陽，車廂裡只有我一個人。到了瀋陽之後，孫將軍又把我調到南京擔任第一科科長，因此我又坐飛機到了南京，協助孫將軍處理訓練事務。

五、來台後的生活與孫案經過

三十六年來到台灣，就住在黃埔新村西四巷四十號目前這間房子。原來黃埔新村是日據時代所建，西四巷起初也只有這前後兩戶，旁邊都是空地。當時鳳山有很多無主的空地，如果你拿竹籬笆圍起來，這塊地就成為你的。我與其他孫將軍的部下一樣，一向奉公守法，沒有貪取之心，不求名不求利，所以一直都只有位於黃埔新村西四巷的這間房子。

民國四十四年五、六月間，郭廷亮因孫立人事件被抓之後，我們家也常有憲兵在附近，後來也有憲兵進到家裡來蒐證。蒐證時，外頭的圍牆、鐵欄杆旁還站著許多憲兵，太太和當時家裡面四個孩子，都覺得很害怕。搜一搜

沒發現什麼可疑的東西，他們就走了。搜查結束之後，許多與孫立人、郭廷亮有關係的人都被捕了。因此有些鄰居就來我家，問我太太：「海晴，家裡有沒有怎麼樣？鄧超有沒有被抓走啊？」很特別的是，許多人都是在沒有被訊問過的情況下就被抓了，像田世藩也是。

六、對話錄

朱浤源（以下簡稱「朱」）：請問您和孫將軍的關係？

鄧超（以下簡稱「鄧」）：我在東北時負責作戰計畫。民國三十六年調到南京，在陸軍訓練司令部擔任參謀。十一月來到台灣，剛開始擔任幕僚工作，後又調為軍士大隊副大隊長。三十七年六月調任為第三大隊大隊長，接著擔任軍士大隊十五到十八期大隊長，十九期時又調任為入伍生團長。

朱：請您敘述一下第四軍官訓練班大概情形？

鄧：第四軍官訓練班隸屬陸軍總部的陸軍訓練司令部。成立的宗旨是「效忠領袖、報效國家」。班訓是「親愛精誠」，目的在「在總統指示下，訓練新軍幹部，挽救部隊怠廢危機」。

朱：組織結構呢？

鄧：由陸軍訓練司令兼班主任，下設有教務組、訓練組、訓導組、總務組等單位。訓練單位包括，初設軍士第一、二大隊，訓練時間為三個月。以後增設校官隊、尉官隊，訓練期也是三個月。及學生總隊第一～四大隊。大陸淪陷後增設特種兵總隊、示範隊、搜索隊。學生總隊每大隊下有四中隊，每中隊約一百二十五人，各大隊約五百人，自三十七年十五期起至三十九年底十九期止，共五期，約一萬人。軍官教導隊分設第一、二團，入伍生總隊設三團。

朱：當時訓練的內容課程，請您也敘述一下。

鄧：訓練內容包括(一)精神教育：有三民主義、統馭學。(二)學科教育：教授班、排、連、營的戰術原則和戰爭原理、內務規則、軍紀教育。(三)

術科教育：戰鬥、戰術訓練，白天和夜間及特殊天氣的訓練。(四)體能
訓練：每日早晨長跑五千公尺、超越障礙訓練、枕木運動、體操運動。

朱：剛剛您提到搜索隊之訓練，爲何要成立這個部隊呢？

鄧：因爲孫將軍鑑於大陸之失敗在於缺乏搜索，情報不夠靈活，對於敵情之
　　了解不夠迅速。剛成立時，由余伯泉擔任組長，一隊有一百多人。

朱：您可否敘述您當時訓練軍隊的情形？那時有許多從大陸過來的部隊，你
　　們又如何訓練他們呢？

鄧：當時從大陸撤退來台的部隊很分散，由他們原屬部隊送過來受訓，沒有
　　任何限制、規定，他們來什麼樣的人，我們就收什麼樣的學生。訓練目
　　的在於保護自己、攻擊敵人。攻擊又分爲各個攻擊、分班、分組、連、
　　排攻擊，戰術則可利用地形推進，正面、迂迴、包圍敵人，最重視各個
　　基礎訓練，以野外訓練爲主，約佔課程 90%；以室內教育爲輔，約佔
　　10%，多做少講。

朱：我曾在將軍家裡看過《陸軍訓練教材》這本書，您是否也看過？

鄧：這本書是根據我們自己實際經驗編寫而成的。受訓學生每人要發兩本，
　　讓他們回部隊後可以訓練部隊。

朱：您是如何被選爲大隊長的？

鄧：我在東北時，擔任作戰科科長，有一次跟隨九十團在前線，我每一天打
　　電話給參謀長、主任、師長等人，報告戰情。有人就說：你是作戰科
　　長，怎麼管到部隊來了？我說：根據敵情判斷，匪軍一定會採取突襲。
　　他們也不信我的話，晚上還去跳舞，結果匪軍眞的突襲。他們才說：如
　　果聽你的話，就不會失敗了。

　　後來到鳳山後，就被選擔任大隊長。

　　還記得當時在東北打仗時，我們的對手是林彪，他之所以會失敗的戰
　　役，也是由我策劃的。打仗時，我都待在作戰室裡看地圖、研究地形，
　　分析部隊行動、作戰命令。三十五年四平街之役，我們也以火力戰術打
　　敗匪軍人海戰術。也解救了在德惠戰役被圍的三十八師、五十師。以後

在松花江有五次會戰，也都打敗林彪部隊。記得在三十六年初，部隊快抵達哈爾濱時，只差收復一個佳木斯據點，如果收復此地，整個戰役就可得到成功，可是馬歇爾調停，結果依照三人小組的命令，撤回了中長鐵路的五十師，使得東北戰役功虧一簣。❷

朱：您在大隊長任內，有沒有比較有趣、印象深刻的事？

鄧：我的座右銘是「堅苦奮鬥」，當大隊長時寧可自己貼錢，也不貪污，儘量將公家的錢省起來。訓練學生時，我的原則是不訓練好學生不回家，我的家小就住在村外，但我卻有四個月不回家記錄。早上吃完稀飯後，就下部隊巡視，中午也沒休息：看公文，再巡視部隊或到廚房看看伙食情形，未睡覺前再到部隊巡房，再看看公文、準備明天的操課，之後才就寢。我認為做大隊長的條件是必須「做之君、做之親、做之師」，並且持守「智、信、仁、勇、嚴」軍人五德。學生在學校時常罵我太嚴，但是，結業出去後，反而會想念我。軍訓班的精神就是艱苦奮鬥、不計個人榮辱、具有磊落胸襟。

朱：您對孫將軍有沒有一些較特殊印象？

鄧：孫將軍所有生活起居都和部屬相同。到野外巡視時，不論多大風雨，都和部隊一樣也不穿雨衣、不打傘。作戰時，他也住在帳篷裡，吃的東西也和士兵相同。他凡事都以身作則，是一般將領所做不到的。

---

❷ 蔣又新（坐在旁邊）以為：在當時情況只要再一天時間就可收復東北的。田世藩（坐在旁邊）以為：應該是國防部第三號停戰命令，而不是三人小組命令。

貳、砲校汽車組組長于漢經先生自述

時　　間：民國 96 年 2 月 25 日、97 年 6 月 21 日
地　　點：越洋電話後，兩度由于先生手寫，傳真回台
主　　訪：朱浤源（在台）、鄭錦玉（在美）
輸　　入：黃種祥、朱麗蓉

朱教授：❸

　　我是孫立人將軍的舊屬。自一九四二年秋，從西南聯大入黃仁霖先生主辦的戰地服務團譯員訓練班結業後，被選派至孫將軍的新三十八師駐印度藍姆加（Ramgarh）訓練處。當時新三十八師的砲兵第三營，裝備一〇五榴彈砲，是全部汽車機械化的單位。❹

　　我奉派擔任該營的繙譯官，職位同少校。美方負責訓練駐印軍砲兵的，是美軍的砲兵訓練處，處長是 George W. Sliney 上校。該上校對一〇五榴彈砲的訓練與裝備最為重視。一九四三年，我駐印軍為打通滇緬公路，自印度，向緬北的日軍展開進攻。我在緬北 Shadayupu 的砲兵陣地受傷，被送到新平洋的美國陸軍醫院治療休養 52 天。

　　出院後，經 Sliney 上校安排，即日隨一個一〇五砲兵連，空運降落密支那，加入緬北戰役中，最為慘烈的對日軍兩千官兵的密支那殲滅戰。

　　此役 Sliney 上校親自充任一〇五砲的前進觀測員，由我在砲陣地，接轉他的號令。一日，美空軍誤認地標，以 500 磅的炸彈，投炸 Sliney 上校的前進指揮所。結果，連無線通信也中斷。不過，大約一刻鐘，Sliney 渾身泥

---

❸ 編按：于上校自美國由鄭錦玉先生接洽成功，而傳來的回憶文，開頭有這 3 個字，有點類似寫信的方式。茲為存真，予以保留。

❹ 採用標楷體表示與文鼎中明體的差別，順序上：文鼎中明體係表示原來所撰之文字，標楷體之文字則為後來新補充者。以下同。

巴,向砲陣地走來。事後他告訴我炸彈坑的地沿,離他僅 7 步。

此後美軍戰區司令親自下令:Sliney 不必再接近第一線。此時,正逢層峰轉告,Sliney 已奉命晉升准將。

代替 Sliney 上校的緬北美軍砲兵指揮官,是 Lewis L. Leavell 上校。他原職是美東國家守備軍二四○重砲團團長。緬北上任後,兼任孫將軍(時新卅八師已擴編爲駐印新一軍,由孫擔任軍長;而廿二師也擴編爲新六軍,廖耀湘爲軍長)的聯絡顧問。Leavell 與駐印我軍往來甚密,後來並兼緬北所有中美砲兵的指揮官。他向孫將軍借調我,擔任其隨參。❺

自此,直至抗戰勝利,我一直在 Leavell 上校的指揮所中,朝夕與美方官兵相處,甘苦與共。勝利歸國,往昆明、南寧(時日皇宣佈投降),而廣州。未幾,Leavell 上校調美軍上海總部,其所屬官兵,多調往上海。我則奉孫將軍之命,調爲他的隨參,接替江雲錦。

旋孫先生接艾森豪邀請,赴歐參訪戰區(由衣復得上校隨行)。回國未久,又奉派至聯合國任軍事代表團副團長(何應欽將軍爲團長),我則改任代軍長賈幼慧中將的隨參,去東北參加開原戰役。後四平街近月不下,孫先生奉調回國,由美齡號直飛瀋陽,我去瀋陽迎接。回四平街指揮所途中,時已黃昏,只見四平街坡腰,洩光彈照亮半空,我告訴孫將軍是我軍夜攻,「要給你歡迎式」。約半小時後,抵指揮部,參謀長來迎,告知「四平街已拿下」。

次日報載「我軍廖耀湘部克復四平街」。孫將軍召見中央日報記者,斥曰:「你們惟恐天下不亂」。張記者答:「新聞是長官部所發,我已申請改正。」次日報面以方寸大的小塊說:「昨載廖耀湘部克復四平街,是孫立人部之誤。」(當時新六軍部隊在右翼,未參加進攻。)

四平街攻佔後的第二天,孫將軍以汽車運兵。日下一車站,第七天拿下長春,使共軍倉迫後撤。我帶了七名外國籍記者,沿途看到各地遍佈挖了不

---

❺ 編按:「隨參」即隨從參謀。

及尺深的散兵坑。長春攻克後，孫將軍仍以迅雷戰法，直逼松花江，建立橋頭堡，升上國旗。

此時長官部勒令停止前進，以免引發「國際事件」。而孫將軍的目標是「直搗哈爾濱」。岳飛如地下有知，定會為此灑下同情淚！局勢穩定後，孫將軍調我為一〇五砲兵營（時稱「重砲營」）副營長，並集中全營汽車，暫編為重砲營汽車隊，我兼隊長。日後戰事逆轉，林彪三十萬大軍自松花江南下，直撲長春，汽車隊盡了快速搶運作戰部隊捍衛長春的能事。

孫將軍因不為杜聿明長官所容，調離新一軍，轉任副長官，坐冷板凳。未久，總統令將軍負責訓練新軍，成立陸軍訓練司令部於台灣鳳山。當時東北大勢已去，孫將軍電告長春的新七軍李鴻軍長助我赴台灣。因長春機場被圍，我化裝逃出，被困兩月，終於回到天津，搭最後一艘登陸艇去上海，轉抵台灣，一九四九年的元旦之前，抵鳳山。

民國三十八（1949）年元旦的鳳山閱兵台上，我是唯一的待命無職軍官。二月初，有一美國駐南京大使館的少校副武官 Major Brady 來台，密會孫將軍，由我接待，共三天。每天上午約九時許，與孫將軍談約兩小時，當我於會後，送 Brady 少校離去時，他非常難過的神情告訴我：「他（指孫將軍）是我們最後的一星希望（last spark of hope），但他堅持忠於國家，不做歷史的罪人。」❻ 回來後，我將少校的臨行感言告訴將軍，將軍說：「他們

---

❻ 編按：鄭錦玉在所著《碧海鉤沉回憶思錄》（台北：水牛，2012，三版二刷），頁 532 提到有關于漢經隨從參謀之部：

……是孫將軍之好部屬，美國派密使到台灣遊說，請孫將軍當台灣新政權領導人，兩位密使是他接送的。于參謀說：「兩位密使說『你們的孫老總是一個不識時務的大笨蛋。……』」可見孫將軍並未接受美國對台灣的兵變心跡。

此與于參謀所寫，有若干出入之處。

思想簡單，異想天開，過分天眞，不懂我們的國情。」❼

　　未久，孫將軍手令我入第四軍訓班第十七期受訓。畢業後未久，自大陸撤退來台的兵工營改編爲汽車營，由我任營長。一九五二年，我由美軍顧問團（MAAG）❽選送，赴美砲校，受汽車及自走砲車訓練。回國後，任砲校汽車組組長。一九五四年去美國陸軍運輸學校高級班受訓。而後孫將軍因案離職，在此期間，前孫將軍的老友 Leavell 上校（已退），任美國國務院遠東事務顧問，屢次將孫先生的狀況電知，要我放心。❾回國後至運輸學校任教，後轉任運輸署聯絡室主任、陸總聯絡室第三科長，此時已升上校，可選擇退役，遂即入退輔會新店砂石場任廠長。兩年後，去花蓮興建榮民大理石工廠。一九六九年離職，翌年移民來美。

　　一九八八年經國總統去世後，我終得接通電話，與孫先生通話。他感嘆身心老化，要我以健康為重。孫先生九十壽誕時，我回台參加慶祝，也是最後一次相見歡。孫先生去世後，我們在洛城西來寺舉行追禱會，由雲鎮將軍（已退）主祭，有美加各地老戰友參加，悲情難忘，一代名將、恩師、至友，常見在夢中。

（以上是記憶所及，拉雜直陳，移美已 37 年，提筆忘字，請見諒。教授對孫將軍之案情，知之甚詳，幫助平反，不遺餘力，我們這群孫將軍的舊屬，感激不盡。）

　　孫將軍爲人正直，如在美軍任職，當能大展其軍事長才。緬甸反攻作戰

---

❼ 編按：這段回憶非常重要，因為孫立人將軍在民國 38 年 2 月 12 日被麥克阿瑟總司令，以專機接赴東京的太平洋盟軍總部訪問 3 天。如果于先生所回憶的時間無誤，則 Brady 見孫立人，是在孫前往日本之前。當時孫已接獲已經下野的蔣中正總裁指示東南軍政長官兼台灣省主席陳誠的毛筆字（附英文打字譯本）推荐函，許可孫立人代表我國，赴日面晤麥克阿瑟。孫的行止，全在蔣的掌握當中。

❽ 1951 年在台成立，駐地於台北市中山北路與民族路口（後來美術館附近）。隨著美國政策轉向，美軍顧問團在 1979 年撤離台灣。

❾ 編按：顯見民國 44 年 8 月孫立人將軍遭軟禁之後，美國國務院等部門，密切注意孫的行蹤和遭遇。

初期，Stilwell 聽信其參謀長 Baatner 意見，認為日軍只是進行前哨戰，結果造成我軍不應有的傷亡，營長殉職。孫將軍痛心之至，乃向 Stilwell 爭得作戰主導權。自此一帆風順，打通中印公路，我與美方人員共處，他們對孫將軍的作戰指揮能力，由衷的贊佩，稱其為東方戰場的艾森豪。

抗戰勝利後，艾森豪特請孫將軍往訪歐洲戰場，受到高規格的接待。英國政府曾於緬戰初期仁安羌戰役，孫將軍以一個營的兵力解英軍一個裝甲旅於日軍的重圍，頒給將軍「帝國司令（CBE）」勛章。❿當我駐印軍在藍姆加整軍經武，作反攻緬甸準備時，又加授 CB 勛章。這是英國皇室的最高勛獎。CB 是 Companion of Bath，不知為何此事少為人知。日軍投降後，美政府對盟軍參戰人員，論功行賞，孫將軍獲授自由勛章（Medal of Freedom，新一軍另有新卅師師長唐守治將軍、衣復得上校及本人，共四人得此勛章）。

教授對上述有任何須查證或補充細節，請隨時示知，我的住址、電話、傳真如地址上方。

敬祝

安康

退役陸軍上校　**于漢經**　敬述

2007 年 2 月 25 日❶

---

❿ CBE 為 Commander of British Empire，由英國駐印總督在比哈爾省藍姆加代表英皇頒授。

❶ 朱浤源註：民國 96 年 3 月 1 日上午傳真來近史所，6 月 7 日輸入、校對，6 月 8 日 e 至美國于公館修訂。民國 97 年 6 月 20 日第二次核改與加註之後，再 e 至于公館修訂。

參、陸總秘書組組長蕭一葦先生自述

時　間：民國 93 年 7 月 28 日下午 8：00 至 9：10
地　點：洛杉磯蕭宅
受訪者：蕭一葦
主　訪：朱浤源
陪　訪：鄭錦玉
紀　錄：朱浤源
輸　入：朱麗蓉

　　我在民國前三年出生，今年已經九十六歲，曾經當過陸軍總司令部秘書組的組長。民國三十一年，孫將軍任師長，三十二年孫將軍擔任新一軍軍長的時候，我還在憲兵司令部擔任中校秘書。至三十三年我才到他麾下服務，當時也是擔任中校秘書，不過敘上校薪。

　　這一年適值我們印緬遠征軍反攻緬北，孫立人將軍夾在委員長、盟軍中國戰區總司令蔣中正特級上將，與美國特派中國戰區參謀長二級上將史迪威（Joseph Stilwell）中間。蔣與史迪威時常因意見不合而吵起來。此時孫將軍的態度，使史迪威抱怨。史迪威抱怨孫立人都聽蔣的，而不聽他的。史迪威甚至說：「他（孫立人）是 Chiang Kai-Shek 的人，我是毛澤東的人。」

　　民國三十四年緬甸戰事結束，孫將軍建議趁我國軍隊還在當地，把中緬未定界予以劃定，但是蔣總統沒有同意。在接收廣州時，又建議乘機收回香港、澳門，蔣主席也沒有同意。

　　民國三十五年，東北四平街之役以後，孫判斷毛澤東❷（當時在哈爾濱）將逃往莫斯科，建議與新六軍聯合，由新一軍上長春，新六軍繞道截斷

---

❷ 應係林彪之誤，毛當年在西北地區。

哈爾濱，兩相包抄，以捕捉毛澤東⓭，可惜蔣未同意。

有人說孫看不起黃埔，其實不然！孫在東北時，曾要求陸軍官校教育長分配若干畢業生到新一軍。⓮

許世英與孫將軍的父親是安徽的同科舉人。民國三十九年，孫將軍在升任總司令時，許謙稱自己為「兄」，俾與孫立人兄弟相稱。他在寫給孫立人的信中，有以下的文字：「吾皖李鴻章、段合肥，兄皆見之，願得弟而三焉。」把孫將軍和李鴻章、段祺瑞相提並論。

孫總司令的特支費（陸總司令有十萬，防衛司令十萬）每月二十萬元，其中以七萬多買台中的房子，其餘全部給部下做救助之用。

民國四十年，孫將軍提出「反攻海南計畫」，先經美國將領同意，送至蔣總統處，蔣竟然說：「打下來也不是我的。」當時我人也在台北。

後來，孫將軍要升上將時說：「大陸都丟了，我們軍人罪該萬死，還要升什麼上將！」因此，他仍然掛中將將章，不願更換。

孫總司令與周至柔空軍總司令原本很要好。民國二十六年，周與湯恩伯在紫荊山，曾經提議過要跟孫將軍結拜。孫將軍以輩分較低婉拒了。

中央政府播遷來台之後，他是陸軍總司令，為了各軍種主官加給的標準不同，而與周總司令大吵，當時空軍中尉等同於海軍的上尉，又等同於陸軍的少校。孫將軍作為陸軍總司令，不能不說話，認為「三軍一體」，而空軍竟然比陸軍高兩階，不應該如此分別。他跟周至柔說：「總統為陸軍，你為空軍，你比總統高了！」

後來，周升任參謀總長，美國陸軍部要提供器材給孫將軍，請總長轉給陸軍。周至柔總長卻轉給空軍，而且沒有告知孫將軍。到美軍要向孫將軍索取收據，孫將軍才知道，兩人又大吵。

民國四十四年孫參軍長因郭廷亮「匪諜」⓯案，被軟禁在台中。四十五

⓭　應為林彪。

⓮　編按：而且他最得力的副手，後來升任新七軍軍長的李鴻中將，也是出身黃埔。

⓯　朱浤源的調查研究，已證實郭為假匪諜。

年起，我代替孫將軍，每年給總統（蔣中正）寫兩封信：第一封在生日，第二封在過舊曆年時，一直持續到總統過世。

　　孫將軍的私章一直在我這邊，到我一九七八年離開台灣，才交給孫夫人。隔年我從美國跟孫將軍通電話，他還要求我：「你不要入美國籍喔！」

鄭錦玉：民國六十八（1979）年孫將軍八十歲生日時，我應邀到孫公館內，準備要在孫家的佛堂前行禮。當我站到孫氏祖宗牌位前，準備禮拜時，孫將軍立即下跪在旁。俟我行禮後，他當場答禮。他這種遵循古禮的舉措，非常傳統，令人印象非常深刻。❻

蕭：孫將軍被軟禁期間，為了要在榮總體檢，每年四月，都需要到台北來，就住在大夫人在永和設有佛堂的房子。

---

❻ 鄭錦玉先生當時在旁答腔。他的補充，更突顯孫立人的行事風格。

肆、步校助教沈承基先生訪問紀錄⑰

時　　間：民國 89 年 11 月 22 日（星期三）、

　　　　　民國 96 年 4 月 21 日（星期六）

地　　點：中央研究院近代史研究所

受訪者：沈承基

主　　訪：朱浤源、楊明哲

紀　　錄：謝國賢、黃種祥

一、我與孫老總的緣分

楊明哲（以下簡稱「楊」）：請教沈先生，您是怎麼認識孫總司令的？

沈承基（以下簡稱「沈」）：我是雲南人。在抗戰初期，由於孫將軍在雲南
　　貴州一帶練兵，並擔任緝私總隊的總隊長，因為孫將軍喜歡馬的關係而
　　認識。

　　　　後來孫先生看到我騎的馬，對我說：「你的馬很好。」我回答說：
　　「我們沈家的馬當然是好馬。」他打算和我換馬，可是我不願意和他
　　換，就離開了，那時候孫先生好瘦。記得在印、緬打仗時，報社記者給
　　他取了一個外號「孫猴子」，現在已經沒有人說了。民國三十五年底，
　　我從體童科（體育童子軍科）畢業後，就參加青年軍二〇三師行列。民
　　國三十六年，在安徽、湖北一帶作戰，民國三十七年就來台灣，在鳳山

---

⑰ 編按：孫立人將軍舊屬之中，與中研院連繫最多者，其為沈承基先生。沈先生出獄後，
歷任基隆女中與省立海洋學院體育教師。過世前十多年時常來院，至近史所憶當年，並
協助口述訪問。但以沈的意見仍有主觀成分，故特別訪問當年的情治與政工人員，用資
參照。同時亦特別留心沈先生的言談，主要採取的，是受訪者之間的相互驗證，以及在
二十多年以來，受訪者講述內容前後比對兩種方法，藉以發掘其文字內容之間，所隱涵
的意義與實情。

軍士隊受訓。

楊：您到台灣之後的經歷又是如何？

沈：那時在鳳山受訓時非常的苦，打罵得很厲害。畢業之後因為我是前三
名，得到孫先生（當時是陸軍訓練司令部司令官）的召見。孫先生本來
要我留在軍士隊當教育班長訓練學生，可是我不願意。他問我：「為什
麼不願意？」我說：「鳳山的訓練是一種奴化教育，我們都是知識份
子，不應該被打。」孫先生就說：「我在美國時被打得更是厲害，人才
是由磨練而來的，你帶一期學生後再到軍訓班十七期受訓。」起初我還
是不願意，堅持要回二〇一師，後來我還是留下來當教育班長。

因為我擅長運動，在陸軍運動會中，四百公尺我都跑第一名，因此
在三十七年底軍士隊畢業後就認識孫先生，並且得到孫先生的器重。他
有事情都會來找我，以後就一直留在他身邊，擔任區隊附、區隊長。我
是擔任軍官大隊第一中隊第一區隊區隊長，負責孫先生的安全。

民國三十九年，韓戰爆發之後，因為我們要被派去支援韓戰，**⓲**
才認識擔任軍官大隊第一隊隊長的郭廷亮。蔣總統復職之後，把軍訓班
改為軍校，並將軍訓班的幹部撥歸步校所有，我就在步校擔任上尉助教
的職務。

二、我所認識的孫將軍

楊：請您再詳細敘述您在鳳山受訓的經過和對孫先生的印象。

沈：我是在軍訓班軍士大隊第二大隊第四隊受訓，畢業後當了一年教育班
長，就又保送到軍訓班第十七期受訓。因為孫先生喜歡體育，我每樣運
動又都拿第一名。因此他沒事就找我聊天，有時候改正我的動作、姿勢
等。

孫先生在私底下常說：「軍隊國家化、教育國家化。」又說：「中

⓲ 編按：後來並未成行。

國幾千年來不上軌道，就是因爲軍隊武力私有化。」

楊：這些話是在公開場合說的？還是私下聊天時所說的？

沈：都有。有一次休息的時候，孫先生就說：「軍隊屬於國家，英、美各國講求民主，不管總統發生什麼事，軍人都是對外的、打敵人的，絕不可能對付自己的同胞。中國政治不上軌道，就是因爲教育有問題。」

楊：您知道當時孫先生說這些話的動機是什麼嗎？

沈：這是孫先生的主張，國家要富強，只有加強人民教育。孫先生受的教育程度高，爲什麼還要從軍呢？就是爲了要做到「教育國家化、軍隊國家化」的原則。這些話不只是在私下才講。

楊：孫先生之所以主張「教育國家化、軍隊國家化」，是不是因爲看到部隊裏政工人員的種種行爲才說的？他對政工人員的看法又是如何？

沈：不只是孫先生有這種感覺，我們也有這種感覺。那時候在部隊中有三分之二的時間是用來應付政工人員，只有三分之一的時間才能訓練軍隊。

楊：當時部隊裏的政工人員，他們的活動有哪些？您是不是可舉些例子來說明。

沈：政工人員在部隊裏專門打小報告，和主管對立。我記得有一次有一個指導員想要誣陷某個人，可是他本身不會寫，還要去問別人如何寫小報告。這些政工人員當初是由鳳山訓練班所淘汰的，每個都是大老粗，❶❾開口、閉口就是：「我們主任（指蔣經國）」、「要向主任報告」……，搞得部隊裏風聲鶴唳，大部分的時間都在應付政工人員。帶兵的軍官無法和政工配合，就一天到晚監視你、打小報告。孫先生是最反對人到處打小報告的。

楊：民國三十九年以後，您就一直待在鳳山嗎？還是曾調到其他部隊？

沈：我一直沒有下部隊，都待在鳳山（後來改爲陸軍總司令部）。民國四十一年，我參加台灣省田徑隊選拔，我和韓文瑞、郭景林同時被選上，並

---

❶❾ 編按：此係沈先生個人的看法，此處照錄。

要派到菲律賓比賽。在出發之前，孫先生召見我們，並給每人三百元新台幣（合當時半年薪水）。回國之後，我們三個人就合買了一隻木雕的老鷹送給孫先生，他雖然不好意思，仍然接受了。

過了一個禮拜之後，蔣總統就召見我們。因為我的右臂力量特別大，孫先生常對我說：「以後我或是蔣總統、夫人出去時，一定要站在總統右邊以盡保護之責。」召見完後，我們在總統府合照，我就站在總統右邊，總統拉著我的手，拍拍肩膀說：「沈區隊長，你站到後面，注意安全。」等照完相後，我去見孫先生並問他：「總統怎麼會認識我？」他對我說：「你升官了！」之後又笑得很開心。事後我們才知道，凡是孫先生的學生，不管是在部隊或在學校裏，凡是少尉官階以上的人，他們都知道得很清楚。

以後孫先生要我留在陸軍總司令部，我不願意留在台北，要回鳳山。當時我的大隊在湖口接受夜戰訓練，大隊長陸心仁告訴我說：「你先回鳳山，再過五天，孫總司令來校閱後，我們就回鳳山了。」我在那兒玩了兩天後就回鳳山。後來，孫先生來校閱，叫「沈區隊長」，大隊長對他說：「他回鳳山了。」孫先生很生氣，就說：「回鳳山後，我要和他算帳。」後來在鳳山部隊分發要點名，點到我時，他叫我把手放下，並問我：「你跑得很快，從湖口跑到鳳山。」我還不知道到底是怎麼一回事。他又說：「你偷偷跑回鳳山。」我說：「不是，是大隊長要我回來，不是我自己要回來的。」孫先生伸手要打我，我說：「你不能打我，我是國家的軍官，我可以接受軍法的處罰，你不能打我。」孫先生很生氣，就要我立正站好。我不立正，他就用馬靴踢我兩腳，我仍不立正。後來點名完後，孫先生又對學員訓話，訓話結束後，就叫我到他的辦公室，並叫我到國旗地圖下反省。另外派賈幼慧副總司令去查我是不是自己回鳳山的真相。結果證明的確是大隊長要我回來的。

孫先生知道實情之後，就要我回到桌前，摸摸衣服的口袋，可是沒有錢。那時候因為我們幾個選手的營養不夠好，孫先生常會給個三、五

十元。他就對我說：「你回步校把運動服換好，再回操場來，我看你的姿勢有沒有改進？」我回去換完衣服，又回來跑完一圈之後，我們兩個就在樹蔭下休息。當我回學校換衣服的時候，大隊長看到我，臉色都變了，他心想：「你完蛋了。」就問我：「怎麼樣？」我說：「沒什麼！孫先生叫我回來換衣服，要看我跑步。」孫先生後來對我說：「我一直對貴州人很好，可是你的脾氣要改，我是你的長輩，你怎麼可以這麼說話。」我當時沒說話，心想如果說話一定會挨挨。說完話，孫先生就拿出兩百元給我，叫我回去。這兩百元我就以破軍服布縫起來，一直沒用，把它當成寶，本想留著以後結婚要給小孩看。可是後來我們被抓到六張犁時，因為有很多人連買衛生紙的錢都沒有，我才把它拿出來花掉。

楊：您對孫先生是不是有些較特殊的印象？

沈：我對孫先生，從來沒有把他當成長官或老師看待，我一直把他當成是親人中的親人—長者，有話就說。孫先生也一直要求我們要讀書，每次見面一定會問：「你讀了什麼書？」他曾說：「軍人打仗為什麼會犧牲這麼多人？就是因為長官不讀書，多少青年因此而犧牲了！所以一定要讀書。」

　　記得民國四十一年時，我和孫先生到台北，晚上搭夜車回鳳山。火車到新竹站時，有一個小偷因受到追逐而跳上火車，他一上來就被我抓到。當時孫先生正在批閱公文，我問他：「你是不是來刺殺孫先生的？」他說：「不是，我是小偷。」我們就給他東西吃，到了台中站後，孫先生就問發生什麼事，問完後，就要陳良塤給他二百元，去做小生意，就在台中站下車了。當時如果是一個老粗，早就拿槍槍斃他，可是孫先生一路上也不驚慌，繼續批閱公文。一個人「仁」和「不仁」，就在一念之間。

楊：您後來是不是又回鳳山了？

沈：對，我後來就回鳳山步校當助教。可是孫先生來視察部隊時，會先打電

話給我，要我先去部隊。有人說我是孫先生的警衛排排長或是保鑣。其實都不是，只是他去那裡，我就先去看軍訓班同學。如果我在他身邊，他中午就會放心地在吉普車上睡午覺。我在他身邊，孫先生就有安全感，如果發生任何情況，只會由我先犧牲。❹ 我從不把他當成將軍，他年紀比我大，只把他當成最敬愛的長者，我們一直都是這樣的感情。到現在仍叫我「沈區隊長」，從沒叫過我的名字。

楊：您和孫先生如此接近，請您敘述一些比較不為外人所知的事蹟。

沈：民國三十九年，十九期的學生分發時，宋子文先生看我們生活得很苦，就送每一位軍官蚊帳、軍毯。十九期學生因為不願意空手下部隊，而要求帶走軍毯、蚊帳，可是事實上，如果他們帶走了，軍訓班就沒有這些裝備了。有一天早晨，天剛破曉，孫先生下令緊急集合，說了不到兩分鐘的話：「你們都是我的子弟，東西如果不給你們，還要給誰？凡是中士以下的帶走這兩樣物品，凡是中士以上到校、尉官的，就不能帶走。」大家聽完之後，淚流滿面，一個嚴重的問題，孫先生就輕易地解決了。

孫先生對人，如果他自己錯了，你可以直接頂他，過了五分、十分鐘，他會找你去表示歉意。可是你如果撒謊就完蛋了。他對軍訓班的學生，如果挨打的人，以後就可當連長；挨罵的，就可當副連長；不打也不罵的，就什麼也沒得當。

有人說，孫先生不用軍校學生，事實上，他的隊長全部都是軍校學生。孫先生不管你是誰，是人才就用，最討厭凡事「是、是」的人。你只要將眼睛睜得大大的，下巴收得緊緊的，眼睛盯著他看就好了。如果你把頭低下來，他以後用都不會用你。

三、我與「孫案」

---

❹ 編按，就外型言，孫、沈兩人身高、體重類同，遠看難區分。

楊：民國四十四年，郭廷亮匪諜案爆發時，您還待在步校嗎？

沈：是的。

楊：請您談談您在案發後的遭遇。

沈：根本沒有「孫案」、「郭廷亮匪諜案」這回事。當時大家都是同學，感情也很好，住在嘉義的張熊飛、劉凱英、田祥鴻……等人到鳳山，我們會招待他們；我們到嘉義，他們也同樣招待我們。我跟隨孫先生這麼多年，知道孫先生對蔣總統是百分之兩百的忠誠，如果有不忠之心，三十八年蔣總統來台時，那時全部的軍隊都已在我們掌握之中了，不可能對蔣總統有貳心的。

去年孫先生作壽時，我和潘德輝幾個人坐在地板上。我說：「蔣總統說你老人家只會練兵，不會打仗。」孫先生說：「他年紀大了，說話不算。」潘德輝說：「蔣介石這句話不公平！」孫先生馬上站起來說：「蔣介石的名字是你叫的嗎？」

即使到現在，孫先生對蔣總統仍是忠心耿耿的。

楊：請您敘述被捕的過程。

沈：民國四十四年六月八日，張熊飛、劉凱英、傅德澤和我，他們竟以「不假外出」為名，就把我抓走送到鳳山海軍招待所。在這之前，民國四十一年時曾發生一件事，那時我得到國軍運動會四百公尺第一名，跑完後我的教練張煥龍就要我馬上去換衣服，並說有貴人召見。我就換了汗衫到教室去，一看原來是當時總政戰部主任蔣經國。他一見我就把我的手拉得緊緊的，說：「領袖對你很器重，領袖沒時間來看你，要我代表他來看你。領袖要好好栽培你，你到幹校當副隊長。」我說：「我才剛升中尉，怎麼當副隊長？」他說：「可以超階。」我說：「我對政工沒興趣，軍人要到第一線打仗。」他說：「政工也要到戰場。」我說：「不一樣，這是兩回事。」他又說：「你能不能考慮、考慮？」我說：「沒有什麼好考慮的。」說完，我敬完禮就走了。

對於蔣經國召見之事，我曾向孫先生報告，他對我的決心很滿意。

就是因為這件事，使自己牽連在這件事裏。（其實兩件事應屬不同。）後來我被抓了以後，因為我身體好，一位步校保防科長，姓杜，叫士兵把我上了二副手銬、腳鐐，又以另一副手銬同時銬住手、腳，使我不能站也不能睡覺，我的左腳現在仍有很多疤痕。

楊：只有您才受到這樣待遇嗎？

沈：是。那位保防科科長就說我不識抬舉，說：「蔣主任這麼器重你，你還不賣帳。」所以整我整得特別厲害。

楊：您受審訊的內容又是如何？

沈：他們說我「指揮高雄要塞，所有砲都對準屏東飛機場。」我就說：「大陸丟掉，就是丟在你們的手上。如果我們要造反，當時孫先生也在台上，各國大使、武官也在台上，將司令台打碎了，孫先生也死了，要靠誰來指揮？又有誰來承認我們？天底下哪有這種事？」

楊：曾聽人說過，那時候砲兵有收到命令說要砲擊，可是後來又取消了。軍隊裏也有許多謠傳，說：「校閱時要兵變。」這些事情都是怎麼來的？

沈：這些都是政工人員自己設計的，五月二十五日他們抓了郭廷亮，本來那晚我和傅德澤是要去郭家吃飯的，後來就到我的一位同鄉萬慎，一位軍校教授家吃晚飯，之後才到郭家去。到了郭家之後，我一看不對勁，怎麼都是穿黃卡其的情報人員。傅德澤還爬上牆，看到底發生什麼事。那晚，郭廷亮全家就被抓了。

楊：那天晚上，高培賓先生不是也在郭家嗎？

沈：對。也一起被抓。

楊：您在鳳山招待所被關了多久？

沈：大概四、五天吧！後來就把我們送到台北保安處。

楊：請您敘述到台北以後的審訊過程。

沈：我們送到台北時，是由一個憲兵銬一個坐火車來的，到了獅子林保安處後，要我們照抄口供，不照抄就用刑，每天一個花樣。並拿十行紙要你寫最崇拜的人是誰？我們都寫總統和孫先生兩人。後來有人因為只寫總

統就被放了。當時抓人、問話、逼供的都是政工人員一手包辦，憲兵只負責押解。

　　他們一直說「孫立人貪污、腐化。」可是在我們印象中，孫先生最恨別人貪污，我們當然不承認。而自白書也都是他們事先寫好的，後來宣判之後，就送我們到新店監獄。關在保安處的時候並沒有用過刑。

楊：宣判日期是在什麼時候？

沈：我忘了。宣判過程像在演戲一樣。那時候他們把我們所有的人，由獅子林帶到現在青島東路，來來大飯店後面那邊宣判。第一位是郭廷亮，判處死刑，由總統特赦為無期徒刑。聆判當時，郭廷亮一點表情也沒有。第二位是江雲錦，第三位是王善從，我正好在王善從後面。王善從嚇得很，一直拉著趙玉基。後來趙玉基寫了一張紙條給王善從：「他（郭廷亮）都沒關係，你怕什麼？」過程像在演電視劇一樣。宣判後就送到新店軍人監獄服刑。在那裏生活很自由，因為我負責訓練官兵跑、跳。我每天出去，都會看見孫光炎。他被反銬挨打。我就會對他說：「不要罵了。」他還是罵。後來被送到花蓮玉里的榮總醫院，死了。

楊：您被判了多久？

沈：三年二個月，民國四十七年出獄的。

楊：您在獄中有沒有印象較深刻的事情？

沈：記得在民國四十五年時，正好過陰曆年，蔣經國來獄中巡視。張熊飛問他：「報告主任，刑期到了放不放人？」他說：「放。我對你們很同情，但是有很多人反對你們。」講完之後就離開了。我記得三十八年六月十六日我們十七期畢業時，蔣總裁畢業訓話時說：「我辦黃埔到今天，只剩你們這些命根子，我把你們從大陸帶來，也一定把你們帶回去。」沒想到一帶就帶到牢裏去了。

四、出獄之後

楊：您出獄之後，是不是也經過「余振漢專案」安排工作？

沈：沒有。民國四十七年出獄以後，經由一位小同鄉立法委員商文立先生的介紹，到澎湖縣立馬公中學當代用教員，教體育。學校校長杜家驤先生，也是我的同鄉。在澎湖馬公中學待了五年時間，這期間拼命讀書，打算參加鑑定考試。民國四十八年參加初中檢定，取得合格資格，在澎湖時，因為當地調查站林站長的兒子、女兒都是我的學生，所以他們並沒有為難我。

　　民國五十二年，我又轉到南投中學擔任體育組長。這之後日子就不好過了，警察一個禮拜要到家裡查個三、五次戶口，有時候就在運動場旁邊轉來轉去，監視我的行動。我就覺得這裏不能夠再待下去，而想要改變環境。

　　正好當時基隆女中有體育老師的缺，校長黃東生（安徽人，黃伯度的妹妹）又是以前我們貴州大學校長張廷休先生的妻子，於是我就到基隆女中去教書了。

　　這中間還有一段小插曲，十二年以前（也就是民國四十年時），我代表高雄縣參加在師大舉行的全省運動會，我跑了第二名，當時報紙就說「陸軍出了一匹黑馬」。江良規先生就告訴我說，叫我開小差，到他家去補英文。我回去之後，問黃東生，張廷休鄉長去讀師大的情形，她說：「軍人為什麼開小差，孫先生是真正的軍人，跟他一定有前途。」我又去見孫先生，他也說：「最好留在軍隊裏。如果你去讀了，我每個月給你三百元。」我就想：「孫先生是三個大學畢業的，也來當軍人，我為了國家，也要如此。」於是就放棄了去師大讀書的機會，那知會遇到這樣的事？

楊：因案被抓的這幾位先生，好像都是孫先生身邊的人。是不是？

沈：凡是在孫先生身邊的人，都一網打盡。

楊：有一種傳言是說：「黃伯度為孫先生寫辭職信，可是孫先生並沒有簽名。」這件事情到底是如何？

沈：辭職信（書）是孫克剛寫的，他還勸孫先生一定要簽字，否則會連累很

多人，簽字就可保全這些人。這根本是一個騙局，郭廷亮也是這樣被騙，他們和他談條件──「如果承認，就可保全三百多人。」我有一次問孫先生：「您為什麼要辭職？」孫先生說：「我這一生對任何事都是提得起、放得下，只有對你們放不下，沒辦法我只好簽字了。」

民國四十四年六月二日，郭廷亮案發生之後，我和劉凱英到屏東去看孫先生。孫先生對我們說：「不准哪一個人輕舉妄動，要抓就給他們抓。要犧牲，就犧牲我，絕不犧牲軍訓班任何一個學生。」當時我們兩個見情勢危急，就打算要把孫先生送到高雄美國新聞處。孫先生也不肯，他說：「如果要死，在上海打仗就死了。他們不敢動我，你們不要輕舉妄動。」這點他真的做到了。

楊：您在基隆女中教了多久時間？

沈：一直到民國七十七年才退休。

楊：退休之後，您就到德育護專兼課了嗎？

沈：我很早就到德育護專兼課，是經由傅啟學先生寫介紹信，給德育護專校長方仲豪先生。方先生他說：「我這輩子都是為貴州人在做事。可是我也只能給安排每禮拜四小時的兼課。」這期間我也努力讀書，最後也取得講師資格。

在德育護專兼了二十多年的課，後來又知道海洋學院有一個副教授的缺，就去拜託谷正綱先生為我寫介紹信。如果我們真的想要叛變，谷先生怎會為我寫介紹信呢？謝院長答應給我專任機會，但人二室不通過，❹只好兼任。

楊：谷正綱先生和孫先生有什麼關係嗎？

沈：當年谷先生是中央幹部學校的訓導長，孫先生剛好從美國留學回來，到處找不到工作，最後就去向谷先生毛遂自薦，就當學生隊大隊長。現在

---

❹ 編按：「人二室」：戒嚴時期，調查局（情治機關）在各政府公務機關內設置的保防單位，對外掛名「人事室第二辦公室」，以避免敏感，簡稱「人二室」。後轉型為防貪腐的「政風室」，並改歸法務部政風司管轄。

有很多老立委當年都是孫先生的學生。

楊：當時您在基隆女中教課時，情治單位曾給予什麼檢查手續嗎？

沈：當然有。要我交照片，到派出所蓋手印。每換一個主管就會派人來查，警察更是每兩、三天來。來了就態度很凶的問話，把手槍往桌上一擺。問我太太：「你先生最近說了些什麼話，看了什麼書？」等等。她是澎湖人，膽子很小，受不了他們這樣密集的盤問，民國五十八年因為精神分裂而住進台大醫院。當時我每個月收入才只有四千多元，她在醫院每個禮拜就要花五千元，最後沒辦法，只好把她送到花蓮玉里榮民醫院。家裏的小孩讀書，學校導師也要寫報告……。

楊：您怎麼知道的？

沈：小孩的老師就是我的學生。

楊：聽說有人在出獄後，被警察敲詐拿紅包的事，給了紅包就不會常盤查，您自己是否有此遭遇？

沈：我沒有給過他們紅包。我對他們說：「你們如果再來，我就帶著老婆、小孩到總統府請願，找蔣經國。」後來到了民國六十四年，總統過世以後，也就沒有人再來了。在這之前，警察、便衣常常來，我太太都嚇呆了。

楊：您有幾個小孩？

沈：我有三個小孩。大女兒在長庚醫院當護理長，二兒子開了一家體育用品社，三女兒已經結婚生子了。

五、我與「孫案」受刑人

楊：請談談您和郭廷亮的關係，並說說您所認識的郭廷亮。

沈：民國三十九年，韓戰爆發的時候，郭廷亮是軍官大隊第一隊隊長，我是第一隊第一區區隊長。郭廷亮是雲南人，我是貴州人，因為雲、貴的人都說彼此是同鄉，所以郭廷亮對我很照顧，也很講義氣。我們也常到他們家吃飯，他太太還曾經當了她唯一的一件旗袍，買菜做飯給我們吃。

我們很接近，他不可能是匪諜。郭廷亮是出身稅警總團，❷ 並不是第四軍訓班學生。後來他擔任搜索隊大隊長時，大家都很敬重他，稱他「老大」。

　　記得民國四十三年時，有一位同學胡光華在金門當連長，想要出國留學。可是周至柔不給批准，胡光華最後就以手槍自殺了。我們把這件事報告給孫先生知道，孫先生就請立法委員通過「軍訓班學生視同軍校畢業」法令，以後很多人才有機會到美國留學。

　　在這之前，很多同學都很洩氣，不想幹了。孫先生就要陸心仁、郭廷亮、于新民、江雲錦這些人告訴大家要好好幹，團體有前途，個人才會有希望，要每個人安分守己好好幹。當時大家都聽郭廷亮的話，對郭廷亮五體投地，又因為他已結婚有家，所以我們也常到他家去吃飯。

楊：郭太太後來又和高培賓先生結婚了，這件事能否請您談談？

沈：郭廷亮和高培賓是雲南老鄉。當時我們都以為郭廷亮是出不來了，他的小孩又小，需要人照顧，高培賓就和郭太太結婚了。郭廷亮對這件事是毫無怨言，現在郭廷亮也和他們有所往來，後來高培賓自己也有了兩個小孩。在我們這幾個同學中，幫助郭家最多的是王霖先生。

楊：王先生是如何幫助他們的？

沈：金錢上的幫助。王霖他是湖北人，是一個君子，很講義氣。凡事出錢出力，毫無怨言。孫先生作壽時，他也出了很多錢。這件案子發生到現在，我們最大的困擾是，情治人員把我們列為叛亂犯。這樣的宣判影響到下一代的身心發展，小孩從小就有恐懼感。我知道在事情發生以後，他們曾經把我們所謂「叛亂」的事編成教材，到幹校開課。還發了一本小冊子，記載我們的事情，只給幹校學生看，看完就馬上收回。軍訓班學生是絕對看不到這本小冊子，我想軍中的高級將領應該會有這本小冊子的。

---

❷ 編按：郭廷亮出身緝私總隊。

六、孫老總叮囑不進忠烈祠(？)㉓

孫立人將軍告訴我，他不進忠烈祠，不上五指山。他在民國四十四年被控進行三大陰謀，還有部屬郭廷亮是匪諜。由於我當時是他的貼身隨扈，很清楚其原委，因此在這裡說清楚。首先是所謂的屏東機場閱兵要對蔣總統不利。

(一) 屏東機場閱兵事件

因為高雄要塞的副台長，都是十七期的，我在軍訓班小有點名氣，也去過那邊，他們都認得我。當時審問我的時候，就說我們把高雄要塞的砲，通通轉向屏東機場，是要瞄準老總統，準備叛變。有個少將問我這事，我就罵他：「國家會弄到大陸丟掉，都是你們這些人害的！當時閱兵，除了老總統，孫將軍跟美國大使、駐華武官也都在司令台上，我們怎麼可能開砲？你要冤枉我們擁護孫將軍掌權，如果把孫將軍打死了，誰來領導，這根本不可能的！你說美國人幫孫將軍，那我們怎麼可能連他們大使、武官都打死！？」

後來在屏東飛機場，閱完兵之後，孫將軍還被留在司令台上。由於孫參軍長是從台北，跟老總統搭飛機來的。閱完兵，老總統、蔣夫人都走了。蔣夫人特地派司機把孫老總送回他屏東自己家裡去，怕孫老總在那裡被幹掉。蔣夫人很能幹的，孫老總與桂永清、周至柔那些人起衝突，都是蔣夫人出面請他們吃飯，把事情排解掉。

(二) 高雄西子灣事件

至於西子灣總統官邸要對老總統不利，這件事我更清楚。當時西子灣有條密道到左營，是日本人當年動員三萬百姓挖的。據說完畢之後，就把那些人裝在麻袋裏，丟進海裏處理掉；這事是一個自稱當年被丟進海裏，但是利用鐵片割開麻袋逃生的高雄人說的。當時我經常跟幾個軍訓班同學去西子

㉓ 沈先生多次指出：孫老總叮囑不進忠烈祠。編者照錄，但附上「？」表示懷疑是否孫將軍真的這麼說。

灣游泳，我也常一個人去。照理那邊是官邸，平常不可以去的，但是因爲當時的警衛排排長是我在軍訓班後期的同學，所以他沒有爲難我。有一次去那邊被那些副台長看到，就請我上去吃飯，然後送我下山。結果後來也被拿出來講。當時可能被打了報告，說孫將軍的部屬多次到西子灣查探地形。

　　天地良心，我們是看不起蔣經國、恨彭孟緝，不過百分之九十九的人都是支持老總統、都是愛國的，怎麼可能叛變。連老總統來台灣，都是孫將軍保護他的。

　　當年（民國三十八年）黎玉璽用太康艦送老總統來台灣，經過澎湖，到了以後就由孫將軍派軍隊保護他。來之前老總統先問過孫將軍：「孫司令官，我來台灣有沒有人反對？」老總回答：「台灣防務由我負責，誰會講話。」過了幾天他就來了，來的當天下雨，軍艦停在高雄港，因爲只看到軍隊，沒看到憲兵來，老總統不下船，就拿個手杖在船上問：「孫司令官呢？」老總就上船去，向他報告來接他的是第四軍官訓練班的學生，他才下船。

　　當時老總統在壽山的住所還沒處理好，孫將軍就把他自己在鳳山的訓練司令辦公室騰給老總統用。那時候跟著老總統來的只有蔣經國、雷震、谷正綱、俞濟時，還有一個幫他揹礦泉水的我不認識；據我觀察，他們一支槍都沒有。老總統不喝一般水的，只喝礦泉水，他當時瘦得不得了。

　　其中谷正綱跟我很好，他也是貴州人，我都叫他谷二爺。有天他問我：「老弟，這邊有沒有貴州人？」我跟他說：孫將軍的章科長的太太就是。因爲喜歡吃辣，他又說：「能不能想辦法幫我去他家搞點辣椒？」我就去幫他要了，之後他對我就很好。孫老總跟谷正綱也處得很好，當年孫老總剛剛留學回來，要申請去中央政治學校當軍人，被很多人批評；谷正綱當時在學校當訓導長，孫將軍對他毛遂自薦，他就用了老總。

　　每天吃飯開了三桌，老總統跟孫將軍一桌，蔣經國、雷震、谷正綱、俞濟時他們跟我一桌，揹礦泉水的就跟衛兵們一桌。每天晚上，我因爲是孫老總護衛，身上都帶兩支槍，右邊是四五手槍，左邊是左輪。老總下令，九

點之後誰都不准進來，從高級將領到老百姓，見到人都直接開槍，狼狗也都放出來，因爲老總統在這邊，警備必須森嚴。當晚凌晨兩點，老總統跟孫將軍走出來，老總統拿著手杖，朝上指著天，很淒厲的喊：「我要反攻大陸啊！」孫將軍回答他說：「把新軍練好，我們就反攻。」

隔天早上，他看到我們例行的集體五千公尺練跑，心情很好。當天跟我們訓話時，就說：「我辦黃埔就剩你們這些命根子，我把你們帶到台灣來，將來也要把你們帶回大陸去。」很諷刺，後來到了民國四十四年，把我們都帶到牢裡去！當時抓了很多人，連長以上的都被抓去問。

(三) 士林包圍官邸事件

接著是所謂包圍士林官邸事件。

我們當時也常跟老總去北部視察部隊，很辛苦。南部的部隊很安全，不用我特別跟去。四十三年，有一次到台北，老總說：「你們三個辛苦了，放你們假去買點東西。」當時是我跟陳良壎還有王善從三個。陳良壎就開車，我們三個人一起出去，一路開到士林官邸那邊。以前蔣夫人的衛士都是海軍，陳良壎跟他們有暗號，打了個招呼，說「Hello」以後，就過去了。到了中華什麼廠，一個賓士汽車展售場旁邊轉彎的地方停下來。陳良壎當時跟我說：「小老弟，你是小朋友，就別跟我們去。」他塞了幾十塊錢，大概快一百塊給我，就叫我下車。我就叫了三輪車，去士林那邊光華戲院去看電影，看完之後，就自己回南昌街了，那時候我住在老總的官邸的一樓。他們兩個去老北投洗澡去了。

之前王雲狆說袁子琳在老總家裡有辦公室，那是胡扯，老總家裏只有我跟陳良壎住在一樓。而且我們在那邊也只有座位，沒有辦公桌；其他人就更不用說，何況袁子琳管財務，沒必要住老總家裡。就算去了，他連座位都沒有。孫老總對劉玉章將軍算禮遇，他到老總那邊，老總還拉了沙發給他，說：「坐坐坐！」我們站在旁邊聽他們講話。

王善從我們叫他「王老二」，因爲他一輩子都好女色，尤其最喜歡找寡婦。他有段時間跟一個空軍的寡婦一起，那寡婦很有錢，他說有三萬多塊，

當時是很大的錢。我有一次跟他說：「副參謀長，陳楷生病了，我們大家都沒錢，你給他一些錢去看病吧。」他跟我說：「錢是我太太的」。我氣得跟他說：「你哪來的太太，你真是個王小二！」

他那時候是八十軍副參謀長，曾經升到上校，後來又降回中校。當時也不能算是降階，因為老總統復職之後，決定前面那段時間的派令都不算數，所以升職的就都回到原階級。當時還有人從少將掉回中校，像江雲錦從上校降回少校。只有一個人沒降，就是劉放吾少將。

後來我們都被抓，被逼寫口供，每一個都要寫。王善從那時候的口供，提到孫老總，說：（他）要我們軍訓班的人把官邸包圍起來。其實不對。是他們把寫好的口供，要我們照抄。當時我們的自白書，都寫了一百多次；照著他們寫的抄，只要抄錯一個字，就被抓出去打，打完再重抄，就在陸軍官校後面，海軍招待所那裏拷打。

老總對王善從印象很惡劣。他外公是黨國元老許世英，照理說他不要亂搞，要升將軍不是問題。有一次我們要出去看部隊，碰到他老兄帶個帽子，拿著魚竿跟裝魚的東西，還穿著短褲。當時軍人怎麼可以穿這樣。老總看到，就叫他過來。我怕老總要打他，也跟著下車。結果老總就對著他說：「你寡廉鮮恥！」之後就把車開走了。

王善從十三期，于新民是軍校十六期，早就幹團長，王善從沒有當過，老總看不起他。所以我罵他王小二，他也不能怎麼樣。出獄以後，我代表澎湖參加省運動會。他當時住新竹，在彰化搞新生地，賺不少錢。跑來看我，我跟他說：「我跟你不投契，不跟你往來。」

七、郭廷亮「匪諜」案

(一) 民國六十四年以後的郭廷亮

自從郭廷亮與警總合作簽約養鹿之後，他每個月有五天的假期，可從綠島返台，所以算起來至少回台十次以上。當時我們聚會的場所，在中山北路的聯勤招待所，幾乎都討論有關翻案平反的事情。為麼會選在這個地方見

面呢？因爲我們的同學賴卓先，他曾經在外事處上班，所以他覺得在這個地方見面比較妥當。除了這個地方之外，我們的聚會場所，還有松山機場的餐廳，那裏有王霖負責張羅，另外還有遠東飯店等地。後來我們發現，當我們在聚會的時候，總是有人在附近閒晃，讓我們心裡不是很痛快。於是我們就問郭廷亮，是否有人跟監？他說：有，只要下飛機，警總就會派員監視他。

郭廷亮常說，當時的警備總司令陳守山上將對他很好。我記得有一次過年的時候，郭廷亮從綠島回台。他想送禮給陳總司令，以表達一些心意，於是找我提供一些意見。我說：「你又沒錢，所以就不要打算送貴重的東西，送一些水果就可以了。」他聽了，馬上接受我的意見。於是我就帶郭廷亮和他的兒子郭志忠，前往南機場附近的水果市場，買了 2 盒屏東最有名的蓮霧（黑珍珠），一盒送給了孫夫人，另一盒就給陳總司令。據我所知，郭廷亮每次回台灣，都會去拜訪陳總司令。㉔

(二) 民國七十七年以後的郭廷亮

郭廷亮生前從事翻案工作時，身邊一定攜帶一個手提包。至於裏面有什麼重要的文件，大家都不曉得。在郭廷亮出事之後，手提包就歸家屬保管。據家屬所述，案發當天的手提包裏有十萬零五千元，可是卻沒提起有任何重要的文件存在。不過，郭廷亮生前曾說過，這個手提包裏面，有一些爆炸性的文件，及給蔣經國、李登輝的陳情書。

(三) 郭廷亮被殺與被警總跟監

同樣身爲軍人，我們一眼就可以看出對方的身分。據我所觀察，經常有一個人在郭廷亮的身邊遊走。甚至在聯勤外事俱樂部的時候，也有一些憲兵的出沒，他們的眼光常常落在郭廷亮的身上。而且由郭廷亮出事當天，警總人員比家屬先到醫院的這一點來看，我們更可以確定他被跟監的可能性。

記得他出事那天（11 月 16 日），他從綠島飛回松山，再到台北火車站。買了復興號的票之後，由於有點空閒，就在上午十一點打電話給我。我

㉔ 請參閱陳守山訪問紀錄。

說：「明天老總逝世一週年的忌日，❷我們一起去台中。」他說：「老總喜歡穿得整齊，我要先去內壢拿西裝。」當他跟我交談的時候，我從電話筒中聽到旁邊有一個人說：「不要再講了，趕快上車。」逼得他沒辦法繼續講，電話就這樣掛斷了，結果當天下午郭老大（郭廷亮，我叫他郭老大）就被人弄死了！

(四) 郭家子女與警總

因此，我確定郭老大一回到台北，從機場開始，警總就有人去接他，並陪著他到火車站，一齊買票，一齊行動。所以郭老大打電話時，旁邊才會有情治人員吆喝的聲音。

郭老大與警總的關係，因為長子郭志忠的涉入而複雜化。至於郭志忠和警備總部之間，究竟存在什麼關係？這一點，我不是很清楚，我只知道他和警總的人員很熟。自從郭廷亮出事之後，我就很少和他有往來了。

(五) 郭廷亮受傷照片所顯示的可能原因

根據照片的觀察，如果是跳車，臉上應該有擦傷。可是照片上，顯示的傷痕在後腦，後腦有紅腫的痕跡。他的頸子、手腕、關節及足膝蓋、關節，也沒有擦傷的痕跡。關於他的臉部沒有擦傷，只有右眼呈現表皮膚瘀血的情況。據我所知，這個瘀血的部分，可能是人為因素所造成。在加護病房的這一段期間，郭廷亮祇要聽到我們講話的聲音，血壓就會升高，臉部馬上泛紅，而且他會儘量把眼睛張開。在場的每一個人，都希望他能開口說話，可是一直到心跳停止的那一刻，他始終未能開口。也使得這件外界所謂的「意外事件」，蒙上了一層陰影。❷

(六) 確定「意外事件」不是意外

---

❷ 編按：孫立人忌日為 11 月 19 日。

❷ 編按：「跳車」事件業經朱浤源與謝國賢深入調查後，證實為他殺而非自殺。詳情參見朱浤源，〈再論孫立人與郭廷亮「匪諜」案〉，《戒嚴時期政治案件之法律與歷史探討》，財團法人補償基金會，民 90 年 5 月 20 日，26 頁。

當年我們在鳳山、屏東時，受過跳車一類的訓練。跳車我們一般人都是用手平衡，就往下這樣跳；當時訓練時他們說不是這樣，要利用慣性作用，也就是說不是向下跳，是準備向前跑，這樣就不會跌倒。當天我跟賴卓先，我都叫他賴哥，去省立桃園醫院的時候，郭老大的頭髮已經都剃了，就只有一個護士，還有一個上校坐在旁邊。賴哥說：「國家為了你們這些人，多了很多冤枉事。」另外就是三、四個情治人員在附近。當時的情治人員，我們當過兵一看就知道，言行動作都很特殊，都穿那種香港衫。

當時他兒子在牆邊，看到我以後跑來問我：「沈叔，內壢的房子要怎麼過戶？」發生這種大事，郭志忠居然問我房子過戶的問題！我很生氣：「你爸爸出這種事，居然這種時候問我這種問題。真是過分！」當時氣得差點打他。當時護士接到一個電話，說上面吩咐不准開刀。之後，我們轉送榮總，醫生告訴我們，如果事發兩小時內急救，其實是救得了的。

當時我聽到這邊不動手術，馬上打電話給徐靜淵，他是軍訓班十五期，後來當到少將，也當過警察那邊的總監，還當過台汽公司的董事長。請他找許歷農許老爹來幫忙，當時許老爹是退輔會主委，那時賴卓先就抓著一大堆銅板，一直到處打電話請人幫忙。

到了當天晚上九點，徐靜淵回了電話，轉告我們說，許歷農要我們趕快把人送去榮總，大家在那邊碰面。不過省立桃園醫院不肯派救護車送，我們只好自掏腰包，花了四千塊僱私人的救護車，運郭老大去榮總。當時我跟賴哥全程坐在他身邊，就怕有人把他的管子拔掉。到了那邊是凌晨五點，許老爹已經等在那邊，馬上安排把他送到開刀的地方。

我跟許老爹認識很久，並不是他當將軍我才巴結他。民國四十三年我在鳳山軍訓班當區隊長的時候，他已經是中校教官。我因為輪值星官，常常負責帶學生隊去上課，跟他有不少機會講話。

榮總的那個主治醫師，看到郭老大以後就搖頭說：「來得太晚了，這種傷勢在兩小時內是可以救的。」都這樣講了，後來也就沒有開刀了。等了兩天等到加護病房，就移到那邊，不過當時也只是盡人事了。當時在櫃檯那

邊，遇到曾心儀，她是李敖的助理，李敖要她查這件事。後來老大一度恢復意識，但是話講不出來，但是聽到我們講話，血壓會升高，臉也會泛紅，表示他知道我們在旁邊。我們希望他能講些話，像是誰殺了他，或發生什麼事，只是都沒辦法講。

　　我雖然沒有受過情報訓練，但是我對情報人員的認識還是有的。那時候我準備了相機到醫院，想幫郭老大拍一些照片存證。我把我兒子也叫來，我兒子叫沈立人，取這名字是感念孫將軍。我當時知道外面有情治人員盯著，一直有人在外面徘迴偷看，就叫我兒子去外面把風，因為他身材也高大，有180 公分。我利用他擋著的死角偷偷照相。剛剛照完，就聽到有人上來，我馬上叫我兒子拿著相機從樓梯那邊跑下去，不要坐電梯，下去馬上坐計程車走。上來的是榮總的保防官，帶了七、八個人來，一來就問我們：「聽說你們要幫他照相？」我就裝傻問他：「要照什麼相？我又沒有照相機，照什麼相？」他們看看我確實沒有相機，也沒有搜我的身，後來我趕人，他們就走了。

　　曾心儀是李敖要她查這件事的，自從老大出事，她就經常跟我們聯繫。她當時四十歲左右，現在在《民眾日報》做事。當時《自立晚報》有登這消息，她就主動趕來這邊，一直到我們把老大送到太平間，期間一個多禮拜，她都沒有離開過。晚上都由她看著老大，白天我們到醫院以後，她才跟郭廷亮的女兒到樓下去假寐。當時李敖對孫立人案的研究，應該都是她寫的。但李敖本人沒有跟我們直接接觸過。

伍、步校教官余尚文先生訪問紀錄

時　間：民國 77 年 11 月 19 日、
　　　　民國 95 年 6 月 7 日、7 月 28 日
地　點：高雄縣鳳山市鄧超先生宅、孟化新先生宅、川府川
　　　　味餐廳
受訪者：余尚文
主　訪：朱浤源
陪　訪：蔣元、陳世全、孟化新
紀　錄：高惠君、許庭碩

一、家世背景及從軍經過

　　我的籍貫是湖北孝感，民國十年出生於上海。民國二十五年，小學畢業之後，因為家兄是一位軍人，使我也有從軍報國的想法。我就從武漢坐車到長沙，加入了財政部鹽務總局的緝私總隊。民國二十七年，我就跟著孫將軍，從長沙清華大學一路行軍到貴州都勻。身上帶著背包、乾糧袋、圓鍬、槍、子彈等裝備，就是沒有水壺。此外，孫立人將軍很重視保養槍枝，要我們用心的擦槍，告訴我們槍就是軍人的第二生命。

　　到都勻時，我才十九歲，在宣工隊當政訓士，演話劇是我主要負責的任務。那時候生活相當艱苦，我們把伙食費省下，去購買日用品，因此每餐幾乎都只有一道菜可以配稀飯。吃飯的時候沒有椅子可以坐，大家都蹲在地上，六個人一桌，一班兩桌。吃飯的時間是十分鐘，時間一到，所有人起立，不准繼續吃。菜少再加上吃飯時間很短，因此經常沒辦法吃飽。

　　仁安羌戰役後，部隊先到加邁整訓，然後前進到密支那。那裡的房子到處都在著火。我們在那待了一兩天後，繼續行軍。途中遭遇正在撤退且狼狽

不堪的英國部隊，他們口中不斷地稱讚我們：「Chinese very good, very good！」另外還撿到不少如水壺等材質精良的英軍個人裝備。我們在伊洛瓦底江一帶作戰，在收到上面命令停止前進後，奉命掩護其他部隊撤退，後來轉進到印度。整訓之後，再開入緬北作戰。

二、在東北與太太相遇

東北四平街戰役發生時，我在新一軍師部政工隊任職。由於孫先生在美國考察，將部隊交給杜聿明指揮。孫先生回來以後，在辦公室內拍桌子大聲指責杜聿明：「一個四平街，怎麼傷亡我這麼多人，都沒有拿下來？」「你為什麼傷亡我（新一）軍這麼多人？」杜聿明在辦公室內拿著報紙，不發一語。㉗ 我當時站在門外，也看到了這一幕。之後的戰事，由孫先生來指揮，很快地就將四平街拿下。

在東北時，我們政戰部有分每天發行的《精忠日報》，我的工作就是負責印報。當時沒有鉛字可用，是先在鋼板上刻蠟字，然後再沾上油墨的方式印刷。除了日常的印刷業務之外，有時也要寫點稿子。

當時住在長春的滿碳大樓，我在教導隊當教育副官。當時我們都把衣物交給一位女孩子洗，這位女孩本來是位童養媳，在家中經常受到虐待。後來，我們把她與四百名學生，從長春帶到了瀋陽。我本來想把她介紹給部隊裡的軍需上士，或者特務長。到了瀋陽後，待了一天，便一同坐船到上海。在上海時，這個女孩子告訴我：「你們走吧，不用管我了。」但我心想，這個女孩子除了自殺，也沒有第二條路可走，所以我決定帶她到台灣。

按規定軍艦上面不能有女眷，她沒辦法上船跟我一起走。因此，我給了她一些錢，安排她和音樂教官趙昆和的太太一起坐商船到高雄，要她們先在火車站對面找個旅館住，我跟軍艦到了台灣之後會去找她們。三十六年來到高雄之後，簡單地辦了婚禮，請了一桌客後，那位女孩便成為了我的太太。

㉗ 編按：杜聿明為孫立人長官。孫被余先生親眼見到向杜長官拍桌子，其關係的確相當不尋常，值得注意。

三、來台與孫案發生後的生活

我搭乘軍艦跟著部隊到了基隆，在基隆發生了一件令我印象深刻的事。當時我看見有人在賣香蕉，而且這裡的香蕉比上海的漂亮又便宜。我就拿了一串，並對老闆說：「老闆，這串香蕉多少錢？」他一看我是軍人，連忙揮手，口中說著我聽不懂的台語。旁邊人告訴我，他是說：「阿兵哥你拿去吃不要錢。但是剩下的香蕉你不要拿，他要吃飯。」我說：「怎麼可以這樣呢？」我丟了一張流通券給他。他說：「太多了！」我告訴他：「沒有關係。」旁邊就有人說：「阿兵哥，你們早一點到台灣來，台灣就沒有二二八了。」我們的部隊，相當服從孫將軍對軍紀的要求。例如他規定部隊住在老百姓家，部隊一離開，環境要打掃乾淨，桌椅要洗乾淨，家具擺設都要還原。

我跟趙昆和是最早來到黃埔新村的住戶。這是算公家的房子，當時來到台灣的軍官都可以住。本來我有兩間房子，因為陳世全新婚，沒有房子，所以我把小間的房子讓給他住。陳世全被帶走以後，我家附近便經常有人來巡邏。之後，政戰保防科找到我，問我：「你跟陳世全什麼關係？為什麼把房子給他住？」這件事情，我也向步兵學校的大教官，戰術組組長于振宇報告。

我在步校當戰術組教官，講授「連攻擊」，曾經得過全校教官評比的第一名，全國陸軍教官評比的第二名，三民主義講習班第二名。此外，在軍訓班當隊長時，有一次隊上指導員召開的小組會議，邀我參加，我告訴他：「不行，我現在有重要的事要做，沒辦法參加。」就這一句話，得罪了指導員。後來，步校保防科長告訴我，你的資料上寫著「不穩定份子」。雖然我後來沒有受到牢獄之災，但因為孫立人、郭廷亮事件發生，以及得罪政工指導員，所以不能夠升中校。事情告一段落後，那位保防科長被調到軍部去擔任政戰科長。許多年之後，有一次碰到我，他告訴我：「余先生，冤枉你了！」我說：「過去的事就不要講了。」

民國七十九年，孫先生過世時，日本方面派出過去十八師團的副師團長

爲代表前來弔祭，他留下了兩行輓聯：「支那人民多少淚，中華從此無將軍。」❷

　　過去共軍的林彪也曾說過：「只要不打新一軍，不怕黃埔百萬軍。」這些都算是對孫將軍在軍事成就上的肯定。

四、對話錄

朱浤源（以下簡稱「朱」）：請問您和孫將軍的關係？

余尚文（以下簡稱「余」）：我是第四軍官訓練班第十五期學生，畢業以後
　　擔任中隊長職務，訓練學生。

朱：可不可以請您敘述第四軍官訓練班的情形？

余：第四軍官訓練班於民國三十七年在鳳山成立，歸陸軍訓練部所管。第一
　　任班主任由孫立人擔任，副主任是唐守治。歷任者有陳麒華、孫成城、
　　辛鍾珂等人。

朱：第四軍官訓練班的編制情形呢？

余：第四軍官訓練班只有三大隊，下有中隊，十五期受訓期爲三個月，十六
　　~十九期則延長爲半年，目的在使這些受訓者雖係行伍出身，受訓後可
　　比照軍校學籍。三十七年剛成立時稱爲幹部訓練班，有軍士大隊、尉官
　　大隊、校官大隊。一個大隊有四個中隊，一個中隊相當於一個連，約一
　　百零三人，另有二個示範隊，擔任示範動作。

朱：當時是否有整個師移過來接受訓練的情形？

余：沒有，只是幹部來受訓。另外還有特訓班，組成特種兵總隊，又分爲砲
　　兵、旗（騎？）兵、通信大隊，但無學籍。還有軍士隊作帶職受訓，目
　　的在獲得學籍。

朱：一般的教育水準呢？

余：有中尉、少校。

---

❷ 編按：這幅輓聯的詞義看來，不似日人觀點，其來源似可再查。

蔣元：當時受訓學生教育程度由小學到大學一年級都有。

朱：請您談談帶學生的時候，有那些值得回憶的事。

余：那時候部隊的士氣極高昂，每個禮拜跑二次五千公尺越野賽，穿紅短褲，打赤膊，累了就喝豆漿。晚點名時，唱黃埔軍校校歌，其他時候則唱「新軍歌」。這首歌後來禁唱，因為沒有「領袖」二字。

朱：從大陸來時，各部隊都很零散，當時是如何加以分發、歸隊？

余：回到自己原屬單位。

朱：再請您回憶孫將軍當時帶兵的情形？

余：孫將軍的講話技術不好，但他以《曾胡治兵語錄》、「岳飛生平」來作為部隊精神訓話的內容。他對幹部的要求極嚴，幹部一看見他就提心吊膽。記得有一次，我在帶隊出操時，學生持槍姿勢不對，孫將軍看到了。他沒有指責學生，卻問我說：「槍枝應該怎麼拿？」我答說：「報告，半面向左。」他接著問：「那他怎麼拿的？」

　　他對學生做了最大的關懷，一定要求幹部了解每位學生的家庭、社會背景，他還說我們訓練部隊不要學美國人，我們是東方民族，美國人有優點也有缺點。他也要我們實踐貫徹軍人五大信念——主義、領袖、國家、責任、榮譽。㉙他說有些高級將領到國外訪問，自己沒有戰績，又向國防部打借條、借勳章，外國人問起這些勳章那裡來的，自己又答不出來，這就是不榮譽。將軍他也重視戰鬥基礎動作，因此他主張每年辦戰鬥技能競賽、運動大會，加強軍人的體力，並講究全員運動。

朱：請您談談四十四年孫案發生後，一些印象較深刻的事情。

余：孫案發生以後，第四軍官訓練班第十五至十九期的通訊錄全部為上級收繳。學生也被送到灣子頭補訓㉚政治課程。

　　有一次我隊上學生補訓完，到我家來，對我說：補訓總隊要做通訊

㉙ 另有一說：孫將軍僅強調「國家、責任、榮譽」三項。其詳仍待查。但在「新軍歌」的歌詞中沒有「領袖」二字，則招來疑慮。

㉚ 高雄縣鳳山市的另一個大營區。

錄。只有我反對。政戰部問我為什麼？我說：照片太多了，我不敢做。如果一定要做，只能登二張照片，一張是國父的，一張是總統的，原因是我怕再來受訓。

　　還有一個學生周錦，孫案發生後被捕，可是去了很久卻未接受訊問。我就託人送紙條到法院，說他被綁架。不久在軍法處接受審訊，有一位少將問他，你只是少尉排附，怎麼能夠常常到防衛總司令的辦公室呢？他說：「我投效軍隊，是為了反共抗俄，而非私利。他（孫立人）待我如父兄，我去他的公館，覺得很榮幸。您是一位少將，如果有一位防衛總司令邀您去，您會不會去？」那位少將沒有回答。由此可見孫將軍是非常愛護學生，沒有架子的。

陸、步校教官陳世全先生訪問紀錄

時　間：民國 77 年 7 月 20 日、民國 89 年 7 月 10 日、民國
　　　　95 年 6 月 7-8 日、7 月 28 日

地　點：高雄縣鳳山市田世藩先生宅、鄧超先生宅、孟化新
　　　　先生宅、高雄機場辦公室、川府川味餐廳、麥當
　　　　勞鳳山光遠店

受訪者：陳世全

主　訪：朱浤源

陪　訪：簡又新、田世藩、冉隆偉

紀　錄：林蘭芳、謝國賢、李來興、張嘉仁、許庭碩

一、家世背景及求學過程

　　我是四川涪陵人。父親陳開宗，有兄弟五人。父親居長，曾經擔任四川
劉文輝軍長的軍需主任。母親張氏，為家庭主婦，不識字。家中有兄弟三
人，大哥陳世文，二哥陳世武，我居三。幼年就讀四川廣武縣白菓鄉的小
學，初中是涪陵私立益輝中學，高中是重慶私立楚才高中。當時我就讀三年
級。

二、從軍經歷

　　民國三十三年秋，長沙失守，日本軍隊進逼陪都重慶。戰爭到了最艱苦
的時刻，國家正值危急存亡之秋，蔣委員長號召知識青年從軍。我在愛國心
的驅使下，為了不讓家裡人知道，什麼行李也沒帶，就響應從軍熱潮，跑去
參加青年軍。入伍後，我被編入青年軍二〇一師六〇一團第一營第一連。最
初的一個月，沒受什麼訓練，只感覺到好玩。

　　一個月後，開始徵調一部分學生，經過簡單考試後送到國外，去接受機械化訓練。那時我還不滿十八歲，很渴望到國外去。參加遠征軍後，先從重慶走到白市驛機場，然後上飛機到達雲南曲靖，經過小憩，即乘火車到雲南昆明，再轉機到印度。那次有好幾百名學生出國，但一路上沒有部隊或其他政府單位派人來招呼我們，或告訴我們要做什麼。學生們都很獨立，當時有兩位年齡較大的朝陽學院的學生，一位名叫于戴書，另一位叫劉志華，自告奮勇的暫時負起帶領我們這批青年軍的工作。到了昆明要上飛機之前，也都沒有人管。等到美軍的飛機來了，就叫我們自己上飛機，把我們帶往緬甸密支那。

　　下機後把舊裝燒了，換上美式裝備就上車，感覺像是去當補充兵。我們是在密支那戰事結束後，❸ 部隊正在開往八莫作戰的時候來報到的，旋即被編入新一軍三十八師的學生大隊受訓。❸ 當時軍長來和我們講話，第一個印象是看到了一個誠懇莊嚴的軍長，講話真誠，讓人覺得很舒服。他說：「你們這些學生這種愛國熱誠，今天你們到部隊這裡來，我不能把你們當一個兵去犧牲，我要訓練你們成為有用的人。在此國家危急之秋，有你們這批愛國青年，國家有希望。」經過一個多月的訓練後，通過考核，我很幸運的被選入軍部的教導總隊受訓。

　　教導總隊訓練之嚴格，不是三言兩語可以說完的。用體罰的方式來管教、訓練是常有的事。例如部隊集合立正的時候，胸部不挺起來的話，長官就是一拳打過來。幾個月之後，印緬戰事結束，我們便隨軍回國。後來有很多學生受不了，開小差、自殺的都有。在那個時候，我們都很反感。長官說愛護我們，但這簡直像是在虐待我們。分到部隊實際與敵人接觸作戰，面臨考驗後，才明白到我們每個人之所以能在槍林彈雨中生存，獲得勝利，完全是拜這些嚴格訓練所賜。

　　我們在緬甸密支那受訓時，有一個鷹揚劇團，經常演平劇「精忠報

---

❸ 密支那戰役為國軍反攻緬北諸役中，犧牲最慘烈的一役。

❸ 當時每個師都編有一個學生大隊。

國」。看得大家都覺得非常厭倦，現在才知道軍長是為了灌輸我們精忠報國的思想。他在鳳山對我們訓話，也常講要效忠領袖、愛國家，又以《曾胡治兵語錄》來教我們帶兵，要我們發揮岳飛之精神。

部隊在印緬戰役的任務完成，我們部隊由美軍專機運回廣西南寧，參加第二方面軍對日本之反攻作戰。回到國內看見各個部隊，訓練及裝備都比較差。那時我們在緬甸，只要我們穿上軍服外出，外國人看到我們就說：「O.K. Chinese army, very good！」會讓我們先走。只要是新一軍，華僑就熱忱招待。那種榮譽感真是非言語所能形容的。部隊到達南寧，當我們正準備反攻梧州時，日本突然宣佈投降，我們即奉命接收廣州。

在廣州期間，新一軍對教育訓練仍未間斷，每天均遵規定出操上課。新一軍奉命接收廣州的同時，東北由蘇俄接收，**㉝** 並交給中共接管。未幾，中共擴大叛亂，東北吃緊，新一軍奉命出關剿匪，平定亂事。先由廣州到九龍，再乘坐美軍軍艦至秦皇島登陸，然後開赴東北。國軍在四平街與敵人對峙，打了很久的時間打不下來，那時孫將軍受歐洲盟軍統帥之邀，出訪歐洲還沒回來。**㉞** 上面緊急電召他回來，一上戰場，陣前的士兵就傳說：「軍長回來了！」第二天就打下四平街。你看，士兵對軍長的信心與向心力竟是如此。拿下四平街後，就直追敵人到長春。在長春期間，進行了一段時間的接收訓練，然後繼續向北進攻。正準備進攻哈爾濱時，美國促成三人小組調停。**㉟**

田世藩：我補充兩點，(一)孫將軍由密支那被艾森豪請到歐洲，帶的翻譯官不是江雲錦，是西南聯大的教授衣復得，是山東人；(二)孫回來在廣州辦公，部隊運往香港時，奉何應欽之命到紐約參加同盟國軍事代表團的

㉝ 東北應該是被蘇聯佔領，不是由蘇聯接收。

㉞ 當時並非出訪歐洲，而是參與我國軍事代表團，在美國談判。也請參考本書田先生的兩點補充。

㉟ 蔣又新先生在旁補充道：「先追到大連，要不是三人小組調停，第二天就可步行到哈爾濱了。」編按：疑為一時口誤。蔣先生一定記得當時是追到長春，而非大連。

會議。那時打四平街，賈幼慧指揮不動，然後由鄭洞國代理，也不成。
等孫將軍回來後，才士氣大振，拿下四平街。

陳世全繼續：

那時部隊在東北作戰，指揮系統不能統一協調，但因新一軍戰鬥力強，
所以我們的部隊經常疲於奔命；常被長官部一紙命令就臨時徵調，在東北各
省之間奔馳作戰。那時共軍的口號是：「吃菜要吃白菜心，打仗要打新一
軍。」慢慢地，調停時間一久，士氣也漸漸減低，但是作戰能力並沒有因此
而減退。不久之後，孫將軍就調南京陸軍訓練司令（後來升任副總司令）。
照理青年軍在三十四年勝利時，就應該復員退伍，但考慮到前線情勢的關
係，所以新一軍至三十五年才開始分三批退伍。我那時在前線作戰，擔任班
長的職務，所以延到三十六年才和最後一批人一起退伍。

從軍時我高三還沒畢業，復員後可到川大去讀書。但回家後看到共匪擴
大叛亂及政治情況很亂，經我大哥、二哥之分析，鼓勵我到台灣，所以我又
向南京訓練司令部報到，在民國三十六年來台參加新軍行列，先任中尉特務
長，接著進入第十五期軍訓班受訓。畢業後留在隊上擔任十六、十七、十八
三期之區隊長。直到軍校在台復校後，改到儲備軍官（即大陸來台無職軍
官）訓練班當區隊長。儲訓班解散後，我先在步兵學校擔任初級班的區隊
長。通過教官甄試後，又兼任戰術組教官，講授連防禦，一直到被捕。

那時候當教官，除了要先通過考試之外，上課之前，教官們要講授的大
綱、授課內容，都要像準備計畫一樣先寫下來，然後集中呈到考核科，通過
審核之後才能上課。當時總教官是李邦芬，計畫科長是由錢麒瑞擔任。

三、孫將軍點滴

我曾說過，孫將軍給人感覺，一見面就感覺親切，而他對部下的要求，
總是以身作則。如果部隊有三週或六週的演習，就時時刻刻可以看到孫總司
令；晚上演習下大雨，士兵沒穿雨衣，他也不穿雨衣；部隊蹲著吃飯，他就
蹲下來陪我們一起吃飯。演習時總統來視察，他不在台子上陪總統看，反倒

來看士兵演習，蹲下來看瞄準及一切戰鬥動作、通信聯絡是否精準；他不是擺擺樣子給你看，而是實地去做的。我們部隊都感受到孫總司令真是偉大，但是台上的那些人作何感受，就可以想像了。還有，部隊行軍到哪裡，他車子也跟到哪裡。那時士兵穿膠鞋，因為天氣熱，士兵腳都起泡了，他把他們的鞋脫下來聞一聞。後來，他建議把鞋的膠底改為軟底。

他個人的生活非常簡樸。他在陸軍司令部時，常常自己吃一碗麵。在步兵學校週會時，校長在台上講話，他就站部隊後面。他親自到每個地方去實實在在的看。當總司令的辦公費，一個月二十幾萬，那真是天文數字。他不用，把它拿來買酵母片發給部隊大家吃，有時給陸軍總部加菜，那真是不貪財。

他對國盡忠，溢於言表。猶記得當年南京剛剛失守的時候，他在步校的台上，向大家講話。講到：「今天南京已經失守了！」就講不下去，站在台上痛哭流涕。我親眼看到，那是實實在在的哭，不是演戲，由此可看出其愛國情操。

總司令經常由南到北，從北到南視察部隊，他成立督訓處，是要確知部隊是否按照陸軍排訂的計畫來訓練。然而，政工單位總認為那是什麼特殊機構，暗指孫將軍有特殊企圖。他今天若遇到師對抗演習，車子馬上停下來，然後就到營區，他不找師長、團長，而直接找營長，馬上到營地去看演習。如果他看到演習不照計畫，那督訓官吃不完兜著走。所以那時部隊都兢兢業業的，不敢摸魚，深怕總司令隨時會來。督訓官也怕總司令抓到督訓不力，故督訓處之功能，是在部隊由基層發揮至最高效果。所以民國三十九年那時，部隊能一心一德，團結一致。

但在此之後，自有政工制度以來，部隊長與士兵和幹部發生很多不愉快的事，政工專對軍訓班學生和行伍軍官製造是非，其囂張跋扈的情形，也不是幾句話就說得清的。部隊自此離心離德，軍訓班一切升遷也都掌握在政工手中，故很多同學心裡也不平衡。那時，孫將軍也犯了幾個大忌：他講軍隊國家化；他公開反對政工，認為政工會造成部隊的不團結；又在訓練時只講

國家、榮譽、責任，沒有把領袖擺在前面，過後政工才把領袖、主義擺上去。❸

　　關於孫將軍的訓練認真，民國三十八年，那時有日本顧問指導，部隊訓練在大貝湖（今澄清湖）演習時我參加了。孫將軍對部隊演習，都深入的一點一滴去看，後來在講評時，孫將軍把所有的缺點都指出來。那天岡村寧次的參謀長白鴻亮親口說：「難怪新一軍能在印緬將我們最有名的常勝軍消滅掉！」他佩服得心服口服。從這點可看出孫將軍對演習之認真。

四、孫案時之遭遇

　　當時政工跋扈囂張，與一般軍事幹部都不能融洽（相處）。民國三十八、九年，政幹班出身的政工，素質參差不齊，不能夠跟後來政戰學校畢業的學生相比。因為當時的需要，所以大量的招募部隊裡的士官去受訓。他們本來都只是低階士官，還有很多人是其他各級軍事學校或部隊不要，所以才送去參加政幹班的訓練，但是政幹班畢業之後，讓他們能夠很快的升遷，也是讓他們更加的囂張跋扈、耀武揚威的原因之一。我與其他教官真的是看不下去，認為他們好事作盡壞事作絕，加上那個時候年紀輕，看不順眼他們的作為，就時常公開批評他們。有時候在開會時也加以批評；有的時候是在辦公室裡與同事聊天，也批評了政工人員。

　　案發時，我在步校當教官，剛結婚八天。四十四年五月二十八日，步校政戰處兩位政戰上尉來我家，要我到步校去。一到政戰部門口，保防科科長出來，把我眼睛蒙上黑布，送到「海軍招待所」。那兒是很恐怖的地方，進到那兒能再活著出來，別人都說是奇蹟。

　　這案整個講起來就是政工人員導演的一齣戲。我及在座的各位，❸沒有一個是被憲兵、警察抓的，全是政工人員一手包辦，在「招待所」均是保防

---

❸ 按：是羅友倫將軍的建議。參《羅友倫先生訪問紀錄》，朱浤源、張瑞德主訪，台北：中研院近史所，民83。

❸ 指民國77年的那次訪錄。

科長嚴刑烤打並審問。招待所審問完後，我們被送到台北，關在西寧南路的保安司令部約半年。從高雄的海軍招待所開始，到入獄這段期間，負責押送我們的人，都不是憲兵或警察，而是政工人員。在他們背後負責處理我這件案子的，是軍團部政戰科科長杜玉玨中校。包括一切的審訊、逼供、刑罰，都是由他來主導。事實上我們沒什麼筆錄，供詞都是按其劇情需要來寫的，若不寫，則威脅、利誘、拷打，全用上了。疲勞審問那真是受不了，加上剛結婚，又擔心太太日後的生活。

我剛結婚，郭廷亮住黃埔新村東一巷，我借住在黃埔新村余尚文隊長家，有時見到面聊聊天而已。審判時，表面上組織了軍事法庭，還不都是政工和情治單位的人組成，我被判刑三年。

我們關在台北的時候，保安司令部和其他的人，對我們是客氣。政工審問，那就毫不客氣的了。我關在六張犁，❸因為看守員的粗暴行為和管理之惡劣，曾絕食一週抗議。過後，孫光炎也絕食，後來被拖到防空洞刑打，那時蔣又新一直叫：「你們要打死人啦！」後來孫光炎這個人就一直沒看到過。到軍法局軍人監獄服刑，那時真的只要不是政工單位，對我們都很客氣，如毛人鳳、毛惕園對我們也是很客氣。

從四十四年五月二十八日，我被關了整整三年，到四十七年五月二十八日出來，那時經國先生派了位上校來安慰我們一番，每個人發了六百元的路費（冉隆偉在旁補充道：「我發了八百元。」）要我們好自為之。

回來之後，同學都不敢跟我們打招呼，更別說來看我們了。我們跟他們打招呼，他們甚至頭都還歪一邊去，故意裝作不認識，以免惹禍。我們住哪裡，警察也就跟到哪裡。後來我們有的拖煤球、有的拉三輪車，自謀生路。可能我們也還是在情治單位的監視之下，大概看我們生活不行了，報告上級。我被安排在聯勤第二被服廠做僱員。我那時沒工作，外面又誰也不敢用我們，就答應去了，待了九年。民國五十六年我參加特考，考取公務員，派

---

❸ 編按：六張犁臥龍街上的看守所，今天屬保□總隊，其旁為警政署機械修理廠。

任高雄縣鳳山市公所任職,幹到去年七十六年退休。我現在是領終生俸。

孫案從政工抓人、逼供、審問、審判的過程中,可以衡量出上層單位的政治謀殺,拿我們做可憐的犧牲品。到最近還有警察到我家來,❸ 民國七十七年五月分我剛到大陸去回來,很多老長官、弟兄要聽聽我大陸行的感想。就在那星期天,他們也來查戶口。

我回來後心理很不平衡,在大陸上,我大哥、二哥因為是國民黨黨員,被槍斃,嫂子改嫁,等於是我家裡沒人了。台灣這邊,是響應蔣委員長從軍的,我們也是從槍林彈雨中過來的。孫立人將軍訓練我們,也是國家派的啊,為何拿我們來作犧牲?在大陸那邊,我們不是人;在這邊,我們也不是人。

民國七十七年七月十九日,又有兩個調查局的人來了,問我:「上面聽說你們要組織戰友聯誼會。」我說:「我有聽說,但不知誰在辦的。」我們是無辜到底了。到現在還列名在黑名單之上,郭廷亮如果是匪諜,那今天台灣政府真是太寬大了:郭去坐牢,情治單位還替他家買房子;每個月由胡立民(現在的安全局副局長)送生活費去;在綠島的養鹿場,每個月還有幾萬元的收入,這真是太寬大為懷了。

在座的老長官,都是跟孫立人將軍出生入死的,從八一三(淞滬會戰)、印緬抗戰,到剿匪,再到台灣來落魄。比起來今天在台灣的某個將領,訓練沒訓練,作戰沒作戰,二二八殺了那麼多人的還是四星上將。他貢獻在哪裡?這世界沒有公理。二〇一師在古寧頭大捷的時候,沒有新軍訓練的二〇一師,老實講沒有古寧頭大捷。沒有古寧頭大捷,可能就沒有今天的台灣了。把孫將軍訓練二〇一師的功績抹煞,這不公平。我回大陸去,現在中共在研究印緬戰爭對中國影響。今天我們孫將軍的貢獻全被抹煞。如果能將孫將軍的貢獻,做一個完整而清白的歷史交代,那我們每一個人就很安慰了。

---

❸ 編按:這裡指的是民國 77 年秋天。

　　第一次軍訓教官在劍潭受訓，我被派至該班任教官，經國先生來講話。我覺得他說話很有技巧，比較起來，孫將軍講話就坦誠多了，也較像個君子。我軍訓教官的同學，有的後來轉政戰。他說他們經常開會檢討某些人。那時有一個小組專門圍剿胡適之，針對其演講和文章加以圍剿。孫案整個事情，其實都是政工規劃出來的。就如李穆老先生說的，他（指孫立人）不研究政治，也不准軍隊研究政治，所以他不知道政治中污黑的情形。玩政治的，哪個人沒價值，一下台就被解決掉。如王昇是與蔣經國一起打天下的，最後還不是外放。

　　民國七十七年以後，我曾去看過孫將軍（已被解除軟禁）一次。見到他還是滿口以國家為重，說不要引起不安或動亂。我覺得他眞是位了不起的中國軍人。他這個人怎麼能跟他們這麼玩法呢？！孫將軍雖然是留美的，但他並不崇拜美國，他的訓練是綜合德、日、美、蘇、法，再加上中國人吃苦耐勞的個性來訓練的。講統御，他也是得利於《曾胡治兵語錄》，並不是美國人那一套。

五、訪問對話錄❹

朱浤源（以下簡稱「朱」）：根據冉隆偉先生民國四十四年在軍法局的〈偵訊筆錄〉，提到：「郭廷亮要冉隆偉先生有所行動」，希望能夠「將步校校長和政治部正副主任監視起來」，必要時派軍「架起機關槍，游動警戒」，「用示範部隊佔領高地，控制步校」。不曉得您的看法如何？

陳世全（以下簡稱「陳」）：當時我們教官並沒有武器。所以當年他們用來陷害我們所編造的劇本，根本就不完善。怎麼說呢？因為我們沒有武器，所以怎麼可能架起機關槍來監視校長？更何況我們並沒有部隊，怎麼可能控制步校呢？這完全是不可能的事情。而且那時候的示範部隊，也已經不屬於郭廷亮所有，老早就已經更換了。據我所知，所謂的示範

---

❹ 本節訪錄於民國 89 年進行。

部隊也是很久以前的事情，而且那時的示範部隊也是由中央派來的，我們不可能有指揮權。另外要提的一件事，就是有關「屏東兵變」的閱兵部隊，是由各連打破建制來編列，而且按照高矮順序入列，因此當時即使編列是同一排的，也彼此不認識。更何況在閱兵之前，都會詳細檢查槍枝，絕對不允許帶任何彈藥進場，所以這怎麼能夠說是兵變。

朱：我現在手上的，就是您民國四十五年十一月在軍法局所做的〈偵訊筆錄〉。這裡面提到：「郭廷亮何時叫你聯絡軍訓班同學？」您的回答是：「他叫我見到同學在部隊內好好服務，互相聯繫是四十四年元月的事，在五月間他同我說有時間可到屏東機場同學陳宗勤聯絡一下，但我沒有去。」

陳：陳宗勤當時是屏東機場的警衛連連長。我記得那次是去機場拜訪我叔叔，拜訪完後就順便去找陳宗勤。和他見面之後相聊甚歡，我就問他單位裡還有沒有其他軍訓班的同學，如果有的話，大家就找時間聚一聚，不要失去聯絡。這是一個很單純的想法，怎麼會被誤會成要控制機場呢？

朱：您的叔叔大名？

陳：陳開壽。

朱：他也是高級軍官嗎？

陳：不，他是留美通信士官。

朱：他的官階比您低。那陳宗勤有涉案嗎？

冉：❹也被捉了。聽說出獄之後還升到上校。

陳：他沒有事。

朱：他沒有被關？

陳：有，關了半年多。出獄復職，後來當警備總部高雄市調查組的上校組長。

---

❹　冉隆偉先生在旁邊答腔。

朱：您剛才說陳宗勤是跟誰一起釋放的呢？

陳：郭學周。他們是第一批釋放出來的。郭服務於警備總部保安處，擔任處長，少將退役。

朱：另外就是在范俊勛先生的〈偵查筆錄〉中，有提到楊萬良介紹郭廷亮給范先生認識。您的看法？

陳：那不能算是介紹，可能是當時他們在郭廷亮家裡吃飯的時候，被住在隔壁的步校政戰部第二科科長發現了。當時郭廷亮的學生一天到晚都到郭家吃飯。那時候我是住在黃埔新村余尚文隊長借給我的房子住，我也常去郭廷亮的家裡，因此常會看到很多學生在他家吃飯。可能學生年輕氣盛，多少會抱怨一些事情，所以引起住在隔壁的科長的注意。

朱：政二科科長的姓名？

陳：我不曉得。他是步校政二科的科長，是不是保密局的人，我不知道。

朱：因為郭廷亮家裡每天都有人在高談闊論，所以會引起別人注意？

陳：對，而且郭夫人也很熱心，是非常熱忱的一個人。而郭廷亮對學生也非常好，常常請郭夫人燒好菜請學生吃。

朱：您去過幾次？

陳：不記得。憑良心講，軍訓班的同學與政戰部的人就是對立。我記得當時我寫了一封信給我的同學，他在××連當連長。沒想到政戰部的指導員竟然要檢查他的信。後來被我同學知道了，就把連指導員叫來，臭罵一頓，甚至揍了他一拳。那時候我記得是民國四十四年，大家都知道這件事。

朱：還打了起來！

陳：有啊，連長就打了政戰部的指導員。那個時候，我們同學都認為有孫將軍可以當靠山，而政戰部的就以蔣經國為首，這其中的衝突就顯而易見。當時在步校之中，對立的感覺不是很明顯，可是據我所知，在部隊裡面，連長和排長絕對是跟政戰的軍官互相對立。那時候還聽他們說：如果發生戰爭，就先對付政戰的，再打敵人。

陳：我們當時在步校是當教官，平常就是上課，比較沒有特別的事。

朱：您也在一般組了？

陳：戰術組。上的是連、排的攻擊防禦。那時候我們軍訓班的同學下到部隊
　　之後，幾乎都是擔任連長、排長，沒有一個是營長級的。也因此在部隊
　　裏，特別會發現軍訓班和政戰部對立的情形。

六、出獄後的奮鬥經過

　　民國四十七年五月二十八日出獄後，身上什麼東西都沒有。當時決定先
去太太在大寮的娘家接她回來，然後一起到高屏大橋附近的河沙壩去做零
工。後來經國先生除了派些行政人員監管我們這批人之外，也為了不讓我們
生活有問題，不能讓我們活不下去，所以安排由國防部總政治作戰部，把我
們分配到各聯勤所屬單位當雇員。因為這個原因，我就被分配到小港聯勤第
二被服廠，當材料管理員。按當時的規定，在那裡工作的雇員，每個月可以
有四百二十元的收入。我跟那裡的政戰主任說：「我要租房子，還有一些開
支，只有四百二十元的薪水，生活會有問題。」他告訴我，只能夠按規定辦
事，沒辦法處理。不過他也把我的太太補到被服廠當司事（即職員），算是
讓我家裡可以多一點收入，生活還是相當困苦。在這種情況之下，心想這樣
下去也不是辦法，家裡要花用，小孩讀書也要錢，所以必須更努力地工作。

　　在被服廠當一段時間的雇員後，民國四十八年，我在小港機場對面，開
了一家「故鄉咖啡店」。當時附近的餐廳很少，機場的空服員、地勤人員沒
地方吃飯，所以我的咖啡店裡也賣起了牛肉麵。我還在咖啡廳裡裝了冷氣，
那個時候算是相當不錯的設備，吸引了不少顧客前來。民國五十年，我離開
被服廠，開始專心經營餐飲事業。

　　咖啡店經營成功之後，我又包下了士官學校的福利社。後來，我得知遠
東航空公司在五甲開設了一間製作三合板的合板公司，又去包下了它的餐廳
來經營。那個時候同時經營三間餐廳，早上我先到咖啡廳去開門，看一下經
營的情況，然後就到士官學校福利社去轉一圈，在到合板公司的餐廳去看

看。

　　民國五十六年，我參加了基層特考，順利考取後，我就到鳳山市公所當成德里里幹事。當里幹事收入不多，主要就是負責送通知單、稅單等，除了有固定薪水外，遞送通知單或稅單還有每份幾毛錢的酬勞。加上這份工作的性質是屬於外勤工作，讓我還能夠兼顧餐廳的事務，晚上還可以兼差去做糖廠警衛，也算一份不錯的工作。但仍有些困擾的地方，例如當時成德里住了很多的台灣人，但我不會講台灣話，有時候比較難跟里民溝通。特別是每次召開里民大會，里幹事是當然主席，要主持會議，我還必須請翻譯來協助會議進行。

　　在民國五十九年，成立了「中華清潔打蠟服務中心」。第一件承包的業務，就是負責高雄市政府的清潔打蠟工作。那個時候打蠟，沒有像現在有這麼多方便的材料和工具，都是拿著海綿，在要上蠟的地方先抹一遍，有時候我們就蹲著或者跪在地上抹蠟，抹均勻了之後，才用打蠟機打亮。市政府相當的大，打蠟工作要全部完成，要花相當長的一段時間。

　　同年，又承包了小港機場的舊大廈，負責那裡的打蠟清潔工作。民國六十一年，正式標下了小港機場所有的打蠟清潔服務工作。那個時候機場附近餐廳不多，很多人在機場前賣起便當。我認為這樣子不好看，就把這個情況告訴航空站副主任廖懷新，向他建議在機場設立速簡餐廳，不但有美化的效果，也是員工的福利。他同意我的看法，要我寫個計畫。計畫呈上去三天後，主任召見我，問我餐廳要設在什麼地方。我向他建議設在機場的陸橋下。他相當同意，並要我開設餐廳。我說：「我又做機場清潔、又開設餐廳，這樣不好。所以我不能做，我做，恐怕別人會講話。」他還是要我做，並給我很多不錯的條件。先是幫我安裝冷氣，然後也不收我福利金，只是要我把餐廳辦好，優待機場員工。加上當時中鋼在附近建廠，很多中鋼的員工也跑來我的餐廳吃飯。等口碑作出來之後，小港農會、鄉公所的員工都來這裡用餐。

　　這間速簡餐廳，我一共做了十二年。後來換了一位機場主任，他看見這

間餐廳賺錢，加上有人活動遊說，決定要換人經營餐廳，所以我就結束了這間餐廳的經營。我知道之後有兩家餐廳的負責人來看，但覺得做不下去，所以也沒將餐廳承包下來。後來主任又找我去做餐廳，要我重操舊業，但我決定還是把清潔工作做好，餐廳就不做了，此後那裡就沒有人經營餐廳了。

民國八十九年以前，這三十年來，小港機場每年都與我續約。民國八十九年，政府施行採購法，公家單位的外包業務都必須公開招標，因此，小港機場的清潔打蠟工作，就被其他廠商標走了。雖然沒有繼續負責小港機場的清潔工作，但機場負責相關業務的廖主任，一直都很肯定我的做事態度，認為陳某人做事很踏實、負責。現在我們仍時常聯絡，感情不錯。

之後，我又以一千六百萬元的資本，成立了「一暢企業股份有限公司」，目前這間公司承辦很多工程。後來又花兩千萬元，創立了「景宜實業股份有限公司」，目前是小女兒在經營。景宜主要經營的範圍是承包清潔勞務工作、行政業務，以及機關團體的禮贈品製作。

經過這些努力，加上孩子也都長大，經濟上能夠自理，也輕鬆不少。我自己還有軍人退休七十萬元的保險金，加上存下的公務員退休俸，目前總共約有一百萬元左右的退休金。這一百萬元可以優惠利率來存放，一個月有一萬五千塊錢的收入。加上退休俸每個月可以領三萬塊錢，一個月大概有四萬五千元可供花用，生活可以過得不錯，算是苦盡甘來。

七、今天的家庭

內子簡秀霞曾於聯勤第二被服廠擔任司事，民國六十二年退休，現主持家務。育有三子，都畢業於被服廠附設幼稚園，後來又讀名為青山國小的被服廠子弟小學。三個孩子小時候書讀得都很好，長子陳樹仁及長女陳璦瑜都曾擔任畢業學生代表，在畢業典禮時，上台致詞。

樹仁於天主教道明中學畢業後，我送他到台北參加高中考試，錄取師大附中。附中畢業後考取清大，但他有感於長年離家在外求學，希望假日回家方便，能有多一些時間待在家中，所以選擇就讀於成大工業工程學系。樹仁

畢業後考上預官，隨即入伍服兵役，並在步兵學校受訓。受訓後分派步校人事科擔任科員。樹仁在軍中也不忘學業，退伍前即申請到美國堪薩斯州立大學工業工程學系的入學資格。退伍後的第二天，便赴美求學。並獲得美國堪薩斯州立大學工業工程博士學位，現已寓居美國二十多年。我的孫女（樹仁女）於民國九十五年，在美國申請到了相當熱門的藥劑系。樹仁曾多次要幫我辦綠卡，邀我赴美一同生活。我都拒絕了他，覺得不適應美國的生活。

　　長女陳瑗瑜，現為「空中英語教室」高雄主管，負責與教學錄音帶相關的業務。小女陳玉玲獲美國南加大行銷管理碩士，曾任日月光股份有限公司國外部經哩，個性上像個女強人，目前是「景宜實業股份有限公司」負責人。

柒、步校教官冉隆偉先生訪問紀錄㊷

時　　間：民國 77 年 7 月 20 日、民國 89 年 7 月 10 日、
　　　　　民國 95 年 6 月 7-8 日、7 月 28 日
地　　點：高雄縣鳳山市田世藩先生宅、鄧超先生宅、孟化新
　　　　　先生宅、高雄機場辦公室、川府川味餐廳、麥當勞
　　　　　鳳山光遠店
受訪者：冉隆偉
主　　訪：朱浤源
紀　　錄：林蘭芳、高惠君、謝國賢、許庭碩

一、從軍經過

我是四川省蓬溪縣，康家鄉冉家店人，家道小康，尚能自給。家父是公務人員，在重慶市一家玻璃廠任經理職務，母親賢德淑慧主持家務，是良母典型。我兄弟五人，長兄在重慶任教，英年早逝，二哥、三哥協助母親料理家務。四哥同我在家鄉念私塾，十歲時我考取本鄉高級中學，十二歲時我進入吉祥市寧溪中學，十五歲畢業後，旋即考取逐寧高級中學。

民國三十三年，國勢危急，長沙失守，那時我念高中即將畢業，此時蔣委員長號召十萬知識青年從軍運動。每天政府派專員至全國各大專院校宣導，國家危急，從軍報國是我們有志青年保家衛國的最好時機。當時我們同學由於愛國的熱忱及好奇心驅使，掀起從軍熱潮，全校共有四、五百人，而響應從軍的就占了三分之一。

三十三年，我到了青年軍二〇一師六〇三團三營七連報到。未幾，就參

㊷ 編按：冉隆偉先生民國 96 年過世，冉先生個性較易激動。說話時音調較高之外，有時沒能將句子講完。本文為存真起見，聽不清或沒講完整的部分，以「……(？)」表示。

加了遠征軍。自四川直接飛往密支那，下飛機後編入新一軍三十師學生大隊。經過一個多月的訓練後，通過考核，被選入新一軍軍部的教導總隊受訓。畢業後因為成績優異，又被遴選至學員四期受訓。

部隊調回國以後，在東北學員隊受訓時，孫將軍在每個禮拜六的朝會，都會操著標準的國語口音，在滿碳大樓前的大馬路上，對我們進行訓話。他要我們每個人都看重訓練，告訴我們平時有好的訓練，作戰的時候才能夠有好的表現。除此之外，孫將軍要我們上了戰場不要怕，只要盡了力，就算戰死也值得。學員隊畢業後，即分發部隊當排長。

民國三十五年，我在長春認識了一位富商的女孩，年紀跟我差不多，家裡在開電器行。因為還在學員隊受訓，所以平時沒什麼機會能夠見到她，只能夠在每個禮拜六的假日抽空去看看她，感覺高興得很。有一天我約她到公園見面，她真的來了。一開始我們就在公園裡散步，但旁邊很多人在看，我們都覺得不好意思。那座公園裡頭有個湖，湖中央有處涼亭，我們便划著小船到湖中央的涼亭。後來我到了瀋陽，那個女孩也跟著我去。我讓她穿著軍服，魚目混珠偽裝成士兵的樣子，好把她帶在身邊。

長春到四平街的路，都沒有遇到敵人，部隊能夠順利地前進，但接下來從四平街到瀋陽這段路就很難走。因為當時共軍準備攻取錦州，所以把幾十萬部隊部署在這一帶，感覺到處都遇得到共軍。到瀋陽之後，就跟郭廷亮在一塊了。當時郭廷亮跟我一樣，都把心愛的女友帶在身邊。因為這個情況，所以後來我跟郭廷亮的感情就越來越好。

三十七年春，中共不打長春、瀋陽，而打東北鐵道樞紐的錦州，那時蔣委員長適在東北，知道這情形之嚴重，即把戰力最強的新一軍，從長春調回瀋陽，準備作長期戰鬥，經過五、六個月的醞釀，就形成了遼西大會戰。當時國軍部隊：瀋陽兵團及錦州兵團。總兵力大概有六、七十萬人，共軍部隊也不過六十萬人，兩軍部隊軍力相近，為什麼國軍會失敗呢？因為國軍高級幹部，部隊的剿匪總司令、兵團司令、軍長等都搭飛機遠走高飛了，留下的都是師團級幹部。你說這個仗，怎麼打。在遼西大會戰中，我們的部隊被共

軍包圍在遼西。在兵荒馬亂的情況之下，我的女友走失了。在附近及河邊都遍尋不及後，結束了這段大約兩年左右的戀情。之後我便跟著部隊向南突圍。

共軍攻陷吉林、長春後，六十萬軍隊很快的逼近山海關，攻擊錦州。錦州危急時，我們從長春奮力走了六天六夜到瀋陽，援救錦州。當我們的部隊接近錦州時，錦州垮了，我們便往瀋陽撤退。當時所有的東北部隊，包括新一軍、新六軍、新七軍等，都走在一起。

當時許多的部隊長缺乏鬥志，都穿上西裝，身上背了一大背包金圓券準備逃之夭夭。❹當我們部隊進入一個村莊時，發現這個村莊裡的人，有新一軍的、新六軍的、七十軍的、二〇七師的，數量多得驚人，簡直連站的地方都沒有。當時新六軍有一位師長下令部隊向前面村莊攻擊。連續衝下幾個村莊後，師長、團長也不見了，只剩了一些散兵游勇。當我們部隊衝到巨流河牆時，原本的幾萬部隊，只剩下五、六千人。我們自己飛機炸死的官兵，遍地都是。衝過巨流河，大家都是由陣亡官兵屍體上踩過去的。這時瀋陽已被共軍攻佔，我們不能回瀋陽，當下決定：進關是唯一生路。從渤海灣經過錦州走了二十幾天，到了熱河，追上了十三軍。本想隨十三軍進關，但十三軍不同意，最後協議，他的部隊從古北口進關，我們的部隊從喜峯口進關。這一協定可糟了，因為這時共軍的部隊已經到了喜峯口。我立即決定，準備乾糧，爬過萬里長城入關。因此就近找了個村莊，蒸饅頭，每人攜帶十幾個饅頭，開始爬萬里城牆。誰知這萬里長城，這樣難爬。走了一山又一山，過了一嶺又一嶺，最後來到豐潤縣，還不錯，趕上最後一個部隊撤退。

我們跟著十三軍後到達唐山，但他們可以進城，我們就不許進城。我即上前交涉，今天誰不許我們進城，我們就給誰拼了，後來他們感覺無奈，只好讓我們進城。準備搭乘火車南撤時，卻在車站受到管制。十三軍的部隊可以入站搭車，而不讓我們的部隊進入車站。當時我是連長，必須要想辦法讓

---

❹ 他們所背的都是官兵 8 個月的薪俸及主副伙食費，部隊已有 8 個月沒有發餉。

部隊順利撤退，因此我向守在車站入口的衛哨說：「讓我進去與你們的長官溝通好不好？」衛哨同意後，我一進入車站，馬上把衛哨的機槍轉頭，我的部隊見狀，一下子就全衝進了火車站。

進了火車站後，看見一輛二十八節車廂的火車停在月台上，每個車廂都擠得滿滿的，每個人都跟那個沙丁魚一樣。車廂裡已經沒有空間可以容納我的部隊了，因此我便下令以六個人為一組，爬到車廂頂上去坐。然後我到火車頭，拿著衝鋒槍頂著司機，等我的部隊都爬到車頂上後，就叫他開車。出了唐山後的第三個小車站，遇到了共軍。他們要火車停下來。我伸頭一看，是共軍，叫司機不要停下立刻加速向前衝。共軍見狀，命架設好的三挺機關槍朝火車開槍。由於機關槍是朝車廂攻擊，而沒有對車頂射擊，因此死傷的都是在車廂內的十三軍官兵，我在車頂上的部隊一個都沒傷到。晚間九點多鐘，火車到了天津，下了車我才知道一共死了六百多人，另外還有一千多人受傷，死傷逾兩千多人。

車到天津後，即與南京聯絡，那時孫將軍是南京陸軍訓練司令，就派了三艘軍艦來接我們。過了一星期後船來了，但船長不讓我們上船，卻讓天津富商，每人以百兩黃金上船。因此三艘撤退用的軍艦，上面都是攜家帶眷，帶著大包小包的富商。這時我就和船上衛兵交涉，我告訴他：「我一個人上船與你們長官見見面。」衛兵先是不准，最後看我們苦苦哀求，也就寄予同情，讓我登船。我一上船，一腳就將他的一挺機槍，踢到運河裡。在岸邊五百多名官兵見狀，全部一擁而上。當時船身傾斜，有翻覆的危險。就立即請大家安靜。這時候，我就到了廣播台拿起擴音器，向這五百多名官兵喊話：「是新一軍的請舉手。」結果大家都舉手。這個時候我勇氣十足向大家急呼：「過去新一軍，在印緬打日本人有我們，在東北打共產黨有我們，但今天在天津坐這缺板板船，卻沒有我們，今天誰敢不讓我們坐這破船，我們就將誰丟進這運河裡」。大家齊聲叫好。後來我們這兩、三千人衝上了船，到了上海。

這其中有一段小插曲，我下船艙時，看見有對夫婦，他看到我穿著軍官

衣服，就拉住我的手說：「長官，你一定要住我這裡，幫我忙。」他是怕皮箱中的黃金、美鈔會被動歪腦筋。我就對他說：「我的弟兄絕不會動你的東西的，我們自己都帶很多錢。」後來到了上海，也不知他們的去向了。

船到上海黃浦江後，我們就下船，在上海一間名叫白雲庵的寺廟，住了好幾個月後才到台灣。部隊在上海時，因為沒有東西吃，就每天上當地一個館子吃飯。但由於大部分的士兵身上並沒有錢，吃完後都沒有付錢給店家。

來到了台灣後，考入第四軍官訓練班十七期受訓。畢業後分發到三四〇師任參謀，並與首席參謀蔣一峰相處甚好。後來蔣一峰調東南長官公署儲備軍官訓練班擔任隊長，他就徵調我到他隊上當副隊長。儲訓班結束後，改編步校。一部分分發部隊，一部分調到步校擔任教官。這時我就到步校擔任地形學教官。

二、孫案發生時之遭遇

民國四十年到四十四年，我在步校一般課程組擔任教官，因為我與郭廷亮是舊識，交情很好，他不在時，我就幫他上課。孫案發生，郭廷亮被抓起來，我就知道事情不妙。那天我在初級班上課，校長派副官來找我，說有人找我，有事。我說我在上課，不去。下了課我在洗臉，校長又派人來找我，說有兩個中校找我談話。後來我去了，他們本來約我在鳳山的冰店談，卻把我帶往「海軍看守所」❹去。這兩人一個是海軍中校，一個是步校保防科科長，都是政工人員。他們問我：「你跟郭廷亮是什麼關係？為什麼幫他代課？」我回答說：「我跟他就是在東北時認識的好朋友嘛！老朋友幫他代課應該沒有什麼關係吧？」他們不相信，說孫將軍準備兵變，而我和郭廷亮都是重要幹部，要我招供、寫自白書，把所有事實都寫下來。我當時心裡想，一定不能寫，要是寫了就完蛋了。另外，我就是要招供、寫自白書，也不知道要招什麼、寫些什麼。我就是在步校當教官，講授學員地圖判讀，也幫郭

---

❹ 編按：即所謂的「海軍招待所」。

廷亮代課，講授軍隊教育法，有空的時候跟些老同學、朋友聚聚。除了自認曾經公開批評政工之外，根本也沒有做什麼別的事情，所以一直堅持不寫自白書。其中一位政工聽到我不寫自白書後，賞了我兩個耳光。我那時候年輕氣盛、血氣方剛，我也上去給他兩拳。打了政工人員之後，事情更不得了。

　　不招供、不寫自白書，又打政工人員，換來的便是一頓頓拳打腳踢。一個禮拜後，他們在晚上十二點把我送到防空洞裡，要我上老虎凳（膝、腰綁住，腳上加磚塊），用老虎凳來繫我，我還是不寫。之後又用挾子夾我的手指頭，那真是痛得很，但我還是不說話。整了二天後，那海軍中校特別警告我：「你若講實話可能還有生路，你要知道我是殺人魔王，曾經一夜裝了七十六個人丟到海裡去。」❹ 我不理會他。他說：「好，今天晚上就請你。」晚上一點多，他還真來了，另外還找了兩個打手。先是一腳把我踢醒，我醒來，一拳打到他的腦門。後來邊打邊拖，把我拖走了。這三個人把我帶到海邊，用裝著馬達的竹筏帶我到海中，威脅要把我丟到海裡。我仍是不聽，也不寫自白書，他就把我裝在裝著石子的麻布袋泡在海裡，從胸口開始，慢慢放下，一直到脖子，只讓我露出頭部。真的要把我丟入海中，你說這嚇不嚇人？後來我對海軍中校說：「你說什麼我就寫什麼。」就這樣才把我送到台北。他們要我照著他們的意思寫自白書，一開始我沒有照做，還是按照自己的意思寫。但這些政工人員不斷要我重寫，要我按照他們的意思寫。例如，原本我在自白書上寫跟郭廷亮就是朋友、同事的關係，但他們要我把與郭廷亮的關係寫得更密切。

三、訪問錄

朱浤源（以下簡稱「朱」）：現在所請教您的問題，是根據民國四十四年十月二日上午八時在軍法局第二偵查庭，由趙公獻檢察官對您所做的偵訊內容。當時的書記官是侯應麟。

---

❹ 編按：冉先生所轉述，依例照錄，但無法求證。特此聲明。

冉隆偉（以下簡稱「冉」）：對。

朱：在〈偵查筆錄〉中提到：「你與郭廷亮是怎麼認識的？」您的回答說：
　　「民國四十三年十一、十二月間，　郭廷亮調步校當教官和我在一組，
　　經田祥鴻介紹認識的。」

冉：田祥鴻沒有在那一組。

朱：〈偵查筆錄〉又提到：「郭廷亮、田祥鴻何時才要你聯絡軍訓班的同
　　學？」

冉：他後面這段資料……（？）

朱：我唸一下：

　　當時書記官又問：「以後你聯絡了多少同學？」你就回答：「那時我正
　　在受訓，畢業後我曾經聯絡斯爾昌及朱啓□ ❻ 。」書記官又問：「郭
　　廷亮是否指定你為步校聯絡負責人？」您回答：「郭廷亮的意思是要我
　　作步校的聯絡負責人，但我沒有答應他。」書記官又問：「你們聯絡同
　　學的目的何在？」您回答：「郭廷亮說孫總司令對我們軍訓班的同學很
　　關懷，要我們各人好好的工作，同學間要聯絡感情互相幫助。」書記官
　　又繼續問：「沈承基是否負責聯絡高雄要塞的同學？」「沈承基當時在
　　哪裡任職？」

冉：沈承基是助教。

朱：接下來書記官問的問題就很重要了。書記官問：「郭廷亮告訴你將有所
　　行動，要你把步校校長和政治部正副主任監視起來，必要時派軍隊架起
　　機關槍游動警戒，用示範部隊佔領高地，控制步校。你聽過這話以後，
　　你是怎麼樣給他進行的？」那您的回答是：「郭廷亮告訴過我以後，我
　　並沒有給他作。」書記官又問：「郭廷亮告訴過你行動日期和行動目的
　　嗎？」您回答：「他都沒有坦白的告訴過我。」書記官問：「郭廷亮說
　　有所行動是何時告訴你的？」您說：「是今年四月底到五月初之間對我

---

❻　最後一個字看不清楚。

說的。」

冉：這應該是檢察官趙公嘏問的。**❹**對於趙公嘏的審判書，**❹**我把他全部推
　　翻。因為這完全是用刑求、拷打編撰出來的。

朱：不過在軍法局偵查庭並沒有用刑。

冉：它……（？）**❹**，這個沒有用刑。

朱：對，在軍法局沒有用刑。

冉：我講的是在海軍招待所的時候。

朱：對，那個地方有可能。因為他拷打的目的就是要逼你們招供，他們是如
　　何編造口供逼你們講，這點也請你發表意見。

冉：在趙公嘏公布判決之後，我對……（？）給推翻了。當時在場的每個人
　　都站起來反駁這件事。這一講，所有的警衛就把軍法局包圍起來，避免
　　發生暴動。

朱：這是四十四年十月二日的時候嗎？

冉：對，當時在場的有江雲錦、王善從、郭廷亮、田祥鴻、劉凱英、王其
　　美、張茂群和我，我們一概否認判決的結果。這一鬧，趙公嘏就緊張
　　了，……（？）。

朱：所以這份在軍法局的偵訊筆錄內容應該都是屬實吧？

冉：那裡面也有一些問題。那郭廷亮……（？）。

朱：就是在步校監視校長及政治部主任的部分？

冉：沒有，這完全是捏造的。為什麼呢？第一點：我們那時是教官，並沒有
　　武力，來架起機關槍、移動警戒。第二點是我們不敢拚。第三點是我和
　　郭廷亮很少接觸。我想他們懷疑我的原因，就是因為我幫郭廷亮代課。

---

❹ 冉先生所說，與軍法局的紀錄有出入。由於無法考證，茲併陳存錄。

❹ 應係起訴書。並非判決書，冉先生似乎一直沒弄清楚趙公嘏檢察官的角色，以及與軍法
　　官的區別。以下亦同。

❹ 冉先生鄉音較重，講話較急。一旦說快了，更聽不清楚，故以點點點和問號表示。以下
　　同。

郭廷亮不在步校的時候，課是我幫他上的。

朱：不過在這份偵訊筆錄上面，有您的簽字。

冉：那時候不簽字是不行的。

朱：而且還蓋了手印。

冉：這是保密局搞我的，當時他搞得我迷迷糊糊地，我根本不曉得做了什麼。

朱：但是這份偵訊筆錄不是在保密局做的。

冉：這是在軍法局？還是保密局？

朱：這是趙公嘏的。

冉：趙公嘏是軍法局，還是保密局？他是根據一位海軍中校的資料告我的。

朱：他是軍法組軍事檢察官。

冉：他是根據海軍中校的資料告我的。

朱：不過在這分偵訊筆錄中，您並沒有否認啊。您說：「郭廷亮有告訴我，但是我沒有給他作。」您並沒有否認郭廷亮有跟您提起這件事，您只說沒有答應他而已。這是最關鍵的地方。因為這些文字跟您平常說的口氣很吻合，看不出來是編造的。

冉：這個，這個是軍法局編的。

朱：如果是軍法局編造的話，您為什麼不全盤否認？

冉：當時我怕他們會揍我啊！那時候我們心虛得很。

朱：心虛？

冉：對，當時他們把我整慘了。

朱：還有偵訊筆錄中提到，郭廷亮請您作步校的聯絡負責人。您的答覆是：「郭廷亮有告訴過我，可是我沒有答應。」

冉：這件事是有一次，我和郭廷亮吃飯的時候，他所提到的。那時候他經常不在，所以就託我代課。

朱：對，因為郭廷亮替孫將軍辦事，所以常常外出。

冉：他們就是懷疑我，為什麼要幫郭廷亮上課。

朱：對，因爲你們關係最好。

冉：當時郭廷亮的課都是我幫他上的。

朱：郭廷亮都上些什麼課啊？

冉：軍隊教育法。

朱：那您本人是教什麼課程？

冉：地圖判讀。這是比較重要的課程。

朱：這是屬於比較專業的，您是怎麼被指派作這個教學呢？

冉：這是需要考試的。

朱：什麼時候考的？

冉：民國四十二年。

朱：剛才您說沈承基是助教，請問助教是做些什麼？

冉：教兵器的分解，例如機關槍、步槍等。

朱：那田祥鴻當時是做什麼？

冉：他在搜索隊。

朱：不過，你們不是在同一組嗎？

冉：沒有。我跟郭廷亮是在同一組。

朱：是哪一組呢？

冉：一般課程組。主要的課程爲：後勤、軍隊教育法、作戰、兵器等等。

朱：那斯爾昌是擔任什麼職務呢？

冉：兵器助教。

朱：那朱啓□是做什麼的？因爲軍法局印給我們的資料不清楚，所以不知道他的全名。

冉：當年我是認識他的，只不過現在沒有印象了。我只能說他沒有被牽涉進來。

朱：那斯爾昌呢？

冉：有，他也被抓了。不過很快就被釋放了。

朱：那朱啓□是哪一組？

冉：也是兵器組。

朱：那一般組有機關槍嗎？

冉：……（？）❺⓪

朱：你們組裡有多少人呢？

冉：有好幾十個教官，不過我們都沒有武器。

---

❺⓪ 講的話含在嘴裏，錄不清楚。

捌之一、四訓班學員黃正中先生訪問紀錄

時　間：民國 82 年 8 月 12 日、民國 99 年 7 月 18 日
地　點：屏東市中山路 80-22 號、屏東市廸化街 56 巷 8 號
受訪者：黃正中、賈懿烈夫婦
主　訪：朱浤源
紀　錄：張茂霖
輸　入：黃綉春、朱麗蓉
校　對：朱麗蓉

一、出身與學歷

　　我是浙江省餘姚縣人，民國十三年出生。五歲時，因父親赴漢口任職英商匯豐銀行，我隨之負笈於紹興同鄉會小學。民國二十四年，完成國民教育，轉聖保羅中學就讀。二年級下學期結束後，蘆溝橋事變發生，未幾時，日寇踐躪武漢，局勢急轉直下。八一三以後從上海開闢戰場，一直沿著長江往上攻，攻到武漢。武漢是英、日、俄、法、德等好幾個國家的租借地區，外國人他們不主張保衛戰，要國軍放棄武漢，國軍便把所有的青年都往後面帶，青年就考入聯合中學，當時我也是被錄取學校；分發巴東縣，準備到上游去了。在那之後，我家裡說：「這小孩子嘛！才十二、三歲。」沒給我上去唸書。這時，中日已經在武漢打起仗來，所以船才開到沙市以上，就被叫回來了。我因此輟學，轉應考於美亞織綢廠漢口分廠，錄取為練習生；承廠方津貼學費，藉以夜間補習，請了家庭教師，教四書五經。這個時候寫字、畫畫、國文課等等，所有的這些東西都是跟著老師學的。今天能夠樣樣齊全，都能說跟他很有關係。如此初中課程得告段落。民國二十八年秋，考入日本人新成立的漢口高等師範學校，從此與教育結緣。

　　民國三十年珍珠港戰役發生之後，漢口的英、美、俄、日商行封閉，雙

親返歸故里，不幸母親亡於途中。大姊早嫁，戰時隨夫赴重慶；二姊至上海；胞弟遠赴日本。時局如此作弄，令我家支離破碎。所幸我求學師範學校，屬公費生，學業未受影響，於民國三十一年夏卒業。

二、初任教職

我自師範學校畢業之後，於民國三十一年九月奉日本人的漢陽教育局委令，充任「四九」小學高級教員。翌年四月，應沔北沙湖地區完全小學聘為專任教師，暑假後，仍返原校服務。

民國三十三年二月，我奉教育局令調升漢陽縣立侏儒山小學教導主任。該校因位處偏遠的地方，離武漢市一百里路的郊外。又很複雜，是漢陽、沔陽、漢川三角地帶，有國軍部隊、新四軍、八路軍、黃僑軍，所以日本人的部隊補給都不敢上去，所以經費拮据，難以維持，前幾任校長束手無策，因而一一受到調撤。該校教師則一日不得兩餐粥，常因不忍其苦，或擅離崗位，或工作懈弛。我目睹此間教育困境，遂呼籲當地紳耆商賈伸出援手。幸獲他們勉力贊助，學校因而甦生，子弟轉得日增。後來校舍轉眼不敷支配，我再邀請熱心人士，發起捐募運動，所得成績甚佳。可恨是鉅款操縱於小人，致校舍拆建再三，不克竣工。雖然當地不乏正義而又熱心公益的人士，但因處境惡劣，恐怕遭惹殺戮之禍，所以都卻步不前。我於是策動軍政長官協助，或引導，或保障，終於在民國三十四年暑假鄭重宣誓，拼全力經營。當新校舍落成之時，正是日本軍閥蕩除之日，真是可喜可賀。

民國三十五年九月，我經過復員的省教育廳甄審及格，換發畢業證書，取得了正式文憑。民國三十七年接受上海市教育局檢定，認為甲種合格，可擔任「中心國民學校」校長、主任、教員等職。❺民國四十年十二月復經銓敘部審定，得擔任教育行政人員。

---

❺ 按：中心國民學校在當年屬較高層次的學校，每縣祇有幾所，它較完整，從一年級到六年級。各鄉鎮之中，有基礎小學，上學年限可能兩、三年不等，不到六年，設備亦較不足。

此時私塾林立，猶如雨後春筍，所謂貽誤國家命脈，莫此為甚，我決心予以革除。開始之時，先以善詞勸導，彼等卻冥頑不靈，置之不理。繼之由縣府出面，三令五申，猶被他們視為官樣文章，因循敷衍。最後，函請駐軍，威脅其幕後由左傾勢力操縱的人，對此迎頭痛擊，終於將私塾瓦解。而鄰鄉聞得風聲，也不甘落後，從此都成立了國民學校。我見宿願暫告完成，感覺創業維艱，守成不易，惟有堅忍奮鬥可徹其終，心中頗為快慰。稍後辭去侏儒山的教務，接受大別鎮的聘請。將滿一學期之時，又因侏儒山鄰近的永長父老，堅聘我為私立漢陽崇義小學的校長。義不容辭，乃於民國三十六年二月赴任。

三、亂世因緣

當我受任校長之時，大姊正因工作調職，由重慶轉往上海，途經武漢。大姊夫則已於前此在重慶，因公致疾亡故，所遺兩個女兒無人教育，大姊遂將其婆婆及女兒託我照應。與此同時，父親也到漢口看我，並面囑娶親，地方耆宿及教育界人士更為我關切作伐，使我識得鄰校女教師賈懿烈。

懿烈籍湖北宜昌，畢業於鄂省第一女子師範，因為家園罹受兵燹，父母具葬身砲灰，今服務於國民學校，實則伶仃飄泊。我見她秉性忠厚賢淑，而且耐勞樸實，更憐憫她的遭遇，便決定與她同心攜手，患難相顧。家父也頗疼愛她。歷時一載，便由父親主持，加以地方父老贊湊，使先訂婚。

歲暮，由於大姊再三來函催促，我乃遵囑於寒假之時，攜帶她的婆婆及女兒，偕同懿烈一起離開漢口，到達上海。在上海失業半載，始受鄉親介紹，應聘於長興雉城鎮中心國民學校，我濫竽訓育主任一職，懿烈擔任教師。生活方面日趨安定，不料執教月餘，二人同患惡疾瘧疾。懿烈病情尤為劇烈，似已病篤，置棺以待，幸逢吳興福醫術高明，苦心診斷，竟能使絕處復甦，可謂第二代人生。寒假之時，二人身體已經復原，但是床頭金盡，更以國事蜩螗，雖有父命，亦無力締婚。直到來台以後的民國四十一年雙十節，始在台灣軍中，完婚成家。

四、從軍、來台與政工

　　自抗戰勝利，舉國額慶，卻有赤禍續起，生靈塗炭，言之痛心。在此時期，情勢已漸混亂。以軍人為例，出門搭車或進戲院看戲，一概不付費，原因是，他們實在身無分文，店員若強予索求，則極易肇事。據聞上海市內，有某裝甲部隊戰士欲進戲院看戲，卻因沒錢而遭阻擋，一怒之下，回頭開來一部戰車，便死命直闖，撞進戲院裡。另有一例，士兵看戲因沒錢而被拒，於是擲以手榴彈，炸燬戲院洩憤。此類衝動而危險的事件屢有所聞。由於軍人大抵一窮二白，為了避免類似事件不斷上演，社會上便形成了軍人搭車、看戲，不用付費的習慣。

　　民國三十八年春徐蚌會戰，國軍失利，京滬杭人心紊亂，江浙學校也告停課。此時，火車站中，不只是逃避的人潮危機萬狀，即連維持秩序的憲兵亦受波及。因為車站裡的傷兵、散兵頗多，皆為憲兵糾察的重要對象，但是他們總以為「老子在前線打仗，命快沒了，那能聽小小憲兵的囉唆！」不僅不服取締，甚至在緊張煩亂的情況之中，竟將維持秩序的憲兵往火車輪下推入，這種傷亡事件，在當時並不罕見。

　　在如此混亂時局之際，遙望台灣猶可反攻復國，我遂於中共渡江前夕，偕懿烈暫棄教育事業，共投軍戎，以赴時艱。

　　民國三十八年三月初，隨軍搭乘台安輪，抵達民族復興基地：台灣。

　　從一開始，兩個人是分離的，從軍更是分離：她是隸屬於阿猴寮營房女青年大隊，跟著孫立人；我則在台南的入伍生總隊。兩個人還是分得開開的。台南以後，我進了十八期軍事軍官訓練班，她也準備分發了，當年在第四軍訓班訓練畢業時，正好也是韓戰場打得很熱鬧的時候。我們整裝待發，準備到韓國戰場去支援。後來停戰消息傳來，共軍、美軍兩方都禁止超過三十八度線。我們就被招回，哪兒也不去了。分發到五十軍部隊裡。就在這個時候，我們結婚了，在五十軍軍善堂，由軍長給我們證婚。形式上雖然結婚了，之後實際上還是束一個、西一個，她在女青年隊，全島要巡迴式地跑，而我在那段時間也還在受訓。

懿烈受訓於屏東女青年工作大隊兒童福利組，畢業後服務於軍中托兒所；婚後因生育子女，無法隨軍工作，只好退伍，轉謀於民間教職。

我受訓於陸軍第四軍訓班，畢業後充任區隊長、助教、排長等職；惟以體質孱弱，不能適應軍中勤務，於民國四十六年夏，奉令退伍。

當年孫立人不贊成部隊裡面有黨。他也沒叫我們入黨，沒有人說要那個黨的，軍隊國家化嘛！但是蔣經國非要搞黨，那時政工幹部學校成立了以後，他是政治部的主任，所訓練出來的幹部，通通到連隊裡面當指導員去了。那之後，我也到部隊裡報到，被派到基層部隊，被分發到五十軍四四一團第一營第三連迫砲排當排長，一去就佔一個中尉缺，迫砲排為先頭排，是中尉，其他的排當少尉。在軍隊裡面，我各方面表現也很好，那時師長張家寶，還特別輪調我們在他的幹訓班裡面做助教。他對我的軍事教育很成功，軍隊裡一切的戰鬥也很嚴格。結果到了期中的時候，還頒個「埋頭苦幹、工作勤奮」獎狀給我。

下部隊以後，一到連隊裡，頭一個就只知道要問：「你是哪個黨的？」我說：「沒入黨。」我根本就沒有入黨，撤退的時候都是很單純地離開大陸，他說：「你老實說，沒有關係的，還是民社黨？」那個時候沒有民進黨，叫民社黨跟青年黨，「你到底是哪個黨？」我說：「沒有就是沒有嘛！」我在部隊裡面，跟政工人員弄得不愉快，但是連長與迫砲連連長、副連長，對我們從軍官學校出來的都是蠻客氣、蠻照顧的。

既然我結了婚，這時就想離開部隊。上面就講：「你剛從官校出來的，怎麼可以給你離開部隊？」連隊的長官、團長底下的長官、師長都很好，但沒跟政工人員搞好，那想要怎麼退？

長官發現我身體不好，看看我瘦巴巴的，就把我弄到那時正好有個補充兵訓練團，訓練的地方就是發生九二一地震的那個地方：台中霧峰、大平的車籠埔那裡，都是訓練新兵的地方。我被派去編部隊、訓練新兵。那個時候一方面要訓練新兵、一方面還得弄作戰計畫，專門搞作戰。

我依然沒有跟政工人員搞好，已經從第一線部隊退到第二線部隊訓練兵

了，還是想退。怎麼退也退不掉，就說：「這兵身體不好、精神衰弱、思想不專注。好了！送到台北第一總院的精神病科！」

當精神病的，做了七、八個月，回來還是分發部隊。我就想，這個病樣子去報到。長官想：「你這樣子，我馬上就要開到金門去的，你這個東西，回去、回去！」我便從那部隊裡面直接退回來，回到原來的要塞部隊去了，那就是「軍官的出身，做兵的事。」團長不同意，而他接受美國的美援——沒有這一套！於是，把高血壓症撤銷，退伍下來、離開了部隊。第一線部隊退到第二線部隊，第二線部隊退到後備部隊。後備部隊解散，就這麼下來了。

五、重歸教育崗位

我自認執性忠誠正直，且熱心助人，無不良嗜好，常作書畫自娛；知識求新，道德執舊；同時信仰　國父遺教。當時深信將來大陸光復之後，無論共產遺毒之根絕、人民四權之行使、悠久歷史文化之闡揚、民族正氣之振發、人倫理性之復活，皆以教育為原動力。故在民國四十一年九月始，我便修業於中國地方自治函授學校，攻讀高級班教育行政科，為時一年半。雖軍中少有贊助吾志者，我仍秉持著西諺「環境何曾困志士，艱難到底助英雄」的精神，以策教育事業之善始善終。退伍之時，便是我重歸教育崗位之日。

甫退軍伍尋覓教職，經屏東農校教授翟平安推介，得以進入位於市區的屏師附小，擔任當時國校六年級的班導師。附小校長朱劍鳴提醒我，所帶班級很頑皮、很難帶，要特加注意。由於當時國校教育的補習風氣極盛，屏師附小也無法置外。我暗忖：教育學生，使之出人頭地，是我的本分。乃自立了一個原則：以學生成績為第一，若補習、特別輔導等，皆全力以赴，犧牲奉獻，在所不惜。

在我加倍努力、苦心教導之下，所帶班級果然成為最優秀的班級。我正自覺欣慰，卻不意此舉已讓其他老師形成極大的壓力，於是他們聯合來排擠我，執意將我調離此地，這將使我面臨離別家園、妻子分散的境地。為得挽

救，我必須尋求支援，便擬就書信，呈請退輔會主委蔣經國先生主持正義。不幸，殷切的期盼卻被現實打消，所得的回信大意如下：「台端雖為軍人退伍，但屬自謀生活，不在本會列管之內，故所聲請事項，歉難照辦。此覆。」投訴無門之後，只得回到教育局登記，重新接受分發。此時，我便準備進入最偏僻的地方，接受最嚴峻的考驗。我告訴自己：跌倒了，要再爬起來。

六、奮鬥家園

　　調離市區，亦等於遠離塵囂，我被分發到屏東縣春日鄉力里國小。本校位居深山，屬迷你學校，雖有六名老師，但僅有數十名學生，學生皆屬當地排灣族的兒童。我攜帶著幾個月大的小女兒赴任，除了教導學生之外，餵奶、換尿布……等等瑣事，也都令我忙碌不堪。此時生活，一日三餐尚且艱難應付，卻逢校長突發奇想，聲稱要在學校之下開辦農場，並以此名目向每人收取經費，而又遲遲不見動工。見此情狀，我頗表不滿，便催促他道：「若真要開辦農場，請快。否則，請速將錢退還！」此事鬧得不愉快，於是我又被調職，前往同是偏僻山區的屏東縣來義鄉高見國小。

　　在高見國小任教的第二年，我申請調職。此次被調回平地，但仍為離市區較遠的高樹鄉田子國小。時光匆匆，眼看民國五十年元旦將屆，自己庸碌一身，卻仍子散妻離，不知家園如何照顧，一時心中頗感慨。適逢學校佈置節慶和標語，經不起主任吩咐及催促，我便順意寫了幾幅，皆類如「特權富翁過年節，升斗小民過關節」等心中牢騷話。其中最引人注意的一幅，內容為：

　　　北極風襲來寶島峭寒，
　　　窮公教潦倒年節酸苦；
　　　貪官墨吏隨著舊年掃蕩，
　　　好人好事跟著新年出頭。
　　　歡迎政府提倡減價政策，

升斗小民好過日子。

這幅標語貼出不久，各方人馬都來找我，有調查局、保密局、警備單位等等。他們追查我的資料，要核對我的筆跡。我說不用那麼麻煩，這些標語全是我寫的，因為我一人可書寫十二種字體。於是各單位對我聯合審理，由調查站主任蕭竟成主審。蕭問我：「為何這樣寫？」我答稱：「時值年冬，北風正吹，當然冷啊！」並繼續加強語氣道：「從政治觀點來看，北極風就是冷酷，不然的話，你們就不該跟隨蔣公來台，而應跟毛澤東去西伯利亞。」

　　本案層層上呈會審。追查結果，認為我非戰俘，非潛伏分子，家世亦屬清白；知我時因家庭離散而有感發，唯一願望是，欲將我妻自偏遠的鹽埔鄉彭厝國小調回市內。會審斷定案情單純，於是決定不追究我的責任，並且交代屏東縣政府為我解決困難。此事原可就此落幕，誰料，回到縣府，仍擺脫不開「紅包文化」的羈絆，而且所要求的數字相當龐大。此時本人月薪四、五百元，連吃飯尚且常盼政府及教會的救濟米，當然無力應付。這正應合我的標語所寫，貪官污吏應該隨著舊年掃蕩。

　　既然少了紅包，縣府乃不顧上級的交代，私自動了手腳，便扣住市內的缺額，不讓我妻調入，而另行將我調至離市區較近的萬丹鄉社皮國小，以為如此便可將我安撫。我依調職令報到之後，回頭繼續尋他理論，惟一時之間仍不得如願。

　　在我百般設法之際，突想起年底將有縣市長改選，縣長李世昌正積極尋求連任，將由本縣地方勢力張派支持，而由中國國民黨予以提名。於是我自動造訪李的對手，時任縣議員、兼中國青年黨屏東黨部主委黃振三，因黃有意出馬參選下一任縣長，我要求他提供有關李氏縣政弊竇的資料，我將據此，義務地製作選戰壁報，必定給予沉重的抨擊。此事喧騰一時，其後續發展深受各家報社之關注。李氏原不甘心，但在考量對選戰的利害及對自己前途的影響之後，不得不對我讓步。決定既出，即刻將我妻調入市區之內，才使此事落幕。我妻因而得以在海豐國小任教。由於離家近，並可穩當地照顧二名稚子，乃於此地長期服務，直到民國七十二年二月退休，歷時十九年之久。

七、獲得陞遷

　　教育人員調職不公的現象，一直為人所詬病。民國五十三年高雄發生的蚵寮國小血案，便是由此而起。此案原因為，該校某位老師雖忠於職守，但因個性堅拗，又因身為外省籍，平日頗受同仁排擠；及遭受行政調動之時，認為不公，心生憤悖，乃於開學日攜帶獵槍，於大操場上先開槍擊傷校長，再自戕而亡。事發之後，省政府教育廳第四科長朱匯森（主管全省國民教育行政）認為，考績調職的問題一定要解決。於是指示所屬研究，儘快加以改進，乃於民國五十四年起，開始適用積分制度。

　　在積分制度下，各種競賽得獎、受訓、特別優良事蹟等，皆可列加分數。我因平日熱心參與各種比賽，在書法、繪畫、科學教育研究等項目中，皆曾得到名次，再因平日自覺所學不足，常主動接受各種訓練。這些以往大家避不參加而我積極投入的活動，沒想到今日我佔得很大的優勢。民國五十八年，我的積分到達送訓教導主任標準，國語日報社以先獲得資料而將本年度送訓名單登出，共十名，我列名第九。不料，真正作業送訓時，只以前面七名為正取送訓，八、九、十等名次者則列為候補。而列名第八者私下進行活動，以五千元紅包換使第一名棄權，因以獲得遞補。我缺乏那種力氣，只好再接再厲，始於民國五十九年順利通過。教導主任升級訓練為期三個月，地點在台北縣板橋市的校長主任儲訓班。

　　結訓回到屏東，沒想到縣長秘書私下阻撓，竟不將我分發。料想又是紅包文化作祟，我即找他理論，當然不歡而散。不久，新科教育局長許水德接篆，邀集所有尚未分發的教育同仁談話。席後，許局長問我對於主任分發作業的意見，我答稱有三個：第一、我屬主任儲訓班第五期受訓學員，就我所知，尚有第二期學長尚未分發職缺，我主張應按受訓次序，先將前期分發完畢，再分發予我。第二、在本縣境八個山地鄉之中，有三、四十個國小；許多原來任職於其間的教導主任，已長年累月奉獻在山中，其中必有成績優秀者。對這些教育人員而言，即令不提功勞，亦有相當苦勞，應使他們優先獲調平地職缺。第三、若有同仁的成績、資歷皆與我相當，而其家庭負擔重

者，比如上有高堂、下有稚子，那麼，我願意退讓。結果，我選擇分發到最偏遠的山地，春日鄉力里國小，擔任教導主任。

當時力里國小因前任校長以學校名義，開立空頭支票，致財務虧空，負債數十萬元，已經告上法院。為此，許局長特地派一名股長告訴我，稱該校目前必須由教導主任代理校長，應付官司，情況相當複雜，可讓我重新考慮不去。我答稱沒關係，去接受考驗，正如國軍的訓練已經告訴過我：守土有責，寸土必爭。

上任之後第一件事情，果然是應付官司。原告、被告皆已委請律師，學校夾於其中，但因經費所限，不請律師，由我出面一一應付。我的理由很簡單，也很明確：前任校長盜用公章、公款，破壞財政，這一切皆屬私人犯罪行為，在這之下，力里國小同樣是受害者，因此，這些後果不應由學校承擔。本案自地方法院起訴，經高等法院到最高法院，學校立場皆獲勝訴。訴訟之中，原告律師甚至私下告訴我，希望就此打住，因原告面子已盡失矣！

本案結束之後，許局長召見我表示嘉許；衡算我的表現與成績之後，即又將我送訓，準備擔任校長。我在主任職務上只有幾個月，便再赴板橋接受為時三個月的校長班訓練。結訓返回屏東，許局長又問我想到哪裡去？我答說，最艱苦、最遙遠，沒人要去的地方也沒關係。於是，我被分發到屏東縣三地鄉大社國小。

八、校長歲月

《聖經》上有句話說：「施比受更有福。」自民國五十九年度起奉派大社國小校長以後，我便成了這句話的真正實踐者。

(一) 大社國小

大社國小位居崇山峻嶺之間，不僅地方極為偏僻，山地同胞的經濟落後，知識也相當缺乏，上任之初甚至村中電力系統尚未完成架設。我見此情況，心知改善村民生活最好的方法，就是教育。我決定要全心全力投入工作，設法貢獻於此。

　　首先，有感於教室不足，而且設備極爲簡陋，乃申請加以增建；但因搬運費不足，更且道路困難，於是我身先士卒，領導全校師生，自千尺峭壁河灘之下，搬取砂石。不料導致休克撞山，流血昏蹶。後經村民施救，得以復甦。但我立即再接再厲。終於完成首座鋼筋水泥的現代化教室，使本校辭別了鉛皮搭建的克難校舍。

　　爲了充實師資，鼓勵青年登山教學，我向縣府爭取優秀師資，同時設法改進學校環境，計畫安排教員起居生活，終於漸收成效。

　　鑒於山地兒童課外讀物極度缺乏，我再縮節家中開銷，用以購買課外讀物，經分批以腳踏車載運上山，終於創建了一座小型圖書館，供學童們閱讀。另外，又籌設了一座小小科學館，以兒童最喜愛的玩具爲吸引力，配合美勞科教學，啓發山地學童的思考力、觀察力和創造力。

　　再因基督教安息日規定：每個星期六不上課，因而妨害山地學童的國民教育已歷十六年，經我與美籍牧師高哲儒（全省山地安息日教會主持者）在國小辦公室內理論此事。他見我亦是虔誠的耶穌基督信徒，乃改變態度，從此放棄了安息日學童不上課的成規，轉而叮嚀教友的子女，準時到校接受國民教育。

　　由於山地家庭經濟貧困以及知識不足，我爲了鼓勵學童畢業之後能繼續升學，乃自創了一年期儲蓄基金，每年一萬多元，用以幫助本校畢業生，作爲就讀國民中學的註冊費用，所餘額則於平時爲他們添置衣物。共資助任內三年期間畢業的五十多名學生。我的目標是使他們自國中畢業之後，再鼓勵他們投考國防部的技勤士官學校，使他們習得一技之長，既可以免費就學，將來亦能穩定生活，山地社會也才能漸漸改善，同時人才蔚爲國用。

　　山地兒童生長期間由於衣食不足，營養較差，以致第一批輔導升學士官學校者之中，多名因身材瘦小而面臨被拒收的困境。爲此，我與國中校長設法，教孩子們爲自己辯護，理由是他們都還在發育階段，只要讓他們進入士校，吃得較好，又有鍛鍊，必定很快長高長壯。經過一番答辯，士校始欣然收錄他們。

　　我遵循當時行政院院長蔣經國先生「犧牲享受，享受犧牲」的號召，日以繼夜地奮鬥，要將百年大計的教育事業從基礎紮起。這種賣力賣命的做法，一方面固然為追求教育宿願，一方面亦因縣教育局長許水德局長的鼓勵，他叮囑我好好地表現，三年後必然將我調回平地。豈料三年未到，許局長官運亨通，已升調他去。然而我的積極作為，已引起部分人士側目，認為我心中必有非常企圖，或以為將藉機斂財，或以為是欺世盜名。同鄉的三地國小校長便作如是觀，省議員謝貴也懷疑我是為政治野心。教育廳柯遠凡督學蒞屏，特別為此與我約談一整天，尤其重視助學金事。經仔細查證，知我既非花招，更無野心，單純是協助山胞學童完成　蔣公九年國教之德意。在黑函控告如雪片紛飛的情況之下，幸有教育廳長官的明鑒，追查既無我的過錯，更將我列入民國六十一年度特殊優良教師榮譽榜。

　　當然，成功背後都有一隻支撐的手。在我宿（夙）夜不懈、為公忘私的精神背後，我妻的茹苦含辛、默默贊助便是這一隻支撐的手。這段時間裡，兩個幼兒皆甚病弱，尤其是大兒子的情況；攜他遍訪市內名醫，卻久久不見起色，直到聽受一位空軍醫官指示，讓他運動和增加營養，才慢慢調養過來。家庭重擔完全落在妻的身上，她辛苦支撐之餘，我才能全心全力地貢獻於教育事業。

(二)　南華國小

　　民國六十二年秋，我奉調高樹鄉南華國小，仍然以犧牲、奉獻、奮鬥的精神，做出幾件令我欣慰的事。簡述如下：一是為了恭祝先總統　蔣公八八華誕暨建黨八十週年，在彈丸之地的升旗場上，舉行一次「沒有寬廣場地」的村校聯合運動大會。多采多姿，十分精彩，而贏得各界讚揚。二是突破過去極不可能的校地購買地問題，不惜跳開行政手續的牽絆，承領記過三次處分，終讓本校以較低廉的價格，購入 1.3588 公頃的校地，紓解長久以來教育殿堂擁擠不堪的窘狀。三是以迷你型的「勇」類國小，獲得卓越的教育成績，經縣政府核定，在本校舉辦全縣性的教學觀摩會。

(三)　振興國小

　　民國六十八年，我奉調鹽埔鄉振興國小。半年以內我還沒有新官上任三把火，大家就想這個校長很好講話的，但是已經了解我的，就知道後勁在後頭。只要會議一通過，這顆螺絲釘是往裡面轉的、拔不出來的，因為緊了就不會鬆掉，這也是孫立人告訴我們的：一個小動作都不能放鬆。所以這個計畫書裡面一些小動作都很仔細的。通過了以後，開始時，你，老師到了活動時間而不動的，我校長就跟你動。沒錯吧？我沒打官腔，每一次我都再跟老師上課。你好意思嗎？校長自己也排了一百二十分鐘的課，你們有沒有聽說到國小的時候，有校長跟你們排日課表上課的？沒有吧！五年級兩個班級，六年級兩個班級，我就是這樣。這個世界的生活倫理，每個星期裡面五年甲班、五年乙班，四個時間單位，都要上課。

　　上完課，我就把圖書通通都清出來，在我校長室裡面搞圖書室，有房間空出來正好是在走廊上面的空間，我就把行李都放好，就當宿舍啦！到晚上十一點鐘，沒人了，我起來回到學校去睡覺，進了學校，「耶！？值夜老師呢？一個沒有。」我就在學校日誌上面寫：校長幾點幾分到校，沒有看到值夜老師。隔了一天，人家知道校長給你值夜了，就再也不敢了。一上樓，中走廊就是我的房間，睡覺就是在上面睡覺，平常我也不回家的。

　　後來我還訓練了一批小導護生、導護老師，四年級以上很優秀的小孩子。人家說是糾察隊，我不要糾察隊，我要叫「導護生」。這些導護生是我的小老師啊！是為了防止小孩子下課有意外動作發生，因為早晨時候，鄉下小孩子的爸爸媽媽都下田去了，他們七點鐘就都在學校，而老師還沒來，能夠七點五十分到校去開會的老師，已經是很本分的了。通常導護老師大概好幾個禮拜才輪到一次。這個學校規模已經很正常了，等於是大學校一樣，三個禮拜才會輪到一次，導護老師七點半，我這些導護生也蠻不錯了，小孩子七點鐘都來了。

　　為了烙印愛國的民族精神教育，自行花費龐大的薪津，購買郵品，實施集郵教學。以課程目標為主，配合教材進度，全部納入集郵專題的「國魂」系列之中，細分為：我愛國旗、蔣公勳業、國家政策、中華文化、科技成

就、生活倫理、民俗社教、名勝古蹟、國寶藝術、體育碩果、民主憲政、慶典節日、民族英雄等，共十三類。各單元內容主旨在灌輸學童「忠黨愛國」的觀念，是一項運用社會資源極成功的優異教學紀錄。

　　耿直而積極的行事風格，雖然使我從正面獲得許多成果，但是未留投機的空間，因而得罪的人也不少。當我著手整頓校務，欲提振教學實效，卻落得為地方政治勢力壓迫的藉口，認為校長給予老師的精神威脅太大，乃施壓縣教育局。民國七十一年，我再被排擠，調職至高雄美濃邊界地區一片荒涼的小學校——里港鄉信國國小，這也是我服務的最後一個學校。

(四) 信國國小

　　信國國小是屏縣北區最偏遠的小學，原為高雄縣吉洋小學分校，後因縣界重劃，校址劃歸屏東縣，而改為信國小學。其起源是民國五十一年，一批滇緬義胞撤退來台，政府將其安置、定居於此間，形成「信國」、「定遠」（以上二者屬屏東縣里港鄉境）、「成功」、「精忠」（以上二者屬高雄縣美濃鎮境）等四個新村，信國國小即為此因應而設校。

　　育幼院的學校就是滇緬邊荒金三角的那些人，所以村裡面打架的人，也是那些軍人的孩子跟他們打。生活一定要從開頭開始，從群育上面開始。你有、他有小孩子就來編班，兩個人互相輔導，那個滇緬的照片裡面，很多都是學校裡面的小孩子、村落裡面的人的鏡頭也有，還有一個滇緬祭祖，都有我們參加。當時全台灣的雲南人都會在信國新村，就是滇緬的都會到這裡來做追思望遠的，所以特別需要我學校的樂隊。

　　我這個樂隊訓練的成功是怎麼成功的呢？從一年級的孩子開始玩沙鈴、木魚、響板、三角鈴這些東西。原本升旗一開始，就看小孩子出來就你推我擠的。從這個時候開始就不推不擠了，因為他們手上都有個東西，不是響板，就是手鈴；中年級的學生，每一個學生都要學吹直笛，學會了你能學別的樂器，也盡量學；高年級的就學口風琴、木琴、中琴、大小鼓、鈸那些東西。這個樂隊就是這樣子。

　　曾經《聯合報》裡面登得很仔細，好像還有一個電視台不知道是中視，

還是台視，也製了個紀錄片光碟。當時不曉得有這些東西，不然也會請他錄製一份給我。大家都經過一段很辛苦的訓練，從一年級一直到六年級。老師也得訓練。幼稚園的都在玩這些東西，你還能說一年級不會玩嗎？老師要會通通會。升旗鈴聲一響，導護生隊長也就是樂隊的隊長，指揮棒一吹一拉，大家都聽他的，動作整齊得很。這個氣質有沒有在變化啊？從音符跳躍的上面變化啦！看他的腳步，也踩得特別整齊，樂隊從行進曲、升旗、國歌到頒獎，每一個樂曲他們都會吹都能弄。

我在任時，全校學生總計一百五十餘名，其中三分之一是高雄縣美濃地區學童，因本校教師認真教學獲得家長認同，故仍在此就讀。另有三分之一是里港信望愛兒童之家的學童。

該院院長王守信女士對我的教育能力信心十足，她說：把學生交給我，一切就安心了。其餘三分之一學童則是義胞及退除役官兵的子弟。因為滇緬歸國義胞擁有擺夷、藏、黎、儸儸各族，信望愛兒童之家擁有魯凱、阿美等山地同胞，再加上漢族，這裡已經成了一個迷你、偏遠、種族複雜、孤兒偏多、軍人子弟也多，又有許多本省子弟的特殊學校。

領導這個學校仍是沒啥特別的花招，我依然秉持的是犧牲、奉獻、奮鬥的精神。為了充實學校圖書館，我再節省家庭開支，以一萬二千元購贈一套《諾貝爾文學獎全集》。為美化校園，除了親自動手修理門窗、粉刷牆壁之外，並將家裡的花苗一株一株地移植過來。此外，特別輔導殘而不廢的學童廖瑞金，教他以腳代手練習書法。至於平日照顧學童，特別致贈衣物，或請老妻協助縫補。其事例則不勝枚舉。

九、退休及感言

民國七十八年，我自教育工作崗位退休，承縣教育局陳勝三局長的鼓勵，整理數十年來奉獻於教育事業的資料，縣政府主動為我向省政府推薦列名「杏壇芬芳錄」。經初評當選，已被《國語日報》刊出，之後即久久不見下文。直到九月二十八日（教師節）的前一天，方才收到省政府教育廳秘書

室所發的公函副本，說明我「因資料尚待充實，複評暫緩列入。」寥寥數字，否定了我長久的努力，也否定了陳局長激濁揚清，苦心推薦的美意。

　　我自青年時期投身教育事業，矢志報效黨國，雖曾經從軍，復回歸教育崗位，有教無類，犧牲奮鬥，早已獲得許多榮耀。民國六十一年獲得教育廳長許智偉頒發特殊教育優良教師獎章，民國六十五年獲得行政院長蔣經國先頒發「力行」獎章乙座，民國七十四年獲得國軍退除役官兵輔導委員會主任委員鄭爲元頒贈「嘉惠榮胞」獎牌乙座，其他各種比賽得獎及捐助活動紀念錦旗不知凡幾。雖然最後未能列名「杏壇芬芳錄」的世俗名銜之中，實則內心自感，已榮耀之至。而這一切榮耀的另一面，正是我的另一半—賈懿烈女士辛勤刻苦的汗水所凝聚而成。她不僅支持我、安慰我，也盡力將兩名子女養育成人，如今皆有美滿的家庭，我非常感激她。

捌之二、女青年大隊隊員賈懿烈女士訪問紀錄

時　　間：民國 82 年 7 月 29 日
地　　點：屏東市中山路 80-22 號
受訪者：賈懿烈
主　　訪：朱浤源
紀　　錄：張茂霖
輸　　入：黃綉春
校　　對：朱麗蓉

一、身世及早年狀況

　　我是湖北省宜昌縣人，民國十五年生，幼時，家園毀於兵燹，雙親俱葬砲灰，因此伶仃漂泊，身心怯弱。

　　民國三十一年，時值抗戰期間，我幸得肄業於省立的聯合中學，卒業後，轉入學於第一女子師範學校。由於初中及師範教育皆屬公費負擔，而且，初中時的校長、訓導主任和同學都很同情我，能夠支援我，才使我順利地完成學業。

　　民國三十五年，我畢業於師範學校，準備接受分發。由於當時的畢業生都想要留在大都市，不願被分配到鄉下，為了順利分發，省教育廳長王文俊採取一種特別的方法：將畢業生分發到「縣」，任由該生在此大範圍中自己尋得任教學校。這種方法可苦了我這個無親無故，沒有門路的人，幸虧經由一位黎姓同學的協助，輾轉將我介紹於鄰近漢陽某鄉下學校，乃即就道任教。

二、訂婚與流亡生涯

　　我在漢陽鄉下任教之始，身心仍處孤苦境界。某次趕集，不意巧晤師校同學宋光珍及裴銀年，經由二人介紹認識了他們任教所在的校長黃正中。自此，黃先生的關懷逐漸成為我精神的慰藉。稍後，遂由黃先生嚴親親臨主持，當地父老贊湊，使我二人訂定婚盟，是為民國三十七年間事。

　　然因時局多變，黃先生受親友函催，離鄂東下，後來應聘於浙江省長興縣雉城鎮中心國民學校。我也跟隨赴彼處任教，生活方告安定，可惜不能久持。

　　寒假甫至，黃先生因堂上祖母吩咐，攜我返餘姚老家過年，初次拜見黃先生家中親人。年節之後，黃先生又轉往上海，卻將我留置老家。此時我與正中的親人並不熟悉，尤其語言溝通尚不通順，就此住下，實在有苦難申。因此，我每日盼望，甚至跑到河邊去等先生的音訊。如此經過近二個月之久，方才得到正中自上海捎來消息，說明他已找到新的工作，要我也動身前去會合。

　　時值民國三十八年初，是內戰激烈的時刻。由於共匪拉伕進行軍事運補，車、船皆已斷航，在這般危險的情勢之中，黃先生家叔公也不贊成讓我隻身出門。然而，我不顧一切，仍欲即刻出發赴上海。真是天主保佑，自我啟程時起，車通了，船也通了，相當順利到達上海與黃先生會合。正中瞻顧時局，乃約我共投軍戎，使我報考女青年工作大隊。我考取之後，和他分別都轉到台灣。

三、女青年工作大隊

　　女青年工作大隊約二百人，乘台安輪分三批由滬來台，我屬於第一批。

　　我們在基隆上岸後，即搭火車南下屏東。由於大陸氣候比較寒冷，我們是穿便服上船，來台灣後發的是棉襖軍服。然而，這時的屏東，天氣卻仍炎熱，我們這時的樣子，真像是大猩猩一般。三月八日是女青年工作大隊在屏東阿猴寮營集合的日子，直到今天，女青大隊仍在每年這日舉行聚會。

　　大隊訓練是先進行集體生活教育，然後再分為軍事服務、社會服務和兒

童福利等組,進行分科專業教育。我因有國校經驗,所以分配在兒童福利組之下,該組主任是黃珏。㊾

四、結訓分發

大隊結訓之後,重組成六個工作隊分駐各地。當時預定成立軍中托兒所,於是第一站,先在營房中成立;第二站在慈愛托兒所(即今屏東市內聯勤勝利幼稚園原址);後來,中防部另外還與婦聯會合辦第三站托兒所(由中防部司令劉安琪將軍的夫人劉黃經達主持)。

慈愛托兒所開辦經費由孫立人將軍坐鎮的陸訓部支給,所務由孫勤賢(孫將軍的嬸嬸)負責,所內孩童約有一百名,多是附近勝利新村的軍眷子弟。全所設大、中、小三班,每班置有二個老師,皆由女青年工作隊分派來。另外,由陸訓部派有一排衛兵。負責所區安全。我在結訓後被分派至此,已是第二批到達的隊員(受訓期間便有隊員派到,是為第一批),負責對外聯絡及相關事宜。但因我的年齡較長,實際上已義不容辭地擔負了較多的責任。我們的職缺,配屬駐五塊厝的女青年工作隊的編制。

五、退伍及民間教職

民國四十二年左右,五塊厝女青年工作隊的編制,被併入台中防衛司令部轄下的工作隊裡。台中隊隊長楊映雪通知我前去報到,我因身上懷了大兒子,而且知道台中隊隊員很難分配到宿舍,若前去報到,只怕得到外頭租房子。這如何負擔得起呢?於是三次接到通知,皆未應職。民國四十三年,我接到免職令,只好轉到民間謀生路。

退伍之後,找到的第一個工作,是到鳳山的誠正國小的幼稚園任教。該

㊾ 黃珏因與孫立人將軍熟稔,在孫被整肅、以及情治單位保密防諜雷厲風行的時節,於民國 39 年,與妹妹黃正,雙雙被陷入獄。詳見本書黃女士訪錄。原件另參:陳三井、朱浤源、吳美慧訪錄,《女青年大隊訪問紀錄》,台北:中研院近史所,口述歷史叢書(56),民國 84 年,頁 41-84。

園由校長王景佑先生辦理（王是孫立人將軍的妹夫，娶孫菊人），我每日搭乘軍用交通車前往。此時大兒子尚在襁褓，我必須將他裝入搖籃內，上下車去工作，相當不便。而這稚子體弱多病，實在叫人不能放心。上班才一個多月，我便辭退，好專心照顧他。

居家不久，先生自北投住院歸來，即為我出主意，認為我本來就是合格的小學教師，就不要再教幼稚園，應到縣政府登記，待分發到國校任教。我依計而行，很快就獲得分發。但是，此時只有山地和離島等偏遠地方的缺。我對山地毫無概念，倒是在軍中服務時曾到過小琉球，於是，我選擇到小琉球國小任教。

我是受分發到小琉球國小的第一個女性教師，而身邊還帶著兩歲的大兒子，雖也就地雇人幫忙照料，孩子對此顯然不能適應，每日放學後，他總抱著我，大哭一頓。當時的同仁間有「欺負新人」、「省籍排外」等情況。我苦難對應，又因不懂閩南語，更是投訴無門，只能忍耐，並在寒、暑假時回到屏東的家，開學再去，一切極不方便。此時黃先生在湖口軍中，尚未退伍，亦無法就近照顧。

二年之後，我獲得轉調到鹽埔鄉彭厝國小，在此的情況稍好，但離家仍嫌太遠，卻也前後共待了六年。民國五十二年，黃先生設法協助我再獲調職，進入屏東市區內的海豐國小任教，直到民國七十二年二月退休。

六、感言

進入女青年工作大隊是我一生的重要過程，我從小因身世多舛，孤苦飄零，故身心極為怯弱，大隊中的訓練卻使我逐漸堅強。尤其我的年齡較長，常被同學推出領頭，各種嘗試和歷練，竟也一一渡過。直到分發在小琉球國小時，我已能夠負責辦理學校裡的表演活動，而且還上台擔任指揮。

黃先生對我的關懷、鼓勵和協助，是我一生中最大的精神支柱，雖然家中經常處於經濟貧乏的狀態，物質生活不佳，但是精神生活相當豐富。所養育的一兒一女都已長大成人，也有了安定美滿的家庭。感謝天主的恩賜！

玖、女青年大隊隊員董本貞女士訪問紀錄

時　　間：民國 98 年 11 月至 99 年 1 月
地　　點：臺大社科院研究生第五教室及董宅附近咖啡廳
受訪者：董本貞、李發強
主　　訪：朱浤源
紀　　錄：葉紘麟、陳琪雅等
整　　理：陳琪雅

一、早年求學、抗戰與信教

　　我的祖籍是湖北省宜昌縣，在家裡九女一男中，排行老七。抗戰期間，我唯一的哥哥已經從軍。我媽媽因為難產而去世。幾位姊姊也已經結婚離家，聯絡不易，所以家鄉淪陷時僅我和爸爸一起逃難。

　　我在大陸的成長與求學的歷程幾經戰火磨難，相當艱苦，所幸我還是堅持到底唸到大學。民國二十六年盧溝橋事變發生，開啟八年對日抗戰，當時我還是個小學三年級，10 歲的小孩，而我在讀大學前的求學經歷，正好為這段日本侵華的歷史做見證。

　　當時大家聽到日本人就很害怕，因為日本人沿著長江下游溯上游侵略，先發生南京大屠殺，一路上見人就殺，看到女人就強暴到死。逃難時，大人害怕小孩的哭聲會引起日本人發現，不得已竟拋棄小孩而保全自己的性命，骨肉分離的悲哀天天上演，所以戰火沿線經常看到一批一批的難童被送到後方去。而蔣夫人㊿獎勵國人尋找孤兒，送給她全部收留。這些小孩就是「保育生」。我很多同學都是保育生，他們讀書、吃住全由蔣夫人負責，這點比

㊿　蔣宋美齡女士。

我幸運得多！我是自費唸書，因爲有父兄支持，負擔夠重的。

　　抗戰第二年，很多年輕人爲了保家衛國而從軍，我唯一的哥哥，也是家中唯一的男生也不例外，他被編入「挺進隊」，又叫「青年敢死隊」，要衝鋒陷陣，在軍隊的最前線與敵人搏鬥。

　　日本人侵略武漢，民國二十七年十月二十六日武漢失守，大家就往長江上游逃。同時上海、武漢等地的工廠、設備，所有能搬走的東西通通都遷到宜昌再轉運大後方。當時日本人空襲此城，晚上不算，光白天就有六次之多，日夜不停的轟炸，不久便成爲廢墟。

　　湖北宜昌是一個很大的主教區。小時候有個鄰居好友叫雷芳蘭，她在天主教益世小學念書，因此我也和她一起讀天主教小學，學校裡有宗教課程，那時由淪陷區來的難民很多，學校、教堂都擠滿了人，我參加主日學，與他們一同上課，所以我很輕易地接觸到信仰。

　　天主教對我人生有非常大的影響，教我學會怎麼樣去愛人、怎麼樣跟人相處。上帝教我認識人，有人會想說死掉後會變成另一個新的人，但是天主教徒是 one way，人是沒有輪迴的，因此我要珍惜時間，珍惜我自己，肯定生命的價值，也要愛護別人，所以結識了許多難民小朋友，聽聞了好多故事（關於日本人的殘暴……）。

　　益世小學就像國際村，有波蘭人、英國人、義大利人、法國人等，校長是鄧修女，是四川人，非常愛護學生。我的老師、院長，所有學校的人，除了學生之外，都是天主教徒。班上老師、修女對我們非常友善，當成是自己的子女一樣。那種環境讓我從心裡慢慢感受到愛，自然很願意接受信仰，於是二年級的時候，我就受洗成爲天主教徒了。

　　那個年代，宜昌滿窮的。盧溝橋事變後第一、二年，我還在讀小學，老師、修女教我們敞開心，讓愛進來，也把愛傳出去，凡事要爲別人著想。我曾看過主教、副主教因爲經費不夠，就把自己戴的金十字架拿去賣掉來買米，然後拿去給那些躲在他們那裡的難民煮飯吃；還有一位老師看到沒人管的東西就拿進來，被主教打了耳光，主教說這個東西雖然沒人管，但是上帝

說別人的東西不可取，不可以貪心。這些事情對我的人格有很大的影響，我們情願餓死也不可以去偷。雖然在艱困的難民群中，也見識了做人的尊嚴。

那時日本人專門轟炸在長江停靠的船隻，尤其是裝汽油的船，一漏油就起火燃燒，長江水面陷入陣陣火海。我家是在江邊的「甘仔店❺」，也被燒掉了。小學四年級，我 11 歲，我和爸爸要往上游逃向湖北巴東，但是由於當時已經沒有路可走，也沒有交通工具可逃，只剩下長江，所以我們搭乘大木船逆江而上，遇到灘時就用人力拉船的方式，沿著江邊走到巴東。

民國二十八年，巴東也被炸了，我讀的外國學校「天主教益智小學」被炸毀，我們只得返回宜昌。第二年，❺日軍抄小路，從襄宜公路打進來，侵佔了宜昌城。

民國二十九年六月十二日，我從學校回到家，發覺家裡已經沒人在，後來爸爸找到我，帶著我到鄉下避難，從五月躲到十一月，東躲西藏地躲了半年。日本人很兇殘，進入鄉民家，首先就是打爛鍋碗，讓你沒東西吃；切開被子，看看裡面有沒有藏錢，還會翻箱倒櫃，看看有沒有藏人，見人就殺，找到女生就強暴。

鄉下的老百姓自發性地組織游擊隊，拿著中國軍隊留下的槍，攻擊日本人，可惜的是他們沒打退日本人，反而引來更多日本援軍來攻擊，導致城市人到鄉下沒處躲。整個情勢亂成一團，我和爸爸被人群沖散了，我找不到爸爸，變成只剩我一個人。好在後來我遇到一家鄉下人，好心收留我，他們吃什麼我就吃什麼。他們把我剃成光頭，還塗上黑色的東西，把我裝扮成小男生的模樣，因為日本人在抓花姑娘（年輕女人），否則用火燒光村子。

這種沒有找到爸爸，只有我一個人的情形，持續了 3 個月。後來遇到偵擊隊混進敵人的陣來刺探敵情，我告訴他們我哥哥在挺進隊，他們查得到，結果我就這樣子找到哥哥的部隊，方天軍長所屬的十三師，師長方靖的司令部的駐防陣地。此時也與父親重逢，盡快設法找工具渡河，從小溪塔逃出

---

❺ 台語音，即販賣南北貨的雜貨店。
❺ 民國 29 年。

去，進入了中國軍隊的陣地，到了十一月，我們跟著軍隊生活，這一路上人家都不知道我是女的，因為我還沒發育，加上個性很活潑，像男孩子一樣好動，所以沒有被察覺出來，直到年底才隨軍乘船入四川。

我們到了四川的鬼城——奉節❺❻，住定後，我才開始讀書自修，翌年春天隨父親乘船到萬縣。接著我們跟著生意人翻山越嶺，走了兩天兩夜到梁山❺❼。我的腳走到起水泡，寸步難行，得靠爸爸揹著我走，實在夠辛苦，才能和胞兄見到面。梁山有美軍的空軍基地，比較安全。隨即我就在梁山考初中，順利考上梁山女中一年級。

數月後，部隊重開前線作戰，父兄也離開了梁山。他們離開後第二年，我不得不回萬縣。當時公路上只有軍車，沒有民間交通車，我只能搭軍車到萬縣。我在萬縣考取安徽中學❺❽。學校老師都是從淪陷區撤退到這裡的，所以師資很優秀。我念完初中二、三年級，畢業後到重慶念重慶市立女中，相當於北一女，因為我成績很好，一次就考上了。但是因為它沒有公費，所以第二年❺❾我轉考國立女中。國立女中，全國只有一個，在合江縣流杯池，靠近貴州，離重慶很遠。

那時生活很艱苦的，全靠配給。當時重慶常被轟炸，相對地，合江情勢就比較安全，學校為了保護學生，要求我們都待在山上，不准下山，過著住校生活。

我讀完高二的時候，日軍原本計畫要從廣西，經過獨山，進攻重慶，但是打到獨山的時候，美軍投下了原子彈，日本宣布投降，我們終於迎接最後的勝利！

記得情勢危急時，校長曾告訴我們說：「你們什麼東西都不要帶，只要

---

❺❻ 朱麗蓉：四川鬼城「酆都」。是順遊長江三峽的第一個旅遊景區，傳說這裡是人死後靈魂歸宿處。

❺❼ 梁山離萬縣有 180 華里，1 華里相當是 500 公尺。

❺❽ 原本在武漢的流亡學校。

❺❾ 約民國 31、32 年。

帶兩罐茶葉（？）！就算退到喜馬拉雅山，挖石頭也要繼續抗戰！」那是蔣中正委員長的抗日決心，即使退到喜馬拉雅山爬石頭也絕不投降！天亮了！勝利了！全國人民歡喜若狂，日夜的慶祝遊行，滿以為抗戰八年的辛酸歲月，一切磨難結束了。流離失所的生活將成過去，將返回自己的故鄉過溫馨的日子了。有的人把行李家當全賣光，積極的找交通的管道回家鄉。哪知道，消息不妙，國家先頭接收人員、專家到東北接收。飛機一著地就被蘇俄軍隊抓去殺死，丟在雪地裡。蘇俄乘日本軍隊未撤出前，就入侵我國的東三省，接過日本軍隊的武器，交與他所培養的土共，並且將工廠的機器設備全劫去蘇俄，連火車上的鐵釘都拔光。

　　日本人投降之後半年，我們學生才進行復員。所有的戰時流亡學校都要解散，因此我們也回到武漢，此時我父親病逝宜昌，必須奔喪，延遲入學。然後我被分發到武穴高中，武穴在九江❻❶附近，高中畢業後，我到武昌讀湖北農學院❻❶。

　　另外，由於戰時通貨膨脹的情形相當嚴重，當時有句流行話說：「金元券！金元券！一天貶了幾十遍。」也就是說物價一日數變，一直往上飆漲，貨幣形同廢紙，生活只好全都靠配給。我在國立女中讀書的時候，全是靠教育部補助。那個時候南京大學、金陵大學……全都搬到重慶去，凡是國立學校都是公費。那時蔣夫人收留的孤兒，叫做「保育生」，他們的開銷全由蔣夫人負責。保育生中大一點的孩子叫哥哥、姊姊，再大一點就叫爸爸、媽媽。我在中學就有不少同學是保育生，他們禮拜天還要回保育院，因為那是他們的家。我想那些保育生，都長大了，祝福他們做有用的人！

二、大學生活與歷練

　　民國三十六年，我考進湖北農學院農藝系。當初之所以念農藝系的初衷，是因為我們家鄉由於長江氾濫，經常有水災，因此我想要有個專長，以

---

❻❶ 產瓷器。
❻❶ 今稱「華中農業大學」，為中國大陸重點大學之一。

後畢業可以建設家鄉。

　　農藝系有一門課叫畜牧課，全班只有我一個女生上這門課，男女同學不便講話，讓我很孤單、很無助！教授要求我們摸馬的牙齒，才能知道馬的年齡，不摸不行，可是我看到一位男同學被馬蹄踢倒，心裡很緊張、很害怕！還有上遺傳學，教授要求我們下田去配種，我覺得自己不能適應農藝系，於是萌生轉系的念頭。

　　二年級的時候，我就轉到最夯的農經系，因為農經系完全用在社會經濟方面，像是農產運銷、合作社、合作銀行等，我想以後出路比較廣，比較適合我。農經系主任王一蛟對我說：「你喔，如果你要轉系，英文要考到 97 分！」結果我考的成績過關，順利轉到農經系，但是仍有共同必修學分，還是會和農藝系一起上課。

　　以前民風很保守，男女授受不親，男女生交往的限制很嚴格的。男生要是看女生一眼，人家會以為你是不是對她有意思。兩個人手摸一下的話，那是會很轟動的事。所以學校裡面男女生是不講話的。我們女生宿舍 8 個女生住一間房，男生叫我們「八仙女」。每天很多男生來女生宿舍前面站崗。女生宿舍前面本來寫著是「男生止步」，他們就加一橫，改成「男生正步」，真的很逗趣！

　　我們有時會鬧學潮，像是我們覺得化學老師教得不好，我們就天天鬧，就是要把他轟走！我們甚至把椅子架在桌上，上面貼條子，「請你到美國井水深造」，公然挑釁老師，因為這位教授是留學美國的。

　　由於戰後中國很艱苦，有待復員重建，美國的救濟總署送來救濟物品，內容有食物、衣服、鞋子等等。這些資源送來學校之後，我們抽籤，男生抽到高跟鞋、裙子，女生抽到男生的衣服，然後我們同學再私下交換。因為美援的救濟物資不切合實用，也沒有分配妥當。高跟鞋，在當時，即使在都市裡都是鳳毛麟角，很多人都沒看過！有的反叛性很強烈的男同學就把抽到的高跟鞋掛在黑板上面，故意給留美的教授看，諷刺給你看看美國人給的恩德是這樣子的！

學校裡面有左傾、親中共的學生，我曾吃過他們的虧。㉒民國三十七年，我參加「夏令會」㉓。夏令營是中央青年部主辦，在我們學校舉行，是中央在各大專院校在暑期分區舉辦，有華中、華西、華東、華南等區，遴選參加的人，大多傾向於支持國民黨。

李煥先生當時擔任南京中央青年工作部的總幹事，他是漢口人。李煥先生到我們學校來主持，我們院長辦這個夏令會。將所有華中區的優秀大學生集合起來，有湖南、河南、安徽等省，但是其中也有中共的職業學生，他們也乘機做一些反政府的小動作。

我在大一暑假被選為夏令會會長。由於我之前演過曹禺的話劇《雷雨》，我演女主角魯四鳳，所以人家都知道我的名字，說我是優秀青年！加上我會主持會議，也常發言，大概人紅遭忌吧！左傾分子製造謠言中傷我，說我講過：「農學院的同學都沒飯吃，要去搶飯！」我很冤枉，我不會講這種傷害校譽的話！這下結果倒好，全校的人就請我到食堂去說清楚。我想左傾分子之所以對付我，是因為我擋住他們的路，妨礙他們在學校裡發生作用。

他們放謠言中傷我，說了很多難聽的話，讓我在學校很不好過。誣賴我說過管院長貪汙，要把粉刷好的牆壁刮掉。這下害我慌了手腳，趕緊向管院長、李煥先生解釋清楚。後來同學勸我不要到食堂吃飯，免得他們大做文章陷害我，搞得我好久不敢進到食堂吃飯。

三、赴台從軍

因為發生國共內戰，眼看著戰火愈趨激烈，我們想盡快離開這恐懼的地方。那個時候李發強，他是我農藝系的學長，他大我一屆。我和學長是學生自治會的工作同事。我是康樂股長，負責辦活動。

㉒ 李發強先生認為反對國民黨的，是左派的人居少數，看法不同於董本貞女士。董本貞女士則認為儘管是少數，但是他們有團體組織，有策略地在抹黑她，也產生了排斥效果。

㉓ 今稱夏令營。

學長當時擔任湖北農學院青年軍聯誼會的負責人。七、八個青年軍的學校代表，有武漢大學、師範教育學院、醫學院、還有體專、藝專、基督教華中大學、私立中華大學等，一起商量來台灣。決定好之後，他們就回去問同學：「你們誰願意去台灣，就來我這裡報名。」我當時已經沒有家人了，爸爸過世，哥哥打仗無法聯繫，只剩我自己，爲了生存，我決定跟大家一起來台灣。我是湖北農學院唯一的女生，參與 33 位男同學的隨軍來台。

剛好，台灣陸軍訓練司令部有一個招收隊在武漢，招募青年赴台受訓，204 個大專青年報名，這件事在地方上造成轟動，結果有八百多個中學生也跟著我們來。我們從武漢坐火車到廣州，在廣州等船一個多月，然後從黃埔江搭海桂輪，五月十一日上午到達高雄。當天女生就被送到屏東阿猴寮女青年隊受訓，而男生被送到台南旭町營房。❻❹

四、在女青年大隊

我在女青年隊待的時間很短，八月離開，九月就去教書，前後只有兩個多月而已。起初我們剛報到，還沒有按年齡分組，所以大家都一起上課，有政治課、文學課、操演課等。還參加過一次夜行軍操練，背著包袱，在甘蔗園裡面走。在大橋下學游泳是個很痛苦的經驗，因爲我們得打著赤腳站在很燙的沙灘上。

這些都還可以忍受，最讓人難受的是睡覺。8 個人一起睡在大約 6 個塌塌米大小的地鋪上，我感覺很擠。因爲我們比較晚報到，被編入二中隊，得跟 14、15、16 歲的小女生一起睡。她們叫我們「流亡學生」，我感覺不被尊重。她們睡相不好，翻來翻去，腿還會壓到我們身上，我們年紀比較大，感覺不舒服。我覺得跟小女生一起睡就是睡不好。

由於女生是第一次受訓，難以適應軍隊生活，不過孫立人將軍對女生還

---

❻❹ 陳琪雅注：海桂輪 5 月 11 日上午抵達高雄，當天男生被送到台南旭町營房（現為成功大學光復校區），5 月 29 日才由台南旭町營房移往鳳山陸訓部。參閱《武漢區各大專院校學友旅台六十週年紀念集》，附件十二，證言之三，〈蒙難日記〉，第 110~114 頁。

滿好的，常來看我們。他來視察，看到我們穿鞋子很慌忙的樣子，他會說：「不要忙、不要忙，我站在這裡看你們穿。」他滿照顧我們的。史大隊長對我們也滿好的，像媽媽一樣。中隊長郭文萃做事認真，對我們很嚴格。

訓練一陣子之後，我們考試分組，因為我的外文考得不錯，所以分到最好的組－甲組。只不過我因為體弱又患了赤痢，拉血不止，數次暈倒在廁所，睡在地板上拖了一個多月，仍不見起色。有一次同船的劉太太來看我，看我這樣子很危急，就幫我辦了退訓，接我到她家休養。康復之後，我忙自己的事，找工作，九月開始教書。

五、退訓後的遭遇與教書生涯

有一天，湖北來的青年軍（在鳳山）發生溝通不良事件時，**❻❺**我人在高雄辦事情。回來後，房東告訴我，有個上校送我車票，要我離開鳳山。我在女青年隊只是個二等兵，並不認識上校那麼大的官，因此我想這個人可能是李煥先生的朋友，因為李煥先生有跟我通信。（此時，南京告急，政府已移到廣州。）

接著，八月七、九日湖北來的何澤浩等學生 23 人，先後被分兩批送回大陸。我聽說他們被押解上車的時候，是三、四步站一個兵，槍都朝向他們。他們什麼東西都沒帶，在船上都是靠別人給他們吃的，處境很可憐。我想那位上校大概出於同情心，不忍我一個女生被送到監牢裡受苦，所以才要我馬上離開鳳山。其實被送回大陸的同學不是鬧事者，全是各隊領隊者，都是熱心愛國的特殊人才，他們的「冤獄」應該得到公平的平反，才合乎正義！盼望歷史還他們的清白！能夠擺脫監牢，仍回台灣打拼他們突出的成就，各行各業都是國家社會的中流砥柱。例如何澤浩、李發強、陳祖耀、潘正文、李清等……，工作亮眼，一生忠貞愛國。再說要求合理的待遇，不接受入伍生的訓練，因青年軍原來都是校尉階級，再重新入伍新兵操練太浪費

---

❻❺ 編按：孫立人將軍台南、鳳山、屏東等地推動的訓練，由於非常嚴格，許多人受不了。湖北來的學生年紀較長，素質也高又團結。

時間。行打罵教育竟讓人受不了，而造成了神經錯亂，毀了一生，本校就有一位。武大也有一位石同學。

　　九月，我考上員林鎮⑥⑥小學教師。我的教學經驗開始於大學時期。由於我家經濟已經斷掉，我哥在前方打仗，我父親去世，姊姊又失散，只剩下我一個人，我得打工賺學費，養活自己。我寫信給于斌主教，請他幫忙。他先是寄錢給我，讓我繳伙食費。讀湖北農學院的時候，他介紹我到在武漢文德小學教書。我每個禮拜五上一天課，我就可以有薪水跟一袋麵粉，這樣我的學費什麼都夠用了。

　　民國三十七年，我們農學院開辦子弟小學，管院長就曾經找我去當一年級的主任。有了這兩次教學經驗，來台灣考老師，我沒什麼準備就考取了。不過，我考的時候處境很可憐，因為我沒錢住旅館，我用那張車票坐車去員林縣的時候已經是夜晚了，結果我一個女生在郵局門口坐了一夜，天亮的時候就跟店裡要一點水，把臉洗一洗，然後8點鐘就到員林縣政府考試。

　　我被派到大村鄉教書，鬧了很多笑話。儘管我教書經驗夠，可是我不會台語，而學生完全不會國語，變成雞同鴨講。有一次我（試著以台語）叫他們帶「紙⑥⑦」來，這可把他們嚇死了，他們聽成「蛇⑥⑧」怎麼可以抓來啊？！還有「查埔⑥⑨」、「查某⑦⓪」我一直搞不清楚。就是語言這方面有問題，其他還好。

　　我結婚之後，育有一子二女。並請調到台北教書，直到民國八十年八月退休為止。

六、旅美返台

---

⑥⑥　今稱彰化縣。

⑥⑦　台語音：抓，四聲。

⑥⑧　台語音：抓，二聲。

⑥⑨　台語音：男生。

⑦⓪　台語音：女生。

　　大女兒和兒子都在美國。大女兒在芝加哥從商，也從事業餘舞蹈，我在那裡生活前後大概 9 年。兒子和媳婦則住在達拉斯❼，育有二女。大孫女現年 26 歲，在德州當住院醫生，他們讓我感到很安慰。我一有空就會去美國看他們。由於美國的子女們需要我幫忙，像買房子的錢，我用退休金補助他們一些。小孫女出生，因爲兒子媳婦很忙碌，我就過去幫忙照顧小孫女，所以我於民國八十年九月就飛去美國大女兒家住，冬天則住在達拉斯。

　　我在芝加哥也繼續學習，充實自己。我覺得自己的英文需要加強，所以報名當地的社區大學 Du Page College 學英文，讀了兩年，直到搬去兒子家爲止。

　　Du Page College 有讓外國人讀的語言機構，因此我的同學們很國際化，其中還有兩三個台灣來的碩博士。一年有三個學期，一個學期大概要付一百多塊美金，還好不貴。上課的老師都是美國人，我們只能用英語交談。上課時，我都會搶先發言，講講亞洲文化什麼的，然後老師會抽點其他人來回應，滿緊張的。每個禮拜除了例行考試，還要交一篇文章，儘管很累，不過我念得還不錯，拿到全 A。

　　禮拜六、日，我在當地的實驗小學教中文，一個鐘頭 10 塊美金，賺來的鐘點費用來付學費還有剩，因此我在美國的生活滿獨立的，盡量不麻煩子女。因爲我教得很好，所以除了中國小孩，也有外國人來學中文，年紀大概 15、16 歲。因爲小孩子、青少年一起上課，最大的 16 歲，最小的 7 歲，讓我教得很辛苦！有的把腳放在桌子上，有的很調皮，吵著說：「老師，我要放屁！」還有的一上課就在睡覺。

　　我教了兩年，成績很好，後來僑委會的文教中心請我去做義工。我禮拜天到文教中心帶活動，當過演講比賽的評審，還負責會議紀錄。

　　當時文教中心的主任是黃公弼先生，他太太還跟我學外丹功。外丹功是一種練氣的中國功夫，我只拿文教中心給我的車馬費，教了好幾屆。政治大

---

❼　達拉斯（Dallas），是美國德州第三大城市、美國第九大城市。是德州南部商業中心，也是美國第 35 任總統約翰·甘迺迪遇刺身亡的地方。

學的 80 位校友請我表演外丹功，外國人也跟我學，像伊利諾州也有地方首長，相當於我們台灣里長之類的人。還有醫生也是我的學生，如西北大學心臟科主任詹運來教授、周俊明牙醫等。我在那裡過得挺愉快的！

後來，我兒子打電話給我，說他們很忙，希望我過去他那裡幫忙帶孫子，所以我就去達拉斯，改行當保姆。因為這樣，我被小孫女綁住，變成課也不能教，書也不能讀。

我禮拜一到禮拜五帶孫子，禮拜六、日休息，要參加教會活動。在達拉斯的中國教友有一百多人，也有天主教教堂。我們的教會叫做「耶穌會聖心堂」，是唯一由台商自買自建的教堂。教友以台灣人最多，也有大陸人，有英文和中文彌撒⑫兩種，禮拜天至少有一百多人在教堂望彌撒。

天主教規定教堂歸教區⑬管轄，個人不能擁有。也就是說個人可以買，但是主權屬於教區。我們跟梵諦岡報告我們有教堂，他們派來陳琨鎮神父，他一面讀神學一面當我們的神父，他是現任台中教區的秘書長。他是個很好的人，每個禮拜六、日，只要有誰生病，他開車載教友一起去探望、去慰問，我有時也會跟他去。我們要給受訪戶祝福 God's blessing。

我剛去的時候，他們正在捐錢蓋教堂。他們需要買個大倉庫來建教堂，可是經費不足。每個禮拜五晚上可以看到很多年輕人，在教堂點燈單獨地祈禱，一邊哭一邊祈禱，求主幫助他們能夠解決經費不夠的問題。大家都用自己的關係到處募捐，像台北天主教文德女中也有幫忙募捐。

我在達拉斯的生活滿好的。禮拜天做完彌撒，中午大家一起吃飯。這飯是由幾位讀博士、單身的女性志工為我們服務，用兩到四個大電鍋煮飯，會做菜的人就負責做菜，有的負責送菜。中飯就在教堂大餐廳解決，費用滿便宜的，一個人一餐只要 3 塊美金。

天主教主張「自養」：自己養活自己，還要幫助他人。因此，教會需要的費用，除了教友捐獻，還要給入堂費，管理教堂的清潔。以前要靠外國人

---

⑫　彌撒（mass）就是天主教會的「感恩祭」。

⑬　似行政區。

幫助我們，但是後來我們能夠獨立了，台灣人自己要想辦法募捐。他們大都是開支票，我們家一個月至少捐一百塊美金。捐多少端看自己心意，教會會給一個範圍，太多太少都不行！因為捐獻可以抵稅，所以教會會公開捐款帳目。

我的愛國心不落人後！愛國活動都有參與，比方台灣要捐錢賑災、在希爾頓飯店舉行十月十日國慶慶典活動，我都有留下盛裝打扮的照片。還有國際婦女節、世界亞洲日等節慶，我都有以亞洲代表出席與會。

我是女性，數千年的傳統文化，背負在身，離開軍營，壯志未達，垂頭在我的基本教育園地—小學老師，作育幼苗，培植、耕耘。期待他們茁壯成長，成為頂天立地的大樹，為國家民族開創未來，為社會謀福。同時照顧我的家庭，培植子女，教養他們作社會的好榜樣。雖然不能達標準，我的心願已足，已經盡心盡力負責任。當我看到臉書上學生們的成就，感到無限欣慰。尤其有時在公開場合聊天時，承認小學老師某某很「讚」！對我來說那是「收穫」。

現在年進 90，離開教職至今已 20 多年了。現在我和在新北市當高中老師的小女兒一起住在台北市內。回憶往事似塵煙，家人四分五裂。得訊：胞兄董俠，在萬縣淪陷時被中共捕捉入獄，拒不投降，折磨到死。兩個兒子及妻子，掃地出門，流落外地，幸運的被收養。我已經和他們見面，他們都得到平反，可以平安的生活，享受應有的人權。感謝主恩！

拾、陸總《精忠報》主編陸震廷先生訪問紀錄

時　　間：民國 83 年 6 月
地　　點：高雄鳳山市黃埔新村 122 號陸宅
受訪者：陸震廷
主　　訪：朱浤源
紀　　錄：黃秋銘
輸　　入：李來興

一、早年經驗（民國 10 年到 27 年）

我於民國十年出生，筆名「郭風」，江蘇松江人，上海持志學院畢業。民國二十三年，父壽臣公病逝。

民國二十四年開始涉獵三十年代文學書刊。二年後七七抗戰爆發，十一月故鄉松江淪陷，全家下鄉避難。民國二十七年到上海租界復學。

二、抗戰初期（民國 26 年到 34 年 4 月）

當民國二十六年七七抗戰發生的時候，我身處這一偉大的時代，以及目睹這偉大時代中許多動人的故事，使我對寫作發生了濃厚的興趣，就開始了投稿的生涯。

民國二十八年在上海參加三民主義青年團，從事敵後抗日工作，先後有七年之久。團長是蔣公，書記長陳誠先生。

後來因青年團工作的關係，我在安徽中央日報（勝利之後搬到上海，社長為名報人馮有真先生）代替女作家羅洪女士編過一個時期的《文藝周刊》，並在該《周刊》及《青鋒》副刊上經常寫稿。

民國三十年，在太平洋戰爭還沒爆發的時候，我一直在上海工作，以文

化宣傳爲主。三十年底，太平洋戰爭一發生，我目睹上海日軍進佔租界，租界內立刻陷入恐怖狀態，日僞大肆搜捕抗日分子。當時我奉命率同一批青年五十多人，從上海撤退到游擊區辛塔。

那時辛塔是「忠義救國軍」（簡稱忠救軍）的「蘇嘉滬挺進縱隊」司令部所在地。在那裡，我晉見了司令阮清源將軍，他答應派人護送我們這一批青年到大後方。當時，隨我來游擊區的五十多位青年男女，大都是大、中學生，其中也有不少是我的同學和工作同志。在游擊區住了約半個多月，到三十一年一月二十八日乘船出發，目的地是廣德。

這中間，還要穿越蘇嘉路和京杭國道，十分危險。當晚，我們在萬分艱危中，完成了偷渡蘇嘉路的工作，五十多位青年所帶的行李，在偷渡時丟掉了一半。

第二天準備偷渡京杭國道，不料下午在浙江墻理鎮附近的河道上，碰到了日軍的巡邏船！五十多人中三分之一犧牲在日軍的槍彈下，二分之一被俘，僅有一小部分的人脫逃了。

我是被俘的一名。我們被押到新市鎮石川守備隊，因爲我們沒有攜帶槍枝，因此情況較爲緩和。又由於該隊的周姓翻譯，是忠救軍的人，而當地的僞軍自衛隊隊長是被俘人員之一的同學，所以大家沒有受到酷刑。在日軍守備隊被關了半個多月，我和周昌濬等一批人，由周昌濬的哥哥前來作保，而獲得釋放。

然後我到了嚴墓鎮（江蘇省松江縣），與國民黨文工大隊長張揚，一同到上海，跟組織聯繫報告經過。此時江蘇省松江縣也成立了四、五十人的文化工作大隊（隊長爲幹事長，下面有宣傳股長、組訓股長、總務股長）。我到抗戰勝利前一段時間，都在幹事會這一個基地，並擔任當地幾所小學的教育工作。在西渡小學、培德小學、茸光中學、正心女中教國文。記得當時是二十二歲，每次都得改二百多本的作文簿。

同一時期也利用學校教演戲劇，像「臥薪嚐膽」一類劇碼，希望振奮人心，而一切道具都是自己做的，十分克難。另外也在《新聲》和《青聲》雜

誌幫些忙。

三、抗戰末期（民國 34 年 4 月到 8 月）

　　抗戰末期，當十萬知識青年從軍運動風起雲湧的時候，我在敵後除了保送大批愛國青年到內地去從軍，以報國響應這一偉大運動外，自己也簽名，請纓參加。可是上級沒有批准，理由是從事敵後工作重要幹部，非必要時不得調離崗位。因此，我就失去了這一從軍報國的良機，以後每一想起「一寸山河一寸血，十萬青年十萬軍」的時候，內心多少有一些遺憾。

　　我和沈雅英女士於民國三十四年四月二十五日，在故鄉醉白池雪海堂結婚，結婚不到一週，因另一負責組訓工作同志金文達被捕，迫使我匆忙離鄉，過著逃亡的生活。我從上海輾轉到大後方，就這樣和新婚妻子分離。同年八月十日，日本無條件投降，我從屯溪兼程趕回松江，展開復員工作，才和她團聚。

　　話說婚後的奉命「逃亡」，我到大後方的安徽省屯溪（同陪都重慶一般重要）述職。在當時屯溪有《中央日報》，由於我當時要找主任吳紹澍和社長馮有眞，沒有找著，他們兩位同時去了重慶。我反而因此擔任了新聞指導。記得有位胡材厚先生是那時的同事。

　　我從事寫作，發表了〈江南血痕〉，是屬於報導文學，大約兩萬字，是一手的抗戰資料。另外有份由羅洪女士、朱雯先生夫婦負責的《文藝周刊》我也寫稿，每個字有二到三元的稿費，這要算我在後方第一次吸收到自由空氣，還有豐厚的收入，生活才穩定下來。

　　日本投降的那一天，正值安徽東北部自衛隊發動反攻的時候，也是我們忙著爲安徽《中央日報》三週年紀念擴大慶祝會的日子，獲知日本依波茨坦會議決議，宣告無條件投降。之後，在隆阜招待所的我們，都到廣場集合，擴大慶祝抗戰的勝利，我還寫了一篇文章叫〈寄生草〉。至今我仍記得大家放鞭炮，高興、歡樂的情景。

四、日軍投降後（民國 35 年到 37 年）

民國三十五年，我創辦《前鋒報》，同時兼任上海《前線日報》特派員，並代表松江縣，至鎮江出席全省新聞記者代表大會，當選為省記者公會的常務理事，同時升任青年團松江分團的書記。民國三十六年，又當選為松江縣參議員，暨抗戰蒙難同志會松江分會的理事長。當時二十六歲。

我在松江的復員委員會擔任復員的工作，我也編了一個叫〈抗戰血痕〉的話劇，這是抗戰勝利後幾年的事。可惜好景不常，民國三十七年徐蚌會戰失利，江山快速變色。在抗戰時，我們要靠上山，才能打游擊；現在反共，變成要靠「下海」。我便自己決定，要往台灣。

五、大陸淪陷前夕──考訓女青年大隊始末

民國三十八年春天，匪亂擴大，烽火漫天，國軍和匪軍隔江對峙，江南戰局已十分嚴重，同時再加上共黨的「和談」攻勢和統戰陰謀，更使局勢混亂，人心惶惶。當時目睹大局危急，國難當頭，乃和同鄉好友杜啓平等毅然投筆從戎。在上海陸軍訓練司令部知識青年招考處，擔任招生委員，搶救愛國知識青年，鼓勵他們從軍，送到台灣受訓。當時吳紹澍先生被上面任命為上海青年隊長、上海市副市長、上海市社會局局長、江蘇省監察使、兼上海政軍特派員。我當時的缺是陸訓部入伍生總隊第三團隊第一營的營指導員兼第二連連指導員。

（一）招考

有一天招考處黃組長拿了一份緊急公事給我，他說：「司令部要招訓四百名知識女青年到台灣受訓，我和魯廷甲處長商量，把這件事交給你來策劃，一定要做到盡善盡美，因為這是一項創舉！」看了陸訓部的命令，我提了一份計畫，規定在高中以上，年齡在二十二歲以下未婚女青年，皆可報名投考。考試有筆試、口試兩項，口試特別注重儀表風度。為了使廣大女青年皆有投考機會，我建議立即舉行一場記者招待會，向各界大眾報告招考女生

的目的。

　　我的計畫和建議都被接受，考試地點也由我借用好友張揚兄主辦的私立佐之中小學。張揚兄是醫生世家，他還是一位青年名醫，承他協助，在考試那天請了多位專科護士，負責檢查女生體格。新聞刊出，雖然只三天時間，但報名的卻有一千多人，而且水準很高，大多是在大學肄業的學生，高中生次之。

　　到了考試那一天，佐之中小學人潮如湧，學校部分教職員也幫助監考工作。張揚兄率領了十二位專科女護士，負責考生的體檢。口試分三組進行，我負責一組，其他二組由黃組長等負責。因為口試工作十分重要，大家認為未來的女政工，在相貌、儀態、談吐方面，都應具有相當水準。一個人要口試幾百名女生，時間匆促，工作特別吃力，從中午十二點開始，一直到晚上八時許才告完成。在口試過程中，時間雖然很少，但我還是發現不少人才，她們儀態大方、談吐高雅、反共思想堅定、熱愛國家民族。

　　這好像是一首愛國史詩，在中共砲火壓迫下年輕的一代，連女學生也不例外，她們在一連串苦難挑戰中，毅然挑起了時代的擔子，像一股激流，強大無比，衝向大海，成了海的活水源頭，那麼洶湧澎湃，那麼浩瀚可愛。

　　我看她們每個人的表情，都熱情洋溢，希望早日去台灣接受軍訓。這一現象，使我內心有說不出來的激奮，道不盡的喜悅。等到口試完畢，大家晤談時，都有上述相同的感受，所以整天工作雖然筋疲力盡，但均不以為苦。

　　翌日下午，正要準備放榜時，突然接到陸訓部從台灣打來的一個緊急電報，把四百個名額減為一百名，大家對此都好像感到晴天霹靂，手足無措。但命令不能不遵，只好在四百名中刪去三百名。我對陸訓部朝令夕改，深為不滿，當天請了半天假回去休息，以減少心頭的困擾，所以不參加刪減活動。翌日中午放榜，同事告訴我，有很多女生為了名落孫山而哭泣，令人難受。

　　一個月後，我將要去台灣時，陸訓部又來了命令，要恢復女生四百個名額，但因時局緊急，在未能集中舉辦招考，只好分別在南京和廣州兩地，順

便招了一部分，另一部分在上海和撤退時沿路招考。在第一批招考女生集中候船期間，她們家中有些父母，不放心嬌生慣養的女兒去當兵，到陸訓部招考處哭哭啼啼要她們回去，但這些女生們不但沒有一個回去，而且還曉以大義，婉轉述說，而說服了她們的父母。

(二) 訓練

女青年大隊隊部設在台灣屏東的阿猴寮，那是一個風景優美的地方，在下淡水河東岸一片蒼碧的香蕉林內，夾道青翠，綠蔭欲滴。大隊部就設在其中。是新建的兩列灰色磚瓦的美麗營房。這地方，從前是日本空軍宿舍，暫時被美軍機炸燬，才由陸訓部重建。我到台灣不久，以《民族報》（《聯合報》前身）南部特派員兼職的身分，到女青年大隊去實地訪問了一次。

那是一個初夏的傍晚，進入營房是一條長長的走廊，兩邊每隔一座營房有一片空地，我在籃球場上，見到許多穿著淡綠色軍便服的女兵。她們臉和胳臂，都曬得黑黑的，但有一種潤澤的光彩，照亮了人的眼睛，充分表現出健美的體態。這馬上讓我聯想起她們投考時白嫩的皮膚，柔弱的體態，真有天淵之別。很多認識我的女兵，都跑過來向我敬禮和熱烈的招呼。這時大隊長史麟生上校和指導員方哲然上校都已迎了出來，歡迎我去訪問。進了隊長室，史大隊長很有條理地，把訓練女生的計畫，對我做了概略說明：

第一是基本精神。他說：

> 我們訓練方針，採取精神感召和身教方式，以避免上下隔膜，並養成精神團結。在原則上有三點：那就是彼此要互信、積極健全自己、不作消極批評。同時，為了要生活和學習打成一片，使她們盡量活躍，所以在訓練之際，就她們個人的興趣，分組活動，充分發揮正當娛樂，使她們精神有所寄託。活動內容分體育、游泳、文藝、書畫、平劇、話劇、舞蹈及通訊等組，除了平劇、體育、舞蹈三組由我自己擔任指導外，其他各組皆由擅長的官長指導，同學們也就性之所好自由參加。

第二，教育方式。他將訓練分為三個階段：

> 訓練分三階段：第一階段是生活教育，時間三個月；第二階段為養成
> 教育，時間為六個月；第三階段為分科教育，時間為九個月，共計一
> 年六個月。第一、二階段不分班，全體一同受訓，學科則按程度，分
> 高、中、低三級，從小學到高中。學科有國父遺教、總裁言行、政治
> 常識、國際現勢等；並加以國文、英文、史地等普通教材。軍事方面
> 有基本教練、軍事常識、軍人禮節、內務規劃及夜間教育等。

第三，專業分組。專業分組方面亦針對時代的需要。他說：

> 將來分科教育將分為政工、情報及護士三組，就她們的成績及興趣分
> 別受訓。

最後是作息方式。他表示：

> 我們現分三個中隊，規定每天五點起床，舉行早會與早操，早餐後，
> 上午有四節課，下午二時後也有四節課及課外活動。晚餐後自由活動
> 及自習，九時熄燈睡覺，有時舉行晚會和夜行軍。

六、來台初期──入伍生總隊，政工隊受訓和軍事教導團

　　民國三十八年，由於共產黨的攻勢太快，在陸訓部的我，擔任入伍生總
隊第三團第一營的營指導員。我們的隊長也是兼招考處處長的魯廷甲，營長
是倪泗。我和營長奉命，率領了數百名學生，乘「海吉」號登陸艇來台灣。
在四月二十日晚上出發，經過三天三夜，在二十三日下午到達台灣基隆港。
看到了陸地，看到了人，艇上的年輕人都齊集到甲板上歡呼起來，大家如瘋
如狂。這一情況，非身歷其境者無法體會。

　　記得艇未進港，很多小船都載了香蕉水果圍上來，學生們都拿帶來的香
煙換香蕉吃，也有人拿「大頭」銀元來買，熱鬧了一陣子。

　　當我們進了港，一邊快速走到碼頭後，一個驚人的不幸消息，使我們都

爲之目瞪口呆，那就是江陰要塞司令戴逆戎光叛變，政府宣佈放棄南京，固守滬杭。想不到只有短短三天時間，竟發生這一突然變化，使江南戰局急轉直下。

大家知道這一不幸消息都感到黯然，尤其是我，不但妻女都在上海，上海還有很多親友。

我奉命送學生來台，營房在台南市，從基隆到台南的慢車，要整整一夜時間才可到達。台南「旭町營房」和台南車站距離很近，隊伍前進僅五分鐘左右就到達了營房。我自己的第二連，連長是孫天佑，和我很談得來。我們相處時間很短，僅一個月，我就被調到總隊的政治部服務，因此不得不分離，但是仍都在台南。

入伍生總隊是當時知識青年從軍的大本營，人才濟濟，當時陸總部辦了一分《精忠報》，由張佛千少將負責，我們中隊長是魯廷甲。總隊政工處長郭大志和趙狄少將，希望自己隊上也能辦一分精神食糧。我便自告奮勇，毛遂自薦，來主持創辦這分後來的《新軍報》。報紙決定八開一張，周刊，以十六開形式分爲四頁：第一頁是要聞，第二、三是一般新聞、特寫、專論等，第四頁是副刊。我擔任社長，實際職務仍掛在第三團第一營，爲指導員，因爲軍中沒有編制。

由於軍報是初創，我擬了計畫，在人員方面，簽請招考總隊四名學生協助。一切依計畫進行，經過遴選，我選擇了岳珊、方子希、藍精戀、江源牽四名學生作爲我的助手。印報的地方，選擇了台南市的《中華日報》社印刷廠，那是在台南一家規模最大，而且排字工人懂得排印報紙的唯一場所。

不久，軍報創刊號出版了，可以說一鳴驚人，不但全總隊佳評如潮，而且很多軍中友報也刮目相看。我對這份工作十分喜悅，想不到從軍後在軍中仍然從事搖筆桿工作。因爲辦軍報，使我認識不少軍中文化人，如《精忠報》的侯家駒、范日欣、沈克勤、史遠謀、劉垕、馮愛群、劉令興。其中劉垕兄後來擔任總統府第一局局長。侯家駒兄以「千里馬」爲筆名，如今已成爲經濟學名教授。另外還有八十軍《正義報》社長吳益壽，三四〇師《英武

報》社長劉干雲。步校也出版了《步校週報》由詹毅兄主編。這段時間內，我在印刷廠廠長洪子惠兄的辦公室內，加放了一張辦公桌，不受任何拘束，只要按時出版報紙就行。我主編的周刊報紙，後來以大四開版面擴大印行，不久由友人鄭昌榮兄介紹，兼任了《民族報》南部特派員。我們也在《中央日報》副刊和通訊版上投稿。

各報記者到入伍生總隊來採訪新聞的很多，我也自然成為新聞發言人。入伍生總隊在台南市旭町營房時間不長，三個月後遷到鳳山五塊厝營房。我也因此搬到了鳳山，總隊政工處的郭處長調離，于載書接任處長，秘書王希良奉調軍訓班服務，秘書一職遂由我接任。我的工作可忙了，除了軍報，全總隊政工有關業務和公文要我審核，甚至草擬，當時由於沒副處長編制，秘書就成為十分吃重的的職務。當然政工處還有兩位幹事，一位是袁永惠兄，一位是董厚生兄，但是他們兩人一位管經費，一位管總務。

三十八年底，我奉調到軍訓班政工訓練隊受訓。政工訓練隊總共舉辦了三期，第一期和第三期調訓學生，只有我們第二期，調訓的對象是學員階級，從少尉到中校。我和杜啓平是同時調訓。全隊學員第二期有一百多人，被編為第三個區隊，隊長是上尉，指導員是中尉，區隊長是少尉，在階級上來說，常發生不協調。三個月的訓練，在學科方面，感到很輕鬆，也有良好成績。在軍事訓練方面，很感吃力，不但我如此，很多同學也有同樣感覺。因為擔任區隊長的隊職官，都是剛出道的少尉，他們把我們當入伍生看待。要求過於嚴格，有一次大家集合時，小板凳放在地上，聲音響一點，就要罰全體跑步，甚至伏地挺身，弄得大家緊張萬分、哭笑不得。這中間，我們全體政訓隊員，奉命到高雄港碼頭服務，接待海南島撤退來台的官兵及其眷屬。

我在政工訓練隊結訓以後，更利用工作之閒，在《中央日報》上撰寫通訊特稿，報導建軍感人故事，尤其是「台灣軍士教導團」的成立。那是政府遷台後，實施兵役制度的一個起點，特別重要。

在軍職尚未調動時，台灣軍士教導團的成立，使我們忙了一陣子。由於

該團的成立是一項創舉，各報記者前來採訪新聞十分熱鬧，我要接待他們，還要供應一些新聞資料，自己也得抽空寫稿。此外，各縣市的軍士（現改兵役）科長，都陪同各該縣市的軍士來營，大多也要我接待。

這中間，使我意外的碰到了一位故人，那就是死守四行倉庫的八百孤軍的團附上官志標先生。在民國三十四年夏季抗戰末期，我在安徽屯溪招待所和他同住過一段時期。那時他擔任台南縣軍士科長，代表南縣前來慰問南縣受訓軍士。我們乍見之下，大家不禁驚喜交集，晤談了好久。在屯溪，他有一個大家尊稱的綽號：「民族英雄」。

在軍士教導團訓練期間，各地重要的康樂節目中，最令人喜愛的是山地舞。民國三十九年上半年，山地舞還很少看到，因此大家都對它感到十分新奇可愛。軍士教導團的成員在結訓後，都是台省各地兵役的基層幹部，為兵役工作奠下了良好的基礎。該教導團設一總隊，下設三個團。在結訓那天，我還在《台灣新生報》南部版上，編了一個特刊，並以「不朽史詩的開始」為題目，寫了一篇短文來記載這段反共復國建軍的歷史。

七、陸總部新聞秘書兼《中央日報》記者

因我在政訓隊受訓時，學科成績名列前矛，訓導組長張敬原先生十分賞識，向陸軍總司令部推薦我擔任新聞秘書。並於軍士教導團工作告一段落之後，就走馬上任。

那一時期，我在從事的新聞工作，是和孫克剛先生同事。我當孫立人總司令辦公室的新聞秘書，當時是少校官階。同時還有徐世全、劉國瑞、劉垕先生等。我的工作有兩個，一個是把所有的報紙，將重要的篇幅段落用紅筆劃出，標出重點。第二個是起草講稿，孫克剛先做要點提示，我再完成底稿。而我印象最深的講稿是軍士團成立的那一篇講稿，也是台灣兵役史的創始，是個先例，一個轉捩點。而在四十一、四十二年舉行的陸軍體能戰技大會，我也擔任總紀錄。這對一個專搞新聞，不熟悉會報的我，也是項新挑戰，每天必向賈幼慧副總司令會報。

同時期我也參與《新聞天地》這份雜誌工作。在孫將軍的新聞秘書這一群人中，沈克勤先生也是孫將軍隨行秘書，政大畢業，現在住泰國。❼ 劉垕少校先離開，是因為張群先生的原因，他考取中山獎學金出國留學，後來曾經擔任過總統府第一局局長，個子小小的，保養得很好的外表，現在是考試委員。

當時《中央日報》副刊總編，為今日《大華晚報》社長耿修業先生，通訊版主管是昔日台視副總經理何貽謀先生，他們都和我由文字相識，後來成為我的頂頭上司。因為《民族報》不久因故停刊，我在《中央日報》撰稿的量也逐日增多，台灣報紙有通訊版設置的，只有《中央日報》一家，在採訪組下設一通訊課，課長就是何貽謀先生。所以說台灣報紙分為採訪和通訊兩組，是《中央日報》首創的，而何先生也成為台省各報社，擔任通訊主管的第一人，也可以說是創始人。

《中央日報》在高雄縣最早的通訊記者是黎世芳兄，他那時擔任軍訓班少校大隊指導員。三十九年上半年他榮調到澎湖防衛部政治部當科長，無法兼顧記者職務。何貽謀兄雖然沒有和我見過面，但卻通過信。我的通訊稿時常在《中央日報》上刊出，因此他來信徵求意見，希望我接替世芳兄的遺缺，我一口答應了。

想不到這份工作從三十九年上半年開始，一直到七十五年屆齡退休。我採訪的新聞，第一件是孫立人主持羅友倫的布達式，九月十六日時，蔣公任命羅友倫先生擔任軍校在台復校校長，九月底布達式，三十九年十月一日正式成立。

在我擔任《中央日報》兼職記者開始時，另有兩件新聞使我刻骨銘心，永遠難忘，一位是訪問捷克反共名人喬治教授，在《中央日報》上用「拉開鐵幕的一角」為題，「訪逃出鐵幕的喬治教授」為副題，以專欄報導刊出，

---

❼ 受訪的當年（民國 83 年），沈先生出任我國駐泰代表（相當於大使）一職。今（民國 97）年，沈先生住在美國加州。沈先生亦曾多次向朱浤源研究員口述其經歷。惟以沈先生已出版《孫立人傳》（台北：學生書局）兩巨冊，已多所描述，故未予記錄。

曾獲得極高評價與讚譽。另一件事是訪問美國參議員諾蘭先生,以「諾蘭參觀國軍記」為題寫了一篇專題報導,以最顯著大字標題,刊在《中央日報》的要聞版上。

八、評孫立人將軍

我對孫立人將軍的印象,始自和美軍顧問團團長蔡斯(Chase)少將一道的訪問。有一次我們同孫將軍一齊,另外還有一些人跟在旁邊隨行著。蔡斯將軍當時穿著野戰軍服,手執著馬鞭。

孫將軍對部屬士兵,向來親自點名每個兄弟。他大約五十歲,非常重視領導統馭,堅持親自講解。我們拿小板凳,坐著聽得精疲力竭,大家就這樣看著孫將軍在台上一講數個小時。

我認為孫立人將軍很棒,個性剛烈、擇善固執,容易得罪人,能和士兵打成一片,雖然具體事實我沒親眼看到過。他對一些教練都實際指導,親自指正,部屬都說他了不起,尤其一些高級班和低級班幹部,對他的印象都很好。孫將軍深得軍心,我個人對他廉潔和實際的風格不做第二人想,是應該給他表揚。他不懂政治,下面部屬幹部也不懂中國政治手腕,一再吹捧他,甚至成事不足敗事有餘,還幫總司令出漏子。舉一個例子,羅友倫校長要學生總隊聽訓,趙狄竟然不接受命令,也就是違抗命令,孫立人當總司令只得將他撤職,也沒有查辦他。第二是孫將軍政治幹部太少,只有張佛千一個人,另外蔣堅忍和先總統有關,肩負有監視之責。

孫立人視察部隊時輕車簡從,一個隨行秘書或隨行參謀,再加一個司機,有時連司機都由參謀自己擔任。後來黃杰接總司令,上任的排場、樂儀隊都很大,這和孫將軍的作風就很不一樣。

聽說有一種說法孫立人將軍是美國要扶植的人,接替蔣公。我想美國人最喜歡搞這一套,孫立人被美國人害死,也不是說完全空穴來風。

那時還聽說孫將軍對羅友倫被任命為校長,事先不知情,原來孫將軍要請新七軍軍長李鴻來擔任校長,所以千方百計將李鴻從共軍俘虜中救了回

來，只是那時觀念：被日軍俘虜比較沒關係，被共產黨抓去就抬不起頭來了。所以蔣公任命軍校校長，孫立人是事後被告知的。

我想孫立人對蔣公是很忠心的，只是下屬軍官們太缺乏政治專業，對中國政治素養太不了解。剛正不阿，標準軍人，對文人客氣，對軍人嚴屬的孫立人先生造成了災禍也說不定。

民國四十一年我親耳聽到有一次的訓話，羅友倫校長說：黃埔軍魂已經喪失好久，缺乏不已，而由羅校長才恢復了黃埔軍魂。孫立人總司令向大家講話時，則強調軍人的天職是戰爭，對部隊養豬、飼雞不太對，提出了批評。這種針鋒相對，極易造成雙方面的誤會，我們在下面聽講的人，都感到氣氛有些不和。

孫立人妹夫王景佑曾爲誠正國小校長。妹妹孫菊人，去了美國。有陣子王景佑在高雄女中兼課。孫立人隨行秘書有徐世全和沈克勤，孫將軍出事後，沈克勤仍升官，未受波及。李慕白爲孫立人做文宣工作，中英文對照刊物，當我在新聞秘書任內，都沒有聽到有關他個人的任何特別報導。

九、我的專業記者和政治教官生涯

陸總部四十一年遷台北，孫立人派副參謀長在鳳山留守，處理過渡時期事務。到了四十一年底，留守處也被撤銷。

我在民國四十一年底到四十六年度之間，一方面是《中央日報》記者，另一方面是在陸軍步校當政治教官，講授「國際現勢」。也在四十二年辭了在陸總鳳山留守處的工作。當時我原在黃埔出版社當總編輯和記者，步校的主任教官趙尺子先生（俄國史專家，對俄國共產黨歷史特別專長），請我去步校，也是因爲（鳳山的）陸總部即將撤銷，我將可能隨著他遷北上，而我又想留在鳳山，就這樣，我就轉到步校向預備軍官上課。

預備軍官訓練班在陸軍官校內成立，不但是我國兵役史上的一項新的嘗試，而且也是我國建軍史上一項不平凡的革新，使我國知識青年人人能接受軍訓，文武合一，在反共復國時期，尤具時代意義。該班從民國四十一年成

立，迄今已有四十年的悠久歷史，雖然在方式上稍有改變，但其制度和訓練精神是一貫的。當時，預官班教育分爲四個階段：第一階段爲入伍教育，爲期四個月；第二階段爲一般軍官養成教育及綜合教育，爲期三個月；第三階段爲分科教育（含各兵科和各兵科學校代訓時間在內）；第四階段爲聯合演習，爲期十二天。

該班在陸軍官校和步兵學校時期，我報導的新聞特別多，以特稿和專訪來說，就有數十篇。而這中間，還有一部分很突出輕鬆的特稿，如果把它們收集起來可以刊行一本專輯。

班主任王寓農將軍、史逸中將軍、和政治總教官葛建時先生，政治處主任廖祖述先生等，不論公誼私交，都和我建立了良好的關係。

我擔任軍職及採訪工作中，有不少特殊事件，這些事件，對我來說，都是不太平凡的事。

民國四十五、六年，我擔任步兵學校政治教官，主講「國際現勢」。那時，預備軍官訓練班「反共抗俄」戰鬥教育，在步校舉行。政治課程均由專家學者主講，「國際現勢」共八小時，由當時外交部政務次長沈昌煥先生擔任。沈次長要學校當局擬一份講授大綱，作爲參考，由我草擬呈閱。沈次長對那份講授大綱非常滿意，認爲是一份很好的教材，並召見我嘉勉一番。那天上午，沈次長對一千多名預備軍官講解「國際現勢」，大都按照我那份大綱。當然他主管外交事務，很多一般人不知道的資料他知道，而且他口才又好，因此講得頭頭是道，十分叫座。

不料當天中午，中央急電沈次長有要公等他處理，要他立刻趕回台北。命令到達，沈次長不能不走，他又召見我：「我有要公，不得不趕回台北，還有四個鐘頭國際現勢課程，拜託你代上，我相信你一定可以勝任愉快完成這一任務。」我向次長報告：「您吩咐我當然遵辦，不過，我恐怕講不好，尤其是學生已聽您講了一半，我接下講更是吃力不討好。」「陸先生！你不要客氣，一切都拜託你了。」他說完了話，匆匆和我握別，就坐上汽車走了。

　　我待他走後，接下去講了四個小時，因為上午四個小時我在旁聽，對沈次長那一套教學方法，已經領悟不少，因此這四小時課，在方式上或多或少依照沈次長的教法進行。好在他大都依照我所擬的那份大綱講授，所以接下去都能上下貫通，十分順利。四個小時過去，反應十分良好。在結束時，全體學生均報以熱烈掌聲。順利完成沈次長所交下來的任務，這是我擔任七、八年來政治教官和記者的過程中，一項突出的工作。事後，沈次長還來函道謝，殷殷嘉勉，言詞懇切，使我十分感動。

　　還有一次，步校奉命成立「將官研習班」，調訓南部地區少將以上的現役人員受訓，有關政治課程從北部請了不少專家學人南下演講。但「國際現勢」一課，都指定由我擔任。當時將官班人員有五十多人，學員長一職推第二軍團副司令袁樸中將擔任，他是軍校一期的老大哥，我到該班講兩個小時的「國際現勢」，除了濃縮原有的八小時課程外，並增加了一部分最新的資料和分析。面對這批資深的將軍，我以一名中校軍官的身分去上課，內心不免有些緊張。好在我事先有充分準備，因此兩小時的課程進行十分圓滿，所以他們對我的上課內容及分析十分滿意。下課後，袁樸將軍對我說：「陸教官，你不但新聞寫得很好，對國際現勢也有深刻的研究。佩服！佩服！」我連忙回答：「哪裡，哪裡，希望副司令多多指教。」

　　這兩件事是我在民國四十六年我在軍中申請退伍，專任新聞採訪工作前，很值得驕傲和回憶的事。以下這是我早年所寫的經歷與著作目錄，給你們參考。

十、附件

(一) 經歷

　　民國四十六年我從軍中退伍，成為專職記者。我曾經當選為高雄縣新聞記者公會理事長，先後連任五屆，並擔任公職人員選舉高縣的選舉監察委員，以迄於今。

　　民國四十九年開始，經救國團總團部聘為高雄團委會指導委員，以迄於

今。五十二年先後在革命實踐研究院黨政班第九期、幹校戰地政務班十六期受訓。五十九年榮獲中國文協榮譽紀念章，台省南部七縣市社教工作人員特優獎牌。六十四年當選中國新聞學會高縣分會第一任理事長暨青溪文藝協會南部支會第一、二、三、四屆理事長迄今。六十五年當選青溪文藝學會常務理事迄今。六十八年再度當選全省社教工作特優人員。六十九年榮獲中國國民黨中央委員會華夏三等獎章。台省作家協會「中興文藝獎」報導文學獎章。參加中華民國作家代表團，到韓國出席中韓作家第二次會議。

（二）著作目錄

1. 民國二十四年：開明書店出版的《新少年》、《中學生》刊登習作。

2. 以雨辰筆名，民國二十八年在《中美日報》、《正言報》副刊上撰稿，成爲《中美日報》副刊《集納》筆會的會友。並在《文綜》、《文苑》、《中美周刊》等雜誌上撰稿。

3. 民國三十年：處女作《烽火》散文集出版。

4. 民國三十二年：在青年團發行《新聲》、《青聲》月刊。

5. 民國三十四年八月十日抗戰勝利奉命返鄉，展開復原工作，並創辦《青年日報》，榮獲勝利獎章。❼❺

6. 民國三十九年：調任陸軍總司令辦公室新聞秘書，出版報導文學《時代的尖兵》一書。

7. 民國四十三年：出版《國際現勢大綱》，榮獲陸海空軍褒獎。

8. 民國五十一年：兼任《中國晚報》總主筆，主編該報《文藝雙周刊》，爲慶祝文藝協會南部分會成立十週年，主編刊行《我們的作品》。

9. 民國五十八年：出版《江左少年夏完淳》，一年之內刊行四版，計一萬五千冊。

10. 民國六十一年：爲文協南分會成立二十週年，出版第二部集體作品《六十年代》。

---

❼❺ 編按：正文中說到：於民國三十五年創辦《前鋒報》。

11. 民國六十八年：為文協南分會出版第三部集體作品《南方》。

12. 民國七十年：出席亞洲華文作家會議，並在會上發表〈亞洲華文作家在現階段所擔任的角色〉論文。同時為文協南分會出版第四部集體作品《金色年代》。

13. 民國七十三年：出版《中華女兵》一書。

14. 民國八十年十月：出版《人間佛教與星雲大師》（台南：中華日報社出版）。另在佛光山的《覺世旬刊》雜誌撰文。

拾壹、七十一師醫官張瑞峰先生訪問紀錄

時　間：民國 83 年 9 月 1 日
地　點：高雄縣大寮鄉張醫師宅
受訪者：張瑞峰
主　訪：朱浤源
紀　錄：林丹萍、李來興

　　我是山東單縣人。話從江蘇開始。我高中畢業後，到了江蘇鎮江，考取省立醫專。民國三十七年元月分至三十八年四月分，是內戰期間。三十八年四月分，因共匪的關係，蘇北比較亂，省立醫院同醫專一起轉到上海，學生也自此時開始醫療救護的工作，加入戰爭的行列。

　　在上海，雖只有短短的一個月，但是相當辛苦。一直到五月分，我們再從上海轉進到崇明島。江蘇省立醫院一保安部隊，編為陸軍暫編第一軍，分為十四、十五、十六三個師。江蘇省立醫院和江蘇軍立醫院合併為「江蘇軍立野戰醫院」，院長是韓雲齋，人很好。護理室原有六十多人，後來只剩九個人。

　　三十八年六月分，又轉進舟山群島，野戰醫院亦遷至岱山（定海），也成立一個師。三十九年元月，舟山島成立陸軍獨立七十一師。我在舟山島上待了一年，訓練加上各種戰備，都還不錯，當時司令官是石覺。

　　三十九年五月初，我們從舟山島轉進到台灣，約十幾天到達高雄港。下船時，蔣總統、蔣夫人及陸軍總司令孫立人將軍都在碼頭迎接。孫將軍和每一位官兵握手。我覺得他是一個將才，沒有官僚氣，對待官兵很平常。我們在高雄女中操場紮營一個禮拜，孫將軍也帶人來視察。屏東林邊、楓港、滿州、台東⋯⋯也都有我們的師（七十一師）。當時我擔任少尉醫官，屬三等軍佐。

當時台灣的高山地區瘧疾流行，百分之百染病，非常嚴重。用的藥是「Afipim」（白樂君）、奎寧。陸總的軍醫處長周致信少將，和孫立人是清大同期生。在屏東潮州成立南部地區的瘧疾研究所，負責抗瘧，將各部人員調來該所集訓，再行分發。我被分到潮州、春日到瑪家一帶，我負責帶隊，有十個衛生兵。山地居民帶我們到各個村落看，上午到山地，下午則在海邊診治。三十九年到四十二年初，整個台灣進行抗瘧工作。野戰醫院共有一百多人，醫官有四十幾個，其餘則為衛生兵。

美國人將軍隊醫療也分為「三段五級」。「三段」為步兵連至步兵師、步兵師至步兵團及後方。「五級」則為連、師、軍團、後方、總醫院。第一段包括一、二、三級，第二段包括第四級，第三段則含第五級。

我們這些醫官在虎頭埤受訓，有一套套的野戰裝備，時間兩年，分成各個類科，包括：醫事檢驗科、X光科、內外科及醫科。我是醫科，專攻外科。

我的受訓期間民國四十二至四十四年，畢業時，剛好碰上所謂「屏東事變」的爆發。

屏東事變，孫立人是被冤枉的，是觀念不同而造成的鬥爭；因孫不是黃埔系出身的，美國人來台灣又特別欣賞他，都去找他，所以是有人不高興，想整他。這是民國四十四年五月，在屏東機場閱兵時發生的。

當年台南成功大學有個光復營區。學校禮堂很大，營房也很整齊，軍容也十分嚴肅，紀律相當嚴明。孫立人將軍來巡視時，所有的人，連兩個將領在內，都不敢講話。

五月八、九日我們臨時被征調上車，從台南出發，下午三點到了屏東，全部開入屏東農專（今天屏東師院的東校區）**⑯**，駐紮在校區內。當天下午六點多，蔣經國也來到校區，他集合大家講話。他希望我們這個臨時編組的「部隊」，在閱兵當日負責維持安全，六個人、六個人一組，檢查士兵是否

---

⑯ 編按：民國 97 年 6 月，該校已經再升級，成為國立屏東教育大學。

攜帶彈藥。我們共有兩百多人，來自不同部隊，而且各種兵科都有，誰也不認識誰。從光復營區來的，約有三十多人。

閱兵的同時，在里港也舉行實兵演習，有一尊迫擊砲朝向參觀台的位置，班長便覺不對勁，怎麼會朝向該位置？當時南防司令唐守治（中防司令是劉安祺）在屏東機場參觀台上，蔣總統和孫立人將軍雖然也在，但沒有發生事情，所以他們並不知道此事。閱兵時，子彈、刺刀都不能帶。參加的部隊有四十九、五十一、九十三三個師。由於人數眾多，人員成分複雜，且當時局面仍未穩定，有必要施予安全檢查。我這一組負責側內，共有六人，負責左側門的安全。我們檢查第四十九師時，發現有許多人，帶著實彈兩、三發；平均一個班或排就發現一、兩人，我們一發現，馬上將人攔下來。這些人為什麼暗藏彈藥？我想不外都是迷糊、忘了將子彈退出來的。但是，原來即曾三令五申，規定背包只能塞滿稻草，不能裝進實彈。如果是這樣，那麼子彈是如何被裝進去的？就是一個大問題。當時一共有三個師進場，在我們檢查的兩個師之中，總共有五十多人被抓，當時是民國四十四年，天剛剛熱，大概是五、六月間，地點在屏東機場。

剛才提到另一個場地在里港做實兵演習。在步兵攻擊前，準備先發射十二門砲，但它的距離和方向都瞄準了屏東機場的參觀台。總統和孫立人參軍長原在參觀台，後來離開了。但砲兵不知道，仍將迫擊砲針對參觀台，結果被排副制止。這次發生的時間比較晚，也就是說，兩個地點所發生的事，屏東機場是士兵迷糊，並無政治因素，而里港則應該有人為動作。

部隊中份子複雜，較會做出不利的事。

第四軍訓班畢業的成員，多數分發在四十九與五十一師。該班有一學生柴森，在大陸跟隨孫立人將軍相當長一段時間。柴現居台北，我常和他聯絡。

整個事件應是突發性的個案，然後被渲染，並無政治因素。當時制度亂，一件事發生，就擴大成好幾件事，形成「白色恐怖」。我個人倒是沒碰過這些事，因身為軍醫，來找我的人都是急切的病人。

　　我認爲這整件事是個「煙幕」，上層政治鬥爭，下層人員則被犧牲了。

　　在背包裡裝子彈的士兵，有些是因迷糊，但有一部分是有目的的；因彈夾裡的子彈拿不出來。我們曾查出一名士兵將子彈放在口袋裡。當時槍械並無管制，並無集中於一個庫房內加以保管，而是士兵在那兒，槍、彈就在他身邊。我認爲這小部分有目的的士兵，不是針對孫立人，也不是他的幹部，他們都從大陸來的，不識字。

　　當時帶子彈進入演習場地，是抗命，大過錯，原是要被槍斃，但因他們事前就被攔下，關了幾天，就被放出來。這一部分人可能是要報復他的幹部，平常幹部的方式要求苛刻，士兵們就想出個差錯，讓幹部也不好過。而孫立人訓練部隊是嚴而不苛。

　　這樣看來，這個南部兵變不是蔣家在運作，孫立人也與之無關，完全是後來高階爲整孫立人而拿來炒作的。

第四篇　眷村建設、子弟教育與國軍保防

壹、誠正學校教師方士彬先生訪問紀錄

時　　間：民國 85 年 2 月 1 日、24 日
地　　點：誠正國小（方先生宿舍旁）之學校值夜室
受訪者：方士彬
主　　訪：朱浤源
紀　　錄：柏心怡
輸　　入：黃綉春

一、家世背景和早年經歷

我叫方士彬，河南淮陽人，民國前一年生，但到台灣報戶口時卻寫成民國一年。我家並不富有，但生活可以維持。家父為前清秀才，民國後改行做生意。我小時候父親管教十分嚴格，不能隨便亂跑出家門，每天在家從《三字經》、《百家姓》、《千字文》開始唸。我家有四兄弟，我排行老二。因為那時我兩個弟弟還小，所以都是我和哥哥在父親特別準備的房間裡，二人坐面對面。可能是我天分不夠，唸得不好，所以就更不喜歡唸書，但家裡面卻一直逼我唸書，結果適得其反。因此我從小就知道：不想唸書的人，你強迫是沒用的。我小學唸河南省立第二師範附屬小學，當時一、二年級，三、

四年級是複式教學，五、六年級是單式教學。

那時遇到一位朱靈齊老師，他很知道兒童的心理，知道我們喜歡聽故事。他每天晚上放學後，都會講故事給自願留下來的同學聽，他通常講《三國演義》。後來我唸後期師範時，到朱老師家拜年，朱老師才說：「你們知不知道為什麼你們小時後我要講《三國演義》給你們聽？其實就是希望你們長大對國家盡忠。」朱老師對我的影響十分深刻。

小學畢業，考取河南省立初中。在初中時發生了一件令我永生難忘的事，就是最愛護我的祖母去世了。祖母去世不是生病，而是縣城裡部隊嚴軍和高軍的衝突，祖母被流彈擊中，不幸去世。這是我一生印象最深而不能忘記的事，但那時誰也不敢說什麼。初中三年畢業後，考取「後期師範（即後來的高級師範）」。後期師範唸三年畢業，然後開始教書。

最早我是在縣立師範附屬小學教書，後來民國二十四年縣教育局下公文，要我到周家口辦淮陽第二完全小學。但是二十七年我們縣城被日本部隊佔領了，大家都在周家口不敢回去淮陽。我們幾個比較要好的老師們結伴一直向西行，到達信陽。

我們在信陽遇到原來在淮陽做民眾組訓的團體，隸屬軍委會，隊長是韓克敬。韓克敬問：「你們要去哪裡？要做些什麼？」我們回答：「要到武漢考戰幹第一團。」他說：「戰幹第一團出來，也是在部隊裡幹政工，何不現在就在這裡做組訓呢？我們現在需要很多人。」我們想一想，也有道理，就留下來了。我們被分配到鄉村做民眾組訓的工作，到過鄂北、老河口，最後上面命令到洛陽集合。我們在洛陽被重新分發，歸第一戰區管轄。我們被分派到部隊裡當指導員，但是我沒有去，因為我在洛陽報考西安戰幹第四團。（第二、三團地點不詳。）戰幹第四團畢業後，曾隨部隊到蘭州，路過河南葉縣，接著分發到安徽界首工作，但沒多久日本就投降了。

由於日本投降，所以我也就回到淮陽老家辦教育，當時我是在縣府教育局當督學。由於抗戰時黃河決口，黃河氾濫區，如淮陽一直到江蘇等地，民不聊生，百姓痛苦不堪，因此集結了許多共產黨。甚至連教育機構中，也被

共產黨黨員滲透。那時候共產黨員想發展勢力，我們就排擠他們，順便吸收自己的同志，所以雙方結仇頗深。另外像三民主義青年團也是反共的，❶ 每週出一張油印的報紙，但沒辦多久就停了。

在民國三十六年舊曆年前沒幾天，也就是民國三十七年初，縣城被八路軍攻破。我不敢露面，靠家人和城外的熟人聯絡。於是家兄送我到城上，把我用粗繩子綁著身體，由城上慢慢放下去，然後坐小船，過護城河，才逃出來，直奔周家口。第二天到洛河的途中，我們這群正好一起逃難的人，就合租了一輛馬車。突然有二個人從路邊跳出來，一個拉住前馬，一個亮槍，並叫我們全部蹲在路邊。他又叫我們全部拿出來，當時手無寸鐵，也只好照做。就這樣，身上所有的錢都被搶光了。不過我們仍平安到達洛河。接著我到武漢向朋友借錢，之後逃到南京。我在南京，經朋友介紹加入綏靖總隊，也是對付共產黨的。總隊長是劉培初少將，大隊下有指揮室，每個指揮室下幾十個人，通常一省一大隊，每一大隊大約有二百人，我是湖北第七大隊，總人數大約一千人。

到民國三十八年，國軍大撤退，我就隨著綏靖總隊到了台灣。等到部隊改編，我被編到澎防部民政工作大隊。民國四十三年又調到高雄要塞，並於民國四十五年退役。

退役後到台南市黨部東區民眾服務站工作，幫民眾寫信、申請書。但是我看不慣黨部主委每次出門都搭黃包車，要知道拉黃包車的人都是用跑的，夏天全身大汗很辛苦啊！為什麼不騎腳踏車呢？那時候大家都是以腳踏車代步的。這麼不懂得體諒別人，還談什麼為民服務呢？所以我只做了半年就辭職。以後，在同學孫海的介紹下，在民國四十五年來到誠正國小。

二、對話

朱浤源（以下簡稱「朱」）：方老師上次提到在大陸上對付共產黨黨員的

---

❶ 三青團多為中共所滲透，不但不反共，還反國民黨。

事，可否再詳細說明？

方士彬（以下簡稱「方」）：那時候連教育機構都被共產黨滲透，我們對付他們的方法就是不給聘書，如果他到別的地方去，也和那邊的主管聯絡，還是不給他聘書，讓他在地方上沒有位置。

朱：可否談談您在澎防部民政工作大隊服務的情形？

方：那就是在外島組訓民眾。小島上的居民是以捕魚為生，他們每天都要出海打漁。我們是利用颳大風、下大雨他們不能出海時，才把他們召集起來，教他們怎樣修防空壕、防空洞等切身的問題。他們知識水準不高，你講太深他們聽不懂。另外我們也管理漁船的出入。漁船雖然是近海的小漁船，但出入港仍要證明文件。出港時，每艘船發一面小旗子，上面寫船長的名字，編號並登記有幾人出海。船駛出港口時，部隊裡的衛兵看到船上有插旗子，就知道此船是合法登記出海作業的。漁港回港時，我們要查看是否有多人出來，怕「共匪」滲透進來。不過我們在小島上住久了，大家都很熟，誰是誰，叫什麼名字，都很清楚。如果漁船回來有生面孔，一定一眼就認得出來。

朱：那有沒有被「共匪」摸上來的紀錄呢？

方：這倒沒有。

朱：為什麼您後來會調到高雄要塞呢？

方：因為我的興趣不在軍隊，我從小就唸師範，作教育才是我的興趣，所以那時候在軍中的考試，我故意考得很差，故意寫錯答案。因此我被調到高雄要塞準備退役。

朱：那麼您在高雄要塞的工作是什麼性質？

方：那時高雄要塞的旗津海邊，沿海有許多碉堡，經常一個碉堡裡一個班。我負責每天晚上和二到三人去查勤，看是不是有人偷睡覺。其實我的興趣是在教育，所以一到了誠正就不再調動，一直做到退休。

三、誠正見聞

民國四十五年我到誠正國小（當年稱為「誠正學校」。參圖七）時，校

長是章敬禮先生，我是教務主任。那時誠正國小屬於陸軍總司令部，全校只有六個班。❷

　　教室都是日據時蓋的平房，除了教室外，還有水池。這些房舍是以前日軍隨軍妓女的住處，後來孫立人將軍來之後，看這裡沒人住，就把這裡當馬房養馬，你看：我房間外面的木頭柱子，有被馬啃的痕跡，有一根都快被啃斷了。這些都是聽學生家長說，才知道的。另外他們說：學校操場以前是墓地。

　　後來由於陸軍總司令部不願拿教育經費給誠正國小，所以把誠正國小交給高雄縣政府。而由於制度改編，要換新校長，但臨時派不出來，所以由學生的家長組成家長會，由田世藩先生擔任代理校長。❸

　　誠正國小改制後，第一任校長是林宏遠先生，當時是民國四十六年。班級數已多了四班，除了五、六年級是各一班以外，其他一到四年級各二班。當時教室是現在學校老師的宿舍，不過那時是三排教室，現在只剩二排，已拆掉後面那一排，蓋新的樓房。

　　誠正國小的小朋友以外省籍居多，多半住黃埔新村（當年稱為「誠正新村」。參圖七）、黃埔二村、黃埔三村。本省小朋友非常少，有的話可能是

---

❷ 編按：賈懿烈女士曾任本校幼稚園教師，她回憶道：
　當時誠正官兵子弟學校，第一任校長王景佑，是孫立人將軍的妹（孫菊人）婿。這所學校不收其他小孩，也不向學生家長收費。裡面分中學、小學與幼稚園三部分。我當時剛結婚，有了第一個小孩。是個兒子。勁元剛出生時，身體不好，常拉肚子。我們夫妻倆很著急。當時我二十七、八歲，在中防部的幼稚園服務，因為他而常跑回家去，沒有到學校工作，最後被從軍中免職了，無法再回到女青年大隊。經過友人介紹，我到誠正幼稚園，大概教了半年左右。幼稚園設在學校內的左邊一排教室。當時裡面只有我一個不是軍人，但陸軍官校因為有許多教官住屏東，開有交通車，因此特別通融，讓我也跟著軍中的交通車上下班。每天，我就帶著搖籃，將才幾個月大的小孩連搖籃都放在車上，一路來到鳳山。
　賈女士也接受本計畫訪問。
❸ 參見：田先生訪問紀錄。這整部書中，有許多訪問是在田先生公館進行的。特別感謝田先生及夫人。

住在王生明路。不過，大部分本省小朋友都會去唸大東國小。後來過埤里那邊也劃成誠正國小的學區，因此成立力行分校。

林校長調走，周漫萍繼任校長，在他任內爭取到預算，在操場旁蓋教室，當時已有十二個班，每一年級二個班。周校長於任上病故。繼任校長邱玉欽，他在任內沒有蓋教室。邱校長做一任後，教育局又派林宏遠校長回來，他蓋東邊四間房子。林校長也是在任上病故。繼任校長為蔡振賢，現在的誠正國小的現代化教室，大多是蔡校長蓋的。

現在的李校長把西邊三間唯一沒有二樓的蓋起來，另外也爭取到經費修好跑道和遊戲器材。至於我，我當教務主任是民國四十五年到四十六年一年間，之後一直擔任級任導師的工作。

四、誠正國小和眷村的關係

誠正國小的小朋友幾乎都是住眷村。當時有些老師比較喜歡教黃埔三村的小朋友，因為黃埔三村是陸軍官校教官的子弟。他們的父親比較常回家，比較有機會管教小朋友。黃埔新村與黃埔二村的小朋友就不同了。他們的父親多是帶兵官，經常留在部隊，不能時常回家，都在外面服役，管教小朋友的機會比較少，愛玩的小朋友功課常常沒做完。

誠正國小畢業的優秀校友有新村的伍德高，聽說現在在美國太空總署。孫錦生民國八十四年升少將和王長錚八十五年升少將。其他上校、中校就更多了。他們從軍的很多，且多半是陸軍。至於三村的子弟到國外的多一點。而蕭金蘭立委的先生蔣先東（按：蔣又新先生❹的兒子。）是我教的，他是新村的，不過蕭金蘭不是唸誠正國小畢業的。另外，省議員趙良燕也是誠正畢業的，她是黃埔二村的。

---

❹ 蔣又新先生也接受本計畫訪問。

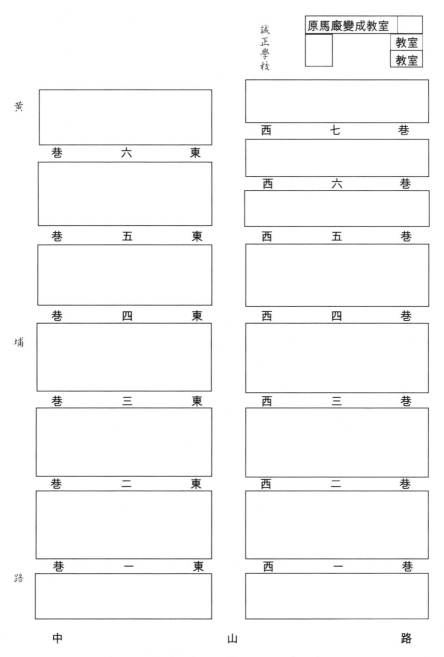

圖七：民國三十九年誠正新村（今黃埔新村）簡圖

貳、誠正學校學生胡修廉女士訪問紀錄

時　　間：民國 85 年 2 月 24 日
地　　點：誠正國小（方先生宿舍旁）之學校值夜室
受訪者：胡修廉
主　　訪：朱浤源
陪　　訪：方士彬
紀　　錄：柏心怡
輸　　入：黃綉春

朱浤源（以下簡稱「朱」）：可否談談胡小姐民國三十九年唸誠正國小的情形？

胡修廉（以下簡稱「胡」）：那時是叫誠正中學，然後分小學部、中學部。我是三十三年次，當時才六歲。❺

方士彬（以下簡稱「方」）：後面原來有三排房子。有二排是屬於中學的，只有最北邊那一排是屬於小學的。

胡：我進來唸誠正小學時一年級有甲、乙二班，一班約有三十幾個人。我被留級過一年呢！不過當時我們班沒有人不留級的，記得我五年級時還全班一起留下呢！❻（笑）當時唸誠正留級是很普遍的事。我們那天（過年時）一起聊天才談到，真的，我們沒有一個不留級的，甚至我有一個二十八年次的同學叫唐玉貴的，他竟然和我這個三十三年次的是同學，並且和好多人同過班，幾乎全校認識。他還自稱是「留級英雄」呢！真好笑。

---

❺ 王懷忠按：胡小姐後來長大，被開「軍中樂園」的父親嫁給當時憲兵連姓操的連長，但婚姻並不美滿。

❻ 胡小姐全班留級的說法，其同班同學並不同意。研判應是許多人留級，但不至於全班都留級。

朱：你們為什麼留級？

胡：我們留級不是功課不好，像我，我是因為我們幾個一起玩的人中有人留級，她就對我說：「我留級耶！」我就說：「好吧！我也陪你一起留級吧！」然後我回家和爸媽吵著要留級，爸媽就去和老師說，然後我就留級了。那李根明、焦玉潔看我留級，也吵著要跟我一起留級。❼

方：當時是怕他們畢了業考不上中學，所以在誠正留級是很普遍的。

胡：當時很多人想轉到別的學校，因為別的學校留級沒那麼多。但我們誠正畢業的可是十個考上十個喔！另外，我們普遍留級造成一個有趣的現象，就是班上會出現兄弟或姊妹檔。像我們班就有孫寶鐸❽、孫寶鋼兄弟，及黃慰蓉（大妹）和黃慰明（小妹）姊妹檔。

朱：那時誠正國小是採軍事化的教育嗎？

胡：是啊！誠正國小那時是陸軍子弟學校，完全採軍事化訓練、教育，管理很嚴格。我們還必須去挖防空壕。我記得我們挖防空壕時，都會挖到一罈一罈的死人灰或棺材的木材。有的罈子外面圍有一串銅錢，銅錢是中間有洞，用繩子串在一起的。我看到就伸手想拿，但沒想到一拉就全散了，因為繩子早就爛掉了。除了挖防空壕，我們也有炊事比賽和各類比賽。炊事比賽是幾個人一組，男女都有，男生多半負責撿柴、造灶、起火，女生負責炒菜，還是自己種的菜。總之是訓練大家要團結。另外，我們也有童軍棒，我記得我一年級時童軍棒還比我高呢！

朱：還有什麼印象深刻的事呢？同學之間相處如何？

胡：那時我們男女合班，班上有些男同學很調皮。像金家慶，他坐我後面，他都故意把毛筆放在桌子旁邊。我向後面一靠，白制服就完蛋了。不然就是叫我「狐狸」，因為我原來名字是叫胡莉。又拉我頭髮。不過我們幾個感情很好，到現在過年時，大家都會回黃埔新村聚一聚。

---

❼ 李根明女士明白表示：她並沒有跟著胡同學留級。姚世芳女士也說：「沒有全班留級這回事。胡同學原來比我高屆，後來因為生病，而延後若干年。」

❽ 孫寶鐸先生也接受本計畫訪錄。詳見下一篇。

朱：當時你們在一起都做些什麼？

胡：我們幾乎每天都在玩。下了課有時到溪裡去玩，有一次還跑到二村仙公廟那裡（現國泰路旁的廟）偷甘蔗。被人發現，追著跑，現在想想真丟臉。不然就是騎腳踏車到「大貝湖（現澄清湖）」旁的農藝試驗所玩。我還記得以前那裡是一大片農場，農場門口有橄欖樹。我們都把摘下來的青橄欖煮熟，然後沾糖吃，好好吃喔！另外，好像是三、四年級吧！有一個星期日，我們幾個用走的走到屏東喔！因為反正中山東路一直走，就可以到屏東了。那時候我們都笨笨的，人家說看到死貓要拜拜，我們一群小朋友沿途看到了，就全跪在樹下拜拜。

朱：胡小姐，妳在誠正唸書總共唸幾年？聽說妳被保送去念國防醫學院，但後來妳拒絕，是真的嗎？

胡：我民國三十九年進誠正小學，留級一年，四十六年進誠正中學。中學畢業去考私立大寮中山中學時，找一個男生幫我代考的。也真奇怪，男生代替女生應考，竟然沒被發現，而且還考上了。我高二轉回誠正時，高二也只有甲、乙二班。同學常說：「胡莉，我看你沒唸書，但也不會考得太差！」我想可能我比較會作弊吧！那時班上作弊的人蠻多的，尤其是英文，別人翻書找答案，翻老半天找不到，我是一翻就翻到了答案了，大概運氣比較好吧！至於拒絕保送國防醫學院❾，那是真的，因為那時候很少人去念軍事學校的，而且離家也遠，所以就不去了！那時候我很皮的。每次出了什麼事，老師都會第一個問我：「胡修廉，這次有沒有妳？」我還記得高中時，有一次跑到岡山空軍基地去參加舞會，因為跳舞跳到很晚，我們一群女生－又不是只有我一個－就睡在同學家，結果第二天回家，被我爸打得要死，還把我關起來，不過我一天就跑了。

朱：有沒有印象特別深刻的老師呢？

---

❾ 編者按：姚世芳女士民國 101 年 4 月 25 日補充：胡同學當年不可能被保送國防醫學院，因為沒有這制度。

胡：印象比較深刻的有教音樂的劉維典老師和吳大爲老師，二十年前病故於甲仙國小。教國語的孫菊人老師，她是孫立人將軍的堂妹，她還做皮蛋給我們吃。還有高中時的英文老師王老師，她每次都叫我 fox，也是取「胡莉」與「狐狸」讀音相似。另外就是國小時的級任導師王川磊老師。那時候有些老師好凶，像我們九九乘法表背不起來，每天都被罰站。有時候被打，還有用跪的，老師打人都用藤條，對女生則用手由後脖子向上搓。

方：你們的級任王川磊老師比我小八或十歲，人不錯。

朱：當時你們穿制服嗎？

胡：那時學校規定穿制服，大家都穿白衣黑裙，因爲你想穿別的衣服也沒得穿。運動會或體育課就穿白短褲、白上衣。我們繡學號都是自己來，老師也教過（胡小姐當場圖示繡學號、姓名的要點）。不過，有時候來不及繡，我們就用鉛筆畫上去，但老師一眼就看出來是用畫的。

朱：你的同學們現在都從事什麼工作？有沒有再聯絡？

胡：我的同學有很多很棒的，小華（胡興華）擔任漁業署署長，也是孫將軍的義子，很用功❿。住在宿舍那裡，老師要我們向他們學習。現在分散了，大多在美國，不過住在黃埔新村的只剩下我和李根明。唐玉貴（唐守治的姪子）與崔文蘭住二村，焦玉潔住在工協。不過過年時，大家都會回來聚一聚。我的同學當老師的蠻多的，像羅湘寶、吳勻芝都是老師，他們結婚了。另外，楊鄂西在文化大學美術系教書，姚世芬在輔大教書，小妹在做研究工作。胡錦（演員）也唸過誠正半學期。另外就是揭鈞、朱春富，是幼年兵⓫，他們是住在誠正中學旁的宿舍，那時他們是誠正中學的學生，我們才唸小學。

---

❿ 編按：毛仁儉先生（民國 36 年創立誠正國小者之一員。民國 101 年 4 月 25 日）補充：胡興華不是孫將軍五個義子之一。

⓫ 毛仁儉先生、姚世芳女士（民國 101 年 4 月 25 日）表示：五個義子另外還有毛縉紳、張海舟等人。

朱：有沒有什麼要補充的？

胡：那時候我們雖然很調皮，但是沒有翹課或和人打架的情形。不過誠正中學出過一件大事，就是誠正的一個學生，玩他父親的手槍，不小心走火，在步校前面打死人。聽說還有派人來調查呢！現在的小孩子幸福多了，以前我們一毛錢買二個圓糖吃半天，上課沒事，想到就拿出來舔二下，再放回去。捨不得吃啊！現在的誠正，和以前幾乎完全不一樣了，以前的木棉樹和很多鳳凰樹都砍掉了。我覺得好可惜。記得一次，有一個同學從國外回來，要我帶他去國小，回憶一下往事。當他看到樹木砍了，老教室不見了，老師走了，他當場哭了起來。我也好難過。

參、誠正學校學生孫寶鐸⑫、張晉銘⑬及王懷忠⑭先生訪問紀錄

<blockquote>

時　　間：民國 89 年 9 月 11 日（星期一）、
　　　　　民國 96 年 5 月 27 日（星期日）

地　　點：鳳山經武路七喜樓餐廳

受訪者：孫寶鐸、張晉銘、王懷忠

主　　訪：朱浤源

紀　　錄：謝國賢

</blockquote>

孫寶鐸（以下簡稱「孫」）：我是誠正國小十三屆的畢業生。

朱浤源（以下簡稱「朱」）：十三屆是從貴州開始算的嗎？

王懷忠（以下簡稱「王」）：對，那你小我兩屆，我是十一屆的。我記得誠正國小是民國二十六年（在貴州都勻）創校的。

孫：應該有記載吧？

張晉銘（以下簡稱「張」）：有，簡介裏有很詳細的記載，是民國二十六年建校的。我記得那時候的讀書風氣不好，打架卻是一流。當時誠正中學的高中部發生一件事。

王：開槍打死人嘛！

張：對，那一次是全省第一次學生拿手槍打死人的紀錄。

孫：那個人比我高一年級。

---

⑫ 編按：孫寶鐸先生民國 43 年次，現已退休，自行經商。民國 89 年受訪時，為榮工處專員，誠正國小十三屆（民 59）畢業生。其父為孫成城少將（官校九期）。

⑬ 張晉銘先生住工協新村為海軍子弟，但也就讀於誠正國小、初中。接受訪問時為誠正的主任。民國 90 年間曾代理校長半年。

⑭ 編按：王懷忠先生，45 年次，現（民國 89 年）為第五次連任誠正里之里長（自民國 79 年始任），當年為第十一屆畢業生（民國 57 年）。

王：住小港機場附近的青島村。

孫：據說他老爹有一把加拿大的手槍，事發當天，他就拿著手槍在農場附近閒晃，於是釀成大禍。

王：據聞後來兇嫌成了死者父親的義子。

孫：其實要談這些事情，應該要去請教黎大平。他把事情的來龍去脈弄得一清二楚。我記得他是住在黃埔新村的四巷。

王：他父親原來擔任海軍官校教育長。

孫：家父孫成城當年是第四軍官訓練班的班副主任，還有另一個班副主任是賈幼慧。我現在住的房子的對面，是魏振武住的，他是楊傳廣的教練。可是，他為什麼會住我們的對面呢？

朱：這可以從戶籍資料來求證。

孫：現在的房舍，圍牆都比原先的還要高，都是後來自己加蓋的。我們小時候沒有電燈，都是點油燈的。即使有了電燈之後，也只有 60 燭光。100 燭光是後來才有的。那時候只要家裏有收音機，就很風光了。在我的童年記憶裏，並沒有穿過鞋子，都是打赤腳，一直到國中二年級之後，才穿上生平第一雙布鞋。而當時身上穿的衣服，都是用父親的軍服改的，甚至麵粉袋，我們也裁來縫衣服。**⑮**

朱：民國四十四年的時候，這種情形應該很多。

張：當年大象林旺就養在孫家。

朱：哦，林旺原來養在黃埔新村？

孫：不是養在我家。是在我家後面，黃埔三村的那一帶。

張：就在官校宿舍那裏。

朱：回來的時候，林旺就在了嗎？您是民國三十七年來的？

孫：我是民國三十八年來的。

朱：您是在民國三十八年端午節前後就來了？

---

⑮ 編按：姚世芳女士（民國 101 年 4 月 25 日）補充：是用陸軍總部發下舊的陸軍軍服來改的。

張：對。

朱：也住在誠正新村嗎？

張：沒有，在海軍電台附近。

朱：據說那裏有一個情治單位！

張：對，政治招待所。

朱：那您怎麼住在那裏？

張：因爲是海軍的關係。當時我們的眷村在海軍招待所的後面。我記得當年
　　晚上抓螢火蟲的時候，可以看到他們在那個營區的外面行刑。或者下午
　　四點多放學的時候，可以看到一個小房間裏，點著一盞小燈泡，隨即傳
　　來一些哀叫聲。我當時眞被嚇了一跳，那眞的是慘叫聲。我記得當時兩
　　個專門行刑的人，一個是曲中軍，另一位是姓崔的。後來據說他到龍鳳
　　閣當拳擊教練。

朱：那他揍起來不得了。

孫：他曾經是海軍拳擊隊代表。

朱：龍鳳閣是？

張：是當時的酒家。

王：張主任的大哥，現今官拜海軍中將，弟弟好像是？

張：他是國防部海軍物力司司長。我以前是在陸軍官校，後來因爲想讀書，
　　所以進了師專。

王：張主任是屏師的？

張：對，本來是唸師專，後來轉到高雄師範學院，研究所的學位，也是在高
　　雄師範學院完成的。

朱：屏師也有教育系？

張：那時候叫綜合科目。

孫：哦，那張主任是我學長。

朱：您也是屏師的？

孫：我被退學了。

朱：您讀多久？

孫：我唸一學期就掛了（被退學）。

朱：請問龍鳳閣和八三一有沒有一樣？

王：龍鳳閣是（民間的）妓女戶。

張：八三一是軍管的，有分軍官部和士官部。我以前服兵役的時候，剛好管這個業務，所以我也對八三一頗有了解。

王：那時候士官部的花費是 19 塊半，軍官部是 21 塊。而且那是我們村子裏胡修廉父親開的，位置就在現今五甲一路的玉山銀行的地。

張：打鐵街的下面也有一家。

王：沒有了。有的現在都在旁邊開新的了。

朱：就在打鐵街那邊？

王：對，那邊是私人的。我記得有一間叫玉泉酒家。

張：那是王 XX 的媽媽開的。

王：不，是王 XX 的爸爸開的，店名叫白牡丹。

張：不是，是媽媽開的，他爸爸是老鴇。我記得那時候，八三一一個月可以收入 30 萬。

朱：現在的錢的 30 萬嗎？

張：不，是當時的 30 萬。

朱：有那麼好賺？

王：不是，當時如果在台灣本島作私娼被抓的話，就送到斗南婦女習藝中心，再讓你自願填表格。如果你願意到外島，就不要關，賺的錢屬於自己。

孫：這些都有文獻可以查。

王：真的是如此。

朱：查得到嗎？

孫：他（張晉銘）可以查得到。

朱：他怎麼查得到？

孫：這不是跟您說笑的。

王：這是眞的。

朱：對，這有助於社會學的研究，非常有意思。

孫：眞的，這不能亂扯的。

王：我曾經到斗南婦女習藝中心參觀過。當時被抓到的那些私娼，名義上都在那裏「習藝」。所以那地方的全名叫斗南婦女習藝中心。

孫：意思是在習藝之後，就不要再做私娼了。

朱：類似現今的就業輔導中心。

孫：對。

朱：所以當年黃埔新村的活動範圍，還不祇在村子裏面。

張：以前的小孩子，成天到晚都不在家。

王：孫寶鐸小孩子的時候，當起小太保是很兇的。

張：以前在海軍那邊，外省人算是少數，所以經常被本省人揍。後來外省人就集結成一個幫派，取名叫「海嘯」。

朱：「海嘯」？

張：「海嘯」的成員裏面，有幾個人是爆破隊的。那時候的爆破隊，是相當有名的，只要他們一出面，大家都打不過他們。

王：那是「成功爆破隊」嘛！

張：他們都是憑本事的。因此，只要曾經被本省人欺負過的人，大都會加入「海嘯」。據我所知，黃埔新村那裏，也有個幫派叫「黃埔幫」。

王：我們寶哥就是。（大家眼光全看著孫寶鐸。）

孫：我告訴你們，最優秀的就是我，我從來沒有加入任何的幫派。我喜歡運動。

王：海嘯幫的前身，其實是由誠正中學的一些人集結起來的。

孫：那些都是後起之秀啦。

王：是後來誠正中學的人，進入縣立鳳中之後，在海軍眷村那裏，就續稱海嘯幫，而黃埔軍校這裏，就成立黃埔幫。據我所知，在早期還有一個幫

派叫南北聯盟。

孫：對。與北部竹聯幫聯盟。

張：我記得竹聯幫有幾個大哥級的人物，被逮到叛國的證據之後，馬上就槍斃了。

朱：對，當時政府對這方面，相當嚴格。

孫：據說當年彭孟緝當參謀總長的時候，只要有調皮搗蛋的人，就把他們裝入麻布袋，然後丟到海裏去。

朱：關於丟海裏這一點，我有聽說過。

王：前些日子，報紙上還在討論白色恐怖的事。當初外省族群的小孩，祇要在白色恐怖被抓去的話，最少都要關十年，最久的還關了三十四年半。

朱：所以當局對眷村也不是很客氣。

王：其實講實在話，一般社會大眾都對外省族群有誤解。

朱：大家的看法是外省人都欺負本省人，事實上不是。

王：因為當時的政權都操縱在少數外省人的手裏，而其他的外省人，包括我們，也是跟著本省人一起土生土長，我們不因為是外省人，而得到任何的好處。就這樣過了五十年了。

孫：我們現在的房舍，在日本人的手裏，已經有五十年了。我們家現在住的房子，當年屋主是個中將。

朱：在當時來講，算是最大的了。

王：對，他們家有 200 多坪。

孫：不只，有 300 坪。

王：我想如果有人要抓寶哥的話，他可以躲在他家，一個月也不見得會被人找到。（開玩笑）

孫：這個房子目前我們還保持得不錯，只是房樑都被腐蝕了。現在回想起來，我覺得有些事情還是不太公平。例如上次前高雄市長吳敦義宣布林

德官那個地方可以公地放領。❿ 據說那個地方被佔用了二十多年，可是像我們眷村五十多年來，一直都自立更生。我們小時候經歷過的事，對現在的小孩子而言，他們聽都沒聽過。像我小時候穿的草鞋是祖父編的，家裏的掃帚是用蘆葦自己作的。

張：現在你跟小孩子提起以前的事情，他們竟然都不相信。

朱：對，所以今天請你們多回憶一些小時候的事，將來我可以全部呈現出來，提供給小孩子作參考。

王：我記得小時候家裏用的是煤球。

張：不，先是煤餅。

孫：這個煤餅，如果你沒技術，還點不著。過了一些時候，才有煤球。這個煤球，技術性就更高了：早上點了它，要記得把火苗關小，不然到了隔天早上就沒有了。這要掌握得很好。

張：火爐是用水泥砌成的，下面有一個口。你關了門，它的火苗就會變小，你一開門，用扇子煽，火就立刻變大。然後再放入木柴。

朱：這些全部都是寶貴的經驗。

張：我還打過煤球。

朱：打煤球？怎麼打？

孫：那是在（…？）打的。

張：對啊！在山頂那邊。

孫：在正中園那邊。

朱：聽說有一位姓劉的上校在賣煤球？⓱

張：我們沒有問，所以不知道他姓甚麼。

孫：好像是劉榮濤他家裏的。

王：在那裏賣的？王生明路嗎？我知道一個姓潘的，而且是士官。

---

❿　編按：高雄市苓雅區三多路附近的一個地方。

⓱　編按：即國軍遠征緬甸時，在仁安羌造成大捷：驅逐日軍，解救被圍七千英軍的一一三團的團長劉放吾。據他的長公子劉偉民回憶，當年父子在屏東賣煤球。

朱：哦？不是上校。

張：我們從小就沒穿過鞋子，導致現在的腳底板都是死肉。我記得以前只要踩到玻璃，玻璃都會碎掉，而且腳底板還不會受傷。

朱：這個可以想像得到。

孫：以前我喜歡運動，我都是打光腳來踢足球。我在官校的時候，也是打光腳踢球，對方穿釘鞋，還踩不到我。孫立人將軍來台之後，我們的部隊生活才稍有改變，例如奶粉、黃豆等。尤其是有了黃豆，我們才有豆漿可以喝。以前在步兵學校的伙夫房，伙夫頭為了賺錢，所以私下做大饅頭來賣，我們都會去買來吃。那個饅頭，比起現在的，大上好幾倍。

王：黃色的嘛。

孫：不是，白色的。

王：淡黃的，沒那麼白啦！

孫：沒有，我吃的是白色的。

張：我記得還有攙花生粉。

孫：那是後來才有的。那個饅頭真是大，大概有 15 公分長。另外，所有吃的菜，我們家都自己種，例如厚皮菜、茄子、蕃茄等等。

朱：在庭院種的？

孫：對，還有地瓜、地瓜葉等，也有養豬、羊。

朱：你們家？

孫：沒有辦法啊！為求溫飽，幾乎每戶人家都是如此。

王：孫家的院子裏，種滿了香蕉樹，好漂亮。

孫：現在沒有那麼多了。

王：而且芒果也有，你們孫家的院子簡直就是個水果園。

孫：一般我們在市面上買的芭蕉都非常小，可是我們家的有 20 公分長，而且非常粗。這是怎麼種的呢？當時我祖父只要發現芭蕉樹開花了，就會在旁邊挖個坑，就讓它自行生長。鄰居知道我們的芭蕉大，所以會來偷。

王：不要講偷，是摘！我有啦！

孫：就知道你有，我才講偷。

王：那時候我知道孫家有水果園，以前還有桂圓（龍眼）。

孫：對，還有芒果，現在也很多了，今年到目前為止，我已經收割 3 次。

朱：所以大家最想去孫家，這也難怪圍牆要加高。

孫：圍牆是每戶人家都有加高。

王：依我看，孫家的圍牆即使加高，擺電網，也沒有辦法阻止我。

朱：照樣進去。

孫：其實我們都會把吃不完的蔬果，分給左右鄰居，關於這一點，大家都曉得。

張：為什麼你們家裏都有 5、6 個孩子？每次吃完飯，都全部跑出來。

朱：好像有很多親戚也到孫家住？

王：那「扒灰」的事情沒有吧？

朱：扒灰？

孫：在這裏說明似乎不太好……。

　　（這一段黃色故事不記錄）

朱：所以「米哈」很大，連這個都運到台灣來。

孫：那最起碼有半身高。

王：當初撤退的時候，將軍官們都可以攜家帶眷，一般士官們可就不行了。

孫：那也不完全是這樣。當年我父親在安東當保安司令，然後輾轉來到四川東教場當砲兵大隊長。據我所知，我父親就是在四川和我母親結婚。當時有三個女人讓我父親選，我父親就從中挑一個身材姣好的，也就是我母親。關於東、西教場這一段故事，我有一個學長黎大平，他記得非常清楚。朱教授如果要資料，可以去請教他，甚至關於黃埔新村的過程，他都比我還熟。

張：他的年齡剛好符合那個時代。

朱：他年紀大一點？

孫：比我大一歲，他父親是黎天鐸。

張：我們小時候的生活情況，跟現在電視上 Discovery 頻道所播的野人生活，完全一樣。我們爬到樹上去，不小心被蜜蜂螫了之後，從大概一、二層樓高的樹上跳下來，也沒有什麼摔傷。我們還玩蛇、蚯蚓、魚等，被馬蜂咬得滿腿都是，當時什麼事都沒有發生。

孫：有時候我們連上衣都不穿，只穿了一件短褲，就這樣被蚊子咬。

張：現在的小孩子跟我們小時候的身體比起來，那差多了。我們那時候哪有什麼感冒！不管游泳池或臭水溝的污垢有多厚，我們照樣跳下去玩。

王：那麼保守，還穿短褲！我那時候根本沒穿！

張：我們上了高中以後，都還光著屁股游泳。

王：這很正常嘛，你們那邊在「查查」埤，⑱ 我們這邊在大河。

張：對啊！

孫：大河是在水閘那裏嘛！

張：現在跟小孩們談這些，他們都說：「老爸！你騙人。」不過事實上，真的是如此。

孫：我之所以壯，是為什麼呢？因為我姐姐她們是基督教徒，所以會有脫脂奶粉。

朱：對，教堂會發。

孫：我喜歡這個味道，所以每天晚上都會敲一點來吃，反而我姐姐不喜歡那個味道。至於我家種的蔬果，像蕃茄、茄子等，我都直接拿起來吃。

張：都是吃野生的。還有一種紅色的小芭樂。

朱：對，那個叫紅心芭樂，還蠻香甜的，晚一點採的話，裏面還會有蟲。

孫：對，還有一種草，外表看起來是白的，我們平常無聊的時候，都會拿起來咬。

朱：這個我就不曉得了。

---

⑱ 編按：是灌溉農田所用的排水溝。

張：那個是茅草根。

孫：抓起來，還會割手。我聽祖父講，這種草，北方話叫做「狼尾巴尖」。

張：還有小港糖廠的那些白甘蔗，每一次經過就拔一些。

朱：哦，運甘蔗的小火車經過，就跟著跑，然後把甘蔗整根抽出來。

孫：甚至還爬上去，在火車上啃甘蔗，活像電影裏情節似的。

朱：對，因為它開得慢。

孫：那以前在窮困的時候，晚上肚子餓了，怎麼辦呢？我們都會去偷拔別人
　　的西瓜、地瓜、甘蔗。小時候的生活就是這樣子。至於讀書方面，我都
　　覺得教科書沒有什麼吸引我之處，因此不喜歡唸書。我們都到處跑，到
　　處溜，身體好也是有道理的。現在時下流行的腳底按摩，就等於我們小
　　時候光著腳到處跑的樣子。

張：所以現在爬山，我都不穿鞋子。

朱：從小就訓練出來的，跟別人不一樣。

孫：像我現在每天都光著腳跑五千公尺。

朱：大概跑多久的時間？

孫：大概半個小時。

張：以前小時候也沒有書包，都是用一塊布把書捲起來，往褲帶裏紮。放學
　　回家，把布攤開之後，就去外面玩官兵抓強盜了。

朱：小時候沒有書包？

張：我們到初中的時候才有書包。

孫：那時候也不用去理髮店「理」髮，家人直接在家裏就幫我們「刮」了。

張：對，爸爸的刮鬍刀只要用完了，就拿來作為剃頭的工具。怎麼作呢？把
　　筷子從中間切開，刀片插入後，再用線固定住。

孫：這時候，大人就把我們叫過去，開始刮我們的頭髮。這一刮，我們滿頭
　　都是坑。

張：一邊刮，我們的腳底板就一直起癢。

孫：技術不好的話，頭上就會冒血。

朱：原來是用刮鬍刀剃頭。

張：當時也不知道媽媽是怎麼弄的，就先把頭髮沾濕了之後，開始刮，一邊刮，還一邊在髮根與皮膚之間，發出可怕的聲音，真痛死我了。

孫：那時候還沒有肥皂。我們洗衣服都用樹角。樹角把它打開之後，才能拿來洗衣服。⓳

朱：哪一種樹角？

孫：好像是王木，還是？

王：要把子拿起來之後，用子來洗。

孫：對，用那個洗。

王：那個在山洞裏都有。

朱：這個閩南話要怎麼講？

王：好像是「鈴目子」。我還記得以前把絲瓜藤曬乾，做成一節一節的，然後當香菸來抽。

孫：抽菸？

張：我們小時候就喜歡尋刺激嘛！

王：就把絲瓜藤曬乾之後，再把它剪成一段一段的。

朱：有，我也有看過。

孫：這不好吧？

王：沒有辦法，好玩嘛！

張：香蕉的葉子，我們也抽過。

朱：香蕉葉也可以抽？

張：可以。

孫：我們以前上廁所用的衛生紙，都是去雜貨店買用黃馬糞做的紙。它表面還不是很光滑，是粗糙的。

張：那已經是比較進步的了。我們都用竹子刮屁股。

⓳ 有一種樹的莢果叫皂膠。

朱：對，那個都刮不乾淨。

張：以前的茅廁都是一個坑，你上廁所是要有技術的。要適時的把屁股抬
　　高，不然的話，大便就會濺到屁股上。不過，那時候的大便有人買，我
　　們都叫他「挑肥的」。

孫：後來就有一些農家在牛車上放木桶，然後四處收水肥。

王：是放在鐵牛（台語）❹上。

孫：不是。

朱：鐵牛（台語）出現的時間比較晚。

張：我記得當時一扁擔的水肥是二毛錢。

王：而且還只要乾的水肥。

張：我們還去撿牛糞，撿完之後，拿回家當柴火燒。

朱：對。

王：基本上，我們同年代的外省族群，大家在日常生活上都過得差不多。

孫：因爲我們住的是將官級的房子，所以有圍牆，其它的房子可能就沒有
　　了。

朱：像東一巷、二巷就沒有了。

孫：有，那邊有。不過，像現今第一戶政事務所那裏的房子，當時都是竹籬
　　笆。

王：那是（…？）的地，榮民服務處以前就在那裏。

孫：還有現今宣武路附近的房子，當時也都用竹籬笆。

王：是在大寮嗎？

孫：對，大寮鄉宣武路。

王：那些都是後期蓋的眷村。

孫：那種竹籬笆，只要時間一久，稍微一踢就破了。

張：據我所知，第一批眷村就是我住的海軍電台，以及你們的黃埔新村。以

---

❹ 用小引擎發動的三輪貨車。

後才有工協、海光、鳳山新村等。

孫：像我們家的並不是磚牆。牆的構造是先用竹子編織，再用稻草加泥巴，最後外表再塗上白石灰。

朱：所以在物質環境方面，大家應該都差不多。現在跟別人不一樣的是，你們家住了很多人。是不是很多人從大陸撤回來之後，沒有地方住，而你們就讓這些無家可歸的人住？

孫：當然是這樣。我現在的兩個堂哥，當初就是和我祖父一起來的。另外，我外婆也住在我家裏。

朱：也就是內公、外婆都住在一起。

孫：後來我父親再娶之後，又生了 2 個孩子，所以家裏總共有 5 個小孩。我記得傳令也是住在家裏。

朱：傳令也住家裏！

孫：對，還請了一個傭人，也是住在家裏。所以當時家裏大概住了 15 個人左右。

王：據我所知，孫將軍當年也是娶了 3 個老婆。

孫：那個時候我們也不敢說甚麼。

王：將軍也是男人嘛！男人三妻四妾是很正常的。

孫：你不能這樣講，現在時代不同了，我們現在的行政院長有很多老婆嗎？

王：老王也是 3 個。

朱：老王是誰？

王：我爹。

朱：哦？你們家也是 3 個。都住在這邊嗎？

王：沒有。當年因父親是戴雨農㉑的學生，後來在情報局工作。他因工作關係在上海（大媽留在家鄉）認識了我母親。在上海結婚後不久，大陸淪陷，父親就帶著母親撤退來台。

㉑ 戴笠先生與我（王）爺爺在浙江省江山縣是兒時玩伴。

朱：那怎麼處理？

王：沒有怎麼處理。

朱：有一個留在大陸，來台後再娶其他的？

王：沒有，來台後就沒再娶了。是到了上海之後，我父親才再遇到我媽。據我所知，當年死守四行倉庫的時候，我父親把我大媽留在鄉下，而只帶我媽到台灣。母親於民國五十五年過世。父親民國五十九年退伍轉任高雄青果合作社❷安全室主任。到民國六十八、六十九年間，才又交了一位老伴。

孫：在當時的社會裏，一個軍官的薪水大概是十幾塊錢，一個士官大概 7 塊錢。但是我記得每個星期六，我祖父都會給我們一塊錢，我們就拿去買牛皮糖，可以買 10 個。

朱：哦！10 個牛皮糖。

孫：牛皮糖的顏色大概像茶的顏色，現在可能沒有賣了。那像雞蛋，5 毛錢一斤。

朱：所以牛皮糖算是賣得蠻貴的。

張：民國三十八年的一毛錢是銅的。我還記得那時候賣冰的機器，是你投錢之後，再用轉的。你有可能會得到小、大或特大。要是讓小孩轉到特大，真的會高興的當場跳起來。

朱：對，那是冰淇淋。

張：我看時間差不多了，下次約個時間再聊。

朱：對，下次再多補充一些有關眷村的日常生活部分。

張：眷村的部分，我們也可以詳細的講。那時候，最怕的就是憲兵隊。

朱：怎麼會呢？

張：因為只要被憲兵隊抓到你打麻將，就會被停眷糧。

王：那很兇的，兇死人了。

---

❷ 當年民國五十多年時，香蕉開始運銷日本。合作社總幹事吳振瑞，是他一手促成的，蕉農一時間都發了財，非常感念吳。但後來曾經發生金杯事件。當時黃杰為省主席。

張：所以當時都會有人把風。只要看到憲兵來了，就大喊：「憲兵來啦！」打麻將的人就會趕緊收拾。當時要是被抓到，那可不得了了。但是，沒有這種打麻將的消遣日子又難捱。

王：對，大家平常都不知道幹什麼。

朱：關於前面所提到那件開槍殺人事件，你們的看法如何？

孫：其實他也不是故意的。

張：似乎只是嚇一嚇他而已。

朱：真的拿槍？

張：對，槍不小心走火了。

王：據說當時現場的 2 個人，就像是西部浪子：約定好背對背，各走十步。沒想到其中一人偷雞，走了九步之後，就回頭開了一槍。

孫：他父親有槍嘛，而且是加拿大的槍。

張：以前的人只要看到「高水」、「中山」、「誠正」中學的學生，大多會閃一邊。

朱：高水？

張：高雄水產，現在是海專了。

朱：中山中學在哪裏？

張：在大寮的山上。

朱：也是眷村的？

張：對，這些學生都是住在眷村的。

朱：高水也是？

張：對，以前那邊的人大部分都去跑船。

王：剛剛不是說過了嗎？眷村的小孩有四大出路，一是書讀得好，出國留學。可以說人才濟濟。㉓例如前高雄應用科技大學，前身高雄工專的校長吳建國、台大教授胡平生、中研院研究員王明珂、政治大學教授胡春

㉓ 編按：以下名單為朱浤源於民國 96 年 5 月 27 日補訪所增補者。

惠、漁業署署長胡興華、政論名嘴陳鳳馨、省議員兼勤益工專董事長王國秀、❷曾任四屆立委的蕭金蘭、立委趙良彥，文化局長龍應台、台積電執行長曾繁城等等。二是當軍人，當將軍的多了，❷如前馬防部司令崔萬靈中將、海軍造船廠第三廠廠長彭湖、現任海軍官校校長王長瑞少將、哥哥王長貞少將、中山大學主任教官鄧先輝少將等等。奧運射擊國手杜台興也是誠正子弟。三是跑船。四是呆在村裡耍太保。當年竹聯幫最強時，只有黃埔幫敢在台北市德惠街「圍事」起家，與該幫衝突。大哥趙念童❷（誠正畢業）被殺，黃埔幫到其堂口（兩家餐廳）丟汽油彈，殺其人，也是我們黃埔幫誠正子弟。當年的「一清專案」因此成立。

孫：現在小孩子的生活和我們比起來，眞是很好了。

張：小時候眞是自生自滅，我母親以前忙著作手工，沒空照顧我妹妹，就把她放在水溝裏，爬一整天，小孩子就是這樣養大的。

孫：我還記得小時候，大家都在鳳山橋下抓蝦、魚等，釣魚的時候，我們可以從橋上看到魚上鈎。

朱：水很清澈？

王：眞的。

張：我們以前就把大排水溝的兩邊堵起來，然後把水舀乾，於是就可以看見馬蟥、水蛇。

孫：就是誠正國小後面的排水溝。我們都在那捉泥鰍，然後是煮來吃。

張：有一點很奇怪，以前稻收割完後，農夫就把稻草綁成一綑，可是在那下面，就聚集了很多泥鰍。

朱：據我所知，這樣的環境很容易長出泥鰍。

---

❷　王女士捐了時價約 40 億元的勤益工專校產校地給教育部，成為國立學校。住在東五巷 122 號，夫為少將。當年與江青、白光同為藝工隊員。

❷　編按：朱浤源補錄。民國 96 年 5 月 27 日。

❷　趙念童（42 年次，住西三巷，綽號「尖頭」）與王明珂（41 年次，住東港）是好朋友。

孫：現在的陸軍育幼院，就是以前的運輸營。誠正國小也曾經搬到那裏去。

王：所以以前我們講說去灣子頭買東西，聽起來好像很遠……。

朱：其實很近？

王：對，後來在民國四十幾年的時候，老蔣總統到步校視察，才把它命名為王生明路。

孫：據說這個路名就是要紀念王生明將軍。

張：就在大陳島陣亡的那一位將軍。

王：但是他們搞錯了，王生明將軍並沒有死。

孫：其實王將軍只是俘虜，可是卻有人謠傳他死了。後來據說被放回來了。

王：他是投誠的啦！當時大家都敬佩他戰到最後一兵一卒，最後飲彈自盡。

張：還傳得有聲有色的。

王：沒想到兩岸一開放，才知道王生明並沒死，還在大陸接受電視訪問。

朱：所以路名也來不及改了。

肆、成功新村居民龔仁愷先生、龔仁晉女士訪問紀錄

時　　間：2011 年 12 月 12 日晚 08:00~10:00

地　　點：美國佛羅里達州奧蘭多市何炳聯醫師公館

受訪者：龔仁晉女士（妹，現住 Orlando）、

　　　　龔仁愷先生（兄，現住 Las Vegas）

主　　訪：朱浤源

紀　　錄：朱浤源、朱麗蓉

訪問方式：先筆記再整理與修補。㉗

一、前言

龔仁晉（以下簡稱「晉」）：今天中午到下午，很高興透過林遵瀛醫師夫婦
　　的安排，邀請朱教授到奧蘭多來演講。我和先生何炳聯醫師聽了二二八
　　的故事，非常認同朱教授所發現的真相。同時，我們也知道朱教授研究
　　過孫立人將軍的生平，其間有許多突破，我們非常感激朱教授的研究精
　　神和時間。

　　　　事實上，據家母告訴我們，我們龔家與孫立人將軍之間，有些親戚
　　關係。我父親龔至黃，為孫立人上將大夫人龔汐濤安徽家族的人。龔家

㉗ 朱浤源研究員在何醫師公館，於訪問何夫人龔仁晉女士時，何夫人以 Skype 打給哥哥龔
　仁愷。人在洛杉磯（LA）的龔博士，乃同步與朱研究員對話，同時朱研究員與龔仁晉也
　與龔仁愷交叉對談。朱研究員以筆記快速記下重點，先攜回台灣，再擇時親自整理，重
　新繪圖。之後再將新的訪問紀錄的電子檔，以 e-mail 傳予龔家兄、妹二人校讀。必要時
　再用 Skype 或 e-mail 進一步修補。

也是安徽書香門第。有一位龔照瑗，曾任清廷駐英公使，也就是孫中山
1896 年倫敦蒙難時的英國公使。

等一下，我用 Skype 和我哥哥連絡。他在洛杉磯。他比我年長，成
績也比我好，保送成大電機系，記得更清楚，也看到更多。

（連上線……。之後，……）

（寒暄……，略。）

二、亂世家庭

龔仁愷（以下簡稱「愷」）：先父「至黃」先生，讀過北京中法大學。黃埔
第七期畢業。民國二十六年淞滬會戰時也在戰場。後來也在都勻、曲
靖、昆明等地住過。

我們兄妹兩人都在抗戰後段出生。我（原名「仁愷」）1942 年在
貴州都勻出生，仁晉則 1944 年在新一軍反攻緬北時出生於貴州。我們
住過曲靖，襁褓中來到廣東，跟著孫立人接收廣州，住在沙面，也住過
蕪湖。後來又跟著到東北，當時孫立人在長春擔任衛戍司令。我們沒錢
買煤，只能用柴爐取暖。

晉：後來父親自己留在東北，我們被送到北平，經孫立人介紹，借住劈材胡
同甲 56 號，羅澤潤宅的東廂房。仁愷讀北平的正中小學。但時局動
盪，半年之後又南遷，住南京。仁愷仍在小學一年級時，家人即乘中興
輪抵達台灣，父親來接。

愷：我們是在民國 36 年多天自上海來台，當時我五歲多，仁晉三歲多，仁
敏一歲多，仁雄後來在高雄出生。舍妹仁敏（已逝），小時眼中總有一
片恐懼感；舍弟仁雄（住 California），至今除了家父母，仍然不能信
任任何其他人。

我們先住進高雄縣鳳山鎮的誠正新村的西五巷 56 號，大約住 5
年。我們就讀誠正小學。小學旁邊有戶姓鍾的，另一邊有兩家，其中一
家陳耀華（現在住 San Diego）。自緬甸輾轉帶來的兩頭象，就養在小

學附近。後來其中一隻死了，截下來的 4 隻腳仍在孫家。當時的四
訓班，有康樂隊，也常常有運動會。

三、父親

愷：來台以後，黃杰繼孫立人擔任總司令時，曾電家父投效。父親不從，結
　　果被調到台中某軍官團，後來貶一級，以上校退役。㉘

晉：父親很正直清廉，雖為孫上將的副官，當人家送禮來，一下子就被我父
　　親趕走了。他曾經參與制定退役制度，結果被自己用上，在孫案之後
　　一、二年左右就退下來了。在家深居簡出，先替印刷廠做校對，後在日
　　僑周先生的彩色印刷公司任職及經營雜貨店。

四、陸軍總司令孫立人與總司令部

愷：當年陸軍總司令部剛剛從鳳山搬到台北的時候，座落在今天中紀念堂
　　的位置。那時候有一條路，叫做上海路。陸軍總司令部設在上海路 2
　　號。㉙
　　　　當時設有政治部。政治部主任是蔣堅忍。屬下有一位吳姓的士兵
　　（吳鳳祥，住成功新村一巷乙組緊鄰一巷甲組），他們家後來飛黃騰
　　達，長子就是有名的吳經國。
　　　　總部裏面孫總司令的辦公室，對面就是副官處處長的辦公室。開始
　　的時候，就由我父親擔任副官處處長。少將銜。父親桌上有兩隻電話。
　　一隻是直通總司令的，一隻則是普通的電話。

五、成功新村

晉：成功新村由孫立人親自規劃與監工。

㉘ 將級退役享有終身俸。
㉙ 編按：上海路後來變成今天的林森南路。

　　我們住的成功新村，座落在台北市和平東路的國北師（現在的國立台北教育大學）正對面的巷子裏。村子是朝南的，大門設在偏西的地方。村內的房子很多，共分四大組，從東邊排到西邊。最東邊的是甲組，再西一些的是乙組，再來丙組，最後是丁組。所以丁組最靠近大門。而甲組是官階最高的，從南往北走進來，共分 7 條巷子。每條巷子裏，有 4 戶面對面整齊地排著。村子的對面，後來民主進步黨來設了中央黨部。村子的右邊，也就是西邊，有家天主堂。

　　1952 年父親帶哥哥仁愷先來插班北師附小的五年級，先租房子於新村隔壁。等成功新村蓋好後，在 1953 年搬來第一巷 108 號，鄭爲元在 104 號。住磚頭水泥房，爲 1 層樓：有 3 臥房、一客廳、一飯廳、一廚房。

107(盧福臨)	105(田世英)	103(郭元嶠)	101
西←			→東
108(龔至黃)	106	104(鄭爲元)	102

附圖：一巷甲組

　　第一條巷內的甲組，北有 102、104、106 與 108 號，對面則有101、103、105 與 107。住的人依稀記得：103 是郭元嶠，105 田世英，107 盧福臨。104 爲鄭爲元，108 龔至黃：就是我們龔家。

　　郭元嶠是個老好人。爲人謙恭有禮，喜歡中國文學，每日在家練書法。出門見人就打躬作揖，很少開口說話。

　　1976 年家父母移民來美。家母說去郭府辭行時，郭伯伯站在門口良久，淚流滿面。

　　田世英英語非常好，在家教小孩英文，而且喜歡放歌劇的唱片。次子田少英（住 Florida）。

　　盧伯伯（盧福臨）出事不久，就全家移民美國。1990 年初，曾與家母及舍妹在舊金山的山景城（Mountain View）巧遇次子盧大勻，他仍然用同情的眼光對我們，還是像小時一樣地忠厚。

　　後來擔任國防部長的鄭為元（已逝），有 6 個子女：長女善錦 1942 年生（現住 Washington, D.C.）、長男善璋 1944 年生；接著是由奶媽 1944 年所生的善瑜，以及 1946 年生的善琦兩人。另外又有太太所生的善瓊 Maria（1948 年生）。善璞 Patty（1950 年生於成功新村）。

　　第二條巷內的甲組。記得我們家後門可以通到張天權處長的後門，他們應該是 207 號。張少將擔任軍法處的處長，而張媽媽常從後門鑽到我家來。記得張伯伯過世很早，那時家父母一直送他到山上，非常傷心落淚。周伯伯（治道）的三女嫁給張伯伯（張天權）的獨子。

　　206 號住的是吳燦楨。在記憶中，吳伯伯他樂觀、喜思考，當時雖已出事，卻仍然注意時事。記得有天早上他帶著一份中央報與其他幾位伯伯傳閱，大家看完都「沉默無語」。吳伯伯的大女兒嫁給趙將軍（？）的獨子。

　　還有陳傳忠也住在二巷。他對基督教很投入。一天到晚傳教，也祇喜歡傳教。但是蠻有錢的，有許多房子出租。他的兒子娶了乾爹袁子琳的女兒。現在住在洛杉磯。

　　乾爹袁子琳原來也住在新村。後來搬出去，好像也有些錢。

　　孫克剛他們住在七巷的乙組，乙組的房間有三間。但是他們有兩棟，因此等於有 6 間房。孫克剛的兒子孫善治和我同班，當時非常沉默安靜。

　　王筠（通常我們都叫他王「均」）住在三巷乙組的某處。你說他被關是冤獄。但我發現他們家的生活很優渥。他有一個兒子很優秀，先讀台大數學系，後來因興趣而轉入歷史系。他叫王樹槐。

　　吳鳳祥是小蔣（蔣經國）的傳令兵，住一巷乙組，緊鄰盧家。由於因緣際會，他飛黃騰達，太太後來也擔任婦聯會的會長。他們的 3 個兒

子也跟著取蔣家的名字：老大叫吳經國，老二吳緯國。經國蠻有名的，曾經擔任我國奧林匹克委員會的委員。（吳家有 3 子，後又添一女兒。）

　　當時成功新村要創辦小學，王景佑為首任校長。……其子王勻昌，在孫將軍被軟禁期間，常去探望孫立人。現住西雅圖。

六、孫案

愷：我有天早上在村裏遇到鄭為元的太太，她說：孫總司令就要升總長了。但是後來升的是桂永清。桂永清去世，後來升彭孟緝。彭總長與蔣經國連手，產生了孫案。

晉：孫將軍出事是在 1955 年。記得有一天放學，一進門媽媽就告訴我：「小聲一點！快去做功課。」「外面有人在盯梢（監視）」。我也發現書架上的書掉了一地。媽媽正在地上找著、撿著。而孫將軍總司令的照片連鏡框，從客廳的牆上被扯掉。

　　猶記得孫立人卸下總司令一職之後，接副官處處長的是龔理昭。

愷：原來住誠正新村的張明信（少將），後來搬到台北，但未住成功新村，似乎住在中山北路。他原來有專門司機的，但在退休後變得很窮，只好以標會等方式過生活。

　　我在成功嶺接受預官訓練時，有位教官很有學問。後來發現他原係四訓班畢業的中尉教官。

　　我曾經去過陳良壎的家，很 fancy，發現他家的擺設很新潮。唱機能自動換片，在當時來講很神奇。

　　特勤處有王作明副處長，他負責康樂隊。

　　我服役在台中清水的空軍第三供應處。在台中港邊，仍可見到日本人當年所興築的碼頭。我曾經和陶希聖的兒子龍生在一齊。龍生曾告訴我說：陶希聖為蔣身邊的紅人。有次他父親跟他提到曾與孫談話。孫在

言談中，曾向陶批評領袖蔣。陶說：「這人怎麼會向外人批評領袖呢？！」

孫是太剛直了。而且我們先父也太剛直。

晉：希望朱教授去訪問王勻昌，他與揭鈞最熟。是美國南加州大學博士，曾任美國 Hughes（休斯）飛機（Aircraft）公司的 dept. manager。他爸爸是王景佑。媽媽孫菊人，現仍健在，住費城。

另外鄭伯伯（鄭為元）的大女兒鄭善錦，當時年級較大，希望他們能替歷史找到一些解答。

伍、政工訓練隊學員李發強先生訪問紀錄㉚

時　　間：民國 98 年 11 月至 99 年 1 月、101 年 7 月
地　　點：臺大社科院研究生第五教室、臺北市萬芳醫院右
　　　　　斜對面的麥當勞 2 樓
受訪者：李發強、董本貞
主　　訪：朱浤源
紀　　錄：葉紘麟、陳琪雅等
整　　理：陳琪雅、朱浤源

一、抗戰見證與求學歷程

　　我生於民國十三年，籍隸湖北棗陽。我是農家子弟，出身寒微，耕讀傳家，在三兄弟中排行老么，雙親及兩位兄長早在大陸赤化前後就分別去世。民國三十八年隨軍來臺，最後自銀行退休。現為湖北旅臺同鄉會理事長。

　　在我那個時代，讀書是一件很困難的事。一來農人務農維生，靠天吃飯，無力讀書；二來學校很少，競爭激烈。當時考初中就跟臺灣現在考研究所一樣不易。很多人沒機會讀書，文盲很多，相對地，能讀書的人就很珍惜可以讀書的機會。

　　因為我有兩位兄長祇有私塾可讀，連小學都沒畢業，所以雙親對我很重視讀書，盼我要把書讀好，能夠為國為家服務。我七歲讀私塾，前後讀過三家私塾，老師教我們讀《三字經》、《百家姓》等等。十二歲的時候正好棗

㉚　李先生現任湖北旅臺同鄉會理事長，曾任救國團重要幹部與學校教官。本文經李先生親自詳細修訂與增補四次。

陽吳店的區小㉛成立了，於是我參加插班考試，進入五年級。不幸，這一年是民國二十六年，發生對日抗戰，很快戰火燒到家鄉。小學六年級在敵機轟炸下畢業之後，就去後方均縣，考入提供公費的「聯合中學」。日本軍隊侵我家鄉三次，姦擄燒殺，把我家的房子燒掉了。害我有家歸不得，不但跟家裡斷了音訊，連帶經濟來源也斷絕，生活陷入困境。

　　當時湖北省省主席陳誠將軍把所有流亡的中等學校併在一起，叫做「聯合中學」。就是從初中到高中，要考試進去，學校提供公費來收容我們。說實話，那個時候要是沒有公費待遇，我們根本沒辦法讀書。讀書的時候沒有課本，也沒有影印機，都是老師在黑板上寫，我們在下面抄。晚上自修沒電燈，都點桐油燈，會把鼻孔薰黑。糧食配給不夠，就吃乾稀飯或玉米（包穀）粥果腹，吃了以後腸胃不易消化，經常便秘。我們住在城隍廟中，上課的教室是舊營房，但師資好、管理嚴，每週只有星期天才開放外出。就是這樣熬過了三年。

　　初中很艱苦的畢業之後，進入民國三十年，我又到戰地隨縣就讀省立三高。在我讀書的時代，只高中有軍訓課，小學、初中、大學都沒有。民國三十年，我讀省立三高的時候，學校離戰地不到一百里路，很近也很危險，所以教官教我們先學會開槍來自衛。

　　教官是黃埔軍校畢業，可能是復興社㉜成員。他教一些簡單的野外操作，並負責學生生活輔導與安全保護。由於抗戰時期物資缺乏、設備簡陋，軍訓課都在戶外上課，教官教實彈射擊的時候，是用國軍打仗汰舊的舊槍和

㉛　陳琪雅注：一省劃分成數個行政專區，一個行政專區包含數縣。一個行政專區僅有 1 所高中、每一縣有 1 所中學，也有設簡易師範學校，縣內每一個區多半只有 1 所區立小學，其他皆私塾。

㉜　陳琪雅注：「復興社」是「中華民族復興社」的簡稱。民國 21 年 3 月 1 日成立於南京，社長為蔣中正，下設幹事會和監察委員會。其外圍組織有以黃埔軍校學員為主的「革命軍人同志會」。因核心幹部模仿義大利黑衫軍和納粹德國褐衫軍，均穿藍衣黃褲，故又名「藍衣社」。民國 27 年，復興社宣布解散。成員大部加入後來成立的三民主義青年團。

少許子彈做示範,然後抽點幾個身強體壯、膽子大、反應快的男生出來操槍,不像現在高中生,在二年級的時候,不分男生女生,一律都要操槍。

二、決心參加知識青年從軍到勝利復員

民國三十四年,日軍打到雲南獨山,重慶政府陷入危機,抗戰進入艱苦階段,於是蔣委員長發起「十萬青年十萬軍,一寸山河一寸血」,號召知識青年從軍報國。

正值高三的我,決定響應號召,報名參加青年軍。現在回想我們這一輩人眼看國家被欺負,我們很是感同身受,因此高三時,為抵抗日本侵略,就毅然抱著必死決心從軍,甘願放棄自己的學業和家庭,那個時候的我真的很有愛國的勇氣!

我在四川萬縣青年軍二○四師工兵營二連,受了兩年軍事教育,覺得很是充實。擔任青年軍的連、排、營、團、旅、師長等各級幹部都很優秀,也很愛護我們,原本軍中一天吃兩餐飯,我們入伍的時候改成一天三餐,管教也很合理。

我在青年軍裡擔任工兵班長。工兵要會操舟、造橋、做防禦工程及爆破等。我們在長江裡面學操舟。並學習逢山開山、遇水架橋的本領,在爆破時,我們要炸一間房子、一座橋或一座碉堡,要看實際狀況而定,用藥量少,炸不開;多就浪費,所以要靠腦筋和經驗計算。由於我們都是知識青年,所以美國人也給我們少數的新武器,包括火箭筒等。我們也要會射擊,目的就是要「我能打死敵人,敵人打不死我」,只不過我們只在靶場練習射擊,沒有軍事演習。我們有一次在高地向下練習投擲手榴彈,有一位同學拉開手榴彈的火線,從高處向下丟的時候,因為膽子小,太害怕,一拉開就趕快丟,結果沒有丟出去,反而變成往後丟,炸傷了排長。像這類誤傷事件還有一位優秀的團長名叫胡一,竟被衛兵用衝鋒槍不小心打死了,很是可惜。

我們在四川經過蔣委員長校閱後,正準備開往前線去作戰的時候,因為美國在日本投下兩顆原子彈,迫使日本人提前無條件投降。我到現在還記

得：當我們聽到日本人投降的消息，內心激動萬分，興奮到了極點，因為我們一直認為抗戰勝利不會來得這麼快！

　　民國三十五年抗戰勝利後，十萬青年軍改受完預備軍官訓練後，接著就復員，我也回到武漢讀大學。戰時，教育部曾提供公費給後方讀西南聯大的學生，因此我們青年軍退伍的人讀大學，也全是公費。我讀湖北農學院農藝系的時候，擔任校內青年軍聯誼會負責人與學生自治會幹部，與學妹董本貞是學生自治會的工作夥伴。還有，以前民風很保守，男女生授受不親，男女生交往的限制很嚴格。男生要是多看女生一眼，人家會以為你是不是對她有意思！兩個人手摸一下的話，那可是很轟動的事情！當年的我很羞澀，只敢暗戀有才華，長得漂亮的女生，沒勇氣跟對方表白愛慕之意。

　　話說我們農學院教授的陣容的確是非常堅強，多半是留學有成的學者。管澤良院長是一位菸草博士。他與我們感情非常好，在兩岸開放之後，我們同學還組團去北京看他。他在大陸赤化後，被下放養豬，吃了很多苦，並與夫人聲樂家喻宜暄女士離婚。在班上，國共都有支持者，明爭暗鬥，學潮不斷，都無法安心上課。

三、共赴國難集體赴臺

　　民國三十八年，國共激戰，威脅生存，正好臺灣的陸軍訓練司令部有一個招募隊，正在武漢招收大陸青年及失聯軍官赴臺受訓，隊長是藍鐵民少將。

　　那時，我正在讀湖北農學院三年級，大家眼看國共內戰愈趨激烈，紛紛感覺到生存受到威脅，於是武漢區大專院校的青年軍代表，和一般同學齊聚武昌黃鶴樓，經過一再審慎研討，最後決定集體赴臺，包括武漢大學、師範教育學院、醫學院、體專、藝專、基督教華中大學、私立中華大學等校。籍

貫包含湖北、湖南、河南、陝西、四川、安徽、江西、浙江、福建和廣東等十一個省份，男女合計共有 204 人。㉝

我們除了赴臺避難的現實考量外，也有思想、意識形態的抉擇。我們選擇孫中山思想，捨棄馬列思想。我之所以喜歡孫中山，是因為他提出的三民主義，源自於中華文化，和歐美進步思想，是救國思想，孫中山先生依此創出五權憲法。我們反對馬列思想，是因為馬克斯主張「階級鬥爭是進步的動力」，所以到處清算鬥爭，人人自危。根據趙紫陽的智囊陳一諮著《民主中國》，提到毛澤東發起的三面紅旗和文化大革命等運動，使中國非自然死亡的人數，包括餓死的，就超過八千多萬人，是抗戰死亡人數的一倍，也是兩次世界大戰死亡人數的總和。何其恐怖與不幸！

我們 204 位大專青年決定集體赴臺的消息引起地方轟動，後來又有八百多位中學生也跟著我們一起來臺灣。我們於民國三十八年四月八日由武昌徐家棚搭乘火車先到廣州，行前我們向外宣布為何赴臺，並宣示「有我在，中國不會亡；有我在，誰敢亡中國！？」從武漢坐火車到廣州，在廣州等船一個多月，才從黃埔江坐海桂輪，於五月十一日上午抵達高雄，一起投效孫立人將軍麾下，準備作復國的新軍。當天女生就被送到屏東阿猴寮女青年隊受訓；男生坐貨車，等到夜晚才被送到臺南旭町營房㉞，原因是我們不願意去臺南受入伍生教育，希望到鳳山受軍官訓練，結果不成，變成僵峙的局面。

四、嚮往新軍艱辛報國

(一) 風雲多變的政工訓練隊

民國三十八年五月十一日我們從高雄登陸，向陸軍訓練司令部報到之後，於深夜到達臺南旭町營房。

㉝ 204 位來臺同學中，武漢大學 78 人，人數最多，其次是湖北農學院 34 人。
㉞ 現為成功大學光復校區。

　　正當大家忘卻連日舟車勞累，進入新軍聖地，欣喜報國有路時，卻因溝通不良，挫折連連。原本我們到臺灣的初衷是要報國的，依照青年軍退伍時，國防部曾施予我們預備軍官訓練，招訓處曾同意要安排我們以軍官任用，而非士兵，可是孫立人將軍不承認國家的預備軍官制度，堅持要在臺南先接受新軍入伍兵的訓練。

　　當我們在無力自救時，曾向青年軍老長官蔣經國，和曾任湖北省主席的陳誠將軍等求援，未料反而激怒了孫立人將軍，變成政治問題。孫將軍認為不論我們在大陸是官還是兵，到臺灣都要接受他的新兵訓練。他在五月二十三日親對大家講話，他說：「現在可在軍訓班成立政工訓練隊受訓。若要走，就只有死的，沒有活的！」又說：「陸訓部不是菜園子門，不是說來就來、說走就走的地方。」❸❺這些恫嚇的話，讓我們心裡很不平衡！很是感到心灰意冷。

　　孫將軍的訓練很特別，加上氣候很炎熱，他讓受訓人剃光頭、穿著紅短褲、打著赤膊在烈日下操練，有些年輕人受不了苦，就跳游泳池自殺了，全隊同學的士氣很是低迷。雖然我們如願，接受政工訓練，但最後仍被送到五塊厝接受入伍生教育。

　　我對入伍生教育的感覺，就是侮辱人格的打罵教育，有如俘虜教育。小班長們用棍子打我們手心，為了殺雞儆猴，一人受罰，同班的其他人也一起被打。像槍管要用機油擦乾淨，小班長戴著白手套檢查你的槍管，只要他認為不夠乾淨，就要打人！吃飯、洗澡、睡覺都是數秒的，誰配合不上，誰就出來被處罰！晚上起來上廁所，因為營房宿舍裡面沒廁所，必須要到室外遠處上廁所。上廁所不問大小便或拉肚子，都要先登記，一次只准一個人去，如果前面的人沒回來的話，後面的人就不能去，這是極不人道、不合理的訓練教育。

---

❸❺ 編注：參：王道烒，〈由武漢到鳳山三〇一天所見到的一些小故事〉，《武漢區各大專院校學友旅台六十週年紀念集》，頁 18。

在政工訓練隊裡，隊長鍾山沒把我們的不滿實情，客觀的反映給孫將軍知道，讓我們忍無可忍，跟孫將軍發生嚴重的心理衝突，還發生軍隊的大忌——鬧營（夜驚）事件，❸使事情更是複雜。

我們跟孫將軍一面心理抗爭，一面強調大陸的失敗是軍隊不知「為何而戰、為誰而戰」的結果，因此希望給予政工訓練。最後，孫將軍可能是奉上級命令，於五月底成立政工訓練隊，但是孫將軍受的是美軍訓練，美軍裡面沒有政工制度，因此，他內心反對政工制度！舉例來說，根據王道炆將軍告訴我，據說孫將軍出任陸軍總司令時，當時國防部總政治部派了蔣堅忍中將，為陸軍總司令部政戰主任。在他到職很久之後，孫立人才接見他，並對蔣堅忍中將說：「你怎麼會做這種工作！」這句話表露出孫將軍很輕視政工制度。

孫將軍上領導統馭學的課❸，當著上千人的面，批評黃埔軍系很多將領不懂打仗，不利團結，這是我親耳聽到的，無形中他得罪不少人，當然黃埔將領對他也有惡評。

由於孫將軍不滿政工訓練隊，政工訓練隊也對他有所不滿，以致孫將軍把我們的隊友：潘正文、何澤浩、劉俊三、姚神英、李清、劉揆一、蒲春厚、翟平安、向士弘、倪素賁、張久裕、姚振、易禮金、舒達、鄒定華、何榮高、楊佑庭、戴聲萱、舒敬昕、栗鐵山、葉一泰、葛運炎、李如松等 23人，未經初審告知何罪，就逕分成兩批送去廣州審判，罪名是：「思想複雜、行動乖張、鼓動風潮、圖謀不軌」。意圖處死。我相信這是孫將軍親自下的錯誤決定，因為當時他是政工訓練隊的班主任。他的用意就是凡不聽他

---

❸ 陳琪雅注：「鬧營」起因多為少數人心理不平靜或睡夢中精神受到某種驚嚇而不能控制，突然大聲驚叫進而影響別人。突然間若有一人驚叫，其他人在沉睡中突然驚醒，恍惚中還未能理解發生何事時即隨聲附和，而當這幾個人一起喊叫再驚醒別人時，遂造成更多人一起驚恐喊叫。「鬧營」多發生在以下幾種時間——作戰後、行軍後、操演後、或過於疲勞之後。此時身心所受刺激過重，精神一時不穩定，因而夜晚睡眠之中就會發生。

❸ 陳琪雅注：孫立人將軍的講詞《領導統馭學》，學生書局出版。

的話的人，他就扣帽子，說他思想有問題！只不過當時國民政府都已經要遷來臺灣了，孫將軍卻將他們押赴大陸，令我們無法信服！因爲他們要是犯了軍法，爲何不在臺灣的軍事法庭處置，後來經廣州綏靖公署的法官認爲這是愛國行爲，給予無罪釋放。他們在廣州淪陷的前一天，又搭乘軍艦回到臺灣來。這些人到現在有的是平凡一生，有的已是高等法院庭長、律師、或少、中將、或教授等，還有潘正文先生做到稅務署副署長，非常清廉。能從大陸集體來到臺灣的大專青年，只有我們武漢區做到，我們感覺很光榮，很驕傲！也很委屈！

　　政工訓練隊原本預定 3 個月畢業，後來延長爲 8 個月才畢業。❸❽因爲孫將軍親校我們的軍事動作，不滿意我們訓練的成果，堅持把我們送到五塊厝，受入伍生訓練兩個月，終於屈折達成他堅持授予入伍生的孫式新軍教育。然後回到鳳山政訓隊再加一個月的政治教育才准結業。

(二)考取政工幹部學校❸❾政治研究班深造

　　我在鳳山政工訓練結束後，被派到五塊厝臺灣軍士教導總隊，擔任首次徵訓臺灣籍士兵的准尉政工連指導員，跟那些祇會說日語、臺語，少數不知國籍的臺灣青年在一起，常鬧笑話。他們都叫我「指導『玩』（『員』用閩南語發音）」，後來要他們回去看祖先牌位、和墓碑，他們才勉強說「是中國人」。讓我感到「指導玩」的報國工作，眞不好「玩」！

　　臺灣首次徵兵，是轟動一時的大事，每逢假期，都有縣市長等大批勞軍團和家長探親。軍中幹部多是孫立人新軍幹部，因此曾有上尉黃埔排長中尉

---

❸❽ 修正：民國 38 年 5 月 30 日政工訓練隊成立，6 月 6 日開學上課，原定 9 月 30 日畢業，因有待孫將軍校閱通過而延期，11 月 5 日孫將軍校閱後，指示撥入入伍生總隊訓練一個月，11 月 15 日入五塊厝入伍生總隊受訓，12 月 25 日返回政工訓練隊，12 月 27 日再上政治課一個月，到民國 39 年 2 月 5 日政工訓練教育才結束。參閱〈由武昌到鳳山三〇一天所見到的一些小故事〉，《武漢區各大專院校學友旅台六十週年紀念集》，頁 18~20。

❸❾ 現為國防大學的「政治作戰學院」。蔣中正總統退守台灣後，提出「三分軍事，七分政治」的論調，委派蔣經國為建軍復國創立此校。1951 年 7 月 15 日政工幹校成立，設校於日治時代之北投競馬場，現名復興崗。2006 年 9 月 1 日改隸。

軍訓班畢業的連長，但軍中已無孫式的打罵教育。後來軍士教導團的士兵，改為返鄉組訓民眾，我為組訓處理病故和逃亡的士兵，而坐台車深入復興鄉山地，語言不通、風俗不同，應對須要智謀，對我來說，真是一大考驗。

後來蔣經國先生在國防部擔任總政治部主任，為提高政工素質，於是在復興崗成立政工幹部學校，設有政治研究班、本科班、戲劇組、音樂組、體育組等班隊。

我於民國四十年考取政工幹校政治研究班第一期，同學有三百多個人分組上課，相當於大學畢業後再念研究所。除了大學畢業的人可以報考之外，青年軍同學可以同等學歷報考進去。蔣經國主任很重視這個教育，幾乎經常早晚都跟我們在一起。課程要求很多，除了基本的軍事訓練之外，還要修其他的一般學科，要讀經濟、政治、法律、哲學、心理學等，還要到部隊實習。因為我們當中有人沒當過兵，不知道軍隊生活是怎麼一回事，所以我們被要求到部隊去實習軍中生活，要大家做今日的聖人（意思是說，我們除了報國以外，都是一無所有、一無所求的人。）還要大家以此為題，寫作文比賽，用心良苦。兩年的軍官養成教育，我自己受益很多。

但在受訓期間，思想考核極嚴：平時言行，都有專人監視。想不到我的上下鄰兵，都是匪諜，我因唱國歌聲音太小，而受調查。在美國發生「江南命案」的主角，和一位出家為僧的和尚，都曾是我班中的同學。幹校的教育、經國先生的言行、和優良老師的教誨，使我成熟很多；加上鳳山孫式教育的磨練，對我人生應對，很是受用。

政工幹校的師資都非常優秀，教授陣容都是一時之選的名教授，如臺灣大學法學院院長薩孟武教授，教學很有方法，他有句名言就是「人類是最殘酷的動物」，令我印象深刻！

五、到救國團擔任軍訓教官的體驗

(一)嚮往救國團 崇敬蔣經國

　　民國四十二年我從政工幹校政治研究班第一期畢業，畢業生填寫服務單位的志願，有陸海空三軍、聯勤與救國團等五項選擇，我第一志願是希望到救國團去服務青年。

　　我之所以想到救國團的原因，首先是我就讀湖北省立第三高中的時候，曾參加國民黨的三民主義青年團，從而認同孫中山先生提出的三民主義，為救國主義。並且反對馬列思想，因為馬克斯主張「階級鬥爭是進步的動力」，認同殺人的行為，直至鄧小平主政時，才以「改革開放」取代「階級鬥爭」主張。

　　可惜，三民主義青年團後來與國民黨內鬨，抵消青年力量。民國三十八年政府來臺後，老蔣總統很重視青年人在愛國思想的工作，責成蔣經國先生籌辦一個愛國青年組織，就是「救國團」，並由蔣經國擔任首任主任，頗為青年崇景嚮往，我就是這樣很想追隨蔣經國愛國報國。另為民國三十四年，我投筆從戎被編入青年軍二〇四師，在四川萬縣接受兩年青年軍的教育。那時，蔣經國是青年軍總政治部主任，在視察二〇四師工兵營時，我是工兵班長，我那一班奉命到營門口迎接他。經國先生與軍長兼師長的劉安祺將軍同行，對我們很是親切，使我對他因此留下很好的印象。

　　之後，經國先生曾提出「一次革命，兩面作戰！」的主張，反對共產黨鬥爭，也反對國民黨腐化，主張我們要站在對國家民族有利的一面。當時，他對國共兩黨都不滿，所以要「一次革命，兩面作戰」。這個說法很有革命性。這使我覺得他是一位很有革命精神，真正想為國家做事的人才，所以我覺得他也是一位很值得我忠心追隨的長官。

（二）救國團與軍訓教育

　　民國四十年，政府恢復高中以上學校學生軍訓教育。先從國防部選拔優秀軍官幹部十八員擔任軍訓教官，經臺中、臺北、臺南、花蓮、屏東、新竹、嘉義、臺東等八所師範學校試辦成功後，民國四十一年四月，教育部頒布〈高中以上學校學生軍事精神體格及技能訓練綱要〉，其中第八條第二款規定軍事訓練內容：「高中以上學校男生應實施軍事訓練及軍事管理，女生

實施軍訓及看護訓練。」此一法令，確定學校軍訓的內容與地位，而成為推行文武合一教育的依據。同年九月，預備軍官第一期開訓，為大專畢業生服預備軍官役的開始。

救國團是響應蔣故總統號召，成立於民國四十一年，要「團結愛國青年，完成中興大業」，由經國先生出任，依行政院指示，救國團的任務和使命，是「教育性、群眾性和戰鬥性」。經國主任特別強調「團是國家的團，團的幹部不要以領導人自居，要放棄本位主義，要教育青年擔負政治責任，但不能有政治欲望，要變化青年氣質，培養愛國情操，救國團實施愛國教育的方法是，認為青年不愛國，是因為不認識自己的國家，所以要讓青年『認識國家處境，瞭解自己責任』，就是愛國教育。」後來我有幸被派為愛國教育的設計和執行者。

民國四十一年十月三十一日救國團成立，學生軍訓工作與軍訓教官任用由救國團負責主管。此一時期，乃學生軍訓奠定基礎的階段，其主要工作是在確立軍訓體制、軍訓方向、律定軍訓內容、計畫培養軍訓幹部、制定軍訓課程基準、確立生活輔導原則、結合預備軍官教育等工作。四十二年七月，全省高中全面實施軍訓，專科以上學校亦於四十三年開始實施，學生軍訓的重建於焉始定。

四十七年起，開始實施大專男生暑期集訓。四十九年，國家建設逐步步入正軌，政府為使學生軍訓制度化，乃於同年七月一日明令學生軍訓移歸教育部軍訓處主管，掌理學生軍訓業務之策劃與實施，繼續擔負起貫徹文武合一教育政策的責任，自此我國學生軍訓正式成為教育體系中之一部。不過，軍訓教官仍由現役軍人轉任，並由國防部負責考核遴選。

由於救國團負責推動學校軍訓教育——落實文武合一的教育理念，因此我奉派到省立屏東中學擔任軍訓教官一年，又奉派到臺中農學院，接著被派到臺灣大學法學院當了四年教官，後來花蓮高農的成天驥校長商請團部要我外職停役，當了兩年訓導主任。

高中和大學的軍訓教育著重面向與教材深度都不同。軍事教育包含三個

主題：戰略、戰術與戰鬥的簡介，高中的軍訓教育偏重教授一般性軍事常識與基本戰鬥技能；至於戰略與戰術則是大學軍訓教育的重點。上課地點包括室內、戶外，每週兩小時。

1.擔任屏東高中教官

民國四十三年春季，我到屏東中學當教官的時候，才二十九歲，算是很年輕的小伙子，跟十七、十八歲高中生比較容易打成一片。所以我一到學校，校長就問我有沒有當導師的意願，我當然說沒問題！然後我就當了二年丙班的導師，這個班的學生多為軍眷子弟，父親軍階多是士官或校尉官，因忙於軍務而疏失子女的管教，或因而留級。而編成一班，由我擔任導師，比較難管。我是一本「愛護不姑息，嚴格不苛刻」對待大家，既然來了，我就要盡力去做，結果很好。

儘管我的學問有限，但是我用誠懇、愛心來對待他們，如升旗排隊、打掃，我以身作則帶領他們做，彼此客氣。我也年輕，願意花時間了解他們，所以我經常做家庭訪問。訪問家長，了解學生的背景和問題所在，因而發現學生家境困難的，我就用自己的薪水幫他們付學費。我記得有個學生考取國防醫學院，當了醫生表現很好。

2.再擔任大學教官

民國四十四年，我奉派到臺中農學院出任教官三年，接著又被派到臺灣大學法學院當了四年教官。在大學當教官，我也是兢兢業業的。尤其在臺大服務的時候，由於臺大自首任校長傅斯年先生承繼北京大學的自由學風以降，臺大教授、學生，個個主張自由為最高價值，對軍訓課、教官並不友善。錢思亮校長時期，軍訓室設在傅鐘旁的一座小木屋內，燈光微弱，看起來很不起眼，不過，傅啓學訓導長對教官還滿尊重的，他肯定教官對學校有幫助。我跟學生相處都滿平順的，但因我所負責的宿舍，住的多是港、澳僑生，管理較難。

3.教官的使命

就我的體驗來說，教官的工作除了上軍訓課，就是負責學生的生活管理。以住校生的生活管理為例，教官像舍監，與住校生住在一起，到處走動。有一回夜裡我聽到宿舍裡傳來打麻將的聲音，循聲抓到打麻將的學生。我就依照校規規定，沒收麻將，送進焚化爐火化，並開出違規學生名單送交訓導處，由訓導處開校評會決定如何處罰。我的經驗是覺得來自星、馬等國的僑生的生活規矩比香港好，如住宿生用電量過度，導致電箱保險絲時有燒斷而停電，太不懂得愛惜公物，很是困擾，因此流行一句話，「文明的設備，野蠻的使用」但也不乏循規蹈矩的好學生。

我覺得教官對學生在生活管理上起很大作用，深受學校肯定，高中教官經常兼任訓導處生活輔導組長；大學的總教官擔任副訓導長。教育部軍訓處規定教官到學校是要服務老師和學生，不能與之起衝突，倘若學校向軍訓處反映某某教官不適任或傳出不好的風評，情形嚴重的話，軍訓處會將該教官以「人地不宜」為由調離，所以我的感想是覺得教官責任大，權力小，很辛苦。

六、轉行花農當主任

繼臺大之後，民國四十八年，花蓮高農成天驥校長請救國團介紹一位訓導主任。因為當時花蓮高農校內老師有派系之爭，其中江蘇省籍的老師佔多數，聯合起來抵制校務，於是成校長想從外面找人當訓導主任，來穩定學校的運作，就請救國團主任秘書李煥先生推薦適合的人選，他看到我的資料，知道我的品德和能力尚可，就選上了我。

我當了不到兩年的訓導主任，對老師，我盡力與他們建立友善的關係，常藉由泡茶聊天的方式，培養情誼並了解他們的要求。其實老師也不是壞人，僅因細故鬧紛爭。就這樣子慢慢化解敵對關係；對學生，我很自豪地說我從沒打過任何人，頂多罵罵而已。學生有過錯，進到訓導處時，我不罵他，先讓他坐下，我先聽他講。他講得有理，我就原諒他。他有錯，我就想該用什麼方法來使他真正改過。因為我認同曾任湖北師範學院院長的劉真教

授，他說要教好學生，第一是要「愛護而不姑息」，第二個是要「嚴格而不苛刻」。這兩句話使我不論在學校教育還是家庭教育都很受用，所以從高中到大學以來，我從沒打過學生，也未曾打過自己的兒女。

我在花蓮高農，任職不到兩年，民國五十年，蔣經國先生又找我回救國團，我就離開花蓮高農，後來我聽說該校教務主任和一名組長有匪諜嫌疑，常常在學校裡面搧風點火，挑起同事們對立互鬥，才造成學校的不安。

七、再回救國團服務青年

離開花蓮高農之後，我很榮幸，先是奉被派到臺南、南投、澎湖等縣擔任救國團縣市團部的秘書（後稱總幹事），負責這些縣市青年愛國教育的工作，很是投入。再於五十六年奉調總團部，先是輔導青年投考軍事學校，再轉任青年愛國教育的設計與執行，特別是我聯合教育部、國防部、中央黨部舉辦「三民主義研究會」，聯合孔孟學會舉辦「國學研究會」，聯合省市文獻會舉辦「臺灣史蹟源流研究會」，受到各大專院校、中小學校及學術界的特別歡迎，讓我也很有愛國教育的成就感。

救國團舉辦戰鬥訓練自強活動，特受青年歡迎，報不上名，還得多方拜託，蒙三軍之助，我曾帶領青年和學校校長、老師上山、下海、登天，到金馬勞軍，在金門住坑道，在馬祖聞砲聲。因天旱缺水，我們只能一人一盆水，從早上洗臉到晚上洗澡都是它。金門砲戰，一平方尺的土地，落彈超過十發，令我對三軍將士致敬。

民國六十八年，我因年事漸高，乃轉業銀行，直至民國八十一年，限齡退休後，於讀書寫作之餘，又蒙不棄，自九十一年八月至九十九年七月，忝任湖北省旅臺同鄉會第八第九兩屆理事長，湖北自古「惟楚有才」，同鄉會屆屆藏龍臥虎，我蒙前任李理事長重輝博士，力薦出任，甚是惶恐，經審慎思考，針對環境提出「團結和諧、創新務實」及「服務第一、制度優先」為工作目標，並以「平實、平凡、平淡」及「冒險、吃苦、負責、忍氣」精神，以理律己，以情恕人，幸不辱使命，達成兩岸之現實需要。並力薦陳中

將興國博士，繼任第十屆理事長，深得人緣。我於離職後，仍以讀書、寫作、服務社會爲志，著文立說主張「以中華文化統一中國」王道治國，很是受到兩岸部分教授及作家發表文章認同，希望不辱來臺壯志。

八、對孫立人將軍的綜合觀感 ❹

國共內戰，爲中國引發「政治海嘯」，很是不幸。我選擇臺灣爲三民主義而戰，以血、以淚、以汗，顛簸起伏在絕望與希望、毀滅與重生、失敗與重生之中，爲「反攻大陸」、「光復國土」付出血淚和汗水，眞的是把生命交給了國家。大陸先要「血洗臺灣」，現在是「和平發展」，正覓尋中華民族的希望，想爲未來歷史，找到永恆的思想，開萬世之太平。我等武漢「愛國青年」來臺之後，不幸首遭被我們崇拜的孫立人將軍「迎頭痛擊」，指責我們「思想複雜、行動乖張、鼓動風潮、圖謀不軌」，等同匪諜，讓我祇好寫下「爲歷史作證，向憂患挑戰」的文字，留下對孫將軍的複雜心情，並向關心「孫案」的讀者們請教。

我們以爲大小「孫案」發展至今，時逾甲子，諸多當事人多已墓木已拱，應可「蓋棺論定」，惟「道未易知，理未易明」，因「孫案」事涉國際、兩岸、個人與國家，論者兩極，仍是情濫、理盲。說好說壞，似都難以服人。所以只能就事論事，「姑妄言之」，以求證歷史。

綜合的說，古往今來，偉人之所以成爲偉人，其於「德、量、才、識」與「修、齊、治、平」之道，必有超人之處。尤其於道德表現，必能「爲政以德，譬如北辰，居其所，而眾星共之。」（孔子《論語》）如此言爲是，縱觀孫將軍之一生，或可從「春秋大義」，尋得一隅之見。

從孫氏簡歷看：孫氏出身望族，受有良好之中西教育。其於民國十六年，自美國軍校畢業返國，因孔、宋之關愛，兩年內升爲連長，四年時升爲上校，民國二十六年榮任少將，次年再升爲中將，可謂一帆風順。對日抗戰

---

❹ 編注：以下文字爲李先生所書，略予編輯之後交付照打，以記錄李先生不同的見證與觀點。

時，其於緬北救援英軍，成爲抗日英雄。國共內戰時，受命爲陸訓司令，軍官四訓班主任、臺灣防衛司令、陸軍總司令等要職，升至上將，成爲國之干城。其間雖與黃埔軍系互有公開批評，但層峰爲反共復國求才若渴，爲改善中、美關係，寄望甚殷，而信任有加。但或樹大招風，功高震主，疏於圓融自省，加之美國爲推卸中國大陸失敗之責，欲效韓、菲、越南政變方式，一再慫恿孫氏製造政變，初不爲動，終爲鬆動，使親痛仇快，傷口灑鹽，個中詳情，美國之解密文件，早有公布，實國家與孫氏之最大不幸。

再說孫氏從民國三十八年大陸變色之際，對我武漢區 204 位愛國來臺青年，缺乏同理心之折磨。既不瞭解我等共赴國難之苦心，又不遵守國家所賦予之預官資格，更堅持施以打罵爲主，非人道之孫氏入伍生教育，尤其意氣用事，缺乏圓融，以「思想複雜，行動乖張，鼓動風潮，圖謀不軌」之「莫須有」罪名，非法將其中廿三人囚解廣州，企圖借刀殺人，予以處死。且暗示痛責：不應向蔣經國、陳誠諸長官求助，如何不使此輩愛國青年蒙不白之冤，能不心生反感。再說當時孫氏如能以同理心，對此輩青年親爲關懷，溝通立場，甚至先輔導大家，完成多僅一年之大學教育，則此輩青年何至離心。

在孫氏往生之後，我偕同曾被囚解廣州，再回臺灣之何澤浩教授，專程往訪曾經追隨孫氏一生，並爲其智囊之張佛千教授，當問及其對孫氏之觀感時，其曾不假思索的說：「他是一位軍事的天才，政治的白痴。」使我爲之默然，深爲孫氏遺憾！因爲張佛千先生是交心孫氏的追隨者，張氏的話，必有所本！因此使我想起兩位古人的銘言：

其一爲唐朝杜牧寫〈阿房宮賦〉，於文末稱：「滅六國者，六國也，非秦也；族秦者，秦也，非天下也。」又說：「秦人不暇自哀，而後人哀之，後人哀之而不鑑之，亦使後人而復哀後人也。」

其二爲明之學者洪自誠著《菜根譚》有稱：「聲妓晚景從良，一世之煙花無礙；貞婦白頭失守，半生之清苦俱非。俗語云『看人只看後半截』，眞名言也。」

　　由上述二則銘言，又使我想到，司馬光著《資治通鑑》，論及德與才時，曾強調「德才兼備為聖賢，德勝才為君子，德才全無為愚人，有才無德為小人。」以此觀孫氏，是否有「蓋世功勞，當不得一個『矜』字；彌天罪惡，當不得一個『悔』字」。再看曾國藩說：「功名富貴，皆人世浮榮，惟胸次浩大，是真正受用。」因此，我們如以春秋大義責備賢者，認為孫將軍於對日抗戰及國共內戰應是愛國有加，至其對武漢來臺之大專青年，可能兼職太多，無暇瞭解，終至剛愎自用，鑄成大錯。亦如當時「四訓班」副主任辛鍾珂將軍訓話時所說，要大家「洗心革面、重新作人」，而不知我們真的是「將生命交給國家」的人。如果說：「成也孫將軍，敗也孫將軍！」是否有失厚道？更從「是非成敗轉頭空」看人生，但願國人「愛孫將軍，更愛國家」，若能「哀而鑑之」，然後「以情恕人，以理律己」，我們要忘記仇恨，使不幸早日過去，懂得感恩，則天下或可太平。因為「恕」是中華文化的核心價值，「理」是中華王道文化的真精神。往事如夢，是非弄人，萬事皆空善不空，謹祝孫將軍安息九泉！

　　也希望國人痛定思痛、團結和諧。多為後人開路，讓我們吃過的苦，不要後人再吃；且要謹記：「相逢狹路宜回身，野渡寬平好問津，底事排擠同蹪撲，往來俱是暫時人。」（明朝顧起元詩）；更要謹記南懷瑾大師的禪詩：「人生何事不從容，睡起依然日又紅，貧富不識閒是福，幾人肯唱大江東。」人生為生存須要奮鬥，也為生存製造對立，對立又改造人類，這是人類宿命的不幸。君豈不知「滾滾長江東逝水，浪花淘盡英雄，是非成敗轉頭空……」（明代楊慎，〈臨江仙〉）、「人有恩可念不可忘；人有仇可忘不可念。」、「生死千古同，寂寞身後事。」一切是非，史家自有定論。我們也許當局者迷，不妨笑談就好了。

陸、政工幹校幼年兵總隊隊長徐靜淵先生訪問紀錄

時　　間：民國 96 年 4 月 27 日
地　　點：中研院近史所研究大樓一樓會議室
受訪者：徐靜淵
主　　訪：朱浤源
陪　　訪：沈承基、王雲狆、朱麗蓉
紀　　錄：黃種祥

一、前言

　　我帶來民國三十七年的《精忠報》，這邊有我當學生代表的紀錄。這一份有我們當年成立「立新社」的事，還有我為孫將軍寫的一篇文章，可以作為參考。當時「立新社」成立，是孫將軍蓋章的，還寫了一篇文章，在成立大會時，要我代為宣讀。上面這邊有寫「請徐理事長靜淵代為宣讀」。

二、家世與學經歷

　　我是湖南益陽人，民國十三年六月二十三日生，今年八十四歲了。益陽在長沙西邊，現在交通發達，從長沙過去只要一小時，以前要四、五小時。離桃源不遠，靠近湘西。當時湘北人才比較多，因為靠近武漢，在洞庭湖邊，有山有水，比較富庶。湖南、湖北因為有洞庭湖在中間，其實環境都算是不錯的。我們家是種田的，洞庭湖每年發大水，土地就非常肥沃，連肥料都不用，也沒有雜草，年年豐收。開國元老黃興是長沙人，他孫子現在也還在那邊。

　　當年我初中畢業以後，念了兩年詩書，之後才念高中。念了兩年，因為抗戰的緣故，三十二年的時候學校搬走了，也就沒辦法畢業，只好東奔西

走。之後因為師資缺乏，在家鄉教了半年小學，但是因為戰爭，年輕人都待不住：從軍的從軍，有的想辦法做生意。

我是三十五年入伍，在廣州考的，當時師長是胡長青中將，他是黃埔四期的，後來為國犧牲。我在家鄉從軍的，當時九十九軍駐紮在我們那邊，因為我老家很大，他們有個團部借住我們家。那個團的副團長滿年輕，常跟我們附近的學生來往，還帶我們到部隊裡玩。他們要移防的時候，我們村子附近出現了土匪。抗戰末期，土匪很多，一到晚上，抓人、綁票都來，我祖母就只有我一個孫子，想說與其被土匪抓去，不如從軍，還有個出路。就要我跟著他們去，最初幫他們做文書、抄寫的工作。

三、鳳山受訓

我在三十六年雙十節過後來台灣的，算是很早來的，當時住在鳳山。最深的印象就是當時每天在軍訓班那邊割草，還有養大象，就在倉庫那邊。我是軍訓班十五期，那時候我們是來台灣受訓的第一期。軍訓班開學的時候，我也很緊張，因為鳳山很熱，我們的配備也很簡單，就是一頂斗笠，一條紅短褲，打赤膊演練。每天早上起來集合點名二十分鐘，點完名，區隊長就喊解散，接著要到 5,000 公尺外，有一個配水池的高地，叫涼亭山的地方集合。當時大家都爭先恐後跑，很少有人遲到，也因為這種鍛練，我今年八十四歲，身體還是很不錯。我從軍前好吃懶做，身體不太好，是後來當了兵以後練起來的。

當時訓練每天八小時，學科大概只佔三分之一，術科比較多。有的學科像「統御學」由班主任孫將軍自己教。有次他去南京開會的時候，唐守治副主任要代課，孫將軍不肯，說整門課 24 小時都要由他親自教。孫案發生的時候，我在政工幹校當隊長，當時王昇將軍召見我。他說：「你是鳳山受訓的，孫立人教過你們課對吧？」我說：「有，上過 24 小時。」他又問：「孫將軍在課堂上罵總統，對嗎？」我說：「沒有聽過。」我當時還說：「孫將軍最崇拜的歷史人物有兩位，一位是曾國藩，對曾的著作滾瓜爛熟；

另外一個就是總統。」我當年的筆記都被沒收了，所以現在只有拿報紙過來。

王雲翀（以下簡稱「王」）：孫將軍對總統是很尊敬的。當時總統下野，李宗仁代理總統，我在孫將軍的軍訓班尉官隊裏。我們當期的結業《同學錄》裏面，擺在最前面的，都是國父跟總裁的照片。

沈承基（以下簡稱「沈」）：李宗仁當時是代總統，他到台北的時候，打電話到鳳山給孫老總。我是隨扈，剛好在孫老總旁邊。李宗仁說：「立人兄，請你來跟我們開個會。」老總跟他說：「對不起，我現在要閱兵，沒有時間。」就拒絕了，可見他是站在老總統那邊的。

我也有親身見證。三十八年，老總統下野到台灣來，孫將軍把他請到鳳山；我們大家在大校場集合，歡迎他過來。總統當時下野，身分就只是國民黨總裁，孫將軍當時還不是國民黨員，沒必要對他太客氣的。❹我當時站在部隊最前頭的排面，孫將軍自己開著他的敞篷吉普車，幫總統當駕駛，總統坐在他右邊。總統下車以後，我看得很清楚，孫將軍穿著半統皮靴、卡其褲、拿破崙帽子，就向總統敬禮，然後扶他上司令台。

那時候總統講話，孫將軍就站在他左邊。總統越講越激動，到後來哭了起來，邊擦眼淚，邊跑到講台前面講話。但由於麥克風放在桌上，他人在台前，大家聽不到他說什麼。那時候孫將軍雙手捧著麥克風，就送到總統面前，一直捧著麥克風讓他講完，我的印象很深刻。如果孫立人要反蔣，他當時把總統關起來也可以，總統當時在台灣，就靠孫將軍保他。日後說他謀反，實在難以讓人相信。之後王昇問我話的時候，說要槍斃我，雖然我不知道情況，但我還是回答：「我不相信孫將軍會謀反。」

四、進入政工系統

至於我後來怎麼會去政工幹校？這真的是機遇。我是最討厭政工的人，

---

❹ 編按：孫立人將軍是中國國民黨的黨員。他早年到中央政治學校服務，即可能入黨。但是，至少在駐印時期孫師長確定已入黨，參見孫公館內孫將軍檔案。

後來卻做了一輩子政工。我在青年軍二〇六師當連長的時候，團長是西北人，叫徐伯勳，軍校十期的。當時還有幼年軍，因為時代的關係，部隊裡有年紀很小的兵。孫將軍說他們這樣太可惜，把他們集中起來，成立幼年隊，找可以教他們念書的去當隊長，要培養他們成材。

因為要送他們念書沒有錢，如果找部隊裡的人教，只要想辦法找到教材就可以。徐團長那時候被任命當總隊長，就找我去教他們。那時我已經到八十軍戰鬥團當上尉參謀，因為老長官要求，我也就答應去當隊長。大概當了一年多的隊長，蔣經國把幼年兵隊解散，可能是怕孫將軍養出一批親信部隊。

之後徐團長要我跟他去陸總部，他要去情報處作副處長，我本來已經同意了。當時副總隊長于新民，是孫將軍的愛將，他對我也很好，也提出要我跟他去陸總部。徐、于他們兩個不合，是大家都知道的，我不想得罪任何一邊，乾脆都不跟。

當時幼年兵隊被解散，分發到好幾個地方，年紀大一點的下部隊，小的繼續受訓。其中有一批到政工幹校，我就申請跟他們過去。當時于新民找我出來跟我談，要我別去幹校，他說可以打電話幫我取消。我說：「我跟小朋友們有感情了，丟不下他們。」他一氣之下就走了。

沈：我想補充一下，幼年兵隊被打散，要怪當時的總隊長趙狄，他好大喜功，閱兵時把幼年兵隊擺在最前面，讓蔣經國一眼就看到，馬上跟老總統報告，說要把幼年兵隊拔掉。十七、八歲初中學歷的送去當駕駛兵，十四、五歲的送到各地受訓的，老總都很掛心，都希望他們被帶好。

老總統當時來巡視，蔣經國也跟著來，看到幼年兵隊放在部隊最前面，訓練得很好，年紀又輕，身材也都練得很好，就很快把他們解散掉了。蔣經國當時把趙狄找去，問他：總隊長要不要幹？他說：為什麼不幹？！蔣經國就說：「要幹你就調職，把這個隊解散掉。」

到了幹校，我當幼年隊第一隊隊長，那是少校缺，我上尉佔那個缺很有

機會升，又有加給。孫立人將軍後來特地來看過我，他當時已經是總司令，帶了三、四個將軍在總隊長室召見我。他跟我說：要讓我當副大隊長，要我好好培養這批學生。我當時馬上告訴孫將軍：「我只是上尉，這邊還有兩個少校跟我一樣當隊長，期別又比我高，恐怕不合適。」孫將軍說：「那不是問題，可以把你升少校的。」我不敢再多說話，還好陪同的老長官幫我跟孫將軍解釋，這樣任命會讓我在這邊不好做人，孫將軍才沒再提這件事。

那一批學生隊很優秀，後來當將軍的、當教授的都有，還有個哥倫比亞大學海洋研究所博士畢業的。憑良心說，當時被送到幹校的那一批也很幸運，蔣經國、王昇都沒有虧待他們。

孫案發生的時候，我算因禍得福，當時已經在幹校，他們並沒有因為我是孫將軍的學生排斥我。當時有個教導大隊，副大隊長以下，幼年隊都用原來的幹部，我當第一隊隊長。之後蔣經國在淡水辦了一個游幹班，把我調到那邊受訓三個月，全名是游擊幹部訓練班。蔣經國親自主持，常常天沒亮他就來了。

王：那是政工幹部最早的搖籃。

五、孫案發生後

誰知道那時孫案就發生了。當天清早我們還到海邊作運動，忽然臨時收隊，把大家帶到大禮堂集合。禮堂裡殺氣騰騰，大家就在那邊等，也不知道發生什麼事。結果來的是彭孟緝，當時是中將代理參謀總長，蔣先生是政戰部主任。兩個人就上台，彭孟緝一上台就說：「孫立人叛變了！他跟美國勾結，要發動兵變，想當總統。」之後就走了。我是孫立人的學生，坐在底下聽得膽顫心驚。那不得了，搞不好血流成河的。

他走了以後，我們準備吃早飯，我根本吃不下。我們那邊的訓導長，他也很厲害，就拍拍我肩膀，叫我吃過飯去辦公室找他。我去了以後，那位上校訓導長就跟我說：「孫立人的案子你知道了吧？你是他的學生，照理是要把你抓起來的。不過你既然是我們幹校出身的人，我不會為難你。」就叫我

收拾行李，找車送我去北投。

回到幹校，王昇就召見我。我想誇獎一下自己，當時我大約三十歲，算是很有膽識，我抱著一個念頭，只說我知道的，其他什麼我都不認。當時第一次召見我的時候，態度非常壞，要是沒有膽識的，嚇都嚇死了。王昇是當時的情報頭子，目光炯炯有神。記得他當時問我：「孫將軍是不是罵黃埔？」我回答他：「孫將軍罵黃埔的杜聿明、黃杰，不過沒有罵黃埔。」

我記得孫將軍說過，黃埔的訓練像棉花糖，跟他的訓練比起來，覺得他們的訓練太簡單了。畢竟現在我們中華民國，哪有將領訓練部隊能夠跟他比的！？而且又是文武全才。官校時我們部隊練槍，我看到孫總司令陪著幾個美國軍官巡視，有一個美國顧問，好像是上校，在旁邊不曉得說了什麼，孫將軍當場就開罵，中華民國哪個將領敢罵美國軍官。孫將軍的訓練辛苦，可是他自己都能以身作則，先做給你看。

後來保防科派人跟我回去拿東西，把所有相關的東西都收走了。然後接著馬上被調職，我本來是教導隊第一隊隊長，佔著少校缺，當年已經通過考試就要升少校，又拿主官加給一百三十塊，薪水總共是三百多塊。結果調到學生隊去當區隊長，是上尉缺，又非主官。我當時小孩也有了，想想兩百塊薪水不夠用，覺得這邊沒有希望，也不想幹了，就向上邊寫了報告，申請外調。

大隊長當時壓住我的報告一個多月，後來知道他是好意，覺得我是可造之材，想留用我。只是當時孫案鬧得正大，我有思想問題，他也不敢保我。我當時不曉得，等了一個多月沒有下文，跑去跟他吵，當時年輕氣盛，想到就去做，加上自己看不起政工。

大隊長幫我把報告呈上去以後，王昇就召見我，這次他的態度大轉變，一碰面就跟我說：「請坐。」上次我被他審問是全程站著。他就問我：「為什麼要求外調？」我回答他：「我在這邊不適合，沒有出路，而且我不適合當政工。」他又問：「那你想調到哪去呢？」我回答說：「想下部隊。」他又問：「到部隊裡做什麼呢？」我說：「帶兵啊。」王昇當時應該四十歲左

右，他冷笑一聲：「有兵給你帶嗎？」我愣了一下，恍然大悟，我是「有問題」的人，下部隊也是有問題，這樣真的還有出路嗎？王昇又說：「你是優秀的人才，唸過很多書。」之前在幹校，我雖然只是上尉，卻報名參加讀書會，而且我很早就把《資治通鑑》都讀完。當時沒有幾個軍官唸過，更何況我這種基層幹部。

王昇又跟我說：「我也不是政工出身的，我也幹到少將了。年輕人，你要看清楚，接下來經國先生要掌大權的。」我當時有點納悶，我一個小上尉，跟經國先生掌權有什麼關係？不過王昇講這種話，表示他看我有點份量，把我當自己人了。他又說：「你別三心二意了，安心在這邊做下去，將來不會吃虧，也不會把你見外的。」當時我就已經打消外調的念頭了。他又問我：「你有什麼困難嗎？」我說：「沒有。」他又問：「你有太太嗎？」我說：「有，在家鄉就結婚的。」他就問我：「太太現在在哪？」我說：「在台南。」他要我把太太接過來這邊。我很老實的說，我們租不起房子。他就說：「我要他們幹校分個宿舍給你。」當時幹校那邊宿舍只有 80 戶，住得滿滿的，根本不會有空缺給一個上尉。當時我沒有把這一句放在心上，因為這一次的談話談得很融洽，我已經受寵若驚了。

一個禮拜後，真的通知要我去看房子了。校本部事務科派了人，要帶我去看房子。說真的，房子是不好，只有六坪大。不過我在幹校上班，給我這個房子真的已經很方便。接著王昇又召見我，給我一個星期的休假，去接我太太過來，還給我兩百塊錢，那是我一個月的薪水。我不想要，但是他還是給了。從此我對王昇心存感激。當時我每個月外宿假只有三天，坐慢車回家單程要十一個小時，等於來回有兩天在坐火車。這一個星期的假，當時我真的是沒有放過的。之後幾十年，他從來沒有跟我談過孫立人的事，把我當自己的學生一樣。王昇過世以後，我還寫了一篇文章感念他。

六、擔任台汽董事長

我自認是清官，做了那麼多年的事，最恨的就是貪污。這方面沒有人批

評過我。唯一有一次，我在當台汽董事長的時候，立法院差點要我去報告，說我們台汽買國光號有回扣。當時那預算不是我們編的，上面下來的，我看了當時的報價，美國車跟東歐的車性能差不多，美國車貴一倍，一台一千三百多萬台幣，東歐各國的車只要七、八百萬，但是我們居然都是買美國車。當時我就跟經理部門說，我們以後公開招標，他們跟我解釋說，這是既定政策。我說不管他，接著我報紙也登了。

很快美國人有了動作，參議員高華德親自要來關切。他一來，連戰當時是外交部長，馬上發請帖請吃飯，請了省主席邱創煥作陪，當然也找了我去。我當時一想，那種場合要是他提出要求，我拒絕不了，不如不去了。就打電話給邱創煥，跟他說：「抱歉，明天我不能去了。」他問我：「為什麼？」我說：「我感冒正嚴重。」他應該也知道我是裝的，就跟我說：「那這樣，我要怎麼處理？」我說：「你是行政首長，我是業務單位，你答應也沒有用，所以不用擔心。」

最後我真的沒去，他們當天也就沒有談這件事。後來連戰打電話給我，他直接說：「你這是政治病，我都了解。現在高華德已經走了，這件事你打算如何處理？」我說：「我並不是排擠美國車，但是它性能跟捷克的車子差不多，要價差太多了。台汽是有成本考量的單位，我們要自給自足的，我接的時候已經虧了四十多億，身為董事長，價廉物美的東西不買，讓百姓負擔我們的高成本，不行的。不然公開比價，請他們一起參加。」美國人不願意參加公開比價，不過最後願意降價。五百台國光號的預算，我多買了二十三台車。邱創煥在中常會中還特地表揚我。我自己寫過一副對聯：「一身傲骨擋邪惡，兩袖清風辨是非」。

七、擔任物資局局長

我在去台汽之前，做的是物資局局長。蔣經國當時叫我去當物資局局長的時候，我不肯去。我說：「報告總統，我是軍人出身，沒搞過財政，前局長是台大的經濟碩士，我是外行。」之前幾任局長，唯一不是學經濟出身

的，是以前在大陸當省主席的。蔣總統跟我點明說：「裡面貪污得厲害，我要你去幫我整頓整頓。」我說：「我真的不懂財政。」他當時視力不大好，眼睛有點瞇著，還說：「你去你去。如果孝武、孝勇他們要做生意，不准給他們做。」結果孝武、孝勇他們真的親自來了，跟我擺明說要做哪種生意。我想我一輩子做不到大官，大概是因為我的脾氣，我真的把他們擋走了。

孝勇、孝武牛皮糖一樣，經常來，一來就得請他們吃飯。孝勇很直接，他就講什麼生意他要做。我跟他說：「孝勇先生，你老爸叫我來，我是不來的。因為我外行，簡報那些我聽不懂，我也怕事情沒做好。他特別交待你們兄弟不可以在這邊做生意，我不能對不起你老爸。」其實我自己心裡也在想，我真的是在做官嗎？太子來了我居然擋他駕。後來蔣孝勇理都不理我，林洋港選總統請吃飯的時候，我向孝勇敬酒，他連杯子都不舉。

蔣經國後來有問我：「孝勇、孝武有來做生意嗎？」我回答：「沒有。」他當時還不肯相信。我跟我太太說：「我不是做大官的料，你也不像作夫人的命，就這樣子吧。」

物資局真的是很肥的缺，我作了三年八個月。單說中藥，每年台灣要用七百五十噸左右的中藥，都是從大陸進口的。但是兩岸不通，全部都要透過物資局從香港買，中藥都是美金計價，七百五十噸，就有下面的一個區的主管（我手下有八大區）跟我建議，一公斤拿一毛美金，大概他們以前都這樣做，這種賺法，光中藥這一件，一年就有幾十萬美金進帳。我跟他說這樣不行。他跟我說：「蔣總統讓你來物資局，就是因為你很清廉，給你一點弄錢的機會，讓你退休以後能有點積蓄。」還說：「這不算貪污，只是大家謀點福利，你幹了這任局長，說你沒拿好處，沒有人相信的。」我說：「這還有是非嗎？我不相信這種事！」他還差一年多就退休了。可能因為我剛到，就說過：「不准貪污，我看到誰就辦誰，誰看到我貪污，也歡迎往上報。」他趁下班時間來跟我講這些的。第二天他就寫報告，不幹了，申請退休。

八、蔣經國去世

　　說眞的，經國先生這種國家領導人是很了不起的，對下面的人又親切，對貪污又很痛恨，親戚貪污他照樣辦。七十七年經國先生過世，我也是治喪委員之一，當時主任委員是鄭爲元。當時因爲我在台汽當董事長，他的靈車都是我台汽處理的，所有交通方面也都由我們台汽包辦。治喪委員會要幫我們編預算，我說不用。花了幾百萬，我一毛錢都沒有跟他們拿。

　　當時有段插曲，委員會他們嫌我派去充當靈車的不是新車。我跟他們解釋：「新車未必好，這車是我親自挑的，只用了半年，狀況非常好，駕駛更是精挑細選的兩個。如果你們不安心，我把所有保養維修的人員叫來，再檢查一次。」第二天我們整整搞了一天，每一件零件我都親自檢查簽名，我跟鄭爲元打電話：「這車子如果移靈的時候出問題，我徐靜淵陪葬！」當天出動五十輛國光號，送總統最後一程，全程安然無恙。我在台汽差不多四年，國光號零事故。我一退休，就發生國光號火燒車，死二十多人，這大概是我的運氣好。

　　警備總司令陳守山跟我九次去參拜總統，在他靈前行禮。最後一次是晚上深夜，我把台汽全體員工都帶去。天氣冷，我跟他在車上聊，他跟我說：「靜淵兄，你對蔣總統是鞠躬盡瘁，但是他沒有提拔你。」我說：「雖然沒有給我大官作，不過他一直都信任我，這樣就很夠了。」

　　我一直覺得，蔣總統喜歡你，不是給你高官，是把最困難的事讓你去做。當時警察沒人要去做，找我去；物資局貪污得亂七八糟，要我去；後來台汽被民進黨鬧，也是我去。當時民進黨的立委天天來跟我鬥爭，最後通通被我收編，什麼尤清、朱高正，要他們上去講五分鐘，通通都是贊揚我的話：「你們台汽有辦法，董事長是最英明的。」

　　我一個學生在蘇貞昌下面做事，他說蘇貞昌當他的面稱讚過我：「像我這種清官很少有。」但其實我跟他沒有交情。我自認幫百姓解決過不少問題，尤其是南部，我相信我雖然沒有當大官，賺大錢，不過我有留下名聲。不過，國人一些不良的習性不改，我們民族還是要受苦受難的。

柒、警總保安處陳寅華先生訪問紀錄

時　　間：民國 88 年 12 月 10 日下午 2 時至 4 時 20 分
　　　　　、89 年 3 月 13 日下午 3 時至 5 時
地　　點：監察院、台北市濟南路台大校友會館
受訪者：陳寅華
主　　訪：朱浤源
紀　　錄：張珮珮、謝國賢

一、民國四十四年擔任中尉連絡官

　　民國四十年三月一日，我於軍訓班第十九期畢業，但是並沒有馬上分發，我和其他人共四百個人留在那裏組成一個儲訓大隊，做小部隊演習和夜戰訓練。一年多以後，到三四〇師輔導一期（一個月），才分發到部隊去。在這段期間，當過兩年少尉排長，後來升為中尉連絡官。

　　民國四十四年，我當時在第九軍四十一師一二一團擔任中尉作戰連絡官。在編制上連絡官是屬於「軍官傳令」，這個職務在作戰時很重要，重要的命令都要親自來送。平時就配合作戰組參與作戰業務。當時這個團部是設在嘉義朴子東石中學旁，有一個簡單營房，我就住在那裡。其他部隊則住在海防第一線，就是海邊，像海防部隊。

　　在民國四十四年五月十八日，我從台北去台南參加一個同學餐會，地點是在台南市火車站右邊一個日式料理「雀公共食堂」舉辦的。在餐會上與劉凱英見過一面，其他還有江雲錦、金朝虎以及不認識的人共約十幾、廿個人。在餐會上，我有聽到江雲錦講「國父革命十次最後成功」這句話，有鼓勵大家再接再厲的意思。

二、被拘留的日子

我被抓的日子，應該在民國四十四年六月初，大約是 1 號到 4 號之間，因為軍中有一個慣例，就是在 5 號以前，要發薪水到官兵手上，而我被捉時口袋沒有錢。所以可以確定，應在 5 號以前的某天。在被關的七個月中，我只花了六十塊錢。所以，我可以確定我被捉時，應在這期間。

記得那是在團部的一個傍晚，晚飯過後，我到郊外去散步，隨行的有情報士兵或譯電官其中一個人。當我走到一半的時候，保防官趕來了，他說團長要見我。當時團長不在團部，我就和他去朴子分局見團長，然後，團長就把我關在拘留所。另外還有同一個團第三連的副連長金朝虎，也被關在裏面。

之後，我糊里糊塗的睡著了。到了半夜，保防官帶了兩個憲兵把我們從拘留所提出來，然後用毛巾把我們的眼睛矇起來，雙手反綁提得很高。這時候車子開動了，差不多一、二個小時後車子就停下來，其間有聽到人聲、車聲，好像形成一個車隊，又繼續前進。大概拂曉時分，到了「海軍招待所」或稱「海軍電台」，這個地點是我們出來後才知道的，聽說是保密局在南部的一個據點，裏面有人才、器具。我們就被關在一個單人房間。據我了解，除了陳良壎、伍應煊上校、以及三十二師這六人在五月二十九日被捉後，就直接送到保安處以外，所有的人包括郭廷亮在內，第一關都是先到「海軍招待所」。

我猜想發動捉我們，可能是因為沒有捉到劉凱英，因為在民國四十四年六月一日，他們要捉劉凱英，劉凱英發覺不對就跑了，並於六月二日逃去孫立人的家，在七、八天後才歸案。

我被捉以後，被問在四十四年五月十八日有沒有參加聚會，有沒有聽到江雲錦講甚麼話。但他們並沒有為難我，原因可能是年紀小，我當時才廿五歲左右，有點天真，有甚麼就講甚麼。

過了二、三天，就由憲兵押著我離開海軍招待所到高雄火車站。到了火車站，就直接進入月台，這時火車已經停好在那裏，沒有半個人，只有我們

先進到一個車廂裏。等到時間到了，燈開了，客人才陸續上來。相同的景象，在五月底至六月間的晚上九點半或十點半，在高雄火車站和台北火車站天天都可以看到：憲兵在火車站送人、接人。我判斷陸續捉人的原因是：一、海軍招待所的容量有限，因為那裏都是一個一個的單人房間；二、初步偵訊、審問的人要消化，而當時抓去審問的人很多，只能這一批人問完以後，再換下一批人來。

在保安處總共被關了7個月。到了保安處的第二天或第三天，即被提訊（看守所專用名詞）。當天問我的人是陸軍總部第四處政戰處的人員（現在台北）。他的態度非常客氣。他問：「你對老總（孫立人）的印象怎麼樣？」我說：「老總很好。」他問：「有甚麼好？」我說：「民國四十一年時，我們在湖口夜戰大演習，從入暮到拂曉，他都一直跟著我們，直到講評以後，才離開。」就這樣，簡單的問了一下，也沒有為難我。在我的記憶中只做了兩份筆錄，以致於我對於大家所說的在海軍招待所有受到刑罰，感到半信半疑，因為自己本身沒有吃過這種苦。

三、張熊飛親自向我講有關用刑的情形

張熊飛就吃過苦。他在四十六師一三八團當排長。有一天，他以前的野戰大隊大隊長陸心仁到部隊去督訓。到了團部，就向團長問起他在野戰大隊時有一個學生，名叫張熊飛，在這裏工作還好嗎？團長就立刻電召張熊飛來見老長官。兩人見了面，陸心仁就告訴張熊飛：他現在住在民雄，有空可以到他的家去玩。所以有一個禮拜天，張熊飛就去找大隊長陸心仁，在見面的時候，張熊飛由於不滿的情緒，脫口而出說了一個「幹」字，而埋下日後被捕受刑的原因。

民國四十四年六月四日張熊飛於屏東臨時指揮所被捉。當時張熊飛正在部隊準備參加六月六日的總統親校。張熊飛被抓到海軍招待所，就被問：「是否曾見過老長官，或到了大隊長家有講甚麼話嗎？」張說：「我沒講甚麼話啊。」然後就被用老虎凳、夾子刑罰。接著被問道：「幹」，「你要幹

甚麼?」「怎麼幹?」最後還把陸心仁的筆錄拿給他看。就這樣,張熊飛為了一個「幹」字,吃盡了苦頭。所幸的是他是憲兵出身,身體很好,總算熬過來了。張熊飛離開海軍招待所之後,並沒有直接送到保安處,而是送到延平南路保密局的一個單位。

四、希望我可以幫伍應煊解決當初為何他們要捉他的事情

伍應煊,現在 83 歲,他是軍校十三期畢業,留美回來。他的太太是第一屆國大代表的女兒,是美國華僑。當初他被捉以後,傳令兵就趕快打電話給他的太太,她就在台北找到父親黃某某,美國僑選國大代表,然後去見俞大維。俞大維剛好是伍應煊的太太在美國的老師。這樣一個人才,釋放回去以後就退休了,現在長年住在美國。

伍應煊認為自己並沒有與其他人聯絡。他們要捉他的原因可能有:一、伍應煊曾經去看過孫立人。二、伍應煊將陳萬衡聯絡官,(他是我的同學)當作隨從人員。在當時聯絡官的用途是視指揮官而定的。陳萬衡被捉時,伍應煊還去找他,和他見面,因此被懷疑他們之間是不是有甚麼默契。而且在民國四十四年六月六日的時候,已經不適合再與孫立人見面,因為五月底已經開始捉人了,但伍應煊沒有顧忌,去看孫立人。伍應煊去看孫立人的原因是因為在校閱的時候,伍應煊指揮部本來只有 2 個營,結果軍團司令把 12 個砲兵營整個交由他一個人統一指揮。校閱完畢以後,其他部隊都歸建了,而他的家在屏東,他想回家看看,順便也去看孫參軍長(老長官),目的是因為參軍長就在總統旁邊,他也想知道總統對其所指揮的 12 個砲兵營有何評價。

從校閱典禮回來以後,大約六月十號左右,他們要捉陳萬衡,就到伍應煊那裏。伍應煊就把陳萬衡找來,和他照個面。並對陳萬衡說:「上面要你去,就去吧!反正沒甚麼事。」就這樣,陳萬衡被捉了。

五、郭廷亮的情況

蕭桃庵曾任保安處的管訓組的組長，負責處理郭廷亮的事情。他曾經幫郭廷亮的兒子找工作。並且還給郭廷亮 60 萬元，這在郭廷亮的自白書中有記錄。

在民國七十七年的時候，有報章刊登郭廷亮的情況，恰巧那時候我在一個宴會上碰到了蕭桃庵。他說有關給郭廷亮的錢，都是他自己親自送去的。換言之，他代表警備總部，替上級情報單位，來安撫郭廷亮。因此當蕭桃庵退休時，蕭桃庵便向總司令要求，幫他介紹工作，到湯淺電池上班。

郭廷亮的死是自己找的，因為他隨時都有人跟著他，而他違反了自己的承諾，所以不得不如此做。

六、到保安處的過程

民國四十五年一月九日我們被放出來以後，就到政工幹校受訓 4 個星期。表面上是講習，實際上是清算鬥爭孫立人。負責講習的長官有兩位，一位是蔣堅忍長官，一位是總政戰部主任張彝鼎，其間蔣堅忍曾說孫立人私德有問題，那時孫立人五十三歲，剛生下大女兒孫中平。❷ 蔣長官還說幸好有政工人員，否則我們的事情不知道會弄到甚麼地步。受訓完後，我們又被送到第三軍官戰鬥團，與外界隔絕。並用時間來拖過熱潮，讓外界認為我們就是叛亂份子。

戰鬥團快要結束的時候，大家開始填志願，但是我們並沒有填志願的自由。當時有 66 個人，有 33 個人撥到警備總部的保安幹部團，是一個考核單位，地點是在新店大崎腳。考核一年，之後各單位要人，我們十幾個是屬於第一批保安處要的人。保安處位在西寧南路 36 號（就是現在獅子園商圈），當初我們被關在那裏，之後服務也在那裏。

我們報到以後，先組成一個反滲透專案小組，配合一個資深少校參謀。在保安處那段時間，有一位叫孫明訓的，當初也有參加辦案。他和我一見

---

❷ 有誤。請另參本訪錄第一篇相關紀錄。

面，就對我說：「你們的事情根本不是事情，這是一個政治事件。」這些話給我很大的安慰。

民國四十六年到保安處以後，我對當時的辦案方式還蠻認同，敲敲打打已經沒有了，一切還算正常。但是有些人的待遇還是有所不同。如雷震，他有一個姪兒牽涉到雷震的案子裏，有人說他的姪兒是匪諜。就這樣，這個人就消失了。連監察委員宋英（雷震的妻子）要找他，都找不到。雷震則被判十年徒刑。因此，當年我們之所以要娶老婆，主要原因之一，就是因為不會無緣無故被別人埋掉。

七、對情治機構的看法

警總、調查局、情報局和總政治部這四大單位是以國家安全局（簡稱國安局）為主體。而警總和調查局這兩個系統，跟總統之間是很接近的，例如要鬥垮參謀總長王叔銘，就由保安處拿東西給總統看，如此一來王叔銘就下台了。我認為在背後經辦孫立人案的大概是情報局，因為他們口才好、點子多、文筆也好。但是也不是所有人都是這樣，真正能動筆的只有其中幾個人，重要文件都是由他們執筆的。此外，警總保安處有重要的東西時，只要東西拿到都可以送去給總統看，所以我們的書記官很驕傲，王河濤認為他們的字是拿給總統看的。而國防部監察局只是一個背書，總政治部還沒有這個能力，因為還不夠那麼壞。

此外，保密局和調查局內鬥很厲害，因人而設事。

而我認為筆錄應該在總政戰部第四處，因為這個案子保安處只是參與關人，主導完全是由總政戰部第四處。另外，根據監察院調來的東西，總政戰部政四處的東西也比國防部多。

或許我們可以從袁景輝那裏得到更多的資訊，因為他是情報局出身的，當時是海軍陸戰隊的保防科長，雖然是屬於基層的，但是他有接觸。

我的朋友本身因為也涉入孫案，且曾當過保安處組長，因此除了孫案以外，還可以向他請教其他的事情。又陳宏霈在警總時，有個少將是已經退休

的，跟陳宏霈發牢騷說：「孫立人的案子，我處理得最多，現在我退伍了，給我分配這麼一個壞位子。」阮成章當時是屬於海軍陸戰隊的總政戰部上校主任，後來升做總司令，也當了調查局長。在捉人時他也有參加，其他的事情就與他沒有關係。

歷史就是這麼一回事，像伍應煊上校以及其他從大陸被營救回來的中將❸、少將❹等，對國家絕對有幫助的，但因為這個案件以後，他們就垮下去了。而像阮成章、袁景輝就爬上來了。

八、釋放後的經歷

在民國四十六到五十這四年，我在警備總部保安處承辦反滲透工作，協助留在大陸的眷屬申請由香港進入台灣，與他們進行約談、考核等事情。民國五十到五十五年期間，到宜蘭地方單位做社會情報，以偵訪為主。民國五十五到六十二年在高雄，期間負責跟過彭明敏兩次。彭明敏案發生時，我曾經到彭家去查訪，他的母親氣質風度很好，還透露出在西子灣的總統官邸就是彭家的。在民國六十二年的時候，我就退伍了。

退伍之後，分別在高雄的台祥、三商針織公司擔任經理，有四年的時間。到了民國六十六年回到台北，也在巴而可公司擔任經理，地點是在寶慶路的遠東百貨旁邊的大賣場，大約有 10 年的時間。

九、對孫案的判斷

(一) 傳聞中的孫案資料來源

民國四十六年六月十八日到保安處報到，當時在那裏就像小學徒，靜靜的在那裏做事情。辦公室傳說是救國團派學生去打美國大使館，後來老百姓也跟著打。等到這些人完全撤退了，這些老百姓也被捉了起來，當時保安大

---

❸ 如李鴻軍長。

❹ 如陳鳴人師長。

隊第三隊的一個組員（情報人員）有混進去。他在大使館中看到了這個檔案：就是台灣未來接班人是蔣經國或孫立人將軍。不過，這個消息是口傳的，沒有報導，但是也不可以去報告。

(二) 傳聞中的空降兵諫計畫

傳言當時可能有所行動，但內容不清楚。似乎曾經聽說有個「空降」計畫，他們想利用虎頭埤的一些幹部，開吉普車裝一些汽油到新營，一旦蔣總統從高雄、屏東坐車回台北時，在省公路的半路上，由新竹的空降部隊算好時間，從新竹機場飛到新營一帶空降，並以最快的速度行動，攔劫蔣總統，再由地面的吉普車支援，載到虎頭埤，以當時載波力最強的電台，迫蔣向世界廣播，答應儘快推動改革。因為蔣總統只有一部車子，沒有憲兵部隊，隨從也不多，因此少數的甚至一、二個班的隊伍，就可以解決這件事。

但我認為不是很可信，因為：一、若是用美軍空降，那就涉及了國際問題，除非是我們的國軍包圍了，已經執行了，在執行時，美國出來打圓場。二、當時確實有空降部隊在屏東，但新竹不曉得有沒有空降部隊。三、若用空降部隊，不如用我們的夜間偷襲，就是以少數的兵力摧毀大的指揮所。四、空軍與我們軍訓班的同學距離很遠。五、兩個人要同做一件事情，若沒有相當的歷史和默契，是不可能的。六、我們有能力，用自己的同學，三十幾個人帶著彈藥武器，總統府、官邸立刻就包圍了，不需要用到其他兵種。若要更清楚了解這件事的真偽，我可以透過一個朋友，他是裝甲兵，民國四十多年就在新竹，一直到現在，從來沒有離開，我可以問他新竹有沒有傘兵就真相大白了。

(三) 情治機關審理孫案的標準

與這個案子有關的人，判刑程度不一樣，例如：金朝虎和我的判刑本來是一樣，但是他謠言聽太多，自己也傳得太多，因此他被判刑三年，而我沒有。陳國偉和我最密切，他是四十一師師長辦公室隨從參謀，他跟郭很接近，同是搜索大隊的，郭廷亮是他的大隊長，而我的大隊長是陸心仁。他向

我講最多，但是還好他沒有被判刑。也就是說，沒有根據的話就此為止，不向他人再傳播，也就沒有事情。

(四) 我對孫立人的看法

我認為孫立人絕對有錯，其原因為：一、教育背景的問題，他受的是西方教育。二、用的人。這一次出事的人，成事不足，敗事有餘，其中以郭廷亮最囂張。

這群被判刑的人都有一種英雄氣概，所以我認為在這圈圈裏面的人的談話不夠可靠；但不在這圈圈裏面的人知道的又太少。而且沒有跟這個案子有關的人，也還不夠資格談甚麼。

我的看法是：底下的人要造反，就能說孫立人要造反嗎？我認為孫立人確實有受時勢變化影響，但沒有決心要推動叛變。因為在五月二十八日，三十二師要調到南部，孫立人就向總統報告他想開車子南下，總統卻要他和他一起坐飛機去。陳良壎在龜山，田祥鴻在那裏等著。三十二師的人現在就在孫立人旁邊……孫立人還叫（他們）不要亂來。所以，我認為一個有心要做的人，是不會露半點口供的，他就是去做。孫立人不是這種人。

十、退役後幫孫案平反❹

最近這些年頭，我幫忙做了許多平反的工作。我以 30 個人為對象，到軍法局去申請調閱筆錄，但是只有調到 14 個人的筆錄。我對於法院的筆錄內容全部曉得。我這次完全是就筆錄出發。而筆錄就像建築物的鋼筋水泥一樣，沒有它就不叫建築物。我寫了一封陳情書，內容是刑事案件，筆錄是不可或缺的一個要件，無論你撤回、留置、收押、起訴、不起訴處分、判刑，不能沒有證據。

王炎培是在四十四年五月三十一日被抓的，他到了十月十四日上午八

---

❹ 陳寅華先生訪問紀錄第二回。民國 89 年 3 月 13 日下午 3 時至 5 時，在台北市濟南路台大校友會館。由朱浤源主訪，張珮珮、謝國賢紀錄。

時，在本局第二偵察庭開庭受審。檢察官、書記官對於凡是到庭的被告，偵訊筆錄的第一個最基本的問題，都是基本資料，如姓名、年齡、籍貫、那裡人、那個單位，第二個問題是問你於何日被扣。所有的筆錄都是這樣。但是有一個問題：這個案子是當年的九月二十九日軍事檢察官才開始收押，而我在軍法局所拿到的筆錄，是收押以後的筆錄，所以法官很難判。

監察院找朱教授回頭調查的題目我不知道，但最簡單的一個題目就是這個案子是真的還是假的。而這個問題就要好好的請教我了。朱教授可以馬上備個公文到軍法局，調閱 100 人的筆錄。郭廷亮的不用調，因為我們不要為難他們，而且郭廷亮的筆錄不值得看。我覺得郭廷亮不值得研究，郭廷亮百分之百是假的匪諜，但是郭廷亮匪諜案是百分之百真的。

你不覺得，五人調查報告小組已經把郭廷亮是不是匪諜這點否定了。五人小組對郭廷亮是匪諜已經不存在了。五人小組報告說，人死了不能復活的，不能槍斃的，這些年青的下級軍官要趕快釋放。五人小組報告裏面都有。五人小組裏面有陶百川，像這種典型的人，你到那裏去找。

我沒有看過國防部的「判決書」，不知道其判決書中的 103 人中另外 2 個人是指誰。我們那時候算是 108 個人，還不只 103 人。而軍法局判決只有 35 個人，延長羈押才有 92 個人，這些資料我都有，包括朱教授要的 103 個人或 105 個人，我也可以把他湊出來。另外，這些判刑的人，即我所講的 100 人，延長羈押的 92 個人，還有 8 個人，我也可以湊得起來。

朱教授把這一百個人的筆錄拿來，每個人的筆錄一對，把它製成圖表，甚麼問題都完全解決了。如果把筆錄調來之後，如何應用，如何來製作，我可以提供你意見，用圖表示的，我現在已經可以給它分類了。我在家裡面，因為我要做很多用途，92 個人的冊子我很多，我就拿一本把它裁成一條一條，因為他就是混雜編組的，要把他分開來，這是陸戰隊的，這是空軍的，這是三十二師的。

這是我的想法，朱教授回去考慮一下。你如果把整個東西調回來以後，好好的看一遍，我想這句話對朱教授、對案情的了解有幫助。

我要你調這些筆錄有一個好處，這些筆錄內容是眞的。但筆錄的簽名是假的，如果是眞的，我的 84 萬 4 早就拿到手了。我就是資料一上去，法官跟我一看，就知這一個筆錄的眞假。因此，有些筆錄，我連看都沒看，我就是這個個性。那幾個字是書記官寫的，這些字還找一個人來湊一湊，你不覺得這些筆錄都像一個人寫的？（當場拿影印的筆錄來觀看。）余世儀就告訴我，他上呈的報告，並不是他寫的。

余世儀告訴我（筆錄）是假的。他現在在芝加哥，我們有通過電話，但到現在都沒有見過面。

余世儀手寫的那張表，可以讓你拿去比對筆錄上的簽字。十一日那天，是到了保安處，而這個審訊是在軍法處第二偵查庭進行的。手印不曉得是眞是假。不曉得的，我們不亂講，但是當時的審訊絕對不是在第二偵查庭。沒有一個人去過軍法局。去過軍法局的都是判刑的人。但是這個軍法官了不起，考慮得很周到。他九月二十九日拘押，等到十月一日以後才開始問筆錄。如果他九月二十八日或二十七日問的話，筆錄上沒有二十七日或二十八日的，你這個永遠推翻不了了，所以他在後面還跟你加上一句，你何時被扣。很多法官很難拿到這個東西。怎麼筆錄上問這句話的，追述到前面去，十月十一日在偵查前即扣押記載。

另外，他留下了眞的東西（指著按手印的印模）。不過我辦案時，從來沒有叫人按這樣的手印。按手印有規矩的，要整個按下去。（因此，連按手印都可能造假，或有其他的問題。）

他們委託我統一辦理平反這件事情。我一次只針對某一個案，要用的，我去找，因爲法院的資料太多了，所以沒有全部拿來。

上次問及自新竹派遣部隊空降新營來攔截總統，是不可能的事情，原因是空降部隊本身並沒有飛機，要向空軍總部申請，直接支援，這是軍事用途。當傘兵要跳傘或訓練也好，任何行動也好，他要向空軍申請飛機，才會派飛機給他。新竹是一個作戰基地，從以前到現在爲止，均是如此。甚麼地方有運輸機呢？只有屏東有運輸機。從當時到現在，傘兵都在屏東，新竹沒

有運輸機。當然，桃園的龍潭有空降部隊，但是只作初步訓練，就是搭一個抬子往下跳，讓人感覺在空降。因此，在新竹起飛是不可能的。

作戰來講，是在佔據要點的時候才用空降部隊，因為他們沒有作戰能力。如果說要包圍官邸的話，可以用，但用在行動時，是不可能的。

此外，在（省）公路上不可能如此，而且這些（受刑）人當中那一個是同傘兵有關係的？似乎沒有。屏東機場內的涉案人是警衛旅一個連長、一個排長，也與傘兵無關。

美國杜勒斯國務卿給孫立人的一封信，那是張冠李戴，在孫立人最紅的時候，是他當總司令時。

孫立人的特性是人很耿直，嘴巴很硬，心很軟。不講叛亂。拿挾持總統來講好了，在這種場合要不要流血？不流血可能嗎？因為對方也有槍，不用槍可能嗎？

孫立人絕對有錯：為甚麼跟這些人來往？我稍微看了一下，發現田祥鴻是一個不大好的孩子，因為當時他拿了錢就躲。但是不要看三千、兩千元，在今天很少，那時候三千、兩千是甚麼？那時候我的中尉薪水才一百多塊錢！

但是有時候錢還不能用價值來衡量，就像在抗戰時，我們有兩袋米，就覺得很好了，如果現在還是兩袋米，那麼他的整個經濟不算什麼了。

我中午和一位砲兵上校指揮官吃飯，他當時是第九軍的砲兵指揮官。

當他去參加演習的時候，整個南部的砲兵部隊都集中了，石覺就把 12 個砲兵營交給他統一指揮。在演習完後，石覺也告訴他，要把他調到軍團，軍團砲兵指揮官同一般砲兵指揮官又不同。

他的太太是一個國大代表伍大偉的女兒。他一被捕，他的太太就馬上從屏東到台北找她父親。

伍應煊是上校。這些都是將軍料子，偏偏命運捉弄，喪失了這些將軍。

有一個一二三團的中校營長趙雨公，他那時很特別，人家都是關起來，只有他能在走廊走。為甚麼呢？因為當年的大隊長傅信才，和他是軍校

同學；中隊長就是看守所所長。他沒有離開看守所，他有絕對權力來優待他，他可以不進去。

人最重要的、最可愛、最正常的時候，叫做正常人，除了正常人以外的那些人，有的是狂人，有的是悲人，有的是悲憤的，有的是憂鬱的。郭廷亮一抓去以後，就變成是狂人了。那些大帽子給他戴上去，你是英雄，你是救國救民的，所以你要拿出一套東西來，來救你的孫將軍。這不是很簡單嗎？就是那麼幾個人在編故事，發牢騷。有時候寫狀子的時候，我也在編故事，你不編故事，便不能獲得法官的同情。

十一、申請賠償甘苦談

為了承辦這個案子，我花了不少錢。像第一個通過拿到賠償的，他並沒有給我任何金錢，因為他認為我們是同學，還談甚麼錢。而且我有房子、車子，孩子也長大了。我也不是烈士，而且我們當時也沒有簽合約。但是若真的要付給我錢，就不是意思意思給了，而是要按規定來給付。我的成本是撈得回來的：打字、印刷、郵費、汽油全部大約花了五萬塊錢左右。我兒子說要買電腦，就買了一台電腦，九萬就已經去掉了。我問女兒下次要不要回來。她說看我要如何補助他們，我說兩個人各補助三萬元，因為我指的是我的 84 萬 4 千塊錢，我拿自己的錢來發獎金。

每個人被關的天數不一樣，所以領到的錢也不樣，一天大約 3,000 至 5,000 元左右，金額不一定，要看法官當天的心情而定，法官有自由裁量的空間。而且冤獄賠償覆議委員會絕對支持他。他成立這個單位後，設在最高法院，採合議制，每個庭由從每個地方調來的法官，然後由一主任委員，另外一個資深的法官所組成。最高法院座落在總統府後面，那是新蓋的。

做這個事情（申請賠償的事宜）很累的原因是水準不夠。你完全沒有水準的人我也好辦事，我全權去辦理。但是如果我在辦，他們也有意見，我就很累了。像這次，有一個人打電話來給我，問我有沒有看到報紙。我說不需要看。他說我們也應該鬧得很大才有結果。我說不必要，我這是司法案子，

司法案子就靠司法。他認為說他們做得轟轟烈烈的。而我認為要做到轟轟烈烈，還得從頭再做起，有證據，就能判斷；沒有證據，就沒有。

我不給朱教授印這些筆錄的原因：我當時申請的一個人，叫敬銳。你看他答覆的，在監察「台端曾因涉及叛亂案，已於四十四年九月十九日至四十五年一月九日期間羈押本局，惟查無相關資料，請查照。」他答非所問。「我沒有告訴你，我那一天押不押的問題，我只要台端曾因涉及叛亂案提供前因叛亂案偵訊相關資料，只要有『偵訊』兩個字我就滿意了。」就是說你會提供我偵訊資料。但他沒有提供，我要的是偵訊筆錄，並不是羈押的時間。

我就打電話去。是軍法官接的電話。我說：你答覆我的，並不是我所要求的。我說：「我有陳情，你並沒有按照我的陳情做答覆。」他就說：「你再寫個陳情書，你上一次的陳情書我沒有看到。」其實他是在打馬虎眼。他是個上校，很了不起，中華民國的上校還是不多的。接下來，第一份寄來，乾脆把這個偵查筆錄寄來。這一份寄完以後，「台端曾因事件叛亂案於民國四十四年六月七日至四十五年元月九日期間拘押本局。」但他是九月二十九日才延長拘押。九月二十九日延長「拘押」開始，大家都是一樣的。但是前半段（六月七日～九月二十八日）沒有了，他們把前半段（的資料）給丟掉了。

因為胡復華軍法官剛來，承辦這個案沒有經驗，但是他最後還是給了筆錄。到最近上個月，原來一個朱國華中校來承辦。朱國華中校就向胡復華上校提出抗議。❹ 兩個就吵起來了。朱說：「你不能把這個筆錄影印給別人。你將筆錄影印出去以後，洩密以後，這個事情誰負責？」

但是法院要資料，我可以給法院。可是我也覺得沒有甚麼秘密可言。

另外一個經驗提供給你：我有一個申請案是二月二日寄出去的。二月二日寄出去的東西，應該在二月二十二日以前答覆我，到了二十五日我還沒有

---

❹ 軍線電話：216-203，住址：景美郵政 90007 號信箱

拿到東西，已經超過了三個禮拜，到了第四個禮拜了，我問軍法局的人，他們說：「是朱國華辦的，你再等兩天吧！」「你再查一查。」

再查也沒用，兩天過了，我打電話去，一個書記官接的電話。書記官就跟我說：「你再寫個陳情書來，我先拿去給長官批一批。」我說：「好。」就一個小時內趕到那裏，親自交給書記官。

書記官說：「這個東西上午是來不及了，下午我們再通電話，你明天再來。」

我說：「沒有關係。」這個時候你不要跟他爭是非，所以我就回來了。

第二天，我十點就去那裏等。不進去。等到差不多的時候，打電話進去。

那時，書記官不在。朱國華接電話。他說：「書記官怎麼可以這樣答覆你呢？」我說：「沒有關係。」他說：他明天弄好了再打電話給我。我就只好再回來。隔一天再去。

這個東西就是書記官拿給我的，他還說：「對不起。」事情就結束了。接著聊起朱國華和胡復華之間的吵架。所以可見胡復華是很負責任的人。朱教授要是能聯絡上胡復華的話，你就會進行得快；碰上朱國華，恐怕有得拖延了。

捌、駐印軍教導隊學員趙本立先生訪問紀錄㊼

時　　間：民 96 年 3 月 21 日
地　　點：中和市景平路 159 巷 41 弄 11 號趙宅
受訪者：趙本立
主　　訪：朱浤源、王雲狲
紀　　錄：黃種祥

一、早年經歷

　　我是民國十一年出生，三十三年九月底軍校畢業，分發到雲南遠征軍第八軍。當時因為部隊在松山、龍陵那一帶作戰，打一場很大的殲滅戰，消滅了三千多的日軍，這是第八軍的貢獻。當時我們報到的地方在昆明，不過部隊距離昆明有上千里路，走不到，一定要坐汽車，只好等他們派車來，一等就是兩個禮拜。大家很煩躁：「什麼時候才能到前方去呢？」當時聽說有招考去駐印軍的人員，我們四個同學想：一樣是遠征軍，不如去那邊看看。就去了。

　　當時我們軍校畢業的，一下就考取了。第二天就到了印度定江。到了就分發，他們也不管你的身分，反正來的就是受訓的，就編到新一軍的教導隊。

　　我們是騎兵科的，當時聯軍對這種作戰有很多理想，但是限制也很多。騎兵當時也說要機械化，因為現代化作戰中的需求。我們想過最簡單的方法，就是把馬拉上汽車，到了目標地以後下車騎馬，我們是夢想能去學到這種這樣的技術，因為那邊是當時最進步的訓練場所。不過到了之後，也不是

㊼ 趙中將在接受朱研究員訪錄時，正在出版《八萬里路雲和月》（台北市：黎明文化，民 96.7）一書。

都如願。

　　受訓了三、四個月，覺得受訓的內容很好，尤其是射擊跟體能訓練，比一般部隊好得多，他們的要求很嚴格。我有一次在跳遠的時候，左腳受傷，住在美國醫院。結果我們軍校來了一封信，上面說：叫你們到第八軍報到，怎麼跑到這邊來，趕快回去報到，不然除了要開除你們的學籍，還要通緝。

　　我們想想也對，在這邊受士兵訓，雖然承諾可以給我們當少尉、當排長，不過終究需要時間。所以我就跟著砲兵十三團，回雲南昆明報到，後來分到第八軍一○三師。接下來就跟著部隊到處作戰，故事要講就很長了。

　　民國三十八年的時候，部隊很多都潰散了，新一軍當時被放在東北。孫立人早在三十六年就被調到台灣當陸軍訓練司令。在新的訓練司令部，招考所謂的新軍幹部訓練團，我那時候在長沙，也考取了，最後總共招收了一千五百人，在鳳山受訓。這是我第二次，也是正式跟新一軍有了關係。鳳山的訓練我覺得非常好，我受了八個月的訓，接下來分發到第四訓練班當上尉參謀。當了不到三個月，因為軍隊沒有擴編打算，也就不需要那麼多新幹部，孫立人親自點了一百人留下，其他人編成突擊中隊，去大陸打游擊。

二、軍士教導團連長

　　我被點中，留在班本部當教育參謀，管教育。不久他又把我選出來，到軍士教導團當連長。當時班本部本來不願意讓我去，不過因為孫將軍親自下令，耽擱了兩個禮拜，還是讓我去了。畢竟連長的職務還是比參謀重要，也不能老掛著缺。

　　軍士教導團是台灣第一批訓練出來，要去當班長的，要訓練半年，組織「成功軍」。但是大陸軍隊都撤退來了，爭議很多。他們就說不能成立；新軍成立，老軍怎麼辦呢？可能出現新軍老軍的對立，所以最後也沒有成立。當時那些士兵也沒到退役年齡，按《兵役法》不能讓他們退伍，只好制定特別的規定，讓他們組織起來去保衛台灣，訓練他們去訓練台灣民眾。

　　講件很丟人的事，當時民國三十九年局勢已經混亂，因此我們兩個團一

共訓練五千人，到要結訓的時候，跑掉兩千多人。我升遷是有具體成績的，我的連只跑掉 2 個兵，而且之後都自己回來了，所以我的連算是情形比較好的。我當連長的時候，連部在新竹。新竹那邊的在鄉幹部，大多是我這邊訓練出來的。當時有很多種訓練，包括新兵幹部訓練。這是我的經歷。

後來被調到台南的時候，升副營長了；在我們總共的 32 個連當中，我是第一個升到副營長的。之後，我又考取了政工幹校研究班第一期。當時要進去需要三種資格，一是大學畢業，二是大學肄業三年以上，三是軍校畢業，我是用第三種資格進去的，在那邊受訓兩年多。這是後話。

三、評孫立人

說真的我對孫先生觀感非常好，他有軍人的氣魄、有軍人的觀感，而且懂得軍人做事的方法。

孫先生本身是非常好的，他能以身作則，他要求士兵的，他自己也都能做示範。他因為是留學回來的，基本訓練不在黃埔，不過他並不是不用黃埔的軍官，而是覺得黃埔訓練不夠，他喜歡自己訓練的。我碰到一個政治大學畢業生，當年我遇到他，告訴他，我在孫立人的部隊裡當兵。他說：那（孫立人）是我們的老教官。我問他是什麼時候。他說：「是他（孫立人）剛從美國回來的時候，當時沒有地方待，先到中央政治學校（政治大學的前身）當教官。開始時他不會喊口令，所以我們叫他『洋麵包』，他不會喊中文口令，還要去學。」孫立人本身是很好，他禁止部隊裡面個人的一些不良嗜好，有所謂「六戒」：戒賭、戒嫖等等的，❹ 講究勤勞。練兵講究實際，所以要求很嚴格。

他對軍官的要求，也都是很實在，很基層的東西。在鳳山我聽過他講兩次「領導統馭學」，一次是受訓，一次是我當連長的時候。我聽過兩種版本，一種是六個鐘頭的，一種是十二個鐘頭的。可以聽得出來，他是滿肚子

---

❹ 編按：六項戒條是：戒賭、戒嫖、戒貪財、戒虛偽、戒驕惰、戒擾民。

抱負，想建立他心目中的中國陸軍，可是始終都沒有完成。他常常都是講自己的例子，沒聽過他講戰略戰術，大部分都是講基層的。他偶而也會發點牢騷。比如說，對杜聿明如何，對老先生如何，對關麟徵如何。我們當時也都三十多歲，可是批評長官的東西，我們第一次聽到。

我當連長的時候，營長跟我說過一句話，我印象很深，他稱讚我說：「我沒看過這樣的軍官，三個月沒請過一小時假，始終跟兵在一起。」這就是孫立人要求的「官不離兵」，連長不能離開你的連隊，所以我一小時假都沒請過，始終待在部隊裡。

那時候參謀總部的規定，陸軍的薪水比空軍要低兩級，比海軍低一級，我們在印度的時候，就已經聽說孫先生對這方面常發牢騷。後來他去跟參謀總長講這事情，他理直氣壯，最後周至柔也說不過他，就拍桌子罵：「你混蛋！」真的是這樣罵。孫將軍回到辦公室就講：「罵我混蛋的那個，比我更混蛋！」他回到辦公室以後這樣大聲叫，他的參謀像講笑話一樣跟我講。

另外要講的就是，他的嫡系幹部，有些知識也有限，不一定都受過高等教育。他有一個幹訓班，是早期的時候培養的，受訓的時間不過是六個月，不過這批人當初受訓的時候是學生，所以他們的思想跟觀念，受他影響很大，向心力很強。他當總司令以後，這些人都當營長、連長。

四、蘇醒砲兵團的連長、副營長

當時我的團長叫蘇醒，他是孫立人的砲兵。孫立人當初在上海保衛戰時受傷，是他揹著孫逃出來；這關係可不同了，就像生死之交一樣的，能在總司令面前講話的。不過他只是砲兵出身，沒讀過什麼書，就小學畢業，後來也當到砲兵團團長。到台灣以後，他也表現還不錯。

我提一下當時「四大公開」的理念，當時孫立人的部隊裡主張四大公開，我看了不少書，也寫了一些意見給團長。所謂「四大公開」，就是指人事公開、經理公開、意見公開、賞罰公開。

蘇團長當時也對我的意見也都採用，我當時是重兵器第四連連長，他也

在公開場合說我們重四連趙連長好。可惜這些幹部像蘇醒團長的不多，其他人有點排外。當時這邊成立也不過是四個月歷史，他們也不過是四十多歲，都當了中級幹部。

我們那團四個營長，第四營營長是日本士官學校畢業的，也是南京偽軍校畢業的，原本是偽軍，後來叛變，到我們這邊當中校參謀。當時孫連仲覺得他很好，所以向孫立人推薦採用的。不過，四個營長當中，有三個是老幹部，就只有剛剛提到的第四營營長不是。有個第二營營長姓徐，叫徐世忠，現在還健在，他雖然在第四軍裏很久，不過基本上他不是孫立人培養的，是第四軍出來的。

我後來當了副營長以後，發生一件事情，這件事對我的影響很大。孫立人的部隊本來是分散的，後來集中起來，在五塊厝那邊，福利社也辦起來了。團主任是福利委員會的主任委員，我當了副主任委員。當時福利社有很多人發牢騷，其中最大的牢騷就是物價太貴。士兵們就找上我，跟我說福利社裡面的東西比外面貴上幾乎一倍，當時我就跟他們說我們去調查，結果查出一些弊端。……。**⑭**

我因為辦福利社的事，跟團主任起了衝突，所以就去報考政工幹校研究班第一期。大概準備了一個月，給我考上了。

五、轉任政工與赴美

在那邊受訓一年半，之後又補訓一年，加起來在那裡兩年半。當時每個月都有政工手冊，蔣經國編的，大家都讀那個。後來又到美國伊利諾大學去進修，之後奉派去越南。在那邊我國有個顧問團，我去那邊當參謀長，在二二八事件中，很有名的柯遠芬，曾在越南擔任過一任的團長。不過這些都是後來的事。

民國四十九年我去美國讀書，當時學的是軍政府（Military

---

⑭ 編按：福利社弊案牽扯到法律層面，為免公開後被控告，且與孫立人將軍無直接關係，不錄。

Government），回來以後做的就是戰地政務。美國有規定，你學的是什麼，將來要用上。我就被派到戰地政務局去，當社會處的社會工作科科長。當時的慣例，我這種職務如果沒有出問題，兩年後又會調回部隊，結果就調到師政戰部當上校。政工幹校同時受訓的一百多個同學裡，我第四個升上校。當年受訓時有八個中校、三十多個少校，一百多個上尉，而我當時不過是上尉。可以說這段時間以來，我的升遷是相當順利的。

　　我是在中校的時候考取公費留美的。考中公費留學跟中愛國獎券一樣，都是要放鞭炮慶祝的，因為薪水保留之外，出國還有一百塊美元津貼。但是也因為福利太好，回來通常是不會升級的，因為你拿了錢，又有了學歷，沒什麼理由還讓你升級。不過，我回來還是升了上校，變成上校科長、上校教官。

　　只是我回來以後，發現我們的戰地政務，跟美國有很大的差別，我只好從頭研究我們這邊的情形。當時讀的是教育部國教處葉樹聲的《社會工作概論》。我就依照他的說法，擬了幾個計畫。就這樣被記了兩個大功。當時外島的孤兒院、老人院、低收入救助那些，都是我規劃的，我總共在外島做了十二個大計畫。應該是覺得我做得還不錯，兩年之後，把我調回去當師政治部主任。

　　當時我被調到十七師，就是陳誠派系：胡璉還有尹俊都當過師長的那個師，算是很不錯的部隊。任期做滿之後，又要調幕僚職，當時有七個單位爭取我去，最後去了總政戰部政一處，當副處長，管作戰，例如光復大陸的國光作業那些。

六、駐越軍援團參謀長與柯遠芬團長

　　我被挑選赴越南時，軍援團已經去了兩年。原來是發生了一件事情，駐越的參謀長跟副團長在越南打架，最後決定調動參謀長，那要另覓人選去。當時我在台北，只當了副處長八個月，照理要滿一年，甚至兩年後才能調動。可是鑑於外派越南人選的條件訂得很嚴，第一要軍校畢業的；第二要有

政戰經歷，最好是政工幹校出來的；第三要留美的，要能跟美國人溝通。滿足這些條件的人實在太少，我原被列在第二位候補，但是最後決定人選的時候，第一名因為不曾留美，結果圈選我去。

軍援團的全名是中華民國援越軍事顧問團（R.O.C. Military Assistant Advisory Group, Vietnam），官方簡稱叫做中華民國駐越軍援團，當時的軍援團團長叫鄧定遠。軍援團沒有兵，只有 38 個軍官，理論上是分配到每個戰區，每個戰區兩名。當時有許多美國研究社會工作的教授，來自各個大學。由於美國軍官及學者到越南的，有免稅的優待，所以自願過來的人不少。其中有二十幾個也在越南做相關研究。當時有位叫 Mal Wakin （魏肯）的學者，㊿ 後來當到文哲系的主任，因為跟我一樣是天主教徒，所以我帶他去找當地的一位鄭鴻志神父；神父是北京人，有博士的學歷。之後有些天主教的學者，就會跟我一起來參加鄭鴻志神父的彌撒。參謀長的工作，對內負責內務，對外負責聯絡，我們也提供我們這邊得到的情報給美國人。

我去的時候團長是鄧定遠，他跟我處得不錯。他由於已經六十歲左右，差不多該退休，就回國了，繼任的就是柯遠芬。柯遠芬說他是軍校第四期，實際上他不是軍校畢業的。他是撿了一個名叫「柯遠芬」的軍校畢業生，陣亡之後的身分資料證件，頂了他的名字。這怎麼證實呢？我的教育長姓胡，是他告訴我柯遠芬是冒名的。可是他說，雖然是冒名的，但很苦幹，更具體證明考上了陸軍大學。考上以後就查了他身分，一查發現他不是柯遠芬。不過開會中認為國家危難，人才難得，就糊塗的帶過去了，承認了他入學，之後也沒有人再追究。我當他參謀長，跟他相處一年半，閒聊之中，很清楚知道他不認識第四期任何同學，他根本不是出身軍校。

聽說當年二二八的時候，白崇禧到台灣調查，剛到基隆，路邊跪了一堆人，就是說要檢舉柯遠芬。之後白崇禧回去，把柯遠芬也帶走了，送到軍法處判了三年，不過也沒坐牢，去陸軍大學服勞役。後來三十八年讓他戴罪立

㊿ 參見：趙本立，《八萬里路雲和月》，頁 221。

功，派他到東北當督導官，結果剛到東北，部隊就潰散，他逃到江西，碰到胡先生（胡璉）正在招兵買馬，柯遠芬跟他在福建是舊識，當時都是團長。而且胡大使後來有跟我說，他當時就對柯遠芬的文章很欣賞，於是就重用了他。後來他當軍援團團長，也是胡先生大力推薦的。

講到這個新的柯遠芬，孫立人在上海保衛戰受傷的時候，他已經是軍參謀長。之後他跟著陳儀，好像是少將參謀長一類的。之後陳儀辦了一個訓練班，打算訓練台灣光復以後要用的人才，陳儀當班主任，柯遠芬當副主任。

民國五十八年在越南那時候，他曾經在團長辦公室跟我聊過，說台灣在二二八的時候，他有跟一些民間的代表開過會，當時這些民代條件開得很高，根本是要獨立，因此沒辦法得到協議，他就把那些開會的殺掉了。之後他把屍體綁上石頭，送到小船上，到基隆外海丟下去，聽說當時丟了三百多個人。

柯遠芬跟陳儀的關係很好，參謀長這種職務，有時候是要幫主官扛責任的，所以二二八他是不是頂罪，其實也不知道。當時聽他講，彭孟緝在高雄當要塞司令，想見陳儀還是要透過他；讓他見，才見得到；他不給見，彭孟緝就見不到陳儀。依我判斷，柯遠芬這個人的個性很獨斷，他覺得應該做的，可能他就馬上做了。所以他可能是真的自己做了，但是以他參謀長的身分，也可能是揹了長官的錯。因為他沒跟我說過，他當時做的事有沒有經過陳儀的指示。不過，我跟他沒有什麼私人交情，都是公事上的來往。

因此，這所謂三百多人，是指參加會議的人數，還是殺掉的人數？基隆那邊有人看到海上滿滿浮屍，是不是指這個呢？我想不是，綁了石頭應該浮不起來。而且他還跟我說，到外海去丟，應該不容易被看到。至於三百多人應該是參加會議的人數，是不是都殺了丟掉，我也不能說記得很確定。

至於之前提到台中的嚴人肇先生的事，他曾在芝山岩的東吳大學當少校教官，英文很好，他還在補習班教過英文。他從印度那時候就跟孫將軍了，到鳳山也跟著，當時他是中尉譯官，專門負責拍電報的，那時候孫將軍跟美國來往的電報都是他負責。孫案以後，他因為考上軍校二十五期，已經離開

孫，因此沒被抓。他那時候翻譯的電報，他好像說交給一個教授，還是三個，專門研究美國外交的。他說當時確實有收美國國務院的電報。之前他來拜訪過我，還是我們再約他一起來跟您談談。(51)

(51) 編按：趙將軍的確協助本計畫，約嚴先生來到台北。但是嚴先生即使抵達台北，還是堅持不接受訪問，逕自跑掉了。

玖、第六軍排長王雲翀先生訪問紀錄㊿

時　　間：民國 96 年 3 月 7 日上午 9：20 至 12：00
地　　點：近史所檔案館中型會議室
受訪者：王雲翀
主　　訪：朱浤源、沈承基
紀　　錄：黃種祥

楔子

沈承基（以下簡稱「沈」）：當時的案子，我關三年兩個月，他們說其中有
兩個月不算，賠給我 210 萬。賴哥（賴卓先）他們賠了 240 萬。那時候
蔣夫人到美國去，一下飛機，美國人（中央情報局的人）就問她：孫立
人將軍的學生還有 13 個關在新店，由江雲錦教他們英文。問他們什麼
時候可以放出來。結果蔣夫人就傻眼了。蔣夫人回來以後，在松山機場
下飛機。蔣經國跟彭孟緝兩個人去接她，她問到孫案還有 13 個人的
事。他們說：「沒有，通通放了。」她說：「什麼放，還有 13 個，美
國人告訴我的，江雲錦在那邊教他們讀英文，還問什麼時候要放人。」
我們讀英文就是在那邊讀的。

　　于新民，他是十六期的。那時運黃金九十多萬兩，在基隆港下船，
就是于新民當團長，現在他還在。當時三十八年，我們剛剛畢業，我們
同學都當排長，那時候九十多萬兩黃金，都是僱用老百姓來運。那時候

㊿ 編按：大陸易幟時，第六軍被打垮。之後，戴樸少將以二〇七師，再在上海成立。第六
軍軍長為戴樸（民 38.4 - 39.5），有二〇七、三三九、三六三 3 個師。繼任者蘇實（民
39.5 - 41）、艾瑗（民 41 - 42.8）。王（雲翀先生）於民 39.1 - 39.8 在軍部，擔任參謀，
後來擔任二〇七師六二〇團第二營第六連排長。

三十八年，你們已經來了。㊸九十多萬兩啊。孫老總那時候要于新民他們運，他很信任于新民，因爲他筆下功夫很好，現在他還在，住臥龍街。假如我們台灣沒有運那些黃金來，那陳誠算老幾啊，只會吹牛。

朱浤源（以下簡稱「朱」）：我有看過資料，三十八年二月蔣有下命令。《先總統蔣公年譜初稿》裡面也有提到。那些黃金應該是陸續運過來，可能是三、四月間。

一、黃金運台之見證

王雲狔（以下簡稱「王」）：老先生下野之前就已經下令運黃金，他安排很好，當時都想好了。中華民國要搬到台灣，三十八年初就已經在規劃。他當時打了四張牌，西南軍政長官張群、西北胡宗南、兩廣陳濟棠、台灣陳誠，然後才下野。下野他是下總統的野，他一樣是（中國國民黨）總裁、當時仍然是黨軍，所以他繼續指揮軍隊。不但指揮軍隊，情報人員組織編制做了兩套，他將一套假的交給李宗仁，一套眞的交給毛人鳳。他又指揮俞鴻鈞，將九十五萬多兩的黃金，由湯恩伯擔任（？）警備，保密局押船分批交海軍，從上海運送到基隆，轉運到新店的一個藏金庫，據說靠近新店安康路二段的台北菸廠附近。故宮的珍品也以相同的方法運來，藏在台中縣霧峰的倉庫裏。

　　講起來我這本《孫立人正傳》寫好了，我要請朱教授幫我指教一下再送印。我這本書大概參考了有五、六十本回憶錄，有的人在美國，我也去日本找過資料，花了很多時間。不過還要校正。我預料這本書會被鋪天蓋地地批判，所以我要做好準備，尤其註解我要注意。

沈：王兄，你那本孫立人講到的張晶英，不是大太太，是二太太。老總的大

㊸ 王按：我在三十八年十月十四日來到台灣，在新竹軍用機場下機。當天我們 11 架飛機早上五時前自成都起飛，約 13、14 小時先抵廣州，在加油時，發現當天廣州淪陷，所以立即起飛。

太太姓龔，他父親就是當年駐英國公使，❺❹把孫中山先生關在公使館，要送回北京去辦的那位。他們龔家是很有名的，她的兄弟一個叫龔至黃，當過少將，另一個當過上校。

　　有人說孫將軍他只用安徽人，不用黃埔學生。那是錯誤的。李鴻是五期的，唐守治是五期的。劉放吾，被叫作劉姥姥的，他也是五期的。潘宇晟是十期的，都是黃埔的學生。

二、初論美國人與孫案

王：我研究孫先生一輩子，我把結論講一下。孫先生本身，並不一定要有圈子，但是回過頭來講，他自己常把圈子畫得很小。

沈：所以當時我們講了，但都沒有做。孫將軍吃虧就吃虧在賈幼慧，所有錯都錯在賈幼慧，他很獨裁。

王：《吳國楨回憶錄》你有看過嗎？他當時提到鄭介民到美國去，美國人跟他講條件，願意給他多少美援，數字不小，但是有兩個條件：台灣省省政府主席，要交給吳國楨；陸軍總司令，要交給孫立人。老先生不肯接受，但是孫將軍還是當了陸軍總司令。

沈：那時候我們保護老總統來台灣，他身邊是雷震、谷正綱、俞濟時、蔣經國，只有一個我不認識，其他我都認識。老總統那時候來，連一枝手槍都沒有。

王：我記得是有陶希聖。

沈：不是陶希聖，陶希聖我認識。

王：那時候陶希聖到成都去，當時我們在黃埔軍校的二十二期當學生。在成都中央軍校北校場演講，我聽他講的四個反共支撐點。先說老先生來了以後，到我們那邊的校長官邸住。從來沒有聽過老先生說話那麼簡單。民國三十八年九月十六日，他說：「你們要奮鬥，黃埔的子弟們，現在

---

❺❹ 詳見龔仁愷、龔仁晉訪錄。

是最危險的時候，要你們奮鬥，要你們犧牲。」講完扭頭就走。隔了兩天，有兩個人演講，其中一個是谷正綱；另一個就是陶希聖。陶希聖講什麼呢，世界上有四個支點：冰島、台灣、日本、英國。我到現在還記得這篇演講，他說這是反共的四個支點。

沈：陶希聖，還有那個黃少谷，我是怎麼認識他們的呢？那時候他到我們老太爺家，就是以前立法院的李炯聲，他 32 歲就當行政院副秘書長。他們約打牌，因為有人還沒到，叫我先下去打，黃少谷就坐我對家。結果打完以後，我們老太爺告訴我，都是黃少谷害我們，老總統每天打十幾次電話，都是因為黃少谷這麼害我們。從那天以後，我就不跟黃少谷打麻將。

三、孫立人拒斥蔣經國

王：我跟你講，這案子根據我的調查，老先生最初希望孫先生跟蔣經國合作，孫先生自己拒人於千里之外。這不是我講的，是袁子琳寫的。他說他當政三處處長時，蔣經國來見孫總司令，他已經到了門口，袁子琳跟孫先生通報。孫先生大聲說：「我不要見他，我見他有什麼意思！」故意讓聲音傳出來。結果袁出來，蔣經國已經回去了。隔了幾天又來了，他這次沒到孫辦公室的門口，就坐在袁的辦公室。孫先生又要叫，袁跟他說：「老總，不要叫了，他在我辦公室，聽不見。」孫將軍回過頭，摀著嘴自己笑。這樣拒人於千里之外，後來就沒辦法。

沈：那應該是陳良壎，袁子琳是管財經的，不是他。

王：你別跟我抬槓，我是看回憶錄的。

沈：我從三十七年，有關鳳山的事情，可以說知道的不少。我為什麼看不起張佛千，那時候他生病，叫我去代理一個禮拜，他常這樣做。

當時賈幼慧要抽香菸，叫我進去。我就說：「報告副司令」，然後進去他辦公室。他眼睛看著火柴，就叫我幫他，從抽屜拿出香菸來點。我很火。我馬上去報告司令官。雖然說他是長官，但是香菸就放在那，

人就坐在那邊，不會自己點。還有，賈幼慧他胃病，我們都幫他準備花生米，還有餅乾。開會他都站在後面，因爲他會胃痛，我們給他餅乾，我們對他這樣好，他卻對我們很差。他說：「你們鳳山這些小鬼，除了認司令官，沒有一個認我的。」賈幼慧當著我講這句話。我講眞的是看不起他，確實看不起。

沈：當時我們用那馬克心步槍，那是英國槍。

王：馬克心是德國槍，那是抗戰時俞大維仿造成功的。後來到重慶，我們輕機槍用捷克式，重機槍用馬克心，步槍用中正式。

朱：當時捷克、德國跟我們關係很好，孫立人將軍的顧問也是德國人（史坦因）。

四、孫立人待兵與其軍校根柢

王：所以書上常說孫將軍的軍事訓練是孫派，說是美國跟德國混合，其實不對，都是德國貨。我在陸軍官校學生營當了五年營長，學生也是滿天下，當時我們都搞西點軍校那一套，所有制度都是我建立的。不是我自豪，現在陸軍官校翻譯美國的東西，都是我那時做的，而且包含基本教練。

　　我最反對踢正步，所以我準備把那個廢掉，弄了一年，完全弄美式的給老總統，老總統不同意。別的都同意了，就是廢除踢正步不同意。我後來跟徐校長報告，說踢正步那不是美國系統的東西。徐校長說：「當然不是。這是教導總隊的東西。」

沈：那個陰陽臂章，希特勒不是就用那個東西。孫將軍最看不起美國人，他朋友當中，美國人雖然多，但是好朋友都是英國人。他最看不起巴頓將軍，巴頓將軍一向都是正面攻擊。孫將軍說：「那種打法，不曉得要死多少人。」他喜歡用迂迴的，不要給部隊太多損傷。

王：根據我研究孫先生，他在美國是三年級才插班到維吉尼亞，他之前念普渡，到清華留美儲備學校本來要念八年，因爲受傷，拖到第九年。至於

清華，他民國十二年畢業，十四年學校才改制大學，十七年才叫國立清華大學，他那時叫「清華學堂」。那時大概等於二專，比高中高，但是不到大學。

他到美國那是四年制。孫先生因爲是三年級才插班進維吉尼亞。維吉尼亞基本上完全是學西點的，他是怎麼樣子呢？人家說維吉尼亞嚴格，是生活管理嚴格，還是比不上西點。不過教育方式基本上都差不多，一年級學生是基本教育，二年級學生是分科教育，三年級學生是見習教育，四年級當一年級的實習幹部。孫將軍去的時候，已經結束分科教育了。所以他對軍事方面，其實他是沒有唸軍事科的，他所有學分都是暑期上的，學生畢業後，學校會強迫學生上初級班。這段期間，孫先生花了一點錢，到歐洲去玩了一年。所以他其實比較偏文科，踏實的基本軍事教育，他並沒有學。

中國近代有兩派，軍事上十分厲害：毛澤東以《孫子兵法》爲經，《三國》、《水滸》爲緯，跟美國打得不分軒輊，把我們打到台灣來，不得不令人佩服。孫先生是另一派，他是強將在兵，信仰上，他把所有的兵都訓練到崇拜的地步，而且大家身體都練得很好。

沈：他不只是這樣，他的小部隊戰術更是一流。在鳳山的時候，幹部帶兵的能力，也都經過各種受訓配合。

五、中共對台情蒐的成就

王：你說的是民國四十年以後的事，我講的比較早。打緬甸戰役的時候我沒有去，不過相關資料我收了很多。

五十三年的時候，我陷在大陸的母親被官方叫去，說你兒子在蔣匪的國防部裡當高幹呢。我母親問：「叫什麼名字？」他們說：「叫王雲狲。」我母親拿了家譜翻給他看，說：「我兒子叫王宜庚，那個王雲狲哪裡人呢？」他們說：「是河北宛平人。」我母親說：「我們是浙江紹興人，那不是我兒子。」我母親回家好得意，跟我妹妹說：「他們沒鬥

贏我。」想想，我在國防部不過是小小的中校參謀，他們居然能知道我的名字，可見他們的情報網多深多密。

下面講的是我一個同學，叫徐經綸。他在空軍當過聯隊長，當過高砲司令，退伍以後回到瀋陽。他太太是河北涿縣人，他就陪他太太到涿縣去。結果他們那邊資料打開，說他太太當過主任委員，婦聯會主任委員，旁邊還附註，他丈夫徐經綸，面貌凶惡，具有個性，擅於儀表飛行。

他說嚇得頭都炸了。他當年開戰機，最擅長夜間作戰，就是儀表飛行。他說：「如果是我的資料上被查清楚還沒話說，連我太太的資料上都被查到這樣，真是嚇到頭都炸了。」

沈：大陸呢，對我們這邊瞭如指掌。我退伍以後，到貴陽。他們那邊都找好我的同學，在那邊歡迎我，還叫我回來當教授。我跟他們說，這邊的薪水還不夠我抽香菸。當時他們當教授，一個月才一百八十塊，那是七十幾年的時候。

王：那時候北大的校長才兩百二十塊呢。一百八十塊不少了，是禮遇了。

沈：講師才八十塊，副教授一百二。他們還說我可以到都勻看孫將軍的老房子。當時總隊的房子已經破破爛爛。是孫老總的另一間房子還在，用張晶英的名字買的。他們問我要停留多久，我說兩個禮拜。他們就說：用專機送我到都勻去。

到那邊才認識也從台灣去的魯廷甲。❺以前發生過一件事，兩個兵把槍放在地上。孫老總打官不打兵的，他看到之後，把魯廷甲少校叫過來，用馬鞭打。說：「哪個訓練出這樣的兵。」

回憶當時，我們沈家在那邊是大地主，有很高大的好馬。孫將軍他們當時經過我們那邊，跟我說：「小朋友，我們馬壞了，換一下好不好？」我們家有大馬，有槍。我說：「你那個算什麼馬。」卡賓槍當時

---

❺ 魯廷甲民國 96 年還健在，103 歲了。

一隻一百二十塊，我們沈家就有好幾隻。我告訴他：「我身體很好，請問能不能加入你們部隊？」孫將軍問我：「有幾個兄弟？」我因為是第四房生的，只有我一個。他又問我：「讀哪個中學？」我說：「我讀平越中學。」他說：「那間學校是好學校，你好好讀書，你不適合當軍人。」

到三十七年，我來到台灣以後，就在新軍這邊受訓。那時候考前三名，他召見我們，現場很多軍官。他就坐在椅子上，看著我，就問我：「你是不是很會玩槍那個？」他又說：「有緣千里來相會。」當時我就跟他講：「我想回二○一師，不想在這邊當教育班長。」當時我們是二○一師，他問：「為什麼？」我說：「因為你的『奴化』教育，我們不是丘八，是丘九。」孫老總說：「我是丘九之中的丘九。」

王：「丘八」就是「兵」字，「丘九」是指比兵多唸過一點書的，也就是學生。

沈：孫老總就要留我在第五期當教育班長，只是我當時還是想回二○一師去考試。他說：「你不要回二○一師，留在這邊當教育班長。」又說：「我對你們貴州人不錯，你就好好留在我身邊。」把我安置在一老一少兩個貴州人身邊，讓我有同鄉照應。那兩位一個是我當時的連長，姓張，也是貴州人。他有一次在跟我說話的時候，邊換衣服。把汗衫打開，到處都是瘡疤。另外一位是大隊長陸心仁，他 28 歲當排長。

六、第四軍官四訓班受訓

王：我是民國三十八年四月到鳳山尉官隊受訓，只是當時不認識你。

沈：以後，桂永清看我們訓練得很好，拿我們鳳山那套標準去訓練海軍的新兵。有一次桂永清將軍要跟孫老總一起去南京開會，當時老總帶了我們十七期的兩百人一起到左營的春秋閣。宋達當時只是少將，後來當到副參謀長，他拿那個馬鞭，就指著我們說：「來了很多小麵包。」我那時候小孩子不懂事，想說那個海軍少校拿著馬鞭，叫我們小麵包，我就要

上前跟他理論。于漢經拉我一把，說：「我們要走了。」當時孫老總要我把于漢經找來，要他們派十部卡車，到春秋閣去把我們接回來。

　　後來車到了春秋閣，把這群軍訓班的同學送到五十二軍、五十四軍，去當教育班長或排長。那時候少校以下的軍官都要到尉官隊受訓，中校以上才到校官隊。那時候五十二軍跟五十四軍跟我們要軍訓班同學的資料，我們跟那個營長講好，先去報到，再把資料送過去。所以五十二、五十四軍很多幹部都是軍訓班的。

王：那時我在那個第六軍二〇七師六二〇團那邊當排長，在那邊當了八個月的見習官，到了三十九年八月，讓我當排長。我到十月間，才正式任職。那時候我們軍訓班十七期有八個，十八期的十二個，六二〇團就是有十個跟我一起當排長。連上就有一個，他叫田善貞。軍訓班十八期的，他當少尉排長，我當中尉排長。當時第五連有個叫趙鵬天，也是十七期，是我打籃球的朋友，也是少尉排長，馬芸發、張定遠、趙鵬天，名字我都能背出來。當時的第六軍來說，並沒有排斥孫老總的人。

沈：孫老總那時候有發生被槍打的事情。

七、機槍走火與孫總司令

王：三十九年三月間，孫將軍還沒有就任總司令的時候，是台灣防衛軍總司令。他當時到三三九師那邊去，位置在接近現在基督教的聖約翰大學的地方。我很會畫地圖，這邊，過淡水，叫田螺穴，觀音山在這邊，這邊叫小坪頂，過去叫北新庄，就是于右老的墳地。以前我在演習的時候，是製圖表的。那時候我們的參謀長陳寶華，因為匪諜被槍斃掉，那次演習有用到馬克心機槍。

　　馬克心機槍有個特點，腳架不易鎖緊，底下兩邊要用木樁固定，這樣才不會因為後座力亂打。結果那次演習因為木樁鬆掉，子彈亂飛，甚至打到司令台那邊。孫先生打過仗的，他知道這種情形不能亂動，我們底下也不敢動，不過知道事情糟糕了。參謀長也不動，當時軍長是戴

樸，就跑到孫先生面前，手叉腰吹演習停止號。擋在孫老總前面，表示我保護你。結果去查，發現是機關槍兩邊木樁鬆了，當時我也在場。這跟匪諜一點都沒關係，這是一○一七團的演習，這件事後來不了了之，因爲軍長本人已經擋在孫先生前面，表示他的清白。

　　人家問我：那時候重機槍亂打，不怕嗎，怎麼不逃？我說：「如果逃了，部隊還能待嗎？」重機槍那是間接射擊，子彈從人的前面，打中目標，因爲射程遠，相對有拋物線的設定，所以原本四百碼的距離，是可以越過部隊的頭上，在後面支援。司令台在攻擊發起線跟目標區的的側面，不過因爲木樁鬆掉一開始就打歪了。

沈：可是我聽說是那個槍兵有問題。

王：沒有，後來有查過沒問題。那是木樁沒弄緊，槍打著打著，咚咚咚就歪掉了。戴樸下台的時候，我在做少尉參謀，每天在那邊發揚黃埔精神。什麼道理呢，我剛去的時候叫我當繪圖員，每天只能畫一張，有時要畫到晚上三點，當時在台北圓山忠烈祠附近。那邊金龜子多。那一次我好不容易快畫完了，那個金龜子一飛，一霎，完啦，又要重畫。

　　那時參謀長陳寶華問：「誰天天開夜車？」我說：「我。」「你叫什麼名字？」「我王雲狆。」「你做什麼的？」我說：「我現職參謀。」「哪畢業的？」我說：「我二十二期畢業的。」他就叫我到他那邊去畫圖，他自己到圓山那邊去跳舞。❺⑥要我萬一有事呢，就打個電話到圓山去叫他。他對我很好，每隔一個月都問我：「王雲狆啊，有沒有錢用啊？」我說：「有。」他還是交代拿個條子，讓我預支薪水。那時算算，一個月借了四百塊。後來戴樸調了，我那時候想說：完了，四百塊我怎麼還。那時一個月薪水才五十四塊，我借了八個月薪水，我怎麼還得起，我急得不得了。好在戴樸後來當眾說：「這邊各團團長、各師師長，加起來借了我一百多萬。好了，我都不要了。」因爲當時他吃

---

❺⑥ 政府播遷來台，台北市成為臨時首都以後，圓山山腳下有美國軍官俱樂部。另外海軍招待所，也有許多美國軍官在那邊出入。

了兩個人力輸送團的缺。那時大陸來的將領，常有經濟困難的。有給他打電話的，他就送一千塊錢，還送一袋米。他是吃部隊的空缺，不過他不是自己花用。

八、泛論各系將領

王：當時十八軍是胡璉、陳誠他們的人馬，高魁元一派，戴樸也在內，把錢看作末，最重要是把人抓住。只要你是人才，錢他不在乎，包括陳誠在內、胡璉也一樣，他們都不把錢看在眼裡。現在為何大家懷念胡璉，因為他不把錢看在眼裡，尹俊也是。十八軍繼承的就是這一套。

　　尹俊的兒子是我的學生，當時我聽他講過尹俊的笑話：他家裡擺的沙發是劣等的，有熟人問他：「怎麼用這種沙發？」他說：「你跟我到後頭去。這給別人看的，後面的沙發品質好得很。外面擺的是給別人看的。」人家說他老粗，其實他也是會想的，裝糊塗而已，老粗哪能在這社會爬得高。

沈：劉玉章也不是，他五十二軍，他不老粗。

王：關於劉玉章的書，我最少有二十本，海峽兩岸，一個關麟徵，一個劉玉章，還有徐樹錚，沒有人資料比我多的。我研究徐樹錚，可以說台灣第一的。我有徐樹錚的資料，有徐道鄰的資料，有他大兒子徐審義的資料，有他孫子徐福宜的資料，有他孫女的資料，有李方桂的資料，沒有人比我資料更詳盡的，因為我跟他有親戚關係，資料很齊，他是北洋軍閥時期的。我上校時退役，資料收得很多。

沈：你可以當到將軍的，因為罵蔣經國，沒幹上去，羅本立是你的同學。現在你們二十二期（跑得）最快的是韓文瑞。❺

王：講到我收集的資料，孫老總、徐樹錚、關麟徵、劉玉章，我還有五十二

---

❺ 王雲翔註：韓文瑞、郭景林、沈承基三人當時是國軍跑得最快的人。韓跑 400 公尺中欄 56 秒（世界紀錄 52 秒），曾於民國 41、42 年與王雲翔同在台北圓山第六軍軍部，當時為副連長，後來當到駐菲律賓副武官。

軍戰史，張晴光的資料，有李運成的資料，有郭永的資料，有研究關麟徵的資料，但是我覺得還不夠全面。

沈：劉玉章對我很好。那時孫老總交代他的軍長，韓文瑞、郭景林、我，一個月給我們每個人一百塊營養費。師長是給五十塊。當時劉玉章也給我貳百塊。

王：因為我在當連長的時候，我被分到第八軍，劉玉章那邊，大概也待了有兩、三年。這段時間內我就查劉玉章，就好像我在第六軍的時候，我就說為什麼第六軍大罵孫立人，罵得那麼凶，我就研究這道理。我訪問了劉玉章這些人，我一個一個訪問，劉玉章、李定一那些。當時劉建章，孫老總本來要給他當參謀長的，做成紀錄，慢慢整理。兩岸通了以後，東西好查了，我也慢慢的去查那邊的資料。所以我才敢寫孫立人傳。

沈：那時候（民國三十八年）老總統下野，來了以後，孫將軍向他報告，希望把二十二期那 400 個帶來。當時批准是 200 個。

王：韓國學生是早來的，韓國人和台灣人比我們早畢業，他們一共是 120 個，60 個回韓國，60 個到台灣。他們是（民國三十八年）三月間來的，我們是九月間來的，我們來是老先生臨時起意，要我們來的。那時候我還幫他站過衛兵，聽他在哼紹興戲。他邊散步，邊哼紹興戲。

　　那時候後來下條子，用十三架飛機把我們先運到廣州。當時接近廣州，看到霓虹燈還亮著，不過城已經丟了，所以我們就直接到台灣。

沈：當時我們十八期那些學弟，那天跟孫將軍去辦公室見老總統，在中山北路那邊。結果，聽到他以總裁的身分來講話：「我們黃埔，現在只剩下你們這些命根子。我把你們帶到台灣來，我要把你們帶回大陸去。」那天看到我們，總統就在那邊哭。

九、研究美國人與孫案的心得

王：這個案子的癥結在蔡斯，美軍顧問團團長，沒有贈勳。蔡斯對中國民國貢獻最大，可是（離台之前）卻沒有贈勳，就是因為魯斯克（Dean

Rusk）那個事情。那案子你整個看過沒有。當時張昭然剛當史政編譯局局長，我當營長的時候，他是我的連長。第二任局長是傅應川，他是我的學生。

最初我開始注意孫案，那時史政編譯局長林克承是我同學。我跟他太熟了，他當過保安司令部的排長，還當過駐美代表，後來到中將退。我跟他要資料，他卻跟我打馬虎眼。他說：「我們這沒資料」。換到張昭然當局長的時候，我又去問資料，他跟我笑說：「老營長，你可以在這邊看，不過我有條件，你不能抄，也不能照相，只能看。」我就在那邊看了一個下午。看完以後，不可能都記得，只是知道大概。到了傅應川時代，他是我學生，我當中校營長時他還是小兵。他看到我來看資料，就說：「歡迎歡迎。」

當時資料怎麼來的呢？王善從告黃少谷，他被告以後，跑去總統府，說這個人告我，最後弄到史政編譯局。他們找出王善從的自白書，交給黃少谷，黃少谷又交給王善從，那算是鐵證如山。說真的那時候我只看過一遍，也記不大住，我有日記的習慣，做什麼事都會記上，不過當時記得的不多。所以局長換成傅應川以後，我就又去了。

傅當時跟我說：「營長，你可不能複印哪。」我就跟他說：「我答應你，絕對不複印。」但是他沒說不能抄，我就開始抄。我抄了幾點很可以做參考。一個是國民黨特務人員處理這事非常綿密。第二個蔣老先生對這件事情，也非常高段。高段到什麼程度呢？民國四十三年調這個當參謀長。後來根據俞大維的回憶錄寫道：余伯泉去見俞大維，說參軍長說：沒事幹，非常不愉快。俞說那沒問題啊，我這邊短一個副部長，跟我一起搞美援。俞大維就只負責這個，絕對有辦法，當時他就說他要做大事，誰知道就出事了。我有一分證據說一分話，雖然當時我不在場。

沈：當年我們去見蔣經國那時的，只剩下傅一敏。那時候他跟我一樣是少尉排長，那自白書寫了一百多次。

王：總之，那時候史政編譯局的資料我終於看完了，裡面有幾點我覺得很可怕的。在美國人魯斯克搞這麼多的時候，蔣老先生一直不動聲色，一直等到四十四年蔡斯走的時候，只是因爲沒有贈勳，八月就被處理了。

朱：他六月就被處理了，八月是孫老總。

王：六月份蔡斯走，七月就已經在抓人，有個姓蔣的沒抓，名字我要回去查查。

沈：是不是蔣又新。

王：不是，他有抓。那個也是孫老總給錢的其中一個，他跑到孫老總家裡說：「我沒被抓，可是情勢不得了了，你看我要躲到哪裡去？」孫老總又給了他一千五還是兩千，結果一出南昌街，就被抓了。那個錢馬上就包起來，問：「錢是哪來的？」他只好說：「是孫總司令給的。」這處理手法之細膩，到可怕的地步。根本是挖好洞，讓你往裡面跳。

　　至於魯斯克、蔡斯那邊，我看到的資料，就是說他們美國那邊要求孫老總叛變。還有一個人我可以帶你去訪問他，趙本立中將。當過入伍生團的連長，軍校十八期，我跟他好朋友，他留過美。我可以請他來，不過比較困難，我們過去訪問的話，就沒有問題。他親口跟我講過，他當時有個老部下，當士官，當時就在孫將軍那邊跟美國通過電報，所有跟美國發過的電報，都是他負責翻譯跟發報。後來，考進軍校二十五期，就離開了。他親口跟趙說，如果他不是因爲考進軍校離開，他應該也被抓了。趙說他現在在台中，名字他有提，我記不得了。他後來當了中學老師，還住在台中。

　　關於魯斯克的資料，現在出來的不少，當年我抄的跟他們有沒有不同，我回去查一下。到現在，那個檔案還是不給你看。（史編局）那處長叫龔建國，好像是上校。當年張昭然的資料，現在可能分兩邊去了，另一邊到國史館胡健國那邊去了。那資料如果能找到，一切就都掀出來了。

沈：當年幫魯斯克當翻譯的，嚴孝章、于漢經，他們都講。在反攻緬北那

時，魯斯克只是少校。照理他的身分應該見不到孫將軍。那時候後來的翻譯官，都是我們中學的同學。當時我們在貴陽的時候，看過很多事。一個少校，想見孫將軍，那比登天還要難。

王：可是魯斯克是美國 CIA 的。當時孫先生開始有意反老蔣，不是當陸軍總司令，是開始當參軍長以後。當參軍長以後還能忍，認為下一屆還有希望。但是，看到由彭孟緝開始代理參謀總長，他就不能忍了。當時彭孟緝夢想當第六軍軍長。他的保安局司令當完，想當第六軍軍長。他（來台）最初當高雄要塞司令，之後警備總司令，他沒有軍長經歷。那時候第六軍是陳誠派的，不要他幹。我到現在所查的資料，說他（孫立人）叛蔣，我絕不承認，美國人找他多少次，他都不接受。

沈：我有兩萬本的藏書，我常想，等收集到五萬本，就成立一個圖書館。這是我最後想做的事。孫將軍告訴我三件事，第一是不進忠烈祠。因為，戴笠不是打仗死的，憑什麼進忠烈祠？第二個是不上五指山，因為不想跟那些混蛋在一起。當時鄭為元跟我說，你趕快去，他們要把孫先生放在那個竹林下面，我去就找到孫先生那個不是有五個義子嗎，名字我忘記了。你要幫你乾爸做事情，最後一件事，就是把他移到後面去，就是現在那個墓，移五十公尺。他已經在這邊窩囊了三十三年，你還把他放在竹林下面，他們孫家是說把他放在那個竹林下面，那個地就可以賣，我叫他移五十公尺，最後他移了八十公尺，就是現在這個墓。

　　然後宋川強在台中當參謀長，他一直埋怨我，我就跟他講，孫將軍這個人，只要你做好事情，他會保佑你。結果宋川強只幹到陸軍副總司令，那怪他自己阿。現在孫將軍墓地旁邊那個，十公分一個那個，是宋川強去弄的。情治單位有個跟李登輝一起的叫宋心濂，他們是堂兄弟。

王：我當國防部羅副總長辦公室參謀、秘書，當了五年。每年有一個專案。孫立人上將每年薪水照付，是民國五十四年王叔銘將軍爭取之後才有。❺❽

---

❺❽ 編按：孫立人上將自從民國 44 年 8 月就被軟禁在台中市向上路一段 18 號。開始的 10 年，沒有薪水。

沈：馬愛珍她女兒在圓山大飯店結婚，我去參加，王叔銘他問我，你怎麼這麼早就留鬍子？我跟他講，我很小的時候，算命的說過，我犯小人。做什麼事情，快要完成的時候，一個小人講一句話，就搞光了。要不然我現在早就是億萬富翁了，就是遇到小人。

王：我看你問一下龔建國，看看他有沒有資料。到現在民進黨都上來這麼久了，孫將軍那邊的資料還不掀出來，應該是顧慮到美國那邊。美國專搞這種事，他把李承晚搞垮了，到處搞政變。

沈：我勸你現在不要弄這個，等二〇〇八政權轉移了再弄，那個旁邊的都是那種人，尤其是呂秀蓮，我最看不起呂秀蓮。

朱：那我們今天先告一段落，下次有機會再談，謝謝兩位。

拾、國防部副官李心慷先生訪問紀錄㊹

時　　間：89 年 4 月 9 日（星期日）
　　　　　下午 14 時至 16 時
地　　點：台中向上路一段 16 號
受訪者：李心慷
主　　訪：朱浤源
紀　　錄：謝國賢

　　民國四十四年十二月，我們以服務孫先生為目的，進入台北孫宅。有韓鑒堂、王如武和我一共三個人，後來又增加了一位英文秘書：戴保鑫。孫先生本來是想跟衛立煌上將租新店的房子，可是那裡的環境並不好，於是就打消念頭。孫先生是在民國四十五年五月搬到台中市向上路一段 18 號，那時候孫家已有二個小孩：孫中平、孫安平，而孫天平和孫太平是在台中出生的。

　　孫家大門右邊的二個房間，是值日室，庭院後面右邊的矮房子，就是當初我們住的宿舍。至於屋子圍牆外後邊的那一排房子，是保密局偵防組所有，他們和我們不相干，由另一個門進出。當初我們來的時候，後面還是一大片農田，後來向老百姓購買土地後，才建造圍牆與外面隔絕。至於圍牆內的三間矮房子，剛開始是我們住所，後來就變成由執勤的人來居住。我們撤走之後，就改建成二間木造房子，裡面擺放一些孫先生的紀念物。

　　我們剛來台中的時候，對先生的看管比較嚴謹，後來一方面上級對案情漸漸了解，二方面孫先生的年齡漸增，與外界接觸不再熱絡，所以我們的措施也漸漸放寬。唯一讓我覺得遺憾的，是上級不允許孫先生去慈湖看蔣老總

㊹ 本篇為奉命看守孫立人將軍公館的副官之回憶，自有其不同的觀點與立場。

統。孫先生說：「這輩子我只有一個長官，就是蔣老總統。」由此可見他對國家之忠心。所以當我告訴他蔣老總統過世時，他馬上問我死亡原因。

我回答說：「報紙上報導說是因爲心臟病過世的。」

他馬上質疑：「怎麼會呢？我曉得他一直沒有心臟病，怎麼會呢？」當時看得出來孫先生非常難過。所以上級不允許孫先生瞻仰蔣老總統，我覺得不應該。因爲這代表孫先生對於國家與元首的尊敬，不管孫案眞假與否，畢竟他沒有傷害元首，所以不應該阻止他去慈湖。我替孫先生向上級口頭請示二次去慈湖，上級都沒有答應。對於這件事情，我一直覺得很遺憾。

孫先生曾經同我講：「李副官，我現在變得不三不四，由於已經離開部隊，但是又過得不是百姓應該過的生活，既然這樣的話，請你幫我向上級反應，我要辦理退伍。還有孩子們都長大了，房子已經老舊不堪使用，請上級也一併幫我處理。」我反應給上級之後，上級也派人立刻處理。把倉庫拆掉重建，而原來居住的房子也重新翻修，包括地板、天花板的整修等等。而孫先生也立即退伍，改領終生俸。

我和我太太是在台北認識的，來台中之後才結婚。我們已經住在台中四十幾年了，本來是住在趕羊場旁邊，之後才搬到這裡來。❻

政府交付與我們的任務，大家心知肚明。表面上我們是熱心地幫孫先生服務，盡可能的保護他。原則上他家裡的所有事情，我們都幫他處理。在這期間，我們曾經換過一些人。其中有些人並不是誠心誠意地要替孫先生服務，都是敷衍孫先生而已。所以孫先生有事情需要幫忙時，只要我不在，他都會跟其他人說：「等李副官回來再處理吧！」孫先生不信任別人，只肯定我的辦事能力，這是我值得驕傲的地方。爲什麼會特別信任我呢？因爲我了解孫先生的個性，他是唯美主義的。如果事情沒辦妥當，他會再叫你跑一趟。如果我們可以一次就把事情辦好的話，我們就比較省事，孫先生本人也高興，所以我是抱著這種想法替他服務的。既然上級交付與我們任務，我們

---

❻ 這裡指台中市向上路一段 16 號，與孫公館並排，中間只隔了一條小巷。

就要全力以赴。何況大家每天都見面，如果事情辦不好的話，那孫先生也不會有好臉色讓我們看。就因為我的作事態度良好，所以孫先生比較信任我。

孫大太太對我的印象也很好，⑥她心裡很清楚：我們是奉命行事。所以孫大太太始終把我們當自己人看待。現在我家裡的觀音菩薩，就是孫大太太買來親手送給我的。她常說：「我們對任何事都要看得開，不要和別人計較。人只要一往生，那就什麼都沒有了。任何東西都是外來之物，不必強求。」這些話對我而言，影響很深。

孫先生多是搭乘火車上台北。而我們就分成兩組，一個人陪著他（坐火車），另外兩人就開車北上。在這期間，只有我是固定陪著孫先生，其餘都曾經更換過。我曾經放棄過多次可以受訓的機會，原因就是當時覺得：既然都是吃公家飯，換了環境未必比較好，所以就打消受訓的念頭，就這樣替孫先生服務三十年。

孫先生每年會去台北做身體檢查。榮總還沒建立之前，他是去廣州街的陸軍第一總醫院。⑥剛開始去做身體檢查的時候，孫先生是住在醫院裡面，後來永和有房子之後，就改到永和住。孫先生常在親戚面前稱讚我說：「李副官真是多才多藝，非常能幹。」我聽到他這樣說，我心裡感到很驕傲，非常安慰。

後來我要退伍的時候，孫先生說：「李副官，我們可以相處幾十年，還真不簡單。你要退休，我還真捨不得。在我的生活中，你幫了我很多，我對你的辦事能力一直非常滿意。不過退休是你的權利，我也沒有辦法強留你，你的退休對國家來說將是一個損失。我看你還是不要退休的好。」孫先生甚至還說：「你身體還很好，不要退伍。等政府真正不要你的時候，你再退就好了。」「總是要退的。」我接著說：「現在孩子們都成家立業了，趁身子硬朗的時候，我想享受一下。」孫大太太就問我：「要不要找事做？假如需

---

⑥ 孫大太太為張晶英，篤信佛教。

⑥ 後來改為和平醫院。

要的話，我可以在智光商職幫你安排。」❻ 我說：「謝謝您，我心領了。可是退伍之後，我並不想再做事了。」當時的想法是：退伍之後就沒有責任了，而且又可以領終生俸，所以不需要再上班了。現在回想起來，能跟孫家相處三十幾年，真的很特別。孫家的小孩看到我都很開心，孫二夫人對我也很尊敬。❻

據我所了解，孫先生忠黨愛國，對國家真是沒有話說。他從美國維吉尼亞學校畢業後，就馬上回國，回來後就投入抗日戰爭，加入遠征軍。緊接下來就參與戡亂。嗣調任陸軍訓練司令，轉來台灣成立新軍。因為孫先生表現得不錯，所以老總統也對他有所期待，因此孫先生在五十幾歲就升上將了。因為思想不同，所以就跟黃埔軍系的人格格不入。當時參謀總長桂永清去世之後，孫先生想爭取參謀總長的職位，可是後來沒有如願。孫先生就常和我提到說：「黃埔軍系的人，沒有一個是真正為國家做事效力的。」我還聽別人說，當時在總統府開會的時候，孫先生為了替陸軍爭取福利，和周至柔大吵一架。如此一來，由於當時從美國留學回來的軍官非常少，孫先生孤掌難鳴，如果台灣本土將領聯合抵制他的話，這下就麻煩大了。在美國維吉尼亞學校是不搞政治的，但是蔣經國總統是學政治的，這一點正是他們的衝突所在。

孫先生在當總司令的時候，和國防部的關係不是很好。蔣老總統就說：「你下來到我身邊當參軍長，你學一學做人的道理。大家都是為國家做事，不要搞到大家不愉快。」於是孫先生就轉任參軍長。還有副總司令賈幼慧，他是孫先生在清華學校的同學，住在羅斯福路。當時他雖然沒有被捉，可是上級還是指示我們要跟監。另外像葉公超、白崇禧等人的跟監行動，我都有參與。據我所知，白崇禧在固定的時間，固定的旅館和小姐約會。他覺得無所謂，而且知道有人在跟蹤他，但是他卻不避嫌。至於谷正文說白崇禧被人下毒一事，我不是很了解。因為是谷正文吩咐別人做的，所以我們不可能知

---

❻ 當時孫大夫人是智光商職的董事長。
❻ 孫二夫人為張美英，屏東人，母親為台南麻豆人。

道內情。

　　孫案在台灣造成很大的轟動，因此政府對於孫先生的一舉一動都非常重視。而且這案子還有美方牽涉在內，我們都不敢掉以輕心。當時我們幾個副官是在孫的家園活動，而孫家外圍則加派人手監視。當時藍欽大使要調回美國時，特地前來向孫先生辭行。還有空軍總司令王叔銘、馬繼壯都有來拜訪孫先生。至於總統府秘書長黃伯度本人自身難保，因此我沒看見他來過，聽說他也被跟監了一段時間。

　　當時谷正文是我們的領導人，毛人鳳則是局長。後來我們單位就歸建至安全局，局長換了很多人，最早是鄭介民、再來是張炎元、❻宋心濂等人。原來的保密局是負責國內外的軍事問題，後來軍事情報局專門處理國內軍事，安全局則是國內外兼管。安全局是屬於國家安全會議，直接向總統負責的。毛惕園以前常到我們組裡查看我們工作的情形。

　　孫先生的九十大壽是在中正國小慶祝，當時郭廷亮也有來。隔年就聽說郭廷亮在桃園中壢發生意外過世了。當初我進去孫公館時，溫哈熊還是中校參謀，郭廷亮出事之後，溫哈熊就離開台灣到美國受訓了。

　　陳良壎在孫先生出事之後，就被收押，他本人的個性我不是很清楚。但據我所知，孫大太太對陳良壎的印象非常不好，因爲她知道陳良壎有很多事情都瞞著孫先生去做。

　　對於谷正文書中提到：「有一位孫副官藏了一把槍在枕頭底下，想要殺害孫將軍。」這是無中生有的。爲什麼呢？因爲這位孫副官只是幫我們處理飲食問題，並沒有幫孫先生服務，不可能有殺害的企圖。不過話說回來，他還是孫安平的救命恩人：當時孫家後面有一個大池塘，裡面有種荷花，養一些魚。有一次孫安平在池邊玩耍的時候，一不小心滑到池塘裡，孫副官一看到，就立刻把孫安平救起來，情況非常危急。基於這件事情，孫先生對這位副官非常感恩。至於谷正文書中所提到這件事，根本是不可能的。我們有佩

---

❻ 編按：毛人鳳局長去世後，就由張炎元接替安全局長，其後才是鄭介民。

帶武器，但都是用來對付壞人，絕對不可能做出對孫先生不利的事情。

有一段時間甚至還有一個傳言：美國想接應孫先生過去。聽說是將孫先生裝到冰箱裡，再偷度到美國去，這件事更不可能。因為孫先生在這裡的生活很自由，即使是出遠門，只要向上級報備，上級單位一定會批准，並不會為難孫先生。所以我想孫先生應該不會有偷度的念頭。

谷正文提供李敖很多資料，在電視台節目裡發表很多意見。但是對於他的言論，我並不是非常贊同。因為我認為，不管以前的所作所為對錯與否，都是谷正文執行的，站在政府的立場，你都不應該批評，這樣會影響政府的威信。假使谷正文是實話實說，這還情有可原。但是據他目前所發表的意見來看，很多都是胡言亂語，我不了解他的心態是如何，他和孫先生很少接觸，也不曾進孫家，他本身的業務和我們也沒有直接的關係，我實在不了解谷正文為何會發表這樣的意見。

孫先生生活習慣是非常節儉，從不浪費的。假使在地上看到垃圾袋，孫先生會把它拾回家使用。所有屬於孫先生的物品，他都保管得很好，絲毫不浪費。孫先生做事也非常細心，而且還有一點矯枉過正。舉例來說，孫先生在大坑有一個果園，在種果樹的時候，孫先生仔細丈量每一顆樹的距離，而且在挖坑的時候，還計算坑洞的深度、寬度、長度，要求得非常嚴格。花工也被軍事化要求。天還沒亮就要上山整理果園，到了傍晚下山之前，孫先生還要求花工報告今天的工作進度，並且指導明天的工作要點，完全採用軍事化的管理方式。這樣的管理方式非常適合在軍隊使用，但用在這個方面，恐怕不行。因此後來果樹生長得並沒有預期的好。

孫先生會遭遇這樣的下場，一定有某些原因造成。我想第一個原因應該是與黃埔軍系的人不合，以及政工幹校畢業的人，他都不接受。第二個原因是孫先生沒有時間觀念：例如老蔣總統在陽明山召開軍事會議時，總統都到場了，孫先生還在路上趕時間。每次火車來了，他人都還沒到，常常因此耽誤了時間。看電影也是一樣，電影都開演到一半了，全家人才進場，於是常常先看電影的後半段，再接著看下一場的前半段。所以可能是時間觀念不

同，和同事們相處就不愉快。第三個原因可能是孫先生沾美國的光，也吃美國的虧。怎麼說呢？因為政府剛遷到台灣的時候，非常需要美國的支援。孫先生有美國學校的背景，當然幫政府出面請求美方支援，聽說美援物資就是他代為簽收的。當時孫先生進出美國大使館是不用事先通知的，他隨時都可以進出。

既然關係如此好，為什麼會吃美國的虧呢？當初美國向蔣老總統建議：薪水改用美金發放。如果答應的話，等於要受美方控制，所以蔣老總統當然不肯，於是想利用孫先生來阻止這件事情。聽說鳳山叛變如果成功後，孫先生想讓蔣經國離開台灣，放逐到海外，他不想讓蔣經國接任總統。為什麼要這樣做？就是因為政治立場是完全敵對的。

對於大陸失守，孫先生常惋惜地說：「美好的錦繡河山就這樣拱手讓人，真是可惜。」雖然這其中的原因很多，但徹底檢討的話，卻認為是「不可能的事情成為事實。」孫先生對此事一直不能釋懷。按照孫先生的作戰方法，在東北的時候，理應將共匪全部消滅，可是當時並沒有成功，反而落到這般下場。這完全是指揮官的錯誤，⑥⑥ 不是孫先生的錯。剿匪失敗後，孫先生回到台灣，可是他的部隊卻留在東北。對於這點，他覺得很對不起部下們，所以孫先生想辦法把一些部下接回台灣。沒想到卻讓他們蒙受牢獄之災。

剛到台北工作的時候，路上的車子不是很多，所以我經常騎腳踏車執行任務，在快車道上與汽車追逐。當時只要是政府懷疑的對象，我們都會跟監，注意他們的行動。我們的工作，複雜的是要與各式各樣的人接觸；單純的是只要執行上級給予的任務，其他不用多慮。所以從事我們這一行的人，十八般武藝樣樣都要精通，像我就曾經因為工作需要而踩過三輪車、賣愛國獎券、香煙等等。要依工作需求來扮演適當的角色。記得事情還未爆發以前，我早上就在南昌街孫參軍長家門口前踩三輪車，晚上就睡在三輪車裡。

---

⑥⑥ 當時孫立人是副指揮官。

也曾經在門口賣口香糖、愛國獎券等，喬裝成小販，以便監視。黃玨、黃正姊妹被關在延平北路時，我正好也在那裡當差。因為工作性質不同，她們的情形我就不太了解。據我所知，孫先生對她們蠻有好感，不過這也造成她們入獄的另一個致命傷。

我們偵防組本來在台北警總後面的延平南路上，後來把地方還給保安司令部後，我們就搬到新生北路。保安司令部在武昌街和西寧南路口，有一個行動組，本來在台中只是一個小組，後來就全組移到這裡。現在孫家後面的房子裡還有一個組，國家派了一個督察指揮所有的事情。

我們捉過不少人。例如在汐止的共黨武裝基地，我們就捉了好幾十個。當時我們組裡二十幾個人在基地周圍埋伏了 26 天，幾乎都沒有盥洗。仔細觀察他們的一舉一動，後來發現汐止的共黨每天都要升旗，附近的居民不曉得是什麼旗，全都糊裡糊塗的參加了，甚至還加入他們的組織。更可笑的是被我們捉到一些人，還不明白為什麼被捉。還好上級曉以大義，將這些人再教育、改造，納入我們的組織服務。

孫先生對小孩的教育非常重視，而且他不主張娶高學歷的女孩子，他有大男人主義的傾向。所以孫大太太只有高中學歷，二夫人的學歷也不高。孫先生同我講：「李副官，娶太太要選學歷比自己低的，如果和你同學歷，而她的個性比你強勢的話，那你就得受一輩子的罪。對方學歷比你低，至少她會聽從你，彼此可以相處融洽。」我覺得這種觀念在當時或許行得通，因為當年女生的教育程度不高，很少有大學畢業的。可是現在可不一樣了，男女接受教育機會均等，要找到教育程度低的對象可能就不多了。

張晶英夫人當時是善導寺的董事長。她去世之後，骨灰放在佛光山。孫大夫人在世的時候，星雲大師還是沒沒無聞的小和尚，外表看起來很落魄。後來得到孫大夫人的幫助、提攜，才有今天的成就。孫先生在永和的房子也捐給了佛光山，現在可能已經拆除改建成大樓了。

孫二夫人很能吃苦，個性非常溫和。當初在台北孫先生家裡，也受了不少委屈。吃飯的時候都是我們送餐到她房間，她獨自用餐。這是因為她的身

分卑微，所以沒有資格和孫家貴族一起吃飯。到了台中之後，這種情形還持續了一段時間，所以每當孫二夫人的妹妹看到這種狀況，心裡非常不平衡。她覺得孫二夫人都已經替孫先生產下四個兒女，孫先生還這般對待她，實在說不過去。孫二夫人甚至上山幫忙採花、水果等，在門口販賣。這種情形看在我的眼裡，感觸很深。不過還好四個兒女都很孝順，而且事業有成，這對孫二夫人來說，總算苦盡甘來。

現在的年輕人能有孫安平的作風、想法的人，已經很少了。他在美國畢業後已有高薪的工作機會，可是他卻捨棄，回到台灣，照顧年邁的孫先生，就現在的年輕人而言，是不可能放棄工作的。而他卻願意留在孫先生的身邊，這是非常難得的。所以我非常欣賞他的作風與想法，非常可貴。安平跟孫先生一樣，非常有正義感，看不慣的事，甚至會揍人的。例如有一次，孫先生和我去學校了解孫安平的上課情形。[67] 我們就看到安平為了不讓校長的兒子霸佔鞦韆，就和校長的兒子大打出手。又有一次，別人的車子停在門口妨礙通行時，他就生氣打破車子的玻璃。這點和孫先生的脾氣是一樣的。大女兒中平天資聰穎，讀省女中時，就拿到全國英文演講比賽第一名。二女兒太平好勝心強，姊姊拿到博士學位，她就超越姊姊拿到雙博士學位。孫天平輔仁大學應用數學系畢業，後來到美國也沒好機會，於是就回國創業，聽說現在在新竹發展得還不錯。安平外表看起來不是讀書的料，可是其實不然。他第一年沒考取研究所，於是下定決心苦讀。第二年同時考取台大與清大研究所。由於孫先生是清大畢業的，所以就鼓勵安平選讀清大研究所。畢業之後又到美國進修，也是順利拿到碩士學位，實在是不可多得的人才。安平的太太也非常優秀，曾經到日本留學，所以一口流利的日語。她原來在中華經濟研究院工作，後來又轉職進入華信銀行，聽說職位很高。不過她卻肯辭職回家照顧小孩，也是非常難得。從她身上看不到任何貴族氣息，很能吃苦。她可以白天開車上大坑果園割草，晚上家務事照做不誤，非常能幹。所以我

---

[67] 當時孫安平就讀師院附小。

覺得孫安平娶到一個好老婆，尤其是將銀行的工作辭掉，回到家庭照顧小孩，這個想法完全正確。

我們兩家的小孩子一直相處得很好。我記得有一次，孫安平在外頭看見我兒子宏道的車子正要被拖吊，就立刻大喊：「宏道！你的車要被吊走了。」由於安平的提醒，所以當時車子能即時開走，免於被拖吊。大家的關係到現在一直都維持得很好，因爲他們了解我是奉命行事，絕對不會做出對孫先生不利的事情，因此我對孫家小孩就好比自己親生一般，沒有因爲當時的立場不同就彼此仇視。

關於訪客方面，只要跟孫先生沒有親戚關係的人，我們就不准他拜訪。不過小孩的同學就不受限制，還有家教、保姆經過報備後，也是可以進來。但是如果是跟孫家毫無關係的人，甚至是老部下要見孫先生，我們是不允許的。因爲我們責任重大，如果隨便讓人進出而發生問題的話，我們是要負責的。

我記得有一位鄭姓水電工本來住在大雅路，後來搬到民生路向上國中附近。他想巴結孫先生，自以爲是孫先生的乾兒子。他也只是修水電而已，就想盡辦法巴結孫先生，送禮、帶妻兒來拜訪等等，無所不用其極。我們也不能太爲難他，可是不阻止他又有點說不過去。總歸一句話，他太不自愛了。所以有一次孫先生過生日的時候，他帶禮物來祝賀，正好碰到我當班。我就不客氣地說：「拜託，你自己吃就好了。你應該很了解孫先生的處境，你不要自作多情，你是什麼身分？憑什麼做孫先生的乾兒子？孫先生的乾兒子很多，例如加拿大化學系揭鈞教授、台北故宮一位林先生等等，他們都很有成就，那你憑什麼呢？」所以我覺得這位水電工實在太不自愛了。**⓺⑧**

⓺⑧ 編按：這是李副官從國防部派來監視孫將軍，必須採取的立場與觀點。事實上，這位水電師傅以一生的時間，為孫將軍奔走，宣揚其精神。本書之中，也有訪問他的紀錄。

第五篇　冷戰中的李鴻、黃氏姊妹與「叛亂嫌疑」案

壹、新七軍軍長李鴻中將之子李定安先生訪問紀錄

時　　間：民國 98 年 2 月 27 日（星期五）、
　　　　　3 月 5 日（星期四）
地　　點：台北市仁愛路岳陽樓餐廳、中央研究院學術活動中
　　　　　心中餐廳
受訪者：李定安
主　　訪：朱浤源
紀　　錄：黃種祥、朱麗蓉

一、我們李家

　　我父親是李鴻，湖南省湘陰縣人，黃埔軍校五期畢業。

　　抗戰期間，家父追隨孫立人將軍及史迪威將軍，在印緬地區與日軍作戰。曾獲頒寶鼎、雲麾勳章各兩座、美國銀星勳章三座、懋功及勝利勳章各一座及英國金十字勳章等❶，戰功彪炳，有「東方蒙哥馬利」的雅號。勝利後，返鄉探親，未幾遭逢國共內戰，帶領部隊前往東北，在擔任新七軍軍

---

❶ 抗戰時獲頒：雲麾、寶鼎、忠勤、勝利等勳章，東北戡亂時獲頒雲麾、寶鼎等勳章。

長任內，於長春被林彪部隊包圍並被俘。後輾轉來台，被蔣介石拘禁，不審、不殺、不放，長達二十五年餘，一生功勳，盡付流水。民國六十四年蔣介石逝世，蔣經國繼任，隨即釋放家父等所謂的叛亂犯。家父在民國七十七年屏東去世。民國九十二年，經陳水扁總統調查平反，並於次年一月頒給回復名譽證書。

父親在其湖南老家，是個非常孝順的兒子。平常不太說話，是一個很內斂沈默的人。即使遭受如此不白之冤，我從未曾聽聞他咒罵過蔣介石。他曾對我說：「蔣校長是一個蠻勇敢的人，不是貪生怕死之輩。他曾在北伐戰役中身先士卒，率隊衝鋒。」談到老蔣扶植小蔣繼大位，父親說，為了（蔣經國）一個人，他（老蔣）犧牲了多少國家菁英！這是我聽過唯一一句對蔣家算是怨言的話。

我媽媽馬眞一，由於過去經歷了一連串的恐嚇與刺激，因此，即使事隔五、六十年，聽到以前的事或回憶過往，都會受到震撼與驚嚇，因此我沒有安排她接受訪問。她出生於民十二年，現仍健在。畢業於長白師範學院音樂系（現吉林大學）。她在父親擔任長春警備司令的時候與父親相識，經兵團司令鄭洞國將軍福證而結婚。

我媽育有一女一男，即姊姊與我，目前都在台灣。湖南仍有親戚，大媽生的一男一女均已過世，二媽生的一男一女仍健在。

二、父親與孫立人

父親是黃埔軍校第五期工兵科的畢業生，同期者有曾任高雄要塞司令的彭孟緝等人。進入部隊時，同任排長的四期學長高魁元，曾向父親借錢。父親後來落難於台北，這些貴為將軍的同學、學長們卻不聞不問，甚至有傳言說一期的學長黃杰曾向老蔣建議槍斃李鴻。蔣經國逝世，父親也在同一年病逝，他這幾個黃埔時期的同學、學長，沒有一個出面致悼。

父親他在中央政治學校服務的時候，與孫立人認識。後來一起在宋子文的稅警總團、緝私總隊以及新編三十八師和新一軍服務。日本投降後，新一

軍自緬甸班師回國，軍長爲孫立人將軍。父親當時則爲新三十八師少將師長，接收廣州。據說：孫將軍在稅警團的時候，即不爲老蔣所喜。除了其出身（美國軍校）之外，在這美式裝備的部隊服務也是原因之一。我父親的幾個部屬曾告訴我，我父親是老蔣派來暗中監看孫的，因爲蔣與其舅子宋子文之間有心結，因此蔣先天上就不會喜歡這一支部隊。後來，新一軍在滇緬作戰有功，甚獲史迪威將軍讚許，而蔣史之間亦有矛盾，深化了蔣對這支部隊負面的看法。

曾在士校擔任校長的吳招有將軍、潘德輝叔叔、袁子琳叔叔等，都曾經告訴我：孫將軍在鳳山訓話時，常以李鴻將軍爲樣版，說我父親外表「溫吞吞」、「沉默寡言，又相貌平平，但是，能夠死守抗敵。」他說：父親在上海曾被日軍圍攻 11 天而不退，之後孫（當時爲第四團團長）來巡視，發現各連陣地多半都在後面預留退路，唯李連長破釜沉舟，封死退路。自此，孫將軍對父親留下了深刻的印象。

國共內戰開始，新一軍、新六軍被調至東北。後來孫立人將軍在東北與某黃埔系將領不合，被調至台灣擔任陸軍訓練司令。新一軍軍長由潘裕昆接任。我父親爲副軍長，旋即升爲新七軍軍長，並兼新三十八師師長，此外還兼任長春警備司令。此時的父親，可以說如日中天。

三、兵敗長春

孰知就在長春駐防，擔任軍長及警備司令之後，父親的軍旅生涯也遭逢前所未有的困阨。民國三十七年，林彪的野戰軍團吃了一些小敗仗，退至松花江北重新整補之後，反撲新一軍與新七軍等國軍部隊。剛開始時，其攻勢數度爲國軍所化解。但在進入嚴冬之後，這支主要來自熱帶地區的勁旅，被優勢共軍團團圍住，就無法再施展了。

曾有人質疑：爲何不派東北的當地部隊剿共，反而大老遠調派以南方子弟爲主的這支部隊？況其美式裝備到了天寒地凍的東北，保養維修都有大問題。我也在父親被關 25 年出獄之後，問到這個問題。

父親說：「在長春被圍之前，我曾經與廖耀湘軍長等飛京，向蔣介石總統報告，談到部隊補給方面可能會出現的問題。並建議國軍最好以長城為界，重新整備。當時蔣回答說：『你放心去守吧。』又強調：『你即使被圍，我們也會空投來救援。』」可是，光靠四架老母機的空投並無法解救圍城，到後來蔣乾脆放棄他的諾言，軍民飢寒交迫，病死、餓死的有十多萬人。某些父親的部屬甚至認為蔣根本想消滅這支軍隊，即便不是如此，起碼也有削弱兵力的念頭。

（一）父親被俘

長春地區的 21 萬國軍之中，六十軍曾澤生部隊先投降之後，共軍再轉而對付新七軍。後來共軍衝鋒隊曾入侵到新七軍的司令部，高喊：「活捉李鴻！」當時父親還拿了卡賓槍打死了幾人，旋被增援的衛隊解圍。

奶奶則曾經說：當時已入嚴冬，長春被死死圍困，糧食與能源短缺非常嚴重。父親四出巡視時，看到此種情景，十分不忍。但也無可奈何。他自己跟著士兵吃米糠，抵抗力弱，得了傷寒而臥病在床。這期間司令鄭洞國將軍來新七軍巡視，看他臥病，還以為是故意裝病。最後部隊是由副軍長作主，向共軍投降。奶奶說，長春解放之後，共軍使用好藥醫治父親，如果不是這樣，他很可能會死在病榻上。

（二）大陸易幟輾轉來台

不少人認為，父親當年離開大陸，不應該來台灣，要不留在香港，要不轉赴美國，反正：「當時不來就好了！」父親說：孫將軍親筆寫了一封信給他，要參謀葛士珩攜到長沙，交給父親的，信中提及蔣也希望他回來。在父親病逝之後，葛士珩到家裡來慰問。他告訴我說：在大陸的眾人，包括其長官鄭洞國將軍，都告訴父親不可去台灣：「不要赴台！校長的脾氣你知道。」葛接著對我說：「幾天之後，我要走。你父親伏案痛哭。並對我說：他決定赴『死路』。」葛又說：「我並未力勸令尊來台，祇傳口信及送交信函。」

後來，我向父親說到這件事，父親並默不吭聲。我進一步又問父親：

「你在被俘之後，中共表示尊重你的去留，你又何必來台找死？到香港時，留在那兒接受英國政府照顧豈不更好？」父親只淡淡的表示：當時孫將軍與蔣委員長，都要他到台灣來。

父親還告訴我：「從大陸抵香港時，當時把勳章、學歷等重要文件，交給一個參謀保管。這個參謀之後沒有跟來台灣而滯留香港，其間並以這些文件（英國勳章），冒他的名義向港府要到一棟房子和一大筆生活費。」

父親出獄，我們回屏東時，附近住的就是劉放吾，當年新卅八師一一三團的團長。他在台灣的遭遇不像父親那麼慘，離開軍伍後在家自製煤球賣給四鄰，並親自騎腳踏車載送。而附近的鄰居稱其太太「劉瘋子」，大概是牌友叫出來的。他們兒子劉偉民，成大畢業，移民美國加州，是成功的企業家。劉偉民甚至有辦法請來英國首相柴契爾夫人，為劉放吾當年在仁安羌油田區，解救數千英軍來道謝、合影，為劉家帶來不少光彩。

我們李家不像他們劉家，來到台灣不到半年就開始了長達二、三十年的災難。至於新一軍的另一個師長唐守治，在李案、孫案發生後，不但未受牽連，還一路升官，做到總政戰部主任。但他背叛孫將軍，也得到了報應。

例如投靠小蔣，擔任總政戰部主任及陸軍副總司令的唐守治，在民國六十四年，其子夥同其他兩個歹徒持械搶劫甄姓歌星而被捕。當時小蔣為行政院長，唐差人向小蔣求情，被蔣臭罵，說：留這種人何用！結果三人均依軍法槍決。同年，老蔣走的當天，唐先槍殺太太，再舉槍自殺了。

四、雙親均為「匪諜」！？

(一)父親是「匪諜」？！

三十九年六月二十五日爆發的韓戰，使美國杜魯門總統改變原來要放棄台灣蔣家政權的想法，轉而積極軍援並經援台灣。美援使台灣政情趨於穩定，使有美國背景的孫立人、吳國楨等人，在政治上的重要性降低。而蔣對孫的態度也因此完全改變。在此之前，他是重視並利用孫立人的。

麥帥三十九年來台時，曾向蔣要求，由孫系的李鴻將軍領軍赴韓打韓

戰。媽媽也說過確有聽聞此事。但蔣介石一心只想反攻大陸，並無派兵援韓計畫。❷此事反使戰功赫赫，被美國人重視的孫、李成了蔣猜忌的對象。父親在民國卅九年七月三十日，以匪諜罪嫌被捕。

(二)母親也是「匪諜」？！

　　我最好奇的，無疑是對政治沒有一點概念的母親，被控告爲「匪諜」，並冤枉蹲了七年又兩個月的大牢，究竟是如何發生的？

　　父親告訴我：主要的原因也出在他治軍與治事的一絲不苟。民國三十七年，曾有《新聞天地》的某一不肖記者來長春，說是要採訪國軍整備情況，實際上卻是要求父親給一筆跑路費，當時長春被圍困的狀況正逐漸惡化中。父親沒有答應，這記者憤然離去。長春淪陷之後，該刊物登出來那個記者寫的一篇報導，說長春的淪陷，是因爲「匪諜」馬眞一打了李軍長毒針，導致他罹患傷寒而倒臥病榻，最後不得不投降。四〇年代台灣出版的《大陸是如何失去的》，竟也加以引用，說媽媽的親近父親，是共軍所使用的美人計！這一來，就使媽媽變成「匪諜」了！

　　媽媽則多次談起，保密局的人其實查得非常清楚，她對政治、軍事一竅不通，壓根兒不是共諜。爸媽同日被捕，爸爸在審訊中坐老虎凳，若非獄卒架著他走路，雙腿可能就此殘廢。媽媽雖未遭受酷刑，但是被打耳光。刑訊她的人說：「妳知道我們爲何只抓妳？因爲妳受過高等教育！」他們被關在保密局的看守所，當時母親已經懷著我。

　　我媽媽是長白師範學院音樂系的畢業生，當時是僞滿，能說一口標準日語，她的畢業旅行就是到日本去參觀訪問。來台被當成匪諜逮捕，所有證件都散失了。七年後出獄，祇好重新一步一步參加檢定考試。所幸有她校長方永蒸先生敢於爲她出面作保，才能參加考試。

(三)姊姊與我都在獄中出生

　　我是同年十月二十日出生於陽明山的看守所裏，中間曾換過好幾處所謂

---

❷ 蔣曾計畫派兵援韓，孫立人也參與規劃，但後來胎死腹中。

的看守所，包括青島東路、桃園蘆竹等處。到七歲才與假釋出獄的母親一道出獄。記憶裡，在我的求學過程中，與孫將軍的部屬不同，沒有受到警察與特務的探查與干擾。

我姊當年則生在哈爾濱的中共看守所。我曾與蔡孝乾、吳石等所謂的大匪諜關在一起。軍統高幹喬家才也一起。喬伯伯原先被其政敵毛人鳳指他在北京站長任上貪污並判處死刑，後來被關十年。喬伯伯出身山西富有人家，為人忠厚，完全不像特務。

我對於父親的被捕與孫將軍的反應，一直存在著一個大問號：為何孫伯伯親函請父親逃出大陸，來台效忠領袖，而老蔣也在父親抵台後親自召見，允以陸軍官校校長等職務，後來卻將父親逮捕下獄，連妻小也不放過！？保密局的谷正文將軍在立法院的公聽會中也質疑說：「李將軍自上海保衛戰即一路跟隨孫將軍，前後二十多年。李將軍既然被當作匪諜，孫為何沒有辭職，以力保李將軍？！」

這個問題孫將軍的兒子安平當時沒有回應。他的姪孫孫善治則私下跟我說：「情治人員當時恐嚇孫將軍，如有任何救援行動，他們將會先下手立即斃了李鴻等人。」根據李敖的分析：「老蔣在民國三十九年復職以後，為了給他兒子接班鋪路，已經開始下手削弱孫將軍的股肱，以防留美的孫，勢力坐大，孫雖日後晉升陸軍總司令及參軍長，其實沒有實權。」

袁子琳來看我們的時候，我也問這個問題。他有不同的見證。他說：民國三十九年，李軍長即將被捕的消息傳出，孫立人也在旁，他非常盛怒，席中有部屬誓言和蔣家拼了。但是，反而父親很冷靜地制止，並交代了後事。袁子琳分析說：孫將軍、李將軍都是標準的軍人，不搞政治，並因此而得罪某些人，甚至某些當道，下場才會如此。例如宋美齡曾經推薦親戚進入陸軍總部服務，以免被派往金馬。這名親戚本人更親自來到鳳山，但是，被袁子琳代替孫拒絕了。後來宋美齡更親自引薦。但是，袁子琳說：「還是被我們拒絕了」。孫系之被蔣家排擠，由此可想而知。

五、一些見聞

父親於民國六十四年釋放。釋放之前，竟有某些人貓哭耗子說：「李鴻出來怎麼活？」我七歲時則和媽媽一塊被釋。這期間，住在屏東的奶奶和姊姊主要靠變賣大陸隨身帶來的一點碎金子，以及孫立人從總司令到參軍長期間送來的錢生活。剛來台灣時，分配給父親的大眷舍被強行收回，奶奶帶著稚齡的姊姊，住在一位田姓軍官的三、四坪大的小屋裡。父親過世之後，我媽帶著我和姊，由高參潘德輝叔叔帶到台中探視孫伯伯，❸在孫公館陪孫伯伯吃飯。提到父親沉默寡言，不會為自己吹噓。他說：「一個好軍人，話不要多，會打戰就好。」

我畢業於海洋大學，在求學、兵役、及求職過程中，並沒有遭遇到像是黑五類般的不公平的對待。在戒嚴期間，我可以出海實習，考上研究所及高等考試，還經過嚴格汰選而進入華航空勤工作。之後回到公務體系服務，公職生涯尚稱平順。另外，姊夫與內人都出身軍人家庭，兩家結褵時，都毫無障礙。姊姊的公公與我的岳父在軍中的晉升未受到影響。親家後來以陸軍少將退役，而岳父則曾擔任空軍官校的校長。這些事實足以反證：老蔣、小蔣對於父親蒙受的不白之冤是心知肚明的。

民國七十七年蔣經國去世。被專制威權統治了數十年的台灣，立即引起意識型態濃烈的翻案風。父親過世之前，當時國防部由鄭為元任部長，應孫將軍請託，找一個副官前來屏東醫院探視父親，並送來台幣十萬元，要我當場簽立收據。

六、其他

六○年代前後，軍情局長葉翔之還常派員偷渡大陸，不時提供老蔣浙江家鄉口味的食品，據說葉因此也藉此走私牟取暴利，而臭名滿天下。民國六十年前後，我和母親、姊姊到龍潭黃泥塘情報局監獄探視父親，張姓典獄長及其他獄中工作人員和我們聊天時，曾痛罵葉是貪官誤國。我小時候在監獄

---

❸ 「高參」即高級參謀。

中的乾爹王功鎏，出身黃埔和情報局，也因內部鬥爭被羈押數年。他和葉翔之是軍校同期，湖南人，國學底子和外文都好，出獄後曾在中央公證公司（？）當總經理。他懂中醫，著有詩集。王曾想要到龍潭探視父親，向他同學葉局長提出申請。誰知葉竟批示：「李鴻係軍事犯，歉難照辦！」乾爹將這張紙條放在皮夾裡，拿給我看時，一直搖頭嘆氣。

我跟母親生活將近一甲子，一點也不信她會是匪諜，已經解密的檔案也能證明母親並不是匪諜。真正的匪諜，他們抓不到。更何況有許多人是雙面諜。聽說抓過很多匪諜、人權記錄極糟的沈之岳，他死時，兩岸都在追悼呢！他在台灣害死很多人，到底他的真正身分是啥？有誰知道！

七、後話

有關父親在東北這段期間的資料，在台灣非常之少，潘裕昆將軍的女婿，到大陸去找，曾告訴我一部分當年的情形。另外就是曾心儀，她曾來我家訪問，幫李敖寫了有關孫立人、李鴻等翻案的書，我們都很感激她。

民國八十七年三月五日（星期四）的上午九時三十分謝聰敏、謝長廷曾在立法院為孫案舉辦公聽會，李敖、曾心儀及孫家公子、谷正文等人均出席。

行政院成立不當審判補償基金會之後，父親的部分，得到僅次於死亡六百萬元的五百九十萬元的補償。

媽媽被關七年二個月。但僅獲賠七年，超出的兩個月，基金會不管，要我們自行向法院申請冤獄賠償。至於我在牢中關了七年的問題，也提出補償之訴，由王正志律師幫我們打官司，但沒有成功。承審的是位女法官。她在庭上告訴我說：「我們並沒要關你。」❹

---

❹ 編按：意思是，你雖是兒童，卻是自己不離開，要與父母一起在牢裡的！

貳、女青年大隊組長黃珏女士訪問紀錄

時　　間：民國 81 年 11 月 20 日、82 年 5 月 5 日、
　　　　　民國 99 年 9 月❺
地　　點：台北市新店中興路三段「慰廬」（即徐宅）
受訪者：黃珏、徐嗣興
主　　訪：朱浤源
紀　　錄：吳美慧、朱麗蓉

一、我的父母親

(一) 父母的結合

　　我的父親名諱維國，湖南沅江人。湖南沅江乃洞庭湖畔一個小縣份，洞庭湖四周地區從來就是富庶之地，稻米根本不需要施肥，完全靠洞庭湖水沖積，因此土地的獲得相當容易，耕種也相當容易，故有「湖廣熟，天下足」之稱。我有幸是這裡的人，只是我從來沒回去過。

　　父親早年留學日本，回國後任湖南大學法政系教授，民國十年或十一年間，當時湖南正在推行聯省自治，父親於此時由學界轉入政壇，好像是在省府工作，因此認識了當時省參議會的議員吳家瑛，也就是我的母親。那時社會風氣保守，自由戀愛是很受議論的，所以父母親的結合也是經過一番奮鬥，不過他們兩人互信、互諒，終生相愛，稱得上是美滿婚姻。

　　我的母親吳家瑛，湖南湘鄉人。吳家在湘鄉是大家族，人口很多，子弟受教育的機會也多，因此讀書人不少；到今天，吳家的人口仍然相當的多。

---

❺ 民國 99 年 9 月（黃女士及其夫婿均已作古），由旅居美國的妹妹黃正女士修訂，再寄來中研院。

湖南地方因曾國藩帶領湘軍作戰有功，以後投入湘軍、作戰有功當官的湖南人也就愈來愈多，吳家子弟也不例外，因此當官的人數極眾，我外祖父就是其中之一。

　　母親生於清朝末年，民初時期也曾上過學、唸過學堂。在她尚未出生時，我的外祖父曾和一潘姓朋友指腹為婚，因此她十六歲就結婚了，可是她的婚姻並不美滿。母親很年輕嫁到潘家，但她想她的婚姻並不能帶給她幸福，因此很用功讀書，雖然已結婚生子了，後來還到長沙上洋學堂，讀到湖南第一女子師範學校。當時湖南第一女子師範學校校長是一位很有名的學者。

(二)母親的事業與婚姻

　　母親和毛澤東是同一時代的湖南人，他們那時有一批志同道合的朋友如向警予女士、任培道女士、任培志女士、范新瓊女士、吉喆女士等，都是在湖南從事教育工作的。母親和向女士可說是當時的女權運動者，這批人是中國最早有抱負從事救國救民的女性，她們當時最大的目的是推廣鄉村教育。

　　母親和向女士最後選擇湖南漵浦縣做為她們服務的地方，漵浦縣是湖南省靠西的一個小縣份，非常偏僻、保守。她們之所以選擇漵浦，一是因向女士是漵浦人，她家很有錢，在漵浦有相當影響力；二是我的叔外祖父就在漵浦縣當縣長。因為地理、政治這兩個因素，她們在師範學校畢業後，就到漵浦縣辦女子學堂——介於普通學校和職業學校之間。由向女士家提供校地，所以她是當然的第一任校長。

　　當時很多從事婦女運動的先鋒，都到這所女子學堂來一起辦學，而這些人後來受到法國「勤工儉學」的影響，都先後留法去了。如向警予女士任校長後，想到法國去留學，行前曾邀母親前往法國，但母親有家累，無法成行，向女士只好獨自前去，女子學堂就由母親接掌，當第二任校長。向女士留法以後，和蔡暢的哥哥蔡和森結婚，他們在法國就已接受左傾思想，後來都成為共產黨重要人物。蔡暢和她母親，母女兩人當時都在漵浦女子學堂就讀，蔡暢後來當到中共婦女部部長。

　　另外如范新瓊女士，范家也是長沙的大家族，范女士到法國學藝術，專攻油畫，和已結婚生子的彭襄先生情投意合，致使彭襄要求和家鄉的太太蔡氏解除婚姻。彭襄當時是勤工儉學的領導人，管錢的，勤工儉學的錢每個月都由他發放給每個人，連周恩來都不例外。他們兩人在法國的戀愛，成為當時中國各報紙討論的主題：自由戀愛的婚姻。他們的長公子彭芳谷，曾任台北榮民總醫院的院長。❻

　　當時這些女權運動者都以教育工作當做救國的首要方法，後來母親雖然認為從事教育是基本的工作，可是如果不參政的話，女權依然無法提昇，加上這時湖南加入聯省自治運動，她的丈夫又已過世，因此她得以有機會參政，於是母親就離開學校，不做校長，從政去了。聯省自治時，湖南由趙恆惕主政，我的母親即出來參加省參議員競選。當時是自由競選，她說她回長沙競選時，也是要坐轎子到處去講演、拉票，而那時風氣尚未完全開放，許多老頭子看見是女人出來競選都不屑一顧，可是母親的口才非常好、很會講話。不少人聽過她的講演都覺得她講得很有道理。後來居然當選了，成為第一批女性參議員。和她同時入主湖南省參議會的女性參議員有王昌國女士，她們也是中國最早兩位女性參議員。

　　母親當選後就到省議會來，因此得以認識我父親。父親正由日本回國，長得又是翩翩美男子，一表人才，母親也很漂亮，可說是郎才女貌，加上志趣相投，因此兩人的感情快速進展，甚至論及婚嫁。可是母親第二次的婚姻，頗費波折，因為雖然母親的原任丈夫已經過世，可是吳家是地方大族，雖說吳家的女子參政是個光榮，可是她要改嫁，以寡婦再嫁，仍是令吳家覺得沒面子的事！當然大部分的兄長都反對。

　　就在這時，發生一件事，堅定了母親改嫁的決心：那就是外祖母的獲頒貞節匾額。原來我的外祖父在原配過世後，又娶了我外祖母。外祖母是成舍我那支系的成家人，她嫁到吳家，才生了我母親，外祖父即過世。以後，外

---

❻ 彭醫師芳谷是台北榮民總醫院第四任院長。（任期：民國 83 年 4 月 1 日至 85 年 7 月 15 日）

祖母獨自帶著幼女及前妻所生的兩個女兒過日子。但是當時還是個封建的社會，家無孝子孝孫，棺材無法抬出家門。外祖父過世時，只有三個女兒，何來孝子？幸好我的伯外祖父生有好幾個兒子，他的第二個兒子看到這種情形，覺得我外祖母好可憐，馬上將辮子拿掉，披著頭髮，跪在地上，願意幫我外祖父帶孝，過繼到我外祖父名下，所以這樣我也有了過繼的舅舅。

　　外祖母守寡多年，當我母親漸漸有名氣，有社會地位以後，社會上對我母親相當尊敬，當然對我外祖母的守節也很推崇，因此就要頒個匾給我外祖母，並且已經送到家裡來，準備要掛起來了。這時卻因為我母親在場，使得這個匾無法掛起來 ── 因為這個匾上題的四個字是「節勵松筠」，表明是要送給守節的婦人。然而母親在丈夫過世後卻要改嫁，這豈不是個諷刺？所以她在場時，大家都不敢掛這個匾。母親很生氣，她說這個匾是送給她母親，又不是送給她，有什麼關係！？因此雙方僵持不下。最後她幾位比較開明的堂兄弟就勸她還是離開，讓這個匾得以順利掛起來，才能讓我外祖母安心。母親沒辦法了，只好含淚先行離去。她乘坐的轎子才剛出了門，就聽到傳來的鞭炮響聲，她知道這時匾已經掛上去了，心裡一難過，就哭了。

　　在這種情形下，更加堅決了她追求自己幸福的意志，結婚了。她想：大家愈是如此反對，我愈是要打破這層藩籬。所以回到長沙，就和我父親結婚了，當然，結婚以後也很難再回湘鄉去了。

(三) 來台以前

　　我父親真是個道德君子，學問很好，為人也非常好，後來外人對他和我母親的婚姻都沒話說，他們的婚姻非常美滿。

　　兩年後，母親生了我，再過兩年，生了妹妹黃正。我們和母親生的另外兩個姊姊住在一起，童年過得很快樂。

　　抗戰時期，父親到重慶就職，母親帶著我和妹妹搬到湘鄉鄉下住。父親生性敦厚謙和，思想行為很像典型的儒者，在仕途上可說算是走得平順，在他一生中最使他難忘的事，就是對日抗戰中期，當薛岳先生主持湘政時，父親由中央機構軍事委員會調回湖南擔任湖南省第四區行政督察專員。四區是

湖南最大的行政區，當時正逢常德大戰，我軍苦戰，死鬥日軍，終於獲得勝利，收復常德。父親是當時第一位進入常德城的文官，安撫民眾，從事善後。大戰後的常德城內城外，因戰火而滿目瘡痍，老百姓流離失所。父親和其他地方人士合作，很快恢復了人民正常生活及社會秩序，那時對這些情形各大報紙均有詳細刊登，這也是我父親宦途中，最覺有意義的事。

母親從事教育工作時，和毛澤東他們常有接觸，非常了解毛澤東他們那批具有共產思想的人的行徑。加上她最要好的朋友向警予女士，雖是左傾分子，卻仍被共產黨人出賣，所以她非常反共，很早就離開湖南，要到廣州來找我們。後來她到了廣州，最後也跟我到台灣來。

二、來台經過

抗戰時期，我在後方讀書，不是重慶、成都，而是在湖南的後方安化。民國三十四年，我考取金陵女大。金陵女大在抗戰勝利這年還在成都華西壩。當年就抗戰時四川最好的學區來說，曾流傳這麼一句話：華西壩（金陵女大）是天堂，沙坪壩（中央大學）是人間，固坪壩（西北大學、西北工學院）是地獄。因此我們在華西壩這個天堂過得很快樂。我在華西壩待了一年，民國三十五年復員，金陵女大遷回南京，後三年在南京度過。我的大學四年真是我的黃金時代，恰如英文的順口溜：foolish freshman、proud sophomore、happy junior and gray senior。回到南京頭兩年的我真是又快樂又驕傲。很多人到了四年級，就怕嫁不出去，或者找不到工作，所以戲稱是 gray senior，我則還沒碰到。

我大三時已是民國三十七、八年，東北打仗打得厲害，共黨到處滲透，南京也不得安寧，很多學校學生在三十六年都已蠢蠢欲動，校園內不太寧靜。金陵女大因是教會學校，加上許多學生的父親、先生多半都是中國國民黨員，大官小官一大堆，如賴名湯先生、李國鼎先生、杭立武先生、蔣彥士先生、周書楷先生等人的太太都出身金陵女大，因此金陵女大受到外界的影響比較小，不過這時也都很難維持，因為南京政治大學、中央大學都已鬧得

很厲害了。

我在三十七年上半年當選爲學生自治會的副會長，會長本身是個左傾同學，南京抓人時他即離開學校，因此我必須代理會長出席各種活動、場合。那時情況已很艱困，如果不順應潮流參加一些學校聯盟活動，校牆上常被寫上些很難聽的字眼，因此我們決定也打開校門，有時投入各項活動中。然而這時校外常要借禮堂、借草坪、借音樂廳，我們雖不願意也只好一一外借。

三十八年上半年時，我們看這樣下去也不是辦法，幸喜這時教育部已宣布到南方去借讀的政策。所謂「借讀」，是因戰亂後，學校沒辦法開課，學生只好借別的學校去讀書。民國三十七、八年，華中開始混亂，有一大批不願待在原校的學生，如金陵大學、金陵女大、聖約翰大學、滬江大學、中央大學等京滬一帶的學生，都拿著由教育部發的借讀證到南方廣州的嶺南大學、中山大學借讀。當時教育部也曾對借讀生有所規定，如規定借讀生的學籍仍屬原校，畢業文憑仍由原校發給等。當時平、津、京、滬一帶到南方的借讀生很多，我們就是其中之一。我本是南京金陵女大社會系學生，大四要寫畢業論文，系主任龍冠海先生擔任我的指導教授，當時他已被聘到廣州中山大學來任教，因此三十八年二月，我和妹妹也就跟著到了中山大學借讀。

我的畢業論文題目好像是：〈從淳化鎮探討中國農村家庭的結構〉。題目好像沒有這麼長，我也記不得了，反正是討論家庭問題就是。淳化鎮離南京市約有半天車程，是一個典型江南農村，範圍很廣，那裡的民情純樸。有些家庭真是大，一個屋頂下住上兩、三百人都有，而且都是同宗。但這些家庭有些結構鬆散，不像彼此是有親族關係，有些則人群關係很好。總之問題很多，且都離不開貧、弱、愚、私四大特點。我們金陵女大設立了一個農村服務站在該鎮的中和場（地名），由兩位教授主持，一位徐幼芝女士，一位是熊亞拿女士，她們都是金陵女大畢業，留美深造回來，從事農村社區工作。我們社會系和家政系的同學於三年級時，必須去該站實習，從事文教（當時有許多文盲，女性尤多）、社區活動或特定的家庭調查，非常有趣，爲時一至二個月。我很喜歡淳化鎮，所以擬了這樣一個題目。可惜後來到了

廣州，這論文就寫不成了，想換個題目也不可能，因為當時中山大學裡不是學生罷課，就是教授罷課，沒上幾天課。六月初（？），學校就宣布放暑假了，於是一切停擺，論文也不要寫了。我心中真是暗暗高興，因為在那陌生的環境，實在不知道要寫什麼。想起來，動亂的時代裡，什麼事都沒有一定的軌跡可循。

我離開南京時，正逢徐蚌會戰失敗，匆匆忙忙逃離南京，都聽得見隆隆砲響。來到廣州中山大學，這時我已是四年級下學期，只剩下一個學期，我妹妹也三年級了，我們還是想辦法繼續讀書。當時時局已不堪設想，社會價值也非常混亂，有人希望共產黨趕快來、有人很怕共產黨來了會帶來完全不同的政策，因此變得很恐怖。所以會到南方借讀的學生，多半也是比較怕共產黨的。

我是國民政府在大陸的最後一批大學畢業生。我還記得當時已經很亂了，原本教育部規定借讀生的畢業證書要回原學校領取。可是學校已經沒了，我們向誰領去？教育部長杭立武先生看畢業的學生那麼多，都拿不到文憑，怎麼辦呢？於是又規定只要讀完七個學期的學生，都可參加教育部的一項考試，考試通過的都可拿到教育部的證書，證明我們是大學畢業生。因此只要是當年沒拿到畢業文憑，只領到畢業證明書的，情形都和我一樣。

現在想來，我也不願否認我們是喝中國國民黨奶水長大的，因為我們確實是在國民政府執政下長大的，讀書求學時代都是在國民政府執政之下，當時對國家的失利，都有很深的感觸！正巧適逢美國對華發表白皮書，把中國講得一蹋糊塗，認為共產黨的土地改革非常理想，因此大家都有很深的國仇家恨的心理。

畢業後，我留在廣州，當時我有一位同學，她本在聯合國兒童福利委員會廣州兒童福利園做事。此時適逢她要出國進修，希望我去接替她的位置，因此我就留在廣州。兒童福利園服務對象都是二次大戰、中日戰爭中受傷的兒童、孤兒，或父母在戰亂中因去當兵或被炸死而遭失養、遺棄的幼童。在國家如此混亂的情況下，我們工作得相當辛苦，也相當值得。

　　我的妹妹黃正在民國三十八年六月先到台灣來。她來有她的目的，她想進台灣大學繼續就學；結果她到台灣沒多久就到孫立人將軍處擔任祕書的工作。有天我在廣州收到她一封電報：「陸親部要辦女青年工作大隊，裡頭有社會工作。我向孫將軍提到妳是學社會學的，孫將軍希望妳能來幫忙。」妹妹的電報譯錯，「陸訓部」寫成「陸親部」，我當時看了也不知道是什麼機關，反正當時台灣有很多單位，我想大概是新成立的機關罷。我想我是學社會學的，這樣的服務機會相當難得；而且當時真是非常愛國，毫無雜念，只想到國家已到這地步，有機會從事一些更深入、更直接的救國工作，當然是義不容辭。加上媽媽這時正巧也由湖南來到廣州，就決定和媽媽到台灣來。

　　我們是乘華聯輪來的，經過數日的海上生活，終於到了台灣，見到了妹妹黃正。妹妹自己找到了工作，還替我也找到了工作，真是十分開心，我們母女都很喜歡台灣，風光和大陸完全不一樣，而且寧靜、純樸，真是個好地方，可惜不到一年，災難就降臨了，真是可悲。

三、女青年大隊

　　孫將軍有一個概念，他認為：台灣很小，一旦發生戰事，就沒有所謂的前方、後方，完全是一個整體，在這整體戰爭裡，最重要的是軍眷和孩童。而當時隨軍來台的軍眷都很年輕，婦女組訓起來，也是一股大力量：在農忙時，軍眷也可以直接幫助農田的工作；到了戰時，男人都要去當兵打仗，婦女可以幫更多忙，大家這樣分工，更能發揮作戰能力。這也是孫將軍成立女青年大隊，將它視為作戰時重要後援力量的主要原因。孫將軍的這種想法來自二次大戰時，美軍成立的 WAAC 即 Woman's Army Auxiliary Corps（陸軍婦女輔助隊）。我們在南京時也曾見過、接觸過，這些婦女完全擔負軍方後勤：駕駛車輛、運糧、運軍火、也做護理工作、宣導工作，都做得相當好，對國家幫助非常大。所以孫將軍依據這樣的經驗，所想辦的女青年大隊的構想是很完善的，大家也都認為這是很新的概念，做得很起勁。

　　我於民國三十八年九月來台，在女青年大隊開始從事訓練工作。當時到

女青年大隊教授的師資素質都很高，幾乎都是國內著名大學畢業的，而且都很年輕。因為大家都有共識和理想，所以做得都很努力，也很稱職。我是少校，負責兒童福利組，主要也就是想訓練學員把軍眷和孩童組織起來，該讀幼稚園的讀幼稚園，該上托兒所的上托兒所；因此我們也辦幼稚園、托兒所。

事實上來台的女青年大隊隊員大部分都是流亡學生，有的只有十五、六歲，也有一些二十一、二歲的。她們進來後，先受入伍訓練，然後再分組。她們的操練非常嚴格，由照片看起來，每個人都很凶悍的模樣。事實上，她們吃是吃不好，多半只吃白飯，很少菜式，個個長得結結實實的；穿也穿不好，所發的軍服都只是很粗的粗布衣。

徐嗣興先生補充：因為女青年大隊是孫將軍在大陸召募、來台組訓的，國防部並未給予正規軍隊編制，因此根本沒有經費；女青年大隊所有的財源都靠孫將軍想辦法籌出來。至於軍服的經費，更是沒辦法向編制中取得，全由孫將軍想辦法。孫將軍要經理處想什麼辦法呢？經理處想出來一個辦法是，當時男軍服夏天是單夾，冬天是棉製的，每一批裝軍服送來的布袋子，都是從做軍服剩下來的零碎布頭、布尾縫接而成。現在將這些布袋子拆下來、洗乾淨，縫製成短裙，即可成為女生學員的制服。當時每位學員共發有兩套這樣的制服，可以每天換洗。當然這樣製成的制服是相當粗糙的。而洗這些布袋子的錢又要從哪來呢？軍隊裡的軍糧每包都有一定數量的消耗，如搬運時因蔴布袋破掉，導致米糧漏掉等等，都可以算是消耗部分。他們就想辦法由這一定消耗的數額中，挪一點出來當作洗軍服的工錢，雖然這是很不容易的事，但孫將軍都做到了。

我到女青年大隊是擔任兒童福利組組長，我有位同學林德卿是空軍眷屬，任副組長。我學的是社會系的兒童福利，注重有問題的兒童；她學的是家政系的兒童保育，我們兩人配合，一起規劃兒童福利組，對兒童發展和兒

童心理都很重視。當時主要的課程由我和林教官❼安排。課程主要是兒童心理、兒童福利、兒童保育（child care）、社會心理、行爲指導等一類的功課，也做個案工作、團體工作（group work）；因爲是替軍眷做事，我們也做社會調查，教學生如何去訪問、如何歸納資料、分析情況。此外也找軍眷媽媽來教烹飪、縫紉這些課，大部分的課程是由我和林教官兩人教。也會找相關的老師來教，師資由我負責，像我找過孫將軍的堂妹孫敬婉教兒童心理，因爲她是學心理學的。

我們將課程安排以後一定要大隊部同意、核准才可以，通常負責教務方面的是副大隊長周明道❽。所有的課程都須由周明道先生過目。周明道是西南聯大經濟系畢業，他對女青年大隊付出很多，非常盡心盡力，尤其是女青年大隊的各種活動規劃、處理、安排都很用心。他歌也唱得很好。有時候他對我們提出的課程安排有意見，覺得不妥當，也會請我們來協調，和我們研究討論，他在這方面的表現很不錯。我被捕後無法繼續上課，兒童福利組的課就由他來替我上，並掌管兒童福利組的課程安排。後來他離開女青年大隊，就到民間機構去服務，就我所知，最後他是在華南銀行當副總經理，現在已退休了。

女青年大隊的訓育方面是由賀雲鸞女士擔任（生活輔導組組長）。賀組長是燕京大學生物研究所畢業，曾在中央研究院植物研究所待過，在女青年大隊負責生活輔導。我妹妹黃正就是幫她處理學生生活輔導工作，常帶著學生趕做壁報。女青年大隊剛到台灣時，眞是狼狽不堪，很多都是流亡學生跟著部隊一起來台；而軍中最多的是臭蟲、跳蚤；臭蟲咬人很臭，再生力又強；女青年大隊隊員幾乎大家頭上都長滿蝨子。賀組長整理軍營的第一步就是幫她們做清潔工作，打 DDT、用熱水沖洗，將她們弄得乾乾淨淨，貢獻很大的。

其實孫將軍很講究形象，我記得我們在隊上沒什麼東西吃，每天中午就

---

❼ 我們在隊上都以「教官」稱呼。

❽ 我們稱他大隊附。

一缽菜，菜裡頭都只是些油豆腐、粉絲、幾片肥豬肉，根本談不上營養，大家就猛吃飯，吃得個個都很胖。孫先生一看，說我們怎麼把這些女孩子訓練得跟 potato 一樣。他不希望女孩子長得太像 potato，因此就由我們兒童福利組開始訓練。當時十五至二十五歲的小女孩，都只穿著粗糙的軍服，沒什麼美感可言，因此我開始教她們做胸罩。由做胸罩開始，再教其他的禮儀，將正在發育的女孩子的美呈現出來。然後要求隊上煮菜時，白菜量增加，也希望她們少吃飯、多吃菜，儘量不要吃得太飽。慢慢地教她們懂得愛美，讓她們知道雖是個女兵，也要懂得美。這就是孫將軍對我們女青年大隊的要求和指示，可見得他很注重形象、尊重我們。

雖然在女青年大隊的日子很苦，但我們都過得很快樂。我們那時出操都帶著斗笠，所以大家都叫我們斗笠女兵。那時幾乎每個禮拜都有好多中外記者到屏東來訪問。他們覺得在南台灣居然有這樣多大陸流亡女學生在受訓，而且操練這麼嚴謹，令他們產生好奇心，也因此特別受到重視。後來蔣夫人也來參觀，覺得真的不錯，才開始重視女青年大隊，並將女青年大隊納入正規部隊編制。這些受過訓練的學員們，後來在軍中是很有貢獻的，她們後來的際遇都還不錯，離開女青年大隊以後的個人發展也很好。

四、李朋匪諜案

民國三十九年三月一日，老蔣總統復職；三月二十一日開始到南部捉人。我和我妹妹、潘申慶是首批被捉去的人。本來陳良壎也要被捉，但因為他是孫將軍身邊最重要的助手，孫將軍不能一刻沒有他，所以他才沒和我們去。

我們被抓完全是政治因素，而不是其他因素。那時有一位叫李朋的匪諜，他是個新聞記者。

徐嗣興先生補充：李朋原是南京中央社的新聞記者，他和金陵女大吳校長很
　　熟、很要好，黃玨在金陵女大讀書時，因為風頭較健，很容易引人注
　　意；金陵女大有活動時，中央社派記者去採訪，就派這個李朋去，因此

他就認識了黃珏。後來黃珏到了廣州也碰過他。再後來黃珏到了女青年大隊。某日，正巧李朋來參觀，又碰到黃珏，因此聊了起來。新聞記者總是到處跑，東問問、西問問，也沒人懷疑什麼。李朋到女青年大隊也不是衝著黃珏去的，他是中央社的記者，由中央社備有公函給孫總司令，孫總司令交給政治部辦理參觀事宜，他也是到了女青年大隊才發現黃珏在女青年大隊服務。和他同去的還有一位攝影記者金凱，因此幫她照了些照片。後來李朋案一爆發，辦案人員在李朋處發現有幾十個女孩子的照片，都一一找去問話了，如有在海軍服務的、也有和他同居的護士。

　　結果再後來，發現黃珏在孫將軍處做事，這就有文章可做了。先是造成一種氣氛，讓人覺得孫先生周圍有很多匪諜，女祕書是匪諜、女青年大隊職員是匪諜等，而孫先生則是知匪不報，所以要下獄。後來有副總司令段澐因知匪不報，遭到槍斃，也是一種警示作用。

　　保安司令部給黃珏、黃正她們的罪名是「因過失洩露軍機」，判刑十年。其實以我當時是防衛司令部衛生處處長的身分，我都不知道機密在哪裡，她們這些下級單位怎會知道軍機在哪？

當時的政治情況是這樣的，孫先生很得不到國軍嫡系：黃埔軍系的支持，所有黃埔軍系的人多反對他，老總統也因而受到不少影響，因此就慢慢削減他的力量。當時正是白色恐怖時代，要害一個人很簡單，只要加頂紅帽子，都可以是罪名，知匪不報是大罪，自己若真是匪諜，那更是不可以。孫將軍當時聲望太高，沒辦法把他拉下來，唯一的辦法就是先製造一種空氣，好像他身邊有很多不好的人，從我們開始就是壞人，我們都是匪諜。一共經過五次震撼，到了最後是郭廷亮的事情發生了，郭廷亮是不是匪諜？因為他是孫將軍的親近部下，只要他一承認他是匪諜，孫先生就有罪，因為「知匪不報」。

那時有命令下來說要抓我們了，我還在女青年大隊上班。我們大隊長還說：「唉呀！那個李朋呀，我跟他很熟，他是天津人，我也是天津人。我一

直都陪著他，怎麼不抓我去談話？我很了解他的。」還開我玩笑說是：「妳要上台北去玩了。」那時真的是很年輕，一點也不知世上有這麼複雜的事。

和我一起去的潘申慶是清華大學肄業，他因青年從軍，所以一直沒畢業。當時他是上校指揮官，也是孫將軍的隨從參謀，一直都跟著孫將軍，很受孫將軍的重視。

我們是匪諜嗎？其實他們都知道我們不是匪諜，和孫先生既不是同鄉，關係也不長遠，是到台灣以後才在他的下屬單位服務。問話時，他們也都問一些和李朋案無關的問題，比如說：「孫司令官跟妳們訓話都說些什麼？」「妳們是不是很受感動？」我當然說：「很感動！」後來我慢慢覺得不對，抓我們來，不是因我們是匪諜嗎？怎麼老問這些呢？我那時就非常敏感，也意識到他們在鬥，因此就義正詞嚴地、狠狠地說了一頓。我說國家都到這種地步，你們這些軍人為什麼還互相爭鬥呢？當然也是愈講愈不像話。他們就更認為我們是孫將軍的死黨，在這種情況下，還這樣幫他講話，因此我們也就沒有很好的結果。

事實上，我們和孫將軍毫無任何關係，既不是同鄉，也不是老幹部，只因他訓練軍隊實在令人敬佩，才對他很推崇。在這之前，我從沒和軍人接觸過，在我印象中，軍人平時都是無所事事的。哪知和孫將軍一談，才知道軍隊有這樣高科技的方法、對軍隊有這樣愛護的長官、訓練有這樣優秀的成績，真的只是受到他的感動而已。說實在的，他的軍事才能真的是好得讓人沒話說。而我們就這樣因敬佩一位現代英雄而坐了十年牢。

五、傷心的父母

民國三十七年，父親被任為湖南省政府委員。三十八年省主席程潛竟然改變主意，倒向共產黨，居然和平解放了湖南，說得白一點，就是叛變了。湖南易手，實在出人意料。當時湖南政界裡高層官員都聯合簽名，發表宣言，擁護和平解放湖南，只有極少數官員沒有隨聲附和，參加簽名，我父親就是其中之一。程潛一向對我父親很好，覺得父親忠厚，而家小又已到了台

灣，自無留下的理由，也就默默地不予計較。

後來父親設法匆匆離開長沙，逃到廣州，再轉赴香港，總算脫離了險境，卻不料在香港就得知他的兩個女兒出事了，被關了，日夜不安。我們剛被抓時，父親已由湖南逃到了香港，正在辦理入台手續，當時入境證並不容易辦出來，因爲我們的案子爆發，陳誠特別發給他入台證，准予他入台。沒想到他一來到台灣，才發現兩個女兒的情況比想像中更嚴重，就到處拜託、找人幫忙。

當我們出事時，輿論對我們姊妹倆眞的很不好，話講得很難聽，說我們不但是匪諜，而且是國際間諜，甚至對女孩子很不利的字眼、很不好聽的話都有。我父親看了當然很難過，就在報上發表了好大一篇「啓事」，說他的兩個女兒受國家高等教育栽培，在國家有難時，投筆從戎、走入軍中工作。現在不幸她們牽涉到一個案子中，案子雖還未宣判、案情大家也都不知道，希望大家不要再以訛傳訛、對女孩做無謂的揣測，以致破壞她們的名譽及影響司法的判斷。當然裡頭也寫有一些感性的話。後來聽說政府方面也看到這篇「啓事」，才要求新聞媒體不要再報導我們的消息和事情，對我們的傷害也才稍稍減少。

五〇年代的台灣，幾乎變成一個恐怖的世界（即國人所稱白色恐怖時代），蒙不白之冤、坐牢的、喪命的比比皆是。父親想援救我們，幾乎力不從心，完全絕望，就十分抑鬱煩惱，最後終於心臟病發，於民國四十年去世，死時年僅五十八歲。

父親是民國三十九年來台，民國四十年就過世了，因爲他實在受不了這個壓力。但他的過世，我們是直到整整被關十年出來以後才知道。我們先被關在台北延平南路，後來才遷到桃園，在桃園住了九年。這之間，情報局上上下下都對我們姊妹兩人很好，還替我母親瞞著我們，不讓我們知道父親過世的消息，連送開水的小兵都很能體恤我們被關者的情況，一字不漏。而我們有時也會懷疑，怎麼老是母親寫信給我們，信上都只是「父母親手書」，卻沒見到父親的來信？因此偶爾也會說動一些看守人員幫忙回家探視父母。

他們回來還編故事哄我們，說是只見到我母親，沒看到我父親。再追問究竟，他們還會說：「有，有。好像妳爸爸有點中風的樣子，看到他一個人坐在後面，不肯見人，也不說話，那人大概就是妳爸爸！」我們姊妹心想：父親是個很愛面子的人，現在女兒出了這種事，當然不願意見外人。我們自己這樣推想，都自以為理所當然，就不疑有他。這點我要特別感謝情報局這些人，當初我們姊妹倆要是早知道父親過世的話，我們會採取什麼樣的反應或手段，誰也不知道。

說及父親，他是最愛我們兩姊妹，卻為我們而死，想起來真是心如刀割，心裡有流血的感覺。不過最辛苦的就是我母親了，她既要承受兩個女兒被關的事實、並想辦法營救外，還要面對我父親的過世和獨自一人在外奮鬥的孤苦，真是天下父母心。

六、孫將軍與孫案

(一)孫將軍其人其事

由我們平時和孫將軍的接觸，我看得出來，孫將軍是一個非常尊重知識分子、非常愛國的文人將軍。孫將軍是很忠誠的一個人，但他就是不太會表達，在言辭上不太會表達他的想法。很多事情，縱使他不講，我們也能了解，能知其意。像他組織女青年大隊是想模仿第二次大戰時美國的WAAC，他的很多構想都不是由軍事上著手，因為他自己是受過高層次教育的知識分子。孫將軍不但尊重知識分子，也很願意接近知識分子。當年在屏東阿猴寮裡，幾乎每個教官都是自國內知名大學畢業的，如前面提到的大隊附周明道、賀組長，還有孫將軍的堂妹孫敬婉。孫將軍平時在鳳山辦公，我們在屏東，不過有時他下班回到屏東，也會把我們喊去，討論討論女青年大隊訓練的事。

說到孫將軍不擅表達，他的隨從參謀陳良壎最清楚了。每次開會，他和周至柔將軍兩人衝突最厲害時，孫將軍總是一臉通紅、講不出話來，他真的講不過人家！什麼人他都講不過，因為我們有意見和他講時，他常就是無言

以對，講不過我們。

　　我舉個例子：當時我們隊上分組，共有四組，我是兒童福利組組長，社會教育組組長也是我金陵女大的一個學長，軍隊衛生組組長是一位國防醫學院畢業的，只有政工組組長是在他手下當兵出來的，出身行伍。但是這位先生很聰明，非常能幹，雖然沒受過正規學校教育，可是點子很多。只是他和我們有點距離，因為他總覺得我們瞧不起他、總司令偏袒我們。當時在物質條件上言，是非常艱難的時代，所以全隊只有一架破風琴，這架風琴，政工組要用，我們兒童福利組也要用，而且我們還有托兒所，托兒所教學時有唱遊，我們也要用風琴教唱歌、帶遊戲。因此兩組就常會爭取使用這架風琴的機會。這位政工組組長很善盡職守，常為他的組員爭取使用機會。當然，我也要為我的學生和軍眷小孩爭取。每次我們一要爭取使用機會時，這位組長就氣得不得了。後來他終於忍不住了，首先發難，就到副司令賈幼慧先生那兒去告狀，說我們如何囂張等等，講了很多壞話。

　　結果這樣一件小衝突，很快就傳到大隊長那兒去，大隊長問我們怎麼回事？我說沒有，這只是小衝突、小磨擦，沒什麼，我們也沒存心要和他作對。後來總司令就把我們喊去，我們將情形向總司令說了。

　　總司令卻答：「妳們教育程度比別人高，就應該讓人家一點。」我們就和他辯：「在軍中做事還有所謂教育程度高的要讓教育程度低的嗎？總司令你帶的兵，教育程度都比你低呀！你讓不讓他們？你為什麼這麼關心他們？對他們這麼好？這應該和教育程度高低沒有關係吧！……」

　　反正就是這類情形很多，現在都已不記得當初吵鬧的細節了。後來我們建議他乾脆分開來使用風琴，最好是每組買一部樂器。他說女青年大隊沒有編制，所有的經費都是七扯八扯湊來的，哪有錢再買風琴？我們要他說清楚這台風琴到底屬於那一組的？他說屬大隊部的。但是現在有衝突了，一定要解決、要說清楚。我們三、四個人七講八講，他真講不過我們，只好說：「好吧！如果真要，我再看看還有沒有多餘的錢買部破風琴，或想辦法去找一部來用。」

　　類似這樣的爭辯機會很多，我們都很清楚總司令不是一個很會講話的人，部下一和他爭，他真的就沒辦法了！

　　但孫將軍是非常忠黨愛國的人，他對蔣先生的忠誠有如「皇后的貞操不容置疑」般，真是一心一意對蔣總統好。不過他最大的缺點是驕傲，非常驕傲，這不太好。加上孫將軍有牢騷，他尤其不滿、甚至瞧不起某些軍人，他說這些人不會打仗，只會貪污，所以對他們很是厭惡。很可惜的是，他實在是一個很好的將軍，但不是一個很好的政治人才。他的幹部又都是跟著他打仗一起出來的，都只是很純粹的軍人；加上他這些老幹部或許在思想上和他有些差距，甚或不懂得政治藝術，因此使他在政治上的表現不如他在軍事上的成就。

　　我們由其表現，知道他裡頭、外頭都是一樣的人：脾氣不好、性情驕傲、不拘小節、人又相當一板一眼，加上他不擅言辭、不會表達，本性卻是十分敦厚純良的人。這種性格，絕對不是造反、或有陰謀技倆的人，他根本沒那麼深沉。老實說，他也沒有推翻現有政府、或推翻蔣先生的魄力，因為他是一位重感情的人，只是後來受的壓力大時，他確實有不少牢騷，而在他發牢騷時，這些幹部多會替他氣得不得了，甚至說要鬧革命。但幹部激動時，他卻又沒及時加以制止，我想這是他最大的失敗。

　　我們知道孫將軍是一心一意對蔣總統好，如果真要叛變的話，他的機會很多，但是他都沒有，這個可讓我先生告訴你們，因為很多時候他都在場。
徐嗣興先生補充：大陸撤退時，孫將軍正是權勢最高時，幾十萬部隊都在他手上，如果他要叛變，這時候不變，而等到他當參軍長才說要變，我想天底下沒有這樣的事情。我記得大陸剛撤退時，有天下午約五、六點鐘，天還有點亮，我在司令部，突然聽到緊急集合，大家都到操場去集合，我也去了。我們在司令台底下，這時蔣經國先生、吳國楨先生、陳誠先生、周至柔先生都來了，就在司令台後方的總司令辦公室前圍著講話，正在講時，吹起號來，大家排好隊、都立正了。是老先生來了。他穿著中山裝、戴著禮帽，由車上下來。陳誠等人也都走上司令台來。然

後開始講話。老先生講話的時候，心情也很難過，因為大陸丟了才到這邊來的。老先生訓了話後，我們政治部一位唐先生帶頭喊口號：「蔣總統萬歲！」「中華民國萬歲！」我們大家都立正、敬禮、呼口號，大部分人都感動得淚眼汪汪。孫先生也在底下流淚。

如果說孫先生要叛變，那時只要他一聲令下，這些人全都抓在他手裡。他真要叛變的話，我相信他不會笨到這種機會不好好把握，而等到後來當參軍長時才叛變。後來我和朋友談起這事，總是認為孫先生真是個很好的軍事將領。

(二)孫案始末

我們被抓是保安司令部的公文，是彭孟緝要抓我們、關我們的。因為那時彭孟緝很想討好陳誠和蔣總統。後來我們才知道整孫將軍共有五個外圍，最後才整到孫將軍身上。這五個外圍：第一是我們黃氏姊妹、潘申慶及其他一些不顯眼的人，如當時也捉了十幾位女青年大隊隊員去問話，不過她們在陸軍總司令部就釋放了，只有兩個被送到台北延平南路情報局關了一年。一年後，其中一位隊員葉琳就被送到火燒島。她的情況是她有個也姓葉的男性朋友，兩人以兄妹相稱，在書信往返中曾發些牢騷，因此被關。

第二是李鴻一批人被抓。李鴻中將原是孫將軍新一軍的部下（後來擔任新七軍軍長），大陸淪陷時，這些人沒過來，都回家鄉去了。後來約於民國三十九年時，孫將軍想盡辦法把他們都營救出來，有軍長、師長、團長、旅長、營長等十幾個人。他們來了以後，全被捉去關了，剛好來當「替死鬼」。其實我方情報人員都很了解大陸那邊的情形，也知道這批回來的人，絕對不是效忠共產黨的，因此剛開始雖然把他們打得要命，可是後來對他們都很尊敬。他們被關了二十五年，這些情報人員始終不願判他們的案，將這個案子壓了好幾年，不敢送到蔣總統那兒去。因為他們知道送進去後，蔣總統一看都是投降的將領，二話不說，一定是殺頭。一下子殺掉這麼多將領，也太過分了，所以將他們的案子一直壓到蔣總統死後，才將他們一個一個放出來。可是放出來時，這十幾個人中已經死掉一半了，有的太太無法等待，

早就離開了，可以說都被整得家破人亡。而他們大半都是窮軍官，被放出來後，情形也都很慘。

第三是副總司令段澐，他也是很可憐，後來被處死。

第四是軍法處長周芝雨，也是處以死刑。他的兒子在美國當牙醫，曾回來要求平反。

第五就是郭廷亮等人。

最後就是把孫將軍鬥垮了。

上方的理由是：因為孫將軍的外圍有太多「匪諜」的組織，孫將軍本人要負責任，因此他難辭其咎。事實上這些人中一個匪諜也沒有。剛開始時蔣總統對孫立人將軍或許還很信任，願意相信他。但這樣一波波的匪諜案子出來後，慢慢地，他也會動心的，孫立人又不會表達自己的意思，因此到最後的演變，我覺得已經有點意氣之爭了。

其實這些軍人的事我並不清楚，也很少去過問或多做了解，不過李鴻這批人被關的時候，正巧我和我妹妹還在台北延平南路，是我們親眼見到的。最後就是郭廷亮。郭廷亮的事爆發時，距我們第一波已經五年了，也就是說我和妹妹已經被關五年了，可以說我們已經微不足道，是顯微鏡底下的人物了，所以對我們管得比較沒那麼嚴了，在牢裡也可以到處走來走去。當時我的牙齒不好，必須看醫生，上面也曾將我由桃園送到台北來就醫，因此我們又回到台北來一陣子。在台北時，我們知道王善從他們在那裡住過，也剛好碰到郭廷亮的案子。我們就問看守：「你看過郭廷亮沒？聽說是匪諜耶！」所有的看守都講：「他不是，不是，不要胡鬧了，和妳們一樣，都是被冤枉的！郭廷亮是個愛國主義者，很了不起！他被打得要死，都沒有承認。他只講他確實是很恨反對孫立人的人。還說就是真有兵諫，也是為國家好。」

那些小看守都是年輕的小伙子，尤其在台北的，都是看著我們進去的，對我們姊妹兩人都很好。我也不知道他們的名字，只是小賴、小鄭、小余地叫他們。講郭廷亮是愛國主義者的就是小賴，他很有正義感。我們在那兒都成了朋友，還曾說過我們回家後，一定要找他們來喝酒，因為他們都愛喝點

酒。可是我們離開台北到桃園以後，就沒什麼聯絡了。他們都很可愛，在看守所裡工作，對許多事多少都知道一點點，如果能夠訪問到他們，一定很有意思。

我們到桃園以後，桃園是個天牢，看守都是外省人，我們待在那兒的時間比較久，也見過不少人，如新聞界前輩龔德柏、特務聖人喬家才。喬家才在裡面坐了七、八年。不過在天牢的多半還是孫將軍的幹部，或情報局被送到大陸、又失職潛回的人員，或政治上犯了錯誤的人。其中我印象較深的是彭克立及潘德輝。

彭克立是位典型的優秀軍人，他是新六軍的副師長，在監牢裡沉默寡言，用功讀書，總帶一種威武不屈的神情。他與妻子結婚二十餘年，但斷續相處僅只十三個月，育有一女。他隨孫將軍抗日、剿匪，馬不停蹄，幾次都是路過家門而不入，這樣為國家奮鬥不懈的軍人，最後卻莫名其妙地關在牢裡二十五載，出牢時舉目無親、身無長物，而且年紀已老大不小，政府只好將他送到仁愛之家養老。聽說後來他與大陸老家取得聯繫，得知他太太已經去世，慶幸女兒頗有出息，努力設法將老父接回湖南長沙故鄉奉養，那時彭老也已八十餘歲了。

潘德輝則是個多才多藝的人，很有音樂才華，會作曲、作詞，常創作一些好聽的小調小歌；他還會拉南胡，常常拉得像拉小提琴般動人；也會畫畫。他是軍中特務組的，在印緬作戰時也是轟轟烈烈的人物。

在桃園九年，最後就剩我和妹妹兩位女性了。時常看守著我們的這些人，他們對我們都很好、很照顧。

七、感言

我和妹妹黃正在女青年大隊服務不到一年，即以莫須有的罪名被判刑十年，整整監禁十年又兩個星期，人生最美好的青春歲月就如此消磨殆盡，沒有人聞之不為我們嘆息的！倒是我們自己，一出牢門，所有的痛楚傷痕都被母親的慈愛撫平。母親為我們佈置了一個十分舒適溫馨的家，使我們有了立

足的地方，重新過正常的家庭生活。

母親怕我們變得偏激、消沉，常常說：「妳們兩個年紀輕輕，就這樣走過大風大浪，而今能平安回來，媽媽心裡已感到十分安慰，雖然遭遇到這樣大的災難，但對神、對人還是要滿心感恩，因為患難中，我們也得到許多教訓和體驗到人生眞象，尤其是這麼多的朋友們對我們母女的照顧、支持和協助，患難見眞情，這些都是十分可貴的。做人呢，感激比仇恨還是容易些。」母親的話，使我們很快又變得快樂、喜悅起來。

我一直覺得我很幸運，在我出來後，成舍我先生即自動聘我到世界新專擔任講師，其後升任副教授；服務二十七年後，乃於民國八十三年以副教授身分退休。其次，我在感情上的發展，也有所歸依，我和徐嗣興醫師相戀十年，他不但幫助我、照顧我母親，也苦苦地等我十年後的歸來。我四月被釋放回家後，他正在美國讀書。六月，他拿到學位；八月，即束裝返台；十月，我們就結婚了。現在我們有子女各一，女兒在美國學的是市場學（Marketing），現任加州洛杉磯一家大百貨公司的經理。兒子是醫生，服務於台北榮民總醫院。上帝以一個美滿的家庭彌補我所受的委屈，幸福使我心存感激，寬容之情也使可悲的往事漸漸淡忘。

至於我的妹妹黃正，她後來與一位美籍人士傅禮士先生結婚，婚後隨夫走遍五大洲，生活充滿新鮮快樂。她的獨生女也已長大，學法律，現今是美國聯邦政府的檢查官。

直至今日，我心中最大的痛就是愧對我的父母親，我沒有孝順過父親一天，母親也只和我們共同生活十年，即平靜地離開了人間。人生際遇十分奇妙，我曾在家鄉見到過一幅刻在戲台旁邊的對聯，它是這樣寫的：「做成文武衣冠，古往今來多奇局；看遍人情世態，廣大乾坤一劇場。」眞是於我心有戚戚焉。

參、女青年大隊副組長黃正女士訪問紀錄

時　　間：民國 81 年 11 月 20 日、民國 99 年 9 月❾
地　　點：台北市新店中興路徐宅
受訪者：黃正
主　　訪：朱浤源、吳美慧
紀　　錄：吳美慧、朱麗蓉

一、我的出生

　　我是家裡第四個女兒。媽媽一直想生個兒子，懷我的時候，年齡已經很大了，大家想這次一定是兒子。爸爸家是個很古板的家庭，媽媽快生時，從洞庭湖旁的沅江，沿著湘江送了三大船的禮物到長沙來要送給我，結果一聽是個女兒，禮物一樣都不留的，就原船回去了。媽媽知道後非常生氣，得了血崩就昏暈過去，幸虧奶媽給我喝了點糖水，幫我洗洗澡。在那種如此重男輕女的風氣下，令一個嬰兒無端地受此屈辱。

　　我和黃珏姊姊差兩歲，姊姊到哪唸書，我都跟著去。小學時，我最傷心的就是數學很不好，我想可能是老師不好，因為高中時我數學很好，甚至考大學時，我考哪個學校，最難的數學都考一百分。

　　我大學讀的是金陵女大歷史系，本來我可考別的大學，但爸爸要我考湖南大學；我知道我考上湖南大學後，爸爸一定會要我唸湖南大學，我就是不想住在家裡，只想跑得老遠；最後只好和姊姊讀同一個學校。那時，我覺得金陵女大的老師並不吸引人，我一心想去北京大學學法律。曾經有個北京大學的教授從北京到金陵大學講學，因為金陵女大和金陵大學的課可以互選，

---

❾ 民國 99 年由黃正女士親自修訂，再寄回中研院。

我上了他的課，就去找他，我說：「夏老師，你能不能幫我忙，我想去北京大學讀書。」他說人家現在都往南逃，妳去北方幹什麼？這時時局已經很亂了，因此就沒再去想離開金陵女大了。

二、來台經過

南京很亂時，我先回家去，後來大家都在逃，就跟著姊姊逃到廣州中山大學借讀。再後來連廣州都很危急時，就剩兩條路，不是去美國，就是到台灣。我那時還沒想到去美國，只想到台灣，進台灣大學繼續讀書，但到台灣的入境管制很嚴，並不是那麼容易說來就能來。

某日，在廣州街上遇到父親一個朋友蔣鋤歐先生（曾任粵漢鐵路總工程司）的家人。他家有十一個小孩，有幾個和我和姊姊很熟；他們家有幾個小孩已經先行去台，剩下的幾個正在黃浦江邊、掛個火車廂住，一邊等船。他們邀我同去台灣，和他們一起等船；因為來台灣的入境很難申請，我是用他們姊姊的名義登記入境的。我們坐的那條船是清朝的老船，船底滿載砲彈，要是爆炸了，可真不得了；不過當時有船坐已經不錯了。

我們坐船坐了四天才到台灣，真是坐得昏頭昏腦。清晨時看到台灣，台灣很美麗，真像個蓬萊仙島。可是我一看到這島，就好難過，難過得頭都低下來；我一直告訴自己：不會的，一定會很好，將來還要到美國去。自己就這樣一直鼓勵自己，但這好像是個預兆，沒想到後來我會這麼不快樂！

我有一個姪女——是舅舅的孫女兒。媽媽家是個大家庭，我是媽媽最小的女兒，所以我的姪女年紀比我大，已經結婚了。她的先生是新六軍的師長，叫王啟瑞（後來曾當到金門防衛司令）；我知道她早已隨夫來台，因此去找她。第一天，我沒找到她，因此先住到同學家，第二天才找到她，就去投靠她。她家在上海路，當時上海路有個市政府的監牢，我走到那附近時，牢裡的人拚命向我招手，我覺得很可笑，真沒想到我一到台灣，牢裡的人就對我招手。這以後，我就坐了十年牢，這事想來，也真是不可思議。

三、認識孫立人將軍

　　我到台灣本是要到台灣大學讀書的，可是當時才五或六月，學校要九月才開學。我有個同學章超是孫立人將軍的乾兒子，某日，我和另一位同學偶然去到孫公館。章超說孫將軍想要請一位祕書。孫夫人問我要不要去當孫將軍的祕書？我想孫夫人和我一樣是湖南人，祕書工作也只是打打字，應該很簡單，一定可以勝任的；況且學校還沒開學，待在台北也沒事做；我又想要有個獨立的生活，有了工作，可以把父母、奶媽、姊姊一起接到台灣，一舉數得；況且當時台灣到處都是流亡學生，我能找到工作，是很值得慶幸的，因此就答應了。

　　說實在的，到孫將軍家做事前，誰是孫將軍，我一點也不知道。在南京讀大學時，每天打開報紙都是戰事，想想自己當學生，一點忙也幫不上，心裡難過，也就乾脆不看時事新聞，整天只看電影廣告、《三毛流浪記》等無關緊要的內容；因此我壓根兒不知道孫將軍何許人。要不是後來他拿了本剛寫完的《緬甸蕩寇誌》給我看，我真不知道他是叱吒戰場的將軍。

　　在孫先生的南昌街公館住了兩晚，他們說台北的工作比較少，讓我到屏東去，那兒事情多些。我未到台灣前聽人家說：到了台灣，隨便你住多遠都沒關係，一早就有火車，早上坐火車就可以去上學。因此我心想：這樣的話就是開學後，工作也是沒有問題的。因此答應前往屏東工作。當時根本沒想到台北、屏東距離這麼遙遠，如果早知道如此，我也不會答應去屏東。當時會答應還有一個原因；抗戰時我還太年幼，沒能趕上抗戰、沒為國家出過一點力；現在時局這麼亂，我想光是讀書也沒多大用，現在有機會到軍隊中去做事，也是為國家社會盡一點心力。就是這麼簡單的想法就去了屏東。

　　憑良心說，到孫將軍家做事，我並不太認真。剛到屏東時，孫將軍要我幫忙整理他的照片，這些照片有艾森豪、蒙巴頓將軍等人的照片，或他們和孫將軍的合照，也有艾森豪邀請他到歐洲戰場去的照片，都很寶貴。我卻莫名其妙地，毫不知珍惜。孫將軍要我將照片用相角（以前相簿必須以相角固定四個角，然後貼於相簿上）固定好，因為那些相角是從香港寄來的，與大

張的相片不符合，很難貼牢，所以我就用漿糊在照片後面糊得滿滿的，還加上幾個巴掌將照片緊緊黏住，這是會弄壞照片的。孫將軍看了也沒生氣，只說我在搞什麼名堂？我說「相角貼不住呀！」

孫將軍在台北的時候多，屏東的公館就給我和兩個女傭住，所以是一個相當輕鬆的好工作。曾日孚是孫將軍的隨身參謀，記得有次有個美國記者託他送我一盒巧克力糖，因為我只喜歡吃裡面夾有核仁的，就每一個咬一口吃吃看有沒有核仁。曾日孚還去總司令面前告我一狀，說是「報告司令，她把所有的巧克力都咬一口，怕我們吃！」那時真是孩子氣。連孫將軍自己都很天真，個性不合於政治上複雜的環境，他真是不會應付外面的世界。

當孫將軍在屏東時，我看到報紙上有要緊的事，就講給他聽或給他看。在媽媽、姊姊還沒到台灣來前，孫先生就像我的父親，我也把他當父兄一般看待；後來媽媽、姊姊來了，家也在屏東。我當時還是《正氣日報》的記者，不過主要工作是在女青年大隊。

吳美慧（以下簡稱「吳」）：您怎會當《正氣日報》的記者？

答：為什麼會當《正氣日報》的記者——《正氣日報》是當時鳳山陸軍防衛司令部的一份小報，不對外營業，社長是張佛千先生。他想我是孫將軍的祕書，也會寫寫文章，就給我一個特約記者的名義，我可以不用去鳳山上班，只要偶爾寫稿就可以了；但我前後也只寫過一、兩篇稿子而已。記得有一次，金門打了勝仗，孫先生要去金門視察，我向孫先生建議讓我和他一起去，我想我是《正氣日報》的特約記者，可以趁機寫篇很好的報導。孫先生本來很高興，他曉得我文章寫得不錯，因此一口就答應說好呀！後來一想，他又說不要，不能帶我去。我問他為什麼？他說「我不要讓人家知道我有個這樣好的女孩在我身邊。」那時我並不了解是什麼意思，後來果真有人說話，我想孫先生的顧慮也是對的。

吳：您當時擔任孫先生的私人祕書，有否幫他整理私人信件？

答：憑良心講，我幾乎沒整理過什麼，我記得幫他打過一、兩封給美國司令官的信件，一封是給 Gen. Clay，一封是給 Gen. Bradley。因為我打字很

慢，我想我當時都不滿意自己打的東西，後來整理時還發現許多打壞的廢紙，今天仍保留一、兩份完整的、沒有孫將軍簽名，但印有「新一軍」的信稿，不知在你們眼中是否值得，如有需要，我可以影印一份送你們保存。

　　我想，孫將軍辦公室裡有專門的打字員，正正式式中文、英文的祕書，我這小祕書犯不著替他做很大的事情，而且我打字也很費力，所以做過的事不是很多。

吳：他是否提過他和麥克阿瑟之間有什麼協議？

答：這是高度機密，他不會讓我曉得，也不會跟我講。不過，後來我有聽到一點，可是我也從來不去問他，我絕不願多事。

吳：您在〈將軍的委屈〉一文裡提到：此文是在美國魯斯克發表一則消息後所寫的感想，您能否談談這是什麼情況？

答：我正要說這一點，我為什麼會寫〈將軍的委屈〉一文，主要是因我在美國《世界日報》上看到一篇報導，說是孫先生過世以後，台灣曾有兩百多位學者專家開會討論孫將軍的案子，中央研究院院士張玉法先生提出說「不知一九五○年時，孫先生的心態如何？」我想我在那段時間裡，接觸孫先生的機會比較多，也比較了解孫先生，而且對那件事記得清清楚楚：發表他當陸軍總司令應該是很高興的事，他卻氣成那個樣子，最後很委屈的接受。我想他的心態是很可以理解，因此就寫了那篇文章。至於魯斯克，雖然我不知道魯斯克後來說些什麼，不過既然他已經當到美國國務卿，應該不會亂講才對。

吳：您和孫夫人常見面嗎？

答：不常見面，孫先生和孫夫人都當我是小孩般看待，我又長了一張娃娃臉，一點都不像那麼大的小孩。住在南昌街時，孫公館很大，住了很多人，陳良壎、章超的媽媽到台灣也住那兒。不過孫夫人住在樓上，我們住在樓下，很少有接觸的機會。後來到屏東，她來過一、兩次，可以說很少見面。

四、女青年大隊

我在女青年大隊是生活輔導組副組長，原來是中尉，後來升爲上尉。當時女青年大隊的師資素質是很高的，如大隊長史麟生是北京師範大學畢業的，副大隊長周明道是西南聯大畢業的，生活輔導組組長賀雲鷥是燕京大學的，我和我姊姊黃珏是金陵女大的，還有許多教官是西南聯大、北京大學、清華大學、中央大學、金陵大學、東吳大學、輔仁大學等學校畢業的，水準眞是一流的。

生活輔導組組長是賀雲鷥，她在大陸時是在中央研究院植物研究所工作，做事很能幹，通常都是她告訴我要做什麼，我就和她配合，比如說，學員們長疥瘡、長蝨子，要規定她們去洗藥水、噴 DDT、用毛巾蓋住，以做好完全消毒。當時學員都只有一雙膠鞋，脫了鞋味道很不好聞，爲了防蝨子，就要找布鞋給她們穿，這都是很花功夫的事。所謂「生活輔導」，就是專門負責她們的健康、生活品質的提昇，有點類似現在的訓導處。

但我在女青年大隊最主要的工作是幫學員們辦壁報。所謂壁報是一種文藝及見聞混合的手寫報，寫完後加些花絮、美工，張貼在牆上，供所有學生欣賞。壁報是每一個或兩個禮拜就換一次，也可以說是女青年大隊主要的藝文活動，學員們把她們寫的文章給我改，寫得不錯的，就將文章公布出來，以後的薇薇夫人（樂茞軍）在當時就常投稿。做壁報很忙，除了催她們投稿外，要改、要找人抄、要畫，蠻花時間的，但是這段日子雖很苦、很忙，卻很快樂。

我在生活輔導組除輔導學員生活和幫學員做壁報外，其他工作都很瑣碎。我記得曾幫忙做過一件比較特別的事：我在女青年大隊時，有一個學員在大陸已經結婚，因想來台灣，就以未婚的身分考進女青年大隊。到了台灣才發現她懷孕了，而她的丈夫並未來得及到台灣。她的肚子一天天大起來，史大隊長簡直不知該如何處理，因爲女青年大隊本身就不在編制內，現在又多一位孕婦，並非軍眷，也沒有軍醫院可以接受助產。史大隊長又怕她影響女青年大隊的聲譽，只好把她養在醫務室。某日，史大隊長把我找去醫務室

看她，我一進去。看到她小小的個子，挺著一個大肚子，很迷惘地微笑著，我心中好為她難過，因此離去後，我把這事的層層困難報告孫將軍。孫將軍即刻下手令把那位學員送到軍醫院。後來她順利生下一個可愛的女孩，被一對沒有兒女的將軍夫人收養。這位學員也就沒有再回到女青年大隊，而由別人介紹，另和人結婚去了。

當時因為女青年大隊並不受到國家的重視，後來我收集了一些資料、剪報等，託一個朋友，他是蔣總統隨行參謀，請他轉交給蔣夫人。蔣夫人看了那份報告，就帶了陳誠夫人、吳國楨夫人前來南部參觀女青年大隊。這次蔣夫人來，也舉行了一場演講，當時沒有錄音設備，就找了三位紀錄員整理記錄，我是其中一位：紀錄整理好以後送去給孫將軍看，他說我所作的紀錄最為完整，又最能記錄蔣夫人的詞句與風格，也曾經登在《正氣日報》上。可惜我並沒見過那篇紀錄。而女青年大隊因蔣夫人的關心，才開始受到重視，在國家軍隊中正名，也有了經費和接濟、制服改良了、待遇改善了，不幸我們也坐牢了。

五、繫獄十年

民國三十九年三月，匪諜李朋案爆發（詳見上一篇〈黃玨女士訪問紀錄〉）。有天孫先生回來時顯得不太高興，快快然，我問他怎麼回事？他說：「妳姊姊可能要去問話。」正巧這時副官來報告司令說電話來了，他去接電話時，我聽他講得客客氣氣。掛了電話後，他說：「他要妳也去？」我說：「誰要我去？去哪？」他說蔣經國先生要我去，說著就把公事包內的公文拿出來給我看，公文上寫著要潘申慶和黃玨去問話。孫先生說他向蔣先生爭取如果他的屬下有問題，他那兒有軍法處，應在軍法處先審；真要有事，再送保安司令部，這才符合程序。可是後來我們知道彭孟緝很嫉妒孫立人，在蔣經國面前講孫立人的壞話，說是孫先生的人不肯來保安司令部受審。蔣經國很不高興，聽說還有一個黃正，是黃玨的妹妹，在孫立人身邊當祕書，怕我不肯去，還親自打電話給孫先生，要我也去。我一聽，很天真地想，這

麼大的案子要問到我頭上來，還得意得不得了，很高興的告訴孫先生：「沒關係，要問就問。」孫先生看我很坦然，就知道我一定不是匪諜，要真是匪諜，一定會害怕，我卻這麼開心，一定不會有事，就笑了笑說「那就好，那就好。」沒想到我黃正坐牢十年，連張公文也沒有，只是蔣經國一通電話說「妳也去」，我就坐了十年牢。

　　我到了保安司令部，最先問話的內容是：「妳介紹李朋認識孫立人將軍」。我說沒有，他是拿著中央社社長的介紹信去的。至於我怎會知道李朋見了孫將軍？還是孫將軍回家罵我，說是「李朋到女青年大隊參觀時，告訴他說黃正怎麼不穿制服。」當時我還回孫將軍說：「這李朋真囉嗦，我們在女青年大隊偶爾是不穿制服的。」我因此才知道他見了孫將軍。訊問又說：「妳介紹徐嗣興（後來成為我的姊夫）與李朋認識」、「洩露國家機密」、「妳帶李朋去參觀砲兵團」等等，徐先生當時是在防衛司令部衛生處當處長，那有什麼國家機密？我在女青年大隊當生活輔導組副組長，又知道什麼國家機密？至於砲兵團在那裡，我根本不知道，如何帶他去呢？內容真是莫名其妙。

　　其實，開始送我們去保安司令處時，林處長說：「這反正是兩個司令官之間在鬧意見，快及池魚而已，沒什麼事情的。」我心裡還在想是什麼意見？潘申慶到底年紀比我們大，這時就知道要避開孫將軍的話題，不去扯上孫將軍，結果他只判一年刑牢。我和我姊姊最笨了，還說：「會有什麼意見？孫先生是為國家做事情！」後來才曉得這話講壞了，也因此糊里糊塗就進了牢獄。連法官都說我倆真是不知天高地厚！

　　其實那真是場騙局，平日問過話後，法官都會讓我們看看問訊，才讓我們在最後一頁簽名，我們對他們也很信任。最後一次問話完，他們並沒有讓我們看所有的問訊，就只拿最後一頁給我。問我說：「以上所說是否都是真的？」我說都是真的。他就要我簽名。我心裡還在想要不要叫他讓我看看記些什麼？可是我心想以前都沒事，就沒要求要看，也就簽名了；姊姊也一樣，都太天真了。

宣判當天，他們也不敢把我們兩人叫去聆聽，把我們送去保密局還說是要送我們回去，我倆高興死了。結果我們被送到延平南路保密局看守所時，司機還幫我倆把被子搬出來，叫我們進去。我覺得很奇怪，不是要送我們回家嗎？他說：「他們會送妳們回去。」就這樣把我們騙進去的！進去以後，他們要我們把髮夾、肩章拿掉，說：「對不起，妳們的公事還沒下來，恐怕要委屈妳們在這兒多住兩天。」我姊姊一聽就哭了。我還很麻木，不會哭。等東西都搬進去牢裡後，小小一個地方住了三個人。有個眞正的共產黨員就說：「坐！坐！」我還把她的手甩開說：「我又不是坐牢的！」不曉得自己是死是活，裡面昏昏暗暗，一晚都沒睡，就是心痛。

我們到了保密局，是在谷正文先生手下，他做了我們十年房東（谷正文先生是保密局偵防組組長，看守所是隸屬於偵防組，所以屬谷先生管）。他算是老特務，是特務中有正義感的，常常笑呼呼的，也常拿書給我們看，說姊姊和我是亂世佳人。他怕我媽媽寂寞，還送了隻狗給我媽媽。我不敢說他沒做什麼壞事，畢竟那是他的工作職責，但他對我和姊姊很照顧。

孫將軍的高級幹部都是穿著馬靴的，當時我坐在牢裡，每天看著門口的馬靴愈來愈多，心想這到底怎麼回事？法官還笑著說：「我這兒快成了陸軍總部的招待所了！」其實就是整肅孫立人將軍的開始。

我們後來怎麼知道被判了十年？那是我們進去半年之後，保密局的法官看我們莫名奇妙、一天到晚哭著要回家。他們也不忍心，就把我們叫去說，我們已被判了十年。不過他說沒關係，通常判十年只要關一年就可以保釋。我們一想，那就快了；也就安心地再待半年。次年三月過了，怎麼一點動靜都沒有？他們又說總統命令改了，判十年就要關十年。這一切好像都是衝著我們姊妹倆來似的。

我們坐了整整十年牢，最後差點還出不來，幸虧有情報局局長張炎元先生（張炎元先生是戴笠先生訓練的，繼毛人鳳先生之後，接掌情報局局長）的幫忙。我們被關了十年，本來判十年只要坐滿一年，碰到大赦、特赦就可獲保釋；我們也一直有父母的朋友如趙恆惕先生、黃少谷先生和曾寶蓀女士

等人幫忙保釋，可是都出不來，最後還是總統特命才得以保釋。張炎元先生是真替我們打抱不平，可是又不能開口講什麼，只好告訴我們說這次千萬不能失敗，這次失敗就完了，所以頂好請三個保人一起保，希望還大些。因此當天媽媽先到張炎元先生處問清楚了，再到看守所來，谷正文先生將吉普車借給她用，讓她儘快去找保人簽字。她坐了車去找曾寶蓀女士、趙恆惕先生簽字，簽了後就剩黃少谷先生，卻找不到他，因為他是外交部長，很忙、不容易找。姊姊說她在金陵女大有兩個同學，一個是周書楷夫人、一個叫龍仲樹，她的先生是莊景祺，在外交部當領事，先去找他們幫忙找黃少谷先生簽字比較快。最後好不容易三個保人都簽了字，我們才得以出獄，這已經比十年刑期多了兩個禮拜！

吳：您們一直關在保密局嗎？

剛開始時是在延平南路保密局的地方，那時關一起的，有時是三個人，有時是四個人，有時只有兩個人，有時人多就擠一點。過了半年，大約我們知道判了十年後，就把我們搬到桃園南崁。那是桃園徐縣長的老家，他家非常大，前面房子很大當做牢房。這牢房面對海邊，裡面關的都是政治犯，剛去時關的對象有：孫立人的人、保密局要送去大陸做情報而不肯去的等等，都是不能接見家人的，所以我們稱為天牢。當時看管的人，剛開始有個姜所長，是個老油條；後來換一些年紀輕的，有時他們在外頭無聊，就談論國家大事，我們都可以聽到。我們關在裡面不是很自由，但每天也會放我們到院子裡散散步、洗洗臉。後來人數愈來愈少，女性只剩下我們姊妹倆。好像有一段時間也關有一些俄國人，是船上抓來的，蓋了另一間牢房給他們住，每天聽他們唱俄國歌，好可憐。後來我們離開後，保密局在龍潭蓋了間新牢房，徐縣長就把房子給要回去了。

吳：十年裡家人可否會面？

不許，十年都沒見過媽媽。爸爸逃到香港，聽說我們姊妹被關，心裡很急，可是到台灣要入境證，他沒辦法過來；後來是陳誠先生親自下的條子才能進來。結果一來剛好聽到判刑消息，難過極了，他又是個最愛面子的人，

聽到很多難聽的話，心臟病發，氣死了。爸爸過世，媽媽要求彭孟緝先生，希望把我們姊妹倆放出來算了，不然她一個人怎麼過日子？彭孟緝說：「好呀，讓她倆出來磕個頭，還是要進去！」我媽媽一聽，心都碎了，想想還是不要讓我們知道算了，怕我們知道後，在裡頭也無法過日子。因此直到出來前，我們都不知道爸爸死了。媽媽就這樣一個人孤孤單單在外等我們出獄，完全靠我後來的姊夫徐嗣興先生和母親一些童年時代的朋友幫忙照顧。

媽媽在外面不放心我們，常常託人送錢、送吃的進來，我們都可以收得到，因為我姊夫的姑丈是戴笠先生，一個我們叫阿姨的，是中國第一位女性少將，嫁給保密局的人，經過他們的幫忙，我們還不致於太難過。但是媽媽為了我們可以早日放出來，每年都找人幫忙保釋，找了六、七年，凡是有關我們的資料、報告，一到資料室，蔣經國先生的地方，就沒下落，像一道牆，怎樣也通不過。媽媽只好不找了，就坐滿十年罷！結果十年後，為了找保人，我們還是多坐了兩個禮拜牢！

六、感懷

我在女青年大隊的日子並不多，加上那個年齡又是最莫名其妙的階段，很多事情到今天都已經記不清了。如果當年不出事，我本準備好要到美國唸書的，結果出了這麼大的事，完全改變了我的一生。不過今天想來也是命運所致，畢竟那是我生命中的轉捩點，只是當時並不知道罷了。

從小媽媽就常說我是最不懂事的一個。這十年我若在外頭，說不定還要闖禍。在裡面雖沒什麼書給我讀、沒什麼榜樣可以學習、也沒什麼長進，但我也看到、聽到許多外面看不到、聽不到的事情，認識了人生的另一面，甚至磨鍊了我的性情、脾氣，許多事也看得很開了，或許這就是命運罷！

肆、參軍長室參謀柳作梅先生訪問紀錄

時　間：民國 89 年 6 月 19 日（星期一）
　　　　下午 4 時 30 分至 6 時
地　點：孫立人將軍宅（台中市向上路一段 18 號）
受訪者：柳作梅
主　訪：朱浤源
紀　錄：謝國賢

朱浤源（以下簡稱「朱」）：今天很難得，希望您儘可能的敘述當年在參軍
　　長室辦公的情形。

柳作梅❿（以下簡稱「柳」）：當年的參軍長室是在總統府裡面。

朱：您是在參軍長室？

柳：對，辦公室很小，容不下幾個人。

朱：有多少位參謀在參軍長室？

柳：跟隨在孫參軍長身邊的是陳良壎及溫哈熊。在孫參軍長家裡辦公的是韋
　　仲颺。那在參軍長室裡的參議有蔡狃雲，他曾經是谷正倫的祕書。另一
　　位祕書叫劉垕，他的英文程度很好，所以是處理英文的文件。

朱：當年沈克勤有在參軍長室嗎？

柳：沒有。他當時在進修，後來考取外交領事，就到外交部去了。

朱：對，這件事情我知道。

柳：我和劉垕是從陸總部借調到參軍長室的。還有兩位參謀也是從陸總部調
　　到參軍長室，一位是向華超，另一位是余海峰。他們是負責軍事參謀方

---

❿ 編按：柳作梅教授，曾任東海大學中文系主任。在孫立人將軍被軟禁時間，以地利之便
　　（同在台中市），曾應召入府，協助孫將軍處理重要信件之往返。民國 101 年時，東海
　　大學為他的九十歲慶生。

面的工作，孫案發生後，就被調到軍官隊去。

朱：今天的訪問重點在於您本人的經歷，以及您對孫參軍長的所見所聞。據我所知，當年參軍長任上的時候，脾氣似乎比以前不穩定。您覺得有這種現象嗎？

柳：沒有。

朱：最近由於國防部的協助，所以我聽到當年陳誠與孫將軍對話內容的錄音帶。經由錄音帶的內容，似乎可以感覺到，孫將軍在出事之後，脾氣似乎不太好。

柳：孫將軍每天在參軍長室都很清閒，所以我們感覺不出他有什麼異樣。

朱：連你們也很清閒嗎？

柳：對。當時孫將軍只是管第二局及第三局部分業務。

朱：第二局是負責什麼業務呢？

柳：第二局是負責軍事方面的業務。國防部的文件上呈給總統之前，都先送到參軍長室。

朱：孫案爆發後，您還待在參軍長室嗎？因為前幾天我去軍法局，有看到當年孫將軍親手寫給老蔣總統的辭職字條，不曉得您有沒有這個印象？您知道他當時為什麼寫這張字條嗎？

柳：當時我們並不知道孫將軍辭職的事。

朱：當時孫將軍應該在八月初就沒有上班了吧？

柳：大概是陰曆六、七月左右。那時候我們都覺得奇怪，不知孫將軍為什麼突然沒有來上班。我們是等消息傳開來才得知這個消息的。

朱：當年你們有接受審訊嗎？

柳：沒有。

朱：可否請您描述你們在參軍長室裡的辦公位置？

柳：一進參軍長室，在第一個房間就可看到黃上校及一位尉官坐在左邊，中間放了一張長椅。第二個房間就是孫將軍辦公的地方。往孫將軍辦公桌左邊的門進去就是第三個房間。進去可以看見蔡狂雲、劉堃及一位尉官

坐在右邊。如果往左邊看的話，就可看見我、向華超及余海峰。

朱：參軍長室在總統府的幾樓呢？

柳：二樓。進入總統府後，二樓的左邊第三間就是參軍長室。

朱：陳良壎及溫哈熊到參軍長室的話，他們有位子可以坐嗎？

柳：幾乎都坐在黃上校的附近。

朱：大家在參軍長室都沒有事情做嗎？

柳：很少有事情做，而且我們下午是不辦公的。孫將軍每天早上八、九點來辦公室，中午十二點就離開了。

朱：那你們下午就輕鬆了。

柳：對，我和劉戛常常去看電影。

朱：總統府裡有電影可以看嗎？

柳：沒有，我們都到總統府後面的長沙街，那裡各式各樣的電影院都有。我們有時興致一起，還連續看兩場。

朱：聽您這麼一說，我開始可以了解當年孫將軍的心情。他一定覺得奇怪：為什麼當參軍長會沒有事情做？權力似乎被架空了。

柳：孫將軍當時的工作，就只需要看一些文件而已。

朱：那應該見不到老蔣總統吧？

柳：他可以去見總統。據我所知，孫將軍有一次去找老蔣總統討論有關駐守在一江山的部隊的撤退問題。當時他跟老蔣總統說：「如果要守住一江山，就必須再加派部隊，否則您就把部隊撤回來吧！」

朱：對，兵力如果不夠，就應該把部隊撤回。這樣做可以避免造成無謂的犧牲。

柳：老蔣總統說：「那你就去吧。」

孫將軍回答：「我可以去，但是我需要陸、海、空軍的全力配合。如果不能配合的話，那就把部隊撤回吧。」

朱：後來總統有沒有答應？

柳：老蔣總統就面有難色的說：「讓我想一想。」據我所知，他後來並沒有

答應這件事。結果一江山失守，駐守部隊全部殉國。

朱：當時老蔣總統是基於戰略上的考量，因此才會犧牲小我，完成大我。

柳：孫將軍每次提起這件事都覺得很難過。

朱：所以孫將軍因此常常心情不好。

柳：這一點我倒看不出來。他在辦公室從來不提隻字片語。

朱：您有沒有聽過孫將軍提起「反攻海南計畫」？

柳：印象中是沒有。

朱：您有沒有經手整個計畫的抄寫工作？

柳：沒有。

朱：不曉得是誰經手抄寫的？

柳：應該是陸總部第三署，也就是參三管作戰的單位。不過據我所知，當時老蔣總統對於這個計畫有頗多方面的考慮：一方面怕兵力分散，二方面怕孫將軍藉此機會另起山頭，因此在諸多考慮之下，於是拒絕反攻海南。

朱：這樣的說法是聽誰說的？或者是您本人的分析？

柳：有人做這樣的分析。

朱：當時就有人這樣講嗎？

柳：是後來有人分析的。

朱：您在進入參軍長室之前是在哪一個單位呢？

柳：在陸軍總司令部的辦公室，也就是現在中正紀念堂所在地。

朱：對，後來都拆了。當時那邊有很多違章建築，就是外交部後面，國家圖書館現在的那塊地。

柳：當時的陸總部前面為上海路，後面是杭州南路，附近則有信義路和愛國東路。陸總部總司令辦公室分為很多組，而我是在第一組，負責處理私人信札。

朱：在孫將軍發生事情之後，您個人有什麼遭遇？

柳：事情發生之後，我還是照常到總統府上班，不過每天都沒有事情可以

做，兩個月後我就歸建原單位了。劉垕因爲對總統府的作業流程很熟，而且又不是新一軍的人，因此他繼續留在總統府，後來當了第一局的局長。

朱：您是新一軍的嗎？

柳：是，我是民國三十五年在長春加入新一軍。孫將軍出事之後，就聽到一個傳言：凡是屬於新一軍的軍士官都受到列管，而且還被造了名冊。

朱：對，在東北時，孫將軍和杜聿明因爲在戰爭策略上的意見分歧，彼此的關係已經鬧得很僵了。

柳：因爲新一軍等於是孫將軍的基本部隊，所以都被列管了。

朱：根據這個背景，您在孫將軍出事之後有何遭遇？

柳：孫將軍出任參軍長後，就由黃杰接任陸軍總司令。他希望我繼續留在陸總，於是就派了一個人來找我。

朱：當時您怎麼決定呢？

柳：我沒有答應。可是孫將軍出事後，沒想到等我歸建，黃總司令的態度有了很大的轉變，馬上把我下調到基隆要塞司令部的軍官隊。

朱：連您也進了軍官隊？

柳：當時在軍官隊是要輪班站哨的。

朱：您有站過嗎？

柳：沒有。因爲我的長輩兼朋友張齡（我把他看作長輩，他把我看作朋友），他念在和我的交情上，於是請求他在基隆要塞司令部的朋友，讓我不用站哨。

朱：原來如此。

柳：由於他的幫忙，還被安排在辦公室裡辦公。

朱：您在那裡待了多久呢？

柳：大概兩年。在那裡也是無公可辦，這都要感謝照顧我的那一位長官。我記得他當時是要塞司令部軍法組的組長。

朱：所以您是在軍法組的辦公室裡面？

柳：對，到軍官隊將近一年後，才被調到軍法組的。

朱：從那個時候開始，就沒有事情做了嗎？

柳：現在回想起來，覺得當時日子過得很輕鬆。後來基隆要塞司令部撤銷之後，有的人選擇退休，有的人則申請資遣。我當時就是申請資遣。不過當初申請資遣必須是有重大疾病的人才可以，於是我請陸總部的朋友幫忙，讓我可以順利退下來。

朱：您退下來之後，就開始進修了嗎？

柳：其實我在基隆要塞司令部時，就經常利用時間看書。《資治通鑑》我都看完了，我甚至把司馬光對《資治通鑑》的觀點全部都記下來。

朱：那很好。

柳：還有《唐宋詞選》，我也仔細讀過了，還作了批注。

朱：您退下來後就到東海中文系嗎？

柳：剛開始不是在中文系，我是在圖書館管理古籍。

朱：怎麼整理古籍呢？

柳：圖書館的古籍那時都沒有編目，我就一直做編目的工作。

朱：所以應該是民國四十六年到東海大學的吧？

柳：對。

朱：請問當時徐復觀教授❶對您好嗎？

柳：他對我很好。

朱：您可以到中文系教書是他幫忙的嗎？

柳：進入中文系倒不是因為他的幫忙，是蕭繼宗教授推薦我的。

朱：大概是在民國幾年進入中文系？

柳：民國五十九年。

朱：您在中文系是教授什麼課程呢？

柳：開始是教授古體文習作，後來開了許多詩詞方面的課程。

---

❶ 徐復觀教授亦任教東海大學中文系，為著名的思想史學者，為蔣經國所器重，「新儒家」的重要成員，後移居香港。徐住台中市，早年曾與孫將軍過從甚密。

朱：現在還再教嗎？

柳：沒有，孫將軍去世之前幾個月，我就退休了。那時東海校長梅可望對我說：「你不當系主任，我同意。但是請你留下來教書。」

我說：「您就讓我晚年多休息一陣子吧。」於是我辭去系主任，同時辦理退休。那時候的想法是，希望長江後浪推前浪，應該給年輕人多一點機會。

朱：您是哪一年出生的呢？

柳：民國十二年。

朱：所以您是民國八十年退休的？

柳：七十九年。

朱：據我所知，您每年都上山去祭拜孫將軍，而且您在學校以孫將軍的名義成立獎學金。

柳：每年兩萬元，發給三位同學。

朱：為什麼會用孫將軍的名義呢？

柳：為了紀念孫將軍。

朱：現在想請教您一個問題。聽說孫將軍在榮總過世之前有說了一些話，請問您知不知道這件事？

柳：那個時候我不在場，所以我不知道孫將軍說了什麼。

朱：這件事是真的嗎？這點我需要求證。

柳：據我所知，孫將軍是跟一位醫生說的。

朱：請問您可不可以介紹這位醫生讓我認識？

柳：孫二夫人或許可以幫您這個忙。

朱：因為這件事不能經由別人轉述，我一定要親自問那位醫生。您能不能查到這位醫生？

柳：你可以問孫二夫人。

朱：還有一個問題想請教您，就是孫將軍在台中幽居三十幾年的這段期間，您跟他之間的往來情形，是否可以敘述？

柳：孫將軍知道我在台中教書的事，是孫克寬教授告訴他的。⓬ 我記得有一次孫將軍生日的時候，我寫了一幅祝賀的對聯。當時我就請孫克寬教授幫我帶給孫將軍。

朱：孫克寬的年紀比孫克剛小？

柳：孫克寬比較年長。

朱：當時來祝賀的親戚應該不多吧？

柳：不多。

朱：孫將軍的妹妹也有來嗎？

柳：有，一個來自台北，另一個住在台中。

朱：對，還沒有機會拜訪她們，希望近期能夠安排。

柳：她們和孫將軍常常見面，應該可以多提供你一些資料。

朱：您經常來孫公館嗎？

柳：曾經路過幾次。

朱：三十幾年來總共有幾次呢？

柳：大概三、四次吧！因為當時孫公館門禁森嚴，實在沒有辦法進去。應該說是不能進去。

朱：後來有見過孫將軍嗎？

柳：在孫克寬的夫人的葬禮有見過孫將軍。當時和孫將軍談了幾句話，他還勉勵我，希望我在學術界能繼續努力。當天還和孫將軍一起拍照。

朱：以前沒合照過嗎？

柳：沒有。聽說這次合照寄出來的照片被沒收了，所以我沒有收到。

朱：很可惜，那一次是您跟他第一次合照嗎？

柳：對，唯一和孫將軍合照過的一次。之後也沒機會了。

⓬ 孫克寬、孫克剛兄弟為孫立人將軍侄子。克寬曾在東海大學中文系任教。克剛北京師大歷史系畢，隨孫立人遠征軍入緬，《緬甸蕩寇志》的作者，孫將軍遭軟禁期間，秘密協助收藏其文物。克剛子善治，亦見證這段歷史。民國 77 年翻案風起，與揭鈞夫婦至中研院本所接受訪問，並安排此後一系列的訪錄工作。

朱：孫將軍在恢復自由之後，是不是有請您幫忙寫信？

柳：孫將軍恢復自由後，他不知道我在哪裡。

朱：所以孫將軍就透過孫克寬，請您幫他寫信？

柳：不是這個樣子。當時孫克寬已經去美國了。

朱：喔？

柳：他太太過世後不久，他就去美國了。

朱：他太太何時過世的呢？

柳：在我當中文系老師的第二年。

朱：大概是民國六十一年左右。

柳：當他決定去美國的時候，我們就勸他：「待在東海大學不是很好嗎？在這裡有愛戴你的學生，有關心你的朋友。可是到了美國，人生地不熟，語言又不通，生活一定不方便。」雖然聽了我們的勸告，可是他還是決定前往美國生活，因為他的女兒在美國。

朱：所以就自此音信全無。不過孫家還是有請您幫忙嗎？

柳：沒有。孫克寬離開之後，我就沒有跟孫家聯絡了。

朱：那麼您的進入孫公館幫忙，是民國七十七年以後的事情了。那一年許逖副教授在東海兼課。

柳：那個許逖？

朱：對，我們曾經一起去榮總看孫將軍，不知道您記不記得？

柳：許逖當時在東海大學也有兼課。有一次他就告訴我：「孫家可以進去了。」

我聽了之後就覺得很高興。

朱：所以您是民國七十八年才進來孫家，我記得我們當年也有訪問過您。

柳：在還沒來拜訪孫將軍之前，我曾經寫信給他。我信裡提到：「如果孫將軍在文字書信上面需要幫忙的話，或許我可以效勞。」怎麼會有這個念頭呢？因為孫案引起很多人的關切，常常有人寫信給孫先生表示關切，所以我想在這時候，或許可以幫上一點忙。孫將軍在看完信之後，馬上

親自回電話，並希望每個星期二我可以去他家。

朱：所以您從民國七十八年到七十九年，整整幫了孫將軍一年多。

柳：不只一年多。

朱：民國七十七年就開始幫忙了嗎？

柳：鄭爲元將軍向外界宣佈恢復孫將軍自由後，我就開始幫孫將軍了。記得當時進去的時候，副官們都還在孫家。

朱：所以大概是七十七年的下半年。

柳：對。

朱：我比較早來，我們（和張玉法副所長、陳存恭研究員）是上半年就來拜訪孫將軍了。

柳：所以我幫忙孫將軍處理信件，大概有兩年吧。

朱：另外想請教您的就是有關徐復觀教授的事情。據我所知，他和孫將軍是好朋友。

柳：對。

朱：而且據我了解，孫將軍很喜歡找他聊天，一聊就是好幾個小時。不知道您知不知道這件事？

柳：我知道這件事，可是他們聊的內容，我不知道。我和徐教授很好。當時我常去他家，而他也常常到圖書館來找我，據我了解，他很提攜後輩。

朱：他也是一代儒者。

柳：徐教授非常的謙虛。我記得有一次，他到圖書館來找資料，當時我也順便幫忙。後來他發現我找的資料比他還要豐富時，他說了一句話：「作梅，你可以當我的老師。」當時我聽了之後感到非常驚訝，心裡想：「我區區一個圖書管理員怎麼可以當你的老師，你才是我心目中的老師！」由此可見，徐教授做人非常謙遜，愛護後輩。

朱：對，心胸很寬大。

柳：由於我的國文造詣很好，所以他也曾經請我幫他作詩。

朱：由此可見，您作詩詞的程度比他好。

柳：這倒未必，我只是盡我所學的幫忙他，或許他是試試我而已。

朱：聽說徐教授後來到香港了？

柳：對。可是他後來得了重病，於是就回台北醫治，我還曾經去看過他。

朱：我曾經到香港拜訪他的夫人。

柳：徐夫人待人很好。

朱：曾經有一個謠言，謠傳當年孫將軍曾經請徐復觀幫忙寫諫言，上書給老蔣總統，希望能做一些改革。不曉得您的看法如何？

柳：我不知道這件事。

朱：沒有聽人說過嗎？

柳：沒有，可能我的職位比較低，或者這件事情比較機密，所以我不知道。

朱：我就是因為這件事去香港拜訪徐夫人，希望可以加以求證，可是當時徐夫人並沒有答覆。後來又問徐武軍，❸ 他說：「不可能。我父親隨時都可以見蔣經國，何必寫個諫言讓大家鬧得不愉快。」

柳：徐復觀當時有辦雜誌。所以他如果對國家有建議，也可以在雜誌上發表。

朱：而且他的關係很好，可以和蔣經國直接取得聯繫。

柳：你說得對。

朱：經由錄音帶，我有聽到當年陳良壎接受審問時，曾經回答說：「在民國四十四年六月，孫將軍有在台北南昌街的住所燒一些紙。」
審判官就問：「是不是燒一些文件，有關諫言之類的？」聽說這些文件就是徐復觀寫的。這也有可能是謠傳，可是我們研究歷史就是要澄清每一個問題的關鍵。

柳：據我所知，徐復觀跟蔣經國的交情好，如果孫將軍委託他的話，事情遲早會鬧大。孫將軍應該會顧慮到這一方面。而且他的寫作風格很大膽。

朱：請您就以這一點來說明。

---

❸ 按：徐武軍，東海大學化學工程系教授，為徐復觀的兒子。朱浤源研究員亦曾在東海大學內見過徐武軍教授。

柳：他寫文章很率性，很直接。

朱：會對國事、政治提出諫言？

柳：他的雜誌叫做《民主評論》。後來沒有錢，就停掉了。

朱：聽說徐教授在香港也有辦一個雜誌？

柳：關於這點，我就不太清楚了。

朱：所以今天的訪問之中，我們可以澄清這件事。第一個就是：當年孫將軍隨時可以見蔣老總統，所以他不需要請徐復觀寫諫言，孫將軍可以直接找蔣老總統。

柳：對，你所言甚是。孫將軍當參軍長的時候，跟蔣老總統同在總統府，他可以隨時晉見蔣老總統。

朱：對，那第二點就是：徐復觀也沒有必要。因為他跟兩位蔣先生的關係都很好，兩位蔣先生也很器重他，所以他沒有這個必要。

柳：對。

朱：除了以上所討論的之外，您個人對孫將軍或是孫案，有沒有什麼看法？

柳：關於孫案，我一直很懷疑上面的做法。因為如果真有此事，我們這些跟在孫將軍身邊的人，應該會知道，也會發覺。可是，我卻一點消息也不得知。

朱：對，您是最接近孫將軍的，而且就在參軍長室。如果孫將軍有叛亂嫌疑的話，你們在辦公室應該會得到風聲。

柳：在參軍長室，我們可以算是孫將軍的左右手，所以孫將軍如果有所動靜，我們應該會最先知道。可是事實上，我們卻一無所知。

朱：對。

柳：如果真有叛亂，我們總會知道一些內情。而且假如孫將軍真要叛亂，也應該在陸軍總司令任上，手上握有兵權的時候吧！絕對不是在參軍長任上，身邊只有幾個文弱書生的時候。

朱：對，大家都是文人，而且你們連槍都沒有。

柳：蔡狃雲也是文人，後來當了婦聯會的秘書。劉㞢後來當了總統府的第一

　　局局長。

朱：他一直都在總統府，絲毫沒有受到孫案的影響。

柳：他有背景。同時他的能力很強，他是一個標準的公務員。

朱：喔？什麼背景？

柳：據我所知，他的表哥是一個中將參軍。

朱：劉垕的表哥出面做擔保，而您沒有，所以您有受到影響。

柳：還有一個原因就是他不是新一軍的系統，他是翻譯官出身的。

朱：對，沒有直接的關聯。

柳：還有向華超也沒有受到影響。我記得他是屬於新六軍的系統，他後來升
　　到中將。

朱：那余海峰呢？

柳：他是新一軍的，所以也受到牽連。他是一位將才，我至今為他惋惜。

朱：還有一位韋仲鳳？

柳：他到美國去了。

伍、五十一師情報參謀范俊勛先生訪問紀錄

時　　間：民國 77 年 7 月 20 日、民國 89 年、
　　　　　民國 95 年 6 月 23 日、8 月 11 日❹、
　　　　　民國 100 年 4 月 3 日
地　　點：台南市安平區范俊勛先生宅
受訪者：范俊勛
主訪、整理：朱浤源
紀　　錄：林蘭芳、許庭碩

一、身家背景與從軍經過❺

(一)身家背景

　　我是廣州市人，民國十六年十一月十五日出生於珠海橋畔。我四歲念私塾，後來畢業於香港培正高中。我家三代單傳獨子，家境尚稱小康。祖父鴻臣公經營什貨店。外祖父陳明龍在廣州市漿欄街開設木材行。我與小妹二人被兩家寵如寶物。「好男不當兵」在家族中視為理所當然，但造物弄人，想不到我這三代單傳獨子，成長後竟穿上軍服，而歷經「抗戰」、「剿共」、「保台」洪流衝擊，更萬萬想不到，捲入舉世矚目之「孫立人」事件而身繫囹圄。時耶？命耶？

　　十一歲那年，七七抗日戰爭爆發，世居之廣州市，不斷為日機轟炸，兩家之祖業蕩然無存。余祖父、父親相繼棄世，兄妹隨母寄居外祖家。該年（民二十七年）八月，日寇入廣州，燒殺擄掠，全城一空，時近匝月，祖父

---

❹ 民國 95 年這兩次訪問，係以范俊勛夫人及大女兒嫻如為對象，范先生剛剛過世。
❺ 本節之文字，係依已故范先生生前手稿編輯輸入而成，故較文言。

母因刺激過甚,未及半月相繼謝世。余與母妹遷居鄉間。因余之學業及生活問題,表哥陳波,原任教於教會所辦培正中學,已撤退至韶關,急欲歸隊,經徵得母親同意,攜余間關潛赴大後方。余自始在校半工半讀,學校亦隨時局輾轉,自粵北而兩湖,最後撤至陪都,時為民國卅二年夏。

(二)從軍經過

　1.抗戰

　　民國卅二年秋,學校因經費來源不繼,斷炊時聞。適委員長蔣公以「一吋山河一吋血,十萬青年十萬軍」號召,全校高二男生以及部分教職員,義無反顧地投入抗戰第一線之洪爐,由九變八,❶❻為中華兒女扭轉百年「好男不當兵」陋習作一見證。

　　入伍之日,時為民國卅三年九月一日。部隊為軍政部教導師三團,重慶集訓兩月餘,即乘 C46 軍機飛越駝峰,送入緬北密支那城,時緬北我駐印軍掃蕩日寇勝利在望,在緬入新一軍(軍長孫立人)第三十師(師長唐守治)學生隊整訓,邊訓邊戰,亦曾參加八莫之戰。卅四年四月,緬北戰爭結束,凱旋歸國。另一任務為配合盟軍攻略廣東雷州半島。於軍次廣西南寧之際,八年抗日戰爭結束。狂歡之餘,對國家未來建設之遠景及個人升學之抱負,均有所期待。

　　新一軍此時已編入第二方面軍(張發奎部)序列,自廣西梧州乘艦,沿東江順流而下,接收廣州城,遊行之日,八載未睹王師之父老,熱淚盈眶,愈證國家之富強,為屹立世界之不可或缺。

　2.剿共

　　新一軍三十師派駐廣九鐵路沿線,余時在該師八十八團(團長胡英傑)六連。卅五年二月廿一日由九龍乘美艦馳赴東北,自此又為剿共戰爭浴血。

　　艦上八晝夜航行,由河北省秦皇島登陸。二月天嚴寒,南方子弟驟然踏上風雪載途,皚皚白雪之原野,加上原期待抗戰勝利後,即可重返家園升

---

❶❻ 「投筆從戎」或「棄文從武」之意。

學，心理淒苦，情緒惆悵，自不待言。

3.至台

歷經數月之剿共掃蕩，自「開原」、「公主嶺」而迄「四平街」會戰，新一軍所向披靡。會戰後轉向「遼陽」、「鞍山」至「海城」，余因凍傷住入軍醫院。癒後，轉調至軍直屬之特務營第三連服務。復員後（三十六年六月）初擬暫留長春升學，後因剿共戰爭逆轉，新一軍長孫立人時已奉調來台訓練新軍，遂決定南下。自葫蘆島乘艦至上海，民卅六年十月一日抵台，即赴鳳山（現陸軍軍校）現址，披荊斬棘，開創新局。該年底，成立幹訓總隊，轄校官隊、尉官大隊、士官三大隊，余任士官六中隊司書，為期二個月。俟第四軍官訓練班十五期成立，即考選入訓。訓練之嚴，尤其初創之美式啟發教育方式，加上孫司令官之一週四小時之「統御學」，對余往後數十年，無論身心皆獲益匪淺。

二、對孫先生之認識

我是三十三年青年軍從軍的，時間不長。到東北作戰兩年，當時只是下級幹部，對孫先生認識並不是很深。民國三十六年，青年軍復員，我本來要回家的，❶到上海時，因趙狄和魯廷甲招收新軍，要到台灣受訓練，我就跟他們來了。我對孫先生的印象有二：

一、孫先生親和力、號召力強，給他帶過的人都沒話說。在東北，新一軍特務營聯合長春警備司令部警衛連，其中有位連長拿了別人的錢，依軍法非處死不可，殺也不是，不殺也不是，後來孫先生流著眼淚把他處決了。第二天，親自派一個副官送他家裡安家費，一個中國將領（照顧部下）到這程度，真是沒話說。

二、作戰方式，孫先生的戰術和戰鬥方法之訓練，是中國將領當中很不

---

❶ 編按：本節此段口述，與上節手稿略有不同，一則曰復員後留長春，一則曰回廣州。之所以不同，判斷應係交代時間上前後不同的決定與行動，故而有所不同：首先，前者原想留下；但是後來很快就決定回家，於是啟程南下。

容易找到的。例如民國三十五年，我們在東北四平街作戰，當時林彪的三十萬部隊團團圍住我們的新一軍、七十一軍等部隊，圍了好幾圈。我是在胡英杰的八十八團，我們這個連從一百一十八人打到不足四十人，一圈圈打下來，每天死的人不少。當時孫先生在歐洲訪問，⑱而指揮官賈幼慧、鄭洞國將軍指揮不動。蔣介石看不行了，從南京打電報去召回孫將軍。他回來一看，派一團由側翼截斷林彪後方之補給線，林彪在一夜之間撤退。要不是孫先生回來，我們幾十萬部隊不曉得要如何的犧牲了。這仗打下來，奠下東北之勝基，孫將軍作戰方式不但勇敢，而且謀略好，這是當時在東北新一軍團結的主要原因。

三十六年時，他已看到國家情勢不好，九月底，就在上海組中央訓練團，當時有東北學生四百多人，復員學生三十幾名。那時他已決心來台灣訓練新軍，以台灣作基地。他的訓練和過去暮氣沉沉的部隊完全不同，所以我們都願意跟他來。三十六年七月一日，到鳳山（，即後來）軍官學校（所在地），日本人剛撤退，陸軍官校（這塊地的）草很長，孫先生天天和我們拔草，開闢新天地。

三、孫案背景試析

三十七年、三十八年大陸各地陸續淪陷，台灣已成孤島，孫先生負責台灣的安全。那時，我們部隊的生活太苦，三十九年、四十年時，當中尉才六十六元，連鞋子都沒得換。我們天天出操，天不亮就跑一萬公尺，士兵心中只有一個念頭：「反攻大陸」，其他什麼問題都不談，所以三十九年上半時士氣非常高昂。

後來三十九下半年陸軍官校成立，大陸的部隊撤退來台就不同了。我是軍訓班十五期畢業的，訓練到十九期，前後 5 期一共有九千多人。那時三十八年的部隊，百分之七、八十都是我們軍訓班的同學，如排長、副營長之類

---

⑱ 孫立人當時在美國訪問。

均是。但民國四十一年之後，原來的狀況就改變了，政工幹校成立，陸軍官校成立，慢慢的軍訓班的學生受到排擠。當時我們出來，是跟軍官一樣分發的，但在部隊中的待遇，就不相同。再加上空軍又高我們兩級，大家的心情是非常的惡劣。

　　我帶的兵是青年軍二〇六師，都是高中學生，素質很高。三十九年老總統復職，部隊喊出「一年準備，兩年反攻」，喊到四十一年，就變成「十年生聚，十年教訓」，部隊的士氣很低落。而軍訓班的學生心中感受也深，一方面是待遇不公平，二方面是人事上受排擠，大家情緒低落。爲了帶女子部隊❿，孫總司令和參謀總長周至柔兩人作法針鋒相對：他就設法在陸軍總部設督訓組，派人安慰鼓勵我們。他希望我們多爲國家前途著想，因爲老長官的關懷，大家內心也平衡一點。這是從四十二年開始，督訓組由孫委派，至各部隊安慰我們。

　　另外一個問題，即孫先生和總政治部陳誠、蔣經國他們看法不同。民國三十九、四十年時，台灣還沒有徵兵，但由孫先生開始，他以陸軍總司令及台灣防衛司令的身分，開始設兩個台灣軍士（教導）團，都是本地的高中畢業生，素質很高，約有二千多人。這兩個軍士團的人在四十三、四十四年，台灣開始徵兵之前，在各鄉鎮不是當科長就是鄉長，或是任職於縣政府，在地方基層形成一股力量。

　　如前所說的，孫先生帶兵有親和力，凡被他帶過的人，對他都有不可磨滅的印象。這兩千多位本地軍士團的學生，至今和孫先生和我們軍訓班的都有聯絡。這問題開始時，我們並不注意，後來是看到梁敬錞先生的書，在四十年代的「東京談話」，講到台灣的政治問題才注意的。故孫案之發生，可能是有人嫉妒，再加上受過訓練的台灣基層軍士團幹部的向心力，才使情治單位、總政治部從四十四年開始，下決心非清除孫先生的勢力不可。

---

❿ 疑係「女青年工作大隊」之意。

四、入獄經過

(一)與政工敵對

個人除軍事教育之外，普遍基礎教育雖然不高，但對社會接觸的結果，養成自由思想、獨立判斷之個性。老實說，十年軍旅生涯，對當時黨與政工強迫灌輸所謂「鞏固領導中心」言論，動輒偏差扣上白色恐怖大帽子。我復因年輕氣盛，曾與保防部門多次爭執。以某年黨籍總檢查為例，我個人的部分，曾經被討論了二十多小時，往後的仕途不問可知了。因此，往後檢討時，我個人被捕，與對黨和政工制度的反感，被列為與「思想偏差」大致有關。

(二)被捕前情況

我被捕前，在五十一師當情報參謀。實際上，我跟郭廷亮並不熟稔，只是四十三年到他家吃過兩次飯。他這個人非常豪爽，對朋友非常夠意思。那時，開始和我們軍訓班的聯絡，並不是郭廷亮，後來因為他和我們軍訓班的人比較熟，所以孫先生叫他方便的時候，和我們軍訓班的同學聯絡。

在我被捕的前一週（四十四年五月十八日），郭廷亮到師部（駐屏東縣潮州）來找我，因我是軍訓十五期的，當時我帶他到枋山水底寮吃豬腳麵線，大家聊聊閒話。後來被捕時，就是以「聚會結社」來定我的罪。

據我所知，第四軍的軍司令部主任阮成章（後來任調查局局長）將軍，一開始就說孫立人造反，好像仇人一樣。我是五月二十六日被捕的，那時他沒說郭廷亮是匪諜，只說凡是造反的都要槍斃。我們一頭霧水。什麼造反？後來我們五十一師的副師長余世儀（是孫的老部下）也被捕了。

余副師長那時準備六月六日在大貝湖的連對抗，[20]因總統親自校閱，余副師長在那兒指揮，竟然說他把砲口對準老總統閱兵台，準備將老總統和一

---

[20] 大貝湖在高雄市郊，今稱「澄清湖」。惟當時閱兵是在屏東，而且砲兵的指揮官為伍應煊上校。范俊勛的回憶，似乎證明不只他是無辜的，而且連他遭受刑訊後「承認」的「供詞」也是偽造的。

些高級將領一網打盡。說什麼兵變、兵諫。我想這沒道理。他們說我是情報
參謀，一定知道真相，他們所擬的自白書，要點有二：（一）孫立人有計畫兵
變；（二）要除蔣經國等這些高級將領。並且把這些東西加在我們下級軍官的
頭上，三番兩次要我承認。孫案發生時，我是沒受刑，但疲勞轟炸搞了十多
天，後來他們也達到目的。**㉑**

（三）被捕

記得在被捕那天（民四十四年五月二十六日晨六時許），由師部政四科
長及政戰主任親自指揮憲兵，將我五花大綁，送往鳳山后庄田野中一座白色
房屋（時人稱為「海軍電台」，實則為日據時代的海軍情報中心，**㉒**戰後移
交海軍）。**㉓**當時，軍政治部主任阮成章少將，用力打我一巴掌，破口大
罵：「你是個長年反動的匪諜，死有餘辜。」我反駁：「我反共，我愛國，
絕不是匪諜。」阮又罵：「郭廷亮就是大匪諜，孫立人掩護你們，也是匪
諜……」。我算是幸運的，除了捱阮的一巴掌，另有一位不知姓名的政工人
員打了幾拳，以及五百強度燈光照映眼睛、疲勞審訊三晝夜外，未再受其他
重刑。因為在被捕第三天，我親耳聽到阮成章交代一位政工特務：「這些不
知死活的傢伙，都是軍訓班訓練出來的，除了崇拜孫以外，我看並不像匪
諜，不要再抓了，要其他人員自首好了。」

（四）審判經過

三年的牢獄生活，所見所聞所思，實在勝過大學四年課業。前三個月，
除了不休止的逼供外，最恐怖的是在軍法處看守所那段日子。同房的人，每
天清晨叫出一、二人，一去不返。大家都心知肚明是怎樣的下場。心想那天

㉑ 編按：不承認也不行，雖然內容係施訊者所編，全非事實。

㉒ 日本軍方對東南亞廣播的重要電台基地。

㉓ 編按：日人的海軍電台，光復後先由海軍接收，後來中央政府播遷來台之後，實際上則
全歸政工人員掌控，成為南台灣最恐怖的刑訊場所。詳見：朱浤源、楊晨光合寫，〈日
本在台軍事設施與孫立人練兵：以鳳山為例〉，《日本在台灣的軍事建築部署與設計》
（顧超光主編），台南：文化資產保存研究中心籌備處，民 95.12，頁 2-1~23。

輪到自己呢？沒有答案。

後來轉押保安處看守所，情形有所改善，也知道自己所觸犯的是政治問題。（後來據了解，是以我們一百餘人的生命，要脅孫立人簽下自白書。）羈押一年後，突然把我們三十餘人挑出，送往三張犁分處羈押，十幾天後又轉押回台北市西寧南路三十六號保安處看守所。四十五年十月底，煞有其事的將我們在保安處大禮堂宣判。天啊！我們除了押來時，有位政工人員假冒軍法官，要我們依照樣本寫個自白書之外，並未經過審訊。既未審訊，怎能宣判？

後來才知道，宣判翌日，就要實施覆判制度。雖未審，還是判了。更可笑的，那幾個所謂合議庭的軍法官，全部是出身政工的冒牌貨。如果在三十年後的今日，怕不被人踹扁了才怪。

被判的三十六人，最戲劇性的是郭廷亮，是由法官大聲宣判死刑，郭似乎不為所動，瞇上眼睛。然後，那位法官又慢條斯理地，從夾袋中取出一張所謂特赦令，宣告減為無期徒刑。最後宣判完畢，那位法官似乎又慈悲為懷地向我們宣示：「依據你們所犯的叛亂行為，統統都該槍斃，但當局姑念你們年少無知或受人欺騙，才從寬處理的……。」天啊！我們所犯何罪？羈押一年多來，對外不通音訊，大部分同仁妻離子散。把我們打成罪惡滔天的「匪諜」之後，親朋好友不敢通訊，還有親朋好友多被牽連，兄弟兒女遭人歧視；在校被退學，職位不得升遷。如此折磨，比槍斃了又有什麼分別？今日思之，仍心疼不已！

(五)監獄生活

宣判過後，立被送往新店軍人監獄服刑。三十六人中，兵分四路，郭廷亮在桃園軍情局看守所受盡折磨；田祥鴻、劉凱英另羈一處；餘判十年以上之江雲錦等十三人押在專押政治犯的「智」監；我們二十人被宣判為「集會結社」各判三年者，押在服「外役」的「義」監。很優待，白天可以在操場散步、讀書，晚點名後才回牢房加鎖。

軍事監獄的伙食，原則上和國軍官兵一樣，但真正食用，可以分好幾

等，除了採購的伙食委員，係花了銀子活動得來的好差事，一定要回收之外，吃到第一等的，是所謂「外役」人員。他們先把菜桶截下，浮在面上的魚肉，撈了十之八九。第二等的是「禮」監那些軍事犯，他們有貪污的、逃兵的，刑期都不重，打架、鬧事日有所聞，不但外役不敢惹他們，管理員也禮讓三分，所以剩下十分一二的魚肉，大都是他們撈走。我們這二十個人呢？雖比他們次一等，但菜盆裡，多少還有油腥味。餘下是「智」監那些可憐的政治犯了。他們不但沾不到油腥，剩下的青菜蘿蔔也不會太多。誰也不敢吭聲，政治犯嘛！刑期長，何時再見天日？恐怕只有上帝知道。

我們呢？其實每天都在提心吊膽，雖然只是判了三年，但三年後能否踏出牢門？一點把握都沒有。因為同監還有許多孫立人舊部，被莫須有的罪名押來的，後來關了二十多年，他們既不知自己犯了何罪？也不知何日能獲釋，只好每天念《聖經》度日。看他們，想想自己，有時夜不成眠，滿枕熱淚。

(六)獄中感受

後來在牢裡，當時的保安司令部（在今天台北市的武昌街一帶），過了一段時間，大概是四十四年十月間，毛惕園來和我們談話：「這是件政治案子，不是孫立人兵變，你們是受郭廷亮匪諜的影響，現在郭廷亮承認了，他願意一肩挑起，你們和孫立人都沒事，很快❷可以回去。」

因孫案被抓的有一百零八位，我們三十五個人，一個個被點名出去關在一個地方，其餘八十多人被放出去，但回到部隊後也毫無前途可言。據我印象中，這個案我們只被問了兩次，寫了自白書，就判罪了，既無起訴也無審判，整整坐了三年牢，到了四十七年五月二十五日才放出來。

好不容易熬過三年，這三年中的零用，是僅有的軍保送還的八百元。出獄時，政治部還派員訓話，每人好像發了二百元。當時是孤家寡人一個，拎了行李走出牢門。何處是吾家？不得已寄身於新店溪邊的砂石場，挖石子。

---

❷ 結果事實是：民 47 年 5 月底范先生方被釋放。

固定時間必須向他們報到一次（在國防部會客室打電話）。後來，大概爲了方便管制，就介紹我們到聯勤各生產單位，以臨時聘僱方式任用，並由保防部門直接考核。

實在說來，獄中三年，並不覺得恐懼。因爲前半段，當局既已將你列入匪諜行列，那時代，扣上這項罪名，想全身而退，眞難如登天。必死之心，時時存在，精神上是麻木的，心情上是悲憤的。到了後半段，由於孫將軍爲了愛護部屬，在七易其稿的悔過書上簽了字，犧牲了自己，拯救我們。大家都知道已經死裡逃生，未來的日子如何過？只有交給上帝，因此心情還算平靜。

但出獄後就不太好過了。曾經找了幾分勞力工作，但大多幹了一、二天，老闆就告訴我：「這兒工作你並不適合。」爲了活下去，拉三輪車、幫人賣豆漿、推煤炭、夜宿車站，種種苦況。今日思之，尤覺得自己太不長進。唉！一個正在成長的青年，事業前途就被這些莫須有的罪名毀了，能甘心嗎？

五、嗣後的生活

民國四十七年出獄後，在台北聯勤總部的政戰處服務。民國四十九年，來到台南安平，在聯勤橡膠廠（現在改爲三○四廠）服務。我的岳父在民國五十年也被調過來，擔任上校廠長。他是情報員出身，有時去金門、大陸、美國。這時家人也都跟著搬來台南。

此後將近三十年，一直在台南聯勤三○四廠任僱員，無論你工作如何賣命，僱員就是僱員。更可怕的，結婚後，分配在廠裡一間小眷舍，警察大約一週或十天來查一次戶口，鄰居都以異樣眼光看待我：「爲什麼我們的戶口不查，范某人的戶口每月都查數次。」這種長期的精神折磨，比坐牢還要痛苦，先後達二十餘年，到經國先生逝世後才停止。

在孫案三十五人中的二十人，與匪諜案無關，而是按《陸海空軍刑法》第一百二十條來判爲「不應集會結社」。這是簡單的軍事刑法，但出來之後

比我們坐的那三年牢還痛苦。警察如影隨形，我們到那兒，他們就跟到那兒，我住眷村裡，警察每週末來查戶口，到現在還有，㉕已經三十多年了，我真搞不懂政府為何如此做？（去年因為我列管沒有了，警察要我填資料，結果名義上取消了，實際上還在列管我。）

　　這點依我個人的判斷，已經三十三年了，為何還不放過孫先生。他帶兵有親和力，當年除女青年大隊、幼年兵總隊、加上四十九師，五十一師和幾期軍訓班，他帶過的學生不少，大概是他的影響力仍在，當局還有顧慮，始終不願意放過他。

　　另外，郭廷亮你們大概不容易訪問到他，我把所知的說一下。當我們關在國防司令部時，他全家大小也都被關在一起，他最小的女兒還是在牢裡出生的，關七，八個月後，他們出來了。郭廷亮願意一肩承擔，乃是毛人鳳向他保證，只要他承認匪諜，可以救很多人，孫先生也可保。國防部總政戰處後來在永和的山上，㉖買了一棟十五萬元的二樓洋房給郭家，每個月津貼八百元的生活費。那時我在永和，因為他們孩子很可憐，每十天、八天買點菜去給他們。國防部這樣補助他們已有二十年之久。楊萬良、郭廷亮都已拿了二十多年的生活費。政府對匪諜會如此施捨嗎？這是不攻自破了。

　　孫案自民國四十四年五月發生，迄今已逾四十年，現今台灣政治衹把統獨糾纏不清，炒熱了二二八事件的悲情。㉗其實五十年代的白色恐怖事件，幾乎無日無之。單以孫案而言，自民卅九年開始，即有一批被捕，多達數百人。什麼罪名？連他們自己都不知道。被捕長達 25 年之久的李鴻將軍，連判決書都沒有，還談什麼人權？事件已經過去 40 年，個人受的損害，已無法彌補。衹希望國家今後一定要民主化，軍隊必須國家化，黨和政工應退出軍隊，不要再假鞏固中心之名，而行洗腦之實。能如此，國家必能長治久

㉕ 編按：指范先生第一次接受訪問的民國 77 年 7 月。

㉖ 編按：郭氏永和的住處，經查並非座落在「山上」，而是在仁愛街，屬平地。惟為何范先生回憶成山上。是否當時是小山，後來剷平？仍待細查。

㉗ 本段訪問係民國 89 年所做。

安,社會繁榮進步,那我們身受的苦難算是有了代價,讓我們的下一代,不再受白色恐怖的折磨,垂老的心願已足,更無他求矣!

六、家庭及文藝生活㉘

我在政戰處服務時,太太也在廠中負責皮鞋的生產工作。太太在民國二十九年出生於廣東梅縣,我認識她時才二十一歲。她家裡共有八個兄弟姊妹,剛好四男四女。

我與太太在五十一年結婚,隔年五月一日生下大女兒嫵如。嫵如後來畢業於安平國中、新化高中及文化大學美術系。

長子民國五十四年出生,畢業於安平國中、台南一中及台灣大學土木工程學系。現有一對兒女。

次子民國五十七年出生,畢業於安平國中、台南一中、交通大學自動控制學系學士及碩士班。畢業後先在工研院服務六年,再轉入竹科。目前育有一對兒女。

我曾從事小說、詩歌、詞、散文及劇本等藝文創作,為清溪文藝協會會員。曾多次被邀稿,部分作品獲得金鐸獎及銀鐸獎。另有長篇小說《北回歸線》曾獲得國軍文藝金像獎,㉙在國防部內深獲好評。

民國八十九年,回了老家一趟,中間已隔六十多年,當時我已七十三歲。

㉘ 本段係范先生過世後,由其夫人、大女兒所提供,朱浤源編寫。

㉙ 國軍文藝評審十分嚴格,金像獎經常從缺。范先生仍能獲得,殊屬不易。

陸、第九軍砲兵指揮官伍應煊先生訪問紀錄

時　　間：民國 89 年 3 月 20 日

地　　點：台灣大學法學院教師休息室

受訪者：伍應煊

主　　訪：朱浤源

紀　　錄：謝國賢、張佩佩

　　我是伍應煊，廣東順德人，民國二十五年入伍南京中央軍校十三期。經過一年嚴格訓練之後，分發砲兵，我是中央軍校十三期砲兵科。上海九一八戰爭開始，我們就離開南京。在蕪湖住了一段時間，然後到九江，整個軍校總隊在九江住了好幾個月。之後又在武昌住了幾個月，然後到長沙，從長沙一直步行經過雙溪、昌北、員林一帶。那時湘川公路尚未鋪好，我們就行軍九十天至重慶桐仁。

　　在重慶畢業後，分發至廣東余漢謀農民部隊。後來廣東失守，日本佔領廣東，我就加入湖南彭孟緝砲兵第十團的部隊，那是全國最大的德式重砲機械化砲兵團。我從少尉、中尉、上尉升至副營長。曾經參加民國二十九年廣西崑崙關大戰。

　　經過多年以後，余漢謀調我到廣東第七戰區司令部作參謀。抗戰結束後，余漢謀到九江當綏靖公署主任，我就回到廣州，加入新一軍當參謀。後來部隊被派去東北剿匪。經過幾個月後，東北行營熊式輝公佈留美軍官考試，我就報名參加。考取了以後，到南京參加複試。複試通過了以後，同一批八名砲兵赴美受訓一年多（民三十五～三十六年）。

　　民國三十六年，我們整批留美軍官一百多人坐船返回上海。那時，孫立人奉命到南京成立陸軍訓練司令部。孫將軍當時缺乏幹部，很希望接應留美軍官參加他的機構。他要我加入，還要其他同學也加入。民國三十六年十月

十日，司令部搬到台灣鳳山，我們也就跟著到台灣來了。

來台後，我擔任第四軍官訓練班尉官大隊副大隊長。之後，擔任大隊長。大概半年，我奉命到南京第一訓練處當第三組組長，是少將缺。當時孫先生兼第一訓練處的處長。這個訓練處，負責訓練京滬一帶的部隊。

民國三十七年，台灣的三十一軍青年軍要成立砲兵團，就命我當團長，因此我又從南京回到台灣鳳山。這個團的兵都是從徐州、上海叫來的兵。到了三十七年底，三十一軍原擬到大陸去剿匪，可是沒有裝備，孫先生就把我的部隊留在屏東，等將來有裝備的時候再去。另外三十一軍有六個工兵團，都有一個重機槍連，也是沒有裝備，所以留下來歸我指揮。不到幾個月，華北局勢急轉直下，最高指揮官傅作義投降，接著部隊就瓦解了。

三十一軍番號取消後，我們就沒有歸屬。當時余漢謀來屏東視察部隊，看到我這個部隊已經很有訓練基礎，於是在南京給部隊一個番號叫「獨立砲兵第三團」，我們的部隊正式有了編制。我的部隊當時在屏東是赫赫有名的，所有中外人士來參觀鳳山軍事訓練，都是到我的部隊來，現在屏東的大武營。我原來的部隊在鴨母寮，當時三十一軍有個步兵團在大武營。這個部隊移駐到大陸後，我們才進駐大武營，長達四年。

當時我們出操都到南極飛機場，在那裡沒有空軍，一架飛機都沒有，因為當時國軍在大陸還未撤退。離開大武營後，讓給女青年工作大隊，並派衛兵站哨。後來，砲兵團取消編制，就變成軍砲兵和師砲兵，砲三團就解散，分赴各軍。當時我這個團部是八十軍的砲兵指揮部，我是副指揮官。

後來我就到陸軍參謀大學去受訓。受訓期間，第九軍軍長要我到第九軍，原七十五軍，當砲兵指揮官，駐嘉義，也是個少將缺。到了四十四年五月份即將舉行總統閱兵，當時砲兵有 12 個營，每個營有 12 門砲，人數大概有 4、5 百人，這些部隊都是從南部各軍、師裡面抽調出來的。第二軍團司令官石覺，指定要我當閱兵部隊砲兵指揮官，指揮 12 個營。閱兵典禮前一個月，我就到各部隊去檢查裝備、編組，為閱兵前作準備。

到了閱兵前幾天，我就帶著必要的幕僚到屏東成立指揮所（屏東市區中

正國小--市政府附近），當時是住在學校營區。在閱兵典禮之前，經過多次演習，每一次都檢查身上是否帶刀、子彈，並搜身、搜口袋，槍機打開。連續重覆這樣子的檢查，就可表示：任何人在飛機場，不准帶任何的武器。到了閱兵當天，12 個砲兵營整齊列隊，並將所有砲口面向司令台前面。老總統閱兵經過砲兵部隊時，他在車上，我跟著他走。於是就問我：「這個部隊有多少砲？多少人？」我還記得那天閱兵台的人有：總統、陸、海、空軍總司令、孫立人參軍長、宋美齡、美國遠東指揮官、駐華大使和他的夫人。

閱兵完後，我就留在屏東家裡休息了一天。當時住信義路：離車站較遠，靠近屏東中學。隔天，我就去找孫立人將軍，想瞭解當天閱兵砲兵的情形如何？我到將軍家（成功路）的時候，他在客廳。他就說：「好啊，不錯啊！」誇了幾句。第二天回到部隊，覺得心裡很不安。後來知道，原來我去孫將軍家的時候，他家裡已經佈滿情報人員，也把我的車號都記下來了。

那天去屏東成功路找孫立人將軍，不到 10 分鐘就離開了。我主要是問他閱兵的情況。因為他跟著總統坐車的後面，所以問他可知總統對這次閱兵的看法。當時我才三十幾歲，第二軍團的司令看得起我，很多老資格的人他都不用，他祇找我指揮十幾個砲兵營參加閱兵。

到了四十四年七月一日，我參加一個嫡系部隊週年紀念所舉行的會餐。會餐結束後，我回到指揮部，獲知軍長要我到軍部。抵達軍部的時候，軍長不在。

副軍長問：「那時你去台北開會啊？」。

我正要回答：「什麼時候……」。話講完一出門，幾個憲兵就抓住我。

我就大喊：「幹什麼！」。接著憲兵就押著我，連夜坐吉普車，從嘉義押到台北保安司令部拘留所。當時就覺得莫名其妙，心想我在部隊很少跟人接觸，也不曉得外面發生什麼事。當天晚上被捕坐車到台北，保安司令部是在延平南路。關了一些時間後，就換到總統官邸後南海路的一個小房間，單獨關在裡面一個星期。後來又送回延平南路。在這期間，有被詢問，但都沒有被用刑。他們也查到我的生活習慣、紀錄都是非常好的。唯一掌握的就是

「你是孫立人提拔的。」

我有做過筆錄，是在保安司令部（延平南路）的時候。當時就叫我寫自白書（祇寫過一次），我就從小學、中學、軍校畢業，一路寫下來。我最後寫的一句話，至今還記得非常清楚：「我一生都為效忠黨國、服從命令、為國家做事。但是今天遭遇這個樣子，我愧對祖宗，更不知何以自處。」

關於自白書中跟孫立人將軍有關的部分，我只提到：「我跟孫立人將軍不是老幹部。我是從廣州才加入，不到幾個月就離開到東北。從美國回來後到台灣。」我是用鋼筆寫的，而且有簽名、日期。

就這樣被關到四十五年元月。後來法官來審問我，我才知道被關的原因。

法官問我：「你到孫先生家做什麼？或者曉得任何有關兵變的消息？」

我曉得的話我還會去他家嗎？我一無所知。我是去問孫將軍閱兵情形如何。

法官又問：「軍部有個情報軍官劉凱英，他來找你到司令部，要你到嘉義等孫先生，有沒有這回事？」

我根本就不認識劉凱英，沒見過這個人，他也沒來找過我。他來找我的時候，我已經奉命到屏東成立指揮所準備閱兵，我沒跟他接觸。

法官又問我：「是不是你在屏東閱兵時，把砲彈帶到飛機場去，而砲口都指向司令台？」

這怎麼帶啊！連內褲都要脫掉檢查，你怎麼帶砲彈。就我了解這是他們所懷疑的地方。把我的前途、事業、精神、名譽打擊到如此地步。我到底犯了什麼罪？我在部隊根本很少和外界接觸，除了每個禮拜天回家。後來還連累了一個香港來的華僑同學，他和太太在台南開草蓆店。我每次從嘉義回屏東，都在他那裡休息、喝杯茶。因為被調查，他們趕緊回香港去，我也不敢跟他聯絡。

我出獄之後，有看過國防部發的資料《孫案說明》政戰部發的。裡面寫著有一個法官問孫先生的隨從參謀陳良塤：「這個伍某人跟孫先生有什麼關

係，爲什麼孫先生會重用他？」

陳良壎回答：「他在黨裡很強，能帶兵。」後來國防部把這本資料收回去了。

根據我的判斷，國防部關於我的資料都是假的。因爲我知道狀況。當時孫立人是參軍長，他沒有直接指揮部隊的權力，他怎麼下命令？還不是幾個幹部因爲不平、憤慨而在那裡胡搞瞎搞。他們覺得不平的原因主要有二：

第一是孫立人的背景。他不是黃埔出身，他是從美國留學回來的。就軍隊的派系來說，他是被排擠的。

第二是招人妒忌。當時抗戰當中，蔣公標榜的就他一個。

由於以上兩點，所以造成這般遭遇。假使孫立人將軍眞的有叛變，就應當接受軍法審判。若不是，就應該還他清白。這是國家的不幸。是不是當中牽涉派系？我不懂。是不是權力侵占？我也不懂。今天國家發生這種事，是非常不幸的事情，但是多少總有派系牽涉在裡面。

我們這批人出獄之後，再經過改造，集中訓練一個禮拜，然後分發到陸軍總部編譯處。不是當翻譯官，而是當上校附員，等於沒有位子。再由翻譯官升到科長，由科長升到副主任，一共花了我 14 年。後來，還有幾年可以限齡退休，一個朋友請我到市政府工作，當時在經合會衛生下水道規劃小組當秘書。接下來成立衛生下水道工程處，當主任秘書 13 年一直到退休。

我一直懷疑爲什麼當局這樣處理孫案？害了那麼多有爲青年幹部，造成那麼多的不良後果。孫先生到底有沒有叛變？有沒有意圖勾結美國？有沒有交代部下有不良企圖？我不知道。我曉得孫先生不敢交代我。他曉得我這個人是非常正直、很有正義感的。我們是在自己的工作崗位上，盡最大的努力來做個人表現，所以我的考績一直優等。但是發生這件事情後，我的考績就變成丙等。那時第九軍軍長是羅恕人，副軍長是政戰部主任蔣德。

我覺得這般遭遇把它當作是人生的一部分。每個人的遭遇有起有伏、有好有壞。假使不這樣想的話，可能一天都活不下去。所以我就定了一個解釋叫「逆來順受」。

在南京的時候我就立志當軍人。抗戰開始的時候，我們都只有二十歲出頭，都懷著從軍報國的心參加軍校。當時我的家人全部反對我這樣做。我們既然走軍人這條路，就聚集過人的修養、體格、學識、儀表等積極地行善。但是上天總不從人願。等於你種花、施肥、澆水後，一個狂風暴雨、天災人禍就把你給唾棄。這是我的看法。很多懷才不遇的人都是這種情形。

我沒有走壞一步路，沒有做過一件壞事，我的遭遇就是這樣，我的前途就毀在這件事上。但我事後一想，也許上帝另有安排，也因為這樣，我搬到台北來。

我在美國受訓時，我太太在廣州嶺南大學。我畢業回國後，她就到美國 NYU 留學，唸完碩士後回台灣和我結婚（民國三十九年五月）。後來住屏東時，她在屏東中學教書。搬到台北後，她在中央信託局管財務，一直到退休。那我 4 個兒女，有 2 個在台灣讀完大學後到美國留學，畢業後在美國成家立業。

我想知道結論的 main point 。我想了解到底怎麼一回事！不然我心裡不服。為何牽涉到我？Why？！Why me？這是我想知道的。

柒、陸軍總部第五署副組長王善從先生訪問紀錄

時　　間：民國 80 年 3 月 1 日、3 月 7 日
地　　點：中研院近史所
受訪者：王善從
主　　訪：劉鳳翰
陪　　訪：張玉法、朱浤源、張力
紀　　錄：陳南之、高惠君
輸　　入：林宗達

一、從軍

　　我是一個軍人，雖然讀過軍校、陸軍大學，但我真正的底子也只有高中肄業而已。當年我在上海市參加學生集訓，宋希濂先生的三十六師把我們這群學生帶到上海聽訓，因此進入軍校，家裡的人事前甚至都不知道這件事。

　　抗戰的時候，日本人從湖南打到桂林，我被派到前線一年。戰爭結束之後，才又回陸大，重新唸廿一期。實際上我應該是二十期的。

　　我有一位很好的同學叫張存仁，在十八歲時從軍，原屬十三期第一總隊。（後來由趙自齊所辦的才算是第二總隊。）我和張存仁在武昌聽完汪精衛的演講之後，一大群同學就一直走，走到四川省銅涼縣。當時由鄧文儀擔任四川省政治部主任，陳是教育長，後來我們就在銅涼完成學業。記得那時我們是由陸路走，我和張存仁一路走一路演話劇，因為如果演話劇就可以坐車子。張存仁是我很好、很好的朋友。後來我們從陸軍大學畢業之後，他分配到保安司令部，而我自己則被分配到陸軍訓練司令部。

二、初抵台灣

到了台灣之後，我在陸軍訓練司令部服務。當時的總司令就是孫立人先生。我的職務是陸軍司令部訓練科上校科長，以後又調到第四軍官訓練班擔任訓練組上校組長（第四軍官訓練班後來交給羅友倫，因為陸軍官校已經在台灣復校了。）以後又調到八十軍，鄭果是軍長，而政治部主任是蔣德（蔣經國的英文祕書）。到了這個時候，孫先生的處境就已經相當尷尬。後來我又調到陸軍總部，為搜索組長，兼搜索總隊上校總隊長。可是因為有一次我當面和蔣總統（蔣中正）頂撞，又被調職。

當時三十六師的人事任命由日本教官決定，日本人希望我擔任參謀長，因為日本人認為以年輕人當參謀長可以代替老朽司令官，培養青年參謀長，以推動軍隊的運作。

後來有一天，忽然有人來找我說：「總統要見你。」我去了之後，房間有一個長桌子，當時彭孟緝也在場。蔣總統開口就問我：「你對部隊有沒有什麼意見？」我回答說：「軍隊裏的高級軍官互相爭權奪利，和當初在大陸的時候一樣，但是現在到了台灣，這種情形如果不改善，大家都會死無葬身之地。」蔣先生聽了之後，眼睛一瞪，就又問我今年幾歲了？（意思是說：你年紀輕輕的，懂些什麼？）我也沒回答，彭孟緝接著又問我相同的問題，我仍然沒回答。後來蔣先生也沒要我走，我就向他一鞠躬、行完禮就離開了。

當時還有一個八期的指導員張乃濤和我說：「你趕快走！」我說：「為什麼？」他說：「你說了什麼話，你自己清楚。」後來孫先生也來問我：「你和蔣先生說了什麼話？」我也沒說話，只是心裏想：「蔣先生是三軍的統帥，也是我的長官，我看見是什麼也就報告什麼了。」

後來過了一年，我忽然由上校官階調為中校官階，沒有任何理由的，但是我的心裏很清楚，到底為了什麼事才這樣的。

一九五一年蔣先生派了一位日本教官白鴻亮，他的真名是富田直亮少將（原為華南派遣司令部副參謀長，代表華南日軍向新一軍投降），由當時保

安司令部張伯度，代表老總統陪同帶了十幾個騎兵、砲兵的日本教官來。由桂永清招待，在「四海一家」吃飯。當時空軍、陸軍都派代表參加，但是孫先生很不高興，因為這是彭孟緝找來的，他要我代表出席。

去了之後，發現這位白教官是舊式的軍官，根本沒有接受過第二次世界大戰的訓練，而其他的日本教官則太過隨便，抽煙的抽煙，遲到的遲到。我看到之後，就很不客氣的說：「大家不要太隨便了！」宴席散了之後，這個日本教官把我留下來，說：「我有一份報告要直接交給孫先生，請你看一看。」我心裏想著說：「又來這一套，日本人最會搞私人交情了。」我說：「我未經授權，不要看。」

後來有指定我到圓山軍官訓練班第二期受訓，陸軍是團長以上；空軍是中隊長以上；海軍是艦長以上才能參加。頭一天上課，我的左邊是汪敬煦，右邊坐的就是蔣緯國。我對於圓山軍官訓練班的教育沒有什麼批評。

後來要選總幹事，一共有兩百多人，我獲得全票當選。蔣總統來巡視的時候，原由我代表致詞，可是彭孟緝又來找我，要我把代表權讓給陳寶華（第六軍參謀長）。我心想：「很好啊！」後來孫先生來圓山看我，他說：「你在鳳山時也講話，在圓山時又講話，你太愛說話了！」

記得有一次演習，日本人心機很深，要我擔任紅軍，而以蔣緯國擔任防守任務。後來又聽說他們要組織一個三十六師，作為衛戍師，才引出我被蔣總統召見，以及當面言語頂撞之事。

三、搜索訓練緣起

有關「美援」和「搜索隊」的情形。自從一九五〇年韓戰之後，美國人的態度、裝備已經有了改變。美軍顧問團的人員，頭腦很簡單，凡事以華府馬首是瞻，毫無彈性。而德、日的顧問，卻能根據台灣的需要向上級反映。而美國所用的武器、裝備，是以大量生產的方式，只考慮如何從事越野活動，卻不曾依照中國人的體型而加以改善。

搜索隊的成立，是鑑於反共作戰的經驗，❸因爲早期沒有搜索的部隊，因此安排學員接受搜索訓練，並準備支援麥克阿瑟，派部隊參加韓戰。搜索訓練負責的是一位德國的教官 Stein（史坦因）。Stein 在南京時就曾幫助孫先生。畢業於德國陸軍大學，曾擔任德國駐俄武官，負責對德國政府報告蘇俄軍情。

四、搜索訓練

搜索隊訓練的內容由 Stein 和孫先生共同研究製作的，主要是針對亞洲東部地形，要利用地形，滲入敵後。他的第一任組長是余伯泉。美國人對於搜索隊的成立，並不贊成，但孫先生卻認爲部隊裏的每一個團要有一個搜索連，每一個師要有一個搜索營，每一個軍要有一個搜索團。然而當時部隊的各級幹部，營、團、師長，都缺乏搜索常識。

孫先生對於德國教官 Stein 非常尊敬，每月還有五百元美金薪水。後來 Stein 打算回國，就建議孫先生，應該選一個人，由他把所有搜索知識告訴他。因此孫先生就選上我。我被調到搜索總隊，經過兩年的訓練與試驗，Stein 說給我聽，明天我就表演給他看，他再告訴我那裡錯、那裡對。之後又成立兩個大隊，一個是學員大隊，一個是學兵大隊。一年之後，又成立研究組，由我從畢業學員中挑選十人組成。但是這個組並沒有編制，也無晉升機會，成員調來這裏，均以原官階任命。

一九五四年五月間，陸軍總部下令開一個連北上，將原來受過搜索訓練的部隊，做一個表演，於是我就將部隊開往林口。本來這次表演是要給艾森豪看的，可是艾森豪沒來，就又決定表演給美駐韓顧問團 Freet（第八軍軍長，是最高部隊長）看。

後來有一個葉成輝問我，部隊開到台北來，是奉了誰的命令？怎麼來的？當時我對於他的這些問題本來沒有什麼注意。因爲部隊由南部鳳山調到

---

❸ 編按：搜索隊是使新一軍在反攻緬北諸戰役致勝的主要原因之一。在反共的內戰也被考慮使用。

台北，一定要有國防部的命令，否則部隊的補給、後勤根本無法接應。這也不是孫先生一個人就可以完全決定的，一定要有南、北防守司令和國防部的公文，部隊才能調動。而且部隊到林口前後有兩個月的時間，如果沒有奉准，不可能有後勤補給，也沒有槍砲。當時部隊是坐火車來的，大約有一百多人，不過我先帶了幾位教官來林口，因為我們要先佈置演習的場地。

有一次陳誠到鳳山來看部隊的拂曉攻擊演習。看完了之後，陳誠非常的不高興，說：「沒有看到什麼東西？」我回答說：「如果你看到的話，這些人也就死掉了。」另外有一次蔡斯（Chase）團長也來看演習，孫先生問我：「在那裏演習比較好？」我說：「在屏東機場。」我之所以提出這個地點，是因為要證明美國的武器只能在飛機場用，因為台灣是南北向，水是東西向，而橋是輕便橋，戰車不能通過，因為蔡斯只是一個政治軍人，沒有作戰經驗，我這樣的說法，長官也沒話說。

台灣的軍隊是按照美軍的編組，再配合美援。但因為美國沒有搜索部隊，美國和孫先生對搜索隊的觀念是不一樣的。美國重視的是空中偵察，而孫先生希望能成立搜索部隊，美國卻不同意。因為台灣原沒有搜索部隊，沒有幹部或方法，不是一天就可以完成的。孫先生的想法是先成立搜索總隊，訓練教育幹部，從兵到小組（搜索組）。訓練的單元主要是以三人為小組，由班到排到連到營，而搜索的教材是由 Stein 編寫，包括搜索辦法及訓練的方法，如：如何訓練？如何利用近距離？如何滲透敵後？如何利用通訊工具？他指出：只有佔領敵後，才能觀察下判斷。根據這些重點，就寫成了《搜索訓練記要》一書。（孫案發生之後，總政治部就先燒毀這本書。）而這些搜索組的成員，是由第四軍官訓練班之中成績好，具有戰術頭腦，能操作通訊工具，懂得開車，可以從事叢林戰、山地戰，及獨立生活本領的成員組成。

但是這個搜索訓練組，國防部並不予以承認，它的編組屬於救國團，沒有編制，也沒有經費。

搜索組的訓練第一期共有三個組長，分別是余伯泉、陸心仁、書建三

人。組成份子則包括新一軍的老幹部，三十八師的老人。訓練組沒有自己的部隊，只有教方法的教官。學員畢業之後，都由國防部派去當排長或情報參謀，負責軍中的搜索訓練。以後國軍部隊才有搜索的編制。當時台灣有九個軍，也就有九個搜索團；三十幾個師就有三十幾個搜索營；一百多個團，就有一百多個搜索連。而這些幹部，是訓練陸軍各連的連長與排長的。

我成為搜索研究組組長以後，把搜索訓練組教材放在搜索總隊，一方面訓練下級幹部，一方面則在試驗部隊。搜索部隊的成員都是青年軍，從事通訊、駕駛的訓練，前後共有六個月，六個月期滿就可以畢業。他們的薪水由八十軍發給，但是屬於訓練單位而非編制單位，他們的補給、人事全部屬於八十軍，我只負責教給技術，只是一個教官，沒有人事權。這些排長、班長接受完搜索訓練之後，就各自回部隊。

我們另外再辦理團長、營長的訓練，但是沒有總部的命令，也不能調動哪一個部隊。這些部隊一調防過來，其連長、指導員也都一起來，他們基本生活和我沒有關係，我也沒有去上課，只是由研究組的這些人去表演。從事搜索時，團長什麼事可以做、怎麼運用他的部屬，這才是我的責任。這其中有一個學員組，原來就是搜索訓練組學員之再訓練，由郭廷亮負責；另外有一個示範部隊表演則由江文錦負責，此為兩個系統。

後來部隊奉派到北部林口演習，住了兩個月，而這三位組長（余伯泉、陸心仁、書建）一共訓練了四百多人，只有三個中隊，全部都是學生（也就是原來要分發到韓戰的八百多人，一部分分發到搜索組，一部分則分發到夜戰去。）當時我是搜索組組長，有四百多名八十軍的兵，編制是搜索總隊，另外有一個副總隊長。我原來是八十軍軍部副參謀長，兼搜索隊總隊長。本來是派劉放吾擔任總隊長，後來劉放吾沒來，孫先生就派我去做，而副總則是由鄭果所派，政治部主任是沈英，由三軍黨部調來。總隊部事實上只有一個人，經費也沒有。因為鄭果和孫先生不對頭。

我當時還沒有帶教官，除總隊之外，另有兩個隊，學員大隊、學兵大隊，共有六個大隊。學兵大隊大隊長是江文錦，成員是青年軍，也有退伍

的；而學員大隊是最早成立，是訓練組的老成員。從第四軍官訓練班挑選出的。後來由我挑選的十個人當研究組教官，都沒有受到「孫案」的牽連，如鍾之貞、李德培、吳瑾、蔣德明、李榮仙。現在都退休了。

民國四十三年，孫先生調為參軍長之前，搜索總隊就已經取消了，而搜索組則仍斷斷續續的持續著。孫先生曾向蔣總統建議，因為團長、營長對團員的訓練不夠，要我再繼續訓練。可是總政治部卻以為孫先生在動歪腦筋，孫先生一點也不明瞭自己的處境。成立搜索研究組時，孫先生當陸軍總司令，也不問他為什麼那麼順利，現在不當總司令了，還在談訓練的事，我又不好勸他。後來蔣總統雖然答應了，但下面的部隊卻不順利。

以後我被降調到國防部第十戰鬥團，擔任中校副大隊長，所有曾發牢騷，和「孫案」有關的人全部都編遣到這兒來了。我被降調，是因為和蔣總統頂撞，一點也不冤枉。

這個第十戰鬥團應該屬於陸總部，一個團有三個大隊，共一千人。我雖然當副大隊長，卻沒看到隊員，因為隊員不住在隊上，都分散的住在家裏，不能聚在一起，怕吵架、鬧事情。不久孫先生來看我，他說我是死腦筋，也不要灰心，而且說這件事不是蔣先生授意的，我跟了孫先生這麼久，第一次覺得孫先生有人情味。

搜索隊曾經演習過幾次，例如一九四九年，美援剛開始的時候，美軍顧問團團長曾要求做演習。在美援開始前後二年，陸軍重大演習皆由我主導，當時我的職位是擔任第四軍官訓練班組長，我的任務是培養軍官，獨立聯合兵種之作戰能力，團以上的演習由我負責的機會較多，因為我個人覺得，台灣的新軍戰術受過去的束縛太多，第二次世界大戰之後，新兵器的發明使原有的戰術需徹底的改善。台灣當時的敵前訓練、海島防禦，需另創一套配合台灣軍隊的現況本身所需要的戰術思想。

五、所謂林口兵諫

民國四十三（一九五四）年五月，我的部隊奉命到台北林口演習，大約

有一百多人，有病的不能來，當時對於氣候不能適應，鳳山天氣很熱，而林口氣候又不太穩定。而這些八十軍的搜索連部隊一直都待在南部，從沒到過北部，而且南部部隊需要國防部的命令才能到北部來，他們卻因此說我是來這裏觀察地形。這次演習本來是艾森豪看的，後來因為他沒來，後又說給美國駐韓司令看，但他也沒來。這次部隊是坐火車來台北的，卻又被說成是孫先生的兵諫部隊，計畫包圍陽明山。這件事我向訊問我的人說得很清楚。六月六日我在林口是開汽車來的，由鳳山回到林口時，則是和部隊一起坐火車回去的。

對於這件所謂「兵諫」的事，我有幾點看法：

(一)孫先生知道我是一個教官，不是帶兵官，絕不可能命令我去包圍官邸。

(二)到搜索組訓練之部隊，其保防官、政工人員都一起來的。

(三)演習所用的東西並非戰鬥所用的。

(四)我們一整連的人都在林口。如何到陽明山？路怎麼走？根本就搞不清楚，而且部隊怎麼能隨便移動呢？

(五)我們是坐火車來的，沒有幾輛車可以用，只有一、二輛運輸用的車子，何況林口到陽明山之間的路，軍車根本禁止通行。

(六)蔣先生的官邸那麼多，他今晚要睡那裡，有誰知道？就算知道，要接近偵察地形，還沒接近，早就被總統的衛戍部隊攔截下來了。

其實類似這樣的演習是有很多次的，因我們的編制、裝備都來自美國，為了使美國人瞭解，只要美方新派一個人來，對編制有問題，就需要演習一次，以得到美方的支持。在林口的演習，我們只在林口附近山地進行，根本沒有越過淡水河或觀音山，我只負責這個適合的地形，所演習的地區都是走路就可到達的地方，離營區很近。那一次我們住在林口小學，附近有很好的地形，說這是要包圍總統官邸，根本是不可能的事。

四十三年六月，陳良壎打電話給我，說孫先生找我。我到了孫先生那兒之後，孫先生告訴我說：「我的總司令任期剩不到五天了，而搜索隊成立很

久了，一定會有很多的虧空，你回去查看看，把虧空報出來，在五天內我就把這筆錢批掉。」之後，我回到林口暫時基地時，把會計、管器材的人叫來，要他們查查看虧空的情形，再報告給總司令。後來查對的結果發現一共虧空了九千塊。可是大家開了會，決定不要把這件事告訴孫先生，由我們自己出錢，不要使孫先生為難。平常我們用米換麵，麵換米總有一些剩餘，自己再捐一捐錢，也就可以補足了。

六、被捕

　　郭廷亮是在四十四年五月二十五日被捕的。我則是在二十七日見到孫先生，孫先生問我說：「你知道郭廷亮被捕了嗎？」當時孫先生的心情很平靜。我說：「知道郭廷亮被捕了嗎？我不知道。」他也就沒再提起。那時候我才剛剛結婚三個月，我決心要考外語軍官訓練班。五月底、六月初的時候，正好圓山放榜，我帶了內人去看榜，我考取了第三名，隨即就要進學校報到了。

　　當時，我的職務是陸軍總司令部第五署中校副組長，但是卻沒有辦公室。那時的組長，好像是何應欽先生的參謀。而沒有辦公室的意思就是說「你來上班也好，不來上班也可以。」但我並不十分在意。

　　放榜的那天晚上，我到外祖父許世英家裏吃晚飯。十點多回到家之後，就有三個人進來說：「賈副總司令找你。」這種情形以前也曾有過，我也就沒放在心上，換了衣服就準備和他們一起走。可是還沒走到門口，這三個人就開始在我家裏翻箱倒櫃，我回過頭去問他們：「你們在幹什麼？」後來我才一出家門，發現已經有好多人圍在門口，門外則停了一輛有篷的黑色吉普車。

七、審訊及入獄

　　被抓的第一天，我被關在台北大橋下的一個看守所裏。到現在對那裏唯一的印象，就是丟個大便桶放在房間裏面，尿液到處流著。第二天則被轉送

到保密局本部的看守所。右邊有五間房間，左邊有三至四間房間，牆和門都很厚，門上有蓋子，從房間裏面是看不到外面，但在外面，則可以推開蓋子看到裏面。這個房間大約有三個榻榻米大（包括一個便坑）。我全身只穿了一條短褲和汗衫，後來發給了一床灰色軍毯。在裏面看不到一個人，聽不到一點聲音，牆上則刻了許多字。

看守所裏的看守人員，個子都很高大。他們問案的方式是很新式的，先擊潰你的神經，盡量的侮辱你，因為軍人的骨氣重，最重要的就是自尊心。因此他們用盡百般的方法要把你的自尊心打得乾乾淨淨。以我為例，一開始，也不按照一般的慣例先問你的身分、階級……等問題，只是胡亂的問一遍。保密局是一個很厲害的機關，裏面的資料很齊全，你想不到的裏面都有。我被關在裏面的時候，也沒有所謂的放風，不能洗澡、洗臉，只有鹽水飯拌辣椒的飲食。其實在這段時間裏，怕，我是不會怕。打嘛！他們也不敢打我。如果用恐嚇的方法我也不怕。對我並沒有用刑。但是這種摧毀尊嚴的方法，對我的影響卻很大，又不能自殺，感覺像一條小狗。

我大約在六月二至四日，其中的一天被抓進去的，當天下午，他們就給我看了兩份自白書，一份是郭廷亮的自白書，另一份則是田祥鴻的自白書，我還記得田祥鴻的自白書開頭的第一句話是「人生自古誰無死，留取丹心照汗青。」

同年八月十七日，有人來告訴我說：「明天有一位長官要召見你。」隔天早上，我進到裏面去以後第一次洗臉、洗澡、修臉，並穿著軍服。接著，由孫若愚帶我去，坐了一輛深色有篷的吉普車。上車後，我雙眼被蒙著黑布坐在車後面，兩個便衣坐在兩旁抵住我。車子停的地方有一個中國庭園（當時的救國團）。進到房間後，蔣經國坐在沙發上，陳良壎和毛惕園在後面聽。一開始，蔣先生說話很客氣，問我：「有沒有人打你？」我回答說：「沒有，不過我有一些意見要說：從五月底被抓關進去之後，被打是沒有，可是我所有的口供和筆錄全部都是假的，全都是保密局編寫的，只是為了加害總司令，請主任馬上調查這件事。」又說：「我是軍校十三期、陸大二十

一期的，以後集體分發。我認爲孫先生是一個愛國無私的人，極有能力的長官。如果站在國家的立場，應該和孫先生面對面坦誠的談，若能如此而能精誠團結，豈非由國家之禍，成爲國家之福。然而像這種制度，我尤其痛恨有一些政工人員專門愛打小報告，我既然穿了軍裝，就準備要犧牲……。」

我話都還沒說完，蔣先生面如土色，急著就站起來，揮手示意要我離開。自那天之後，再也沒有人正式來問我。

總而言之，這些保密局的審訊手法都是差不多的，口供、筆錄全都是他們編寫的。問供的時候，你說你的，他寫他的。結束之後，東西也不給你看，抓起你的手「碰」的一聲蓋上手印，就算完結了。

我始終被關在保密局裏，後來轉到保安司令部的大廳裏。當時保安司令部的副參謀長，保安處處長張存仁，副處長郭榮廷，保安隊的大隊長姓譚，這些人都是我的同學。當我被關在大廳的時候，照理說，他們都要來「巡視」。當他們巡視到這個大廳的時候，都沒走過來，就調回頭去了。

對於自己被抓的這件事，我沒有絲毫的怨言。在「孫案」發生之前，我是糊里糊塗的。「孫案」發生之後，我的頭腦就變得很清楚了。

八、出獄及赴美

我出獄之後，有一位十三期的同學周中，品行、才智都很不錯，有一次在武昌街的明星咖啡館見面。我在報上看到江雲錦自美國回來的消息，就問周中：「我想去美國，可不可以？」他回說：「過兩天再答覆你。」後來我因爲攝護腺開刀住院，周中來醫院看我，並告訴我說：「可以去美國，但是不要太招搖，最好依正常手續辦理，江文錦開貿易公司，你可以去找他。」當時我雖然出獄了，但是每個月還是要到警察局蓋章，大大小小的事還要向胡翼明報告（江南案時的少將副局長，當時是總政治部第四組上尉參謀）。

我一開始做生意，日子很難過，先是開發海埔新生地；後來我走投無路，就先做「小包」，在彰化有兩個；嘉義（台糖、五股），台西、台南鹽場。每一次大約有二千多公頃。如此經過好幾年，並不是我有專長，而是環

境所逼才如此的。當時天天在工地，可以賺的差額很大，但是如果做不成的話，等於將所有的錢往海裡倒。

而我的婚姻在我被關進去的第二年破壞了，她是一位中學音樂老師，修養很好，但卻受不了這樣的政治婚姻，我也希望能離婚。離婚之後，我就可以不用擔心她的安危，可以吃飯、睡覺。以後我太太再嫁。出獄之後又和她結婚，現在的五個女兒和一個兒子都不是我親生的，共同撫養，大家感情都很好，我的三女兒嫁給外國人，就為我太太申請綠卡。

後來綠卡申請到了，我心裡就想：「我不要再回來了！」而我在台灣的產業，包括嘉興街的兩幢房子，忠孝東路、國父紀念館旁的房子都沒動，由殷之浩替我管理。另外還有一些黃金，我把它埋在廚房的地板，再打上水泥。不過，後來我太太回來以後，已經把這些東西處理掉了。

九、兵諫案憶往

從我被捕到出獄之後，一直都沒看到我的判決書，一直到蔣經國先生去世之後，才看到判決書。而所謂九人委員會的調查報告。監察院五人小組報告，我一點也不清楚。民國四十四（一九五五）年八月十二日，在顧維鈞先生的回憶錄裡提到，成立三或五人的委員會調查「孫案」，八月十五日，蔣總統就決定成立九人委員會。八月十八日，蔣經國就召見了我、江雲錦、陳良壎三人。

這分監察院的五人小組的調查報告是在四十四年十一月二十一日上午十二時完成的，有二千多字，分成五大項。但是卻一直沒有公布，一直到民國七十七年一月，蔣經國去世之後。在此之前為什麼不予公布呢？

民國四十四年八月十二日，沈昌煥到美國雙橡園見到顧維鈞和蔣廷黻。沈昌煥把資料交給顧維鈞。當日向國內反映，組織一個委員會，負責調查「孫案」。而當時美國駐華大使藍欽也曾對沈昌煥說：「我知道的比你還多。」其實明眼人一看這根本是個圈套。

報告上說：八月十五日，蔣先生成立九人委員會調查「孫案」，八月十

八日，蔣經國分別召見我、陳良壎、江雲錦，而郭廷亮則是由毛人鳳召見的。九月十日，王雲五單獨接見郭廷亮，予以調查審問。九月十日下午四點，王雲五又見我，地點是在國防部軍法局。當時的筆錄由紀錄員當場宣讀，被調查者如果沒有意見，就親自在筆錄上簽名、蓋手印，而且還有錄音。

　　報告上又寫：九月十日王雲五調查郭廷亮、我，而黃少谷則調查江雲錦、劉凱英。九月十一日王雲五又審問田祥鴻，黃少谷審問陳良壎，筆錄是這樣記載著。但事實上我並沒有去，如果我眞的去了，我一定會把對蔣經國所說的話告訴王雲五，如果所有的事都能照實講，「孫案」又怎麼判得下去？

　　我被抓進去之後，就看到了郭廷亮和田祥鴻的自白書，這兩分自白書都和我無關，卻又不允許我去對質。九人委員會所做的調查報告，根本沒這回事，都是假的。依照常理判斷，不是只有我一個人向蔣經國報告，一共有十三個人。蔣經國是總政治部主任，負責管理這件事，而且一定要調查的。

　　而「兵諫案」很簡單，這怎麼會只有我一個人？這麼大的幌子只有我王善從，即使有一個證人陳良壎，他也說那分筆錄不是他寫的。我的部隊不到一百人，而且不歸我的指揮，部隊從南部到林口，全部都是三十五、三十六年的青年軍。當時來到台灣，許多當了排長、連長，牢騷卻很大。後來蔣先生對這種情形很頭痛，於是答應成立搜索總隊，由我當搜索隊長。這些兵當搜索兵就必須學習通訊技能、駕駛技能、情報判斷，使兵員產生興趣。而整個軍訓班的學生又加以集訓，集訓歸集訓，學生又受到歧視。另外孫先生的幹部又被調到戰鬥團，譬如我的官階就由上校降爲中校，孫先生就曾經來看過我，安慰我說：「忍耐一些！」

　　關於九人委員會開會的情形，我曾找我外公許世英的秘書楊明錄提過。他說當時要組成九人委員會，有人來找外公加入。當時外公腿斷了，由楊秘書（後也在保密局做事）推外公進入會場。那時的會場成員並不一定都是九人委員會的成員，另外還有許多政府官員、司法單位、情治單位和軍法局的

人都有。

當時軍人派系的人都主張要殺孫先生。會議一直開到第五次的時候，我外公才開始說話：「大家的態度已經很明顯了，主張殺孫的人比較多，前四次開會的時候我都沒說話，原因是在避嫌，因為我的外孫也牽涉在此案內，和我自己私人和孫立人的交情，今天我卻不得不說話了。」外公一開始說話，先是把孫先生罵了一頓，說孫先生的中國書念得太少等等……。後來話鋒一轉，外公說我們今天不能殺孫先生，第一個原因是因為孫立人和美國的關係，第二個是因為孫立人有汗馬功勞。最後他就說，希望能仿照張學良的例子，讓孫立人有一個閉門思過的機會，最後以四個字「恩出主上」做為結論。會議最後，由陳誠決定將外公的說法報上去。

這些情形都是外公的秘書楊明錄告訴我的，會場中還有吳忠信、王寵惠等人，氣氛還算平和。後來我也問過孫太太這件事，問她是否曾經和孫先生一起到外公家磕頭謝謝？其實我知道外公許世英是很器重孫先生的，另外如果要以許世英的名義殺孫先生或王善從，是絕對不可能，也絕不會去做的。事實上後來因為顧維鈞給蔣先生的分析報告，以及美國方面的堅持，才使得「孫案」有轉圜的可能。因此蔣先生才利用九人委員會的調查報告，來圓「孫案」這個場。

九人委員會的成員之所以有許世英、王寵惠這些人的加入，是因為蔣先生要表示其大公無私的態度，然而實際上當時的情況是已經停止抓人的行動，而已經被抓的，也多被放出來了。

而當時陳誠的態度，究竟是主張殺孫先生或是放了孫先生，或是保持中立呢？依照我個人的看法，當時最了解蔣先生的是陳誠。陳誠是一個政治軍人，在這種關口上，他是絕對不會明顯的表現自己主張。舉個例子說，桂永清去世之後，蔣先生召開會議決定其繼任人選為何，當時在場的有顧祝同、何應欽、陳誠，卻沒有人提到孫立人的名字，於是蔣先生就接著說：「彭副總長很好！」也沒有任何人接腔。蔣先生就說：「那我們就決定由彭孟緝接任。」可是許世美怎麼辦？他是中將，階級比彭孟緝高。在這整個會議裡，

只有蔣先生一個人說話，其他人根本一句話也沒說。

　　因此對於「孫案」的態度，一開始，陳誠和孫先生就是敵對的情形。陳誠常說孫先生的壞話。可是在會議上卻是唯一不說話的人。而黃少谷曾向陳誠提過建議，但是黃少谷並不是為了孫先生，而是他在衡量當時情勢之後，覺得如果辦孫立人損失會很大。他對陳誠說：「如果讓孫立人當了參謀總長，美國也一樣的搞你、搞蔣氏父子。如果放了孫立人、殺孫立人，都不能改變美國人對台灣的態度。」孫先生自從當上陸軍總司令就完了，因為從南部到台北來，離開了鳳山就完了。在鳳山的時候環境單純，除了訓練還是訓練，手上有八十軍、第四軍官訓練班，是他的天下。

　　我對於九人委員會的調查報告書有幾點看法：

　　(一)我要求對證、不論是非、只談真假。

　　(二)事件的困難處我不講，但總統將報告蓋住，是一種違法的行為。

　　(三)監察院的職責在「彈劾」，但卻沒有盡到憲法所賦予的責任。

　　我被關在保密局的時候只有一個人，後來轉移到保安司令部。直到有一天，有二個槍兵進來說：「今天要宣判。」我說：「我要換衣服。」當時保安司令部看守所華所長告訴我說：「不會槍斃你的。」❸但我仍不相信他的話，仍去換衣服。後來隨著二名槍兵到了保安司令部禮堂，孫案專案小組的一個承辦人叫趙公嘏，在各種場合經常以檢察官身分出現，他也在場。到了那兒之後，有一個王其美（現住在內湖當工人），一直喊冤枉。趙公嘏就說：「你還在喊冤，像你們這種人早就該槍斃幾百次了！」後來遞給我二張紙。我記得陳良壎作證的話，就在這兩張判決書的最後面。

　　我回到房間之後，把判決書放枕頭下，就到廁所裡去。等我回來之後，卻發現判決書已經不見了，因此我一直沒見到我的判決書，直到民國七十七（一九八八）年才又在報上看到它。

　　然而這分判決書根本沒有經過法律程序、實質審判，這是任何人都可以

―――――――――――――

❸ 依賴卓先回憶，華氏係保安大隊的大隊長。

做證的。他們所說的「兵諫案」，從頭到尾就只有我王善從一個人，試問一個人能包圍官邸嗎？我沒有犯罪行為，也沒有人因為我的案子而受到牽連。另外一方面，政府在民國三十九年的時候，既然已經發現郭廷亮是一個匪諜了，卻不把這個情報告訴孫先生，並派人保護孫先生？這些當時的環境都是不可能的。而四十四年六月六日總統親校事件，一些參謀、教官根本沒有資格去參加，又何來「叛變」之說？監察院的報告書只公布對我們有害的，有利的卻一點也沒提及。

在九人委員會的報告書當中，說「郭廷亮」案是由劉凱英作證的，證明郭廷亮和孫立人談話的時間和地點。而王善從一個人只有兵諫案；陳良壎則證明郭廷亮案、王善從案是真的；而江雲錦則是另一個小組織。

然而到了現在，已經證明了郭廷亮是假匪諜，王善從則是假的王善從，也就把九人調查委員會所說的事實完全推翻了。郭廷亮案、王善從案是真、是假，如果政府不能躲，就應該出面說明、處理。所有「孫案」關係人（共有三十五人）的判決書，完全都是「孫案專案小組」一手包辦的，沒有一個人是經過真正的法律程序、實質的審判和調查的。

十、我與孫立人

我和孫先生的淵源很深。外祖父許世英和孫先生的父親有結拜之交，外祖父也和孫先生的大哥孫同人交情不錯。我的外祖父曾經當了二次的安徽省省主席。在我離開南京的時候，外祖父曾經為我寫了兩封介紹信，一封給孫立人，另一封信給魏道明。但當我離開家之後，我就把這兩封信給撕了。在這幾十年當中，我從沒聽過外祖父提過一個「孫」字，孫先生也從來沒提過一個「許」字。就是因為孫先生這樣的人格、涵養，才會掉進別人設好的圈套。

孫先生被軟禁在台中的時候，生活窮得連附近的雜貨舖都不給欠賬。❸❷

---

❸❷ 編按：事實應非如此，但王氏的說法仍予保留。以下仍有多處說法待考，但均予保留，以尊重受訪者。

那時候孫先生的侄子孫克剛看到這樣的情形，才去找我的外公。外祖父聽了之後就去找張群，告訴他孫先生現在的生活情況，最後才決定每個月給孫先生兩千塊。

其實，孫案涉案的三十幾個人在出獄之後，生活上都發生了困難。我這次回來，就是要和他們研究、研究這些問題，向政府要求一些賠償金，來改善這些人的生活，作為補償。

孫先生這個人當師長、軍長，是絕對標準的，他的特點是：

（一）不告訴任何人，到部隊裡實實在在的看，重視兵和下級幹部的素質。

（二）在戰鬥、射擊動作、體能訓練方面，在亞洲可以和日本相抗衡的。

然而他最大的缺點是，軍官的能力不夠，跟慣了孫先生，如果一直跟著他，是不會有問題的。但本身能力卻跟不上時代的變化，戰術、兵器的變化。中國的軍隊作戰時只有指揮官會出問題，因為過去的戰爭，都是單兵作戰，對於聯合兵種運用，這是很生疏的。我和孫先生之間有一個默契，就是由我負責推進，即使在韓國山地或越南森林裡，也能以此為作戰經驗。

記得我剛到台灣來的時候，本來打算要把我的母親接過來，孫先生也分配了一幢大房子給我住。可是後來我的母親因為血壓高，不肯來台灣，我就把這間房子給了一位傘兵司令。孫先生和我一樣，常常喜歡在半夜的時候練習射擊。過了這麼多年了，內心雖然已經很平靜了，可是當我一想到夜間射擊，就會一個人走到外面，好久、好久才回來。我和郭廷亮說自己的這種心情，他說他也是如此。後來我聽孫先生左右的人說，孫先生也有這樣的心情。

孫先生也從未誇獎過別人，記得有一次軍隊中有體能比賽，八十軍明明贏了，但孫先生怕刺激到五十二軍，就宣布取消總錦標。為了這件事，我還和孫先生、賈幼慧副總司令吵了一架，這都只是小事。❸❸

---

❸❸ 沈承基按：從來沒有任何部屬敢跟孫將軍吵架。

還記得有一次，孫先生跟美方要求私人裝備，因為孫先生要成立之四師，為了這件事孫先生和陳誠在會議上鬧得很不愉快。因為陳誠執意要以馬為之四師師長。陳、孫兩人就是不對頭。

孫先生做事的態度是對事不對人。記得以前國防部開會的時候，孫先生總是晚到。而當時的王叔銘、桂永清、周至柔等人總是趁孫先生還沒到之前，先表決通過一些比較困難的案子。而如果孫先生覺得事情有什麼不對，他一定會找你談，如果你把話題岔開了，他就會變得很不耐煩。

孫先生的喜怒都是表現在臉上的，因為他接受的是西式教育，所以處事的態度也是西方的，但是他做人的態度卻是極中國舊式的。有兩個字是可以形容他的處事態度，「忠」和「恕」。「忠」就是忠於事，絕對不會因為這句話是總統說的而去服從，對事盡忠；「恕」則是對人不記仇，對我們的態度始終以恕道待之。

孫先生平常的娛樂，有時候會帶我們去看電影，但是往往電影才剛開始，他就睡著了。而平常只要抓到空檔也會利用時間睡覺。晚上呢！就睡在火車加掛的車廂裡。

在鳳山當訓練司令的時候，是孫先生最快樂的一段時間。他本人並不腐敗，而他的幹部一切事情也都以孫先生為主，安於現狀，升官、發財的想法一點也沒有，但是孫先生卻有批評蔣經國，和他抬槓的毛病。

孫先生每天早上起得很早，起床之後就往部隊裡跑。晚上大約在八、九點才下班，有時候晚飯也沒吃，就在福利社裡叫了碗肉絲麵。他的健康情形很好。平常只喜歡看電影、踢足球，他並沒有規定我們一定要剃光頭。其他沒有什麼嗜好，也不抽煙。

因為大夫人不能生育，經由陳良壎的介紹、安排，才有二夫人美娘，這也是經過大夫人同意的。

我是一個帶兵官，不介入私人的生活。有時候孫先生家開舞會，❸我都

---

❸ 應係孫將軍在台北市南昌街的官邸，並不是他的「家」。

聲明不參加私人的活動。以後孫先生調爲參軍長之後，家裡也漸漸的沒有什麼客人。有一些清華同學、葉公超先生還和孫先生有所來往。另有一位馬老先生到孫先生家去，因爲沒有其他人，我也去了，陪他聊聊天。

十一、孫案的幾個涉案人

(一)江文錦

關於「孫案」的涉案人、關係人我有一些看法。我的部隊在林口演習的時候，江文錦是部隊的大隊長。江文錦和毛人鳳、載笠是小學、中學同學，而且也是保密局設計部的主任委員。他們三個人是保密局眞正的高級人員。在軍校的時候，江文錦是我的學生，他是十六期騎兵中隊的。那一期一共一千多人，在學校時我並不認識江文錦這個人。

而陳良壎是江文錦的學生，孫先生對於江文錦的看法是，他將大隊長的職務看得很重，是幹部中的幹部。江文錦因陳良壎的關係，在幼年兵總隊當大隊長。

在當時，曾有一封匿名信，密告蔣經國，說孫立人私自培養私人武力（意指幼年兵總隊、女青年大隊）。孫先生知道以後，就認爲是江文錦所寫的。但是那時候我卻做了一件傻事，我去問江文錦是不是寫了這封信，他說：「沒有。」我也就相信他了。後來孫先生問我的時候，我說：「我以人格、生命擔保，江文錦不會寫這封信。」這件事發生的時間，大約在幼年兵總隊快結束前一年的時候（民國四十年）。

知道這件事的，還有于新民（十六期），幼年兵總隊長徐伯勳，第一大隊隊長趙守強，第三大隊隊長姓魏，都是我的學生。後來有一位包檢察官，針對這封信的筆跡，查出是江文錦所寫的，事實上江文錦是因陳良壎的私人關係，才能先後擔任兩個大隊長，沒有陳良壎根本沒辦法。

(二)陳良壎

其實對孫先生影響最大的應該是陳良壎。大夫人曾經說過：「要知道孫先生明天要做什麼，問問陳良壎也就知道了。」

陳良壎這個人有很大的長處：1、他的隨機應變的功夫是很少人有的。2、他當孫先生的隨從參謀，一直到一九五五年為止，大約有十二、三年的時間。3、他住在孫先生家裡，所有與孫先生見面的事或是孫先生的行動都要經過他，等於是孫先生的副手。如果不是大事，和陳良壎說，就等於是和孫先生說了。反過來說，如果陳良壎對你說，孫先生如何、如何，你也絕不會懷疑是否真是孫先生所說的。

而他的缺點是，他不讀書，外表是一個虔誠的佛教徒，對父母很孝順，有弟弟、妹妹，還有三個小孩，他的家庭負擔很重，是一個正派的人物，但讀的書太少了。有許多事都以利害來論，而事情的後果並不是看得很重，一直到現在都還是這樣。在當時那樣的環境，我們每個人所說的話，都由不了自己，不是不願說，而是沒有機會說，我也沒有資格責備陳良壎、郭廷亮他們，因為如果換成我處在那樣的環境，不見得就會做得比他們還要好。

陳良壎、江雲錦出獄之後，江文錦向張建邦（今交通部長，是江文錦的妹夫）拿了一些錢，和陳良壎共同開了一家工廠，製造自來水筆。可是後來生意不好，兩個人又拿了煙草去賣給公賣局。依照當時的環境，賣煙草這件事，如果沒有特權是做不到的。

(三)江雲錦

後來江雲錦寫信給我，要我回台灣之後，先去找陳良壎，再找毛惕園，卻弄得我一頭霧水。另外江雲錦曾在我面前表示，孫先生並沒有為這些受害者的賠償金出力，但是這也只有他一個人有這樣的表示，沒有其他人有過這樣的抱怨。江雲錦也曾在報紙上以「文文川」的筆名發表文章，後來孫先生過世之後，才以真名發表。後來他出獄之後，始終和江文錦在一起，江文錦這個人是大有問題的。我曾問過江雲錦，這究竟是怎麼一回事？他回答說：「完全是受了于新民的利用。」

其實這全是江雲錦一手搞的，他曾向劉凱英借了幾十萬開公司。後來我在紐約遇到劉凱英，問他借錢這件事究竟是怎麼回事？劉凱英說：「當時他做煙草，借用了他公司的牌照。至於江雲錦為什麼要說謊？江文錦是特務世

家，以江文錦的關係，出賣孫先生，雖然沒有完全的證據，但有些事也不足以傷害到我。」

而陳良壎在自白書上說，他「陪孫先生、王善從去偵察地形，並指了指一幢假房子告訴王善從說，那就是總統的官邸。」又說孫先生居心叛國，罔視大體。問題是我根本沒有看到判決書啊！

(四)郭廷亮

而郭廷亮當時是住在誠正新村，是一幢日本式的房子，他的太太是李玉竹。依照政府的說法，是早就知道他是匪諜了。郭廷亮這個人的長處是，他一天到晚都在部隊裡，而且還常帶學員回家，以軍隊為家，沈默寡言，是一個標準的營長，畢業於雲南師範，在學兵隊擔任排長職務，有勇無謀。他出獄之後，政府每個月還給他一千多塊，還有一幢房子住。而現在他在綠島養鹿，一個月也有六萬多塊的收入。

孫先生對於這些部下，也有說不出的苦衷，他不能把部屬說謊的地方說出來，他的痛苦和張學良也是一樣的。對於陳良壎、郭廷亮、江雲錦、我都站在原諒的立場。如果真要了解「孫案」的真相，可以去訪問郭廷亮他出獄之後的經濟生活，江文錦和陳良壎之間的財務關係，以及和江雲錦的財務關係。

十二、孫案感言

我本人對於「孫案」的意見，完全是根據我親身親經歷而所發抒出來的意見。我是第一次接受訪問，卻非常重視這一次的訪問，因為：

(一)就「孫案」來說，據我所瞭解的，我已經公布的資料裡，都尚未接觸案子的核心部分。而因為我是當事人，有些話在以前我從來沒有提出來過，因此我的態度是很慎重的。

(二)在當時的環境裡，當事人能夠找到證據，實在是一件千難萬難的事。從「孫案」發生到現在為止，一直都是由「孫案專案小組」在負責，即使是保安司令部，或谷正文先生，都是在這個專案小組之外，並不是直接

承辦案件的人。從「孫案」發生之後，除了「孫案專案小組」的人知道詳細情形，並且一手包辦「孫案」之外，我認為谷正文先生所講的保安司令部的彭孟緝，他並不是這個案子的重心。

「孫案」發展到現在，有很多重要的部門，並不是完全很清楚案情，只是由大家去猜想。如果有一個人出來作證，以我來講，還是有缺點，都是一面之詞而已。雖然只是一面之詞，但我畢竟是當事人。在我的報告裡有時間、有地點、有人名，包括了左右的環境、前後的環境。但因我年紀大了，時間是我最大的盲點，幾月幾日發生何事我不一定能確定。

孫先生是一個軍人，我也是一個軍人。所有的報導一直以來都偏重在非軍人的部分，所以我想我們這個軍人的特點，在整個案情來說，是一個很重要的部分。如果能以「軍人論軍人」的這個觀點來說，是比較能夠切重孫先生案子的事實，也比較切近我的事實，所以我是以軍人的觀點來談這件事。若能以軍人的觀點，就比較能容易了解孫先生。

孫先生本身的故事代表了「有所為，有所不為」。對國家和個人的界限，他分別得很清楚。他的一生可以以「威武不能屈，貧賤不能移」形容，他的人格沒有問題，是一個愛國無私的軍人，做任何事，絕不會對民族、國家有害。他也從沒懷疑過他的部下會出賣他。

孫先生實在太冤、太冤了，因為：

(一)孫先生被他自己騙了，沒有認清自己所處的時代是什麼，整天在部隊裡跑來跑去，所看到的只是部隊裡許多的不滿和牢騷，他把自己擺在這樣的環境裡，長久以來，身心自然不平衡。

(二)孫先生所接觸的環境太單純了，只有賈幼慧、董家瑞、唐守治。在這種敵對、孤獨的環境裡，想幫助他也是沒有機會的。

孫先生使自己處在這樣孤獨的環境，對外界的環境又不了解，部屬、同僚更沒機會和他分析利害，即使被蒙蔽了，他自己也不知道，才會有「孫案」的發生。

十三、一九八五大陸行

一九八五年時，北京方面請我去參加黃埔同學會。我就對中共駐在紐約的總領事館古領事表示三點堅持：

（一）不談「孫案」。

（二）只參加黃埔同學會內部的活動。

（三）不接見媒體。

古領事回答說，兩、三天之後再答覆我。後來才答應我的要求。我是自己付費買飛機票的，到了北京才由他們付費。

在北京我住在北京飯店，每個人還分配了一部車子，一個人有一間大房間，負責接待的是陳元（十八期），另外派了唐祖佑（十三期同學）到機場接我。唐祖佑就是大陸前交通銀行總經理宋元的女婿。

到達北京後的第二天，召開預備會議，由大家發言，三、四個人說話之後，我就接著說話：「黃埔教育的目的、學生的任務在於打倒軍閥，為民前鋒。而現在我個人的感覺是，黃埔前期同學本身已變成了新軍閥。如果這次會議不能決定好黃埔本身的是非，也就是沒有主題，也就是承認新軍閥，這個會議也就沒有時代的意義了。」

我的這場話，引起了會場的騷動。當時曾任大陸司令官現在漢口投資的周□（？）（七期）說：「對於王同學的話，我的意見是，我們是校長的學生，校長要我們打那一個就打那一個，何必做檢討呢？」而這個會議才開始不久，就無疾而終了。

第二天早上，有一位台灣去的人（現在大陸投資），與陳元走得很近。對我說：「王老，酒多喝些，菜多吃些，但話可以少說些。」從此以後，在這次會議中我就沒再說話，因為我覺得時間、地點都有問題。

後來過了幾天，會長徐向前，副會長鄭洞國（只是名義上的），和一位真正的副會長陳子華帶著唐祖佑到北京飯店來看我。陳子華（七期）的身分是政委兼司令員，文質彬彬，是黃埔學生會真正的負責人。他們來到飯店之後，唐祖佑問我對一國兩制的意見。我說：「我沒有能力談這個問題，這個問題很大，是經國先生時代的政策，我雖然在台灣住了許多年，但對於台灣

的眞正情形並不十分清楚。你們問錯人了，應該去問那些在台灣有相當代表性的人，才能對情形有了解。而且不能有利害性，有了利害性，就會站在自己利益上說話，有所偏頗。」

當時我所說的每句話，他們都一條、一條的記載下來，並且還對我說：「希望能再和我談談。」

過了沒幾天，侯景如又來請我和我內人在釣魚台賓館吃飯。在場的有統戰局局長、處長。這頓飯吃得不容易，而且我也很失禮，但我對他們也很不滿，因爲他們還是一直在搞統戰的老套，而我從頭到尾都沒談及「孫案」有關的任何事。

以後我們又參觀了西安、成都、廣州、武漢等地，都由大陸方面出錢。對於大陸的感覺是：當時離開大陸時，生活最窮苦的工人、農人，生活比以前提高了許多。另外，以前以上海、北京、長江、黃河等地較爲繁榮，但現在許多新地方建設很快。然而也有它壞的一面，大陸的官僚氣習很重，有官做就什麼都有，沒有官做就什麼也沒有。做官也只是表面工作而已。

後來陳元又要我回上海，做一次錄音訪問，內容涉及政治和對大陸的觀感。但是我卻拒絕了他們。對於這次的北京行的感覺，黃埔同學會的眞正負責人陳子華，在會議上很少見到他，而招待我的幾位年輕人，我對他們的印象並不是很好，以後據說還做到大陸方面重要的職務。

而我對黃埔同學會的看法，感覺是：

（一）因爲我本身是孫案的關係人，身分較爲敏感，個人並不希望參加同
　　　學會之外的活動。

（二）我本身所知有限，對共產主義更是生疏，也無興趣談政治。

一九八六年，我因爲父母合葬的問題又回到大陸，但從此以後和官方也沒有任何接觸。然而大陸方面每一年都會由中共領事館發通知給我，要我回去。而且還送禮，譬如送一些吃的東西、茶葉、土產、書（將領的回憶錄或文史資料）和錄影帶（西安事變、開國大典、亞運會的錄影帶）等等，但我都因健康情況不好，也就一直沒再回大陸去。

捌、五十一師訓練官白崇金先生訪問紀錄

時　　間：民國 84 年 7 月、民國 95 年 8 月 11 日
地　　點：高雄縣鳳山市呂德清先生宅、孟化新先生宅
受訪者：白崇金
主　　訪：朱浤源
紀　　錄：柏心怡、許庭碩

一、家世及教育背景

　　我叫白崇金，出生於四川省江津縣，屬川南地帶。列祖列宗，世世代代，都是以農爲業。有自耕農者，有富農者，其中地主也不少。這是白氏家族普遍的傳承。父親文銀，母親世孝，也是勤儉持家的富農。

　　父母育我兄弟姊妹五人，我爲長男。我的祖先及父母都沒有受過多少教育，只讀過些許私塾。我們兄弟姐妹之中，也只有我一人是北平志成中學畢業。在求學時期，大部分的時間，都在八年抗戰日軍空襲大後方重慶等處的防空洞裡度過，實際在講堂裡的時間並不多。因爲受戰爭影響，沒有把書讀好，這是畢生最遺憾的事情。我中學畢業已經是民國三十四年了，也是日本投降的時候。

二、戰後從軍與駐防古寧頭

　　我是響應先總統蔣公偉大的號召，參加第二期青年軍。民國三十六年元月在重慶入伍，番號是二〇三師二旅四團（後編爲六〇三團），在江津仁陀集訓六個月後，我被選派第六團（後編爲六〇二團）充任基層幹部。是年秋天，部隊奉命調往湖北蘄春一帶駐防，轉戰於大別山、廣濟一帶。是年秋天，部隊又轉戰於安慶、九江及津浦線上，歷經大小戰役數次，戰力損耗甚

鉅。

三十七年秋天，部隊奉命來台整訓，原二○三師整編為二○一師。我服務於六○二團第七連，接受孫立人將軍的新軍訓練。訓練嚴格，中外人士有目共睹。一年四季，無論天氣炎熱或寒冷，都是打赤膊，穿紅短褲、膠鞋，戴斗笠，人人都稱之為斗笠軍。無論在操場、野外，或森林的山地訓練，都是風雨無阻，按計畫完成階段性任務。

部隊整訓一年以後，於三十八年夏天奉命調往金門駐防。那個時候的金門，可以說是一片荒涼。到了金門，六○一、六○二團就被派往後沙古寧頭一帶駐防，㉟ 開始製作簡易防禦工事。每個簡易防禦工事大小都不同，比如說我是班長，防禦工事是較大的碉堡。在碉堡裡，有一名機槍手、兩名彈藥兵與我，一共四個人。四個人用的碉堡，差不多也有四到五坪左右。因為金門多岩石地，地上挖一個洞就可以獲得石塊。之後將挖起來的石塊，堆築在洞的四周，然後把它砌起來，上面再搭上木頭支架，放上石塊修築掩體，一個簡易的防禦工事就算完成。其他人的就比較簡單，如副班長、散兵的防禦工事，裡頭都是一個人，挖一個散兵坑就好。除了製作防禦工事外，每天早晨，還要用臉盆到料羅灣邊挖泥，搬泥土到山上去種些花生和菜。伙食就是靠著這些花生米、鹹魚，跟很少的蔬菜。

我於三十八年十月二十五日古寧頭戰爭爆發之前，奉命來台參加軍訓班十八期受訓，三十九年六月畢業。在此之前，孫將軍有鑑於未來戰場實際需要，遴選四百名學生，成立搜索大隊。委德籍顧問史坦因，施以嚴格的搜索訓練。通過考試之後，我就成了這四百名成員之一。

其他在台灣的學員，大約兩三個月前就已經向軍訓班報到，先進行一些環境清潔及訓練準備工作。但因為金門屬於前線，有特別的戰地任務，因此我們這些駐守在金門各單位送訓的學員，遲遲不能前往受訓。到了十月二十五日，軍訓班訓練的課程大約已經開始一週左右，再向我們催促，趕緊把學

㉟ 兩個團各有 3 個營，每一營又有 5 個連（約六百人），加上衛生、勤務、通信等直屬連，粗估當時兩個團大約有五千人左右的兵力，駐守在後沙古寧頭。

員送過去。當天下午，我在連部指揮所，連長黃青一突然通知我：「白班長（我當時是第一班的上士班長），現在師部有命令，打電話來，馬上到師部去報到。」我向連長說：「報告連長，我們現在這邊好像很緊張。」連長告訴我：「你不要管，聽上面的命令，馬上把任務交給副班長。」當時排長也在旁邊，他說：「既然師部有命令來了，連長也已經下令了，馬上走吧。你就把任務交給副班長吧。」大概花個五分鐘時間，把任務交接給副班長，就到師部去。

到了師部，大約有四十多個人（每連一名）跟我又參加了一次考試。經過了一個小時左右的考試，那個時候大約下午三點多，我們就搭乘裝載糧秣裝備的運輸船準備來台。起初，船並沒有馬上開，大概四點左右才啓程。下午五點，船開到料羅灣中央，不知道是什麼事，船又停了。沒多久之後，船才又前進。這時候我們都看見遠處天際，出現紅紅的火光，接著又出現砲聲，再下來就是地雷的爆炸聲、槍聲。原來當日傍晚，中共軍隊趁漲潮時刻，大舉侵犯金門、古寧頭，企圖先席捲金門，之後挾勝利之餘威，進而攻打台灣。當時心想：怎麼這麼巧，我們剛一上船，戰爭就爆發了。船員聽到這些槍聲、彈藥的爆炸聲，便將船加速往台灣開。

三、來台後的生活及所見所聞

船開到台灣後，在高雄港停留了一天才下船。下船之後才明確得知，金門打起來了。這場仗，中共哪裡料到，防守古寧頭的部隊，竟是孫立人將軍的斗笠軍二〇一師。有了孫立人將軍的斗笠軍，才使中共軍隊慘敗，獲得了輝煌的古寧頭大捷。

搜索訓練一年後，我被奉派到陸軍各級部隊，擔任搜索教官。完成任務後，直到民國四十二年，才被分發至各部隊服務，我被分發至四十六師一三八團擔任聯絡官。同年，部隊又奉命調至大陳島駐防。一江山失守後，四十六師又調回台灣，駐防於台南白河鳥樹林營房，當時我的職務是訓練軍官，一直到四十四年六月被捕。

我隨部隊來台後的新軍訓練，那時生活很苦，倡導克難運動，部隊自己種菜，每天吃的都是自己種的空心菜。有段時間連穿的草鞋都是自己編織的。但沒有人叫苦，士氣旺盛，人人發憤圖強，營區一片反攻復國的歌聲，這就是我們的軍中生涯。在那個時期，全國軍民都認爲有了這批斗笠軍，反攻復國一定成功。

自從政工制度復制以後，各級部隊的政工人員編制擴大了。基層連隊有連指（導員）、幹事，班排政治戰士。政工人員大部分都很好，但仍有少部分幹部素質亟待提升。那時部隊會議發言的人並不多。在連的榮團會，連日常生活方面的建言都很少，大家都不願說，以免惹上麻煩。

四、可能涉案原因

我在前面說過，我是三十九年六月，軍訓班十八期畢業後，留在搜索大隊的四百名學生之一。個人是一名對黨國忠貞不二，一心一意爲反攻復國大業而奉獻的尉級青年軍官。謹言愼行、工作勤奮，從不發牢騷。

我是民國四十二年後，才被分發到四十六師一三八團服務。剛到部隊時，有部分人都以好奇的目光注視我們。有的人竟說：「別的學生都是畢業後馬上分派到部隊工作，爲什麼你們要留在陸軍總部，施以特種訓練後，才分發到部隊來？」有的人視我們爲眼中釘，誤認爲我們是孫將軍派到部隊去做工作的特務。有些人有時還說：「別以爲你們是孫總司令的學生，有什麼了不起，我們還是總統的學生呢！」

在這樣的情形下，不管我們如何表現，無論我們如何的付出，在他們看來都不順眼。有時候我們把痛苦反應到孫將軍面前時，孫將軍總是安慰說：多多忍讓、好好幹，日子久了自然就習慣了。若問我爲什麼涉案，我實在說不上來，唯一的原因就是莫須有的栽誣指控。除此之外，我在搜索大隊受過訓，也可能是遭到他人排斥和迫害的另一根據。

五、服刑遭陷及獄中見聞

　　孫案發生時，我是一三八團第一營訓練官，時年二十六歲，四十四年五月下旬，部隊奉命調往屏東接受校閱，駐紮於屏東萬丹國校。當我完成預校之後，在正式校閱的前一天晚上，大約十二時許，副營長管彥成把我叫醒。我起來時，身上的卡賓槍及刺刀已經被解除了，他立即把我押送到臨時團本部。團長卓子亞上校認為我有問題，並大聲怒罵：「你們這些軍訓班的學生，都有問題。」被捕以後，主要是被要求寫自白書。至於被迫寫了些什麼？如今事隔年久，早已記不得了。

　　他們完成了所要的自白書後，過了兩天就把我押送到台北保安司令部囚禁。起初也是單獨囚禁，有人來問過幾次口供，我們都只有在口供上簽名。在保安司令部問了一段時間，以「違背職守、秘密結社」莫須有的罪名判刑三年，隨即把我押送到新店軍人監獄服刑。

　　在軍監裡，我們二十個人關在一間大約七坪的牢房裡，每人佔有的空間很小。熱天很不好受，冬天好一些。每天上下午都各有一次放風。起初放風時間很短，後來對我們較為優待，上下午放風時間很長。軍監的伙食不太好，每隔幾天就有次加菜。除了加菜之外，很少有肉類可吃。我們在軍監服刑期滿，終於在四十七年六月初出獄了。

六、出獄後的工作與家庭

　　出獄後我們已經與世隔絕了，人海茫茫，不知能往何處去。有的在新店溪撿石子，有的進煤礦推煤車，有的去金山撿硫磺，有的拉三輪車，有的替人洗廁所。我個人是替人賣豆漿、油條，或在水泥工廠撿老虎石的時間較多。白天做苦工，夜宿火車站、新公園、河床、馬路邊，到處都有我們的足跡，到處都是我們的棲身之地。

　　我們在台灣又沒有親人，長官、同僚、部隊沒有一個敢理會我們。走到那裡，總有警察在聽我們談話。想找工作，又沒有人敢僱用我們。不管生活怎麼樣苦，一切都要自己承受。

這樣的日子經過幾個月後，總政戰部通知我們，替我們安排工作。民國四十七年十一月，我被安置到聯勤第三被服廠政戰處，從事一些民事、康樂、體育等服務工作。五十一年，聯勤將第三被服廠裁撤，我就被編到第二被服廠的政戰處。也就在這個時候，認識了楊萬良、郭立人、陳世全和冉隆偉他們。第二被服廠就是後來的三〇二廠，地點在高雄小港。我在政戰處服務時，很受長官器重，就連聯勤中部的政戰主任、生產處的政戰主任，都覺得我相當不錯。我雖然只是個員工，但辦事能力卻比一些政戰軍官或聘僱人員都還要優異。政一、政二、政三、政四、政五這幾個部門的業務，我差不多都承辦過。特別是政治教學㊱ 的業務，我辦得有聲有色。

也因為我表現得不錯，當時第二被服廠第三所㊲ 的少校所長高營勳，就把我爭取去當政戰輔導員。這個工作薪水不高，不過工作很重，職位也高。在我之前有少校，也有聘僱人員去擔任這個職務，不過都待不久。不是自己請辭，就是辦事不力被撤換。主要的原因，就是當時所裡、廠裡很多計件員工，他們的薪水是按件計酬的，要花一天半天的時間參加政治教育或莒光日，對他們的收入會有影響，所以相當反彈。此外，裡頭有很多山東人，他們會分派系，經常彼此互鬥、鬧事和罷工。就因為這樣，之前的政戰輔導員都沒辦法好好幹下去。本來我也是不敢去，但是包括政戰處長在內的許多長官、同事都鼓勵我去，對我說：「你來好了，我們支持你。」

去了以後風平浪靜，也不知道是不是自己走運。別人幹不了，可是我一去什麼事也沒有，單位都對我有向心力。我就在這個單位擔任政戰輔導員，一幹就是十六年，而且還兩次幫助單位成為「莒光所」㊳ ，讓兩位長官高營勳及陳喜恩㊴ 成為莒光連隊長。我剛去的時候，廠長、政戰處長、所長等許多長官，多少帶一點有色眼光看我，也有人認為我有問題。但是因為我的表

㊱ 就是後來的莒光日。
㊲ 主要負責陸海軍制服的生產。
㊳ 在部隊稱為「莒光連隊」。
㊴ 第二被服廠第二所所長。第二所主要負責生產毛巾和襪子。

現優秀，後來都對我改觀，另眼看待，讓我獲得不少的安慰。固然莒光所要靠大家努力，達成生產，不出事，及符合各項政戰評定的要求，但也需要政戰輔導員在行政工作上，用心收集整理資料，把一些單位的優良成果展現出來，才能夠獲得這項莒光所的榮譽。

我在民國五十四年七月與簡佐智女士結婚，育有一子一女，都是私立五專畢業。以前有在私人工廠工作，後來因病賦閒在家。我自從四十七年到聯勤，之後，至民國八十年五月，工作十分穩定。但是，爲了回鄉探親，與九旬高齡久病不起的老母親見上一面，不得不提前退休。

我以一名員工的身分在聯勤三十幾年，一直都在基層單位工作。我雖然只是一名員工，但我全心全力參與聯勤各項生產建設。對聯勤的行政與生產業務，貢獻一己之力，從不後人。對我個人來說，我的軍旅生涯亦算有始有終了。

七、感言

民國四十四年的孫案，百分之百的是個冤案，世人皆知。我也不批評他人，也不發牢騷，平日奉公守法，究竟爲什麼被抓，我也不明白。被抓了之後，政工人員認爲我們要搞一些事情出來，要我寫一些有關軍訓班同學彼此聯絡或開會的事在自白書上。我根本沒有做過這些事，所以不寫，就挨了打。要是當時放聰明一點，一被抓到就寫的話，可能就沒有什麼事情。

我們這些受難者所受的栽贓指控，以及莫須有的罪名、判以重刑，把我們關進黑牢監禁這麼多年，讓我們飽受牢獄之苦，這都是過去威權時代，少數不肖官員自私、欺騙、偏私所造成。

這些年來，我們一直都在陳情，幸有中央研究院朱浤源教授等仗義執言，爲我們洗雪冤屈，最後終於還其清白和公道。政府已經發給受難者補償金及一份回復名譽證書。

孫案三十五個受刑人中，已經有十人往生了，其餘二十幾人都已年邁，且有夕陽殘照之感。白色恐怖的時代已經過去了，就讓它永遠消失吧！

玖、儲訓班大隊長蔣又新先生訪問紀錄

時　　間：民國 77 年 7 月 19、20 日
地　　點：鳳山市黃埔新村東五巷 123－2 號
受訪者：蔣又新
主　　訪：朱浤源
紀　　錄：林蘭芳、陳欣怡、高惠君

一、我對孫立人的觀感

　　我與孫的關係，可以用兩句話來包括，第一是「師長與學生」；第二是「長官與部下」，我們毫無親戚關係，我是湖南人，他是安徽人。

　　孫對訓練非常勤勞，對部下之管教非常嚴格，常親歷現場，隨時查察，洞悉部下之意見，解決部下之困難。孫對部下之關切也非常深切，凡是與他相處過的部下，都可感受其嚴父慈母的態度。舉個例子，我在遠征軍中擔任連長，作戰時把眼睛打壞了，在醫院療養。那時候，凡是有排長以上幹部負傷的，就要用電報通知司令部，所以在我到醫院後的第二天，司令部就派人來看我，代表後來回去向他報告。我負傷時是民國三十一年。我與孫見面的機會很少，一直到民國三十四年，孫從歐洲考察回來，部隊到東北，他找我去，第一句話就問我：「你眼睛的傷好了沒有，現在情況怎樣？」事隔這麼多年，他還記得我眼睛負傷的事。我舉這點小事，就可看出他對部屬的關切。其他的例子更是多的舉不完。

　　孫他是忠貞體國，忠於職守，擁護領袖的。我們拿一個例子來講，報上也登過的，總統來台灣時問他：「在這兒，沒有人講我什麼吧！」孫回答：「只要孫立人在此，總統的安危我負全責。」那時蔣是下野的總統，他可以不理他，但他沒有。而且此後他一切訓練都辦得很好，都可表現他是百分之

百忠誠，絕無二心。

孫的個性非常堅強，一旦決定了就貫徹到底，生活方式也很單純，遇事則不苟且，很難與人同流合污。

孫案發生，在我個人認為既不是匪諜案，也不是兵變案，可以說完全是陷阱案。以匪諜案而言，從我對他的觀察，郭（廷亮）自從師範學校入教導團以來，他擔任第一區隊的教育班長，我在第二區隊，我們雖沒有直接接觸，但他這個人可以說憨厚得不得了，我可以用生命擔保，像他這種人絕不可能是匪諜，拿匪諜案來整孫立人，不了解的人可以相信，了解他的人知道絕不可能。

以兵變的藉口來說，這也不可能。要兵變，在總司令任內掌實權時不兵變，為何要到當參軍長，毫無指揮權的空架子時才兵變？其他的就更不用說了，一個當教官的有什麼權力與資格來指揮軍隊去兵變？所以我認為這個案子太牽強，在我們看來這是個政治案子，完全是孫與某些高幹不合，然後被設計陷害的。

還有軍訓班軍官聯絡的問題，我想這個案子首先錯在國防部。我記得民國三十九年國防部曾經下令：第一、不准有同學聚會、聚餐；第二、不准搞幫會……，命令中有五個「不」字。我在一個由部隊改編過來的隊中擔任大隊長，隊中有校官隊一隊，從少校到上校，還有二隊尉官隊，大隊中有五百多人，都是軍官。因為是從部隊改編的，我想吸收他們個人的帶兵經驗，各班每天各抽一人來談話。我那時只是要了解他們的帶兵經驗、作戰經驗，哪有什麼其他的目的。國防部下了這個命令之後，報上都還公開刊載軍校第幾期某某同學聚餐，所以軍訓班的軍官就對我說，（黃埔）軍校的聚餐就可以，我們（軍訓班）就絕對不行。所以國防部下的這個命令，瓦解了軍中的團結；原來大家是沒有受到不平等待遇的想法，後來大家就分你是軍校的，你是行伍的，你是軍訓班的，各人走各人的路。

孫案是別有政治因素，（郭廷亮）絕非匪諜，亦非兵變，而你（卻因郭

爲「匪諜」。郭是孫的昔年部下，因此四十四年開始，）❹⓪把孫軟禁了長達三十三年之久。那時國防部的參謀次長吳石是個中將，是個眞的匪諜，四十三年一查到就槍斃了。❹①同樣是匪諜，你爲什麼不處罰他的上司國防部長、參謀總長呢？何況吳石又是眞的匪諜。兩個案子這種不同的處理法，實在令人心中不快。

二、孫立人作戰指揮之優越性

孫先生作戰只能用「特殊」兩個字來形容。我舉兩個例子來說：第一個，我們去救援英軍時，英國人已經認爲沒辦法了。❹②但孫先生保證：「只要有我孫立人的部隊，一定去救援你們。」結果，挽救了七千多名英軍。這件事看起來只是小事，但我們要知道，本來外國人看中國軍隊是不堪一擊的，因爲這次仁安羌之役，打敗了日本最精銳的第十八師團，才重建起中國軍隊在世界上的信譽。世界各國才對我們另眼相看，外國人才與我們聯盟，有聯盟，盟軍才能自緬甸反攻，才有後來民國三十三至三十四年中國遠征軍的勝利。

第二個例子是孫先生貫徹決心的例子。日本的第十八師團是由日本皇宮禁衛軍所組成，又稱「久留米」師團，在南洋、新加坡打前鋒的都是這個部隊。他們自承碰到第十八師團就頭疼。有次十八師團由緬甸迂迴到雲南。他們在撤退時，我們是遠征軍的殿後部隊。我們包圍了追擊日軍。那時我在一一四團，我們和一一二團及司令部都已抵安全地帶，但一一三團沒法子跟上來。我們看孫先生行坐不安，因爲通訊中斷，他無法親自指揮他們。他又擔心如果一一三團的部隊就這麼丟掉怎麼辦？那時我找到無線電機，接好了，就交給他。他立刻指揮一一三團，根據座標，無論如何一定要想法子渡過更

---

❹⓪ 朱浤源按語。

❹① 民國三十九年查到，並槍斃吳石。

❹② 即以寡擊眾，以「弱」（國軍）攻「強」（日軍）。英軍原來認爲絕不可能成功。結果成功了。

的宛江。這條江有一千多公尺寬，水又急，孫先生要他們想法子倒退，再想法子偷渡，結果一一三團偷渡成功。如果不是他優越的指揮，那時緬甸雨季又來了，一一三團勢必葬身野人山下，哪還有一一三團。

還有我們在民國三十二年奉命撤退時，指揮官杜聿明將軍要我們回雲南，但孫先生認為若回雲南，因為我們是殿後部隊，沿途的東西定被先前的部隊吃光了，我們還吃什麼，所以才決定撤退到印度，如果按照指揮官的指示，我們會全軍覆沒。

這是講他指揮的優越性，此後別人就嫉視他的才能和決心。

三、孫案發生後我的遭遇

民國四十四年六月孫案發生時，我在中防部擔任督訓組組長。在我們那兒，有八個督訓官，忽然間下命令說撤銷督訓組，我就回到陸總部報到。報到之後沒事幹，我想距離端午節只有幾天，就藉機休息休息。在休息的第二天，我們署長請我到辦公室去，坐下來等不到三分鐘，兩個沒有帶階級的夾著我，把我帶到保安司令部，那時大概是早上十點左右。剛開始時待遇很好，我坐在客廳，看報紙還飽餐了一頓客飯。不久之後，就開始問我與孫的關係，怎麼來台的，來台後做什麼工作，有沒有被俘，被俘後有沒有受刑啦這些的。我說是被俘過，但沒有受刑，很快的就回到湖南去了。我坐在那兒被搞了一整夜，反反覆覆一直講我被俘的事情。我就生氣了，我說當軍人只有三條路子，一條是勝了，二條是敗了不是死就是被俘，我說：「我如果是蔣緯國和胡宗南，就不會被俘了嘛。蔣緯國坐飛機跑了，胡宗南也丟下二百萬軍隊不要了，他們怎麼會被俘呢？」

這天過了之後，第二天又是一樣的，他們說：「孫發生什麼事，你知道嗎？」我說：「我在台中，孫在台北，我怎麼會知道？」他們又說：「孫兵變，郭廷亮是匪諜，你知不知道？」我罵他們胡說，什麼兵變、匪諜的？他們說我跟孫立人關係密切，不相信我不知道孫立人的事情。我就講他是上將，我是中校，上將跟中校隔得多遠啊。後來又問我督訓官是幹什麼的。我

說督訓官就是每天到部隊，看看是否遵照總部之教育訓練計畫來訓練部隊。其他的事情我們毫無所知。後來又問到關於軍訓班的同學。我說：這是他們同學與同學之間的關係，我怎麼能管。反正，疲勞轟炸、反反覆覆的問，一個接一個，平均一個上午兩個人，一人兩小時，後來就要我寫自白書。他們看從我這兒得不出什麼資料，就把我關在不到一坪的小房間裡，每天晚上給我一杯鹽開水喝。

原來我被關在保防司令部拘留所（西寧南路）的大房子裡，後來被關在小房間。一星期之後，他們又來盤問我。我說我不知道的沒法子講。在小房間裡關了兩個禮拜以後毛惕園來找我，他講：「我知道你這案子是冤枉的，不用好久這事就會結束了。」以後遷到大房子，就跟大夥兒關在一塊兒。在大房子裡關了七個月（最後關了快一年），**❹❸** 把我的新階級取消了，也把我一輩子的事業都損失掉了。我在東北時，就已經是上校了，後來因孫案上校被弄掉了，中校幹了幾十年，直到民國五十五年退伍。

後來出來之後，在政工幹校訓練了一個禮拜，每天唸那個什麼的資料：《中國之命運》，我想了都想笑。後來當部屬軍官，當了四年，有領薪水，但做的事比別人多，可是就是不在編制之內。後來再到第二士官學校當參謀，結果有一位校長把我調到行政部門。經歷過了四位校長。

老實說，在牢裡面，我沒有受過刑，只是被不斷的疲勞轟炸。我大概是在過陰曆年前一星期放出來的。毛惕園是在我快出來兩個月前來看我的，毛惕園還是蠻講良心話的。

至於我被俘是因為長春六十軍叛變。那時守長春的有兩個軍：一個是六十軍，軍長是曾澤深，是雲南部隊；一個是新七軍，新七軍是由新一軍和五十六師及三十八師等改編的。後來長春由中山路分為南、北長春，新七軍守南長春，六十軍守北長春，我們部隊的指揮官是鄭洞國。長春被共匪包圍六個多月，軍隊與百姓都沒有東西吃。以我那一個團為例，我們團有一千七百

---

❹❸ 蔣先生後來由政府以政治受難冤獄名義賠償兩百多萬元。

多人，開始時每天送一個人，後來是每天十個人到醫院，這是因為營養不良身體都浮腫了。我們沒東西吃，就吃多青樹葉子和樹皮，其他還有豆餅、豆渣。共匪對我們的包圍一天天縮小，外面的軍隊救濟不了我們，也解不了圍，後來六十軍投降了，我們還不知道！結果逼得我們部隊被繳械。繳械之後就亂得一塌糊塗了，有的單獨開溜、有的被俘，大家就散掉了。被俘時候，僅僅一個地方待不到十天，後來跟他們到處走（當然先填飽肚子再說）。再之後，你願意參加共產黨的就參加，不願意參加的就自由的走了，因為那時東北有幾十萬國軍部隊，他們根本沒辦法（全部吸收）。

我在鳳山的部隊中，擔任的職務是尉官大隊的大隊長。被選為大隊長的原因，可能是因為我在東北有一個小小的戰功，長官覺得我可以用、可取，來台後毫不考慮就派我擔任尉官大隊第三大隊大隊長。

拾、四十九師通信官賴卓先先生自述

時　間：民國 87 年 2 月 26 日
編　輯：朱浤源
輸　入：葉静佳、江佩穎、朱麗蓉

一、家世及早年經歷

(一)家世

　　我的祖先，自明末清初，張獻忠稱亂平息後，便自廣東移居四川成都。三、五百年間都世居於此。我們自遷離廣東後，一直保持使用客家話。四川起碼有幾千萬客家人，成都郊區都是客家人。我們算是大家族，我父親有四個弟兄，只剩二個弟兄，大伯和父親，四叔和二伯父都不在了，父親是排行老三。家裏沒從事甚麼行業。我的祖父和曾祖父也都沒有做官，但是地方上有甚麼事，常會找他們出來排解排解，有甚麼事也會請教他們一下。就像現在所謂的「地方大老」，但是他們不涉及政治，從來都不涉及政治。我們家族都是純良的老百姓，完糧納稅外，不涉及其他問題，因此我們家族鮮有顯赫的家世背景。

　　我們家族的生活全靠祖產，在四川有不少田地，從田地收租。我們家族都住在一起，以後產業還是分。田產是分了，房產沒有分。在市區裏還有房子，我們住的是郊區，就是現在成都動物園旁邊，昭覺寺改的，我們就是住在昭覺寺旁邊。昭覺寺有很多田地，是佛教的，它的產業和我們的產業連上的。

　　我在我祖父下面是最小的孫子，堂兄弟當中我排行老八，就是么兒。我的親兄弟只有二個，但其中有一個哥哥，以軍人身分陣亡，比我大七、八歲以上。由於我小的時候身體不大好，親哥哥又只有一個，父親怕我小時候很

難養，所以就照中國人的風俗，給昭覺寺方丈（即住持）作義子。昭覺寺是很有地位的，方丈對我很好，寺裡其他人也很喜歡我。

（二）教育

我最初上私塾念了二年四書五經，接著再讀官學，官學就是小學。國中念民新中學，民新中學是五層樓的房子，最漂亮的房子，學費是最貴的。高中念大中中學，這個中學不是成都的學校，是北平遷到四川去的學校，即流亡學校。這個學校很貴，也是私立的。

當民國三十三年，夏秋之際。我高中結束時，抗戰已進入艱苦、危急階段。那時日寇鐵蹄已侵佔我半壁河山。並且侵略火焰已燃近大後方！由於民族意識的高漲，全國同胞莫不同仇敵愾！

當時嚴格來說高中還沒畢業，就是剛考完試。那時看報紙講：日軍部隊已進了貴州的獨山，獨山一完，貴陽就完了；貴陽一完，重慶就完了。我們抗戰就沒有甚麼希望了。日軍騎兵進去獨山了，所以非常緊張，等於要亡國了。那時委員長號召知識青年從軍。蔣委員長發出知識青年自願從軍號召。我們眼見國家已到存亡之秋，再也無心升學，滿腔愛國熱血，掩蓋了一切私願。於是便割捨父母的呵護與疼愛，毅然自願參加軍政部教導第二團。全國設立七個教導團，是專為自願從軍學生設立的。該團將自願從軍的學生，集中一定數量後，便空運至印、緬戰區。

以後就也叫我們青年軍。其實不是，我們比青年軍還早。知識青年從軍的學生早就入伍了，而且是真的當「兵」，不是像官校，畢業以後當「官」出來；這些學生通通集中起來送到營隊去了。送到營隊就是作戰了，我們不是當官，而是拿士官的待遇，也就是真正的當兵打仗。我們的連大學生很多，只有我們幾個是高中生，其他都是大學生。

（三）父親之死

在四川，軍人很有地位。我們家族裏面軍人也很多，但是他們出去卻都沒有回來。所以我父親在世時就講，我這個小兒子一定不准當軍人，當軍人我就把他殺掉，即使沒飯吃也不當軍人。當時當兵真的是為了國家。不是我

唱高調，因為待遇沒待遇，官位沒官位，前途沒前途，而且真的打仗，沒有一個父母願意讓自己的兒女去。我跟我父親講。當時我父親流淚了，他說：「你要去你去吧。」對我們的家庭來講，養我們這麼大，一點都沒有報恩。我們出去完全是為了國家。

我們從軍的，我跟同學講，我們都是不孝的子孫，剛剛看你長大就走了。出去自己生活，我們拿一點零用錢而已，從來沒有寄給父母親一點特產。那時不懂，也沒有錢，我們那個薪水吃碗麵就沒有了，也不夠抽香煙。我在民國三十三年入伍，勝利以後又到東北去，三十五年回到四川。當時我父親已經下葬了，過世時約六十幾歲。聽說我從軍以後，父親天天想我，天天唸，然後生病，死的時候還在叫我。

二、四川從軍與戰後亂象

我隨隊抵達印度後，旋即分發新編第一軍。一般簡稱為「新一軍」。新一軍那時正在執行反攻緬甸的戰鬥任務。雖然名義是配合盟軍作戰，其實除補給全賴盟軍支援外，其戰鬥任務仍以新一軍為主。

在反攻緬北戰役中，新一軍把日寇皇軍，打得落花流水，潰不成軍，犧牲慘重。這與國內對日作戰的戰績恰好相反。因此，新一軍揚名國際！為我們中國人，在國際間，贏得不少光彩。我覺得能參加新一軍，是件光榮而驕傲的事。

在抗戰勝利後，政府的確履行了在我們入伍時的承諾。那就是役畢復員後，政府輔導就業、就學。我們復員時，部隊正在東北與中共作戰。

當我們知道即將回到別後的故里時，心裡有難以言喻的興奮。但想到與我們同赴國難，已為國捐軀的同學，心中卻湧上一陣悲戚。他們的家人，卻無法獲得自己的子弟榮回故里的喜悅！

中途我曾經考取空軍，中央航空學校就是現在空軍官校的前身，二十七期在四川受訓，剛好回四川。當時隊上幾個江蘇人不想到四川，故意想被淘汰，在重慶考試時就故意考不好，三個月體檢一次，學科也三個月考一次，

考的時候交白卷就淘汰了，但還不能走。就到地勤學校去，到機械學校，又再考，通通交白卷。他們幾個江蘇人，四川也不熟，因爲他們把四川的社會講得很恐怖，說四川的黑社會很厲害，比台灣還厲害，他們不敢走跟我走，因我是本地人。他們住到我家裏面，我家裏住他們幾個人不成問題。後來，他們就到了中共的新華日報，在成都的祠堂街，到延安去了。我考慮後沒去，因共產黨不對，不適合我。他們四個人去，我說：「你們去好了，我們是地主。」我送他們去，還送他們一點錢，我們家裏面算是中上家庭，也不是我父親的功勞，是老祖宗傳下來的。

我們復員時，是少尉待遇（好像比少尉差一點），發一套軍裝，完全是公費，不交費還可以拿點津貼。當時我就去唸了四川大學。四川大學是那時在成都最大的學校，約有一萬多個學生。但是那時候有很多中共的職業學生，勝利以後，每天都遊行。今天是反甚麼迫害，明天是反保徵，明天又是反甚麼，天天反。要反，每一件事情都可以反。

今天是國民黨，明天是民主同盟（張瀾），他是偏向中共的。柏陽自稱是民主同盟的。每天遊行，我們每個禮拜上課最多三天，百分之八、九十的人都跑掉了，我們是不參加遊行的，但是有一點，我們爲了自己的福利要求發白麵，發平價米，還有，要火柴燒，就非參加遊行。因爲跟自身有關係，所以我們有去，但很少。

共產黨的學生講我們是國民黨的職業學生，事實上我們拿政府的錢，但不算職業學生。我們住宿舍的，他們可以拿毛澤東的字把本子貼起來，根本都看不到。我們從軍的同學有一千多，不一定新一軍的，有的是青年軍的，他們很怕我們，因爲我們把槍帶回去，他們一看我，我就把槍擺在旁邊，他們就跑掉了。他們怕被我們打，其實槍裏面連子彈都沒有。

他們青年軍的根本沒有作戰過，我們是作過戰的，受過很嚴格的訓練。我參加了八莫以後部分的反攻緬北，他們沒有參加，他們在受訓，受訓出來爲中士，才受一年多的訓練，沒有作戰經驗，可以說他們來部隊是好玩的。中共無法在新一軍活動，新一軍是絕對反共的，幾個從軍過的中共學生，他

們有地下組織，但絕對不敢活動。我們很厲害的，雖然沒有甚麼特別組織。那時叫他們為「漢奸」，而不叫「匪諜」、「中國共產黨」。

天天遊行，根本沒辦法上課。我們大家說，這幹甚麼呢？其實我們生活很好，待遇很好，我還在部隊裏兼差。在特務團。不是那種特務，是「特別勤務」。在裏面當排長。我有一個遠方的姪兒當連長。因為我在印度受過軍事訓練，教教他們的操。我也上學，一邊喝茶，一邊在玩。

四川軍隊很糟糕，軍紀壞透了。這特務團打架的話，「你那個單位？」「我特務團！」大家就嚇跑了。名聲非常糟糕，軍紀非常壞。所以，當時我們一般的生活都很好的。家庭的背景也好，很少說是非要掙錢養家不可。但主要是看不慣，一看這個沒有希望。我們新一軍的部隊回去以後，看這個社會這麼腐敗，這樣子爛，政府也沒辦法。

當年學生遊行，警察常被遊行的趕跑，趕到房子裏關起來。不是警察把遊行的關起來，是遊行的把警察關起來。後來再救出來。我們以前參加遊行，不像現在台灣政大、台大的遊行，警察舉個牌子，示威者就跑掉了。我們有個終點，比如木柵是終點，就擺了很多麵包、糖果，給我們吃。吃了就走了，就解散。後來，警備司令給我們講話，我們就在下面打鑼；他講一句，我們噹噹，打一下，給他搗蛋。

那時我們都憧憬著未來的美景。但當回到家鄉與想像的環境卻有很大的出入。不僅物價一日三級跳，社會的亂象，也讓人難以忍受。政府卻無良策應對！幾乎每天街頭都有成千成萬的人遊行。而這些遊行者，都是由國民黨、共產黨、民主同盟、青年黨等政治團體，在幕後操縱。使整個社會，受到相當惡化。社會頻生亂象，讓居家生活也難安寧。當時我們復員同學們，不管是就業，或就學的，在心理上都受到嚴重的不安與失望的影響！

我們同學們在聚會時，便提出再回軍中的構想。終於在民國三十七年初，給老長官孫將軍寫信，表達我們已無法安心就學、就業的環境外，希望來台參加新軍訓練。那時孫將軍已自東北戰區，調任陸軍訓練司令，在台灣第四軍訓班訓練新軍，並兼任南京第一訓練處處長。

　　我們很快便接到孫將軍的回信。記得孫將軍在信中除殷切關懷外，並勉勵我們要忍耐，待學業完成後，再報效國家。如環境已到無法受教，或無法安心就業工作，也歡迎我們來台為訓練新軍效命。我們接到孫將軍信後，既感動又興奮！於是我們分批再離開生長的地方，踏上未知命運的征途！

　　我們到南京，有兩個選擇，第一個是到第一訓練處報到，一個是到預幹局，預備幹部局的局長就是蔣經國。當時以我們的程度，如果去報到，最少是中尉、上尉，大學畢業可以到少校。它待遇很好，到了預幹局報了到以後，馬上發薪水，馬上發人字尼，就是現在人字布的衣服，以前國軍都穿平布的衣服嘛。我們來的時候，五個人一起來的，但是我們五個人都沒到預幹局。

三、來台受訓

　　民國三十七年夏初，我抵達南京，即向第一訓練處報到。承孫將軍召見，關懷地詢問復員後的情形。他對回鄉後的舊屬的關懷，一如自己的家人，使我們非常感動。孫將軍批示我們在新兵大隊服務。

　　大約在南京待命十天左右，便赴浙江溫州接新兵。送該批新兵來台後，我便進「軍訓班」，在第十六期受訓。我們是第一期青年軍復員後再入營，一律以「准尉入學附員」身分支領待遇。據說這是國防部規定的。當時我接新兵，一個兵也沒跑，以前帶兵逃了百分之十就算是很好的。

　　到台灣以後，孫司令官還召見我。他說：「你講講有甚麼方法，把兵都帶來了。」我說：「沒有方法，他該吃的就給他吃，甚至比其他的部隊吃的還好。」「你講你那來的錢給他吃得好？」我就跟他講：「我們在上海去買肉，老百姓不要我們的錢。」

　　其實老百姓怕軍人，比如一斤肉一百塊，我買一塊錢，一塊錢就賣了。也不是不用錢啊。好，一塊給你好了。後面籮筐就拿來，商攤上很多賣肉的，今天走這個方向，明天走那個，一到了回去以後，一籮筐都是豬肉，那就吃不完了，那就更多了，所以吃得好。只是這些不敢跟孫將軍講，講了他

要發脾氣，軍紀這麼糟糕。但是比當時其他的部隊明搶好得多。

當時孫司令官就下個手令給我，免試入學，我是軍訓班十六期。結果馬上就有人講閒話。畢竟一起來的人，並不是都是新一軍，也有青年軍的。他們就說新一軍的有關係，所以免試入學。我就把那個手令撕掉，一樣參加考試。三百多人考了一百二十多人，結果我考第一名。這樣別人就沒得講了，考試是公開的，不是甚麼作弊的。考取了，就這樣子到軍訓班去。

孫將軍對我們這批學生比如他兒子一樣。當時軍訓班總共分為十一隊，教育班長、區隊長那些打罵得很厲害。我看過孫將軍拿皮鞭打將軍，他是打軍官的，不打學生。

當時的訓練也很嚴格，舉例來說，我們可以從大貝湖跑到鳳山，大貝湖就是今日的澄清湖，而且拿著機關槍跑。吃飯以前唱歌，現在的陸軍官校也還是這樣子。陸軍官校前面現在也還有芭蕉樹，要唱到芭蕉樹樹葉都搖動。我們軍事訓練上有十項重點，射擊、跑步、刺槍、運動等。其他部隊光是裡面的兩三項就不能比擬，尤其是射擊，要很準的。

當時的陸軍總司令關麟徵，也是陸軍官校校長，我們軍訓班是屬於陸軍官校。他來看我們時，曾告訴我們：在大陸時射擊及格人數不到百分之五，台灣是射擊不及格人數不到百分之五。劉玉章的五十二軍，就在陸軍射擊比賽時拿第一。

不過，雖然部隊的訓練很好，但是我受訓情形不好，我考進去時是第一，但畢業沒有第一。畢業時是排名九十幾名，因為越野賽跑時，從山上滾下來受傷，規定住兩個禮拜醫院。幸虧我平時考的分數很高，所以和沒考的平均算起來也及格，沒有被淘汰，還是畢業了。只是一百二十多人當中，我竟然是第九十六名。

軍訓班是一般的簡稱，全名是「陸軍軍官學校第四軍官訓練班」。全國設有七個軍訓班。看名稱似乎與軍校扯上一些關係，但論出身，仍非他們所說的正統。雖然軍人都是為保國衛民。但那些有派系觀念的人，卻把非他體系的軍人，視為「雜牌」！

　　我在軍訓班受教的時間，是在民國三十七秋至三十八年春。此時，大陸的反共戰爭，正節節潰敗中，經濟隨著戰爭的失利，問題日益嚴重。我們這時深深感到，已是有家歸不得，思念故里之情，難免淒楚良深。但眼見鳳山的新軍部隊，卻有著生龍活虎的陣容，高昂的士氣。因而那時的心情，在失望中，又充滿著希望。那時，新軍是我們希望的火種，這火種雖未在大陸燃起；但它卻使台灣穩定。當時，如果不是受新軍訓練的二〇一師，在金門及馬尾獲得光榮的勝利，可能不會有今日之台灣。

　　在潰敗聲中，二〇一師六〇三團，以一團兵源不足的部隊，阻攔數十倍之敵軍，奉命在閩江口的馬尾斷後任務。這任務可說是凶多吉少。如沒有堅定的信念，與嚴格的訓練，那一定會臨陣投降。可是六〇三團不負眾望，發揮了新軍精神，使我方停泊在馬尾的海軍艦艇，及一些重要財物，從容地安全撤來台灣！我相信，這些財物，對當時貧乏的台灣，有如一針補劑！

　　這是六〇三團在潰敗聲中，能斷後成功的實例。但我們今天，能有幾人還能想起他們壯烈的行動？

　　另一次，可說是大陸反共戰爭總潰敗之後，一次光榮的大勝利。這次勝利，對台灣的安危有絕對的關係，我想這是無可否認的事實！

　　二〇一師以兩個兵源不足之步兵團，防衛金門古寧頭第一線，將來犯的一萬餘中共部隊，有效狙擊，結果帶來輝煌戰果：所有共軍無一返回，不是傷亡，便是生俘。能在一片兵敗如山倒的氣壓下，有如此的光榮勝利，不是新軍的教育成功嗎？

　　我想起當時代表新軍的標幟，就是一支熊熊的火炬，代表著光明，正符合新軍的精神。可是國防部卻硬要下令取消那標幟。國防部取消的理由：說是象徵不明。任何一種事物，都可用正反面來解釋。為要找碴，我們也可以把可愛的國旗，說成象徵不明。由此可見，當時鳳山新軍部隊的處境！已可想見了。取消火炬的行為僅僅是打擊孫將軍其中一件小事。

　　在軍訓班受教期間，除學得軍事學術外，其中使我印象最深的一件事，便是三十八年春一次運動會。那次參加運動會的單位，除軍訓班各班隊外，

還有參與新軍訓練的部隊。

當時陸軍訓練司令部舉辦的運動會，其主持人，當然是司令官孫立人將軍。但孫將軍為了尊重蔣中正先生，便請他主持那次開幕儀式。那時蔣先生已經引退，是在野之身，住在高雄西子灣。

在運動會開幕儀式開始時，由入伍生總隊組成的聖火隊。從台南鄭成功祠點燃聖火，以接力方式傳遞進會場。這時全場肅靜。聖火隊以整齊隊形，個個精神抖擻，頭帶斗笠，赤裸上身，下穿紅短褲，持著熊熊聖火，繞場一週後，排列在司令台前，準備將聖火呈獻給蔣先生。

此時，司儀宣布，由某中校（忘了其姓名）宣讀獻火詞。由於宣讀人之音調，抑、揚、頓、挫拿捏得恰到好處。使一篇文情並茂的獻火詞，發揮得淋漓盡致。在我一生中，聽過無數次類似的獻詞，其動人心弦的程度，均不如那次的獻火詞。也許當時每個人的心境，已充滿著赤禍帶給的悽楚！

蔣先生站在司令台主持人的位置。孫將軍則以立正姿勢，站在右側。由於獻火詞內容，表達對領袖敬仰外，並望領袖繼續領導我們光復神州。當獻火詞朗誦到，希望領袖帶領我們光復神州時，蔣先生已抑制不住感動的情緒，由不得滴下幾行熱淚，並掏出手巾擦拭。而全場參與者，無不熱淚盈眶。當然孫將軍同樣的在擦淚水。

當聖火隊將聖火呈獻給蔣先生後。指揮官便口令部隊以聽訓隊形，集合於司令台前。並恭請蔣先生訓示。

蔣先生在司令台上，凝視著嚴整而精神旺盛的部隊，大約一、二分鐘之久，一時說不出話來，激動地又流下熱淚。良久才緩緩低沉地說：「各位同志，本人自黃埔建軍以來，……目前只剩下你們這些命根子了……。」

四、在台工作

接著分發部隊，我們第十一中隊整個分發到三四〇師。這個部隊是台灣新成立的部隊，由孫將軍親手成立。幹部大部分是新一軍和軍訓班的學生，三分之二新一軍和軍訓班的學生、三分之一軍校的。我們有三大隊，還有其

他大隊分來的，大概前十名以內分到我們部隊。我們這個隊，孫將軍雖然管得很嚴格，但他很喜歡，因爲水準比較高，年紀也輕。（當年在台灣，年輕、素質高的部隊，可能沒有比三四〇師更整齊的！但爲政者硬要說，三四〇師分子複雜，有很多「匪諜」潛伏。可是我們卻未見在該師破獲「匪諜」。這是他們扣紅帽子的慣用的手法，常使一個正常的部隊，整天惶恐不安。）

分發以後，有人說我因爲新一軍的關係，待遇比較好。但其實我不認識那些部隊裡的長官，師長我也不認識。雖然都是新一軍，但是不同師。這邊的幹部是三十六師的，而我是三十八師。

當時師長是胡英傑，他對我非常好，雖然他並不認識我，但他傳見的時候，只是看我的經歷等，馬上派我代理通信連連長。那時我剛畢業，只是少尉，應該說還沒升少尉，要等三個月才升。由於當時連上還有幾位排長，階級已經是上尉。當時有很多軍官講話，我也很著急，跑去報告師長，師長講：「你不去，我把你關起來。」那時都是軍法作風，你不服從命令就關起來。看看你有沒有本領，試一試你。我跟連上的軍官們說：「如果我不幹的話，上面會把我關起來，我們還要不要這個團體呢？我是代理連長，出了什麼事情我和大家商量，看這個事情怎麼辦。看大家的意見，決定好了之後，由我來出面。」我晚上也不敢點名，因爲點名他們必須跟我敬禮，我不好意思。

結果弄得很好，我們什麼比賽都是第一，我們連裡面從來沒有發生過事情，大家也很團結，他們很聽我的指揮。也許就是因爲有這樣的淵源，所以才有以後的通信、聯絡等。

通信連是最大的連，差不多有兩百人，在五塊厝。然後搬到台南市旭町營房，就是成功大學那個地方。當時各部隊都有吃空缺的陋習，我們連上也有五個空缺，不過我沒有私吞，把五個空缺拿來給大家加菜、吃冰，因爲外面天氣太熱了，把它花光。

我是少尉，當代理連長，那時是三十八年。我是民國三十八年三月一日

畢業的。三十九年連長回來後，我把位置交接還給他，正式當了排長。先是少尉排長，中尉排長，後升上尉排長。我是十六期第一個升排長的。後來連長奉命到大陸湖北、湖南幾個大城市接兵，又由我代理連長。

我三十八年任少尉，四十二年升上尉。三十八年至四十二年共 4 年，完全是按規定時間，但我升的是相當順利。四十三年整編，改為四十九師。我被調到工兵營去當通信參謀。

我很坦誠的講，這些經歷與我這個案子發生很有關係。為什麼很有關係呢？因為照理講我如果在步兵連當連長，就不會發生這個事情了，因為步兵連連長每天忙公事都忙不完，沒有時間和同學、朋友聯絡，打交道。在通信連就不同了，第一、我有一輛吉普車，有時有駕駛幫我開車，但我喜歡自己開車，我不要駕駛幫我開，活動範圍大。在通信連，常常派出去插線、裝總機，到處跑來跑去，經常從台南跑到高雄去聯絡事情，要找郭廷亮都很方便。除了主官以外，上面沒有人管我，所以活動範圍也變大了，聯絡很方便。也經常出勤到外面去，通常都到外面做工，很少跟大部隊住在一起，通常單獨活動。

一般連長都是上尉缺，而通信連連長是中校缺，副連長是少校缺。我本來可以在通信連當副連長，佔少校缺。這樣再一年就可以升少校了，到時我就是最年輕的少校，三十歲不到。我沒有佔那個缺，到工兵營去。我到工兵營並不是為了想升階級、當官，是因為工兵營營長跟我很好。我還從通信連帶十幾個技術人員過去，軍官帶了三個去，士官帶了四、五個去。他們都願意跟著我去。

後來案發以後，這幾個跟我去的雖然沒有被抓，不過有幾個受到影響，被迫提早退伍。我當時年齡也沒有比他們大多少，大家在一起很愉快，出事了很難過。我在通信連選人的時候，通信連不要的我選去。我跟他們說：「你們帶好的，我帶壞的走。」他們在那裡待不住，在我那裡卻待得住，同時這些人都比較有能力。他們和大部隊住在一起，在木柵消防隊那裡。

我很少跟大部隊住在一起，我單獨住，所以要聯絡同學，或同學要來找

我講話都很方便。營長也不管我，我還管營長，因為私交很好。營長是韋洛夫，廣西人，是老好人，但是能力上並不強。他很喜歡看史書，古代的書。也是新一軍的。這個人現在已經沒有聯絡，聽說人在嘉義，也很失意。他外表很差，但是毛筆字寫得很好。整編時是他找了我幾次，要我過去的，他跟我開玩笑說營長要讓我做，我跟他說我不要做營長。工兵營的兵百分之八十幾都是反共義士，從韓國回來的，大部分都是四川成都人。所以弟兄對我很好，很親切。

當時我配有一台吉普車，韋營長跟我講，車子給我用，但油要自己想辦法。我都用私人關係要油，我的油很多用不完，我到處要。出事的時候在新化那拔林。四十九師一四七步兵團也駐在那裡。步兵團管不到我們，我們也管不到他。

五、被捕與刑訊

(一)郭廷亮被捕

在民國四十四年，五月廿五日下午六點，郭廷亮先生在他鳳山誠正新村的家裡，與來訪的軍訓班同學高培賓聊天。準備晚上炒回鍋打牙祭。這在郭家是常事，因為郭先生平素好客，為人謙和義氣，我們這些單身的同學們，喜歡與之接近交友，故常常在他家打打牙祭。

不料，一位步兵學校的政戰少校，持著校長的手令，要郭去見校長。郭那時是步校的少校教官。郭先生被逮走之後，他的家裡同時被徹底抄洗！上至天花板，下至地板均被敲開，搜找他們想要的東西。郭的家人及正在郭家聊天的高培賓，同時一起抓走！當時抓走郭太太李玉竹女士，及四歲男孩子台雄，二歲的女兒志強。郭太太那時正有身孕，挺著大肚子，隨他進了黑牢。

我跟郭廷亮是在鳳山認識的，他當時已經是少校。當時我們都有理想，聯絡同學的真正主要目的，是希望藉著我們同學的力量，希望政府改革。當時不只是我，所有的人，我們私下也談，沒有一個人相信反攻大陸會成功

的，尤其是看到海軍受訓以後，看到那種情形，根本不可能反攻大陸，那是騙人的。如果公開說反攻大陸沒希望，會被抓去關，我們私底下聊天，都知道不可能。尤其是我們的海軍陸戰隊，做過登陸訓練以後，一看根本不可能。

　　和同學聯絡的工作，原來是督訓處江雲錦做，總司令不要督訓處做，叫郭廷亮出來。我想原本是督訓處聯絡嘛，現在郭廷亮來，我不是對不起督訓處嗎？我就問江雲錦是不是總司令的意思。江雲錦講總司令的意思，郭廷亮也講總司令的意思。我就接受郭廷亮跟我接觸。因為督訓處四十一年就在跟我聯絡，四十三年改由郭廷亮。

　　當時他找人協助他聯絡的工作。他找一個人當然要經過很多的考慮，各種的條件考慮，還要有時間。那個人很棒，但是沒有時間不行。我最好了嘛：活動力大，有時間，又沒人管，最重要的是有車子。我接受、同意了以後，我們就很好，他就對我很信任，我給他提供很多意見，聯絡的方式，他都很同意很理解，因為我不講假話，人一定要實在，所以我們相處得不錯。

　　陳世全也跟我很好。我們是新一軍同學，軍訓班他早我一期，我們以前在緬甸、印度，還有一個姓郭的，我們幾個是死黨。還有一個姓藍的，現在已經退役，我們幾個很好的，有什麼事就一起研究。聯絡當然沒有問題，又是總司令的意思，最初我懷疑是郭廷亮搞鬼，後來講是總司令的意思我才相信這件事。說要帶我去見總司令，我就不去了，我知道沒問題了。同時郭廷亮這個人很實在，我們很談得來，很多觀念都一樣。他覺得有些話不必跟總司令講，我認為要實在，壞話也要講。他一直對我很好。當時我們一個禮拜見兩、三次面。

　　郭廷亮都坐火車，坐到台南，他再打電話約我出來，大概都是事先約好的，八天、一個禮拜約出去。他就在火車站等我們，大家聊聊天、吃飯。

　　他常常身上沒有錢。有時沒錢買車票，逼不得已還沒到台南站的月台，就只好先跳車。沒票乘車，被抓到要記過的。有一年的五月二十一日，我們約好了，他沒來，我覺得很奇怪，他從來沒有說不來的。二十六日就傳來消

息，原來那天他見了總司令之後，從台北要到台南來，他沒錢補票，還沒到台南就跳車，就受傷，也被抓了。

(二)我被捕

民國四十四年我在工兵部隊，任職上尉通信官，屬特業參謀，故未參加屏東那次親閱，留在營區。五月廿六日的清晨，部隊正在作安全檢查。我突然接到鳳山來的電話，告知郭廷亮先生被捕的消息！我驚訝，又覺意外。郭之被捕，意料得到；絕非就他個人行為有什麼踰越，只是他與軍訓班同學，交往多，而且廣泛，大家都把他以大哥情誼相處，因此行動之始，必是他首當其衝！

接著那幾天都有繼續抓人的傳聞。其範圍包括南部的第九軍及第十軍，在北部的較少傳聞，因為往來較少。被抓的都是一般下級幹部，尉級人員居多。我們同一營區的同僚，也都避免像平時一樣碰面聊天。因為只要有二、三人以上聚在一起，便會引來那些負責監視任務的政治戰士的注意。

二十六號除了我接到電話以外，他們還找人來給我講。這個人是副連長，是十八期。當時我不認識，但名字知道。我講他亂講，其實我早就知道了。他還問我認識誰。他是姓張的中尉，開放以後回到大陸去了，情況很不好。他來的時候，我看他的樣子不像，穿軍服樣子特別好。我問他誰叫你來的，他就講誰叫他來的。我問：你還認識誰，他說：認識師裡頭幾個人，我打電話問了幾個人。結果他就講二十五號的情形。

我問他最重要的一點：「我們怎麼辦，我們是自殺？還是跑？等？三條路。」他說：「等。」我說：「誰講的。」雖然我年紀輕，可是做事很穩當，我一定要考證。他說：「總司令講的。」我說：「總司令怎麼跟你講的。」我打電話給總司令，打了十幾分鐘都不通，第二次通了，但只喂了一聲，就斷掉了，不是他的聲音。

總司令和我有通訊的聯絡語。不要一分鐘我又打了，電話一直不通，只是感應嗡嗡地叫。我曉得「完了」。但我並沒有打算要跑，在台灣要跑到哪去？！沒辦法。我有槍，但沒考慮過要自殺。我很有信心的坐著等，我接到

的幾個消息都是叫我等，不要亂動，等總司令的指示，等到最後二十八號中午被抓。

五月廿八日上午，我去新化虎頭碑的師司令部，參加黨團小組會議。我是國民黨員。那時作一個軍官，如不是國民黨員，那生存可能會有問題！如作一個軍官而竟非國民黨員，不僅毫無前途，同時處處受到嚴格的限制！例如：作一個基層的主管－連長，或同等的基層主管。不是國民黨員，絕無可能，其他如留美，不是黨員亦休想。

那次小組會議討論主題，是如何防止第三勢力活動！真活見鬼，那有甚麼第三勢力在軍中活動。會議完畢，已近十一點鐘，通信組告知要我去領新發的密語本。因為舊有的密語本，恐怕第三勢力盜用！我事畢後，便駕車趕回營區，剛好趕上吃中飯。平常我們吃飯時，大夥都會說說笑笑。可是自從部隊充滿了恐怖、緊張的空氣後，大家心裡都有著沉重的壓力。

吃過中飯，正準備午睡，傳令兵持一張便條，叫道：「通信官，師長有手令。」

我接過那張便條一看，上面寫著：「著派賴卓先上尉，即赴屏東指揮所。」當我正在看那張師長的手令時，我身旁已站一位保防官姜祖榮上尉。姜上尉我們原本是熟人，有時我們還開開玩笑。那天他站在我身傍，卻非常的不自然。他勉強帶著似乎是苦笑的表情說：「快收拾東西吧。」於是我便將全部的財產：一條棉被及內衣褲等，捲在一個布袋裡。但姜還故意說：「屏東這麼熱，還帶棉被！」我沒有理會他，我們很窮嘛，棉被是最貴的東西，就把棉被收起來。

我心裡已非常明白是怎麼回事。但仍沉著把那點唯一屬於個人的財物收拾好。此時，同事們站在一邊，心裡大概已經明白，故表情沉重，甚至有的眼眶已噙著淚水，他們要為我收拾東西，我拒絕了，因為我怕他們來幫忙，會惹上麻煩。

我身上原本帶一支槍，車裡也有槍，帶了五十發子彈。帶槍做什麼呢？如果那個人來抓我、侮辱我，或對我怎麼樣，我要開槍打他，打完我就自

殺。結果沒有，抓我的時候，根本我沒辦法拿槍打他，是熟人嘛。找我到屏東去，也許他也不知道是怎麼樣一回事。

我隨著保防官出了營區，上了吉甫車，此時我才發現，除了等候我們的車子之外，尚有二輛載有著便衣的人員，及四周站崗的武裝憲兵多人。我上車後，坐於後座，左右已有二位便衣人員，姜上尉則坐在前位。

車上兩位便衣一直盯住我。氣氛嚴肅，我們並未交談。當車行經台南市，及高雄市，直往鳳山陸軍官校校側之海軍招待所。

那個時候我想一定會死的，這樣下去一定會死。我有親戚在台灣，我的女朋友在教書，他爸爸是小學校長，很早以前我就把證件埋在她家院子花園裡，日本式房子。她不知道這件事情，結果對她傷害很大。她父親是忠貞的國民黨員，台灣人。她本人是南師畢業，在仁德國小當老師。這件事他們一直不知道，結果傷害很大，有去騷擾、調查他們。

我事先通知我表妹，我的姨母的女兒，就是媽媽的姊姊的女兒，在台灣。我告訴他們如果三個月沒有消息，那我應該已經死了。我一看沒有希望，我也準備死了算了。但我有一個原則是救人，我有個原則絕對不傷害任何人，多一個人在外面多一個人力量，這我做到了。很多跟我有關係的人都沒被關進去。現在講沒有關係，所以現在很多同學，我有什麼困難，他們都很幫忙。很多同學還開玩笑的罵我：「那時你把我弄進去，出來還可以升將軍。」放出來以後，不是有好幾個升將軍嗎？我說：「不是每個人都能升到將軍，你以為好玩的？！」

(三)刑訊

當一行車進入海軍招待所後，車上隨行人員，替我提著行李，一邊一人抓住我胳臂，進入一間寬敞的房間。似乎是臨時設置的幾張辦公桌椅，並放置許多我從未見過的東西。我心想，這類奇形怪狀的東西，可能就是整人的刑具。坐在兩張辦公桌的兩位政戰人員，命我將軍階、軍帽、腰帶等都拿下。然後，他們仔細搜身，其動作粗野。他們把我所有攜帶的東西放入一個紙袋裡。替我保管著，除了一張手帕外，身上不能保有任何東西。

1.第一場刑訊

他們又押著我，走進另一間房間。房裡已有五位政戰人員，其中一位是我們第十軍的政戰部主任阮成章少將。我給阮主任行禮，他命令我坐下。

首先是阮主任問我：「賴卓先你要坦白交代，絕不可以不說眞話，萬一部隊出了事，不但對國家嚴重傷害，你們也難脫身。……」

接著阮主任又說：「你把郭廷亮交付你的任務，以及你們組織的連絡情形都交代清楚。還有屏東總統親閱時，準備挾持總統的計畫，希望你能誠實的交待。如果你能坦白，我可以保證你沒事，並且還算給國家立了大功！希望你放明白點，這是你對國家最好的立功機會！」

說畢，他便離開，交待保防科長袁上校來偵訊！

袁科長偵訊，並即製作筆錄。其態度甚爲惡劣！偵訊時除例行的年齡、籍貫等，最主要清查與郭廷亮的關係。我說：

「郭廷亮是我軍中的先進，也是好朋友，但他從未交付我什麼任務。……」

袁又問：

「屏東親閱，準備挾持總統的事，你應該知道計畫內容。」

「我完全不知道有這回事。」我答。

之後，又問我，在東北反共戰爭中，有無被俘？我答：「沒有。」

袁科長沉思片刻，又提高嗓門，似在怒吼地問：「你不誠實。」

接著又問：「你既已去關廟偵察叛亂指揮所的地形，難道你不知道叛亂計畫？」

「關廟山區，是我們部隊經常演習的區域。我們去關廟完全是爲部隊又將在那裡演習，再次熟悉一下地形，並非爲設什麼叛亂指揮所。」我很誠懇地回答。

袁科長又翻開一大堆，似乎是筆錄的東西，攤在我面前，但很快又收回，不給我詳細閱讀。接著他說：

「你看，他們都承認是爲叛亂設指揮所，而去偵察地形，你不誠實，會

對你不利。」

「我根本就不知道有這回事。……」我答。

就這樣，反反覆覆地問了幾小時。大概他們感到疲倦了，又換了兩位政戰人員來接替，繼續的偵訊。其中一位是著海軍制服的中校，姓李，性情粗暴，動手打人，動口罵人，另一位是陸軍政工少校，負責筆錄。

李中校態度蠻橫，非要我承認偵察地形的目的，是為了叛亂。但我卻堅決否認那是為了叛亂。他卻認為我是狡辯，他氣憤地揮了我兩拳。此時已是深夜，同時，從隔壁的房裡傳出淒厲的嚎叫。心裡帶來更大更多的恐怖！但在此種殘酷的氣氛中，只有自己忍耐、沉著。否則將會崩潰，神經錯亂。

他們威迫利誘反覆在偵訊屏東親閱，挾持總統的問題上打轉。直到天將黎明時，才將我押入囚房休息。我被送入囚房，雖然已經疲睏不堪，但仍不能入眠。那囚房僅僅兩坪大，陰暗、潮濕，並有一股惡臭，似乎從無人清掃過，像這樣的囚房，根本就是無法讓人能生存下去，但事實上卻是間間都是同我一樣命運的人。

2.黃上校問供

第二天，大概是九點左右，又被提訊。偵訊的也是政戰人員，是位姓黃的上校，與一位政戰中校，其態度較海軍中校稍微和善一點。他的開場白，仍不出曉以大義的說服。並提出只要我能坦白，他保證我升級調職。反正推出許多對個人利益方面誘惑的條件，而能使他們順利取得所需的口供。

黃上校的偵訊仍然繞著屏東親閱的問題。我的答覆仍然同前次的一樣。我並且告訴他，我根本就未參加親閱。我奉命留守營區，是有案可查的。

此時，黃上校似乎耐不住性子，便咆哮、拍桌子氣惱地說：

「你甚麼都不知道，難道我們抓錯了人？！」

黃上校用力把抽屜打開，取出一個紅色卷宗，內夾著另一人的偵訊錄，翻著給我看。但我並不認識此人，其內容我也無法清楚的看下去。黃上校卻大聲地說：「這是別人坦白的筆錄，明白說你支援他砲兵叛亂。」黃上校接著又說：「你們的指揮所就設在關廟。偵察那裡的地形，你也參與的。希望

你放明白點，不是你否認就可解決問題的，不要敬酒不吃，吃罰酒！」

「根本不可能的事，我那來砲兵，我一個小小尉級人員，能調動砲兵？我根本不認識這個人，如你們不能探信，請他來跟我對質好了。」我說。

接著他便顧左右而言他，氣呼呼地說：「我們絕不會冤枉人，會查清楚的。」

我心想，此時已被冤枉，還說不會冤枉人！但是我心裡卻很明白，他們絕不可能如此輕鬆的就放過我。

「屏東親校挾持總統的事。你應該知道內容。」黃上校又說。

我則答：「我完全不知道這件事。」

之後，又問起我，在東北抗共戰爭中，有無被俘？我答：「沒有」

一直反反覆覆問這類問題，從上午到夜晚，直到快將天明，將筆錄要我蓋手印時，我重複看一遍，有關偵察地形一事，我並未承認，但筆錄卻是我承認去關廟、新營，是為了偵察地形。當我正在遲疑時，偵訊人員卻先說：「你不承認也好，承認也好，反正你給我捺手印就好了，否則當心吃苦頭。」

人在矮簷下，不得不低頭。只好捺下手印。如果我堅持下去，必遭到嚴重刑求，但很可能在那時你身不由主的情況下，拉著你手，捺下手印。他們為甚麼這麼重視關廟、新營的事情呢？此乃他們必欲得到的重點之一。我當時並不了解其嚴重性，如以當時的叛亂條件來解釋，這種行為說是屬於行動。有行動，絕對是用二條一項起訴，所謂「二條一項」起訴的。絕對是死刑！同時，他們可以對外宣傳：我們已有行動，而且已經偵察了地形。

到了黎明後，才送我回到囚房！雖然天已微亮，但我仍然天昏地暗。

依據偵訊人員，訊問口供的態度看來，他們對案情並未有一定的線索，只是瞎矇，瞎撞和一些預設的狀況，把郭先生與同學的交往，講成一種秘密組織。也就是把它政治化，然後，扣在整肅的目標頭上。關於總統親閱預備挾持事，仍然在窮追不捨！因為我未參加親閱，故較少問我這一點。但偵訊人員數度向我說：你們的同案者，已經坦承，並且在校閱台下放置的炸彈已

挖出，屏東大橋放置的炸彈，亦已取出。如果真出事，你們也跑不掉。

3.阮成章問供

　　大概六月初的一個上午，把我又自囚房提出，是阮主任給我個別談話。其餘人員均未說話，亦未作筆錄。

　　阮主任說：「現在我擔心的便是部隊出事。我想建議上級，把你們放回去，給他們講，政府並無意整誰？大家各自安心作事就好了，讓部隊平靜下來。我怕他們採取報復行動拖一連一排人拿槍亂搞。那後果，太嚴重了！」阮主任態度，似乎誠懇，但我卻難以回答。

　　阮主任又繼續說：「賴卓先你這個時候，應該給我一點意見，如何才能使部隊恢復平靜？」

　　我則答：「報告主任，我想不出甚麼辦法，現在部隊的情形，我一點也不清楚。即使把我們放出去，我們又跟誰說呢？他們見我們已是被抓過的人，一定會躲避我們，免得惹上麻煩。」

　　阮主任覺得我的態度似乎是虛應。於是又說：「我希望你能了解我誠懇的心意，希望能使你們及部隊都平安就好了，還有那些連絡人尚未發現，你要交待清楚。最少要遏止事情發生。」

　　阮主任說罷，就離座位，又將我送回囚房。但不久，又來提訊我，押到一間寬敞會議室。中間一張長形會議桌，兩邊已坐滿了那些偵訊人員，但上方主席座位，空著。約莫二分鐘，阮主任陪同一位著黃卡其中山裝，平頭，臉部似疙疙瘩瘩的，他的身材稍微胖。當阮主任陪同進門後，全體起立。待大家坐定後，阮主任即向我說：現在不作筆錄只要誠懇回答，長官是要了解真相，希望你坦誠作出交代。

　　接著那位微胖的長官，即開口問：「你們在屏東親校時，要挾持總統。你把計畫行動說說。你一切後果，我保證你安全。」

　　我則略提嗓門回答：「報告長官，根本不可能！」

　　長官疑惑地又逼問：「你說說怎麼不可能？」

　　我答：「我有三點不可能的理由：第一、參加親閱的部隊，只求陣容整

齊,破壞了原有之建制。比如兩個連選編成一個連。連長,不一定認識排長、班長。排長亦不一定認識連長、班長。往上推情形亦如此,如要以此部隊去做挾持總統,在彼此不熟悉,毫無默契之下,怎可能!第二、凡參加親閱部隊是有槍無彈的,砲兵亦無攜砲彈參加親閱的,此種部隊能算是有武裝的部隊嗎?既無武裝的部隊,又怎能以此部隊來挾持總統。第三、每年親閱時,都有一個加強營的憲兵,荷槍實彈。如有叛逆行為,親閱部隊的數字雖然是多數,但在荷槍實彈之下,人多有甚麼用?我想有此三點理由,絕無在親閱校閱場,挾持總統的可能。」

當我在說明沒有可能挾持總統的原因時,那位坐在上席的長官自嚴肅的表情中,緩緩的變而為有微笑的輕鬆,並且非常高興一直點頭。此場無筆錄的談話,先後不過十餘分鐘。我看在座的,表情也非常愉悅。說罷,長官自主席位置,走過來與我握手,並說:「你說的很可採信。你幫了大家忙!」

我誠懇地把這親閱的部隊當時的情形說清楚以後,也感覺十分安慰。

但是,明知屏東親閱挾持總統假案不可能成立,他們之後偵訊的重點也不再往此點上發揮,因為編造的人實在幼稚可笑,但最後仍在判決書上,把屏東親閱挾持總統等等列為罪狀。以後聽說:他們那時,就利用要在親閱時挾持總統為題,印發許多黃色小冊子在部隊宣傳。

那位微胖,與我談話的長官,之後,我被押解到了保密局「北所」(在台北的延平北路往北過台北橋路邊)又見到。我才知道,他乃是保密局長毛人鳳上將。

我在海軍招待所,真是幸運的一位,沒有受到重刑伺候,只是被打幾拳,還有無數語言侮辱。但有一次遭到電擊,使我聽力至今仍未恢復!

六、台北監禁

大約是六月初。一個晚上,兩位便衣,將我因房中提出,並將我那簡單行李給我,要我隨他們上車。直馳高雄火車站上車,上車後,是兩位便衣、兩位憲兵監控我。我一隻手,用手銬鎖在座車位上。經過台南之後,一直睡

到台北。坐車能睡這麼久，這還是首次，大約清晨六點左右，抵達台北火車站。車停住後，監控的人，命我在原座位不動。待到台北的乘客都一一下車後，才由二位便衣挾持下車。命我不准抬頭張望，並命我在一處牆角蹲下，面向牆壁。此時乘客已出站，但仍有十餘位便衣留在月台等處，似乎是一面警戒，一面監控，這班快車似乎押解同案的多人。但從被捕後，我們彼此絕不准照面，一直都是隔離偵訊。

自火車站搭旅行車，車上當然又是數人監控，並令我不得抬頭。這些人都著便衣。

車停之後，押解人員抓著我胳臂，進了一處樣子不顯眼，好像雙扇大門的工廠。一間辦公室裡面是幾張辦公桌，及一些工作人員。一位辦事人員，詢問我姓名等等，登入一張卡片後，便向我說：「你到這裡，要守規矩，否則必定吃苦頭……。」說罷就給我一張「所」內的規定，要我看。內容大概是：不准逃亡、不准私藏物品等等、在所內提訊時，不准左顧右盼。看這張規定，才知此地便是保密局北所。

(一) 保密局北所

這與海軍招待所，又是另一種氣氛；海軍招待所讓人覺得神秘、嚴酷、恐怖。這裡的人，似乎較海軍招待所和善。在入所手續辦理完畢後，便被帶入一間寬敞的囚房。裡頭一排是四間，我是最後一間，除一條走道外，面對的就只一道牆。

我進入牢房後，那位值班的很客氣，說：「我替你打兩盆水，好擦擦地板。」兩盆水來後，我開始擦地板，將我那簡單行李鋪開。值班的人又說：「你可能未吃早點吧？」態度很人情化。

「謝了！那有早點吃？……」

值班的不一會兒，便端了一碗豆漿、一個饅頭。他並說：「運氣不錯，房裡剛好剩有這些。……」

我表示非常感謝。一面吃早點，他在鐵欄杆外，一面同我聊。原來他在鳳山儲備軍官班受訓。後進入保密局工作，他姓陳，官階是上尉。他就問我

為甚麼會送來這裡，我不便實說，戲稱與政工人員打架……。他則說此地是關匪諜案子的。你應該軍訓班的，我大概知道是啥案子。同時，他告訴我：他以後值班會為我多弄點水，擦擦身體等。因為在未提訊前，除每天一盆水外，再也無水可用，還好，雖然是夏天，那間囚房約十個榻榻米大小，同時，上面有一送冷風的孔。較海軍招待所更享受得多了。在房內，除了做運動之外，當然無書報可以排遣，亦無筆可以書寫。

但在第二天以後，就未再見著那位儲訓班的陳姓上尉，大概他們的上級怕他有溫情主義吧！？可是之後，又碰上一位王姓四川人。也是專門值班的看守人員，官階是少校，只要值班時，便來開聊。他年齡較大，曾在四川軍中作連長，之後便參加軍統，是戴笠老部下，但絕不談及案情。因為同樣是四川人，他曾經多次偷偷的帶些食物給我。這都是違反他們的內規。記得端午那天，給我帶了粽子，卻被人打了小報告，之後便未再見他來值班。他曾告訴我：「不是匪諜案子的人，都是朋友。何況，你們的案情，我們非常清楚！你們真太可惜。」同時在偵訊時，他也提供我許多意見，最初，我仍懷疑他的立場，以後經證實，他提供的意見非常有用。在那種惡劣孤獨無援的情況，能獲得如此的關照，真使我畢生難忘！

在北所的狀況，又有異於在南部海軍招待所。

大概住在那間寬敞的囚房，有三、四天都未放封，當然也無法洗澡，在炎夏的季節，自己也感到有股惡臭！此看守所規定，在未提訊前，是不准離開那間屋子的。因此，希望快點提訊，也好出去走走，並且也可以洗澡。對未來的偵訊重點，雖那位擔任看守的同鄉，已經給我傳達，對同案訊問情形也都一一告訴我，但心裡總是一大負擔！因為在那種黑牢，不是講理的地方，根本就沒有把關在黑牢的人，當作人來看待，打、罵、羞、辱乃常事。他們是以恐怖手段，來迫使你精神崩潰。在沒有自由意志之下，取得他們所需的口供。

(二)偵訊第二方向

終於，這一天提訊了。大約是上午九點左右，值班的看守開門帶我到所

內一個小間房內。訊問我的是一位政戰上校，穿套美式卡其軍便服。態度看似溫和，先與我閒聊一陣後，便命我寫自白書。那範圍是自出生一直到被捕。

大約經過三小時，我寫三張多十行紙。上校則翻閱我在南部的筆錄。將我自白書詳細的審閱，並將許多疑點或重點，逐條另外記筆記本上，然後問我說：

「你自白書，未將連絡同學的情形，說得清楚。還有你們準備鬧事的情形，亦未有交待。」

仍然是一樣，逼我們承認鬧事。但在南部逼問的校閱挾持總統一事，再也未提及。顯然又不知用那種叛亂帽子扣在我們頭上。

在那種闇天黑地的日子裡，那還能記得詳細的時日。偵訊的一直是那位上校。先後寫了四次自白書。經偵訊先後比對，沒有什麼矛盾之處。只是有天晚上十點左右，偵訊我的上校，又提訊，他很生氣地說：

「你為什麼，拿槍逼著梅成德參加你們的組織？」

「怎可能！梅成德我並不熟悉，只是同學，我們同住一營區。在偶然一次機會同他閒聊，可能不到十分鐘，我和他的關係，僅此而已。我憑甚麼拿槍逼著他，難道我可以在幾月或幾年之內，都是拿著槍逼他？」

「我看梅成德比你老實，你自白書中一直未將你們的組織交待清楚。……」上校仍帶氣憤地說。

「報告上校，除參加國民黨外，其他我從未參加任何組織，所以我無可交待。……」我平靜地說。

「別人都承認，你們同學間有組織，受郭廷亮指揮。並且以被歧視為由，鬧學歷問題，進而準備不法鬧事，讓部隊癱瘓。……」

在北所較為平靜，未聽見動刑慘叫聲！那位看守告訴我，在北所詢問的重點，都是我們彼此連絡情形。我卻始終未承認連絡同學；與同學交往是有的。但在北所有的同案卻經疲勞偵訊，連續三天不眠不休，當然他們要我們承認同學們是有組織的，進而進行叛亂。

　　記得那天上午提訊，仍由那位政戰上校訊問：「……你推說甚麼都沒有！那你們去偵察地形，這總是鐵的事實！你現在還有機會對國家作出貢獻，你坦白不僅可以無過，並且還有功。希望你放明白點。」接著上校仍帶威脅地又說：「孫將軍交待你甚麼任務？如你不坦白，這對你不利，不要讓我們對你不客氣。……」

　　於是我便回答上校：「我所知道的，已在自白書中說明白了。至於孫將軍交待我什麼任務？我根本未單獨見過孫將軍！怎可能交待我什麼？」

　　上校氣憤地說：「我看我是對你太客氣了！別人都交待得很清楚，你不坦白也沒有用！」

　　也許我真是幸運的。除了精神受到嚴重壓力外，其餘未受到刑求。

　　在北所先後大概待了五、六天。便將我自保密局北所，送往西寧南路36號保安處看守所。時間是四十四年六月十日左右。

(三)保安處看守所

　　保安處看守所，似乎是半公開的黑牢，因此許多人都知道。但是保密局的南所（台北市延平南路）、北所（台北市延平北路），卻鮮為人知。我想，以國家的稅收，來設置這些違法的秘密監獄，是否應該？公開的看守所，已屬不少。還用得著花費如此龐大的費用房舍，設置秘密監獄！以上我說的南、北兩所僅僅代表性而已。在不知名的郊外，尚有許多處類似的牢房。如桃園、觀音山等處。依據我們同案對這些黑牢的印象，只有兩個字可形容：那就是「恐怖」，毫無人性可言，更無絲毫保障！這是誰在違法？反正強權之下，他們愛怎麼整，人民就得怎麼服從。如有不服，就以一頂「匪諜」的帽子扣在頭上，只有陷身黑牢一條路！

　　我們被捕的消息，被政府嚴格保密，不讓外界知道此一事件發生。準備一切安排妥當，為他們編導的假口供，使為首的人等再來公布，或也有可能根本就一直不公布，把我們這批人，一麻布袋、一麻布袋的向海裡丟。這並非我危言聳聽。在當時，是太可能的事。不料，我們被捕事，經過了一百多天以後，美國華文報紙，首先披露，加上美國官方亦嚴評此事件。接著華僑

社會輿論譁然！台灣眼看已是紙包不住火，這時才命令新聞媒體慢慢透露。由於事件已經被公開，對我們在黑牢中的人，大為有利。所以我們在牢中生活也好，對我們的管理也好，也較其他在黑牢的人客氣。此時政府亦感棘手了，為政者不能按照他們原計畫進行整肅，所以才有徒具形式的九人調查小組，又自導自編乙套下台階。

我們真是幸運的一群，因為我們在黑牢中，發現被關在黑牢中，許多既不問、不審，長年關在裡面的人。他們對外既不能通信，當然更無接濟。日用品牙膏、肥皂，都靠難友幫助。這些絕多數是外省人。一部分人連台灣甚麼樣子都不知道，因為他們下飛機或下船後，就被請進了保密局監獄。他們在黑牢裡已經多年，對未來不存任何指望，然而他們的家人是多麼想知道他們的下落！他們哪知道，他們失蹤的親人，竟在一個宣稱以拯救大陸同胞為使命的民主政權的黑牢裡。

那天當我被押進保安處看守所辦公室，辦好一些入所手續後，便由一個士官帶領我進入第十六號囚房。感覺大異於前：似乎從僻靜鄉間，突然進入人多熱鬧的大澡堂一般。因為每間囚房裡都擠滿人，並且每個都是赤裸上身，肩上披的一條毛巾不停擦汗。鬧烘烘的，因為首先是 U 型建築；其次，似乎每間都擠滿了人。我很奇怪，台灣怎可能如此多的政治犯？……陳誠曾經在立法院否認，說：「台灣沒有『政治犯』，台灣只有『叛亂犯』。」

第十六號囚房房裡已擠得滿滿的，大約不及十個塌塌米大小的房間，便關了二十一人，每人能睡的寬度是四十公分。地板是木板嵌成，前面有一條空間，放置拖鞋，還有木質馬桶。

我將行李放好，便有難友來問我：「你是甚麼部隊？從那裡來？」

「我是第十軍。從保密局北所轉來。」

原來這間囚房，已有同案難友多人。其中有第九軍砲兵指揮官伍應煊上校、軍訓班大隊長陳心仁中校、砲兵營長張才發少校、步兵團營長趙雨公少校都在此。還有四位第九軍中尉排長。幾位中尉排長，均為軍訓班十八期同學。他們見我是同案難友，便親切照拂並介紹所內的一些規定。我與世隔絕

十多天，今天能見這些同學難友，分外感覺親切。但在心裡，自然是流淚人觀落淚人！他們沒有一個是我的舊識。但在另一方面，心裡總覺碰上自己的人了，不似前些孤獨的日子難過！

　　來在保安處看守所，生活較以前稍有不同，三餐準時，與軍中吃的差不多，每天下午可以每房輪流去浴室洗澡。上午有十五分鐘放封時間。但放封卻常常打折扣，如假日、下雨天都會被取消。人在黑牢中，空氣污濁（尤其夏天），人多擠在一間空氣不流通的房子，根本見不著陽光，所以我們於放封時，盡量晒晒太陽。可是因為久未吸收陽光，一旦碰上較強的陽光，就會頭暈、四肢無力。往往發現難友們的臉色，都很難看，臉無紅潤，只是一臉土色！

　　保安處看守所的規定也很多。常有人犯規遭到毒打，或把人吊在半空中。這種黑牢裡為世外的另一社會。我們剛進去時，各個囚房都選有一代表，等於官長，非常的具有權威。別人自外面送來的東西，必須先經他，你自己才能享用。如係食品，必然要經代表公開分給大家食用，你自己絕對無權處理。這亦如同共產社會，同時這些代表與看守人員互通信息。一般稱之為小報告，所以這種人，在黑牢中橫行敲詐，無人敢惹，形成一種惡勢力。因此對各房的惡霸一事，我們一般是反感的，故就在大約七、八月選舉代表時，各房都不選那些原先的惡勢力，因為各房都有我們的難友。因此，把那些惡棍罷免以後，各囚房屬於自己的物品都可以有自主權。在精神上亦不受其威脅。這是我們給後來蒙難受害的難友的一種功德。

　　同案的難友，逐漸自各黑牢中偵訊告一段落時，一齊集中在保安處，總人數應該是一○八人。其中包括郭（廷亮的）太太（李玉竹）在牢中生產的小女兒（郭碧蓮）在內。在那看守所中，孫案是人數較多的大案。

　　由於我們是非觀念特強，雖然黑牢不同房的人，絕對禁止交談往來等，但由於我們人多，調房的機會亦多，故彼此的情形，大概都會私通。不管你有多嚴密的管理，人總會利用機會互通信息的，同時人到了那種恐懼的地方，對事都會具有特別敏銳的觀察力。

偵訊人員及偵訊內容，亦與前大不相同。

在保安處偵訊的人員，是屬於專案。而這專案是屬何單位，不得而知，但其最高指揮者絕非一般官員。專案負責人是保密局毛惕園少將。其成員為政戰、保安處、保密局等單位的混合編組。在情勢轉變後，便進入軍法程序。是由國防部軍法局，上校檢察官趙公戩主持偵訊，但這都是形式。

我們在保安處，與同案的難友關在一間房子裡，除了彼此可以交談，還可將偵訊的情形，彼此交換竟見，在心裡的壓力，稍感寬鬆。我們這間囚房除了同案者之外，尚有其他案情的難友，其中尤以多位自國外回來的具有博士學位的，還有工商界的大老闆等。我們彼此都相處和諧。尤其我們對外禁止通信，當然更無接濟，我們的日用品，如牙膏、肥皂等，都沒有可用的。他們已可對外通信的、已有家屬接濟的，常常在我們缺乏日用品時，總會支助。一般難友對我們這批軍人，都非常友好與同情。他們也很清楚這個案子是怎麼回事。因此我們雖在牢中，但對外面的消息一直很靈通。我們囚房經常有人被抓進來，進來的人多半較具知識水準。當然也有連報紙都不看的人，但這總是少數，所以我們那時一見有新難友進門，便會打聽消息。雖然有些消息與我們扯不上關係，但轉彎抹角，總是沾上一點邊，尤其海外誘騙返回的華僑，消息最多而正確。他們最後，總是一句帶安慰又似事實的話：「放心，他們辦不了你們的。」海外華僑反應非常熱烈，而國際間亦然！

(四)伍應煊「自投羅網」

我們同房的難友，以伍應煊上校最為樂觀。他是軍校十三期畢業的，很得孫將軍賞識。我說，他很樂觀，卻非易事，他是有家屬的人，想想，我們被捕後便生死不明，家屬亦可能遭到迫害，家人根本不知道我們突然失蹤，究竟生死如何？伍應煊仍很樂觀，未見愁容盈臉。

我對伍上校很敬佩。他本來未被列入被捕名單，而是因為在本案五月廿五日開始抓人後，孫將軍亦已受到嚴密監視。伍應煊上校竟在六月初先後三次去探望孫將軍。當時，一般人避之唯恐不及，那還敢親自見他呢！所以伍應煊上校竟敢三次去探望受難中的長官，實非易事。這種應該說是由義產生

的行動。所以我們一般人都對伍上校非常的敬佩。

當伍上校第三次去南昌街官邸探視孫將軍後，出門正準備開車返回嘉義時，幾位便衣便將伍上校逮捕，並且向伍上校說：「你也太不識相，這個時候，你來孫公館兩次，都未理會你，你竟然還來第三次……。」

我在保安處大約有十天左右，未被提訊。

大約在四十四年六月中旬，我開始被偵訊。偵訊我的人，仍是在北所那位政戰上校。但在保安處的偵訊，卻以問答方式行之。只是根據他們原則誘導你作答。但內容方面，卻與前兩處又不相同。我可以想像，一宗案子的案情就是發生事情的案情，那有一宗案子，案情卻變來變去？！最初是說我們預備挾持總統；以後，又不再問那件事，改說我們要搞兵變或兵諫；最後，又變成「匪諜」案。……如稍具智慧的人，一看便知道怎麼一回事了！

(五)偵訊的第三方向

保安處第一次偵訊，除詢問同學間聯絡情形外，主要詢問些新的問題：「你知不知道郭廷亮是匪諜？」同時，偵訊者告知：「郭利用你們搞兵變！」同時郭利用孫將軍的關係，為「匪」作兵運工作。終又把孫將軍扯上，這目的是非常明顯易解。

我聽偵訊者說郭是匪諜，心裡一陣錯愕，郭反共的意志較一般人都強烈！當時我除了回答不知道外，心裡非常清楚，只有製造「匪諜」案，才容易處理，別人也才不敢碰。當我在筆錄上捺手印後。偵訊者一面收拾筆錄，一面又「好意」的告訴我：你們真是傻瓜，被人利用了都不知道，並表演出同情與惋惜的模樣。

此次偵訊，先後經過二小時。

依據我們同房同案的偵訊情形，都是同一模式。關於訊問知不知道郭是「匪諜」一事，也是那幾天才開始的新題目。

在那次提訊之後，大約隔兩三天就會被叫出去一次。除了上述詢問兵變外，並詢問行動計畫，如偵察地形問題等等。

我非常誠懇告訴偵訊者，我根本連這名詞都未聽說過，我那會知道兵變

計畫。同時，每次都會問到兵變的問題。偵訊者對我說：「雖然，孫將軍未直接交付你任務。但郭總會轉告你有關兵變行動計畫？」我很堅持的否認。同時，我更進一步向偵訊者說：「我可以同郭對質！」偵訊最後總是說，「你不坦白，是你自己吃虧！」這是他們偵訊時利用人性弱點。人到了失去自由時，總是希望能有自由的時刻到來。但如冷靜想想：沒有事可以坦白，反而會吃虧嗎？

但是在黑牢中，就有太多的人，中了他們毒計，胡編一通，亂咬人，以為如此可以立功，及可以獲得自由。結果，反而害人害己，在黑牢中，他們可以給你任何保證，如你需要總統來給你保證，他們都可偽造一紙保證書，反正你要說出他們需要的，向他提出任何要求，都會慨然的答應。但當他們取得需要的口供之後，換來的並不是那些保證，而是起訴書。

在保安處，除了偵訊外，有時還會叫出去，同他們「閒聊」，並無錄音，亦未筆錄。「閒聊」的內容，多半都是談與案情無關的話題，如在部隊的情形，牢中的生活狀況、身體健康等等。我曾經與保安處的楊丕銘上校有二次「閒談」。我向他說，因為電刑，聽力已有問題時，他馬上就交待醫務所，為我治療，每天一針，可能有一月之久，聽力真恢復了許多。我說，胃也不舒服，楊便送我一瓶日本製的胃藥，同時還會聊起電影，甚至小說等。我看不出他們找我們聊的意義何在，可能安撫性質較多。其態度總是站在同情與惋惜。據說，楊在保安處，是偵訊高手，不動怒，不隨便刑求，總似與朋友聊天的方式進行偵訊。說是曾經他偵破過許多大案子。我們對這般特務，都有相當的了解，他們偵訊手段不一定都是硬來，有時技能高明的，也用柔性的，如楊丕銘則是一例。

由於我們囚房裡的同案，大抵有一、二個月的時間，根本不聞不問，因此，我們就請求見毛惕園專案組長，大家就推選我去。

(六)專案組長毛惕園

我見到毛組長，首先向他聲明，今天來見組長，是房內抽籤決定的，為甚麼我要聲明呢？因為抓的人，就是他們認為是代表，而我又在牢中又作代

表，去見專案負責人，惟恐他們對我罪加一等。故首先聲明並非推選的。毛組長說：「我知道，你們有事儘管來告訴我，絕不會爲難你們，我會盡量解決問題的！」

毛惕園組長，那天是我第一次見著他。我對毛的印象不壞。他那天穿的一身黃卡其布中山裝，用的一枝偉佛鋼筆（當時偉佛鋼筆是最低廉的），筆頭已破，用些線纏著。看似非常儉樸的人，是個平和的長者。我即向他提出一些問題：

一、我們未能向外通信，日用品都已經沒有。

二、伙食，早餐太差：一桌六人只有八、九顆炒黃豆。

三、我們希望快點給我們結案，要對我怎樣，希望不要拖。同時，我亦聲明，這是我們共同的意見，希望毛組長給我們指示。

毛組長很專心的聽我訴說。俟我說畢後，他反而語意溫和地說：「你所提的問題，大部分可以給你圓滿的答案；關於通信問題，你們馬上可以通信。我會交代看守所。缺乏日用品，我會向上反應，我想，會替你們解決。伙食的改善，我會給看守所交代！」毛組長很平和的答覆我，接著用比較低沉的語調說：「關於你提的第三條，我勸你們既然已經遭到不幸，就需耐著性子。你們年輕人不懂得這些，我可以告訴你們，越快解決，越對你們不利。……」

我聽毛組長的答覆，心中一陣欣喜，尤其，可以自由通信，有家眷的人可以讓家人知道自己的下落。但是毛組長最後語帶玄機的規勸我們忍耐等待，心中卻又湧起另一種憂慮！

我們在保安處看守所一年多的時間，我曾經多次見毛組長，但都是爲了大家的需要，向他請示。或有時毛組長主動提訊我。我概略將這些內容記敘一下。

毛組長有時主動找我們談話，多半都是告知案情的發展情形。但這並不代表全部處理本案的實情，因爲他是承辦我們案子的負責人，是與我們立場互異的。有些不能轉述的，仍然不會告知我們的。但是爲甚麼再三、再四地

要告訴我們一些有關案情的處理情形呢？我天真地推測，他們同我們一樣清楚真正的案情，再者，他們也有安撫的作用！在案子尚未確定處理的原則時，唯恐我們這些充數的卒子發生什麼意外，負責人是難推卸責任的。

毛組長曾多次給我們面談，他說的有時前後矛盾，但他也是無可奈何。他靦腆地說：只怪事情變來變去。由此可見，「孫案」是沒有真象的，是隨局勢，與他們的需要而定的。他們最想是剷草除根，趕盡殺絕。但情勢發展，出於他們意外，於是只對於我們說：「政府一向是寬大為懷的。」所以我們在牢中，有句口頭語：「寬大為懷，槍斃改為活埋！」

就在准我們通信後不久，記得毛組長找了我們其中幾人，告知政府準備釋放我們，但不能回部隊，打算派我們去情報單位，或調去滇緬邊境。那時，那裡還有我們的部隊。之後，有一次毛組長對我口供有疑問，訊問那些疑問之後，又談起去滇緬邊境的問題，我即答：「如果釋放我們一定要派去滇緬邊境，我情願在台灣坐牢。……」

「為什麼呢？」毛組長感到意外，似無惡意地問我。

「抗戰時期，我們跟日本作戰，便是在那一地區。如果沒有現代化的醫療設備，蚊蟲、毒蛇、螞蟥就會讓人生存不了，我對那個地區非常恐懼。」我向毛組長解釋。

「如果釋放你們的案成立，還是會徵求你們的同意的，同時保安司令部，也歡迎你們加入他們工作！」

可是毛組長，給我們談了那項處理的方式，之後，一、二月都未見有進一步的消息。我們都在猜測可能又有變化。

我行筆到此，有關毛組長屢傳消息的事，暫告一段落，因為之後的時間裡，仍少不了毛組長角色。以後再依發展，敘說他如何給我們許多消息。

回頭我敘說一下，我們第十六囚房內一些瑣事。

十六房是我們「同案」較多的一房，一般軍階較高的都在我們房裡。其他案子的人，一般水準都是較高的，也在我們房裡。也許因此之故，專案的人要同大家溝通，或傳達信息，多半都會找我們房裡的人。但我們關在裡面

的人，是不可以互通的，所以只找我們房裡的人，只可解釋為點到為止。

十六房除了原來的難友之外，之後，又增加了幾位同案，房裡三分之二是孫立人案的難友。

在保安處，仍然無法自由閱讀，但可以向看守所借書，但書籍只限於那些帶有反共色彩的作品。如我閱讀過的：《陝北勞工營》，這本書裡，讓我記憶猶新的，便是蔣總統的愛將杜聿明中將被俘後，中共命令其穿著羅斯福美國軍裝，佩帶兩顆星，在陝北遊街的情境。其他我還閱讀許多相關的書籍，如《共匪的交通》、《共匪的水利》等等。這些書籍，官方以為可以這些書的內容，宣傳中共的暴政。但我覺得有時是適得其反的效果。

除了能向看守所借書之外，紙、筆絕對禁止入內。准許向外通信的人，也只有每星期的二、五下午，先向看守班報告後，才能按序在看守所大廳寫信。你別以為可以寫信，便可以訴說心中事，那裡所謂寫信，就是一張印好的表格：如我在這裡一切都非常好等等家常話，都是先印好的，你只能填寫，不能超過空格的十數字而已，寫好了還得經看守所一一檢查，才分別寄發。在黑牢中，能享有對外通信，已經算是幸運的了。還有很多人，一進黑牢便與世隔絕。

那天，照例放封，天氣很冷，應該四十四年的冬天，冬陽溫暖，我們房裡的難友便在那不及一百坪的空地走動，很不容易曬到如此溫暖的太陽。可是戒護人員，非要我們整齊排隊不可。所裡也無此規定，只是那位保安處的軍官要威風。其中有位同案難友田雨，他卻不願排隊，那位戒護軍官，便非要他排隊不可，田雨就是不理會。於是，幾位戒護人員一擁而上毆打田雨。此時，我們同房放封的人，均由不得一陣憤怒的大吼：「怎麼隨便打人！」大家非常激動。同時毆打田雨的人，也停止下來，並且掏出手槍。此時，難友伍應煊上校即大聲吼道：「我們回房去！」伍應煊揮著手，於是大家便也跟著回房去。雖然，我們撤離了現場，但大家口裡仍然一直在叫吼。回到房裡，更加大聲叫罵。雖然我們只有十幾人，可是大家在軍中，學過叫口令，一陣怒罵聲彌蓋整個牢房。此時，保安處調來的部隊，警戒在窗外及

十六房的走道，並大聲叫道：「你們再鬧，我們就要開槍！」大家激動憤怒一時難平復，根本沒有理會槍口已對準我們的威脅。如此對抗將近一小時。同房的其他案子的人，以及其他囚房的人，都嚇得躺下不敢走動。

就在我們仍在激動怒吼中，突然看到部隊撤走了。我們房裡才算是停止了叫罵。保安大隊的華隊長，走在我們房門口，態度有禮地說：「處長請伍先生談話。」

伍應煊上校穿上鞋子，便隨華隊長去見處長。但我們非常擔心，這是一項陰謀，故意將伍上校誘走，作嚴厲處置。

我們都在不安中等待伍上校能平安回房來。

約共卅分鐘，囚房值班的班長來開鎖，伍上校面帶微笑地站在鐵欄杆外，等待進房。我們見著伍上校及其表情，心裡忐忑不安頓然平靜下來。

伍上校脫鞋進囚房後，大家都熱情地擁上問他。「沒有事了！……」伍說。接著他又說：「處長告訴我，今天的事，就此停止。我們也不往上報告，而你們也不能再起鬧。但是，田雨必須調房。」

大家聽說，要把田雨調房，心中都在猜想，可能保安處是項陰謀，把田雨單獨調到另一地方，一定要遭到嚴重的修理。不過伍上校又說：「我已要求他們，田雨調房是可以，但不能調別處。他們也同意我的意見。」

到此，這一風波算告一段落，想起這件事在當時，我們的處境是非常惡劣的。如果不是伍上校當時處理得當，可能會釀成大禍。因為在現場那些警戒人員，都佩帶武器，大家如此的激動，難免不與警戒人員發生拉扯，他們為了鎮壓及保護自己，難免不開槍。只要一開槍問題就大了，保安處絕不會說是田雨的問題，一定給我們帶上暴動的帽子。當伍上校回房後，將處理的情形告知大家，大家都覺得處理得很圓滿。

保安大隊華隊長說：「像你們這樣鬧房，自保安司令部成立後，尚屬首次！」

一、二月沉寂之後，有一天毛組長突然來了，告訴我們：「你們有部分人，可能會先釋放。」

於是我們心湖又激起一陣浪濤，但誰也沒有把握，誰會被釋放。大家很快又恢復了平靜，因爲對處理我們的方式，是變化無窮，雖然毛組長再次傳來消息，但大家無法完全相信。

四十六年元旦後不久的一天早上，剛吃過早餐，看守班長攜來一張名單，依序在各囚房叫囚號，並告知叫到的，準備調房。我們孫案軍職人員在保安處看守所，先後有一年多。由於他們的需要，先後釋放七十餘人，時間大約是民國四十六年一月。他們釋放後，一部是分發在預訓部隊，一部分則由保安司令部任用，都恢復軍職。

釋放七十餘人中，郭廷亮的家屬亦包括在內。我們心裡很明白，其餘的人並不表示案情已輕，相反地可能更要嚴辦。

在牢裡的人，都磨練成特有的敏感。我們當時便意識到，調房的可能會繼續留在黑牢中。我亦屬於調房的人，我將簡單行李收拾好，並與難友們話別！此時未調房的同案難友，心情當然非常興奮，因爲他們即將恢復自由，這是何等的喜訊！

(七)保安處看守分所

我們卅二人從保安處看守所，調往保安處看守分所。分所的位置，是少有人知道。它在六張犁山坡下，一處隱密的樹林間，就是麟光新村附近，外表看來好像一座有花、有樹林的別墅，其實那裡就是一處令人駭怕的人間地獄！❹

他們將我們丟在那裡，不聞不問，長期囚禁。我們在武裝人員戒護下，搭乘一輛押解人犯的大囚車，到了分所的廣場，這時才將我們的手銬一一打開。當我們下車後，才發現我們同案被關在分所的，都集中在廣場。但我們不能和他們交談。他們向我們揮手招呼，其表情是非常愉悅的，那些戒護人員似乎不大干預他們。而我們卻不准向他們揮手。戒護人員嚴厲地說：「不可以向他們打手勢。」這只是人情之常的動作，但在特務幹工作的人，甚麼

---

❹ 編按：這個分所目前為保？總隊所使用。

人情之常的事，似乎已不太懂，因為他們由於工作磨鍊，已經養成不知人情為何物！明明是揮手招呼，他便看成打手勢！

我們同案難友，自此分為兩種狀況。一種是無罪開釋，一種是繼續關著，做他們的下台階。如若全部開釋，那麼他們不是抓錯人了嗎？他們的政策是：即使錯殺、錯抓，也不承認錯誤。

我們同案到了分所，當然分別關入各囚房。不過因為案子已近結案，他們認為沒有串供的顧慮了，所以把同案的都集中關入各囚房。分所環境非常寧靜，也不再偵訊。但除同房之外，仍不能互通信息。此處關的人，多半都是準備不聞不問，也不釋放，也就是「無罪名」的長期監禁的。

在分所，對外的消息已經沒有來源，因為關在分所的，都是些「老資格」，已與社會隔絕多時。我們大概就這樣不聞不問經過了一個多月，大家對未來充滿疑惑與茫然。於是我那間囚房同案的八人，協力絕食抗議。這八人計有孫光炎、王霖、陳世全、沈承基、金朝虎、趙玉基、高培賓及本人。

我們八人絕食抗議的目的，是希望官方表態，要殺、要判，希望快點，不要把我們像分所關的那些人一樣，永無見天之日。當然我們的事，一定要找毛組長才能解答，所以我們要求見毛組長，我們同時希望調回本所。

當我們絕食的第一天，分所的管理人員，無一人聞問。適逢第二天加菜，送飯的伙伕卻滿有人情味，把紅燒肉放在囚房門口，勸我們吃一點，並說：「我不會向上級說，你們已經吃過飯了。」我們見伙伕如此有同情心，除謝謝他的好意外，當然我不能聽他勸告，就改變主意，可是伙伕卻熱淚兩行。

雖然在絕食第二天下午，一位值勤的軍官，在我們囚房外，關心的問：「你們為甚麼絕食？」

「我們只是胃口不好，不想吃東西。……」孫光炎答。

我們不能承認是絕食。如在那種地方膽敢鬧絕食，其後果不堪設想。但我們的行為已經是絕食，不直接承認是較能緩衝。直到絕食到第三天，所方開始動作了，也許看守所的人，故意讓我們餓兩天，多受點罪，到第三天才

處理。

同學裡面，我最佩服孫光炎。孫光炎這個人我覺得很偉大，文天祥七天，他十四、五天不吃飯。打得這樣屬害，他不投降，就是不鬆口，他就是要罵蔣家，他就是不平。說真的，他以前在金門當排長。當排長哪有時間啊，我們聚會他根本很少到。第一年、第二年住在營房裡，也許有機會碰個面，都還很難講有時間講話，何況他平常就沒參加任何活動，怎麼能抓他！他就是進去的時候，嘴巴不客氣，平常又寫打油詩批評。他被判十五年！根本沒有他的事嘛！怎麼能判十五年！

七、後話

(一)孫將軍當時為何不離開台灣

我們在保安處牢房裡絕食，我有一些感想，以及出來以後一些現象，當時的大局等。我碰到情報局的人聊天，就說孫總司令：「想跑哇！哪那麼容易，門都沒有。」我就給他做沙盤演習，我說：「他想走的話，銅牆鐵壁也攔不住他。」我舉個例子，當時美國駐中華大使藍欽要去看他，政府准不准？美國是太上皇，政府敢不准嗎？只要藍欽或者美軍顧問團團長蔡斯少將去看他的時候拉他上車，到松山機場，松山的飛機開始發動起來，你敢用飛彈打他嗎？你看，他就馬上可以走。

我最佩服孫總司令的就是這一點。其他的長官出了事絕對開溜，先保護自己。可是他就不走。他不是走不了，而是不走。他要是上了藍欽的車子，特務敢開槍打他嗎？要是在車子上打了個洞，美國馬上軍艦來了，就完蛋了，明天早餐就沒有了。

我們被捕以後，伍應煊講了很多總司令的消息給我們。伍去看他三次，基於對長官的愛護，他跟孫將軍講：「老總你有危險了，趕快走。」老總說：「你也叫我走啊！你怎麼這樣笨，我走到哪去啊！我一走大家就完了，假的成了真的。」

(二)對軍隊待遇制度的不平

同樣當兵，就是要窮大家窮，但一點都不公平，軍方就是黑暗重重。現在軍方貪污是看不出來，但是派系林立。分你是軍校的，你是軍訓班的，軍校看不起軍訓班。軍訓班當然人多，也不高興。海陸空軍的待遇也差得很大，空軍高得不得了，陸軍太低，要討飯了。還有我看到最大的感覺是，使我最傷心的是我到眷區去兩次，不敢再去了，去了我都流淚。就是台南我們師附近的眷區，那不是人的生活。

我們通信連副連長，資格是很老了，但還只是上尉。他跟我講：「我們前一年總統來巡視，告訴我們為什麼革命？是為了我們中華民國萬代子孫。我們哪裡還有子孫呢？我們到這裡絕子絕孫了，哪裡還有子孫？哪裡還有萬代呢？我們這一代就沒有了嘛。」他這話的意思是什麼呢？就是我們根本不敢結婚，不可能結婚，一定沒有子孫。別人願意，我們也不願意要。為什麼呢？那種生活不是人的生活。這種生活講起來，在台灣演電視布景都布置不出來，相當慘。下雨天家裡面一定漏水，穿的衣服都是破軍服改的。

(三)女朋友

我的女朋友是小學老師，非常不得了。我在牢裡曾寫一封信給她，我告訴她，我到北韓去了，哪年哪月回來不知道。其實她早知道事實真相。這封信是費了很大的勁，託人藏在鞋子裡帶出去的，她一看字就知道了。我出來以後有寫過信給她，想要來看看他們，看看她的父母，結果還是實現了諾言。她在台南市公園國小教書。我看到她，她一看到我就哭了。我說：「你不要難過。」她說：「我結婚了。」我說：「恭喜你。」我說：「我履行了我的諾言，我們沒有緣分，我現在不是軍人，我很好。」就走了。

後來她先生生病死了。我在台南有很多同學，都知道他們。她全家都是老師，媽媽和妹妹都是老師，對外省人特別好。那個時候她是教美勞科，但她也打球，我認識他們是因為他們來軍中服務，有一段時間有大學生、中學生到軍中服務，她來跟我們打球。我教他們打排球，我是教練，但我這個教練是蒙古教練，就這樣認識。假如不出事，可能我們就結婚了。他們家裡面我很熟很熟，但是我告訴她，我已決心不幹軍人，還沒有進牢以前，我就每

天努力看書準備高考。準備不幹軍人，認為軍人太不是人的生活。

　　我對我當時的職務，第一沒有興趣，隨便幹什麼，我要退也退不下去，同時我當時的情形也不讓我退。整編時我也想辦法讓他把我編掉，不編掉比較不容易，讓他編掉比較容易。調到部隊裡當教官，待遇比較好，還多兩百塊。上尉是七十八塊，教官可以多拿兩百塊，生活比較充裕。我想不要幹軍人，脫掉軍服算了，太苦了，同時還沒有尊嚴，在社會上沒有地位。

(四)美軍在台活動

　　當時每個軍事單位都有美軍顧問。舉例來說，有一個人羅澤潤，貴州人，這個人是孫案裡面，孫將軍的部下中最有錢的一個，我們都是窮光蛋，裡面他最有錢。他是做生意賺的，不是貪污來的。孫將軍部下要是貪污的話，也活不了。

　　他當時是第一補給區司令部的上校，他是補給經理官，原是新一軍的軍需科科長，管財務的。補給區撤消以後，他調到南部的第二軍團，台灣原來的軍團，當副參謀長。副參謀長是管什麼的？管補給、後勤的。白天要從鳳山五塊厝到九曲塘，在那邊檢查部隊的裝備。

　　美軍顧問團有一個中尉。他們美軍在台灣不准開車，這是中美協定中規定的，不准美國人開車，駕駛一定要中國人，怕出事，引起外交糾紛。他就跟羅講：「Colonel 羅，明天上午我搭你的車，好不好？」羅說：「好！」他說：「你最好自己開車，駕駛不要。」當然副參謀長是有駕駛的。

　　結果第二天，由羅澤潤自己開車，從鳳山五塊厝到九曲塘很近，剛經過官校旁邊，他就叫羅澤潤把車子停下來，跟他講起了中國話。羅澤潤非常驚訝，平常都是透過翻譯，雖然羅澤潤英文講得不好，但是還可以講幾句。這個美國人突然講非常標準的中國話。他說：你老實告訴我，現在孫案被捕的人究竟一共有多少？已經抓了一部分人進去了。羅澤潤說：「我也不知道，現在想不起來。」美國人把裝備檢查完後，就分手了。回來以後，下午四點鐘快下班的時候，羅澤潤跑去找這個顧問。發現顧問已經回美國去了。這個顧問已經被調回美國去。很厲害啊！

　　這是羅澤潤告訴我的。種種跡象，我不知道你同不同意，我有一個判斷。美國人始終拉著孫老總，但孫總司令並沒有同意，並沒有下最後的決定，下決心跟他走。絕對是這樣。美國人對孫將軍提了很多方案，一直跟他聯繫，但是種種跡象顯示他絕對沒有下決心。他如果下決心，事情的發展絕對不是這樣。美國人的很多計畫都要孫將軍同意。因為孫不同意，再多的計畫也沒有用。

　　當時有人叫我開車跑到大使館去，我沒有。這是孫總司令的原則，不然絕對會有人跑到大使館去。我開車沒有問題，我親戚那時在館裡做事，要他幫我聯繫也可以啊。孫總司令要看是不是可以整死他。美國人要拉他，他不同意。我的推斷，美國人絕對是有很多很多的計畫。

　　《大成報》前幾年有登說：孫立人有政變的企圖。當時孫總司令還沒有過世，我們大家就在講：不要告訴總司令這件事，免得老人家受到驚嚇。《中時晚報》是再晚幾年才登出來。清華大學楊覺民教授跑去跟他講。我們大家嚇一跳，我們想總司令年紀也大了，經不起這個打擊，大家講好不提這件事。結果孫總司令非常輕鬆的說：「哈！美國人都是一廂情願嘛。」很輕鬆的，一點也不激動。

　　魯斯克❹❺這個人，我個人的判斷，沒有什麼根據，他對孫將軍非常崇拜，他是我們新一軍聯絡官，中校。這個聯絡官常常給總司令罰曬太陽。美國人的原則就是要推翻蔣介石，希望孫來帶（領），這是大家都知道的原則。至於怎麼樣推翻，怎這樣做這個事情，你想知道的就是這個技術性的問題。❹❻

　　最近很多人看了報紙，問我。我說：「你想要聽真的還是假的？假的就是政府公布的那一套，全部是假的。真的嗎？我現在不能完全講。有真的，

---

❹❺　編按：Dean Rusk，曾任美國國務卿。孫立人將軍擔任新三十六師師長及新一軍軍長時，與他同在印緬戰場。當時他是中校。孫擔任總司令時，魯斯克為遠東司司長、副國務卿，與所謂叛亂嫌疑案，有密切關係。

❹❻　「你」指朱浤源研究員。

跟他公布的匪諜完全沒關係。」我想他應該用部隊支援。

我們想得到，美國人恐怕也想得到，我們台灣絕對不能動亂。一下子壓下去就好了，台灣海峽那邊還有一個大敵人－中共，所以美國的腹案，就是希望台灣不要動亂就成功。但美國還是要防止到萬一動亂，要考慮中共的動作。美國必須要防衛台灣，一亂，傘兵就來了。美國可以來，不是不能來，這是中國人的地方嘛。

有機會我再講，講得大家能接受，我也不能亂講，我回去想一想再說。這些話講出來有很大的壓力。他們說：《永思錄》紀念集中，我的那篇文章寫得很好。我寫得很難過。我給我太太看，我太太邊看邊掉淚。他們覺得寫得不錯，但我認為是拼湊出來的，因為心情不好，有壓力，不容我寫。

我昨天接到電話，叫我講話注意。我承受很大壓力，但我個人仍會有顧忌，我並不是顧忌我自己，我是顧忌到陶百川、王雲五他們，他們都講錯了。監察院五人小組陶百川他們都有幫我們的忙。事實上，幫忙的人對我們很失望。他們認為我們戲要這件事。我們從另一個角度來說，對他們造成傷害，所以我有壓力。我想把事情好好交代，他們沒有人贊成我寫，很多壓力。

(五)趙雨公、郭學周、陳世全

我們孫案被關的人裡面，據我所知，有兩個出來以後還當到將軍。一個當副軍長，叫趙雨公，被抓的時候是第九軍少校營長，他，比我階級高。和我在保安處分所關在同一個房間。

另一位是郭學周，他當到警備總部保安處處長、少將副參謀長。保安處多有威權，現在看不出來了。以前權威多大？管全台灣的治安，要抓什麼人就抓什麼人。郭學周家裡都有衛兵。很多人講他臥底。我就跟他們講，但我講話我負責的，我說：「如果郭學周是臥底的，今天案情的發展不是這個樣子。」我說你不相信，它會發展得更亂七八糟了。

郭這個人很安靜，腦筋清晰，也長得很漂亮！郭學周和我是很好的同學，跟陳世全、藍達年，四位是最要好的。當年的事件，郭學周、陳世全參加，藍沒有參與。不過現在郭自己也不大承認參加，畢竟變成國民黨特務系

統的人。他爲人很正派，不要錢。他買的房子還是分期付款。他對朋友、對我很好，什麼都想到我，他們夫婦到香港去休假，還帶襯衣給我。他不是警總那種專門整人的那種人。他和王炳熙、吳恩廷打麻將，他們在特務系統裡一起。他狀況也很好，退伍以後在蔡辰男國泰機構內做事，在樹德營造廠擔任董事長，去年才退休。

陳世全就可憐了，剛剛結婚七天就被抓，欠餐廳婚宴的帳還沒結。他太太是高雄縣大寮鄉人，姓簡。他在結婚前，因爲女方的家裡反對，兩個人就跑出來，住在那拔林，❹住在鄉下同學的家裡面，給他們圓房。那時候外省人常常發生這種事。我每天騎個單車，我不敢開車去看，怕拋錨，給他送個小說、送個報紙，我們都很熟，幾乎跟弟兄一樣。結婚以後才住回黃埔新村。

(六)評沈克勤的《孫立人傳》

沈克勤先生曾任台灣的四川文藝學會理事長。當年他在學校早我幾年。他曾經叫我寫文章，要刊登在四川的報紙上。我不敢寫，不過準備詳細寫，寫個四、五十萬字。

沈克勤的《孫立人傳》我幫忙校對過前面二、三百頁。這本書總共一千兩百頁。他的書我有一個建議，雖然他是我的老大哥，但是好壞還是要說。我昨天晚上一直看，他的文辭方面很平實，但是該強調的時候沒有強調。有兩個地方沒有強調：一點就是郭廷亮判決書上唯一的證據，就是：「有一本紅色小冊子，上面寫著『叛亂』計畫。」書上寫這本紅色小冊子是「電話簿」。他沒有寫出來，但是我看得懂，我知道判決書與這本電話簿的關係，他沒有強調，就是依據這本紅色電話簿上寫的叛亂計畫來栽贓。這本書我還沒有看完。

還有一點就是書中寫孫最後一次見蔣是在四十四年六月，我判斷是校閱以後見面。《中國時報》登得很詳細，我有這篇剪報，報上講得非常精采，非常有骨氣，很有格調。他把這一點寫出來了，但是沒有強調，沒有報上的精采。

---

❹ 「那拔林」在台南縣善化鎮。

拾壹、四十九師連長王霖先生、通信官賴卓先先生訪問紀錄

時　間：民國 87 年 4 月 27 日、97 年 7 月 21 日❽

地　點：台北市萬芳醫院優勝美咖啡廳、中研院近史所朱研
究員研究室及人文館聯合圖書館

受訪者：王霖、賴卓先

主　訪：朱浤源

紀　錄：江佩穎、朱麗蓉

朱浤源（以下簡稱「朱」）：通常歷史學者在作歷史的研究，相信的就是官
方的檔案。今天（民國 87 年）我們有一套將近十卷的總統府極機密
檔，❾ 根據過去十年我的了解，以及與各位的接觸，在看過極機密檔
後，發現出入太大，所以使得我們對於官方檔案是不是百分之百的相
信，產生很大的疑問。

　　我就以這樣的題目寫了一篇文章：〈官方檔案與歷史真相〉。❺ 在
研討會時，原請政大歷史所所長胡春惠教授評論這篇文章。胡教授是幼
年兵，所以特別請他來批評指教。他指出這個問題很嚴重：「我們歷史
學者以往都是很相信檔案的，朱教授這篇文章把檔案否定掉了，以後我
們歷史學界有危機。」這是就官方檔案、個人回憶以及歷史真相中間，

---

❽ 朱浤源單獨訪問王霖先生，並當場做成補充紀錄，時間是 97 年 7 月 21 日上午九時至下
午一時。後經朱浤源出示國防部軍法司新見當年郭廷亮供詞原檔，王乃於下午二時開
始，重新補強。

❾ 當時透過監察院國防委員會的函知國防部，才有機會看到原檔。

❺ 本文早已於民國 87 年出版。詳見：朱浤源，〈官方檔案與歷史真相——孫立人叛亂檔研
析〉，《中華民國史專題第四屆討論會——民國以來的史料與史學》，台北：國史館，民
國 87 年 12 月，頁 1959-1995。

所產生的問題。今天想請教大家，對叛亂檔內容眞實性的研判。它有問題已經是事實了。到底眞多少假多少？是不是全假？還是一部分假？這個問題太複雜了。

今天可以從幾方面具體的來探討。聽說孫立人將軍可能因爲後來，就像剛剛王霖先生在車上提到的一樣，就是他千辛萬苦（在民國三十八年）把作戰被俘的李鴻中將、陳鳴人少將、彭克立上校幾個人從大陸營救出來，竟然沒幾個月（三十九年中），他們就被抓到牢裡關起來了。這對孫將軍而言，必然是非常不能交代的事情。救他們反而害他們，孫將軍當年必然非常過意不去。❺ 所以王先生您提到孫將軍後來脾氣變了，有時公開的就批評了，這是很重要的關鍵。

沈克勤先生是孫將軍的參謀，他幫孫立人將軍記日記。我那裡有三本孫將軍的日記。沈克勤說：那三本都是他幫孫總司令寫的，從這三本日記，可以發現孫立人將軍在那段時間裡，和美國人的來往的確很密切。所以部下之中，一方面有李鴻、陳鳴人等，又有黃珏、周芝雨等人受難。❺ 這事件整個加起來，使他心理糾葛實在太大了。而且他不出面還好，一出面等於是更糟糕。在這個狀況之下，他要怎麼辦？

檔案中提到他有兩次苦諫，第三次要發動而沒發動成。❺ 一般的研判對這三次苦諫，到底是眞是假講法很多種。如果連這些苦諫都是假的話，那整個檔案就全部作廢了。會這樣嗎？如果是，那麼我們以後都不必看檔案了。因爲檔案假得太過分，幾乎全部是假的。如果一部分眞的話，眞的部分又在哪？我在文章中引用的是極機密檔的說法。但我個人是認爲有這種可能，他發發牢騷，去那邊看一看，後來又打消主意。譬如說陳良壎、王善從兩個人到陽明山上看一看以後，陳良壎還講：「後

---

❺ 當時已經擔任陸軍總司令。
❺ 這 4 人均於民國 39 年，孫擔任總司令時被捕入獄。
❺ 這 3 次的發動，如果不是政工單位羅織逼供的，則時間上應係民國 43 年至 44 年。當時孫已卸總司令職，成為沒有兵權的總統府參軍長。

來我們兩個人一起到北投洗澡，還叫小姐。」❺ 檔案裡面都有的，所以不可能連洗澡、叫小姐都是假的，這個一定是眞，否則他一定不會講的。❺

賴卓先（以下簡稱「賴」）：陳良壎才會講這種話，我判斷這絕對是陳良壎講的，絕對不是資料。

朱：是眞是假的問題，賴先生的看法是認爲不可能？

賴：絕無可能，因爲陳良壎的生活非常靡爛。他是我的難友，我不能隨便批評他，但就事實來講，王霖在旁邊，我也不能亂批評，還有證人。他的私生活很浮濫。孫將軍這個人生活是很嚴肅的，他身爲一個長官，絕不可能叫小姐。

朱：是陳良壎帶王善從，他們兩位去洗（溫泉）澡、叫小姐的。陳良壎與王善從兩個人去勘查地形的，孫將軍沒去。

賴：陽明山官邸，孫將軍熟得很。我想不需要偵查，熟的程度等於我們天天上班的地方一樣，何必偵查。第二、王雲五九人小組就講了，叫王善從帶幾十個兵去攻擊陽明山官邸。陽明山有多大的火力保護著官邸，陽明山這個地方經常都有特種部隊，一個團有好幾支部隊。

　　說孫將軍帶幾十個人，去攻擊，根本不可能。他們就是製造這個假的東西套到孫將軍頭上，製造的這些假的東西，實在不合情理而且非常幼稚。

朱：這個沒有做，只是他們兩個有上山去。也許和孫將軍談了一些話，王善從聽了之後，我們曉得王善從這個人是非常容易激動的。也許他在孫將軍那裡聽到了些什麼，就拍胸脯說要上去看看。上去之後，兩人又去玩了。事實上，孫將軍後來也沒有說要做，這可能有的。

---

❺ 據：總統府極密檔案。

❺ 編按：朱浤源在民國 89 年得到國防部唐飛上將許可，在中央廣播電台聽過當年的盤式錄音帶，與文字紀錄相符。

王霖（以下簡稱「王」）**㊟**：這個裡面我也一直懷疑，怎麼可能這樣做，究竟採取怎麼樣的手段把他包圍住呢？我同意賴卓先你的看法。

朱：這可能是王善從他一個人的說法。

賴：我們不要談國家大事好了，我們來打個比喻好了。我們今天就算是佔領這間店，我們把老闆押起來，把店搶劫了，誰來善後？「善後」了沒有啊？假如有善後的步驟，就是證據了，證明前面是真的。

王：最重要的是他到山上去，是帶那些人一起去的？

朱：我的意思是，這是王善從很意氣用事地隨便講了，然後他就跟陳良壎上山去了。

王：如果真有這回事，究竟他要帶那一個部隊去？什麼樣的部隊？部隊要多少的力量才能夠包圍（官邸）的了？這是沒有軍事常識的人製造的供詞。

朱：這個我了解。以孫將軍的智慧與經驗，**㊟**一算就知道這個（兵諫）不可能成功。從孫將軍的立場，他不可能答應的，所以這恐怕是王善從個人

㊟ 王先生，民國 11 年生於湖北省蘄春縣。外祖父在漢口江漢關英國福音堂受過教育，後來赴英留學，返國後即在福音堂擔任牧師。王就在該縣的教會學校啟明中學讀書，讀了一年半，由於日軍攻入，沒能畢業。逃到鄉下，住了 3、4 年。民國 33 年響應十萬青年十萬軍，從軍後，入二〇四師砲兵營，被派往緬甸，改入新三十八師學生營。勝利後調軍部，在廣州受訓。民國 44 年因孫案入獄，服刑 3 年。出獄之後，先做清潔工，認識胡適院長，為中研院若干所服務。後於 54 年結婚。目前膝下二男二女，4 個孫子。（以上是王先生在民國 97.7.21 敘述的。）

　　民國 47 年出獄以後，在外面打雜，拉三輪車，後來約在 51、52 年間從事清潔工作。到處發小廣告，被胡先生看到，就找我到台大溫州街他的宿舍打掃。後來中央研究院成立於南港，他任院長，又找我去幫忙。在他的院長辦公室裏面個人的書桌上，看到以下的一首詩：「很久未見到她，就自信把她忘了。今日又見到她，久冷的心又瘋狂了。」

　　由於看了許多遍（每個月去做清潔時，都看到），一直做到他去世，（出殯時似在中研院出發，我也有去。）所以我背得很熟。

　　　　　　　　　　　　　　　　　　　　　　　　　　　　——朱浤源誌 97.7.31

㊟ 孫立人擅長迂迴、截路兩種突擊戰法，使日軍在意料之外，因倉卒應戰而大敗。

的想法。

王：裡面有一種情況就是有經過「整理（王善從被修理）」，刑求以後，要順從刑求者的意思講，才有所謂「爲了改革」的問題。

朱：改革可能原來是王善從講的，但在口供時，就變成是孫將軍同意的。

王：以後我們問過他，他也談過，爲什麼改了，有什麼辦法能夠保留？他說：「王霖啊，你曉得我在裡面住的房子是多大的房子？是很小的房子，搥牆壁的時候，牆壁是軟的，床也是軟的。抓進去一天，眼睛就看不見，耳朵就變聾了。」

朱：所以他就屈服了。

王：他出來以後，我們大家都看不起他。他下跪啊！我們再怎麼樣也不會下跪啊！

朱：這個人平時凶是很凶，骨氣倒是沒有。

王：談不上骨氣，就說是眞有這回事，也用不著下跪，反正一個死嘛！但是他那邊只要你承認有事情的話，他不追究。但是我們再怎麼傻的話，究竟他有多大的力量？叫什麼人去包圍？孫將軍交給他什麼人去包圍？帶到什麼地方去包圍？

賴：因爲剛才朱博士提到，王善從自己講，講了以後，偵訊的時候又丟給孫將軍。這是逃避刑責，推成奉命去做的，即使有罪也比較輕一點。

王：免得受苦。

朱：第二次是在高雄西子灣的官邸。因爲那時後孫立人將軍是參軍長，所以有時候陪老總統過去那裡，或許王善從他們有時候到南部去，孫將軍就說：「我帶你們去走走」，也去走了一遭。等到刑求的時候，就翻供，變成孫將軍帶他們去。原來是他們自己想要去，想認識一些人，在那裡打打籃球啊！表示我王善從跟特權很接近，應該是這樣子吧。

王：眞的講起來的話，王善從不是孫將軍的親信。他跟孫將軍的個性差別很大，在台灣才認識，孫將軍眞正相信的，是在緬甸、東北，與他出生入死的人。他怎麼可能相信王善從到那個程度，我不敢相信。

賴：這還不是真正的理由，主要的理由是王善從的品德並不是很好。這不是我講啦，實際上調查下來是這樣子。因為一個長官再好再壞，也要好品德的人，因為品德好的人，信用比較可靠。

朱：如果從這個角度來講的話，在刑求的時候，王善從的講話方式，特別是他的自白書中的味道就轉換過來，主跟從就換過來了。

賴：他不轉不行嘛！他不轉過來他成了主謀，今天他轉到孫將軍頭上，他變成了被動的。

王：裡面恐怕也有計謀。因為依我被刑求的經驗，問話的人也說：「你們不要傷腦筋，再怎麼樣天塌下來還有一個人頂著，你們不要當英雄。」他就是這樣勸：「你們不要當英雄，有一個高人頂著嘛。」

朱：等於是暗示你們把問題推到上面去。

王：「你們不要當英雄，有一個高人頂著嘛，你們不要受罪。」

朱：他的意思是，一方面暗示推到上面去，二方面是要你們盡量講，沒有關係。

王：他們都是這樣講說：「你們算老幾啊！還要你們怎麼樣。」

朱：對，他們負責人都這樣說。

賴：不只是暗示，根本是「有感而發」。就是我希望取得你的口供，這是暗示。所謂有感而發，是他有很大的感觸說出來的話。為什麼呢？我現在不容易解釋，祇能夠舉例。檢察官趙公戩偵訊我的時候，已到軍事檢察官偵訊最後階段，他問我：「承不承認偵查關廟地形？」我說：「我不承認。」他旁邊擺一個電話機。他當然不會打人，他非常生氣。我又不是偵查地形我怎麼能承認呢？如果我有做，我就承認了。他就講了：「你算什麼東西，（不論）你偵不偵查，你承不承認，真要判你就判你，不判你就不判你。」我說：「那檢察官，你就不要問了，你把它寫好了，反正我死路一條，我就蓋個指紋在上面。」他說：「我不是這個意思，我告訴你，今天我的起訴書，（已經）都被全部改了，你算什麼東西啊。起訴書都不是我寫的，我都不能做主了。」

朱：趙公畖自己講，「我的起訴書不是我趙公畖寫的。」那是誰寫的？

賴：總政治部第四處寫的。趙公畖說：「何況你只是個小小的上尉，關在這裡的犯人，你還承不承認！」所以說有感啊！這就是他的感觸所講出來的話。

朱：第四處不曉得是誰辦的？

賴：那個時候是李志儉，他是處長。民國四十五年宋公言已經調走。

朱：所以宋公言跟這個案子無關？

賴：也不是無關，他升官了嘛。李志儉接宋公言的，所以判決書上有李志儉的名字。

王：又是軍法官，事實上是被操控的。

賴：所以我說有感而發，他不是不自由，誘惑你的口供。是有感而發，就是說：算了吧！你何必為爭那一點點而吃虧、受痛苦呢？你受了痛苦也沒有用，到最後結論是一樣的。

王：辦這個案子真正（發動機關）就是政治部，其他單位都是配合。

朱：政治部當時的主任是張彝鼎。

王：那個沒有用的，那個張彝鼎只是個耳朵。真正的是宋公言在裡面主持，他直接奉蔣經國的命令。最重要有幾個人，（另外）一個是阮成章。在南部，主要是阮成章，從三十八到三十九年的時候，到八十軍當政治部主任的時候，他就負這個責任。當時宋公言是海軍總司令部的情報處處長。

朱：難怪都找你們去「海軍招待所」。

王：對，「海軍招待所」是日本人建立的。㊿他接收下來。為什麼蔣經國要調他到八十軍當政治部主任？這是一著棋，因為我們知道阮成章。在毛（人鳳擔任保密局，後來改為國防部軍事情報局）局長的那一段期間，

㊿ 編按：朱浤源與楊晨光在民國 95 年合寫，出版〈日本在台軍事設施與孫立人練兵：以鳳山為例〉，研究這個海軍招待所的文章。文見：顧超光主編，《日本在台灣的軍事建築部署與設計》，台南：文化資產保存研究中心籌備處，民 95.12，頁 2-1~23。

就是他主持的，他的政治部來執行。所以在高雄在南部捕捉我們這些人的時候，最初是各部隊中的政治部的單位，把我們送到海軍招待所。名義上叫招待所，其實就是牢獄，然後交由阮成章來主持。

那裡審判我們的人，都是海軍政治部，事實上叫海軍情報處。在南部單位講起來的話，因為那些人都是聽阮成章的指揮。阮成章是八十軍政治部主任，在審判過程當中是中繼站。在逮捕之後轉到情報局。為什麼呢？因為情報局只是個架子。首先，毛人鳳根本就不過問，總統自己要他負這個責任，感覺都有問題。因為外面的報紙已經攻擊說：為什麼政治部自己搞這個？！由於受到輿論壓力，才趕緊交給調查局，那時候叫保密局。就交給保密局了，名義上好聽一點。名義上是交給他，但是實際上他毛人鳳並沒有負責，他只負責郭廷亮是匪諜這個案子。其他還是原班人馬，就是總政治部宋公言承辦的。

總政治部的身分是隨時在換的，一時是政治部主任，一時又是情報人員。過一時期他就調。你看他們好多人，都是調來調去。李志儉他沒有資格當審判官，但他當了。

賴：他在裡面，判決書上大概還有他的名字。

王：職務上他是政治部的人，怎麼可以當審判官！所以這個裡面始終就是在政治部。政治部是那一個人指導的呢？張彝鼎這些人都不管用，還是受經國先生的命令。所以這個案子整個來講的話，是經國先生在領導，不是別人。

朱：他當時是國家安全會議副秘書長。

王：副秘書長只是一個名銜，事實上他管轄的階層更高。秘書長黃少谷不管事，他只是耳朵。他一直都是追隨蔣經國的，他這個人很會做官，政治眼光很高。整個案子的指導都是蔣經國，彭孟緝、陳大慶等人都是假的，都沒有用的。

賴：朱博士，您這篇文章的結論，我和王霖都一樣的看法，寫得很客觀。㊾

王：很自然，要不然很難交代。你不能主觀的說這個是假的，只有把兩方面的說法通通寫出來。

賴：我不是給您帶高帽子，客觀對歷史的真相很有利，不是說對案情有利。我舉一個例，孫案唯一的證據，我再三強調是紅色小冊子。始終紅色小冊子沒有公佈。㊿ 我們人情之常來講，不要講法律或其他方面，今天為什麼政府想盡辦法公佈資料，紅色小冊裡面寫的叛亂計畫不公佈出來，違反常情。我希望有一天要求政府把孫案的紅色小冊子拿出來公佈，公佈的時候，我希望第一、中外記者在場，第二、請他的家屬把他原有筆跡的東西帶來翻開看。因為國民黨專門會做假，他們做假是常態。

朱：不是，當年政府在作業上可能有一些假公濟私的地方。

賴：這是經常都有的事。紅色小冊子是唯一的證據不拿出來，那案子還看什麼？

朱：我在文章中也提到，紅色小冊子如果真是證據的話，為什麼不拿出來？

賴：對，是真的，為什麼不拿出來？裡面還有毛病。

王：還有一個，（被關）在裡面的時候，從來沒有當面對質。

朱：在當時都沒有用這些合法的程序。當時是「戡亂」時期，都權宜處理。

賴：我還有一個笑話，整個案情在情理上來講，還是很反常的。這當然不是我一個人看到的，有證據的：在軍事法庭公開偵訊、審訊的時候，趙公戤是檢察官。檢察官一般和被告都是對立的，可是檢察官還為我們講好話，從輕發落。檢察官在法庭上竟然為我們講好話。不只我一個人聽到的，所以我認為趙公戤這個人還是有良知。講起來這也是很滑稽的事情，因為情理上講不太通；既然起訴的法條沒有錯誤，他為什麼幫我們

㊾ 編按：指〈再論孫立人與郭廷亮「匪諜」案〉（《戒嚴時期政治案件之法律與歷史探討》，財團法人補償基金會，民 90 年 5 月 20 日，26 頁。）一文。

㊿ 編按：紅色小冊子已移送檔案管理局，並數位化，可供來訪讀者查閱。經許可後，也可以影印。

求情呢？

朱：今天想請教大家的，當然一方面我們是分析案情，了解當年政府怎麼處理。更重要的是當年大家聚在一起時，究竟做了些什麼？我一直認爲：「錢」（台語，指銅板）沒有兩個不會響。一定有講一些對政府不滿的話，或者做了一些什麼事，被（偵知之後）擴大解釋了。這些大家也應該提一下。因爲我們要持平，孫立人將軍的部屬很多，牽涉到案子裡面的還是一小部分，像在座兩位就是。兩位會涉案，一定是有與其他沒涉案的孫將軍的部屬不一樣的地方，否則爲什麼要找（抓）你們。這是我一直想要問的問題。

賴：很多人問這個問題。

王：當時在我們團裡面，只有我一個人和郭廷亮接觸過。郭廷亮找過我兩次。他怎麼找我呢？因爲我們兩個在東北的時候，曾經在一起，也時常見面。最後共產黨佔領東北以後，我們離開東北。一齊到達天津時，他打個電報給孫老總，說新一軍應該被重用。孫老總回電，叫他設立一個收容所在天津。在台灣方面，則由陸訓部這邊，配一個軍官到收容所，由郭廷亮指揮，協助收容新一軍官兵們，從天津轉上海，到台灣。他叫做什麼名字，我現在記不起來了。

朱：就是你們兩位在天津的時候在一起。

王：到了台灣以後，就沒有再見面了。

王：後來我們知道孫立人沒有升任參謀總長，反而貶爲參軍長的事，一個足以中興國家的人，怎麼會變成那個樣子！？這是一個。我聽了很氣。所以當時究竟我們應該怎麼辦？看那個情況，跟討論所講的話，讓我們根本不可能再有希望。怎麼沒有希望呢？那個情況好像上面是對孫立人非常不利，那時四十三年已經調參軍長了，恐怕以後不可能有東山再起的時候。所以郭廷亮就跟我們比較好的同學、朋友聯繫，但是他當時也僅僅談過這些話而已。這是他第一次找我。是在虎頭埤湖邊，有一個專門賣豬腳的店。旁邊也有賣狗肉的，但是我不吃狗肉。第一次見面，他與

我兩個人，由於我自小看了許多史書，例如《漢書》、《資治通鑑》等，文學較佳，因此他找我寫陳情書，我問他：「怎麼樣個陳情法呢？」他說：「向總統陳情。每年總統總是要出巡一次，在出巡、閱兵的時候，藉機我們向他陳情。就向他要求政治要中立，政工部門不應該這個樣子，甚至不要干涉部隊裡面的事。」我說：「這個可以啊。」我們兩個談天嘛。當時只邊吃邊談，吃完他就走了。

　　第二次我記不得時間了。第二次他來找我，就是談到陳情的問題。他問我：「同學會不會同意陳情呢？」「參加的人少不行耶。人少沒有力量，人多才有力量。」他就講那個意思。「寫一個陳情書，大家簽名，再找個人遞給他。」郭廷亮這個人講話很直率、很天真、很不在乎的樣子。他只說：簽了字，交給他去辦就是了。我有些遲疑。郭說：「那有什麼關係，我又不是要造反，遞一個陳情書有什麼關係。」我說：「可以啊，我贊成。」郭又說：「簽名的時候，看要那些人，要自己信得過的朋友，不能對外亂講哦。」我說：「可以，我可以問看看。」然後他說：「我們把陳情書再修訂，寫好以後，再來簽名。」

　　討論之後，陳情書就由我起草。我寫了之後，他第二次看過，改了一部分，就拿給我，要我再整理。以後就沒有下文。相差不了多久，就被捕了。後來偵訊，做口供的時候，我有講陳情書的事，但是偵訊的人不列入紀錄。他們（通常二人訊問，一人做筆錄）似乎只要他們所要的部分，其餘部分就不記載。

朱：是在什麼場合跟您談？否則的話您不會被捕。如果只是跟您一個人談的話，怎麼會被捕？

王：第二次也在虎頭埤湖邊的豬腳麵店裡。

朱：店裡頭可能有人聽到。

王：那天店裡只有我們兩個人，旁邊還有老闆。我們兩個講話很少，所以我就講可以。講了以後他回去，我也回來了。以後我和我團裡面幾個好朋友，也談過這個問題。可能他來找我的時候，被他們知道。

朱：您那時候是在那個部門？

王：那時候我是四十九師一四五團的訓練官。

朱：就是在虎頭埤裡的一個團。

王：就是四十九師。虎頭埤裡另外還有兩個團，我是一四五團，還有一四六團、一四七團。一四七團就在我們對面。

賴：我也在虎頭埤。

朱：賴先生，您那時候在工兵營，工兵營是屬於那個團？

賴：不屬於團，是屬於司令部的，直屬於司令部。

朱：那李仲英呢？

賴：李仲英是司令部的通訊組組長。

朱：那田雨呢？

賴：田雨在一四七團，營的訓練官。

朱：郭學周呢？

賴：四十九師一四六團人事官。

朱：楊永年？

賴：師搜索連副連長。

朱：所以可能各位即使說要有動作，實際上也不可能。從師的立場來，我有一個粗淺的想法，因爲當時的政工人員已經密佈在各個部隊，（你們）毫無可能動到一個師。

王：動一個連也動不了。

朱：當時的政工人員恐怕已經佈置到排了，排裡面都有，班裡面不曉得有沒有？

賴：三個人裡面就有一個政治戰士。

王：班裡面有個政治戰士，政治戰士由連裡面的政工幹事直接掌握。

朱：我的看法就是孫立人將軍不可能這樣來動。不過我聽說，郭廷亮在和大家聯繫的時候，也是很秘密的在聯繫，這可能讓政工單位更懷疑，可能問題出在這裡。

王：對，有的人知道郭廷亮在跑來跑去。他這個人熱心幫助人，在東北的時候，有的人沒有錢用，他還有一點錢，他就給人家買東西吃。那個時候有什麼利害啊，沒有利害關係嘛，都是一份情。

朱：孫立人將軍也給了他滿多錢，還有其他幾位。請問賴先生，當時的上尉一個月多少錢？

賴：78塊。中尉66塊。

朱：可是孫立人給郭廷亮的錢有七千塊，不得了啊。70塊的話，七千塊是一百倍。

賴：他這個錢總數不是很大的，因為孫將軍那個時候擔任總司令，還有特支費。據我所知，郭廷亮去那裡跟孫將軍報告有誰生病的，我們團裡幾千人，幾乎上萬人，經常會有生活困難、經濟上非常困難的時候，孫將軍這個人聽不得人家訴苦，聽到之後，連家裡買菜的錢也會給別人。

朱：這個了解了，但問題是給這幾位這麼多，是他們獲罪的原因之一。像我一算，上尉一個月七十幾塊，給七千多塊，哪有給那麼多的？那這個裡面應該會有問題吧！一般人都會這麼想。像田祥鴻、王善從、劉凱英都說拿到錢，這個會是假的嗎？應該不會吧，這個部分機密檔應該不是假的。

賴：郭廷亮拿的錢剛剛已經算清楚了，就是一百塊、兩百塊分散給需要的人，這個不是一次，也不在一個時間之內。

朱：郭做了這件，那王善從會做這件事嗎？

賴：不是，這我來解釋，當然我不是有絕對的把握，但我有百分之九十。王善從拿了錢要準備逃跑了，他就是逃亡的時候拿的。這個與郭廷亮拿的時機不同。

朱：孫將軍就犯忌了。

賴：劉凱英也是這個時候拿的，前面也許給他五十、一百塊是有的。

朱：劉凱英的一部分是給王承德做生意用的。

賴：那個時候是（王善從）準備逃亡的時候用的，所以與郭廷亮的情況不

同。並不是每個人要，孫將軍就給那麼多錢，他也沒有那麼多錢給。

朱：所以這個部分孫將軍自己也沒辦法解釋，要逃亡還給他錢。

賴：王善從也準備要逃的時候，我記得王善從自己跟我講的，發生事情的時候，孫將軍跟他講：「我家裡還有幾千塊，你拿去吧！」家裡就再也沒有錢了。

朱：王善從自己去要錢？

賴：不是王善從要錢，是孫將軍問他：「你身上還有沒有錢？」他說：「沒有。」孫將軍就跟他講：「我家裡還有幾千塊你拿去吧！」所以錢的事情不要光看統計數字，時機不同。他們跟郭廷亮不同，郭廷亮拿了七千塊也好，或甚至七萬塊，這是十幾年的時間之中拿的。他們拿的是準備逃亡的，性質不同，時機也不同。這個您要了解，這個很重要。

　　為什麼我曉得這件事情呢？因為這個錢他還在身上沒有花，就被抓起來了，被帶到保安司令部。有一位同學和我同房，是哪一位我不知道，就說：「有哪一位生病或是有困難，王善從帶來那些錢，為什麼不拿來給他用。」這時候我才曉得他的錢並沒有花，還擺在保安處裡，因為進去以後都把錢收掉了。聽說郭廷亮的太太要出去，沒有錢。為什麼不拿給郭廷亮的太太當生活費？！是這樣子。

朱：那是後來的。

賴：所以他們拿這個錢，表面看孫將軍支援這些人，每個部下給一些錢，孫將軍成了提供很多錢的人。實際上情況不同。王善從、劉凱英都是逃亡的時候拿的錢，田祥鴻可能也是。田祥鴻拿到錢，他來找我，沒找到我，他就自殺了，結果沒有死。他跑到關子嶺自殺，刑警從台南就一直跟著他，跟他到關子嶺。那個時候還不是尼龍繩子，還是綁東西的繩子。他剛把繩子在樹上結好，刑警就過來拍拍他，說「老兄啊，你不要死。跟我一起走。」

朱：還是有一些不清楚的地方，郭廷亮和孫將軍聯絡，還有同學之間大家彼此聯絡，我聽說都用一些暗號密語。這個也會引起懷疑。

王：我倒不知道用暗號的事，這是製造的假口供。

賴：跟同學講可能沒有暗號，同時郭廷亮跟每個同學的聯絡……這個裡面我們找到個癥結，剛才朱博士問到王霖，那麼我們就要研究了：上面講郭廷亮是匪諜，好像孫將軍腦筋不清楚，竟會找一個匪諜來聯絡。幾千個人不找，竟找一個匪諜。其實不是。聯絡絕對有的，這個我敢講。現在有錄音，我證明是有的。為什麼找郭廷亮，不找胡英傑、甚至于士儀呢？因為郭廷亮才有時間，郭廷亮當教官才有時間，他除了上課以外，都有時間，天天可以自由活動。胡英傑在部隊裡面一天到晚在緊張，怎麼能找他呢？

朱：胡英傑那時候已經職位很高了。

王：副軍長。

賴：只有找有時間的人來做這件事情，這是第一。第二、還要有親和力的人，人緣比較好的人來聯繫，郭廷亮剛好符合這個條件。他為什麼不找部隊裡當師長、連長、副連長的人聯絡？因為連長每天自己本身的事情都做不完了，怎麼去聯絡。主要是郭廷亮具備這兩個條件，所以他就聯絡，要是找其他人沒有這個時間。

朱：我想找郭廷亮幫忙聯絡，這裡面就牽涉到一個可能性，目前還沒有解答的。就是美國人的問題。在台灣的部隊目前我還在研究，可能進一步還可以看國防部的檔案。

賴：對，可以看國防部外事處的檔案。

朱：就是可以看出美軍在台灣有哪些部隊，而這一些部隊跟孫將軍個人比較好的，或許一個小部隊，他運用這個小部隊就可以來從事若干「建議」行動。因為大家陳情之後，陳情書總要送給老蔣。要想辦法送給老蔣，可能孫立人要做這件事情，這就是所謂苦諫的地方。苦諫首先就是要什麼機會給他？找什麼機會呢？因為以一般的方式給蔣，蔣不想聽他的，所以可能是要採取一個比較激烈的行動。可能還是有的。

賴：可能有的，但是並沒有具體的行動計畫。我可以這樣講，據我的判斷，

可能有，但沒有具體的行動計畫。具體就是決心的問題。孫將軍對政府，絕對是不滿的，我們這些下級幹部對政府也不滿。

朱：孫將軍他要建議的都是為國家的？

賴：完全是為國家的，不是為個人升官發財的。

朱：意見很好，但當時不可行。當時蔣不給他做，不過他希望做。軍隊國家化、提高待遇這些都是為國家。不過他可能要採取一個行動，現在是他怎麼做的問題。

賴：他的行動問題──我們來判斷，就是他的不滿，所引起的就是行動。分成兩部分來講，孫將軍雖然個性很強烈，但非常理智。而且非常有感情的人，重情義，情義非常濃厚。

朱：我個人也是這樣認為。

賴：我個人的看法，孫將軍就是情義兩個字太濃厚害了他，但就蔣家來講，救了蔣家。

朱：可以這樣講，因為他組織這些人、安慰這些人、給錢，這對他來講都是很不利的，都超過一個正常的將軍對部署應該做的。因為太多的關懷了，所以引起很多人的懷疑：為什麼你要這樣子？因為自己又花時間、又花錢，為什麼？從一般人來想，這裡面有問題，孫將軍這個地方就是沒有顧慮到。

　　現在的想法就是美軍怎麼辦的問題，因為我聽說美軍有一些空降部隊，空降部隊如果能配合的好的話，只要一個小的空降部隊就能完成行動。譬如說，蔣如果從屏東到高雄要回台北的話，坐車他一定要走省公路。因為當時沒有國道中山高速公路，有省公路就不錯了。省公路如果能夠算好時間的話，從空中降下來攔截他。空中攔截的話，需要的部隊就很小了。

王：總統他都是坐飛機到南部去的。

朱：他有時候坐飛機，有時候坐車。坐車的話就可以辦了。

賴：不可能這樣做。

王：我知道的很少，他（賴卓先）知道的比較多。

賴：今天我講一句話，這個案子關鍵就是，我認為…（錄音聽不清楚）…，
　　我想王霖會同意我說的話。一般都將孫將軍列為親美派，認為他和美國
　　人好像拉上一點關係。但我有一個結論、一個看法：首先，從孫將軍，
　　我看到那種對美國人示威的態度，以及在台灣真正的經過。他對美國人
　　不會信任的。另外一個角度，他看不起美國人。

朱：這是一般而言，他對美軍，都不是很看得起。但是現在有陳情書的問題
　　要解決。

賴：陳情書是（我們這幾個年青軍官在一起時）講一講而已，不可能。假定
　　說是要陳情，我是不知道要陳情，如果在校閱場裡面，要陳情絕無可
　　能。

朱：在校閱場是不行的，我的看法是譬如說老蔣到南部去現在要回台北，在
　　回家的路上，如果能夠算到那個時間的話，因為孫立人也陪著他嘛，如
　　果剛好部隊把他攔截下來，孫立人也在場，就很容易解決這個問題。

賴：不可能。

朱：省公路上也沒有幾個衛兵，所以如果能夠以一個小部隊，甚至祇一排三
　　十個人，就能制服省公路上隨車前進的官兵。

王：不可能。蔣的行動你要注意到，就是說以前蔣經國他本人出巡，經常使
　　用很多計程車，他那個時候一定有很多護衛才對。

朱：這個是事後的判斷，我們現在講的是證據，可能就是因為這個事件以後
　　才有計程車的也說不一定。

王：他那個時候一定用了其他的車輛，不會他自己一個人一部車。

朱：因為孫立人坐在一起，所以如果有部隊來攔截就很容易配合。

王：不可能。

朱：在中南部，特別是南部，尤其嘉南平原又很平坦。

賴：就算我們可以攔截好了，在當時的情況，這種恐怖的樣子，沒有任何一
　　個連長、排長會敢出來攔截總統車子來陳情。

朱：如果是美國人的部隊？

賴：美軍部隊攔截下來有什麼用呢？

王：美軍當時在台灣還沒有分散。他不能夠分散，他不敢分散。美軍將領要
　　出去的話，他一定集中，不敢分散。

朱：他不是集中在新竹嗎？

王：我不曉得，我以後才知道他們在台灣有空軍，也都集中在台中清泉崗。

朱：當時有十三航空隊。

賴：不是十三航空隊，是美軍三二七師，師部駐在台北公館。美軍三二七師
　　是屬於空運方面的。這個我很熟，絕對正確的，總部在公館，大隊在林
　　口，空降部隊那段時間也在台北縣林口。三二七師已經協防台灣，他們
　　的任務是保護台灣、提供軍援。

朱：所以說如果有一、兩個小空降部隊，就能夠處理這個問題，譬如說到南
　　部空降，剛好蔣車隊在哪裡。

賴：沒有可能。這個是支持政變，世界有名的，沒有人願意，直接干預的很
　　少，祇出了一個伊拉克。

王：假如在路上，或任何一個地點，他把蔣攔下來，就算把蔣殺死掉，以後
　　要怎麼收場？

朱：孫立人將軍不是想把蔣取代，而是可以說有一點幼稚，他就是要軍隊國
　　家化、要政工不要管事、要提高陸軍的待遇，就是要講這些而已。

王：他如果說真正用美軍的話，美軍很難控制的。在那個時候不要用槍。

朱：有沒有可能：只要把他制服了之後，帶他來向國內外做一個宣告？

王：用一個小部隊？他自己也有護衛的。萬一兩邊打起來，難免總統要受
　　傷。如果受傷的話，蔣的部隊那麼多……

朱：突然來的話，要防備的話，比較不容易……

王：對，小部隊可以達到這個目的。但是，達成這個目的的結果，要怎麼樣
　　發展下去呢？

朱：就是要蔣做局部的改革，而不是要政變。

王：不可能，因爲蔣還有其他部隊，看到這種情形不會來幫助嗎？

朱：蔣答應後，就讓部隊回去了吧？！

王：（不答腔）

朱：蔣不會有危險，他孫立人是不是只希望蔣改變，不是要把蔣作生命或人身的監禁？

王：有一件事情中研院是否可以想辦法求證一下。我是不知道。就是在孫先生沒死之前，有一件事情，潘德輝就曾和孫先生談過，問他是不是想眞的行動？他回答說：「我眞的這樣想的話，美軍在台灣南部火力示範演習的時候，我和總統兩個人上船參觀，其他人都不准參觀。這是最好的時機，如果我要行動的話。」這是潘德輝在孫將軍過了九十歲生日之後，有一天兩人都在台中的時候，告訴我的。

賴：不是火力，是潛艇演習。

王：祇有兩個人，在那個情況之下，孫要有壞心，誰能阻止得了孫。這個比您剛剛說的方法還安全。

賴：而且很自然。我現在再講一次，我們孫老總如果聽美國人的話，聽美國人的指使，今天台灣的局面不同。我舉一個例子，孫將軍接近幽禁的時候，我們看到《大成報》上登有孫立人有意圖、想政變，這是第一次這樣登，我們大家說好不能告訴總司令。他年紀大了，講了怕他激動。楊覺明教授並不知道我們這樣約定，結果他把報紙拿給孫將軍看。孫將軍看了以後冷笑了一聲：「他們都是一廂情願的嘛。」假定那是眞的話，他的表情就不是這個樣子。他絕對沒有聽美國人的指使。他跟美國人很好的朋友，但美國人也罵他，他跟美國人很好也是不錯的啦，但不能因爲如此就說他要推翻政府。

朱：現在就是陳情書的問題，因爲孫立人將軍和蔣總統去看潛艇的時候，可能還不是陳情書寫好的時候，可能早個兩三年，他當然不會想動手，現在是到了最後的關頭。

王：陳情書的事，發生在四十四年四、五月間。第一次我問郭廷亮，你究竟

想幹什麼呢？他說我們準備向總統陳情。陳情書究竟找誰寫，都還沒找到人。第二次在五月中旬到二十幾號。我只與郭廷亮有接觸。當時我很忙，而且與賴卓先不熟。王學斌很熟，民國四十年時，我們同在一團當連長。但是在四十四年時，他在師部當訓練參謀，我在一四五團當訓練參謀。開會時或許會踫面，但是平常各忙各的，根本沒談到這件事。兩個人判刑比我重，應該了解比我多。

賴：我認為這祇是郭廷亮自己隨便說的，至少我沒聽過他說過陳情這件事。今天我為了要印證這件事情，我是對於整個國家，對於孫將軍感到非常不平。孫將軍的涵養、對蔣介石的忠誠已經到了極點。任何一個人，人家把刀拿出來，對著我胸脯我都不反抗，有這種人嗎！？像李鴻、周芝雨、段鈺的案子。

朱：對啊！就是被逼的，他不是不忠，只是被逼的。

賴：但是他被逼到最後，仍然沒有下決心。我們看到，都非常為他不平。我們在部隊裡遭遇的排擠、遭遇的不平的待遇、不平的眼光，我如果是孫將軍，我就幹了。梁山泊的好漢就是被逼之後，才上梁山的。

朱：我分析孫將軍的作戰能力，他如果是要動國軍是絕無可能，因為眼線太多。所以在極機密檔裡面，說他要運用第十軍第四十九師或五十一師，這種可能性是沒有的。不過他擅長迂迴奇襲作戰，所以動用一個小部隊達到一個基本的效果，是可能的，這是第一個。第二個是因為走投無路了，被逼得太過分了，最後想或許採取一個行動，應該是有可能的。

　　兩位或許不相信，我訪問總政治部主任張彝鼎，孫立人將軍叛亂到底有沒有可能。他說：「有，而且有證據。」當然他已經去世了。另外我到黃埔新村訪問，問他們對於郭廷亮的了解。他們提到郭廷亮在事發之前的那段期間，常常意氣風發，表示他要有一番的作為，有這樣的氣概，而且講出來。我不能指明誰講的，不過郭廷亮有這樣的一個表現。這個全部加起來，就是郭廷亮真的想為國家做一點事，所做的事不一定符合蔣家的立場，但是符合國家的利益。我們應該分清楚，現在我們不

是講叛國的問題，而是對於蔣的做法我們不贊成，我們希望蔣眞的爲國家做事。蔣你現在沒有，所以我孫立人建議你怎麼做才眞正的愛國。這種可能應該是存在，因爲一方面他被逼得走投無路，二方面他覺得蔣走的路不對，這是見仁見智，不過孫立人有可能這樣子。

賴：我的看法是，說郭廷亮「意氣風發」，是因爲有很多人忌妒他，批評他的不是事實的批評。

王：我們看到他的時候，他就是很氣憤、很激動。

朱：我想這是合理的，不是忌妒他。

王：不是意氣風發，而是他很激動，一講到孫先生所遭遇到的，就很氣憤、很激動，就是同情他。

朱：對，是一種同情，也希望能夠做一點事。那怎麼做是關鍵。因爲他在南部跑來跑去，除了安慰大家以外，他應該也會積極地想做點什麼，以改善當前的狀況。

王：他第一次來的時候，我想他怎麼知道我要不幹，當年我請求調走，才知道我已調訓練官。那是我自己請調的。我原來是一四五團第三連連長。其實我想退休，他勸我不要退。

朱：所以本來您是要退的。

王：對，本來是要退的，結果把我調了一個閒差事。

朱：怎麼會調到那邊呢？

王：我爲什麼請調訓練官，我要退啊，我不想幹。

朱：整個細節的演變，我們今天可能有初步的了解，但整個還是很不清楚。

王：他是跟我講，要藉閱兵的時候陳情。有的事眞的不知道，就算眞的有這件事，郭廷亮他也不敢明講，也可能他保密不講，我不知道。

朱：一個政府要的就是穩定，那您說黃埔的將領才用，非黃埔的不用。我想做爲一個國家領袖，可以講說手背、手心都是肉。或許可以這麼講：手背是孫立人，手心是蔣經國，兩邊都是肉，那麼爲什麼要除掉手背，一定是手背有問題。如果像現在這樣講，好像手背毫無問題，既然毫無問

題為什麼要除掉呢？那樣對國家不利啊！

王：不是，要除掉他的不是總統，而是蔣經國，你從他一系列的事情來看，他把孫立人除掉以後，馬上把矛頭轉向陳誠。陳誠除掉以後，也把周至柔幹掉。因為這三個人的力量當時來講，比較大。

朱：換句話說，這些都是小蔣做的，那老蔣都沒辦法嗎？

王：老蔣到台灣以後就把情治單位整個交給小蔣。移到台灣以後，就整個改走情治單位；將保密局改為情報局和調查局，蔣經國派自己的人進去做事，事實上他在掌控這兩個單位。毛人鳳只是一名義上而已，到台灣以後，蔣經國完全掌控情治單位。

賴：情治單位也整過我。

朱：我想大概兩位的分析是這樣子的。我們做口述訪問，最希望的是對自己的遭遇做介紹，而不是做當年的分析，我們是蒐集各位的見證。不知道兩位還有沒有要補充的。

賴：李志儉在審判庭上說：我將來講實情，問我關於軍事行動上面的事情，他就講我們雖然不是兵科軍官，但審判長懂。我說偵查地形的事，不是胡說八道。

朱：偵查地形的事，他姑且講講氣話，這個可以解釋。那王善從在寫自白書的時候寫得過分，就變成是孫的意思，和高雄的案子也有一點接近。不過高雄西子灣總統官邸，郭廷亮也去過，王善從也去過。

賴：我們都去過，但是不是這個時候去，我們常常跑上去玩，同時那個地方（方位清楚）不必偵查，真的要幹什麼事情的話不必偵查。

朱：那個時候應該都是滿機密的，因為蔣住在那裡，當年的政治氣候應該是：那個地方應該不能那麼來去自如，因為那在海邊嘛！就是現在的中山大學。

賴：就是西子灣上面，那個時候開放遊園。

王：是以後才開放。

朱：對，那個時候蔣住在那裡，絕無可能開放。

賴：當時我們有跑進去玩過。

朱：就是事情發生之前。

賴：對，是事情發生之前。發生之後我也沒去過那個地方。

朱：那您是怎麼去的呢？

賴：就是我們的戒嚴部隊，當時駐在高雄，有一個營，我在戒嚴司令部時去過很多次。

王：你所講的這個有一點問題，我當連長的時候是在高雄。一四五團當時有幾個連在高雄，我是機槍三連，民國四十年的時候，我負責港務局一直到西子灣的哨。西子灣那邊其他人想進去不可能，裡面祇有一個門可以進去。高雄港務局哪裡的情況，我很清楚，但是我是沒有聽到蔣先生在那裡。上面也沒有跟我講。我們當連長的，只要把哨兵安排好就可以了，其他不要管。有固定的人守著，沒有關係的人進不來。

賴：我在戒嚴司令部，對那邊非常熟悉，那時候一方面年輕，喜歡跑來跑去，沒去過的地方都很想去。

朱：您是哪一年在那邊？

賴：民國三十九年到四十年。

王：三十九年的時候還可以。

朱：差不多一年的時間在那邊？

王：對，三十九年到四十年我那個單位已經在那裡。

朱：所以那個時候是因為勤務的關係進去，而不是像王善從、郭廷亮是非勤務關係進去的，因為他們是坐參軍長的車子進去的，不一樣。

王：我們民國三十九年到四十年，是附在那個單位的。那個時侯我們還沒有改編為四十九師，那時候叫三四〇師，胡英傑當師長的時候。

朱：四十九師也是胡師長嗎？

賴：最初是胡師長。

朱：四十四年時已經調副軍長了。

王：那個時候已經改編了。

賴：當時師長是張光至。朱博士要了解這個背景，可以知道他們用心之深啊！

王：這個人是湖北人，比較厚道。

賴：張光至是參謀總長彭孟緝的表弟。你看，他把自己的表弟放在這裡當師長。

朱：孫立人最重要的一個師。

賴：這個人本身是很好的一個人，他的背景是與彭孟緝的關係，使這個師長很重要。

朱：所以孫立人毫無可能用四十九師。

王：劉其堯是一四五團團長，也是湖北人，也是彭孟緝的人，他跟著張光至。

賴：他是親戚，不是旁邊的人。

王：他們以前是一個單位的同事。劉其堯當團長的時候，他和我是湖北老鄉，常和我聊天。

賴：他是一四五團。

王：他叫我：「王霖」，他說：「我們那一團很好啊，我們總長也是老鄉，他當總長時沒有班底，就靠我們這些老鄉給他幫忙。」他說要培植我。「你現在當訓練官，我一定培植你。」他所講的話就是吸收我。但是很奇怪，孫立人垮了以後，他們兩人也垮了。整編以後，在第二次整陳誠的時候，陳誠本人沒問題，但是他底下的人通通被他搞掉。

朱：他們鬥來鬥去。

王：就是陳誠本人沒有問題，但陳誠重要的人，十八軍的軍長胡璉本人也被砍掉了，彭孟緝的人也被砍掉了。

朱：是誰砍誰呢？是彭孟緝砍陳誠的人，還是陳誠砍彭孟緝的人？

王：都是蔣經國砍的。

朱：胡璉是誰的人？

王：是陳誠的人，當時是金防部的司令官，超過軍長。

賴：他是管軍長的、指揮軍長的人。

王：剛到金門的時候是兼十八軍的軍長，他是防衛司令。這些以後都變掉了。他是一步一步的，先把孫立人的人搞掉以後，再搞掉這些人。

朱：兩位是否還有補充的。

賴：我想朱博士一定想知道，我把當時的心情向朱博士報告一下。

朱：不敢當，請說。

賴：當時的情形我對現實、對政府對整個大環境的處理，我非常不滿。不只我一個人不滿，大家都不滿，當然不是百分之百的人都不滿。反攻大陸根本是神話，什麼「一年準備，三年掃蕩，五年成功」，我根本就覺得是神話。

還有看到政府對孫將軍的手段，排除異己的辦法，積極的排他，非常不滿。我不滿並不是因爲孫將軍是我的長官，而是正義上的不滿，就是不平。對我們個人來講也是不平，我們受到排擠，因爲我們不是正式軍校出身的，認爲我們是雜牌部隊，但是我們在軍隊裡面受的軍事教育，不亞於官校出身的，甚至於比他們還進步。好幾個國家的教官來教我們。我們經歷過作戰，我也受過傷。他們則總是認爲：「你們這些軍訓班的學生是雜牌，我們才是正統的。」受到排擠。

所以在四十四年，有一個「經歷調任」；就是一個營是四個連，四個連裡面一定要有政工人員出身的當連長，等於我們的兵科。政工人員成了全能。我學步兵祇能當步兵連長，但政工人員可以當步兵連長，也可以當砲兵連長，也可以當工兵連長。他成了全能的。這個公平嗎？他懂嗎？就是完全是一種控制。

還有政工人員的「經歷」，我們一年就算一年，兵科的軍官的「資歷」，不是「經歷」，一年就是一年。那個時候一段時間政工人員的「經歷」，就是年資，九個月就算一年。那麼這就是不平。引起我不平，我非常的憤恨，就是覺得這個國家沒有希望。

我年輕，希望找出路，希望能夠變一變。但我認爲我們的孫將軍沒

有決心來做這個變革的事情，今天別人已經拿刀子架在他的胸口上了，他還在退讓。今天蔣介石對他這樣惡劣，他還在效忠蔣介石，我對孫將軍這一點非常不能同意。但我們同學之間也嘆氣，對這件事情非常憤怒。

　　這個政府積極的逼孫將軍，孫將軍是一步一步往後退。他雖然個性很強烈，他情義上過於濃厚。我們那個時候知道反攻無望，《自由中國》上講的。一看回去沒希望，在台灣，「自由中國」也不自由，處處受到政工人員的監視。

朱：大家當時在一起聚會，講的重點主要就講這些嗎？

賴：處處受到政工人員的監視，一點也不能表示不滿。朱博士可能沒有聽說過，他記你一筆以後，等於像打一針。你當時並不知道身體裡中了毒，三年以後才知道，或者五年以後才知道。他在資料上給你記一筆，你當時並不知道，等你要調重要職務的時候，他一翻資料，五年前的事情，你能不能找到證據來證實是或否啊？找不出來的！他如果當時能夠證實，你還可能找出證據。我們當時是絕對反對政工：我們幾個軍事人員聊天，祇要看到政工人員來了，馬上不講話。我們同學聯繫，絕對不是有組織的。軍校有同學會，我們並沒有同學會，只是情感上的聯繫。

拾貳、四十九師連長王霖先生、傅德澤先生
訪問紀錄

時　　間：民國 97 年 7 月 31 日❻❶
地　　點：中研院人文館 3 樓走廊涼亭桌
受訪者：王霖、傅德澤
主　　訪：朱浤源
紀　　錄：朱麗蓉、朱浤源

　　朱浤源（以下簡稱「朱」）：王先生，我們早上去檔案管理局，幫您申請到三件跟您有關，一件跟整個案有關的檔案。看了之後，您剛才提到，除郭廷亮自白書之外，其他檔案中，又出現一個「陳明」的「匪諜」。好像從來沒聽過這樣一個人。

王霖（以下簡稱「王」）：我一直懷疑那個陳明是當局設的圈套。記得在六
　　張犂看守所（保安司令部拘留所），沈承基、王學斌、還有一個是有點
　　神經的那個（編按：冉隆偉），他們都關在一個房間。另外隔壁的小房
　　間有兩個人：一個涉匪諜案的、一個就是我，那個究竟是真匪諜還是假
　　匪諜？搞不清楚。

朱：那時候您不曉得他的功用，現在知道了。那位就是陳明嗎？

王：他是陳明嗎？

朱：您不知道？那您為什麼提到他？

王：後來才知道的，第三或第四天就被槍斃了。

朱：哦！那他是真匪諜。

王：那天晚上我們兩個一個人一個便當，但他的便當特別好，當然他吃不

---

❻❶ 主訪人先約王霖先生上午八點半到國家檔案局，申閱並影印國防部郭廷亮等叛亂嫌疑案
　　檔案中的王霖口供等資料。之後再同赴吳興街，邀傅德澤先生一起到中研院另作訪錄。

下。

朱：他知道將被槍斃？

王：當天晚上就被槍斃了。（其實）他（真正的姓名）叫王明，我跟他談共
　　產黨的事情——我說不合理。我跟他初次見面，怎會立即問他：「你過
　　去是匪諜嗎？」他也怎麼會立即說：「我是匪諜。」這沒啥道理。我沒
　　看到他被槍斃，是聽說的。我也不知道他叫王明，是公文來的時候，才
　　曉得。我們很少談話，我們知道，在那裡面的成員嫌疑很多，我跟他談
　　幹嘛？

朱：對於檔案管理局您今天申請到的資料裡面，有沒有要作一些反應？

王：檔案內有提到：郭廷亮要我去爆炸倉庫。

朱：檔案中您回答說：「沒有」。

王：四十三年二月至六月之間，根本沒這回事。我跟郭廷亮只談過「陳情」
　　的事，其他的沒有談。

朱：檔案中陳明在屏東縣警察局第一、第二、第三次的口供，都說：他遇到
　　王霖時，王霖問他：「是否幹過共產黨？」陳明回說：「幹過。」

王：我們兩個是第一次見面，我問他：「是否幹過共產黨？」這沒有道理。

朱：然後檔案中又記載：陳明在第四、第五次又翻供了。

王：這表示他們直接把我當匪諜，認為我直接跟匪諜有關。

朱：這是四十五年十一月以後的事情。公文是四十五年十二月二十六日批的
　　案。您說的案子就是這個？您當時擔任什麼職務？

王：四十三年六月到四十四年二月之前，我當訓練官，我的部隊駐防旗山。

王：郭廷亮沒有叫我爆炸倉庫。縱使有這個任務，我找隊上弟兄（連裡有一
　　百多位）就可以，不必叫一個不認識的人去做。他們利用陳明要製造我
　　也是匪諜的證據。當時稍微不慎，我就變成匪諜了。之所以認識郭廷
　　亮，是當年我跟郭廷亮從瀋陽一起出來。到了天津，郭發電報給孫立
　　人，然後再派我到當地的收容所工作。我承認跟郭同時到台灣。到台南
　　之後才當連長。

王：今天申請跟我有關的案子是四十五年的，他們利用王明製造口供。

朱：然後他又把王明改成「陳明」？

王：這些都是總政治部第四處幹的事，第四處是做保防的。整個案子自始至
　　終都是他們幹（設計）的。他們指揮政四系統，包括我們出來（出獄）
　　後，也是第四處負責我們在外面生活的問題，招呼一下，恐怕我們
　　會⋯⋯（聽不清楚）。

　　　　我的「自白書」不是我自己寫的，是由別人抄寫的，簽名則是我親
　　自簽的。當時我三十三歲（民國 45 年）。❻四十一年改入四十九師，
　　在一四五團，仍然當（第三連）連長。四十三年進八十軍，後來我自己
　　申請調職，被調到第四軍當上尉訓練官。我當訓練官很出色的，那時是
　　團的全國示範連，我是第三連，是示範連連長。演習時如何估計炸彈的
　　彈著點，全師全部搞不清楚。演習過程車輛從哪起動，到那裡為止？散
　　開要多少（油）？這些距離當場要算出來，由我說明提示，他們補給官
　　（第三科）、營、連教練等才算得出里程，再進一步才算得出所需汽油
　　量，之後才能憑這些數據向上面申請要多少油。

朱：這是當年您的英勇事蹟。

朱：「口供紀錄」上再問「四十二年六月您任啥職務？」您回說：還在步校
　　（二十期）受訓，日期不太記得，時間大概是四個月。沒有當過副官。
　　後來調為團訓練官，當訓練官以前是連長，是在當連長的時候去受訓
　　的。另外寫有一位陳明，您說記不清楚了。

朱：四十三年您部隊有駐紮旗山嗎？

王：有。四十三年駐紮旗山時，我是團的訓練官。

王：他們把偵察地形說成為叛亂。連防禦、連攻擊等演習，以及偵察地形，
　　是訓練時一定要講授的科目。

朱：對。他們對陳明最有興趣。這裡寫著：據陳明供說在四十二年六月，他

---

❻ 編按：王霖身份證上寫為民國 13 年出生。

在您團裡福利社飲茶時，見到您，曾告訴您他當過共產黨，並且您還給他五百元，等情。❻他們問：「有無此事？」您回說：「沒這件事。」

　　紀錄上又寫：郭案未發生前，在總統校閱時，您曾交給他任務，要他（陳明）去爆炸倉庫。您回說：沒有此事。他又說：你說沒有此事，有何證明？您再回答：第一，郭廷亮沒有交付此任務，第二，縱使有此任務，連上有的是弟兄，何必要找陳明去幹呢？最後他問：你說的話實在嗎？你再回：「實在」。之後，就簽字。當時書記官包懿範(？)、檢察官是趙公戩。這分紀錄是在您被判刑之後進行的嗎？

王：我在四十五年九月七日被判刑。

朱：四十五年十二月十二日還再問這個東西，所以這份訊問沒有影響您的刑期？

王：沒有。刑期（3年）是一樣的。

朱：刑期滿了，才出獄。

王：是。

※　※　※　※　※　※

朱：我們現在訪問傅德澤❻先生。

傅德澤（以下簡稱傅）：判決書上記載：「有參與聯絡，但不知道叛亂。」那時我知道的實在很少。因我從軍的時間比較短，三十八年十九歲從軍，參加青年軍（二〇一師），從軍以後直接到台灣，八月份就開始受訓，受訓後就到福州馬尾去打仗。

朱：您有沒有參加古寧頭戰役？

傅：沒有。古寧頭戰役在金門。我是去福州馬尾。

---

❻ 王霖說：那時候 500 塊，（價值）很大耶，──不近人情。

❻ 傅德澤先生於民國 70 至 76 年，在金、馬、烏坵等所有外島，從事菸酒之運輸交通業。現住在台北市基隆路，兒子自組投資顧問公司，大女兒傅娟，大女婿歐陽龍。

朱：您是那個團？

傅：六○三團，是守馬尾的。

王：那時六○三團也是很英勇。二○一師很有名，有「老虎師」之稱。

朱：你們跟共軍對打，有多少人？

傅：那時我們祇有一個團。

朱：共軍有幾個團？

傅：起碼有一、兩個師。

朱：一、兩個師打一個團！

傅：最後守不住，才撤退，因共軍人太多（人海戰術）❻。我們算是新軍是
　　經過孫立人訓練的，雖然打敗卻打得很漂亮。

朱：怎麼說？

傅：共匪死傷很多，到最後，因共軍人數實在太多，我們守不住，才撤退
　　的。撤退後，有的直接回金門、回台灣。我是從馬尾過江（閩江）直接
　　走路到廈門。

朱：走那麼遠，走幾天？

傅：走了十幾天吧！

朱：有多少人一起走？

傅：只有幾個人，通通被共產黨部隊打死、打散了。後來我們這幾個人加入
　　國軍的民防部隊。其實應該說是（民防部隊）把我們抓去，留在那邊當
　　兵，再和共軍對打。

朱：哦！民防需要人，是民防部隊跟共軍打。是那裡的民防？

傅：在廈門。

朱：打多久？

傅：打了大概十幾天，最後民防部隊還是打不過，又撤退到廈門，那時二○

---

❻《中央日報》，1949 年（民國 38 年）4 月 23 日，國軍撤離南京，渡過長江的中共軍隊
　兵分二路向南挺進，同年 8 月，陳毅率領的東路共軍自福建北部南犯，8 月 17 日陷福
　州。

一師已撤到金門或台灣了。二〇一師招請官兵，碼頭貼有告示，我叫了人力車，去碼頭報到。之後就把我們送回來台灣。

朱：那時是在古寧頭戰役之前嗎？人民解放軍還沒來？

傅：在古寧頭戰役之前。人民解放軍那時準備打上海，上海還沒撤退。我們部隊撤退後，有人跑去緬甸，我們連長就是。

朱：他大概有女朋友在那邊。有些新一軍留在緬甸，也是因為有女朋友。

傅：到台灣後，參加軍訓班，接受第十八期訓練。

王：如果沒有接受十八期訓練，可能就沒事（不會被判刑）。

傅：受訓後我們就留下來，那時候說是要打韓戰。而且部隊已經從鳳山到高雄火車站，準備要去打韓戰。

朱：部隊有多少人？

傅：約四百位，都是比較年輕的少尉軍官。但是在高雄還沒坐上火車，就解散了。

王：那時中共突然出兵，支援北韓。美國也向北韓打。❻❻台灣收到麥克阿瑟電話，……

朱：中共過鴨綠江是三十九年六月二十五日。您記得那時是幾月嗎？

傅：不記得了，大概是韓戰爆發後。後來我們成立搜索隊，郭廷亮就是搜索隊的大隊長。

朱：有幾個大隊？幾個中隊？

傅：一個大隊，三個中隊。

朱：大隊有多少人？

傅：有二、三百人。

王：中隊相當於一個連。

朱：大隊編制相當於營，中隊相當於連。

傅：我在搜索隊受訓一年多，四十二年底被分發到九十三師，到師部搜索連

---

❻❻ 1950 年 6 月 25 日，朝鮮爆發內戰，美國即派兵入侵朝鮮，並將戰火燒到鴨綠江邊，1950 年 11 月 8 日，美空軍首次派出百餘架 B-29 型轟炸機，……

當排長，後來當團的中尉訓練官。

朱：那為什麼會扯上（孫案）呢？

傅：因比較優秀的幹部，郭廷亮都會召見，請到家裡吃飯。所以就跟他比較
接近。放假時沒地方去，我會去郭家走一走、坐一坐。

朱：您的部隊在那裏？

傅：我們部隊在屏東縣林邊鄉（鳳山再過去）。

　　記得那天是星期天，休假，我跑到鳳山玩，也去郭家。在那裡遇到
沈承基、張雄飛等人，我跟沈承基比較熟。當天就回去部隊。晚上營內
警衛連的兵，拿著上有刺刀的槍，來叫我起來，問我白天到那兒去？我
回說去鳳山。我不知道發生什麼事，看情勢不對且被嚇著，假裝說要上
廁所，之後就跑掉了。那時部隊駐紮在水底寮廟裡，他們五、六個帶槍
追著我，還一邊射擊，路彎彎的，沒打到。我對那邊很熟，在廟前山坡
處滾了下去，順利地跑掉了。當天沈承基、張雄飛來找我。

朱：沈承基知道您住那裏？

傅：他知道。我們當晚找地方住。第二天就跑到屏東坐火車，聯絡劉凱英在
高雄上車。我和沈承基、劉凱英、張雄飛四個人坐火車北上，但在嘉義
他們三個就被抓了。我是在台北站前的那一站（忘了）在車內被抓的。

　　我被抓當天就被送回鳳山海軍招待所，沒有受啥刑。我的受刑過程
比較簡單，因我跟孫立人的時間沒有多久，知道的也很少。海軍招待所
裡面，我的年紀最小。

朱：您幾年生的？

傅：我民國二十年出生，㊲是最年輕的。進去招待所後看到劉凱英的衣服血
淋淋的。

朱：您有看到劉凱英嗎？

傅：沒有。

㊲ 身分證上是註明民國 18 年出生的。

朱：那怎知道是他的衣服呢？

傅：白天我們一起坐火車，記得他的穿著。

朱：哦！您是當天被抓進來的？那抓您的人速度也很快，可能是趕吉甫車前去攔截？他們從車外進來或從別的車廂過來的？

傅：那時我很睏很累，不知道他們怎麼來的。

朱：您穿軍裝嗎？

傅：是穿便服。

朱：那更難，應該是有認識您的人帶，他們才抓得到。到了海軍招待所，入了門之後，您被帶往左邊或右邊？

傅：帶往左前方，並且在走廊外面洗臉槽，看到劉凱英他血淋淋的衣服、褲子。

王：應該是受刑過後的衣物。

朱：冉隆偉好像關在右邊，那邊有水牢。他在裡面還罵人、打人。所以被修理得很慘。你們是一個人關一間嗎？

傅：我們四個人，一個人一間，分開關，沒有看到別人。

王：你也關在地下室？地下室有很多小房間。

傅：對。在招待所被訊問後，就送到台北六張犁。

朱：您在那裡有被修理嗎？

傅：只有一次，因我唱歌，唱「小白菜」。他們說我那麼高興，就抓我到山洞內打，被二、三個人打到全身紫掉、瘀血。就挨那麼一次，以後就不敢唱歌了。

朱：您覺得被抓的最主要原因是什麼？

傅：他們還是把我當叛亂犯。

朱：您被判刑三年二個月？

傅：因逃亡，加罰二個月。

王：我是被關在延平北所❻❽，那裏關的都跟匪諜有關的，再到六張犁，最後
　　是到保安司令部，在保安司令部就輕鬆了。

朱：那時鬧監鬧得很厲害，是在六張犁嗎？有許多人絕食，您有參加嗎？

傅：沒有。

王：有。我們（沈承基、劉凱英、冉隆偉等人）關在一起，我被關在一個小
　　房間，就在他們對面，跟王明關一起。

傅：這案子是政工人員「報復」的。我們每天都要讀「總統訓詞」，談如何
　　效忠蔣總統。怎麼會叛變？！

---

❻❽ 編按：在台北橋下橋頭左轉延平北路的不遠處。

拾參、五十一師作戰參謀楊萬良先生訪問紀錄

時　　間：民國 77 年 7 月 20 日；民國 100 年 4 月 17 日
地　　點：鳳山市黃埔新村田世藩先生宅、台南市永康區埔東
　　　　　街楊宅
受訪者：楊萬良
主　　訪：朱浤源、范俊勛、田世藩
紀　　錄：林蘭芳
輸　　入：張光亮、朱麗蓉

一、我和孫先生的接觸

　　我是四川省宜賓區珙縣人，民國十六年六月廿八日生。民國三十三年七月以學生身分到印緬去的。那時候我在新一軍特務營第二連，是保護軍部的，所以和孫將軍有接觸的機會。在緬甸（印度？）受訓那段時間，距軍部只有數百公尺。孫先生對學生訓練很嚴格，每週他都要親自講話，告訴學生如何鍛鍊體魄、如何打仗，故有很多機會聽其訓示。

　　到東北後，曾經到過他的公館，他也私下和我們說了許多話。那時在長春是作戰期間，三人小組正致力和談，他讓我到軍事調整處執行部去當警衛，所以我對中共、政府及美方代表均有相當之了解。我也隨孫將軍到吉林松花江去巡視了兩個月之久，這是和孫先生接觸的大概情形。

　　三十六年來台後，陸軍司令部成立，我在軍士隊任執行官，後來進入軍官學校第四軍官訓練班受訓，受訓期間，當時孫先生曾在週會上講了幾樣事。比如當時的政工幹部，對中共曾說過的話是很避諱的。孫先生說：「有人說我勉勵學生常用『學習』兩字，這不好！因為：學習是中共在用的。但是孔夫子都說：『學而時習之，不亦說乎？』難道中共講，我們就不能講了

嗎？」還有「人民」，孫先生說：「人民就是人民，哪有什麼不能說的？」這是孫先生公開說明的。但是依政工人員那一套，就認為將軍有問題了。

另外一個就是四十三到四十四年這段期間，他從陸軍總司令調為參軍長，在尚未調參軍長前，他發表一個上校軍官的砲兵指揮官（伍應煊？），一個上將總司令當然有權發表上校官。後來彭孟緝上台，弄上自己人，又把孫將軍發表的人趕下台，這是我們師裡的一個例子。其他單位更多的是這種例子。彭孟緝所發表的胡健（現在台灣），來到指揮部後表現不好，如果發表的人是個能幹的人，大家還會心悅誠服，但你找個精神不正常的人來，大家心中當然不愉快。這種事情，孫將軍是知道的，上面是故意要打擊他的。孫先生是總司令，有權發表人事，人事發表後再拉下來，明擺著是整他。若孫將軍有什麼想法，也是逼出來的。我們知道當年若不是孫將軍先到台灣打下基礎，台灣不會有今天的局面。

孫將軍以後被排擠，這完全是政工體系所設計的，另外政工幹部也流傳說：「孫將軍在任何場合都不提總統的名字」。那時軍政官員口頭上要說某某是如何的英明偉大，不說就是有問題，但將軍是實實在在的效忠領袖，默默為政府做事，絕不是掛在口頭上的。

二、孫先生之練軍

我們軍訓班畢業的是孫將軍一手訓練出來的，我們在他的教導之下，感覺到很安慰。長官對我們很照顧，其他的將領不照顧部下的。那時一比較之下，就可知道那個長官愛護部下，那個長官在作官。

在訓練方面，青年軍來台的二〇四、二〇五師，經他訓練後編成三十一軍，開到北方打仗。這個單位本來沒有紀律，然經其訓練之後，變成一支能征戰的部隊。後來青年軍二〇一、二〇六師，成立為八十軍，也是由沒有紀律變成精銳的隊伍。這兩個軍對孫將軍服服貼貼的，他是深受部下愛戴的。

當時在台灣那麼混亂的局面，他將流離失所的青年成立青年大隊、流離失所的學生成立入伍生總隊。經過他訓練後，一個個均成為其基本幹部。當

局看孫先生這樣吸收青年，所以常暗暗打擊他，連受他訓練的幹部，像我們這些也不放過，這是我個人的體會。在部隊上，凡是過去老兵，現在提到孫先生沒有不敬禮的，而且很懷念他。例如說，在三十九、四十多年時，鳳山曾舉行射擊比賽。那時台灣的部隊還沒有經過他訓練的，像劉玉章的五十二軍，他們認為孫將軍有偏袒自己部隊的嫌疑，存懷疑的態度來參加比賽。然後到鳳山一看，比賽的設備、裁判完全是公開的，所以像劉玉章將軍也佩服起孫先生來了。

　　他是用感情來帶兵，得到下級擁戴，也因此得到上級嫉視。這就談到一個政治人物，是否寬宏大量來容忍功勞高的部下。中國人說功高震主，如果不想想孫將軍已立下多少功勞，替國家做多少事，而是想某某將軍得部下愛戴，後來對他會怎麼不利，然後暗暗打擊，就會造成歷史上常有之悲劇。

三、孫案時之遭遇

　　在事情發生之後，我被捕的情形，和前述各位差不多。❻❾不過我有一種想法，如果我們真是匪諜，當時辦匪諜，不是槍斃就是無期徒刑，哪還有提供生活費的，❼❶這顯然其中大有文章。

　　現在，當年設計害我們的人已大多故去，還存在的，也不敢出面。這是一個大冤案。這個冤案或許目前無法洗清，但我個人相信，歷史最後總有一天會還我們清白的。冤案或許因個人權力而一時掩埋，但不會永遠掩埋的。若干年後，歷史自會有公正的裁判。如秦檜夫妻當年絕不會想到，日後要跪在岳飛面前。我相信歷史會還我們一個公道。

　　我四十一年在軍司令部所轄五十一師（青年軍二○六師改編）當作戰參謀，能當上參謀，表示你是被人欣賞的。所以不是我自己吹啦，像督訓組一找就會找我們，因為我們職務高，而且在軍司令部任職。督訓組的目的，是要勉勵大家好好的幹，將來替國家反攻大陸，不要洩氣。以前我在部隊當排

---

❻❾ 指郭廷亮、范俊勛等人。

❼❶ 這裏指的是郭廷亮。

長時，部隊的士氣很低落，民國三十八、九年，我連上曾自殺了五個人。士氣低落的原因是反攻沒有希望，來台灣很孤獨，到四十、四十一年之後，士氣就一天天更低落了。

孫先生知道這種情形，就說這樣的士氣如何反攻大陸，所以要督訓官來激勵士氣。這也不壞啊，也沒什麼要造反，政工幹部卻說我們另有所圖。政工幹部，老實講，整天爭權奪利設計害人。因爲部隊官兵不能相信他們那一套，他們把領袖神化，說「沒有領袖就沒有國家」，個人的生命頂多一百歲就了不起了，難道說領袖一去，國家就完了嗎？你想想，國家是像國父所說的是永久的，他說：「以個人數十年之生命，立國家億萬年不死之根基。」如果按政工那套說法，領袖一死國家就完了，那我們還有什麼？這種愚民的論調，搞個人崇拜是不能讓大家信服的。三十九年那時謠傳很多，說副總司令賈幼慧的太太是匪諜，後來賈太太也到操場上公開說明。這套政工體系是誰搞出來的？那我們就不用多說了。

孫將軍帶出的好幾個重要幹部，如李鴻軍長，陳鳴人師長，彭克立團長，他們原在東北打仗，部隊垮了之後跑到台灣來。部隊搞垮了，責任也不在他們，因爲廖耀湘指揮錯誤，他指揮由新一、六、七十三軍組成的軍團。軍團長跑了，你軍長、師長要負什麼責任呢？這麼堅強的部隊不戰而潰，所以這些能征戰的將領跑到台灣來。

孫先生去向總統報告，總統說既然來了，就要重用他們，但沒幾天就被關起來了，這是逼人上梁山啦。現在李鴻還沒死，在醫院裡，你們不妨去訪問他，就可以知道前因後果。

我們當初做軍人，是看什麼人能打仗，什麼人就能替國家做事，光會說話不會打仗是不行的。以前在大陸上就是這樣子了。我個人對孫先生沒什麼特別的感情，他當軍長和總司令，我距離他很遠的。但你一個政府用這種暗算的手段，來整國家功臣是不行的。

我是四十四年五月二十七日被抓的，先送到鳳山「海軍招待所」（原爲日軍的無線電台），那兒實際上是南部的一個大黑獄。被捉去後，我們司令

部的保防科長就嚇唬我：「你參加匪諜組織，現在破獲了，你要坦白招供。」我說：「我沒有參加匪諜組織，有什麼可招的。」他對我說：「你看，他們寫的自白書。」那時我才二十八歲，看那情形害怕了，就順他怎麼說、就怎樣寫。事實上不是那麼回事。

在無線電台三天，只問了一次。一天晚上在高雄搭火車往台北。那時火車還是木板凳，一個位置可以坐兩個人，他們把我的手銬在把手上，別人看了也不敢來跟我坐。那天晚上送上台北的人很多，老百姓也覺得很奇怪，怎麼這些年輕軍官被銬在這種地方。我到台北後，才知道有一百多人，連百姓也跟我們關一起。這些老百姓告訴我們，這個案子鬧得很大，海外雜誌也登了，美國也派人來調查。這外面傳說的，有的是從香港來台灣的也被抓了。連香港也有人在為這件事打架，都認為孫是擁護政府的。發生這種事，真不可想像。那香港人說，他回去要在華僑界替我們宣傳，說這冤獄怎麼得了。還有台北中華百貨公司的小老板，也和我們關在一起。了解情況之後，才知他是有錢人。他家中送東西（到監獄）來，也分給我們吃，也買牙膏、牙刷送我們。這些是小插曲。

新店是軍人監獄，管理員戲說我們既不是政治犯又非一般犯，是「不倫不類」的犯人，所以只有晚上進牢房時才關起來，白天牢門打開，隨我們在操場活動。我們每天打籃球、運動、唸書，有些調外獄的，對我們很同情，每天提一大桶的饅頭分給我們吃。

在獄中經常一個月寫一篇讀書心得，是寫《蘇俄在中國》的心得報告。在牢中我們互相勉勵：今天關進來身無分文，往後出去如何生活，只能靠體力工作，所以在牢中鍛鍊身體。

我在獄中一共三年，四十四年五月二十七日被捕，四十七年五月出來的。出來之後，我還和范俊勛堆了一、二個月的煤呢（煤泥？煤球？），自力更生。

後來，國防部介紹工作，我分發到羅東被服廠。廠長問我要在哪個單位工作。我想既然他們認為我有問題，我就在政治處，看看我究竟有無問題。

寫寫抄抄之外，我也對外投稿。經過半年，被服廠的廠長對我說：「我看你楊萬良，不只是抄抄寫寫的人，請你去管管福利社。」這是廠長提拔，別人想幹還沒法子幹。我管了一年多，管得相當好。那時我們一般人吃的黃豆油，很貴。我想為員工謀福利，那時我到羅東物資局分處去買五十斤一桶的，外面賣十六元一斤的，我賣員工十元一斤。後來再調到小港被服廠。

五十二年我考取郵局，從基層幹起，曾當局長，到現在已二十多年了，現在已是中上級的幹部了。

四、補充：

范俊勛：從四十四年五月二十五日開始抓人後，還有一段小插曲，到五月三十日時已抓了八、九十個，大都是軍訓班的。本來就此告終了，但到六月八、九日又開始抓人。這是因為十九軍司令蔣得公報私仇，又抓了八、九個，其中軍砲兵指揮官伍應煊上校，因為和蔣得不和，就被抓了。伍應煊是廣東人，軍校第十三期畢業的，他可真是位人才，英文《聖經》可以倒背如流。

田世藩：伍應煊現在在當和尚。**⑦**另外，王筠在四十七年被捕，他和孫案全無關係，只是欲加之罪。王筠那時是任經理官，經管帳項，有些款項孫先生叫王筠存在台灣銀行，有人無中生有，說他貪污。後來這筆錢交給張群，就去向不明了。

---

⑦ 編按：當和尚的是毛惕園，保密局少將組長。參見本書毛將軍訪錄。

附錄：楊萬良❼撰，〈孫立人將軍治軍的典範〉

一、保護人民

民國三十三年冬，孫將軍在緬北密支那新一軍教導總隊大操場上，對受訓的學生以及後方（勤）部隊訓話，他說他到八莫前線督戰，在山上看到幾個緬甸的婦女正在耕種，可是當這幾個婦女看到他和兩三位隨從時，便忙躲進一個山洞。孫將軍叫懂得緬甸語的翻譯官要她們出來問話，問她們為什麼要躲進山洞呢？這些婦女說日本軍人看到婦女不是姦淫便是槍殺，因此，只要看到軍人就要趕快躲開。孫將軍獲知詳情，隨即要翻譯官向她們說明，中國軍人是來打日本人的，也就是來保護緬甸同胞，和日本人完全不同，要她們不要害怕。

孫將軍說完了這個故事，即席訓勉在場的官兵，他說軍人訓條第三條：「敬愛袍澤，保護人民，不容有倨傲粗暴之行為。」如果老百姓看到軍人就怕，試問打仗的目的是什麼？因此他規定新一軍必須保持鋼鐵般的紀律。三十七、八年間，他在鳳山訓練新軍，推行「六戒運動」❽，其中一戒就是「戒擾民」。

二、熱愛寵物

三十三年多某天，重慶《中央日報》有一則小標題：「孫立人不忘巴兒狗，八莫城演出『陸文龍』」。原來孫將軍在印度時，有一位華僑領袖送他一隻小巴兒狗，他把這隻小狗隨身帶著，如果要到前方督戰，這隻小狗也是帶在吉普車上，總之時刻不離。閒暇時，逗逗小狗玩，樂趣橫生。由此可見，孫將軍在軍情緊急之時，精心想謀破敵之策，而在戎馬空偬之餘，不忘

---

❼ 楊氏在反攻緬北戰役中為新一軍（新三十八師？）特二連戰士。

❽ 六項戒條：戒賭、戒嫖、戒貪財、戒虛偽、戒驕惰、戒擾民。

調劑身心，何若儒將風範！

新一軍有一個非常有名的國劇團，名叫「鷹揚劇團」（按：新一軍之軍徽爲老鷹），經常演出勞軍。三十三年冬，在攻破八莫之後，該團在一個只剩四周「圍牆」，鋼鐵架屋頂全毀的工廠。其實這座廠房四周由工兵營用帆布圍起，並在房內架設小木凳，通信營用小型發電機發電，裝置燈泡。就在這裏演出名劇—「陸文龍」招待盟軍官兵，自然也包括我方健兒在內。爲了使英美人士了解劇情內容，軍部還特別印了英文說明書，分發各英美官兵參閱。其情況之熱烈，中外感情之融洽，可用當時遠征軍副長官鄭洞國將軍所贈布幔「威儀式則漢家營」，以及孫將軍所贈「歌聲嘹（繚）繞漢家營」的題字來形容，這就是我國有史以來所謂的「揚威異域」的具體事實。**❼❹**

三、卓越指揮

在印緬戰場上，孫將軍一而再、再而三地充分發揮了他卓越的指揮才能，這些才能總結起來應有三項：

(一)不硬拚

在印北戰役中，日軍是守勢，遠征軍是攻勢。守勢佔有地形地利，居高臨下之優勢，如果採取正面攻擊，不但傷亡高且不易成功，孫將軍總是選定敵人最弱的部分，或從側面攻擊，因此屢獲極高的的戰果。（最近孫將軍所發表的回憶錄中，提到當年二十二師師長廖耀湘經常採取正面攻擊，亦即攻堅，其部屬連排長陣亡者高達五十餘人，是硬拚最不利的鐵證。）**❼❺**

(二)迂迴包圍

在各次戰役中，孫將軍不厭其煩地採用迂迴包圍戰法。他先用一部分的兵力作爲佯攻，吸引敵人，然後偷偷地派出一個營甚至一個團，繞道很遠的

---

❼❹ 朱浤源按：我國軍隊有史以來，揚威異域的事蹟屢見不鮮。但鷹揚劇團當然只屬新一軍。

❼❺ 編按：新六軍常奉命正面攻擊日軍，自然傷亡較多。但其毫不畏戰，則爲鐵的事實，而戰功彪炳，絕不遜於新一軍。

側方，時間長達十天或半個月之久，然後出其不意在敵人後方出現。把敵人補給線完全切斷，等候敵人軍心崩潰，在糧彈俱缺之下，不是戰死便是投降。此種戰法屢試不爽。

(三) 徹底殲滅

在孟拱、密支那、八莫、南坎諸戰役中，最相同的戰法就是把敵人團團圍住，以熾盛的火力把敵人壓得抬不起頭來。據記載，八莫之役，敵人只要發出一發砲彈，新一軍的重砲、迫擊砲，就從四面八方射向敵人發砲的方向。其數量極大，就是碰也要碰上，到最後敵人竟不敢發一彈。

經過數日的沉寂，孫將軍判斷敵人可能有突圍的企圖，於是開始命令在靠伊洛瓦底江的一邊，故意不發一槍一彈，暗示我軍虛弱部分，讓敵人誤判為突圍最佳的方向。事實上，已經在適當的位置佈下密密的火網，只等敵人來送死。

果然不出所料，敵人在夜間蜂擁突圍，剛一跑上公路，兩旁輕重機槍齊鳴，能僥倖逃生者極其少數，這就是典型的殲敵戰。

根據日本外交官加瀨俊所著《日本投降祕辛錄》第三章記載：「一九四四年九月，日本遠征軍於緬甸戰役慘敗，二十七萬人大部分死於戰場，或撤退途中死於飢渴，生還者僅七餘人（？）……等等」，由此可知，遠征軍的戰果何其輝煌。

四、安頓華僑

由於戰爭的關係，緬北華僑忍痛離開自己的家園，躲到荒山野外避難。新一軍每攻克一個城鎮，必派工兵部隊搭建房屋，然後再派政工人員上山，把流離失所的僑胞找回來，安頓居住，發給食物。接著又成立華僑學校，教職員也由軍中挑選，教育華僑子弟。像密支那、八莫、南坎等地，均有華僑新村、華僑學校的設立。

關於這一段史實，中視電視台由胡雪珠女士曾作了特別報導，敘述當年孫將軍留下來擔任教職的官兵，如今還繼續在緬北各地提供僑教工作。《孫

立人回憶錄》中特別提到，那時的政工人員協助部隊長推動軍中教育以及愛民的工作團隊，不是用來控制部隊，打小報告，整人的工具。

五、修建公墓

戰事免不了傷亡，而傷亡的竟是朝夕相處，患難相扶的袍澤。孫將軍對於陣亡的官兵特別感念，只要在一個階段戰事結束，立刻派工兵營、特務營修建公墓，把埋葬荒野的忠骸收殮起來，重新葬於公墓。三十四年秋在廣州接受日本人投降，就利用這批曾經殺害我無數同胞的戰俘，在廣州白雲山麓，修建了一座壯麗的新一軍公墓，安葬殉國袍澤的英靈。在大陸，將領滿街跑，論戰功，個個身手不凡，胸前掛滿了勳章，自稱某某的學生，領袖的忠實信徒。若問替部隊做了什麼事，一個個都交了白卷。❼❻ 正如「軍人魂」訓詞中所謂，「從南到北，一路敗退，每天只說某軍長棄職潛逃，某師長投降變節，不知人間還有羞恥事……」，俗話說：「不怕不識貨，只怕貨比貨」，從這些事實看來，孫立人之所以為孫立人，不難明矣！

六、激勵士氣

三十五年在廣州剛一過完農曆年，部隊即傳聞要開赴冰天雪地的東北作戰。那時人人有畏懼之心，恐怕受不了那樣的寒冷。孫將軍獲知後特別集合部隊訓話。他說：「東北雖冷，但不致於冷到受不了的程度，如果真的令人受不了，東北還有人住嗎？再說，我已替各位爭取到美援物資，禦寒食物齊全，大家放心……等等」，果然在九龍上船時，每人發了一大包東西，有鴨絨被、毛線衣、兩套衛生衣褲、皮手套、皮帽、大皮靴……等物品，可說應有盡有，人人歡喜。因此一到東北，勢如破竹，❼❼ 下瀋陽，取四平，克長春，一路追到松花江邊，在東北又締造了輝煌戰績。

三十五年冬的某一天，孫將軍在長春原「滿州國國務院」大樓前大操場

---

❼❻ 編按：這是一句氣話，有誇大之嫌。

❼❼ 其實曾遭遇許多硬仗。林彪部隊的戰力不容小覷。四平街更是屢攻不下。

召集各部隊訓話，請來的貴賓有長春市長尙傳道，長春大學校長黃如今兩位先生。孫將軍首先宣讀由行營主任熊式輝上將轉來國民政府蔣主席的一封訓示，略謂：「新一軍乃國家命脈所繫，不能有一絲一毫的損失，如今把守國家大門，必須提高警覺，不能有任何疏失，完成國家所交付的任務……。」之後，孫將軍訓勉全軍，國家與領袖如此地看重本軍，今後更應加倍努力，不負國家厚望。

尙、黃兩位先生相繼致詞，對新一軍在國內外攻無不克，戰無不勝的豐功偉業，備極推崇。

七、最高榮譽

三十六年春，新一軍所屬的五十師在德惠被林彪圍攻。由於各部隊平時在孫將軍嚴督之下，不停操練戰技—特別是射擊尤其高強，所謂技高人膽大，雖然大敵當前，仍然沉著應戰，絲毫沒有怯懦的表現。孫將軍爲了解德惠之圍，把直屬部隊組成一個戰鬥群，親自帶領，在冰天雪地中戰鬥前進，直奔德惠。果然在裡應外合的夾攻下，將敵人擊潰，棄屍千人，造成東北空前的大捷，最高當局特將戰功最著的一四九團，賜名爲「中正團」，防守松花江橋頭堡，被十倍敵人圍攻一月不下的一個連，賜名爲「中正連」。新一軍能有這種豐功偉業豈能倖致！

新一軍有一句口號：「平時多流汗，戰時少流血」，部隊如果不打仗就在駐地訓練。讓我特別舉一個例子，說明新一軍於訓練認眞到何種程度。

三十五年秋，新一軍三十師奉令自瀋陽向南攻擊，先後收復鞍山、海城，直達營口。戰鬥剛一結束，駐在海城之三十團由團長項殿元（新一軍猛將之一）親自督導，在海城城牆外一個大操場整理裝備、擦拭武器，一連三天。完了之後就是全團官兵在操場上作射擊教練，每天烈日當空，勤練不輟，街上看不到一位閒逛的官兵。像這種鋼鐵似的部隊，怎麼不打勝仗！（筆者按：項團被杜聿明錯誤指揮，全團犧牲在懷德縣。孫將軍爲此極爲惱怒。此爲孫、杜交惡之主因。）

八、視察部隊

視察部隊是孫將軍日常工作之一，在印緬戰場上，除了每日到前線督戰以外，對於後方部隊也是經常視察。他輕車簡從而至，往往使部隊措手不及。如果發現有重大疏失，部隊長免不了挨馬鞭，因此各部隊時時保持高度的警覺，整理環境、擦拭武器是每天必行的功課。

三十五年，新一軍從南再度駐長春，那時孫將軍兼任第四綏靖區司令官，其指揮的部隊除了新一軍以外，尚有六十軍，以及若干保安團。他到各地視察，那時筆者有幸帶了一個排，隨行擔任護衛隊任務。在撫順、永吉、德惠等地巡視，也到了松花江邊，憑弔被炸毀的跨江大橋。孫將軍看到了那樣淒涼的景象，感歎不已。他還和在橋頭堡擔任警戒的士兵握手，聽取隔江對岸敵情的報告。那時已是涼秋九月，草木枯黃，蘆花飛絮滿天，此情此景，數十年來依然令我感念不已。

到了台灣以後，孫將軍肩負訓練新軍，籌劃反攻的重責大任，視察部隊更勤勞，大凡海邊的每個碉堡，散落各地的訓練基地，都有他無數的足跡。記得四十二年夏，他到嘉義基地視察，在他還沒有到之前，部隊已有風聞，日夜準備。那時筆者在五十一師師部擔任參謀。早上師長戴傑夫將軍到寢室一看，內務還沒有整理好，急得滿頭大汗，立刻把各軍官叫到室外集合。當場下跪，要求大家不要替他丟人，馬上回去把內務整理好。由此一小事看來，知部隊長對孫將軍何等敬畏。八十軍軍長葉誠中將曾在衛武營訓話，他說總司令來視察他都很害怕，如果某一單位搞不好他要撤換主管。他還進一步闡述，部下如果不怕長官，到了前線就怕敵人。

其實，孫將軍威而不嚴，他去部隊視察時，總要和官兵在大操場上會餐。席地而坐，熱情地和官兵會餐，極其平易隨和。這種帶兵作風，堪與漢朝將軍李廣前後輝映，應是自古以來名將皆有雷同之處。

視察部隊，除了會餐之外，還有一個很重要的節目，召集官兵點名，因此各部隊事先要把點名冊造好。「點名」在軍中屬於考核之一種，動作有四：一曰立正，二曰握拳舉右手，三曰答應「有」，四曰注目。孫將軍點名

時要詳細視察，據聞現今的行政院長郝柏村先生，在孫將軍點名有極好的表現，因而獲致多次的拔擢。

拾肆、七十五軍情報官趙玉基先生訪問紀錄

時　　間：民國 77 年 7 月 20 日、
　　　　　民國 95 年 6 月 8 日、6 月 24 日
地　　點：高雄縣鳳山市黃埔新村田世藩先生宅、
　　　　　麥當勞鳳山光遠店、孟化新先生宅
受訪者：趙玉基
主　　訪：朱浤源
紀　　錄：林蘭芳、李來興、楊欽堯、許庭碩

一、家世背景

　　我是山東省臨朐縣人，民國十七年九月十六日生。祖父景榮，在我的記憶裏大多時候身體欠安，於民國廿六年就過世了，祖母為高氏。父文昌，字復昌，號興五，母為姚氏。家裡原本務農兼做生意，所以能維持小康生活。等到抗戰期間，父親投身軍旅生涯，在山東省保安第十七旅，從事地下工作，曾擔任「少校」隊長。等到抗戰勝利後，國共內戰國民黨政府撤退，我隨軍入台，留在大陸的父親因為有我這個兒子在台灣，而被判刑七年勞改，最後抑鬱而終！

　　家中成員另有一姊二弟，大姊鳳英，曾就讀私塾。一九五三年在大陸考取共幹子弟的幼稚園教師，但因為家庭成分不好，而受到排擠，因而離職。後來嫁給濟寧同鄉的共幹李某，住黑龍江省雙鴨市，已於一九九四年過世。二弟良基，當時也就讀濟南市立第四聯合中學，畢業後入伍，任職於國府山東省綏靖公署。在國共內戰中被俘，後改為單名「嚴」，成為共軍排級康樂軍官，後來結婚，育有二男二女。三弟璽基，由於長時期家庭經濟拮据，因而未入學，在共黨體制之下成為汽車工廠工人，後來結婚，育有二男。

民國廿六年，蘆溝橋抗戰開始，當時我才九歲，被迫離鄉背井，流浪於外因而失學。所幸我們鄉下設有私塾，幼年時也讀了三年。接著逃難時分別於現在的南、北關，各讀了兩年小學，還沒有畢業。又在濟南市立第四聯中插班，念了一年。當時我已經十八歲，為了就業無法再求學了！

二、從軍經歷

我與孫將軍淵源比較淺，我先說明家父的工作，證明我會不會叛國。抗戰時，家父在省保安第十七旅，是游擊隊，為一地下工作單位。抗戰初起，家父本欲安排我與弟弟到後方山東第六聯中去讀書，那時因為年紀還小，奶奶捨不得，不同意，後來沒去，所以最初沒有加入孫將軍遠征的行列。

抗戰勝利的第二個月，民國三十四年十月，我們家鄉赤化，共產黨來了，共產黨的口號是「血債血還」，他們第一個將我的父親抓了起來，經過調查證明家父沒有惡劣行為後，就放過了。但是家中連一只手錶、一隻鋼筆，都統統被拿光了。後來全家搬到濟南，因為家父服務的單位，在抗戰勝利後撤除了，加上家中幾畝薄田，也在抗戰八年中變賣殆盡，所以到濟南後，日子就更辛苦了。

三十五年底，我十八歲，去投考憲兵，在青島受訓一年後到南京服務，那時國內已經開始動盪了。大陸開始亂了以後，陸陸續續孫先生在漢口、上海、南京、廣州沿海地方招考「智識青年」❼❽，為國家培植幹部、培植力量。我是第一批來的，以後來的素質參差不齊，從小學生到大學生都有，大家投考除了仰慕孫先生之外，當然也希望找一個前途。後來有的大學生一看是「補充兵訓練總隊」，就不進營房。會去投考憲兵，原是對國家向心力很濃厚的，但因為待遇不理想，本來在北平、天津、濟南、青島這四個地方招考時，每連有一百六十名學生，但最後在我離開時，每連所留不足三十名。

那時孫先生在南京招考智識青年，我以憲兵身分投考，考上後到上海等

---

❼❽ 趙先生指出：「智識青年」的涵義不只是有知識，而是要發揚我國固有知識之意。

了兩個多月的船，三十八年元月二十二日，船到高雄。

二十一歲的我，在入伍生總隊進台南旭町營房，營房牌照還掛著「補充兵訓練總隊」。那時約有上萬人，成立三個團，孫先生親自來向大家說明對學生之愛護與培植幹部的計畫，一方面爲了我們，向政府爭取培植訓練幹部的金錢與番號，後來才改成第四軍官訓練班的入伍生總隊。

從入伍生總隊進訓練班，只有兩次機會：一次是十八期，一次是十九期。我是第十八期的，十九期以後就撤銷了。受訓時，每人只有一套衣服，平常訓練、操課，都只穿紅短褲，打赤膊。那時候訓練是相當嚴格的，尤其是體能與射擊的訓練，是孫將軍最爲重視的部分。體能好，就能刻苦耐勞；射擊佳，才能準確擊中敵人。

先說體能的訓練。早上起來還沒吹集合哨前，不准下樓集合。集合哨吹完，還沒進入列子的人，必須用匍匐前進的方式進到列子裡去。點完名後，就開始沿著官校的外圍跑步。另外，每週還有兩次的晨跑，必須往返鳳山官校到大寮一趟。跑完步之後，才把部隊帶去用餐。每天晚點名之後，還必須跑一圈官校外圍。跑步的時候，隊上的值星官會跟在後面，如果跑得比他慢，是要挨打的。我受訓的時候，常常因爲同學跑不動了，就架著他跑完，所以在隊上被大家稱爲運動健將。

除了對體能訓練的要求之外，軍訓班也很重視射擊訓練。因爲那個時候教官不多，幾乎都是隊長兼任，所以第一大隊的區隊長陳世全先生，也是我們第一大隊的射擊教官。當時被訓練到班長在前面拿著靶紙，讓我們作射擊練習，也不會打偏。我因爲射擊成績不錯，受到第一大隊大隊長江雲錦的賞識，他特別送給我一本反攻印緬的紀念畫冊。後來這本畫冊有很多同學向我借去欣賞，在傳閱間不愼遺失了，覺得相當可惜。

畢業後分發到部隊，開始前幾年士氣高昂，別人都佩服孫先生的訓練的確有一套。我們那期畢業的，有的軍長還自己寫信要求總司令，希望軍訓班的學生分到他的部隊去。三十八年到四十年，部隊的確同心同德，爲整頓部隊而埋頭苦幹，到四十一年之後，慢慢的派系就開始萌芽了。

最鮮明的就是黃埔系的，他們可以公然的會餐，組織同學會還可公然登報，但我們軍訓班的同學和行伍軍官就變成庶子身分；大老婆的孩子所做所為一切合法，小老婆生的孩子一切非法。再加上政工人員監視、控制思想、寫小報告、寄資料，致使士氣很低落。不僅是軍訓班的同學，當時連士兵都不服氣、不平衡，再加上很長的時間沒有反攻大陸，大家內心非常苦悶。有人看反攻無望，有家歸不得，前途毫無希望，許多自殺了卻殘生。老總統非但不同情，還下令說是「自裁」，叫「罪有應得」。我那團的某個連，一名士兵拿手槍一連打死了十幾個人，他恨人，但所打的都是和他遭遇一樣，同甘共苦的人，很可憐。老總統體會不到，還下那種名詞給那樣遭遇、那樣結果的人，真是可悲。

大多數人只能認同環境，變得意志消沉，有的人就反映到孫將軍那兒去了。他既愛護部下，除當面安慰外，也交代部下回去安慰大家，希望大家互相照顧，聯絡感情，也順便交代督訓組的人來安慰我們。這是此事的前因後果。那時曾有位同學，在部隊上非常負責，軍隊當時很苦，根本沒有眷糧，後來沒飯吃，太太自殺，連孩子也帶去。你想想，我們孫先生聽到這種消息，心中感受如何？

三、來台後的家庭狀況

我雖然在民國卅三年娶妻王氏，次年生下一女，名福桂，但因戰亂關係，後來妻女均淪陷於大陸，未來台灣。與大陸妻子分離二十年之後，也就是我出獄後，於民國五十三年才在台灣另外娶妻楊氏瑞珠，現育有二男一女。

長女琰圭，民國五十四年生，私立樹德職校音樂科畢業，先擔任流動鋼琴老師多年，而後在私立機構上班，時年四十一歲，至今未婚。長子瑱圭，五十六年次，私立立志高職畢業，經營清潔打蠟，八十二年娶妻張淑惠，現育有一男一女。次子珽圭，五十八年生，私立南台工專二專部畢業，八十四年娶妻陳月霞，育有二子。與長兄合力經營，承繼自母親的清潔打蠟公司，

現在業績頗佳，十年內分別購入六百五十萬的房子三棟，轎車三部，工作汽車三輛，堪稱順利。

四、對孫先生之感想

孫先生不但為國設想、效忠領袖，也時刻想到為國培養人才，擴大來講是愛護全國的百姓，他只要能做的都做了。大陸上那麼危急的時候，他儘量招收智識青年，我們總隊有一萬多人，還成立女青年大隊。那時還有大陸上的部隊到處抓兵，自雷州半島撤退時，一抓抓三代來的，爺爺年老身體不好，就當伙伕，小孫子當傳令兵，兒子年輕力壯就當兵。孫先生聽到了，心想小孩子還小，可以加以培養，就以總司令的名義，成立幼年兵總隊。最重要的就是愛護這些孩子，一方面做軍事訓練，一方面替他們到外面找老師，分級編班，讓他們好好讀書，以培植人才。他個人如此苦心為國育才，但政府卻想他是製造私人勢力，扣帽子找理由來打擊他，不光打擊他個人，與他有關的也一個個打擊，如在大陸上已為將校者或其他階級，都被降級。

孫先生為人是不會隨便授軍階給人的，當初我由上海來台灣，我們學生隊的隊長應當是上尉，但實際上我們的隊長都是少尉隊長，這證明他的階級不是隨便給的。要按國家的制度：少尉升中尉要兩年，中尉升上尉要三年，這證明孫先生絕無一點私心。而四十一年，卻有明令說政工人員的升遷，不受年資的限制，這是鼓勵只要你打小報告，三、五個月都可以升級，才造成部隊的不和諧與分崩離析。他不去檢討部隊不和諧的重要原因，只曉得抓辮子、扣帽子，製造他人罪責！

五、被捕情形及日後遭遇

三十九年六月十六日，我從陸軍官校第四軍官訓練班第十八期畢業，分發到七十五軍，在軍的幹部訓練班待了幾個月後，到二二八團去當少尉情報軍官。頭幾年部隊很和諧，完全不分背景上下。

記得受訓時，孫將軍曾來過隊上點名。點名時，他會看看我們這些學

生，並在點名簿上做記號，作為以後人事調遣的參考。我只有被孫將軍點過名，與他的關係不深。與郭廷亮的關係也不深，就是在官校受訓時認識的。

至於為何會被抓？我想就是因為喜歡發牢騷及批評政工。當時曾經就升遷的問題，批評過政工人員。我們這些軍訓班出身的同學，都有嚴格的年資、表現、職缺等限制。但政工升遷得很快，一點小功績就能夠升遷，且不受年資限制，在我們看來是相當不公平的。所以我們同學見面時，難免發發牢騷，批評政工。有次我向同事說：「乾脆把學歷通通統一，然後全天下都改姓蔣，不就都是一家人了嗎？」就因為這一句話，被政工記上了一筆，後來就被抓了。

在四十四年六月一日我被捕之前，已先抓走我們團的兩個行伍軍官和我連上的兩個班長。行伍軍官比我們還慘，因為我們軍訓班的有學歷，形式上孫先生還是我們的頭。行伍軍官毫無人照顧，政工將他們看得更扁了，所以我們兩者會常在一起發發牢騷。我連上被抓的兩個班長，是經常與我有接觸的。

我六月一日被捕。當時我們準備在屏東大校閱，部隊駐萬丹（在後來的萬丹國民中學），當天部隊剛在外面演習，團裡的保防軍官來約談，我心中已有數了。上了吉普車，直開屏東市。之後，師的保防科長開始問我口供，那時我根本不認識郭廷亮，什麼匪不匪諜呢？他做了筆錄，直接把我送到鳳山海軍無線電台。我在那裡住了八天，有鐵門，只留一小口送飯，在牢裡吃肉、吃白米飯，比在部隊裡吃糙米飯，沒肉吃還好得多呢。

剛開始很平靜，吃得飽睡得好，到第七天，郭廷亮的家人就關在我隔壁。我聽到郭的孩子，最大的男孩四歲，女兒不到兩歲，在吵媽媽，要吃奶要餅乾什麼的，使得我情緒大受影響，痛哭一場。到第八天就送台北了。

在此之前，還有一些插曲：在我被抓前已經提了四個人，團上謠傳紛紛，有的人指名道姓，說我帶部隊上山要造反了。第二個插曲是，部隊自大陳島回來，大陳是戰地，可自備彈藥，隨時準備作戰。我當排長有卡賓槍，又帶了數盒子彈，但中華民國的軍隊只准帶槍，不准帶子彈。校閱前統統要

檢查過，政工人員查到我的卡賓槍和一粒子彈就要抓我。因為我的被服及裝備都是由傳令兵管理保養，後來他承認是自己的疏失，才將子彈留置在我的乾糧袋內。傳訊兩次，他都承認。這傳令兵叫沈義田，的確是夠忠義。等我出來後，他已經逝世了，我沒能盡到照顧的責任，心中很遺憾。

我們被送到台北後，我資歷淺，案情較輕，沒判什麼刑，只逼口供。問我口供的陸軍上校和海軍中校，他們問時都稱「孫先生」，口氣很尊重的，由這方面也可以證明孫先生是否真正得人心。正說明了想整孫先生的人，也不敢公然的侮辱他。另外，我們也有幾項突破，以前大陸上陸軍行伍及軍訓官被認為是三字不識的。直到看了我們的自白書，才知道原來我們不是老粗；還有我們在新店坐「霸王牢」，改變了監獄限制寫信的規定，原來放封是各監房照輪的，因為我們案情特殊，對我們比較優待，但被判刑八年以上的十五個人優待較少。

我說些閒話。我十八歲投考憲兵，對國家、對國軍絕對忠心耿耿，但當憲兵後，大概是民國三十七年，我發覺兩件事情，令我觀念動搖：（一）當憲兵，我在南京司令部團管區服務，發覺士兵冬天的棉襖反過來穿（原是外灰內白底），為的是防兵逃跑。我想既是國民革命軍，是為國家做事的，為何這麼不信任士兵；（二）我在南京時，我表哥是少校連長駐湯山，距離很近，我就要去看他，結果在路上，被某部隊兩個班長拿衝鋒槍架著。我是現役軍人，還抓我去當兵。拿證件給他們看，他們也不信。幸運的是剛好經過我表哥營隊的門口，被表哥攔下，才沒被抓走。我想，若是一個正常的國家怎會發生這種事呢。

出獄之後，也有好幾樣事情，到現在還讓我非常痛心的：（一）當公務員依法必須經過國家考試，而我們則有權利應考。我現在是在國民中學當人事主任。❼❾民國五十一年，我報名參加考試，結果退除役官兵輔導委員會卻取消我的資格。我去翻憲法，一連寫了七封信，他們回了我兩封信，一封是印

---

❼❾ 編按：指趙先生第一次接受訪問的民國77年。

好的官方說法，第二封才說下次為我爭取。結果一延延了我三年。(二) 幾十年下來，警察始終跟蹤、監視。明明曉得我們不是那樣的人，為何要擾亂我們終身，我們已經是六十多歲的人了。（三）更痛心的是不光害了我這一生，也殃及我的子女。我有二男一女，我自己安排二個男孩，一個當軍人，一個當普通百姓，但我兒子體格不好，不能考正式官校。我的大孩子是讀國際工職畢業的。去（民國 76）年八月，聯勤的技術訓練班招生，因為我有「紀錄」，孩子被刷下來。我爭取了幾次，但仍是沒辦法，我們到現在還是被害者。

拾伍、監察院孫案調查小組助理訪問紀錄

時　　間：民國 89 年 9 月 18 日（星期一）

地　　點：監察院七樓會議室

受訪者：劉鵬昇先生、余繩文顧問

主　　訪：朱浤源

紀　　錄：謝國賢

朱浤源（以下簡稱「朱」）：今天很高興訪問當年（民國四十四年八月孫案發生後不久）協助監察院「五人調查小組」⑳的助理劉鵬昇先生，以及今天監察院的顧問余繩文先生。余先生並未參與五人小組的工作，但長年在監察院服務，認識許多人，因此一併請教。今天訪問的目的，是想請余顧問協助劉先生，回憶當年協助曹啓文等五位監察委員調查孫案的工作情形。您當年應該很年輕吧？

劉鵬昇（以下簡稱「劉」）：二十多歲。

朱：從剛才我們所看到的監察院民國四十四年的檔案裏面，有一份參與協助委員調查工作的名單，包括螳碩，還有馬國義。

劉：馬國義是專門委員，螳碩是參事。

朱：可不可以描述當年工作的情形？

劉：主要是幫委員到總統府拿檔案。可是當時沒有影印設備，所以只好找了一批人幫忙，並且分組抄寫卷宗檔案。至於五人調查小組開會的情形，因爲我們不在場，所以也無法得知詳細情形。但據我所知，五人小組的意見似乎不一致。另外，由於我們是分組工作，因此對於案情的全貌也不甚了解。五人調查小組的報告，是誰主稿的，我也不清楚，只記得召

---

⑳ 主司孫立人叛亂嫌疑案的監察院五人調查小組成員是：召集人曹啟文，以及蕭一山、王枕華、陶百川與余俊賢。

集人曹啓文委員說：「郭廷亮的簽名有問題。」

朱：我們現在就從〈監察院調查報告書〉的第一頁開始逐頁翻閱。由於筆跡不同，請問：這一頁是誰謄寫的呢？

劉：這是我的字。

朱：那第五頁後面的毛筆字是誰的呢？

余繩文（以下簡稱「余」）：這是螳碩的字，當時是螳參事。

朱：那第七頁的是？

劉：我記得是胡爲瑜的字。

余：對，我記得他常幫陶百川委員抄寫文書。

劉：當年的行政人員有我、馬國義、螳碩、聶治安、丁永森、胡爲瑜、鄭師周、牛荐萍、蒼成壽、張光亞等十人。其中馬國義最爲年長，其餘九人，都只有二十多歲。

朱：從第十一頁開始是誰寫的呢？

劉：從十一到二十頁是我寫的。

朱：那第二十一頁的表呢？

劉：應該不是鄭師周或牛荐萍的字。

余：看不太出來。

劉：從二十二到二十五頁都是我寫的。

余：二十六頁的字是胡爲瑜的。

劉：因爲陶委員的字很潦草，我想最後定稿的應該是陶委員，並由胡爲瑜代爲抄寫。

朱：接在後面的部分？

余：這是螳碩的字。

朱：那這個鋼筆字是誰寫的？

劉：這是我寫的。

朱：初稿也是劉先生您寫的？

余：這還不算是初稿。

劉：當然不是，這已經改了好多遍了。陶委員做事的態度非常嚴謹，稿子總
　　是一改再改。

朱：所以當年大家都工作到非常晚？

劉：對。

余：那時候幾乎不分晝夜。早上開會，下午開會，晚上還加班。

朱：聽說那時監察院分在不同的地方辦公？

余：原來是在「七洋樓」。

劉：靠火車站天橋的位置。❽

朱：那您們當時在「七洋樓」嗎？

劉：我記得當時調查報告完成後，並沒有公佈。監察委員就在「七洋樓」的
　　二樓工作。

朱：據我所知，同（民國四十四）年十二月的時候，監察委員們有私下在一
　　起討論過，有沒有在院會裏報告？

劉：這個我不清楚。

朱：剛才我們大致了解第一卷的字是誰所抄寫的。現在進一步針對刪掉，也
　　就是打 X 的部分請教。❽❷不曉得是何人所為？

劉：這個我就不知道是誰了？

朱：有誰有這個權力呢？

劉：應該是五個委員之一吧！

朱：我們先看紅毛筆字的部分。

劉：這看不出來。

朱：紅毛筆也等於是編頁碼的。我們現在看第八頁，後面有四個字，原來是

---

❽　編按：天橋於民國 97 年已拆除，該地即館前路與忠孝西路交界的西南角這一帶。

❽❷　編按：主訪人曾於民國 88 年至 89 年，應監察院之邀，在國防委員會康寧祥（後來是趙
　　榮耀）召集人支持下，推動「孫案調查報告被刪內容之研究」的計畫，朱浤源被要求：
　　把打字稿上所有打「X」的空白文字的原文找出來。編者在進行上述訪問時，已經找到原
　　始檔案。

「規模頗大」，更改為「牽涉頗廣」。這顯然是委員所為了。

劉：對，可是並不是陶百川的字。

朱：會不會是曹啓文委員？

余：這不曉得。

朱：現在看第十三頁的部分？

劉：有可能是蕭一山委員。

余：蕭委員有參加嗎？

朱：有，還有王枕華委員。

劉：這也不是王委員的字。

余：王委員是屬於大而化之的人，應該不會是做文章的人。蕭委員應該不會
　　寫白話文。

朱：會不會是余俊賢委員呢？

劉：不是他的字。

朱：所以應該是曹委員或蕭委員？

劉：曹委員的字跡也不是這個字。

余：只能推測是蕭一山委員了。

劉：對。

朱：那接下來在十四頁，蕭委員用毛筆打了很多 X，十五頁也有改一些字，
　　十七頁打了很多 X。

余：依這種情形看來，絕對不是曹啓文委員所為。據我所知，他是一個大而
　　化之的人，不會做這種事。

朱：那最後簽字的部分，是五人調查委員的簽字吧？

劉：對。

朱：現在想請教兩位一個問題，簽字的時候，紅筆的修改部分已經存在了
　　嗎？

余：這個也很難判定。

劉：可能五位委員在閱讀的時候，就直接在上面修改了。

朱：這一點就要查當年的〈工作日誌〉了。另外我們再看第一頁的下半頁，
　　有一個暈開的紅鋼筆跡。第二頁的上半也有一個暈開的紅色標點符號。
　　第四頁的第一行、第三行有用紅筆更改的幾個地方。

余：這應該是用鋼筆，不是毛筆。

朱：這一個部分是把一些敏感的字眼劃掉了，例如第十軍，把「十」劃掉
　　了，另外一百零三位受刑人的「一百零三」，也被劃掉了。在第十頁的
　　部分，有用紅毛筆劃掉紅鋼筆的部分。

余：這看起來像紅毛筆。

朱：毛筆是先寫的，然後鋼筆的部分改得更多。

余：但是當時沒有人用紅鋼筆。

朱：有誰有這個權力，可以在監察委員的報告書上，先用紅毛筆改，再用紅
　　鋼筆大肆修改？

劉：這分報告書有好多人看過，可能有人用毛筆，有人用鋼筆。

朱：請問當時有沒有打字機呢？

劉：我記得是搬到中山南路以後才有的。

余：您在哪裏看到有打字的稿呢？

朱：我研究室裏有一分監察院報告書打字稿的影印本，上面也有打 X 的部
　　分。

余：那是民國幾年呢？

朱：我想它不會顯示是哪一年。這一分打字稿是監察院在民國七十七年，受
　　到壓力之後，在四月間公布的。不過，我們現在不是就它公布的時間而
　　言，而是打字稿是何時打的？因爲這牽涉到是何時打 X 的問題。

余：打字稿上面應該會有時間。

朱：打字稿是依據這分報告書打的。這分報告書完成的時間是民國四十四年
　　十一月二十一日。我們接著繼續看下去。

劉：這個在民國四十四年九月二十一日，監察院國防委員會，給調查孫案委
　　員的〈函〉，是鄭師周抄寫的。

朱：那接下來九月二十一日〈函〉給曹委員的稿是誰寫的？

余：是當時的國防委員會主任秘書張光亞，後來他當上考試委員。

朱：他當時是核稿的？

劉：對。

朱：咦！這個地方有打字稿！所以，當時應該就有打字稿。

余：這是民國四十四年九月二十日的公文。

朱：那麼就是在民國四十四年底，原來經過打 X 的調查報告，就已經轉成打字形式了。

劉：民國四十四年監察院是不是已經搬到中山南路了？

余：這個我不清楚。

朱：不過據我所知，當時在七洋大樓開過很多次會議。

劉：可是在我的印象中，七洋大樓沒有打字機。

朱：可能在別的地方打的。

第六篇　冷戰尾脊假匪諜之死

壹、警總組長蕭桃庵先生訪問紀錄

　　時　　間：民國 89 年 4 月 21 日（星期五）
　　　　　　　上午 10 時至 11 時 30 分
　　地　　點：監察院
　　受訪者：蕭桃庵❶、王學斌❷
　　主　　訪：朱浤源
　　紀　　錄：謝國賢

　　主訪人朱浤源（以下簡稱「朱」）於執行監察院委託研究計畫時，特別邀得接辦已經出獄，但情治單位不要他留在台灣，要繼續將他與社會隔離在綠島的所謂「匪諜」郭廷亮案的上校組長蕭桃庵（以下簡稱「蕭」）與孫案受刑人之一的王學斌（以下簡稱「王」），在監察院，以對談方式，接受訪問。以下是對談的內容，由助理謝國賢錄音整理。

蕭：郭廷亮的案子是我幫他解決。當時我手上帶了六十萬到綠島找他。

---

❶ 編按：蕭上校為警總所派，負責郭廷亮在綠島養鹿期間郭家事務的高級主管與承辦人，自有其立場以及忌諱。

❷ 編按：王先生為孫案受刑人之一，當時駐紮在台南縣新營一帶。與蕭相熟，但立場相左。

王：是啊。蕭上校幫郭廷亮很多忙。

蕭：我為了這事得罪了很多人，長官對我很感冒。平常若跟長官意見不合，照樣拍桌子。我的個性就是有點傲上。

王：這是湖南騾子的脾氣。

蕭：包括副參謀總長在內，都對我的湖南騾子脾氣很感冒。我聽人家告訴我：「老庵啊，你曉得你的個性，你不要說話就得了。」

王：他對郭先生很好，不管是房子、金錢、吃的，他都給他招呼的很好。

蕭：當時被關在綠島的柏楊，也是我去接他回台灣的。後來柏楊出了一套書，也整套送給我。

朱：還接觸哪些有名的政治犯？李敖是否見過？

蕭：李敖我沒接觸過。施明德，沒接觸。但施明德的事情，我多少了解一些。因為他的兄弟是做推拿的，所以我有接觸過。顏錦福、謝聰明也有接觸過。

朱：顏錦福為何被關？他是流氓嗎？

蕭：顏雖有接觸但不是很熟，所以有一次請我吃飯我沒有去。據我所知：當年他一結婚，就當北一女的老師，所以應該不是流氓。

朱：今天訪問的重點，在針對郭廷亮民國七十一年所寫的〈陳情書〉的內容，請兩位提出評論。他講的究竟是真是假？關係重大。像〈陳情書〉裡所提到：「十晝夜輪流拷問」「身心崩潰」等等，可能王先生比較有經驗。至於判處死刑的同一天，緊接著又由總統特赦免死，還有民國六十四年服刑已滿，理應開釋回家，為何後來又被帶到綠島？這一段請蕭先生評論。

蕭：當局認為郭廷亮在綠島比較安定。因為刑期既然結束了，釋放出來後，到綠島那裡還是很自由。唯一和一般人不同的是，若要回到台灣，就必須提出申請。當局之所以這樣做，是避免郭廷亮和一般人接觸。

朱：就是避免和一般老百姓在一起。

蕭：避免他和一些昔日長官、同僚聯絡。

朱：這樣做也是基於孫案上的考量吧！當局覺得孫案還是有問題，所以郭廷亮還是不要讓他跟一般人在一起。

蕭：是不是有這方面的顧慮，我不曉得。因為這牽涉上面當局對於這個案子是不是匪諜的意見，我個人不方便表示意見。

朱：因為郭廷亮所講的，跟官方提供的內容不太一樣。是不是〈陳情書〉裏面有很多當年的內幕。毛人鳳和毛惕園是怎樣規劃、設計之後，讓郭廷亮聽從按照他們設計內容所講。因為據郭廷亮的說法，政工人員先寫好了一個口供樣本，你照這樣講就好過一些，不順從就會繼續挨揍受刑。請講一些當時的情形。好像大家的自白書對孫將軍都很不利，這些自白書真的有人事先設計好一套說詞，再讓你們照著講嗎？所以請王先生敘述當時的情形。如果當年只有嚴刑逼供，沒有叫你們講一套事先設計過的口供，那結果又不一樣了。是不是當年的口供都是你們自己想的，還是一套預先設計的口供？還有〈陳情書〉透露「假匪諜」，郭廷亮是不是真匪諜？是不是經過毛惕園等人的設計？殊關重大。

蕭：〈陳情書〉中提到，我特地到台北松山寺拜訪前保密局特勤室主任毛惕園，幫郭廷亮澄清一事，確實是有的。我只是幫他查證當年承認犯案時，毛人鳳曾經給他的承諾，想瞭解到底有無這一回事。至於當時毛人鳳局長教他「假扮」匪諜的事情，我認為沒有「假扮」這種字眼，不可能有這種字眼。

朱：那會不會有這種事？這是關鍵！

蕭：不會有這種字眼。台灣有這件案子，是根據老總統的肅清匪諜政策。當時我去綠島及松山寺要做的，是確定他有沒有平安，他的房子處理得如何。我為了他房子的事，出了許多力氣，也開了幾次會。毛惕園就說：「這件案子，蔣公已經做了一個寬大的處理。」但是，是不是有承諾：你如果如何如何，我們給你房子。這件事情大概是有的。有可能是毛先生給郭廷亮的承諾，好讓他的家人生活有著落，使郭廷亮對家人沒有牽掛。對於說要郭廷亮假扮罪諜、頂罪一事，這種事情好像就是這個……

（？），❸沒有這回事。

朱：您跟毛先生見面的情形，是不是可以詳細回憶？

蕭：毛先生的回應，就我剛才所說的：「蔣公已經做了寬大的處理。」本來是要槍決的，後來改判無期徒刑。另外毛先生好像也提到：「你關進去以後，你的家庭、生活方面會給予妥善處理。」。

朱：所以毛惕園先生特別交待，要幫他處理這些事。

蕭：我就是因為處理這些事情，才去綠島找郭廷亮。

朱：您跟郭廷亮第一次見面在那裡？

蕭：是在綠島吧？在綠島。

朱：是在民國六十四年的時候嗎？

蕭：我去過綠島很多次。但都不是因為他而去的。那時去綠島是因為柏楊的關係。人總是會懷舊的，過去我和郭廷亮曾經在鳳山待過。

朱：大家都在一起是吧？

蕭：不是在一起。以前我不知道他，也不認識他。

朱：哦！都是鳳山出來的。

蕭：是啊。大家都在鳳山受過訓。因為這樣，所以每次去綠島，都會去圖書館找他聊一聊。本來我沒有這個義務幫他處理這些事。就是因為談話中他有提到，所以我才幫他。

朱：所以您第一次跟他見面，就答應幫他處理在台北的房子？

蕭：對。就是房子的事情。還有一些後來他在綠島待了很久而尚未處理的事情，我就綜合幫他一併處理。後來我也帶錢給他。

朱：帶了多少錢？

蕭：帶了幾十萬吧！

朱：民國幾年？

蕭：是在幾年？忘記了。但是陳情書上寫的沒錯，好像是五、六十萬。

---

❸ ……（？）表示在錄音機中，說話之人的聲音聽不清楚。以下均同，以還原錄音當時的情景。

王：是六十萬。

朱：是六十萬嗎？

蕭：這個數字現在我是記不得了。

王：是六十萬，沒錯。

蕭：我是把錢裝在小皮箱裡的。

朱：帶去綠島給他。

王：那時六十萬很值錢。

蕭：對哦，那時是很多哦。

朱：所以那個時間，你不記得。不過您是民國六十四年認識他的嗎？

蕭：這個時間我不敢確定。

朱：郭廷亮在民國七十七年七月向蔣經國總統陳請。綠島的指揮官劉效文少
　　將，你認識他嗎？

蕭：對。我認識。劉效文是山東人，他跟我很熟。

朱：劉告訴郭說：「承辦人蕭桃庵上校親至台北松山寺拜訪毛惕園。」

蕭：對。我是去拜訪他。也和他提到先前郭廷亮在綠島和我談的一些請求。
　　毛上校也希望我能夠為他多做一些事。我也特地去……（？）。記得找
　　毛惕園好幾次。可是都沒見到他本人。不是不在，就是不知道去那裡。
　　只有那一次看到他。

朱：不容易看到。雖然他在松山寺那邊當和尚。

蕭：不曉得什麼原因，也許他……（？）。陳情書裡提到我有叫他假扮匪
　　諜，這件事情是沒有的。

朱：郭的〈陳情書〉上寫到：

　　民國七十一年六月九日，警備總部蕭桃庵少校，親臨綠指部對我說：
　　「為了查證你的陳情，我曾親自到台北松山寺，拜訪前保密局特勤室
　　主任毛惕園將軍，據他說，你的確與共黨毫無關係，當然也不是匪
　　諜，只因當時案情上需要，毛人鳳局長，本著最高當局的決策，命他
　　來勸服你，站在黨國利益的立場扮演假匪諜，使政府對國內外輿論有

所交代，所以你是無辜的。」「他要我簽請上級特別給你優待，並且
強調這件案情，先總統　蔣公知道，現任總統蔣經國先生也知道。當
時，我曾請毛主任寫個證明，以便簽請上級辦理。他毫不猶豫地寫下
證明，所以你的問題，最近就會獲得解決的。」

您的看法如何？

蕭：陳情書上提到的前半段，和我無關。他出獄之後到綠島……（？），安
　　排一個職務，讓他做事情。

朱：所以陳情書上提到的「他」，是指毛惕園。是毛人鳳命令毛惕園去勸郭
　　廷亮。站在黨國的利益扮假匪諜。這部分你沒有接觸，這是毛惕園的工
　　作。是不是？要問毛惕園。您做的就是大概在六十四年之後的某一天，
　　帶六十萬到綠島給郭廷亮。您有沒有印象大概是在第幾次去綠島的時
　　候？因爲您去了一、二十次，是那一次去呢？去綠島的時候都怎麼去？
　　都搭飛機嗎？

蕭：記不得，我都是搭飛機去的。先坐飛機到台東，再坐小飛機到綠島。

朱：〈陳情書〉裡提到：「他要我簽請上級特別給你優待。」這就是您講的
　　啊！郭廷亮說您跟他提到，說是「上級要我給你『特別』優待。」所以
　　你就請毛主任寫證明，毛主任就毫不猶豫地寫下證明。這件事情有嗎？
　　到松山寺是不是就因爲這件事？

蕭：到底有沒有這件事，我忘記了。那有沒有寫下證明，這恐怕就有問題
　　了。有沒有寫啊……？（思考狀）

朱：不太記得了？

王：毛惕園還在不在？

蕭：還在，我見過他。

王：現在還在不在？

朱：在。住桃園市。

王：原來不是住松山寺嗎？

朱：松山寺燒掉以前，我去找過他，他們說他不在松山寺了。後來有了內湖

的住址，我也去找，也找不到。

蕭：你什麼時候見過他？

朱：我沒見到。

蕭：那你是不是見到他的時候，可以順便問他是否還記得蕭桃庵這個人？

朱：這等我們找到他的時候，再請您一起去。

蕭：嗯，好。

朱：他住在桃園。或許我們開車去找他。

王：我覺得應該去見毛惕園一面。

朱：應該要見，因為最關鍵。

王：因為他是關鍵人物。谷正文您見過沒？

朱：谷正文已經瘋言瘋語。

蕭：嗯，他這個人。

朱：他腦筋有問題，我們有谷正文的訪問紀錄。他說了很多，我們也記錄了很多。但是不符史實或前後矛盾之處甚多，令人不敢採信。

王：因為這兩個人在當時是關鍵人物。

朱：對。谷正文是負責執行；整個案子的設計則是毛惕園。

蕭：你講得沒錯。有一次我在電視上看到谷正文，他講話是有點問題。

朱：講話的內容有很多矛盾與錯誤。所以訪問以後，所整理出來的的發現前後矛盾，很難處理，只好把訪問內容的錄音帶封起來了。所以你說：去拜訪毛惕園而寫證明這件事，您不太記得。

蕭：對。

朱：那原來的警備總司令鄭為元，早期您和他談過嗎？

蕭：沒有。

王：那時候碰不到。

蕭：有好多長官是不會管這件事。原來是我在管，像這些問題處理，都是我在提意見。事實上，當初因為處理郭廷亮的事情，讓我感到很不愉快。有些單位都認為我是吃裡扒外。這些單位的人與我合組一個工作室，他

們批評我很多，但我還是參加了會議。我們擠在一個小會議室裡，大家坐在沙發上。

朱：在哪裡？

蕭：就在我們警備總司令部總局。我就跟他談說一定要幫郭廷亮解決這些事。也因為做了這件事讓我感到很自慰。我做事情一向有一股傻勁，只要認為是對的，就會去做。如果不對的，我不會去做。我做事一向都是這個樣子。我們為了郭廷亮的事開了很多次會議，皇天不負苦心人，我也幫他爭取到了。這樣極敏感的事，如果不小心，工作丟了也不一定。

王：對。

蕭：一般人或許會應付一下，就算了。

王：那是的。

朱：所以，在保安處開會的時候，怎麼郭廷亮也會在場呢？

蕭：是他的兒子：郭志忠。後來擔任警總的小組長。我覺得他這個人很有正義感，這個人是有跟過我的。

王：這我知道。

蕭：他有跟過我的，所以我知道他的為人。

王：對，有聽他提過。

蕭：的確是。對啊！那時我在警總負責這件事情。後來……（？）。

朱：您不是拿了六十萬給他嗎？怎麼後面還要錢呢？

蕭：不。如果沒有我幫他爭取，怎麼能夠拿得到呢？

王：要爭取這筆錢非常困難。

蕭：就是在開會的時候，我提出意見。進而和他們協調，六十萬就是這樣爭取到的。這六十萬還沒拿到以前，不知經過多少次的會議，而這些工作都是我在做的。

王：意思就是說，經過很多困難、曲折後才能爭取到錢。

朱：所以是民國七十年以後的事情。

蕭：應該是。

朱：請問當時郭廷亮的兒子幾歲？

蕭：應該是三十歲左右。

朱：大概民國七十年，所以可能是〈陳情書〉以後的事情。❹

蕭：大概在〈陳情書〉以後啦！

朱：蔣經國有指示要給他錢？

蕭：我接了這個工作以後，……（？）。

朱：所以就是您拜訪過毛惕園以後的事情，是不是？

蕭：應該是看過毛惕園之後的事。因為當時毛惕園……（？）。

朱：對。除了錢以外，在永和的房子也是您經手辦給他的嗎？

蕭：原來就是因為房子的事情。……（？）。當初……（？）的時候，他在
　　中山北路有棟房子。

朱：對。就是在劍潭再春游泳池一帶。現在是位在圓山底下的劍潭青年活動
　　中心。

蕭：這只是一個……（？）的印象。至於中山北路是不是有房子在那裡，我
　　不曉得。

朱：您辦的是永和的房子？

蕭：你問我，我也沒有印象。那是他後來跟我講，我才曉得。

朱：喔。這一間就換掉了。因為聽說中山北路那一間是毛惕園的。

蕭：不是。是郭廷亮的。

朱：毛惕園給郭廷亮的。

蕭：不是毛惕園給他的。郭廷亮有跟我談過這個事情。當初案發當時，上面
　　為了讓郭廷亮認罪後，對他家人的生活沒有顧慮，所以決定給予房子、
　　金錢上的體恤，這是一個籠統的東西。

朱：對。所以永和的房子你沒有去過？

蕭：沒有，沒有。這個話是郭廷亮講的，我有這個印象。

---

❹ 編按：民國 44 年時，郭志忠 4 歲。

朱：所以爲什麼給他六十萬，您不知道。

蕭：沒有。這個六十萬……（？）。這個房子是重要因素。因爲他出獄之後
到綠島工作，認爲上面過去給他的一些承諾似乎沒有實現，所以我就整
個綜合幫他處理。

朱：您承辦之後，需要見證人，所以就到松山找毛惕園。而毛惕園說：「就
這麼辦！」是不是？

蕭：他不是這樣講。我去拜訪他時，他對這件事情有表示難過之意。

朱：他沒有反對。因爲您大概有說這個案子要怎麼處理，您是承辦人嘛！

蕭：他沒有反對。

朱：不過您去找他一定有特別正面的作用，否則就不會去找他了。

蕭：對。

朱：一定是請教他某一件事。

蕭：請教他關於國軍對郭廷亮的承諾究竟是怎麼一回事？他家裡孩子還小
（蕭承辦時—民七十年以後？），生活問題、還有房子問題等等。

朱：所以毛惕園就說：「好。你去做吧。」

蕭：是不是有這個事情？他那時沒有權力，也沒有能力去處理這件事情。

朱：他怎麼講？

蕭：他就是說：「蔣公已經做了一個寬大的處理。」

朱：不要講了就算了，給的承諾要實現。

蕭：有二個重點。一個就是蔣公對他的事情做了寬大處理。一個就是他家人
的生活要給予照顧。

朱：所以經過幾次開會協商，連他的兒子都請來。

蕭：是的。可是他兒子只來一次。

蕭：我是民國四十四或四十五年被調來台北。之前是在四十九師一四五團。
當時我心裡在想：怎麼搞的？爲什麼調我到保安司令部？

王：是我們出事情以後被調的。

蕭：是出事情以後。那時我在部隊就突然接到一個命令要我到保安司令部。

朱：您想爲什麼會這樣呢？

蕭：我不曉得。

王：……（？）。

蕭：因爲我在那裡受過訓。

王：受過訓的人跟我們有關係的，……。

蕭：是不是有這個原因？

王：一定有。

蕭：那時候調到我們那裡的人還眞不少。

王：對啊，調了不少。

朱：還有誰？

蕭：有好多。他們是一整批調過來的，而我是單獨一個。他們調來了很久以
　　後，……。我是四十五年……。

王：你那時在一四五團是接哪一個連？

蕭：團部連。

王：四十九師一四五團是他們認爲最有問題的一個單位。

朱：就是您這一團。

蕭：都是青年軍的。我原來是二〇六師，後來到了洛陽以後，戰敗被俘後又
　　逃了出來。

朱：您是有被捕而逃出來，所以他們認爲你有問題，才把您調來保安司令
　　部。

蕭：不是這麼一回事。他們那時還不曉得我，我也沒提過被俘這件事。記得
　　在洛陽打了九天八夜，戰敗後沒有被殺，就一路逃到洛陽，再到鄭州，
　　就到南京了。到了南京之後還接受考試。

朱：從南京然後到高雄。

蕭：沒有。

朱：在哪裡考？

蕭：在……（？）江蘇方山。我那時是考陸軍訓練班第十六期。

王：是第四軍官訓練班。我們兩個還是同一隊的。

朱：所以兩位當時是在一起的。

蕭：不是。

朱：您（指：王學斌）不是在方山考的。

蕭：……（？）。我到台灣後又考了一次。那時我們六十七軍共有一百多人來考試。考試沒通過的，大概有幾十個。初試之後還要複試，複試後又刪掉一些人。我當時住在……（？）。沒考取怎麼辦呢？到時候就會被編在另一隊。我們都沒有人考取第三大隊。後來我被編到第六隊，您在第五隊。

王：我是第六隊……（？）區隊長。您忘記……（？）我們見面時，還有秦凌閣。

蕭：秦凌閣。

王：……（？）。

蕭：第一區隊長姓徐。

王：我見過那個區隊長。秦凌閣這個人很有趣，我見過他幾次面。

蕭：最近幾天，他回來要……。他（秦凌閣）回來我再告訴你。

王：他在哪裡？

蕭：他在美國。競選期間，他曾經說過要回台灣。這個人很優秀。

王：他是齊魯大學畢業生。

蕭：這個人是文武雙全啊！

王：他球打得好，文章也寫得很好。

蕭：他跑五千米都是跑在最前面的。

王：他討厭政工人員，所以不參加黨。

朱：他討厭政工？

蕭：他早期吃了虧。

王：吃了虧，不參加黨。

蕭：他如果入黨，早就升官了。

王：他很優秀。他反對政工。他說：

> 我要入黨。為什麼要入黨？那「效忠領袖」也要簽一個，……（？）。大家沒有簽「效忠領袖」，那我為什麼還要簽？我是陸軍軍官學校的學生，考上以後，「效忠領袖」早就寫過了。倘若我再寫一遍，那無疑表示當時寫的沒做，就等於是不忠於領袖。因此，不需要再寫了。我第一次寫了之後，就沒有背叛領袖啊！沒背叛的話，為什麼還要再寫？現在叫我寫，就表示我當時是背叛的，現在才要重新效忠。我不要寫，不能寫。

於是政工就打小報告，說他不入黨。而我卻覺得秦凌閣是個很有心的人，他什麼時候回來？

蕭：選舉期間，他說要回來。

王：再聚一聚吧！

蕭：好。

王：最近我想出國去走一走。

朱：在南非？

王：我在南非做過事。

蕭：那這邊呢？

王：這邊沒人。

蕭：全家在那邊啊！南非是個好地方。可惜我沒辦法出國。

王：為什麼？

蕭：家庭還有牽掛。

王：小孩都大了，還有什麼牽掛？

蕭：家是整體的。家人有意見，所以沒辦法。

朱：您是全家搬嘛？

王：是。

朱：蕭先生的家人都在台灣工作，所以就無法移民了。另外還有一個疑問，

　　青島東路那裡也有一個監獄嗎？

蕭：以前在青島東路有一個監獄。

王：我曾經被關在青島東路，還有六張犁那邊我也被關過。

朱：青島東路這裡是什麼機構？

蕭：那是軍法組的正式監獄。

王：公開的監獄。延平南路那裡的監獄也是公開的。

朱：那延平北路的呢？

王：也是公開的。

蕭：那裡也有辦公的地方。……（？）

朱：所以軍法組這邊就是……。

蕭：軍法組後來搬到後面嘛。這裡的確是監獄。

朱：那六張犁的呢？那裡更大，是軍事監獄？

王：那是關政治犯的。

蕭：六張犁跟延平南路是不是一樣，我不曉得。據我所知，當時也有一個情治單位在六張犁，裡面有偵訊室。

朱：王先生的錄音帶，我們最近聽到了。

王：錄音帶在哪裡？

朱：在國防部。有沒有興趣一起來聽？

王：那聲音不一定是正確的。

朱：不。是您本人的聲音。

王：我知道是本人的聲音。但講的話不一定是正確的。

朱：對。這個問題就要請教您，到底哪一段話是被迫講出來的？這段最重要。

王：我上次提到的徐志衡，不曉得您有沒有找到？

朱：還沒有。

王：他就是在鳳山招待所裡的政工上校，這個人您應該曉得。我眼睛的傷害就是他造成的。而他卻不承認，假裝不知道。

朱：他在鳳山招待所？

王：他一直不承認，據我所知，還跟我是同一個學校的。

朱：哪個學校？

王：河南南陽的戰區第一中學。

蕭：你們是同鄉？

王：是不是同鄉，我不曉得。

蕭：是不是河南人？

王：我不知道。後來我出獄後向別人提起他，別人說他好像和我同一學校。
　　我說：「本是同一學校，爲什麼還要整我？」

朱：他是奉命的。

王：他是奉命叫我畫一個新營的圖。後來他叫我照著畫。

朱：他先畫好的？

王：是。他先畫好的。

朱：新營？台南縣的新營嗎？

王：　對。他叫我照著這個圖畫，我沒有照他的意思做。他們政工都很凶
　　的。後來我不接受，他就整我了。他就拿燈泡照我的眼睛，叫我瞪著
　　看。我的眼睛就是這樣受傷的。

朱：那您閉上眼睛就好了。

王：你一閉上眼睛，就會被揍。燈泡的光線很強，眼睛一看馬上就受不了。
　　我就說這個人很壞，我根本沒看過這張圖，怎麼畫得出來？

朱：對。所以這段很重要。您當時照著他的圖畫並且還講了一些相關的事
　　情，就是吉普車上面掛著什麼旗？這段我都聽到了。所以您不妨說說當
　　年的情形。

王：當年事情我好像……。

朱：錄音帶中您提到：有準備三、四部吉普車上面掛著棋子，到新營的火車
　　站去接孫將軍。當時您怎麼講的？這段是他要您講的，還是……？

王：他就這樣跟我說的。他說：「你是不是畫了路線圖，然後派吉普車去接

孫將軍，車子上面還掛著旗？」我說：「沒有這回事。」

他又說：「你是奉中共的命令去接孫將軍的，……（？）」

我說：「這個圖是你逼我畫的，我哪有去接孫將軍？」

於是我們就僵持不下。後來他就硬說：「圖是你自己畫的。」

我說：「你可以對照我的筆跡，我的筆跡沒那麼好，我當參謀的時候都沒有辦法畫那麼好的圖。我的字也沒寫得那麼好，不相信的話，你就拿自白書的字來對照吧。」

　　後來我被逼得沒辦法，只好照著畫。而他那份圖後來是不是拿走了，我大概猜想得到。所以如果能找得到他，我就可以和他對質。我什麼時候畫過新營的圖？什麼時候到新營去接孫將軍？新營我是去過。我是管訓練的，常常去勘查地形，嘉義、旗山我經常去。因為軍隊有所謂的營教練、師對抗，所以去偵查地形是正常的。然而他們就以這個為藉口，清算孫將軍身邊的一些將官。他知道我跟孫將軍對政工不對勁，所以就找機會清算我們，……（？）。在他們認為，這個團是最有問題的，每個人都有問題。所以……（？）調出來的，我以前也在這個團。我調走以後，他們認為……（？）有明顯的正負關係，所以這裡面的幹部很多都調走了。實際上，政工人員的想法完全是錯誤的。

朱：不過在錄音帶上您是這樣講的。

王：一定要這樣講啊！不這樣講是不行的。你怎麼辦？像郭廷亮。你要不要承認？他們用威脅、刑求、各種方法來威脅你。像郭廷亮智慧這麼高；如此忠實的人，他們就沒有辦法從他口中套出這些話。當時這件事在國際上造成的輿論已經非常轟動，大家都知道孫將軍是名將，政府都下不了台。你照著……（？）吃了虧，孫立人也吃了虧。

朱：現在除了郭廷亮之外，還有王善從、陳良壎、其他幾位包括您本人在內，所講的供詞對孫立人都很不利。他們把錄音帶整理成文字，從文字上看起來，就覺得孫立人有問題。所以當時偵訊的情形就很重要。

王：徐志衡外表看起來很忠厚。

朱：還是他們有嚴刑逼供，可是沒有事先和你們串供，證詞是你們自己講的。

王：他有給一套供詞。他就告訴你要照這樣說。已經事先畫好了，我就照著寫。假如這圖不是全套的話，他又何必再叫我畫呢？

朱：他畫的圖是怎麼樣的圖呢？你能不能形容？

王：祇記得他畫的是一個地形圖，是要如何去接孫立人之類的路線圖。

朱：那您畫的圖還記不記得？

王：記不得了。都過了幾十年了，快四十年了。那時才四十三歲，現在已經八十歲了。

蕭：你屬狗？

王：是啊！今年七十九歲。

朱：看不出來。

蕭：我屬龍。

王：身體是不錯。

蕭：我跟您差六歲，我今年七十三歲。

王：所以你還年輕嘛，一定長命百歲的。

朱：兩位身體都保養得很好。

王：我喜歡運動。有時候晨泳，有時候打高爾夫球。

朱：所以徐志衡⋯⋯。

王：徐志衡這個人⋯⋯。

朱：請補充。

王：如果可以找到徐志衡，就要問他為什麼要捏造這個圖？誰叫他捏造的？我也在找徐志衡，一個政工上校。我出獄以後聽說他是同校比我高一班的學長，當時對他的名字好像有點印象。

朱：不曉得要怎麼查？或許您比較清楚，怎麼查到徐志衡？

王：這個現在不好查。

蕭：可以到退輔會去詢問。

王：朱教授應該跟毛惕園見個面。

朱：對。

王：因為毛惕園的年紀大了，搞不好再過幾年什麼事都忘了。

蕭：毛惕園恐怕都快九十歲了。

王：他是關鍵人物。就看他願不願意講實話。

朱：您所畫的圖，有畫得很複雜嗎？還是只有畫幾條線？比如說新營的位置，公路要走哪裡？鐵路要走哪裡？

王：印象模糊了。經過了幾十年，圖的內容我已經搞不清楚了。如果找徐志衡來對質，或許更清楚。

朱：這張是您畫的圖。不過是另外有人仿造的，不是您本人的字。是不是這樣畫？有沒有印象？

王：記不起來了。這張不是畫得很詳細。

朱：這是您本人畫的。

王：那時我照著他的圖來畫的。當時心情不一樣，我也不會照他畫的樣子來畫。他的圖比較詳細，字也很漂亮。這是我的字嗎？

朱：不是。這個是監察院當年承辦人照抄的。因為有關單位不讓他們帶回來，當時也沒有影印機，所以這是監察院的助理群當場用手抄的。

王：他那個圖畫得很詳細，字也寫得很漂亮，而且看起來很專業，就像作戰參謀畫的圖。當初我有按照他的圖畫了一分，他就是要我照著畫，如果我不接受，他就整我。後來我有照著畫，只是內容比較簡單。是不是這樣畫，我已經忘了，他畫的比較詳細。

朱：因為這是監察院的檔案，所以應該不會是假的，他在民國四十四年是照您的圖謄抄的。

王：這圖上面的字也很漂亮。所以如果能夠找到徐志衡，他應該比我有印象。不知道這個圖是哪一個人畫的？郭廷亮的死因都沒有人追究嗎？

朱：這個問題想請教蕭先生，郭廷亮的死因我們覺得有問題，我們不妨可以談一談。

王：據我所知，郭廷亮……。

朱：死因據說是摔死的。可是家屬覺得有問題，所以在民國八十年十一月的
　　《聯合報》上面刊載，向外界提出他們質疑。

王：據說眼睛上有瘀青。

朱：對。臉上有一個被揍的黑眼圈。

王：意思就是說，他站在火車廂的門口被打了一拳而摔出車外，後腦著地而
　　傷重不治。

朱：我當時綜合各報的報導內容得知一些線索。當時的站務員說：他當時在
　　月台上巡視，看到火車上「有一件物品掉出來」，他沒講說是一個人跳
　　出來，而是一件貨品掉出來。所以顯然是已經神智不清，被人丟出來
　　的，而不是自己跳出來。因為一般人在跳車的時候，為了要平衡身體，
　　四肢一定會有一些揮舞的動作，可是當時沒有。那顯然是人家把他丟出
　　來。那誰丟他呢？一定是被做掉了。這個您有什麼高見？

王：還有一個疑問，就是當時他被送到桃園急救的時候，醫生也不來。

朱：醫生不能來。

王：人都快要死了，醫生卻不來救他。

朱：依常理，這是不可能的。

王：這在台灣應該是不可能的事情。

朱：大醫院裡應該有急診室、醫生。

王：這是不可思議的事情。醫生到急診室的時候，已經來不及了。後來聽說
　　這個醫生也死了。

朱：這個醫生也死了？

王：出車禍去世了。

朱：醫生應該跟這事無關？

王：要滅口啊！為什麼？

朱：那我們談這個也危險了，連醫生晚來都被滅口，那我們怎麼辦？

王：聽說醫生是無緣無故被撞死的。

朱：這樣就太嚴重了。

王：這情治單位……。

朱：但是把醫生做掉似乎太過分，我想應該不會吧。

王：這件事，情治單位牽涉很大。

朱：因為醫生跟這件案子無關，為這件事而死，太可惜了。

王：如果醫生把內幕洩漏出去的話，對國家的影響很大，可是對情治單位來說，死一個人對國家的影響不大，所以他們把醫生做掉了。

朱：可是殺一個醫生遲早會暴露，那影響更大。因為這件事對警總來說，他們認為郭廷亮該死。為什麼呢？因為我們錢、房子都給你了，你還要把事情鬧大，所以就把你做掉。基於警總的正義來看，這件事是有可能的。可是這醫生沒有對不起國家，所以滅口的情形不太可能。不知蕭先生的看法如何？警總認為：我們已經警告過你，叫你不要再講了，這件事就到此為止。而且各方面都有給你賠償，家裡生活各方面也都很好，你還要平反！所以警總不高興就把郭廷亮做掉，有沒有這個可能？

蕭：我也是從報紙上才知這個消息。而且他後來進去……。

朱：因為民國七十七年以後，翻案風開始盛行。

蕭：我民國七十五年……。

朱：所以您的判斷是跟您無關。不過根據您的判斷，從民國七十七到八十年，一共有三年多的時間，郭廷亮就領導當初的受害人一起翻案，包括王先生在內。所以警總就認為：好處都已經給你了，就不要再提了。我們已經警告過你很多次，你還要平反。所以就找機會做掉。警總應該有可能這樣做，當然您也不好對此表示意見。

蕭：不是。不能因為個人的想法來批評這件事。

朱：對，要有證據。您沒有辦法去評論，您不予置評。

蕭：我覺得郭廷亮的年紀都這麼大了，還有必要再鬧嗎？

王：他不是鬧。他確實要平反，想要讓國家賠錢給受害者，於是才會寫〈陳情書〉。聽說田祥鴻也死了。

朱：是什麼原因呢？

王：他去年回來從台中北上來看我，我們還一起吃飯、聊天、打了幾圈麻將。隔天十二點鐘送他回去，第三天就死了。他身體還比我好啊！死因據說是血管不通，在醫院就醫過程中過世的。

朱：這個我認為是醫療的問題。

王：不是被害的？

朱：在這案子之中，田祥鴻的重要性不是很高，所以沒有必要加害他。那郭廷亮呢？警總是哪一個單位在處理？是哪個部門？

王：田祥鴻去世之前曾經跟我說了一句話：「我現在不會再關心。」

朱：他死之前說過什麼？

王：他以前和郭廷亮關在一起，但不是在同一間。有一天，郭廷亮遞了一張紙條給他，裡面寫說：「毛惕園叫他要終身保密。如果沒有終身保密，後果自行負責。」

朱：所以郭廷亮講出來後就遇害了。您的意思是田祥鴻的死跟這個也有關？

王：朱教授如果能見毛惕園一面，事情的真相可能就明白了，因為他是關鍵人物。

朱：這樣我們是不是找時間趕快去拜訪他？

蕭：好。

朱：蕭先生能不能透過關係去找他？您去才有見證。因為最關鍵的就是民國七十一年您去找他寫證明的那一天。

蕭：有這個必要嗎？

朱：當然有。

蕭：當然是可以去和他見面。

朱：對，我們就把這個關鍵釐清，一切就比較清楚了，案子的真相未來也可以向社會大眾交代。

王：我覺得郭廷亮是不是匪諜，您是最重要的見證人。

朱：對，這是最關鍵的。

王：這是關鍵點。

朱：所以看有沒有機會一起去拜訪他。他目前的住址是桃園市明友東路三十六號之一 2 樓，打電話去沒人接，❺恐怕要親自去找他。如果有找到他，可以請兩位一同去聊一聊。

蕭：當然可以。但是這個事情不是可不可以的問題，而是我現在想過我自己的生活，不要耽誤我的時間。

朱：因為這個案子的關鍵點就是到底有沒有經過設計？像王先生提到的徐志衡也參與這個工作。所以剛才那張圖的確是您照抄的，但是絕對不會那麼簡單。您記得有畫山之類的地形嗎？

王：它不是地形圖，好像是……。徐志衡的圖畫得很好，很有常識。

朱：您畫的公路和鐵路，然後從火車站到新營，有幾部掛著三角黃旗的吉普車。

王：這個圖誰也看不懂，太簡單了。

朱：吉普車呢？吉普車的事情也是您講的。

王：是我講的，還是他們……。

朱：有三、四部吉普車啊。

王：是他寫好叫我講的，他就叫我照抄，我們寫的內容都是照抄的。

朱：有些事情是你們當初對話時提到的，不是寫的。

王：錄音整理的內容所提到的，我已經搞不清了。

朱：請問您對自己的自白書還有沒有印象？是在哪裡寫的？怎麼寫？

王：我沒有印象。我在好幾個地方寫過自白書。像是保密局、鳳山招待所等地。

朱：保密局？請問是在哪個地方？

王：不知道在哪裡，當時進出都被蒙著臉的。

朱：請問保密局是在哪裡？東本願寺嗎？

---

❺ 按：主訪人於 89 年 4 月 29 日晚上打電話至 03-3567772，對方一位女士，稱：無此人；他們使用這個號碼已經一年多了。

蕭：在保安司令部。那個時候是保安司令部，還沒改成警總。

朱：後來搬走就改警總保安處。

蕭：不是保安處，是改成警總。保安處是警總下面的一個單位。民國五十六
　　年以前叫保安司令部，五十七年以後才改名稱為警備總司令部。那時的
　　總司令是由省主席兼。

朱：司令是省主席，副司令是彭孟緝。

蕭：司令是省主席。

朱：民國五十六年？會那麼晚嗎？

蕭：是民國四十六年。

朱：那保密局在哪？

王：有好幾個地方，那時候好像在北所。

朱：是在延平南路 113 號的北所？

王：不知道是在延平南路還是延平北路？我都去過這些地方，搞不清楚在哪
　　裡。

朱：那總統府後面就是南所了。

王：位置不曉得在哪裡，因為很隱密，外表上很難看得出來。

朱：後來就變軍事情報局。

蕭：對。

朱：軍事情報局是有可能在總統府後面的。另外青島東路這裡據說有軍法
　　局？

蕭：原來屬於軍法組。

朱：六張犁是哪一個單位所屬？

王：可能也是保密局。

蕭：對。是警總在那裡的一個小單位，類似鳳山招待所之類的單位。

王：範圍不大。

蕭：對。

朱：那請問政工呢？當時政工是屬總政治部，是在總統府後面嗎？

蕭：總政治部是在總統府裡面。

朱：在總統府裡面？

蕭：據我所知是如此。它不是靠近重慶北路，而是靠近博愛路。但是在總統府裡的正確位置就不清楚了。

朱：我們再問總政治部裡的人就知道了。我記得他們提過每次上班都要爬樓梯，所以可能在四或五樓。

蕭：他們有電梯吧。

朱：有電梯但也可能需要用走的，蠻辛苦的。

蕭：總統府裡面幾十個門都有電梯嘛。

朱：這樣子整個位置就比較清楚了。如果有消息的話，我們要儘快找到毛惕園和徐志衡。

王：我想這個圖一定是他們畫的，不可能是我們的人畫的，因爲沒有檔案。他一定是僱用一個人畫的。

朱：您本人有畫一張，郭廷亮也有畫一張，兩張圖我都看過了。

王：郭廷亮是怎麼畫的？

朱：和您的差不多。

王：是不是先拿給郭廷亮畫，再拿給我畫？我記得那是……。

朱：郭廷亮畫得更簡單，也是差不多這個樣子。

王：也是這個樣子？

朱：兩個人畫的都差不多。南部涉案人就你們兩個人畫，北部就是陳良壎、王善從作證，說是孫將軍找王善從在南昌街房子裡的小房間裡，把地圖攤開來討論，如何對老蔣總統採取行動。這是王善從講的，錄音帶中就是這麼講，我聽得很清楚。

王：孫將軍應該……？

朱：王善從在錄音帶中講：「聽孫將軍說：『你們幫我看著，我要進去跟他

說話，❻我不是謀害他，我要他軍隊國家化，不要搞政工，我們是很愛國的。』而你們的任務就是要替孫將軍把守，讓他進去向老先生建議。」這些內容在錄音帶裡我聽得一清二楚，是王善從講的。

王：據我們所知，孫將軍絕對沒有想要謀害總統，更不會發動政變。

朱：對，是不會謀害。那王善從講的是假的嗎？因為錄音帶我們都聽到了，當時在中央廣播電台的時候，還有幾位國防部的上校、中校一起聽，內容的確是王善從講的，非常清楚。所以即使要說是假的，似乎也假不了。現在就是要了解當時是否有人給他供詞，逼他照著唸。如果沒有的話，那就是王善從所講的，應該都是真的。

王：他很忠厚的，不會對國家、領袖做出傷害的事情。

朱：現在的關鍵就是我們都是愛國的，這點大家可以肯定。不過方式不同，老蔣總統與孫將軍的方式不同。孫參軍長就希望老蔣總統可以聽他那一套方式，不要再搞政工了。

王：政工一向反對軍隊國家化。

朱：所以像您的例子也是假的嗎？還是真的？這個地方就是重點。會做這些事都是基於愛國的立場。現在的疑問就是：這些都是您自己畫的，還是人家逼你畫的？因為您所有的證詞、錄音也是這麼講的。

王：我還是去找徐志衡。找到他就問他這圖是怎麼一回事？我想他不願意和我對質，他那好意思和我對質，尤其年紀都這麼大了。他當時的做法非常對不起我，但我覺得他起碼也承認是他拿圖叫我們照著畫的。

朱：我們要趕快找毛惕園，不過希望不大。

王：他有信佛教，是非常虔誠的佛教徒。

朱：對。可能要蕭先生去和他談那一天拜訪他的事情，把那一段做個澄清就可以了。

王：毛惕園很厚道　，是不錯的一個人。

---

❻ 「他」指蔣中正總統。

朱：可能要請兩位出馬，請他和我們聊一聊。因爲我是晚輩，要說服他不容易，必要的話，我們請康寧祥以監察委員召集人的身分一塊去。❼因爲這個案子只要蕭先生您一句話，簡單說明這到底是怎麼一回事，整個方向就比較清楚，受害人的罪也可以澄清，我們要給監察院的鑑定報告也可以圓滿達成任務。

王：我見到他也想問他：對於郭廷亮寫給田祥鴻的紙條的看法，到底什麼事要終生保密？

朱：這只有他們兩個人曉得。

王：什麼要終生保密？哪一方面要終身保密？

朱：對。這恐怕也只有毛惕園曉得。因爲毛人鳳很快就過世了，接下來都是毛惕園負責的。蕭先生對後半段比較清楚，是否再多說一些，補充剛才所沒有提到的部分？您也不用多講，就是對當初在松山寺的情形，可否再更具體的描述？比如說您去幾次？什麼時候遇到他？在哪一個房間？這些您是否可以再補充說明？

蕭：他可能還記得。

朱：您年紀比較輕，應該比他還要清楚。

蕭：你跟他見面後再問他吧。

王：您跟他見過幾次面？

蕭：就那一次嘛！我並不是第一次去就見到他。

王：好幾次才見到吧。

蕭：那時我就叫……（？）先問，他是不是在松山寺。

王：他在松山寺是不是很久？

蕭：很久。

---

❼ 按：國防委員會本（民 89）年度的召集人輪到尹士豪委員擔任。

貳、保密局特勤室主任毛惕園先生訪問紀錄❽

　　時　　間：民國 89 年 5 月 29 日（星期一）

　　　　　　　下午 5 時至 6 時

　　地　　點：桃園市民富 11 街 31 號 7 樓（毛先生宅）

　　受訪者：毛惕園（陪同解釋者：毛將軍的兒子）

　　主　　訪：朱浤源

　　紀　　錄：謝國賢

朱浤源（以下簡稱「朱」）：監察院委託我，就當年的孫立人將軍叛亂嫌疑
　　案，能夠做進一步的研究。今天很高興，在四處打聽十多年之後，終於
　　能夠看到毛先生。我們有若干關鍵性的疑點，必須毛先生來說明。

毛惕園（以下簡稱「毛」）：「當年的卷宗還在嗎？」❾

朱：都還在。而且當時審問的錄音帶，經過當年參謀總長唐飛，以及現任部
　　長伍世文的積極支持，還有監察院的強力配合，已經得到相關單位軍法
　　局與史編局的協助，有拷貝製作出來。孫立人及郭廷亮的聲音，我們聽
　　得很清楚，或許等一下就可以播放給您聽。

（毛）：（我父親現年已經九十歲，記憶力漸漸衰退，可能無法回答您的問
　　題。）

朱：所以特別請您幫忙，代向令尊轉達，也幫我們翻譯他的答覆。

---

❽ 毛先生，原名「凌雲」號「惕園」。民前 2（1910）年生，民國 89（2000）年於接受本
　　次訪問後不久，於 6 月 19 日去世。早年即投筆從戎，擔任情治人員。民國 44 年孫案發
　　生時，擔任軍事情報局前身：保密局特勤室的少將主任。

❾ 本文訪錄的體例共分三種。以下說明：由於毛惕園先生年紀老邁（已經滿 90 歲），而且
　　鄉音過重，幾乎完全無法直接聽懂，需要兒子代為翻譯。所以本文權宜處理，以「」符
　　號裡的文字為毛惕園先生的兒子解釋的內容；（）括弧裡的文字為毛惕園先生的兒子本
　　人所表示的意見。沒有加上上述兩種符號的，才是直接聽懂的部分。

（毛）：（好，我試試看。）

毛：「如果老蔣總統不好的話，就無法救孫將軍。老蔣總統對孫將軍很好，
　　他們彼此之間有一股濃厚的感情。」

朱：因為監察院的要求，希望對當年孫案所做的調查，能夠再做進一步的釐
　　清，所以我們開始推動進行一連串的人物訪問。監察院秘書長也有行文
　　給一些相關機構，希望他們能夠協助我們調查。今天來的目的，主要是
　　希望了解當年毛先生承辦孫立人案及郭廷亮案的詳細情形。當然，現在
　　距離案發當時已經有一段時間，毛老先生也許已經記不得當年的情形。
　　但是我們還是希望盡量能夠得到一些答案。

（毛）：（這個案子在民國七十幾年有再調查過，我們也有回覆監察院。）

朱：對於回覆這件事情，您有沒有回函的影印本呢？

毛：「當年處理這個案子，是非常機密的。而且卷宗都要列管，我們私人無
　　法存底。」

朱：是。當年處理這個案子確實是極機密。不過今天想請教毛老先生的是：
　　針對過去我們所訪問的人物當中，他們所提出的看法，要讓毛老您來證
　　實。

毛：「屬於重要的案子，上級都交付予我辦理。」

朱：對。您是很重要的人物，所以今天要特別請教。

（毛）：（那我們要用什麼方式進行呢？）

朱：就用一問一答的方式。我曾經訪問過蕭桃庵先生。當年他是警總的上
　　校，負責執行上面對郭廷亮案的決議。上一次訪問中，他提到：在民國
　　六十幾年的時候，幫郭廷亮爭取六十萬元並送到綠島給他。您記得這件
　　事嗎？郭廷亮，您還記得嗎？

毛：「我一點印象都沒有了。八十幾歲的時候還記得一些，現在年已九十，
　　由於記憶力衰退，所以很多事情都記不得了。」

朱：您記得郭廷亮這個人嗎？

毛：「我記得。他的命是我救的。」

朱：您怎麼救他呢？可否敘述當時的情形？他跟孫立人不是要建議老蔣總統
　　改革嗎？

毛：「我現在都不記得了。」

朱：後來您跟毛人鳳局長去找郭廷亮，跟他談承認匪諜的事情？

毛：「我因為信佛的關係，所以辦案十分謹慎。我不隨便冤枉人的。」

朱：關於郭廷亮這個案子，您當年是怎麼辦理的？

毛：「你如果早幾年來，我還可以詳細說給你聽。現在記憶力退化了，要敘
　　述整件事情，恐怕很難。」

朱：郭廷亮是不是真的匪諜呢？

毛：「他是匪諜。」

朱：可是郭廷亮後來陳情給蔣經國總統，說明他不是匪諜。

毛：「原先是匪諜，後來事情有了變化。」

朱：怎麼說呢？

毛：「不記得了。」

朱：當年您有沒有帶郭廷亮前往毛人鳳局長的家裡，接受毛局長的詢問？

毛：「可能有。因為毛局長認為這是很重要的案子，所以交付給我處理。我
　　當時的想法是：只要能救人一命，就盡量去救。因此我也救過幾位大
　　官。」

朱：曾經救過誰？是孫立人嗎？

毛：「當時上級沒有下令殺他，也沒有把他交付軍法審判。」

朱：很好，您都記得很清楚。

毛：「當時如果要救人的話，都會來找我。」

朱：當時您是不是跟郭廷亮商量，希望他先扮演匪諜，等事情結束後，再還
　　他清白，而且還答應給他錢？

毛：「沒有這件事。我不記得了。我只記得當時承辦過很多案子。」

朱：當年蕭桃庵上校曾經到松山寺拜訪您，而且問您是否要給予郭廷亮六十
　　萬。您說：「應該要給他。」

（毛）：（不過，這點在時間上或許有出入。當初我們住在松山寺的時間，
　　　　和這件事似乎相隔久遠。）

朱：沒錯，這六十萬是案發經過二、三十年後才給的。

（毛）：（爸，有這個案子嗎？）

朱：蕭桃庵是民國六十幾年才承辦這個案的。

毛：「前幾年我還記得很清楚，現在不記得呢。」

朱：這點很重要，您應該有印象。

毛：「郭廷亮的命是我救的。」

朱：關鍵點就在這裡。當初郭廷亮原本是被判死刑，可是在幾個小時之後，
　　突然下一道命令，將郭廷亮改判無期徒刑。❿ 關於這點，可能就是毛
　　老您幫忙的吧！

毛：「我救的人也不少，能夠幫忙的，就盡量幫忙，我自己問心無愧。因為
　　國防部的案卷是不能隨便登記，所以這些案子大部分都是真的。」

朱：當年孫將軍想要求蔣老總統改革，所以這個案子算是政治案。當時牽涉
　　一百多人，而郭廷亮是這些人當中最具關鍵性的人物。所以您跟毛人鳳
　　局長就去找郭廷亮，跟他說：「總統已對這件事情做了一個寬大的處
　　理。您就承認是匪諜吧！我們把責任歸咎於你，孫將軍就可以恢復清
　　白。等事情過後，我們再救你，讓你免於死刑。」當時的情形是不是這
　　樣呢？

毛：「不記得了。」

朱：您聽力還好吧？

（毛）：（我父親聽力很差，已經有耳背的現象。所以我剛剛講話的聲音都
　　　　故意放大，目的就是讓他聽得清楚。）

毛：「我實際年齡是九十歲，可是登記的年齡已快一百歲了。」

朱：您提早退伍就是因為這個緣故吧！

---

❿ 編按：經查應係軍法官在宣判死刑之後，「又接連著」再宣判另一道命令，改判無期徒
　　刑。

毛：「以前登記年齡都是登記民國前出生的。」

朱：對。您是民國前一年出生的？

毛：（是民國前二年。）

毛：「會多報年齡的原因，是要從軍的關係。我當時是報民國前八年出生
　　的。」

朱：所以您多報了六歲。您是民國幾年入伍的？

毛：「我所著作的《苦海夢》❶ 裡有記載一些我的事情。」

朱：太好了！可以借我們參考。

（毛）：（當年被判死刑的案子，都交給我父親審判。為了不冤枉好人，所
　　　　以我父親辦案就格外謹慎。）

朱：民國四十四年，保密局改組為軍事情報局後，就由毛老先生親手承辦這
　　個案子。還有沒有其他的著作可以參考？

（毛）：（沒有。其他的書都是屬於佛學性質的書。）

毛：「《苦海夢》裡所描述的，都是確確實實的事情。」

朱：如果可以的話，希望您將《苦海夢》贈送給我們。雖然書中的內容無法
　　直接答覆今天所要請教的問題，但是其中或許也有一些參考的價值。

（毛）：（這本可以送給您。）

朱：毛老先生在一天當中，有哪一個時段是記憶力最好的時候？

（毛）：（前一陣子我父親的精神狀況很不好，每天都昏昏沉沉的。）

朱：現在有比較好嗎？

（毛）：（現在還好一點。不過每次念佛的時候，都會精神不濟。）

朱：這一點我可以體會。我在孫將軍八十八歲時，曾經問他有關麥帥請他到
　　東京訪問三天的情形。這是他一生當中最重要的一件事，可是他卻不記
　　得了。

（毛）：（這很難說，要因人而異。有的人記憶力很好，有的人卻不然。如

---

❶　毛惕園著印《苦海夢》，民 62。是毛先生個人生平自述，其生平簡介，參見：
　　http://blog.yam.com/hc1151/article/23235232。

果您前幾年來訪問,可能還有收穫。這二、三年來,我父親的體力越來
越差,每天都在吃、睡中度過,身體狀況非常不好。)

朱:難得像您這樣孝順的人,值得替您父親高興。所以我們可能要從毛老先
　　生經手的文件來著手,希望有關單位能夠配合。

毛:「這些文件在當時列入極機密,所以我想應該還放在軍事情報局裡。」

朱:說的有道理。極機密的檔案應該列管,不能隨便損毀的。那毛老先生有
　　日記嗎?如果有,問題就解決了。

(毛):(沒有。我父親從六十歲開始就一心撰寫佛書,也獲得很多人支
　　持。當時是抱持做功德的心來寫書,因此出版書的目的不是用來販
　　賣。)

朱:還有沒有記載更詳細的書呢?

(毛):(印象中是沒有。)

朱:當年因為孫案被判刑的一些人,他們希望罪名可以洗清,於是就請監察
　　院幫忙。而監察院認為這是歷史的案子,應該找學術界來幫忙,於是就
　　請中央研究院近代史研究所的我來鑑定與調查。可是研究工作進行得沒
　　有想像中順利,因為毛老先生是最關鍵的人物,他如果可以回憶起當年
　　的事情,案子的真相或許可以得到澄清。

(毛):(這個案子已經經過很久了。)

朱:因為蕭桃庵先生表示,在民國七十年左右,曾經給予郭廷亮六十萬元。在
　　這一段期間,除了警總的蕭桃庵之外,還有由安全局、軍事情報局、總政
　　治部等,相關人員參與討論的會議。而這些人當中,似乎只有蕭桃庵堅持
　　給郭廷亮六十萬。他之所以堅持,毛老當時的肯定答覆,應是關鍵。

(毛):(像這一類的會議,應該會有會議紀錄。)

朱:當時的蕭上校感到很疑惑,不曉得要如何處理這件事。所以特別前往松
　　山寺請示毛老先生,是不是要給六十萬。而當時毛老先生說:「應該要
　　給。」於是蕭上校回到警總就力排眾議,堅持給予六十萬。

毛:「過去承辦的案子很多,詳細情形現在都不記得了。」

朱：我們訪問蕭桃庵先生的時候，他確實提到有給予郭廷亮六十萬。基於當
　　年的情況，匪諜應該被判處死刑。可是他非但沒有被判死刑，反而還拿
　　到六十萬，這點我們以常識判斷的話，是絕對不可能的事情。所以一般
　　人的想法就是：某實力派人士要陷害孫立人，於是找毛惕園先生來幫
　　忙。不過，有一點似乎可以藉今天的訪問來確定的是，由於毛老的幫
　　忙，所以郭廷亮才免於死刑。

（毛）：（這件事，實在是非同小可。）

朱：對。所以也請您多幫忙，盡量讓您父親回憶起當年的情形。

（毛）：（好，我盡量幫忙。當初軍情局打電話給我，希望我們同意接受朱
　　教授的訪問，我也馬上答應了。因為我覺得這件事沒有什麼可以隱瞞，
　　所以我們欣然接受訪問。）

朱：其實我們算是在做善事。怎麼說呢？其實當初有很多人都是被冤枉的，
　　如果可以藉由我們的研究，讓他們洗刷罪名，這也算是一件功德。

（毛）：（但是問題就在於我父親已經記不起當年的情形，所以要做進一步
　　訪問可能有困難。）

朱：沒關係。我們先把相關資料留給你們看，希望能有幫助。我們下個星期
　　一再來拜訪。

（毛）：（民國七十幾年的時候，監察院重新調查此案，我們也有回覆給監
　　察院。我記得當時還有很多記者來訪問。）

毛：「這件案子不是假冒，都是真的。」

朱：對。當年您有沒有見過老蔣總統？

毛：「我們常見面。有很多事情都要當面向他報告。」

朱：所以現在的困難在於當年有很多命令，都是用口頭交付，並沒有行文存
　　檔。如果真是這樣，事情真相的調查就比較困難。

毛：「應該都有依據。」

朱：可是為什麼說郭廷亮是假匪諜呢？為什麼在他承認匪諜後，又給他好
　　處？這些都是疑點。

（毛）：（我想郭廷亮在接受金錢或房子的時候，應該會有簽收的證明。）

朱：所以我們應該要想辦法調閱當年蕭桃庵上校在警總開會的紀錄。

毛：「我不會因為上級的命令而錯怪好人。」

朱：根據郭廷亮的講法，當年政府是運用一些圈套，設計讓孫將軍下台。

（毛）：（我覺得當年的匪諜案是非同小可。這是跟生死有關，不能隨便承認的。）

朱：這就是我剛剛所提到的疑點。所以一般人都認為，政府為了讓孫將軍下台而導演出這一部匪諜案的荒謬劇情，而且郭廷亮的酬勞就是六十萬及二棟房子。

（毛）：（當年郭廷亮是什麼職位？）

朱：少校教官。他沒有掌握兵權，可是當局就是要他承認匪諜。

（毛）：（老實說，匪諜是不可能隨便承認的。）

朱：當年殺了很多人，所以有人稱之為「白色恐怖」。我不預設立場，我的看法是：政府辦事應該有它的法理。而且孫立人是一位名將，讓他有這樣的下場，對中華民國也沒有益處。所以問題的關鍵在於當年政府是怎麼想的？有關部門是如何處理這件事？

（毛）：（所以就要綜合整理各部門的案卷，從這方面來了解。）

朱：今天很感謝毛先生，協助令尊來接受我們訪問。下個星期一，我們再來訪問。

（毛）：好，最好早上來，我父親的狀況會比較好。

朱：就這麼說定，照您所講的，我們改在上午十時左右來訪。

※　※　※

後記：朱浤源與謝國賢在一週之後，興沖沖地邀請返台探親的鄭錦玉先生，依約前往毛宅，準備做第二次訪問。但是，毛宅內一個女士回話：毛先生去廟裏。之後就掛了電話，而且不再回應。不得不作罷。退而求其次，三個人就地訪問了保全人員，以便具體了解毛家近況。

其紀錄如後：

與毛惕園先生住宅之管理員對談紀錄

　　時　　間：民國 89 年 6 月 5 日（星期一）
　　　　　　　上午 10 時 30 分至 11 時
　　地　　點：桃園市民富 11 街 31 號（社區管理室）
　　主　　訪：朱浤源、鄭錦玉 ❶❷
　　管理員：洪先生、黃先生
　　紀　　錄：謝國賢

朱：剛才按門鈴，毛公館裡面有一位說台語的女士應門。請問您曉得她嗎？
洪：❶❸她是毛老先生的夫人。
朱：請問她有多大年紀？
洪：大概八十幾歲吧！
朱：毛夫人也住在這裡嗎？
洪：是，因爲毛老先生需要人照顧。
朱：毛夫人是本省人嗎？
洪：我不曉得。
朱：所以現在毛公館內有三個人居住？
洪：嗯。
朱：毛老先生的兒子有老婆和孩子嗎？
洪：我不知道。我不知道他們家的狀況。
朱：毛老先生會下樓到中庭散步嗎？
洪：不曾看過。可能是因爲行動不便的關係吧。

---

❶❷　參見鄭錦玉先生所著《碧海鈎沉回憶思錄》，台北市：水牛，民 94，初版，頁 502。
❶❸　洪先生爲毛惕園先生現居之大樓管理員，在此大樓服務已有 4 年，而且也住在這棟大樓。

朱：照您這樣說，毛老先生應該都在家才對。

洪：我知道毛老先生的行動非常不便，因此他都躺在床上休息。

朱：所以他不可能外出。如果外出，您也會看見。因此剛剛在電話中，毛夫人說他去廟裡，這顯然是騙人的。

洪：關於這一點，我就不清楚了。

朱：這裡的住戶都是退伍軍人嗎？

洪：很少。

朱：孫立人案您曉得嗎？

黃：❹都已經是陳年老案了，還需要調查嗎？

朱：這也非我所願。我是受監察院之委託，來做進一步的鑑定與調查。

黃：當年的「白色恐怖」引起很大的恐慌，也造成很多的遺憾。現在有很多人不願提起，也不想提起，就讓它隨時間過去吧！

朱：您說得對。不過，這個案子是受監察院的委託，所以比較特別。

黃：您就寫一封信給毛老先生，請他接受您的訪問。

朱：上個禮拜我們就來過了，❺洪先生應該有印象。

黃：您是如何跟他約的？

朱：上個星期我們就已經跟毛老先生的兒子約定，希望這星期再來探訪。沒想到大老遠趕來，卻吃了閉門羹。

黃：這個我就無能為力了，因為見不見面的權利是他們決定。

朱：會不會是毛老先生的兒子不在家？

黃：這就難講了。

朱：我們再試著按鈴看如何。……。

黃：沒有人應門嗎？

朱：沒有。

洪：會不會是毛夫人不在？如果只有毛老先生在家的話，他是不會接電話

---

❹ 黃先生為大樓管理室之主任。

❺ 即民國89年5月29日星期一。黃先生從此時開始參與談話。

的。我看您下次約好之後再來吧。

朱：她剛才有說話。現在不接了。上星期我們就和他們約好了，沒想到他們
　　突然改變心意。

洪：我們實在幫不上忙。或許他們眞的出去了。

朱：您剛才有看見嗎？

洪：沒有。如果他們開車的話，是從地下室進出，我們在管理室就看不到
　　了。

朱：那您有看到毛老先生的兒子回來嗎？

洪：因爲地下室沒有監視系統，所以如果他是開車回來，我們就不知道了。

朱：我目前的住所也是類似這種小型社區，所以我知道你們對於大門的進出
　　管制特別嚴謹，因此才會問您有關毛家進出的問題。

洪：關於您所提出的問題，我們實在是無能爲力。

朱：你們是在幾點換班？

洪：八點。可是因爲停車場在地下室，所以住戶大部分都從地下室進出，只
　　有家庭主婦、小孩或是沒有交通工具的住戶才會在一樓的大門進出。

朱：我們特地從大老遠前來，實在不想無功而返。

洪：實在幫不上您的忙。毛老先生很少同我們接觸，所以有關他的問題我們
　　也不太了解。

黃：重點是如果他不肯接受您的訪問，我們也不能強迫他。

朱：就我居住的大樓來說，管理員對於住戶的情形多少有一些了解，所以我
　　才會向你們打聽有關毛惕園先生的消息。

洪：每個大樓社區的情形應該不太一樣。以這個社區來說，因爲停車場是在
　　地下室，所以大部分的人都從地下室進出，我們幾乎很少和住戶碰面。
　　我只記得有一次，毛老先生在屋內跌倒，毛夫人急忙打電話向我求救。
　　只有這種情形，我才見到毛老先生。

朱：毛夫人曾經到樓下嗎？

洪：不曾看過。平常上下班的時候，也很少看見她。❶❻

朱：您住在他家的樓上，應該最清楚他們的狀況。

洪：我每天都要負責七、八樓之間的電燈開關。由此可知，他們真的是足不
　　出戶。

朱：他們家門口有張貼退輔會所贈送的門聯，您也有貼嗎？

洪：退輔會每年都會贈送給我們，因此您會看到有些住戶張貼在門口。

朱：原來如此。我還以為這個社區是專門讓退伍將官居住的，所以才會看到
　　退輔會贈送的門聯。

洪：這可不一定。

朱：那您應該和毛老先生相識多年了吧？

洪：也沒有很久。

朱：您搬來的時間比較早？

洪：對，已經住四年了。

朱：毛家什麼時候搬來的呢？

洪：房子是他們租來的，所以隨時都有搬走的可能。

朱：那您是用買的？

洪：我兒子買的。

朱：您知道他們的租金嗎？

洪：大概一萬元左右。

朱：毛老先生有媳婦和孫子嗎？

洪：據我所知，好像有一個孫子，至於媳婦我就不曾看過了。

朱：那毛老先生的孫子是就讀附近的小學嗎？

洪：我不太清楚。

---

❶❻ 按：洪先生和毛惕園先生也是鄰居。毛惕園先生現居 7 樓，洪先生則是住在 8 樓。

參、警備總司令陳守山先生訪問紀錄

時　　間：民國 89 年 8 月 31 日（星期四）
　　　　　下午 15 時至 16 時
地　　點：台北市陳守山將軍住宅
受訪者：陳守山
主　　訪：趙榮耀❼、朱浤源
陪　　訪：羅德盛⓲
紀　　錄：謝國賢

趙榮耀（以下簡稱「趙」）：今天我和中央研究院研究員朱浤源博士來拜訪
　　陳將軍，主要的目的就是要請教有關郭廷亮與警總之間的關係。因為監
　　察院為了解民國四十四年所發生的孫立人案，特別是他因為郭廷亮自承
　　為匪諜的部分。民國四十四年十月，本院委員五人，曾經調查本案，並
　　完成報告，指出九人委員會所用的郭廷亮自白書有問題。後來郭廷亮曾
　　經在綠島服役，當時由警總負責看管。陳將軍是當年的總司令，今天特
　　別來拜訪，請回憶當年的情景。

朱浤源（以下簡稱「朱」）：由於趙委員及監察院國防委員會的協助，所以
　　今天很榮幸的來拜訪前警備總司令陳上將。今天訪問的重點就是有關於
　　郭廷亮到底是不是匪諜？如果是匪諜，為什麼軍事情報局及警備總部對
　　他有相當的禮遇？昨天早上經由郭志忠⓳的帶領，前往永和仁愛街參觀
　　他們的故居。據郭志忠所說，這個房子是當年軍事情報局買給他們的，
　　民國六十九年還因為土地糾紛引起了法律訴訟問題，最後也由警總出

---

❼ 時任監察委員。

⓲ 羅先生當時在監察院任職，為國防委員會主任秘書。

⓳ 即郭廷亮的長子。

面，花了三十幾萬才幫郭家解決了問題。之後警備總部透過蕭桃庵上校又給了郭家六十萬，郭家則用這筆錢到桃園平鎮買了一間房子。我對這件事情提出了一些質疑，今天也想進一步向陳上將求證，郭廷亮既然是匪諜，為何當局不處以死刑，反而還給他錢？當然在這當中牽涉到政治上的考量，這並非警總本身所作的決定，所以想請教陳上將，以您所了解的來談一談這件事情。

陳守山（以下簡稱「陳」）：在調到警總之前，我都是待在野戰部隊裡，所以有關於這一類的事情，我不會去處理。到了警總之後，才開始接觸到一些有關社會及政治方面的問題。

朱：關於郭廷亮的問題，是由前一任的警備總司令交辦給您的嗎？

陳：也不是前一任的總司令所交辦，只能說是延續政策的執行，不能說是由誰所交辦。

趙：陳上將是民國七十年才接任警備總司令？

陳：我是接汪敬煦的位子。

朱：郭廷亮在民國六十五年就到綠島，陳上將當時還沒有接任警備總司令？

陳：對，我是民國七十年十二月一日才到警總。

朱：所以是在汪總司令任上的時候，層峰有所指示？

陳：對，關於郭廷亮的事我本來不太清楚，是在進入警總之後才了解，我們要輔導他就業，並且要對他的行為作考核，觀察他有沒有進行一些特殊的活動。

趙：當年在綠島像郭廷亮這類接受輔導考核（簡稱「輔考」）的人員多不多？還是只有少數幾個人？

陳：關於這點，我就不太清楚了。

朱：當年郭廷亮原本是被判死刑，可是就在同一天，總統又下了一道命令將他改判無期徒刑。監禁二十年之後，郭廷亮本應獲得假釋，可是又被帶到綠島。關於這個問題，可不可以請陳上將發表看法？

陳：這恐怕要去求證改判無期徒刑的源頭，以及民國六十五年郭廷亮從國防

部軍事監獄調到綠島的承辦人員。當年警備總司令不是汪敬煦，應該是鄭爲元。汪敬煦是民國六十七或六十八年接任警備總司令，而我是民國七十年接任。所以關於民國六十五的話，應該要追溯到汪敬煦的前一任警備總司令。

趙：關鍵就在於民國六十五年，郭廷亮在接受「輔考」階段的時候，當局有沒有交代要特別照顧他？

朱：根據郭廷亮的〈陳情書〉裡提到，民國六十五年本應假釋回家，然而卻被告知必須接受上級指派去綠島當英文教官。到了綠島之後，才曉得根本沒有英文教官的職缺。

陳：我們必須求證，郭廷亮當年由國防部軍事監獄移交給警總的事，是誰承辦的？誰是當時的警備總司令？這恐怕要追溯到鄭爲元。

朱：鄭爲元部長早期也是孫將軍的學生，這個會不會有影響？

陳：鄭爲元是陸軍官校八期，我是十六期，他不是孫將軍的學生。

朱：他曾經是孫將軍的部屬。

陳：是不是部屬，我不清楚。孫將軍在陸軍訓練司令部的時候，我還是中校營長，我去鳳山步兵學校受訓時，還見過孫將軍。

朱：我想關於郭廷亮在民國六十五年的這個關鍵點，除了警總之外，更高的層峰應是主要的決策者。

陳：那恐怕要追溯到當時的承辦人員。

朱：根據近來的研究發現，當年監察院的五人調查小組發現，政工人員的一些說法與做法跟實情不同，於是五位監委以黨員身分，寫陳情書上呈黨總裁，另外也循監察院的正式管道，呈給總統府。陳情書中對於郭廷亮的問題提出很大的質疑。

趙：朱教授說的是民國四十四年的時候？

朱：對，監察院對於這五位監察委員挺身而出的調查表示肯定，[20]尤其是對

---

[20] 即曹啓文、王枕華、陶百川、蕭一山、余俊賢等五位監察委員。

最權威的當局提出不同的看法。當然我們很希望他們的精神可以繼續發揚，所以今天的調查不是為了批判當局，也不是要翻案，只是為了求得當年事情的真相，能給社會大眾一個交代。即使是孫立人將軍有問題，我們也會把他寫出來。不過關於孫將軍的問題，在未來的兩個月內，我們很難加以求證。現在就針對郭廷亮是不是匪諜的問題，希望能夠有一個比較清楚的答案。

趙：現在問題的關鍵點就在於剛才陳上將所提到，我們必須求證於當年郭廷亮從國防部軍事監獄轉到綠島的過程中的一些相關業務人員。

陳：當時是交給警總處理。

朱：希望陳上將能指示現在承辦檔案的人員，可以提供一些相關檔案資料讓我們做參考。

陳：這恐怕不容易。

朱：因為總司令的檔案不可能銷毀，所以我們希望能夠經由當年警備總司令的檔案，來了解一些當年的指示及做法，如此一來，也能夠對案情作更詳細的了解。可是到目前為止，警總的檔案都沒有辦法查閱，所以懇請陳上將幫這個忙。

陳：我不曉得資料有沒有。不過當時命令的傳遞，並不只限於紙上作業，也有很多是口頭上交代的。

朱：不過承辦人在開會時，應該有會議紀錄。根據前警備總部保安處第五組組長蕭桃庵上校的訪問紀錄中，他提到他為了郭廷亮的問題，曾經在警總開了很多次的會議。

趙：朱教授已經訪問過蕭桃庵？

朱：對，訪問過若干次。據他所述，當年當局給予郭廷亮六十萬的這件事，就是由他經手辦理的。而郭家的人也說，他們就是用這筆錢，買了桃園平鎮的房子。由此可知，警總確實為了這件事，曾經多次開會討論，而且據蕭上校說：他們還為此爭辯。因為當時其實有很多人反對給郭廷亮這筆錢，所以後來蕭上校還親自到台北松山寺，找前情報局特情室主任

毛惕園先生，詢問是否有承諾給予郭廷亮六十萬。毛先生就說：「有。」於是蕭上校回警總之後就力排眾議，後來就替郭家爭取到這筆錢。當時是民國七十年，郭家拿了錢之後才搬到桃園。如果郭廷亮是匪諜，爲何當局不立即槍決，還要給予他那麼多的照顧？

陳：當局爲何要下這樣的決策，我想也只有承辦的人才曉得。

朱：我想有兩個層面。第一個就是執行的層面，我曾經到桃園拜訪過毛惕園先生，他目前九十幾歲，說話時因爲牙齒打顫，所以聽不太清楚，還得經由他兒子的翻譯才行。在他的口述中，最重要的一句話就是「領袖對郭廷亮已經非常寬大了。」我們由此得知，毛先生有建議要對郭廷亮妥善的照顧，不過照顧的範圍應該在領袖容許的範圍之內。那麼，爲什麼領袖會答應給這位匪諜如此優渥的處理？這就是我們想求證的地方。而孫將軍遭遇卻不同，前總統將經國先生一直不曾答應將孫將軍解除國防部「查考」的命令，一直到民國七十七年他死後，孫將軍還被幽居在台中市向上路一段 18 號。後來，鄭爲元部長親自到孫將軍府上宣布解禁，從此孫將軍才重獲自由。據我所知，鄭部長以前還是孫將軍的部屬。

陳：鄭爲元是不是孫將軍的部屬，這一點我不太清楚。不過，我曉得他是八期的。

朱：對，鄭部長一定也是很優秀。因爲當年孫將軍選用部屬是不分派系的，所以在他的司令部裡面，有很多優秀的黃埔幹部。例如孫將軍的副官溫哈熊，後來擔任聯勤總司令、沈克勤擔任駐泰大使、還有英文秘書吳炳鐘，爲國內最知名的英文教授。

陳：郭廷亮的確是很優秀。而且在綠島的這段期間，他很守規矩，沒有作出任何違約的事情。

朱：當年監察院五人調查小組中的曹啓文委員曾經說過：「我們認爲郭廷亮不可能是匪諜。」怎麼說呢？當年國共混戰的時候，新一軍直搗松花江，本應可以將林彪一網打盡。後來因爲馬歇爾從中調處，林彪趁機坐大，反撲國軍。國共混戰幾次之後，新一軍等因不耐北方寒冷的氣候，

而且彈盡糧絕，連樹皮都吃了，最後不得不繳械投降。雖然降共之後，郭廷亮曾經受俘於共軍集中營，可是以他忠於國家的氣節，不可能在短短幾個月就被赤化。所以曹委員說：雖然他陷匪，而且從匪區逃出來，可是不可能在短時間內變成匪諜。而且郭家一門忠烈，郭廷亮的兄長還在國共混戰中殉國。在這樣忠於國家的家庭出身，不可能突然就變成匪諜。我個人對曹委員所講的表示贊同，所以現在的假設傾向於郭廷亮是假匪諜。不過我們在作歷史判斷的時候，總希望能從多方面的考量與求證來得到答案，因此今天特別來請教陳上將。

陳：在我擔任警備總司令的時候，郭廷亮在綠島的表現確實很好。就是因為他的表現好，所以我們才給他不錯的待遇。後來他回到台灣的時候，曾經到警總拜訪我，他說他在綠島很愉快，對於警總的照顧也心存感激。

朱：最後還有一個比較敏感的問題想請教陳上將，就是針對郭廷亮的死因有若干個疑點。第一個就是有關於郭廷亮跳車的問題，根據《自立晚報》民國八十年十一月十六日當晚的報導，當時的站務人員魏建爐先生發現郭廷亮的跳車動作，類似一件「物品」掉出來，「隨即停在月台上」。由此可見，他的動作不像跳車，因此不可能是跳車而傷亡。第二個疑點是郭家所提出的，就是當時郭廷亮被送到省立桃園醫院的時候，他們等了兩個小時，外科醫師及主治醫師始終未出現，因此感到非常不諒解。

趙：當時是在白天或是晚上？

朱：下午三點半。㉑

趙：是週日嗎？

朱：是星期六。有可能剛好是值班人員不在，關於這一點我們可以追蹤。不過當事人對於這件事情的經過有很多揣測，只是沒有提出來。（按：後來得知郭氏家屬曾至法院控告省立桃園醫院延誤醫治時間，但敗訴。㉒

㉑ 指家屬到達，要找醫生找不到的時間。有關郭「跳車」的訪問紀錄，詳本書其他相關文章。

）但是我以學術的立場來幫忙解決這個問題，所以我把問題提出來。那就是警總在背後是不是扮演某種角色？

陳：關於這個問題，我有一個看法。假使眞要對付郭廷亮，其實在綠島就有很多機會，何必要等他回到本島才下手。

朱：因爲當時翻案風興起，形成了一些抗議運動，郭廷亮剛好也加入了他們的行列。據我所知，警總曾經勸郭廷亮，希望他不要加入，可是郭廷亮不聽勸告，因此外界猜想可能是警總要滅口。

陳：民國七十八年底我離開警總，當時警備總司令的位子是交接給周仲南。所以關於民國八十年郭廷亮所發生的事，我就不太清楚了。

朱：周仲南將軍已經退伍了嗎？

陳：對。

趙：他現在人在台灣嗎？

陳：對。

朱：另外根據郭廷亮的友人所述，當時郭廷亮的臉上有一個黑眼圈，而且頭部有重傷，所以可能是受到兩個重擊。

趙：他在公共場所突然發生意外，應該會有驗傷才對？

朱：這個我就不太清楚。

陳：當時的警察局及敏盛醫院應該有驗傷報告。

朱：是省立桃園醫院。

陳：省立桃園醫院的前身是敏盛醫院。

趙：可以去調閱當年郭廷亮住院的報告。❷❸

朱：這個部分就跟匪諜無關了。

陳：不過如果要澄清這個疑點，就應該去醫院調閱住院資料，醫院應該會有紀錄。聽說他後來轉送到榮總就診。

---

❷❷ 因家屬告該院院長廖廣義，告錯對象而遭敗訴。

❷❸ 朱浤源後來在趙榮耀委員的支持下，成功地申請到由監察院行文予省立桃園醫院及桃園地方法院檢察署，並且順利得到相關診療紀錄與勘驗報告。

朱：對，後來轉到榮總，可是因爲腦部缺氧，所以來不及了。

陳：郭廷亮在綠島的時候，我去看過他。

朱：您去看過他？

陳：我去綠島巡視的時候，順便和他談一談，看他有沒有什麼生活上的問題。

朱：據說在他出事之後，綠島的養鹿中心也拆了。

陳：對。

朱：所以養鹿中心是特別幫他設立的？

陳：這是郭廷亮提出的要求，因爲他喜歡梅花鹿。根據綠島的幹部所觀察，郭廷亮人很好，非常熱心，和大家都相處的很好，所以大家都把他當作是綠島指揮部的一員。

朱：您說他是養鹿中心的主任，所以應該有很多人幫他，大概有多少人？

陳：沒有多少人。

朱：據說都有人幫他砍一些牧草？

陳：對，牧草還要種。

朱：我去綠島看過，他當年住的房子還在。

陳：他在綠島圖書館也是當主任。

朱：聽說他都騎腳踏車到處逛？

陳：對。

趙：聽陳將軍這樣一說，郭廷亮在綠島過得不錯。

朱：對，我們把這些錄音內容整理成文字，將來出版之後，郭家的人如果看到，應該會很安慰。

陳：我今天所回答的內容，雖然都很簡短，可是都是事實。郭廷亮爲何從國防部軍事監獄轉到綠島？這個我不清楚。還有民國八十年郭廷亮的意外，這個我也不了解。

朱：對，當時的警備總司令剛好是您的下一任。所以您在警總的時候，剛好是下指示讓郭廷亮養鹿的時候。

陳：對。

朱：所以又多給郭廷亮一萬五千元的收入。

陳：對，加上圖書館主任的薪水一共是三萬元。另外還有賣鹿的收入，我們也給郭廷亮百分之三十的紅利。

朱：所以除了薪水之外，還有紅利。

陳：對。

趙：您離開任內之後，郭廷亮還有去看您嗎？

陳：我離開之後就沒有了。

朱：經由今天的談話，我們收穫很多，也希望陳上將能幫助我們調閱一些相關檔案。

陳：關於調閱檔案，我就無能為力了。

趙：未來陳上將如果有一些新的回憶的話，請告訴我們。

陳：軍方的檔案分為好幾種，也有一定的保管期限，更何況警總都已經裁撤了，所以要調閱檔案是非常不容易的。

朱：所以要進入更深層的調查的話，恐怕要調閱總政治部的檔案。不過情況也不太樂觀，因為到目前為止，總政治部尚未提供任何檔案給我們。我們之所以有一些進展，是軍法局把當年曹委員給中國國民黨總裁的報告提供給我們作參考。

趙：所以檔案對口述歷史而言是非常重要的。

朱：如果沒有檔案，只能退而求其次，採口述回憶，盡力而為了。

趙：所以假使陳上將有任何新的消息，請和監察院國防委員會聯絡。

陳：好。

趙：一方面是幫監察院的報告作重新鑑定，二方面是因為朱教授研究孫案多年，也訪問了很多相關人物，他的做法非常客觀，也很超然。

陳：這是非常不容易的。

朱：所以未來陳上將如果要補充內容，或是一些相關部屬願意提供的話，請您再召集他們，到時候我們再來請教。

肆、警備副總司令謝久先生㉔訪問紀錄

時　間：民國 96 年 5 月 9 日（星期三）
地　點：中研院近史所檔案館中型會議室
受訪者：謝　久
主　訪：朱浤源
陪　訪：王雲犇㉕
紀　錄：黃種祥

謝久將軍（以下簡稱「謝」）：我在陸軍總共待了四十五年，從少尉做到中將，之後接受了陳守山將軍的邀請，進入了警總。

　　陳守山將軍當時被任命擔任警總的總司令。我跟陳將軍有一、二十年的老交情，他當年當軍長的時候，我當他的參謀長；他到南部軍團當司令的時候，我當他的副司令，可以說有多年合作的經驗。所以他到警總之後，就馬上找我去幫忙。

　　當時陸軍總部，有個人事署署長張鴻瑜，是郝柏村院長在六軍團的舊部。當時陳守山從南部軍團司令，調到陸軍總部當副總司令，張跟他合作得很愉快。陳將軍調到警總之後，就把那位人事署長，調到警總就佔了中將副參謀長的缺。

　　有一天，張鴻瑜跟我打電話，說：「守公要請你來幫忙。」我說：「守公是我老長官，他有需要我效勞的地方，我當然很樂意。」他又說：「不過，現在沒有適當的位置。」我說：「一個人跟老長官，跟一

㉔ 謝久，湖北隨縣人，生於民國 13 年農曆 8 月 28 日，陸軍官校第十九期畢業。歷任師長、第二軍參謀長、陸軍總部後勤署長、東引指揮部指揮官、八軍團副司令、警總參謀長、警總副總司令，於 76 年退役。

㉕ 曾任陸軍指揮參謀大學、台灣大學等校教官。

個朋友幫忙，我不在意名位，只要能給我一個中將的位置就好了。」結果陳將軍就安排我去那邊的警政研究委員會，簡稱「警研會」的單位，當主任委員。那職位業務不多，三個半月後，把我調了參謀長。

警總這個單位的接觸面很廣，業務範圍也很複雜，和它有聯繫的單位相當多。參謀長只有一位，可是下面有三位副參謀長，上面又有三位副總司令，加上要負責的業務繁多，對參謀長來說是負擔很重。警總的組織是扁平編組，以參謀部門來說，有一般參謀，也有像管情報、電訊的特種參謀，總共二十八個單位，分給三個副參謀長管，但是最後公文都會交給參謀長處理；而參謀長處理後，再把公文分給三位副總司令處理各自負責的部分。我當時就覺得這種情形不合理，參謀長的業務很累。

不可否認，警總這種扁平編組，有他的優點，因為扁平編組層次少，反應很快，不需要經過中間許許多多的階層，可以很快到執行單位。

警總是一個舉足輕重的單位，它只要發生一點點小小的決策失誤，就會影響到整個國家的安危。但它也是一個很不合理的組織，因為它的法源是勘亂時期的〈臨時條款〉，目標上並沒有太多遠程、宏觀的看法，所以在幕僚編組，甚至整個架構上都有些不合理的地方。

我在警總幹了快四個月的警研會主委，兩年的參謀長，又作了兩年的副總司令。不過，我相信知道我這個人的並不多，我一直都很低調。退伍以來，不管是學術或是政治組織我都不去接觸，就跟雲狖兄一樣，沒事自己寫寫小文章而已。雲狖兄說：您這邊有些關於警總的疑問，希望我過來澄清一下。我想社會上對警總確實有許多誤解，我曾經擔任警總的參謀長跟副總司令，可以藉這機會澄清一下。而且警總已因〈動員戡亂臨時條款〉失效而撤消，所以不存在所謂機密問題。

第一個誤解，很多人認為警總的主要任務是抓流氓跟政治犯，其實這根本是錯誤的。政治犯並不歸警總管。綠島有兩個單位，一個是綠島

指揮部，簡稱「綠指部」，這是警總的單位。指揮官編階是少將，下面有兩個大隊。另一個單位是綠島看守所，是法務部的單位。所有的政治犯，像過去的施明德、柏楊那些，都是歸綠島看守所管的，也就是說，都是法務部負責的。我們的綠指部負責的衹是那些流氓、慣竊的管訓工作。

另一個誤解，是大家認為警總權力很大，掌生殺大權，隨便就可以抓人，這也是很大誤解。綠指部關的那些人，我們稱為「隊員」，都是按照合法程序抓進來的。首先從警察單位開始，各分局提報管訓名單，報告到縣市警察局，再由刑事組和司法調查局與警總的調查組聯審，評定是否眞的需要管訓，再送地方法院的治安法庭。開庭裁定之後，才由提報單位用警車送到管訓單位。

當時警總的管訓單位有四個：一、職訓一總隊，它有兩個大隊，一個隊部在坪林，另一個在后里。二、職訓二總隊，在台東岩灣。第三個在泰源，也是在台東。最後一個當然就是綠島。

這四個單位，只有綠島有個人囚房，其他的都是通舖。一個大房關七、八十個人，廁所在中央，兩邊各有兩道鐵門。到了要睡覺的時候，個人坐在自己床鋪上，唱歌、訓話，然後就把鐵門關上了，當然外面還是看得到裡面。

說到管訓跟監獄有什麼不同呢？監獄關的是經過法官判決，有期限的徒刑犯。職訓或說是管訓，基本上沒有期限，期限由總隊部與各隊部的幕僚，視隊員的表現決定。每三個月他們會提一次名單，經過大隊長、總隊長的審核後，調到可以「外役」的單位。綠島是沒有「外役」的單位。所謂「外役」就是在外面耕田、種樹、做工，但是不能離開。

所以綠島的職訓單位有幾個很大的缺點。第一是沒有「外役」，第二是因為裡面有很多地方角頭號、慣竊，社會經驗豐富，凶狠殘暴，我們的基層人員大多是警總幹訓班出來的成員。會參加幹訓班的，很遺憾大多是聯考失敗的考生，當兵時沒有辦法當預官，就選擇考這種算是志

願役的職缺。職訓單位裡，中隊長以下的人員都是幹訓班出身，這種只服四年役，年紀輕，社會經驗不足，很容易就被隊員影響而出問題。

　　警總的官科很複雜。警察學校有兩種階層，一個是警察專科學校，一個是警官學校。他們在警總服務的，都是警官學校畢業的。

朱浤源（以下簡稱「朱」）：謝將軍，我們今天的主題放在郭廷亮的案件與警總的關係，能請您談一下您對郭案的了解嗎？

謝：我對郭廷亮其實所知有限，因為他的決策單位其實是安全局。因為這樣，警總沒有辦法把他擺到職訓單位裡，只好在外面幫他蓋兩間房子，讓他在那邊幫忙養鹿。

　　那時候第一批給他四十六萬塊錢，買了四隻鹿。養鹿是為了鹿角（是名貴的中藥材）。郭廷亮他不懂養鹿的專業知識，養兩年就死了其中兩隻。所以後來我們又撥給他二十六萬，讓他再買兩隻。後來的鹿就沒有再養死了，畢竟那邊養鹿的有好幾家，應該是有教他。錢方面，我們也不是直接給郭廷亮，是透過綠島指揮部給他，所以盈虧的問題，也是由指揮部那邊負責。說真的，他養鹿的盈虧狀態，我就完全不清楚了。

　　他在綠島的行動很自由，因為我們的目的只是讓他有事可做，不能離開那邊而已。甚至他一些像割草的工作，我們還派隊員去幫他忙。他申請要多少人幫忙，指揮部就給他核定，像是派四十個人、六十個人由隊職人員帶隊過去。郭廷亮的案子我也不是很清楚，畢竟我還沒到警總，他就已經在那邊了，七十二年當參謀長的時候去看過他一次。之後每次到綠島，都有去看他一下。

　　剛剛提到警總是扁平組織，人家單位是朝九晚五，我本人是七點就上班。一到辦公室，卷宗已經疊了三疊在桌上，坐在那邊看不到下面的人。為什麼我的文件這麼多呢？主要是情報部門的資料，保安處、特調室、電檢處、特檢處、聯檢處等那些單位，如果再加上一般幕僚的八個單位：人事、後勤、軍法、主計、財務等等。這些單位的資料，參謀長

都不能不看，就怕漏看一件正好是關鍵的東西，那就麻煩了。

警總的會議特別多，守公又是特別謹慎的人，所以就有人說笑：「早上開會要帶便當，晚上開會要帶蚊帳。」雖然是開玩笑的話，可是能反應出開會的時間很長。如果是早上會報，常常開會開到中午，就在會場吃便當。晚上開會，就開到八、九點，這都是常有的事。可是開會時間長，處理公務的時間就相對短。

當時上任之初，我給自己起一個綽號叫「三盲先生」，外語盲、科技盲、資訊盲。可是我坐這個位置，就不得不向這三盲挑戰。

第一個我就把警總的四個資訊單位，應該說四個單位的電腦室，合併成一個資訊中心。

保安處有自己的電腦室；動員處則有警總最大的電腦機構，有四十多人，因為要管三、四百萬後備軍人；電檢處更重要，為了改善彩虹計畫監聽，我們花了很長的時間和很多的經費。監聽說起來，其實很複雜，有英文、德文等外文不說，還有各種方言，像是客家話，還有閩南語。

我把各機構的電腦室整合起來以後，就組成資訊中心。我當時選了三個顧問，第一個是中華電信總局數據所的所長賈玉輝。這個人其貌不揚，不過他能把死人說活，非常能幹，而且是美國有名大學的電腦博士，他後來是中華電信第一任董事長。㉖

第二個顧問是行政院研考會資訊處處長，是魏鏞先生（當時研考會的主任委員）所倚重，也是美國有名大學的電腦博士。當時我請他們來改善我們的行政作業流程，因為我覺得過去行政作業花的時間太長，要提高行政效能，就必須採行線上作業，所以我把各處室的電腦室合併，成立了資訊中心，各處室的情報資料送到該中心後，由該中心的值日官把情報篩選之後，傳到副參謀長、副主任以上的辦公室，到他們的終端

㉖ 編按：中華電信第一任董事長是陳堯，賈玉輝曾任交通部電信總局局長。

機。一般人員隨便不可以看，而長官看過之後，就用旁邊的碎紙機碎了。所以說很多檔案現在應該是不會存在。

　　說真的，現在談警總的事，我也不是那麼清楚了，畢竟時間有段距離，單位也不在了。不過資訊方面，我在當參謀長的時候就一直建議陳守山，因為法令上警總很多業務執行上有困難，職訓單位應該交給法務部。

　　不過職訓處的檔案應該還在，可能跟軍法處的在一起。軍法局跟軍法處不一樣，軍法局是在國防部裡，軍法處是我們警總的。不過那邊的檔案很多都很敏感，都已弄成微縮的。

朱：請問進入警總服務的人需要有哪些資格？還有，通常我們所知的政工人員又如何分配到各單位去活動？

謝：警總本身並沒有挑人的權利。我們的人事處把員額需求送到國防部，之後就由國防部從官校、警校、政工幹校把人分配過來，我們只能分配這些人員在各幕僚單位的職務。

　　據我所知，有主動挑人權力的只有三個單位：安全局、情報局、還有涉外的某些單位。朱教授你剛剛問的，也就是一般人以為，警總在各單位都有安插人員監視的事，其實沒有。警總業務有四大區，保安只是其中一門，處長是少將編階，是軍官，處裡面的人就沒有限制是軍人，政工幹校來報到的人員大多分配到保安處，但也有警校的，其中女性也有。他們的業務範圍主要在與警政署、司調局、及安全局有關社會安全方面的聯繫，其他你想問的恐怕都是安全局的範圍。

　　過去警官學校畢業，分配到保安處，他幹到中校就升不上去了，因為副處長也不過是上校缺，下面不會更高。我當參謀長時，就覺得不合理，官校是四年制，警官學校也是四年，政工幹校也是四年制，沒理由就只有警官學校出身的上不去。我後來就交代警備處把副處長改一個文官，讓警官學校出身的有機會升上去；特調室也騰出一個主任位置換文官，讓他們有更上一層的機會。

朱：關於郭廷亮事件，陳寅華提到郭的兒子也是警總的人，而且郭廷亮死前似乎也跟警總的人在一起，尤其他死後，警總的人比任何人都早到醫院。警總跟這案件很明顯有關係，您可以說明一下您對這事件的了解嗎？

謝：據我所知，郭廷亮由綠島指揮部負責，即使他到台灣，也是他們必須派人看管，這不是總部的業務。如果照你說，他死前還有人跟著他，那應該是綠指部派的人。

　　警總的保安處，在每個縣市都有一個調查組，台北比較特殊，每一區都有一個。不過調查組的人，身分也都不一定，像後來一清專案，中山區副組長就被當流氓關了。

　　以前郝柏村當總長的時候，每星期一十點鐘有參謀會報，每星期四十點鐘有作戰會報。當時的參謀會報，每個總部都要交一份由總長辦公室指定題目的報告。我們警總有一次分配到的題目是：「警備總司令部戰備檢討與組織建議」。當時我花了六個禮拜，寫了壹百多頁，建議把警總的組織做很大的改變。

　　因為一個指揮部對幕僚單位的指揮幅度，以八個單位是最理想的情況，而警總的參謀長要管二十八個一級單位，那已經超過一個正常人的能力範圍。所以我建議把警總的扁平編組，改為山形編組，中央高而兩邊略低，參謀長居中，管理一般業務；右邊設立特勤指揮部，管理保安處、特調室、電檢處等；左邊設立動員指揮部，也掌管相關部門。將三位副參謀長的其中兩位，分別調去當兩個指揮部的負責人，這樣就可以在不增加或減少任何編制的情況下，解決參謀長業務量過大的問題。

　　另外一件事，保安處下面有一個特勤大隊，有兩百多人，配備有輕兵器和自衛武器，他們的責任是負責偵蒐、監控、行動。但是我覺得並不合適，他們並沒有接受過專業訓練，只是分派到警總，不適合擔任這種行動的任務。警總的業務之一是負責協調運用警察、憲兵跟司調局的人力；而憲兵司令部下面有七個憲兵指揮部，每個指揮部都有專屬的特

勤隊。憲兵的特勤隊都是經過專業訓練的，有狙擊手、有格鬥能力、還
有攀爬攻堅等能力，身手不凡，比起我們的大隊更適合出行動任務。所
以我建議把我們保安處的大隊改成「細胞小組」，而行動任務就由憲兵
的特勤隊來負責。所謂的細胞小組，就是可以依照任務需要，隨時重新
組合運用的小組，以科技器材為主要工具來執行任務。

朱：警總當中是否有派遣一些人員到某些特定單位潛伏？或者以代價跟某些
　　組織或單位的成員收買情報之類的工作呢？

謝：這些不是警總的業務。會執行這種任務的只有兩個單位。一個是司法部
　　調查局，一個是情報局。情報局主要的工作是對外，對國外，他的情報
　　是提供給安全局運用的。安全局在各種重大事件上，他是可以下決策的
　　單位，相比之下，警總比較偏向執行單位。

朱：警總的影響力之大，您剛才也提過。想請問在您任內，警總的總人數大
　　概有多少？或者編制上有多少人也可以。

謝：說真的，我退休二十年了，很多事沒辦法記得很清楚。而且警總的單位
　　複雜，很難說出個確實的數字。警總當中管治安、情報的其實很有限，
　　過去我們警總人數最多的單位是三個海岸警備總隊，分布在整個海岸線
　　上擔任巡防工作。現在海岸線是我退伍前一年，也就是民國七十五年，
　　才交給陸軍巡查，之前都是由我們警總負責抓那些販毒走私。當年海上
　　警備隊的人員，都是挑退伍的陸軍兩棲偵蒐水鬼來擔任。整個警總所有
　　單位，包含我所提的幾個警備總隊，總人數大約四萬多人。

　　　其實有不少人都想到警總，我當副總司令的時候，很多在陸軍的老
部下都來問過我。到警總有什麼好處呢？第一當然是老長官在那邊，多
少會有點照應；第二是常常有公、私營的機構，請我們這邊介派人員去
當安全部門的主任。但是我通常勸他們不要來，警總的範圍很小，將官
級的位置也很少，大部分單位的主管都只是上校級，前途未必好。

　　　警總是由台灣省保安司令部改編的，原本的保安司令由省主席兼
任。最早一任是陳誠，副司令是彭孟緝，以後由於兩岸互相滲透，各方

面相互角力，單位也越來越膨脹。劉自然事件以後，事情鬧得很大，當時的保安司令部無法處理，就以〈動員戡亂時期條款〉，改設了警備總司令部。之後幾任的總司令：第一任是彭孟緝，後來的像劉玉章將軍，他是一個戰將，二級上將，之後還有尹俊、鄭為元、汪敬煦。汪後面就接陳守山。彭孟緝之外，其他的司令都對情報方面比較不熟習，汪敬煦相當了不起，智慧很高，器量也大。

朱：我們回到郭廷亮事件。他當時在復興號上被丟下車，之前通電話時旁邊就有人在催促他，事後朋友、家屬到醫院，警總的人已經先到了。我們懷疑是警總的人在車上對他動了手腳，警總有這方面的單位嗎？

謝：郭廷亮事件發生的時候，不要說我，連陳守山都退下來了，所以我不可能知道詳細的情形。不過，如果這件事真的由警總執行，那決策很明顯是由更上面的單位發下來的。至少是安全局。當然有可能更高。如果安全局要下手，他們自己有特勤組，不過他們也能動員警總跟司調局的特勤組。

朱：當時這件事由警總一位姓陳的警官負責，他要求我行公文，才肯跟我談。但是當時監察院委託我的案子已經終結，沒辦法再請到公文，也就沒辦法繼續。現在那位在海巡署已經是處長。

謝：警總當中只有保安處才有警官學校的學生。

朱：當時的部長姓胡，胡少將，您認識他嗎？

謝：認識。他原本是反情報總隊的總隊長，隸屬國防部，之後調到聯勤政四處當處長，那邊也是管反情報的。阮成章原本是政戰副總司令，調警總副總司令，之後又改司調局局長。

胡因為跟社會人士有一些往來，所以就由聯勤總部調到警總。不過我們也覺得警總跟民間互動太頻繁也不對，在陳守山任內，他也退了。

至於你說郭廷亮被殺的事，是在復興號內，這其實很困難，知道地點跟情形嗎？

朱：在中壢火車站。他身上有不少傷，脖子斷了，眼睛上有黑眼圈，太陽穴

也破了。有個站務員說他像貨物一樣掉下來，所以不是跳車。

謝：說實在，我想不出警總當時要把郭廷亮幹掉的動機。沒有必要，事情過那麼久了，而且當時連總統都換人了。

朱：據說郭廷亮要說出他的匪諜案是假的，而且他帶著他要向蔣經國陳情的〈陳情書〉，但是蔣七十七年就死了，孫也在七十九年死了，不過他的老部下似乎醞釀要替孫翻案。

謝：就是因爲這樣，總統也換人了，當事的兩個人都過去了，安全局局長也換人了，我實在想不出要把郭廷亮幹掉的理由。我覺得，這種任務應該不是警總執行的。

　　陳守山的下一任是周仲南，他是郝柏村的小同鄉，也是末代警備總司令。他也算是聰明人，不過器量小了點。重點是，他不太敢下決定，也沒有那種權力下這種決定。反而當時安全局局長殷宗文很聰明，也很敢做。我在警總時，他在情報次長室幹助次❷，後來郝柏村重用留德的軍官，殷宗文先派到澎防部，再調情報局，不久就進安全局，跳得很快。對美國之聯繫都是由他的副局長胡爲眞負責，❷後來派去當德國代表處代表，又調新加坡代表，似乎也回來了。

王雲翀（以下簡稱「王」）：殷宗文他是二十五期。他的太太是我手下的教官，在實踐家專❷。

謝：當年殷宗文在聯二的時候，沒有人會想到他能做到安全局局長，不過他在情報局做得很好。當時李登輝不大可能幹這件事，要的話應該是安全局。就算是殷宗文要殺他，上面也應該有人授意，蔣孝武當時也死了，蔣孝勇是生意人，他不管事的，沒政治野心。實在想不出誰會想掩蓋這件案子。

王：蔣孝武當時還沒死，不過人已經在日本，也沒聽說過跟這邊有來往了。

---

❷　「助次」指助理次長。

❷　王雲翀：胡爲眞爲胡宗南上將之長子，妹妹「爲美」。

❷　民國八十六年八月，改名爲實踐大學。

朱：除非是蔣經國生前有交待，不然他把孫立人關到他過世都沒放出來。

謝：魯斯克的檔案也許會有提到一些線索。

朱：沒有，他燒掉了，他都是用嘴巴講的。我爲了查他的事去了美國三趟。

謝：孫案眞的是政治事件。彭孟緝怎麼會起來，陳誠當時在東北吃了大敗仗以後，龔德柏在《救國日報》上用斗大標題寫著「槍斃陳誠，以謝國人」。當時他眞的是窮途末路，總統給他四十萬現大洋，又派給他一個營的憲兵，送他到台灣養病。老總統高明的地方就是下遠棋，他把陳誠送到台灣。

　　當時台灣行政長官是陳儀，他看：「你陳誠已經失勢，是過氣的人，輿論都說要槍斃你，你只是到這邊避避風頭。」而且他可能也擔心：「老蔣把你派過來，以後是不是要取代我？」所以陳誠到台北，一個營的憲兵沒吃沒住。陳誠親自去台灣行政長官公署找陳儀，陳儀不見他，參謀長柯遠芬也不見他，連續三次。陳誠在窗戶外面罵：「陳儀是軍閥，他不見我，我不跟他計較。你柯遠芬是黃埔的子弟，將來我有一天再得勢，你永不錄用！」❸⓿

　　這時候高雄要塞司令彭孟緝知道以後，連夜北上，把自己官邸讓給陳誠住，留一個憲兵排保護陳誠，其他的帶回高雄安置。❸❶所以後來老總統復職，彭孟緝就當了保安副司令，掌大權。大陸丟了以後，老總統爲了重振士氣，重新在圓山辦革實院，所有營長以上主官都來受訓，主任就是總統，副主任陳誠，教育長是彭孟緝，彭孟緝在開訓跟結訓時，老總統都親自到。我當時還在當副營長。

　　後來學員們沒宿舍，那附近只有一片荒土。當時彭孟緝手上有緝私獎金，他沒跟上面拿一毛錢，連夜就把土堆剷平，一個禮拜內建出宿舍。陳誠一再向老總統保薦，這是個人才。彭孟緝一路就上去了，所以

❸⓿ 編按：陳誠被「送（派）」到台灣（擔任東南軍政長官）是三十七年十月，當時陳儀在浙江任主席，柯遠芬也不在台灣。

❸❶ 彭孟緝已經是警備總司令。以上兩段故事有誤。

說人有時候際遇就是一次。孫立人當年的事也是一樣，如果他跟魯斯克的信給老總統看了，他早就是總長了，也不會弄成後來那樣。

王：上次那位嚴先生，㉜他說我是反孫的，在我面前甚麼都不肯說。不過朱教授你可以再跟他聯絡看看，也許他知道些甚麼。我請趙將軍幫你安排看看。

謝：總之，你剛才說的郭廷亮事件，我想下個結論，我覺得跟警總沒有關係。第一，這種事情警總沒有權力下決定，這是政治事件。第二，如果是安全局要處理他，不一定是由警總下手，他們自己有人手，這種敏感事件，自己處理還可以避免洩密的問題；而且這種事要行文到總司令那邊，不但花時間，還要看周仲南肯不肯，以我的認知，他沒那種擔當，也沒有那種權責。重點我個人認為他不是關鍵人物，而且說真的，他也起不了什麼作用，就算真的平反，他也影響不到任何人，傷害不到任何人，畢竟當事人都不在了。

　　于豪章當陸軍總司令的時候，從海軍總部挖了一個總務處長來，後來他到國有財產局當台北辦事處處長，他兒子發生過一次詐騙中央銀行總裁的案子。當時他兒子跑到中央銀行總裁的辦公室，跟他說蔣經國先生被軟禁了，現在人家要錢。那總裁慌了：「這種事怎麼會跑到這邊來，又怎麼會由你來？」他兒子說：「我是介壽館的憲兵巡邏官，事情緊急，我用跑的過來。」總裁也沒辦法仔細想，馬上準備了四百萬現款，裝在麻袋裏要他跟他一起過去。到了總統府三號門，他兒子跳車逃跑，俞總裁大叫憲兵幫忙，把他逮住。

　　那個總務處長跟我有點交情，跑來跟我商量，想請我跟守公講講，看能不能幫忙。我跟他說：「守公這個人，遇事謹慎，他不肯擔待的。」他就問我：「那該怎麼辦？」我說：「你找于豪章，請他去拜託汪敬煦幫忙。」他說：「對對對！」就去找他們了。汪敬煦聽了事情原委，哈

㉜ 嚴某據稱為孫立人上將擔任總司令時期，經辦海內外譯電的軍官。

哈大笑，說：「這事情有什麼關係，這是詐騙事件，交給司法處理就好。」我想想也對，這種事件只要不是交給軍法都好解決，因此對他很佩服。結果他兒子判了一年兩個月而已，輕重之間，眞的是一瞬間的決定。

朱：那有沒有辦法查出，當時參與郭廷亮案的那三、四個警總人員呢？

謝：假如這件事與警總有關，沒有別的單位，一定是保安處。當時保安處的胡已經退了，處長換成誰這可能要查查看。保安處後來改成情報處，變成海巡署以後的情況，我就不清楚了。

後來有同學找我作生意，我跟他說不行，因爲我之前的經歷，可能會給別人帶來一些困擾。後來他一直找我，實在推辭不掉，就跟他約法三章。有三種生意不能做，第一是軍方的生意不做；第二，輔導會的生意不能做；第三，法律邊緣的生意不做。可知我個性內向，所以無論對情治單位或民間，都極少接觸，故對孫案及郭廷亮事件所知極爲有限。除上述別無所見。

伍、中壢火車站主管訪問紀錄

時　　間：民國 89 年 9 月 29 日（星期五）上午 10：12
地　　點：中壢火車站站長室、月台、派出所
受訪者：　1.副站長徐增強
　　　　　2.站長陳榮興
　　　　　3.派出所巡佐兼主管黃良峰
主　　訪：朱浤源
紀　　錄：謝國賢

一、訪徐副站長（在站長室）

朱浤源（以下簡稱「朱」）：今天來到中壢火車站，針對民國八十年郭廷亮
　　的跳車事件，進一步請教徐副站長在當時的見證。據郭廷亮的大女兒所
　　述，當時郭廷亮是在十一點三十分到達中壢火車站，所乘搭的是復興號
　　119 車次？

徐增強（以下簡稱「徐」）：不是 119 車次，119 車次是下午四點到達中壢
　　的。我已經找出站長在當年十一月二十日所寫的報告，或許可以看出一
　　些端倪。案發當天是十一月十六號，郭廷亮搭乘的是復興號 109 車次。
　　當時我等旅客都上、下車之後，隨即就指示火車開動，火車移動了大概
　　2、3 個車廂之後，就發現一個人跳下來，倒在月台上。當時的旅客嚮
　　導員魏建爐也在場。於是我就通知警察，趕快叫救護車來。

朱：我們到現場去看如何？

徐：好呀，走。……（兩個人及助理共 3 人走到月台。）

朱：您還記得案發現場的位置嗎？

徐：大概在第二月台的（標示）7、8 車廂（的柱子）之間。

二、在第二月台（主訪人與受訪人到達案發現場的第二月台）

朱：您當時是站在哪裏？

徐：當時我站在第二月台 B 側的第 5、6 車廂（柱子）之間。郭廷亮是掉在 8、9 車廂的（柱子）中間。

朱：這個月台的火車是南下或北上？

徐：往南。所以當時郭廷亮的姿勢是腳朝北邊。

朱：當時魏嚮導員是站在哪裏？

徐：我不曉得。不過當時我和他都有發現郭廷亮。後來我馬上去叫警察，送郭廷亮到新國民醫院。

朱：所以郭廷亮顯然是從最後一節車廂跳出來？

徐：不是，大概是 5、6 車廂。

朱：火車如果往南開，怎麼會是在 5、6 車廂呢？

徐：對了。當時火車已經移動了大概 1、2 個車廂，時間很短，所以（換算速度乘以時間）應該是從第 10 個車廂跳出來。

朱：據我所知，當時郭廷亮隨即倒在地上，不醒人事？

徐：是不是不醒人事，我不曉得。當時我只是趕緊找警察來處理，所以關於這個問題，應該要問魏嚮導員或是警察。

朱：現在最重要的是郭廷亮在現場的姿勢，請問他是躺著或是趴著？

徐：躺著。頭朝北、腳朝南，而且印象中是直直地躺著。詳細的情形可能要問當時到場的警察。我們去找警察。

三、在警察派出所（主訪人與徐副站長二人，邊走邊談。兩人隨即步出後車站，右轉進入派出所，恰巧遇到當年事發時到場協助的黃良峰警官。）

朱：您看到的是人正跳出來，還是已經躺在那裏。

徐：我看得不是很清楚。

朱：據魏嚮導員所講，他看到的樣子是類似一件貨品掉出來。

徐：當時他可能看得比較清楚。

朱：因爲這牽涉到意外死亡或是他殺，可否請您仔細描述當時的情景。

徐：當時看到郭廷亮腳先著地，隨後就倒在月台上。可能是因爲仰著著地，頭先接觸地面，所以腦部受到重擊。

朱：如果是一般的跳車情況，應該不是如此！

徐：這就不太清楚了。（兩人抵達派出所。）

黃良峰（以下簡稱「黃」）派出所所長：根據我的了解，（如果是跳著出來的話，依慣性定律：編者按）有兩種不同的狀況：如果是右腳先著地，因爲慣性作用，所以整個人會往前趴。如果是左腳著地，一定會往後倒。

朱：那怎麼會撞到後腦呢？

徐：可能是跳下來後，整個人一直往後退，重心不穩而往後倒。往後倒的話，就會撞到後腦了。

朱：當時火車的速度是如何？

徐：火車已經移動了１、２個車廂，速度應該蠻快了。

黃：當時的值班人員透過監視器，知道旅客都上、下車後，才會通知駕駛開車。所以如果這時突然有人跳出，我們就很難預防。

朱：據說郭廷亮是要去台中。

徐：但是他當時的車票是到中壢。

朱：您有看到車票嗎？我們一直找不到車票。

黃：有車票，我們的報告資料裏有記載。不過這些資料，在去年十二月搬家時，就燒掉了。我印象中記得，郭廷亮的家屬也有看到車票。我想當時的情況，可能是郭廷亮發現火車坐過頭了，情急之下往外跳。不過，因爲他年紀大了，行動比較遲鈍，所以重心不穩而往後倒。

　　根據我們以往訓練所知：跳車時一定要往前跳，這樣才能符合慣性作用的原理。所以我想郭廷亮應該是左腳先落地，加上忽略火車的速度，因此往後倒而撞到後腦。事發之後，經由徐副站長的通知，我立即

趕到現場。當時郭廷亮是頭朝北，腳朝南的躺著，並且發出呻吟的聲音。

朱：當時的復興號有幾節車廂？

黃：一般都是 10 節車廂。而且第 10 車廂只有一個門（前門），所以他必須從第 9 及 10 車廂之間的門跳出。

朱：郭廷亮的車票上面，應該有顯示座位的車廂？

黃：我只記得有車票，至於第幾車廂，就不太清楚了。

四、返回站長室途中（主訪人與當年的站長陳榮興訪談）

朱：陳站長，可不可以請您解釋當年所寫「站函」的內容？

陳榮興（以下簡稱「陳」）：當天我並沒有在第二月台現場，不過我知道站員們處理得非常好，並沒有耽誤時間。本來我立即派人購買慰問品，要送到新國民醫院給郭廷亮。後來得知他因為傷勢嚴重，已經立即轉往省立桃園醫院了。

朱：根據剛才黃警員所述，郭廷亮是從第 9、10 車廂之間的門跳出。而且他（有可能）左腳先著地，加上慣性作用，因而往後倒。請問您有甚麼看法？

陳：不管是那一腳先著地，你只要著地的一剎那往前跑，就不會有事。以前我在南港吊車場訓練人員時，都是要他們在落地時，趕快往前跑。❸❸不這樣做的話，人一定會往後倒。

朱：現在最重要的關鍵，在於郭廷亮的坐位在第幾車廂，只可惜已經銷毀了。

陳：警局裏的檔案，如果已經五年以上，他們可依法自行銷毀。

---

❸❸ 編按：我們後來訪問當年步校助教沈承基。他的看法也與陳站長相同：以他們所接受到的訓練，在向外跳躍時，都會向前跑。此外，從近史所收藏的郭氏等訪問紀錄，可以看出郭廷亮為了不付火車費，在民國四十年代初期，時常做跳車的動作。郭氏對於跳車，是有豐富的實地經驗的。

朱：有沒有其他方法可以查到車票的線索？

陳：這一點就無能為力了。

五、站長室

朱：徐副站長，為了確認，我再請教：您確實有看到郭廷亮跳出的情形嗎？

徐：跳出的一剎那，我沒看見，我只看見他倒在地上。

朱：據剛才黃警員所稱：火車在移動一個車廂之後，速度就已經很快了。

徐：不然。當年還沒有那麼快。而且，往南的方向，礙於（本站附近的道路結構，在這段軌道一出）中壢站前面（就立刻）有個彎道，所以剛啟動時的速度，不可能很快。不過時速應該也有四、五十公里。

朱：您記得郭廷亮在第幾車廂嗎？

徐：我記得車票上寫的，是第 10 車廂。

朱：那（他買的）終點（站）是哪裏？

徐：我記得是到中壢。如果是到台中，那麼，在程序上，我還須退票款給他的家屬，可是我記得當時沒有這麼做。

朱：另外，剛才您提到有一位站工來幫忙，或許請您幫忙查一下他是誰。

徐：可能要問總務組或是看排班表。不過，這件事應該要問魏嚮導員，㉞他是目擊者。

朱：對，我們還要再進一步訪問他。也請您幫忙聯絡當年的站工，以便就案發現場作進一步的查證。

㉞ 後來主訪人與助理確實訪問到唯一的現場目擊者。在他接受我們訪錄之後不久，可惜就過世了。請看下篇：〈魏建爐先生訪問紀錄〉。

陸、中壢火車站月台嚮導魏建爐先生訪問紀錄

時　　間：民國 89 年 9 月 14 日（星期三）
地　　點：中壢火車站
受訪者：魏建爐先生
主　　訪：朱浤源
陪　　訪：郭志強（郭廷亮長女）
紀　　錄：謝國賢

郭志強（郭廷亮大女兒，以下簡稱「郭」）：魏先生您好，謝謝您當年照顧
　　我父親郭廷亮。這位是中央研究院的研究員朱浤源博士。朱博士有些問
　　題要跟您請教。

朱浤源（以下簡稱「朱」）：我因為監察院的委託，從事調查研究。今天特
　　別來拜訪，以了解民國八十年十一月十六日郭廷亮先生搭乘復興號火
　　車，在中壢站「跳車」的詳情。請教您當時的情況。

魏建爐（以下簡稱「魏」）：當時我站在第二月台的最後面，目的是在維持
　　旅客上下車的秩序，而且避免旅客從後面的小路離開。㉟

朱：車站後面有小路可以出站嗎？

魏：那時候的車站比較簡陋，很多旅客都趁機逃票。

朱：事發當天，您是否發現有東西從火車上面掉下來？

魏：對。

朱：掉出來之後，就停在月台上，一動也不動？

魏：我一發現，就馬上跑出來一探究竟。當我知道是一個人的時候，就趕緊
　　找人拿擔架來幫忙送至醫院。

㉟ 編按：當年許多乘客只買月台票就上車，到站之後，就往後走，循鐵軌路線，溜出火車
　　站，以達到不付車錢的目的。

郭：我很感激當時的徐副站長，他立即將我父親送至最近的醫院。

魏：就是在這附近的新國民醫院。之後據說有轉院？

郭：有，轉到省立桃園醫院，後來又轉到榮總。

朱：今天來此的目的，就是想請您詳細描述當天發現的經過，以及郭廷亮在現場的情形。

魏：他就掉在月台上。

朱：郭廷亮的身體是呈什麼樣的姿勢？是躺著，還是趴著？

魏：事情已經過了那麼久，我也忘了。

朱：這一點很重要，請您想一想。

魏：這種話是不能亂講的。

朱：對，可是當時現場的情形很重要，他是躺著嗎？

魏：我真的忘了。不過，當時我看到的樣子，不像是一個人，而是類似一個東西掉出來。

朱：像一件貨品從火車上掉出來，然後停在月台上？

魏：對，情形就是如此。

朱：在您看到同時，火車已經開動了嗎？

魏：對。

朱：那火車已經不在您的身邊了嗎？

魏：對，當時我站在月台的後半部，所以火車當然已經不在我的身邊。

朱：郭廷亮大概從哪一個車廂掉出來？

魏：大概是火車中間部分的車廂。

郭：火車的門，不是會自動關起來嗎？

朱：那是哪一種火車？復興號嗎？

郭：是復興號，我還記得是十一點零幾分的。

魏：關於這一點，或許徐副站長會比較清楚。

朱：他說他沒看到。因為您找他來的時候，火車早已開走了。那在找徐副站長來之前，您有移動過郭廷亮嗎？或是有將他抱起來？

魏：他那麼重，我沒有辦法移動他。

朱：所以您沒有移動過他？

魏：對，我一發現他，就趕緊找人來幫忙。

朱：郭廷亮從火車上掉出來時，有撞到月台上的柱子嗎？不然怎麼會突然一動也不動呢？

魏：我也不清楚。

朱：當時他的姿勢是什麼樣的狀態，這一點非常重要，所以請您再想一想。

魏：我已經退休七年了，很多事情都不太記得了。

朱：或許我們可以到現場，這樣可以幫助您回憶起一些細節。到底是從哪一個車廂掉出來呢？

魏：好像就在月台的中間，靠地下道的地方。

郭：大概在月台的第 6、7 車廂的位置。

朱：由此可知，郭廷亮可以掉在月台的中間，代表著車子剛啟動而已。車子剛啟動的速度並不快，所以如果是跳車，應該可以安然著地。可是依實際狀況來看，應該不是跳車。您有看到他掉出來？

魏：有，好像一個東西掉出來。

朱：好像一個東西丟出來。

魏：不是「丟」出來。就好像我們提東西的時候，一不小心把東西掉在地上的樣子。

朱：可能當時已經昏迷，人體就呈倦曲的樣子而掉出來。所以你從月台尾端看起來，好像是一件東西墜落到月台的樣子，等走近一看，才發現，原來是一個人。

魏：當時我一發現就立刻找鐵路警察。

朱：不是去找徐副站長嗎？

魏：都要找。

朱：那先找誰呢？請您想一想。

魏：我記不得了，不過有紀錄可尋。

朱：紀錄在哪裏？

郭：在中壢警局那裏。㊱

魏：徐副站長的報告上也有記載。㊲

朱：所以我可能要進一步去看警局的檔案，希望可以多了解一些現場的狀況。㊳

魏：事情過了那麼久。爲甚麼還要追究呢？

朱：就是想了解，郭廷亮是不是自己跳出來的。有人懷疑：可能是昏迷中被人丟出來的。

魏：這樣的事情，我怎麼會知道呢？

朱：因爲如果是跳車的話，正常人的反應，應該會四肢揮舞，以求平衡，或者是會在月台上滾動。可是實際的情形不是這樣。另外就是我們找不到郭廷亮的車票，如果他不是到中壢，而是去別的地方，那就更不可能跳車了。關於車票的事，是個很大的疑點，而且據說郭廷亮當天是從台北到台中，去弔祭孫將軍，所以更不可能會中途在中壢站跳車。㊴

魏：這個事情就很難推斷了。不知道的事，我是不會亂說的。

郭：所以才特地來找您，希望您多講些當時的實際狀況。

朱：當您發現了之後，您就通知站裏面的相關人員前來，當時站長有來嗎？

郭：火車到站是十一點多，送到醫院是十二點零六分。

魏：那也是很快了。

郭：對，我完全沒有指責鐵路局的意思。

朱：那從您發現到送至醫院的這段期間，郭廷亮的情形是如何呢？

魏：我已經不太記得了。

朱：你們將他放在哪裏？

㊱ 據火車站的警察分局說：原來有資料，但因搬遷已經弄丟了。

㊲ 後來去找到徐副站長，他也找不到資料。

㊳ 派出所及火車站裏都找不到資料。

㊴ 據沈承基表示：郭廷亮是要在這一站下車，先回家換西裝，之後再去台中孫宅。

魏：馬上就拿擔架來抬他送往醫院，一點都沒有耽擱。

朱：那在這段期間，郭廷亮都沒有知覺嗎？而且這時候，他是被放在哪裏？

魏：現在車站都已經改建，而且我也忘記了。

朱：所以徐副站長可能會比較清楚。那請問您，郭廷亮當時有沒有說話？

魏：忘記了。

朱：您有陪同至醫院嗎？

魏：好像有。

朱：還有誰在呢？

魏：還有警察啊！

朱：徐副站長有去嗎？

魏：他正在值班，不能離開。

朱：那在救護車上，郭廷亮沒有說話嗎？

魏：沒有。

朱：有沒有看到他受傷的部位？

魏：我不曉得。

朱：他的手、腳有沒有擦傷？

魏：我沒有資格查看他受傷的部位。只有警察、家屬、醫生才有資格。

郭：省桃的紀錄是沒有擦傷，眼部有瘀青。

朱：那一眼？

郭：左眼。

朱：後來您父親剃光頭之後，他的後腦勺有哪裏受傷？

郭：也是在左邊。

朱：現在最關鍵的還是魏先生所目擊的現場。

魏：我們盡最大的責任將傷者送往醫院，在這期間是不會有任何延誤的。至於受傷的部分，我就不清楚了。

朱：因為您是現場的目擊者，所以今天來此的目的，是想藉由您對當時的敘述，來幫助我們了解當時的狀況。所以您只是對現場作見證，並不需要

負責任的。現在最重要的是，當時郭廷亮的姿勢是如何？

魏：是躺或仰，我已經不記得了。我就趕緊叫人來幫忙。

朱：那擔架是誰抬的呢？可能他有看到郭廷亮當時的姿勢。

魏：記不起來了。

朱：只好問徐副站長了。

魏：對。我也是抬擔架的其中一位。

朱：所以還有另外一個。

魏：我當時是擔任旅客嚮導，所以只要有傷者，就要負責將他送至醫院。

郭：是，我到現在都還很感激您。

魏：從掉下來到送至醫院的時間來看，我們是非常迅速的。

郭：對，最重要的是，當時我們並不在場，所以想透過您來了解，當時我父親在送往醫院的這段期間，到底有沒有知覺，或者有說過一些話等等？

朱：對，這很重要。

郭：比如說，他有沒有說「救我」之類的話？

魏：都沒有。

柒、中研院兩位醫師訪問紀錄

一、駐院醫師郭長豐先生

時　間：民國 89 年 10 月 6、7 日
地　點：中央研究院行政大樓醫療室
主　訪：朱浤源
陪　訪：沈承基❹
紀　錄：謝國賢

朱浤源（以下簡稱「朱」）：我因為監察院委託，從事孫立人將軍當年叛亂
　　嫌疑案的再調查工作，因此特別與沈承基教授前來請教郭醫師。為什麼
　　呢？因為這個案子的關鍵之一，在孫立人的一個部屬郭廷亮是不是真的
　　匪諜。而這位郭先生，於民國八十年十一月十六日竟因跳車事件意外死
　　亡。我想請您看一下當年他被送到省立桃園醫院急診的病歷。

郭長豐（以下簡稱「郭」）：這牽涉到醫療糾紛的問題，我是腸胃科的醫
　　生，朱教授可能要另外請教專門的醫師。

朱：還是就您所知，幫我們解釋這份病歷表記載的內容。

郭：根據這份病歷記載，病人到院時幾乎已經呈現腦死的狀態。我們平常昏
　　迷指數滿分是十五分，可是當時病人只有四分，完全沒有意識是三分，
　　所以病人已經接近三分了。另外，病人的瞳孔對光線已經完全沒有反
　　應。

朱：請問這個時候的時間是？

---

❹ 按：孫立人的舊屬，與郭廷亮同為孫案受刑人。

郭：要看護理紀錄。

朱：護理紀錄附在病歷表後面。

郭：有，是十一月十六日中午 12 時 45 分。按照病人當時的情況來看，已經是回天乏術了。理論上而言，醫生對病人的記載，應該不會受到外力干涉，而且通常在急診室裡，醫生會馬上當場紀錄病人當時到院的狀況，所以即使有外力，也來不及干涉。那要在病歷表上動手腳，更是不可能。

朱：所以就中壢火車站而言，郭廷亮於 11 時 30 分在中壢跳車，12 時 45 分省桃已經進行診斷來看，站上人員的反應，及處理所用的時間，應該沒有延誤。

郭：據病歷報告記載，病人在十一月十六日中午 12 時 50 分就開始插氣管內管、戴上氧氣面罩並開始輸送氧氣，接著上點滴、擋尿管等一些該為病人急救的措施，都有為病人處理。接著下午 1 時 25 分馬上為病人作電腦斷層掃描，1 時 50 分結束電腦斷層掃描。據我的經驗，這樣的案例，醫生絕對不可能延誤。這種要命的病人，不管是什麼身分，醫生一定會先採取急救措施。

朱：電腦斷層圖可以看出什麼？

郭：病人當時在右腦已有血塊。

朱：這血塊看得出是如何形成的嗎？

郭：這一點就要請教外科醫師。當時這個病人的主治醫師李振培是我的同學，朱教授可以去問他。

沈：據當時榮總的醫生說，郭廷亮只要在二個小時之內開刀，病人是沒有問題的。

郭：坦白說，這樣講或許有些武斷。據我所認識的外科醫師而言，他們對於沒有希望的病人，是不太敢開刀的。萬一病人死在開刀過程中的話，醫生要負責的。所以一般而言，醫生都會考慮這個時候開刀是否對病人有利，如果有，他才敢作。

沈：那病人當時爲何被理光頭髮？不是應該開刀嗎？

郭：問題就在於病人的狀況很緊急，所以很多步驟都要 stand by，因此才會把病人的頭髮理掉。至於後來爲什麼沒開刀，應該是電腦斷層掃描結果出來之後，顯示病人已經沒有希望了，所以醫生才打消開刀的念頭。

沈：不過按照一般的情形來看，急診室裡應該會有醫生在場，可是當時並沒有。

郭：一般急診室的作業程序，是在病人送到急診室後，醫生才會趕快到急診室裡替病人治療，如果沒有病人的話，醫生會在急診室旁邊的休息室待命。所以您說，到醫院急診室的時候，沒有看見醫生，之所以會如此，是因爲您不是病人，也不是病人的家屬，所以醫生不會出來見你。

朱：對，親友與醫生的心情與立場是不同的。

郭：所以根據這份病歷報告來看，醫院的處理應該沒有延誤。如果要更進一步了解，朱教授應該要去找李振培醫師，他當時是神經外科的主任。另外，病歷報告的第 4 頁中有記載，醫護人員在替病人做完電腦斷層掃描之後，就立刻報告主任，李主任也決定要保守治療。

朱：那接下來的部分是？這裡寫什麼「行政總值」？

郭：醫生在發現病人具有特殊身分之後，一定會照會「行政總值」來處理。由此可知，從病人一進醫院，在做完電腦斷層掃描之後，醫生才知道病人的特殊身分。

朱：這個時候的時間有記載嗎？

郭：從病歷報告上似乎看不出來。

朱：所以我們要進一步訪問李振培醫師以及當時院方的行政總值。

郭：按照這份病歷報告來看，病人眞的摔得很嚴重。不但腦部有血塊，而且頸椎三、四節的部分也歪曲脫節。由此可以想像，當時的撞擊非常大。整個診斷處理到下午 3 點 40 分結束，病人就接著送到加護病房。

以下部分為第二次訪問內容（89 年 10 月 17 日下午 3 點）

朱：根據上次訪問（89 年 10 月 6 日）您所提到，病人的頸部似乎有問題？

郭：我建議朱教授將病人的 X 光片調借出來。因為根據病歷表記載，醫師在看過病人的 X 光片之後，懷疑頸椎的第三、四節有移位的現象。所以如果要進一步印證的話，就得把 X 光片借出來，請神經外科的醫生來判斷。這些 X 光片應該是放在省立桃園醫院的 X 光科檔案室裡。

朱：這份病歷表是李振培醫師寫的嗎？

郭：不是，是住院醫師寫的。理論上，主治醫師不會寫這份病歷表。

朱：病歷表上是否可以看出，醫師是在何時寫下對病人症狀的懷疑？

郭：應該是病人進加護病房之後寫的。據我看來，這份病歷表寫的很詳細，包括病人處理的時間、過程等。事實上，病人只在加護病房待了六個鐘頭而已。

朱：現在主要是想了解病人當時的各種症狀，尤其是頸子的部分。如果病人是跳車受傷的話，應該不會造成頸椎移位。

郭：這種情況也是有可能發生的。只是如果要了解火車的速度與受傷程度的關聯，就要詢問力學或物理學專家，或許也可以請教法醫。

朱：您可以推薦嗎？

郭：台灣法醫學的人才很少，朱教授應該去台大法醫科詢問。

二、生醫所研究員鄭泰安醫師

時　　間：民國 89 年 10 月 18 日（星期三）
地　　點：中央研究院生醫所
受訪者：鄭泰安
主　　訪：朱浤源
紀　　錄：謝國賢

鄭泰安（以下簡稱「鄭」）：病歷表上提到，當時醫院有對病人作頭部電腦斷層掃描及 X 光的照射。斷層掃描結果顯示，病人頭部的額葉及顳葉有血柔、大腦腫脹。X 光片結果顯示，頸椎的第 3、4 節有脫裂的情形。

朱浤源（以下簡稱「朱」）：所以根據病歷表第 15、17、18 頁裡的記載，不只懷疑，而且確定病人有頸椎斷裂的現象。可是第 32 頁並沒有記載這個情況？

鄭：X 光片的報告，事實上和病歷報告上紀錄的不一致。

朱：所以這中間有矛盾。

鄭：紀錄的醫生是林哲民，他是第二年的住院醫生。

朱：可以看出時間嗎？

鄭：從病歷表的第 4 頁得知，當時有照會行政總值（consult 行政總值），而且記載頸椎受傷的部分要排除頸子被扭轉（spinal shock）情形。

朱：或許當時的主治醫師李主任知道這個特殊情形，所以就避而不見。

鄭：接下來的護理紀錄（第 7、8 頁），就詳細記載時間，病人在下午五點二十分被送到加護病房（Admitted to Icu-9）。

朱：所以顯然在病歷表上提到很多次有關 dislocation（關節斷錯）的問題。❹

---

❹ 郭廷亮病歷表中提及 dislocation 的地方在第 4、9、15、18 頁。

鄭：對，剛開始醫師懷疑有 spinal shock 的可能，所以給病人照 X 光，後來
　　X 光片的結果顯示，病人真的有此情況（頁 9：C3, C4 dislocation
　　showed by X-ray）。我想這其中有些疑點，至於第 17 頁的圖，就要請
　　骨科醫師來判斷了。

捌、台大醫院法醫吳木榮先生訪問紀錄

時　　間：民國 89 年 10 月 18 日（星期三）
地　　點：台大醫院三樓法醫科圖書室
受訪者：吳木榮
主　　訪：朱浤源
紀　　錄：謝國賢

朱浤源（以下簡稱「朱」）：針對省桃郭廷亮這份病歷表，不知您有何看法？

吳木榮（以下簡稱「吳」）：從郭廷亮先生的病歷紀錄來看，病人到院的時候，臉部右側的眼窩有瘀血斑。一般跌倒臉部受傷時，比較不容易形成眼窩內的出血，比較容易在頭部突出的部位，產生擦、挫傷。這些部位如額頭、臉頰、鼻子、下巴等。假如傷者有兩側性熊貓眼一樣的黑眼圈時，我們都會懷疑其顱裡有出血或骨折的現象，導致顱腔內出血。如果是單側性眼窩部瘀血的話，大多是局部眼睛旁軟組織出血所致。

朱：郭廷亮先生頭部傷害，會不會是受外力影響？

吳：當然，這是關鍵性的考量。依據病歷記載，病人右側的瞳孔是 5.0 公分，左側的瞳孔是 3.0 公分，那就表示當時病人的瞳孔是不一樣大的，據我們的推斷，可能是顱腔內出血造成的狀況。另外，根據病歷表 16 頁的記載，病人右側的眼睛是有受到傷害。至於病人骨骼受傷的部分，可能要藉由 X 光片來求證。因為根據醫師看過 X 光片後所提出的報告，他認為病人右側頂骨有骨折，左側顱骨也有骨折。電腦斷層掃描片顯示，右側有硬腦膜下腔出血。根據我們以往的經驗，硬腦膜下腔出血，是頭部受到很大撞擊後才會產生的。其發生的情況有跌倒、頭部碰撞硬物等。當撞擊力來自右側，由於反作用力的關係，也會傷到頭部左

側，因此，會產生對衝性的傷害。若只是單純的打擊性傷害，則較少產生對衝性的傷害。因此，若死者顱骨有二側性骨折，則應懷疑不是單純跌倒所致的頭部傷害。

朱：所以根據您以上的說明，病人的頭部應該有兩個受力處？

吳：對，沒錯。

朱：跌倒應該不會有兩個撞擊才對？

吳：是，因此，我們需要 X 光片來判定這兩個骨折線的關係，是一個撞擊所致的傷害或是二個不同方向來的力量所產生的傷害。

朱：依當時的現場來看，月台面是平的，而且周圍也沒有柱子，所以不應該有兩個撞擊。

吳：這就是不合理的地方，病人的頭部不但有二處骨折點，而且右眼還有黑眼圈，而這個黑眼圈卻並不是跌倒所引起的。

朱：對，您說的有道理。那郭先生頸部的傷害呢？

吳：造成 c-spine（脊椎）受傷的情況有兩種，一種是前後的重力搖晃（shaking）。第二種是用徒手旋扭（twisting），後者所需的力道是要非常大的。假若是後者的話，應該會有一些特殊表現。

朱：比如說呢？

吳：如果是 twisting 的話，頸部應該會有扭曲的傷害，受到這種傷害的脊椎骨，會裂開而且出血，脊髓會斷裂。可是，病人到院時還有氣息，所以不像是頸椎完全斷裂的狀態。由此研判，病人最主要的狀況還是在於顱內出血。頸部的撞擊可以導致頸椎的 dislocation，但是這個速度是要非常快的。這種受傷的情況，我們叫「甩鞭式傷害」，又稱之為「加速－減速傷」。意思就是本來速度很快，但是身體突然停住，於是頭前傾之後，又立即往後翻，這樣的前後擺動是會造成頸椎傷害。假如從這個觀點來看，由火車上快速跌到月台上，是可以形成「頭部外傷」及「加速－減速傷」的。可惜的是，以目前的資料，我們還是無法確定跌倒是造成頸椎傷害。不過，依我的看法，假如和頭部外傷合在一起，這個頸椎

　　應該不是受到旋扭造成，而是出了車外之後，才形成的傷害。

朱：如何確定是出了車外，才產生傷害呢？

吳：「甩鞭式傷害」是身體本身有移動的速度，然後碰上一個靜止的物體才行，例如緊急煞車。可是事實上，火車並沒有緊急煞車，所以有可能是跳出車外，撞到地上或其他東西。唯有如此，才有可能讓他身體的動能停止下來。

朱：對，沒錯。

吳：所以在這種情況下，我們可以考慮，其實這個人在火車上就已經得到動能了。而出了火車之後，動能突然間消失，因此造成頸椎的拉扯。但是問題是，他怎麼樣離開火車？關於這一點，想要進一步推敲，就有一點難了。

朱：那您的看法呢？

吳：除了自己本身跳出車外的情況外，是有可能被人推出車外，或是被揍了一拳。但是以病人的傷勢來看，被人打的機會是必須考慮的。❷

朱：因為死者有黑眼圈？

吳：對，如果是被推出車外，應該不會造成黑眼圈。

朱：所以死者頭上的兩個傷害，是非常可疑的？

吳：這是非常少見的情形。現在的關鍵就是這兩個傷是不是有關聯，因為一般跌倒的傷害，頭部的撞擊點應該只有一個。

朱：會不會是有人在火車上拿器物打他，然後推出火車的車廂外？

吳：假如是這樣的話，那我們就可以確知死者跳出火車之前，曾經受到另一股外力的傷害。可是這一點，是需要靠解剖才能證明的。

朱：可惜來不及了。

吳：現在我不敢保證，是否可以從該醫院的電腦斷層掃描圖看出一些端倪。

朱：所以現在要盡快找到全套的 X 光片。

---

❷ 參見本書楊一立先生訪問紀錄。

吳：不過至少到目前為止，我們不能排除有人傷害他之後，再把他推出火車。

朱：我想這個傷害的動作，應該在火車上就完成了。因為根據目擊者描述當時看見的景象，病人像是一件貨品從火車上掉出來。

吳：可是火車本身有速度，也會對身體產生一些加速－減速傷。

朱：火車速度應該不快。

吳：只要在時速 15 公里左右，就已經很快了。你可以確定病人跌倒在地上之後，就沒有醒過來了嗎？

朱：對。

吳：所以表示應該有 spinal shock，因此病人才會一直不醒人事。

國家圖書館出版品預行編目資料

孫立人上將專案追蹤訪談錄

朱浤源主編. – 初版. – 臺北市：臺灣學生，2012.09
面；公分

ISBN 978-957-15-1456-7 (精裝)

1. 孫立人 2. 傳記 3. 訪談

782.18   98004869

孫立人上將專案追蹤訪談錄

主　　　編：朱　　　浤　　　源
出　版　者：臺 灣 學 生 書 局 有 限 公 司
發　行　人：楊　　　雲　　　龍
發　行　所：臺 灣 學 生 書 局 有 限 公 司
　　　　　　臺北市和平東路一段七十五巷十一號
　　　　　　郵 政 劃 撥 帳 號 ： 0 0 0 2 4 6 6 8
　　　　　　電　話　： (0 2) 2 3 9 2 8 1 8 5
　　　　　　傳　眞　： (0 2) 2 3 9 2 8 1 0 5
　　　　　　E-mail : student.book@msa.hinet.net
　　　　　　http://www.studentbook.com.tw
本 書 局 登
記 證 字 號：行政院新聞局局版北市業字第玖捌壹號
印　刷　所：長 欣 印 刷 企 業 社
　　　　　　新北市中和區永和路三六三巷四二號
　　　　　　電　話　： (0 2) 2 2 2 6 8 8 5 3

定價：新臺幣一一〇〇元

西 元 二 〇 一 二 年 九 月 初 版